# 김완선생님의
# 교육대·사범대 합격프로젝트

교육대학이나 사범대 합격에
가장 큰 영향을 끼치는 것이 무엇일까요?

1단계를 합격한 우수한 학생들과의 경쟁인 **구술면접**입니다.
면접 준비를 하는 많은 학생들의 공통점은
'답변이 논리적이지 않다.' '발표만하면 너무 떨린다.'
'무엇을 어떻게 공부해야할지 모르겠다.'등입니다.
짧은 시간에 학생능력의 큰 변화를 이루는 수업을 만나보세요.
최적의 면접 준비는 대학합격 가능성을 극대화시킬 수 있습니다.
20년 동안 대학입시지도를 해온
교대·사대입시전문가 김완선생님께서,
교단을 향한 여러분의 꿈을 지원합니다.
입학사정관 전형도입이후부터 지금까지 교육대·사범대
최다합격생을 배출한 김완선생님과 함께
교사의 꿈을 이루어보세요.

입시
컨설팅

구술
면접

# 최다 합격생 배출의 신화!
# 20년 노하우의 최고 적중 전략!
# 김 완 컨설팅!!

## 교대입시의 모든것

- 최근 3개년도 교육대학별 입시결과 수록
- 2025 대학별, 전형별 입시요강 수록
- 2026 대학별 입학전형 시행계획 수록
- 교육대학별 교육목표 및 특징수록

## 교대면접&사대면접

- 면접에 합격하는 방법 수록
- 반드시 알아야 할 교육이론
- 대학별 수년간 기출문제 수록
- 이슈관련 교양 필수용어 165선 수록
- 면접 추천도서 핵심내용 40권 수록

2025

# 김완 컨설팅의

# 교대 면접
# 사대 면접

김 완·김민섭

최근 교육부에서 추구하는 교육의 방향성은 인성교육과 더불어 행복한 교육이다. "행복이 오지 않으면 만나러 가야지" 등 이제 교육은 행복의 가치를 구현한다. 위대한 교사는 가슴에 불을 지핀다. 저자도 교사가 되려는 학생들의 가슴에 불을 지필 요소를 이 책에 담으려고 노력하였다.

수험생들의 대학입학 현실이 부담될수록 저자가 담당해야 할 몫이 클 수밖에 없는 상황을 나에게 거듭 상기시키게 된다. 학생들은 다른 수험생과 끊임없는 비교가 전제되어 열등감이 포함된 자신감 을 갖게 된다. 나는 이러한 학생들에게 내가 가진 보편성을 나누려 한다. 자기를 객관화시켜 비로소 갖게 되는 자존감의 여정을 함께하려 한다. 이것은 저자로서 커다란 행운이다. 인간이 사회와 역사를 만들지만 인간을 인간답게 형성시키는 것은 결국 교육이다. 지금까지 교육은 사회적 요구에 적절히 대응해 왔지만 최근 사회적 환경은 이전과 다르게 혁신적인 전환을 요구하고 있다. 정보화 사회의 도래, 융합학문의 등장, 학령 인원의 감축, 교사 임용수의 축소와 같은 사회적 환경들은 교대와 사범대 입학 후까지 학생들은 대비해야 한다. 더 이상 과거에 머물 수 없다. 미래를 창조적으로 바라보며 새롭게 교육방향을 설정하는 길잡이가 되기를 기대한다. 예비교사가 되기 위해 준비하는 학생들이 나아가야 할 방향이 뚜렷하고 분명해지길 간절히 바란다. 교대·사대면접 준비를 체계적으로 한다는 것은 결코 쉬운 일은 아닐 것이다. 이러한 학생들에게 도움이 되고자 이 책을 기술하였다. 수험생 여러분은 이 책을 적극적으로 활용한다면 좋은 결과를 얻을 수 있을 것이다. 우리 연구팀은 이 책에 수년간 합격한 학생들의 면접 답변과 대학별 기출문제 출제의도를 분석하여 학생스스로 면접 준비를 할 수 있도록 최적화된 내용을 수록하였다.

Chapter 1에서는 교육대학 합격방법으로 논리적으로 답변하는 방법, 반드시 출제되는 문제, 면접 유형별 접근법, 반드시 알아야 할 교육이론 등 4개의 소단원에 교대면접 기본 지식과 면접에 합격할 수 있는 핵심 내용만을 정리하였다.

Chapter 2에서는 합격한 학생들의 기출문제 답변과 '김완선생님의 방향성 잡기와 한 걸음 더'를 수록하여 학생스스로 질문에 대한 방향성을 찾을 수 있게 하였다.

Chapter 3 사범대 면접 방향성과 예상문제를 수록하여 사범대를 지원하는 학생이 면접 준비를 하는 데 도 움이 되게 하였다.

Chapter 4 구술면접 대비 전략에서는 '대학별 특성 및 평가기준', '꼭 알아야할 이슈관련 교양 필수용어 165선', '면접 추천도서 핵심내용 40권'으로 구성하여 심화된 면접을 준비하는데 도움이 되도록 하였다.

이 책의 내용을 잘 읽고 숙지한다면 자신만의 성공적인 면접 준비를 할 수 있을 것이다. 끝으로 원고작성에 큰 역할을 한 원유숙 연구팀장님과 서울대학교 기초교육원 박소현연구원을 비롯한 여러 연구원들에게 고마움을 표한다.

우리는 4차 산업혁명 시대를 살아가고 있다. 1차 증기기관, 2차 전기의 활용, 3차 컴퓨터의 활용. 이전의 산업혁명 시대에서 우리는 중심에 서지 못했다. 그 이유를 꼽으라고 한다면 자원의 부족과 뒤떨어진 교육이라고 생각할 수 있다. 그러나 4차 산업혁명 시대는 더 이상 자원이 중요하지 않다. 생각을 현실로 만들어 내는 능력이 이 시대의 핵심이기 때문이다. 이런 능력을 가지려면 우선 가치 있는 변화를 자세히 알아야한다. 그 변화의 중심에 서야 할 학생을 길러내는 교사가 되고자 하는 학생들에게 가장 정확한 정보를 줄 수 있는 일의 가치를 실현하려 한다.

김완 선생님

수년간 비영리법인 한국청소년 교육문화 협회 이사로 활동하면서 사회문화적 관점에서 청소년들에게 그 들의 문화를 이해하고 정체성을 갖게 하는 교육을 하였다. 10년 이상 대학입시학원 원장으로 학생들의 대학입시 컨설팅과 진로지도를 하였다. 연세대학교 교육대학원에서 교육공학을 전공한 교육훈련프로그램의 전문가로서 지금도 끊임없이 교육방법을 연구하고 있다. 2011년에는 국내 최초로 경기도 시범중학교에서 테블릿 PC를 이용한 스마트교육을 실시하여 안착시켰다. 지금은 교대입시연구소 소장과 김완컨설팅 원장으로서 교대·사대 입시컨설팅, 교대·사대 면접 현장강의를 통해 매년 400명 이상의 합격생을 배출하고 있다. 또한 수많은 예비교사 멘토 활동과 초등임용 교직논술과 심층면접, 수업실연 지도를 하고 있으며, 인터넷강의를 통해 구술면접의 방법을 제공하고 있다. 또한 교육환경이 열악한 전국의 학교들을 찾아다니며 교육 재능기부를 하고 있다.

20년 동안 학생들을 지도하면서 자신의 미래를 만들어가려는 학생들에게 항상 꿈을 펼칠 수 있도록 도움을 주었다. 또한 4차 산업혁명시대에 걸맞은 교사가 되려는 학생들에게 새로운 방향을 지도하기 위해 끊임없이 노력하고 있다.

" 대학입시 컨설턴트 김완 선생님께 교대 입시의 모든 것을 무료 상담 받으실 수 있습니다. "

📞 무료 상담번호: 02) 2635-8200, 010-5400-8200

# 01

## 교대면접 사대면접 합격방법

면접 준비에 앞서 수험생들이 궁금해 할 만한 핵심
사항들을 정리하여 수록하였다. 면접의 기본자세부
터, 실제 면접에서 출제된 문제들을 바탕으로 한 학
생들의 답변을 제시 하여 수험생들의 이해를 돕고자
하였다. 또한 면접유형별 핵심 접근법을 수록하여 면
접의 유형을 익히고 준비 방향에 참고가 될 지표로
삼을 수 있도록 하였다. 반드시 알아야할 교육이론
과 반드시 출제되는 면접 예상문제를 연습해봄으로
써 최근의 기출 방향을 파악하고, 이를 바탕으로 어
떤 방식으로 준비를 해야 할지 거시적인 공부 방향을
설정할 수 있을 것이다.

# 02

## 교대면접 기출문제 답변 및 분석

최근 수 년간 교대 면접 기출문제를 서류기반문제와
제시문기반문제로 분리하여 수록하였다. 문제와 더
불어 합격한 학생들의 실제 답변을 개제하여 수험생
본인의 생각과 비교해보고 답변의 방향성을 설정할
수 있게 하였다. 또한 문제와 학생답변에 대한 '김완
선생님의 방향성잡기와 한걸음 더'를 통해 자신의 견
해와 비교해본다면 문제를 다방면에서 심층적으로
이해하는 데에 도움이 될 것이다.

# 03

## 사범대 면접 방향성과
## 예상문제

사범대 면접 문제 답변이 어려운 수험생들을 위해 사
범대학 학과별 특성 수록하여 자신이 지원한 학과에
적합한 답변을 하는데 도움이 되도록 하였다. 또한
기출문제와 예상문제를 수록해 수험생 스스로 미리
답변을 연습할 수 있게 하였다. 사범대 면접을 준비
하는 학생이 지원 학과별 방향성을 잡는데 도움이 될
것이다.

# 04

## 구술면접 대비전략

구술면접 완벽 대비를 위한 전략과 핵심 Tip들을 알
짜배기만 모아 수록하였다. 첫 번째로, 대학별 특성
및 평가기준을 수록하여 수험생이 지원하고자 하는
학교의 특성 및 평가기준을 파악하고 지원하는 데에
있어 도움이 될 만한 자료를 얻을 수 있도록 하였다.
두 번째로, 꼭 알아야 할 이슈관련 용어 165선과 추
천도서 핵심내용 40권을 수록하여 면접의 교양지식
을 총망라할 수 있도록 하였다. chapter 4를 통해 면
접 준비에 반드시 필요한 내용들을 숙지하여 많은 도
움이 되기를 바란다.

# contents

## 좋은 자료로 공부하는 것이 매우 중요하다

저는 올해 서울교육대학교에 입학하게 된 이○규입니다. 교육대학에 입학하기 위해 성적이상 중요한 면접에 대해 저의 경험을 통해 느낀 점들을 이야기해 보려 합니다. 저는 혼자 준비 하는 것이 비효율적이라 생각해 김완컨설팅의 도움을 받았습니다.

저는 모든 공부에 있어서 공부하는 자료의 질이 매우 중요하다고 생각하는 학생입니다. 이러한 점에서 많은 양의 좋은 자료들을 받아 공부할 수 있었습니다. 20년 넘게 면접 지도를 하신 선생님의 노하우를 통해 만들어진 많은 자료와, 당해 출제될 가능성이 높은 예상 문제들을 받아 연습할 수 있었고 큰 도움이 되었습니다. 또한 면접에서 반드시 알아야 하는 교양, 교직 이론과 학생을 대하는 교직마인드까지, 모든 것들을 챙겨 주셨습니다. 평소에 생각하기 힘든 교육 이슈들 또한 공부하였기 때문에 실제 면접에 나올 수 있는 대부분의 질문에 대해 생각해 볼 수 있었습니다. 물론 생각에서 그치지 않고 피드백을 통한 꾸준한 연습이 저를 빠르게 성장 시켰습니다. 특히 선생님과 함께한 모의 면접은 면접연습의 꽃이었습니다. 면접은 말하는 능력도 중요하지만, 결국에는 '면접 당일 긴장하지 않고 자신의 생각을 얼마나 논리적으로 말할 수 있는가'의 경쟁이라 생각합니다. 그런 점에서 김완 컨설팅의 모의 면접은 실제 상황 이상의 긴장감을 가지고 연습을 할 수 있는 기회였습니다. 지금 생각해보면 다른 학생들과 선생님이 보는 앞에서 처음 접하는 질문들에 대해 말하는 것이 실제 면접 당일 떨림 그 이상이었습니다. 실제 면접시험에 출제된 문제들보다 훨씬 어려운 고난도의 문제들로 모의 면접을 연습했기 때문에 시간 조절 측면이나 논리를 구성하는 측면에서 높은 수준으로 성장할 수 있었습니다.

마지막으로 선생님께서 강조하신 교육학자 알버트 반두라의 관찰학습 이론 측면에서 다양한 학생들의 생각을 들을 수 있었던 것이 매우 좋았습니다. 면접을 혼자 준비하게 되면 자기 생각을 정리하는 일은 가능할 수 있습니다. 하지만 창의적이고 다양한 이야기들을 생각해 내거나, 자기 객관화가 힘들다는 점입니다. 그래서 저는 많은 학생들과 서로의 답변을 주고받으면서 연습할 때 집중해서 공부했습니다. 상대방의 좋은 아이디어는 잘 듣고, 내 것으로 흡수할 수 있었습니다. 또한 친구들이 말할 때 보이는 단점들을 보면서, 내 자신이 그러고 있지는 않은지 점검할 수 있었습니다. 이러한 학습을 통해 저는 면접 당일 모든 질문에 시간을 맞춰서 창의적이고, 논리적으로 답변할 수 있었습니다. 이러한 준비 과정이 없었다면 좋은 답변을 할 수 없었을 것이라 생각합니다.

## 매 순간 최선을 다한다면, 결과는 따라온다고

안녕하세요. 저는 서울교대, 연세대(교육학부), 이화여대(초등교육), 한국교원대(초등교육), 경인교대, 한양대(교육학과), 수시 6개 모두 합격하고 서울교대로 진학한 이○현입니다. 제가 다닌 고등학교는 개교 이래 교육대학교로 진학한 학생이 5년 전 단 한 명뿐인 과학중점 학교라 교대 입시에 대한 모든 것을 스스로 알아서 준비해야 했기에 항상 심란하고 걱정이 많았습니다. 그러던 중, 김완 컨설팅의 교대 입시 설명회를 들었고 내신 성적은 높았지만 생활기록부와 비교과가 너무나 부족하다는 것을 알게 되었습니다.

그 후 김완 선생님께 컨설팅을 받으면서 학생부종합 전형을 잘 준비할 수 있었습니다. 면접 준비는 고3, 1학기 기말고사가 끝나고 바로 종합반에 등록하여 본격적으로 시작했습니다. 제가 수시로 지원한 대학이 10월, 11월, 12월 연달아 면접이 있어서 마음이 불안하고 부담이 컸던 만큼, 김완컨설팅에서 배운 수업내용은 다음 수업 전까지 꼼꼼하게 복습했고, 특히 말하기 연습은 매일매일 조금씩이라도 꼭 연습하면서, 주 2회 동영상 촬영도 병행하며 복습에 최선을 다했습니다. 면접 수업은 자세부터 논리적인 말하기까지 면접의 모든 것을 배울 수 있었습니다. 막연히 교사의 꿈을 갖고 교육대학의 진학을 꿈꾸며 학교 공부만 열심히 했던 저에게 김완 컨설팅의 면접 자료와 수업 내용은 교육 관련 이슈를 다양하게 접할 수 있게 해주었습니다. 또한 제시문과 생활기록부 수업 및 다양한 학교 기출문제 풀이와 모의면접은 수업을 통해 단순히 면접 수업을 넘어서 예비 교사로서의 기본적인 소양 및 자질과 나만의 교사상을 갖출 수 있도록 도움을 주었습니다.

파이널 면접 수업까지 실전처럼 연습하고 10월 연세대 제시문 면접시험과 이화여대 생활기록부 시험 때는 미리 김완선생님과 함께 모의면접 등의 연습을 하였고, 시험 후 면접 복기도 꼼꼼하게 작성하여 선생님께 피드백 받으며 남은 시험 준비에 철저히 대비할 수 있었습니다. 그리고 마침내 11월 말 서울교대 면접에서 자신감 있고, 당당하게 답변할 수 있었습니다.

입시는 힘들고 고단한 길이지만 나는 잘할 수 있다는 믿음으로 나에게 주어진 과제에 성실하고 꾸준히 매 순간 최선을 다한다면, 더 값진 경험과 결과는 자연스럽게 따라온다고 생각합니다. 제가 합격할 수 있도록 잘 이끌어 주신 김완 컨설팅 모든 선생님께 감사드립니다.

## 면접은 미리 준비한 것이 변별력이 된다

　올 수시 학생부종합전형으로 경인교대에 합격한 나○현입니다. 저는 오래전부터 교사에 대한 꿈을 가지고 있었습니다. 교육대학교는 어디든 좋지만 가장 가고 싶은 대학은 경인교육대학 이었습니다. 그래서 고등학교 3년 동안 저의 꿈을 이루기 위해 다양한 교내 활동에도 열심히 참여하고 성적 향상을 위해 학업도 놓치지 않았습니다. 그런데 갑자기 변한 경인교대 수시 전형으로 어려움이 생겼습니다. 그래서 경인교육대학 이외에 지방교육대학 들도 함께 준비하였습니다. 또한 교육대학교에 입학하기 위해 한 가지 더 중요한 것은 면접에서 내가 지금까지 노력해온 것들을 잘 드러나게 말하고, 예비 교사로서의 능력을 갖춘 인재라는 사실을 보여주는 것이라고 생각하게 되었습니다. 그리고 그것을 어떻게 해낼 수 있을까? 많은 고민을 하였고, 김완컨설팅을 통해 도움을 받게 되었습니다. 우선 생활기록부를 자세하게 분석하며 예비교사로서의 능력을 갖췄다는 것을 보여주는 방법에 대해 배울 수 있었던 것이 가장 도움이 많이 되었습니다. 또한 다양한 교육 이슈와 사회적 이슈에 대해 공부하고 이에 대한 나의 생각을 말하는 과정을 통해 어떠한 종류의 면접에서도 당황하지 않고 질문에 적합한 답변을 할 수 있었다고 생각합니다. 그리고 나의 생각을 공유하고, 또 다른 학생들의 답변을 들으면서 나의 장점 또는 고쳐야 할 점을 쉽게 파악할 수 있었습니다. 이러한 과정을 통해 더 좋은 면접 태도를 가질 수 있게 되었습니다. 물론 이러한 도움을 받으면서도 계속해서 연습하고 스스로 피드백하면서 발전시키는 것이 가장 중요하다고 생각합니다. 이러한 저의 향상된 면접 능력 덕분에 공주교대와 부산교대도 합격할 수 있었습니다. 마지막으로 경인교대 학생부 종합전형에 지원하는 후배님들에게 하고 싶은 말은 모집요강을 자세하게 확인하라는 것입니다. 학생부종합전형이 서류100으로 면접이 없는 것처럼 보이지만, 답변녹화 동영상을 제출하여야 합니다. 이것이 면접이라 생각해야 합니다. 문제를 보고 동영상을 찍어 업로드 하는 것이라 쉽게 생각할 수도 있겠지만, 점수로 평가가 되어 합격에 큰 영향을 준다는 것을 꼭 기억하시기 바랍니다. 저의 경우 미리 면접연습을 하였기에 문제를 받고 제출 기간이 짧아도 좋은 답변영상을 제작할 수 있었습니다. 지금 입시를 준비하는 여러분도 자신의 꿈을 이루기 위해 열심히 노력하고자 하는 마음이 있다면 누구나 원하는 결과를 얻을 수 있을 것이라 생각합니다.

경인교육대학교 합격생
임○혁

## 꾸준한 노력과 포기하지 않음이 합격으로

안녕하십니까? 저는 올해 수시로 4개 교육대학교에 합격하고, 경인교대에 입학한 학생입니다. 초등학교 시절 만났던 좋은 선생님들의 영향으로 저도 누군가의 좋은 선생님이 되고 싶다는 목표가 생겼습니다. 어릴 때부터 다져온 목표를 이루기 위해 3년간 경험한 고등학교 생활과 교대면접 준비에 대해 후배님들에게 조금이나마 도움이 되길 바라며 몇 가지 사례를 말씀드리겠습니다.

첫 번째로 최대한 다양한 경험을 해보세요. 물론 고등학교 내신을 챙기는 것도 교대 진학에 있어 중요한 일이지만 이에 더해 다양한 활동을 경험하고 열심히 참여한다면 후에 그런 다양한 경험을 교육과 연계해서 교육적 가치관을 키워나가는데 많은 도움이 됩니다. 실제 면접에서도 저는 고등학교 경험을 바탕으로 지식을 확장 시켜나간 이야기를 많이 했었고 감사하게도 교수님들께서 제가 직접 계획했던 활동에 대한 진심을 느끼고 성장 가능성에 대한 점수를 많이 주셔서 지원했던 모든 교육대학교를 합격 할 수 있었습니다.

두 번째로 시험이 끝난 후에 과목별 세부능력 특기사항을 자신이 한 활동을 바탕으로 직접 써서 가져가 보세요. 수시 종합전형의 경우 과목별 세부능력 특기사항이 매우 중요합니다. 수업을 열심히 듣고 시험이 다 끝난 후에 세부능력 특기사항을 자신이 열심히 참여했던 사실을 바탕으로 작성해서 선생님께 찾아가면 그대로 작성해주시지는 않더라도 참고하거나 더욱 보충해서 적어주시는 경우가 많아 좋은 학생부를 만드는데 많은 도움이 될 것입니다.

세 번째로 말하는 것을 두려워하지 마세요. 여러 가지 과목별 발표활동, 스피치 대회, 동아리 활동 등을 통해서도 말하는 경험을 많이 할 수 있습니다. 면접은 많이 떨리고 준비과정이 힘들다는 것을 잘 알고 있습니다. 하지만 고등학교 때 남들 앞에서 말하는 것이 조금은 두렵고 떨리더라도 자꾸 도전해보았던 경험이 실제 면접에 많은 도움이 되었습니다. 그리고 저의 부족한 점은 김완컨설팅학원을 다니면서 보완하였습니다. 말하는 것에 대한 두려움은 없었지만 주어진 짧은 시간에 논리적으로 말하는 것이 어려웠습니다.

학원에서 배운 두괄식 5단 구성의 말하는 방법의 기초부터 심화까지 단계적으로 배워 더욱 자신감 있고 신뢰감이 높은 대화법을 구사할 수 있었습니다. 이러한 점이 다른 학생들에 비해 내신 성적이 낮았어도 합격할 수 있었다고 생각합니다. 마지막으로 누구나 처음부터 완벽한 사람은 없다고 생각합니다. 하지만 한번 목표를 정하고 도전하기로 마음먹었다면 제대로 시작해보세요. 꾸준한 노력과 포기하지 않음이 합격으로 이어진다는 점과 함께 교육대학 진학을 희망하는 후배님들을 응원합니다.

## 많은 면접 연습과 격려가 자신감과 합격을 만든다

안녕하세요! 저는 이번에 공주교육대학교에 합격한 이○현입니다. 저는 어렸을 때부터 교사를 꿈꿔왔었고 고등학교를 들어가며 교대 입시를 본격적으로 준비하기 시작하였습니다. 저는 사실 교대입시에서 면접의 중요성을 잘 알지 못하였습니다. '성적만 높으면 되지 않을까?' 라는 생각으로 2학년 때까지 공부에 집중하였습니다. 하지만 교대를 가기에는 부족한 성적이라는 것을 깨닫고, 면접으로 승부를 봐야 한다는 것을 깨달았습니다. 성적이 충분하지도 않은데다가 면접에 대한 두려움, 조급함을 갖고 있었을 때 김완 컨설팅을 알게 되었습니다.

김완컨설팅 수업에서 남들 앞에서 말을 한다는 것이 생각보다 어렵고 힘들었습니다. 특히, 신뢰성 있고 자신감 있어 보이게 하는 5단 구성을 토대로 말하는 게 쉽지 않았습니다. 하지만 계속해서 잘못된 부분의 피드백 받아 고쳐가며 트레이닝을 하였고, 학원에서 뿐만 아니라 일상생활 속에서도 논리적으로 말하기 위해 5단 구성으로 말하는 연습을 하다 보니 나날이 성장할 수 있었습니다. 그리고 특히 김완 선생님께서 매 수업마다 면접 때 활용할 수 있는 교육 이슈, 시사 이슈 등을 알려주셔서 많은 도움이 되었습니다. 이 많은걸 면접에서 활용할 수 있을까? 라는 의구심도 있었지만 실제 면접 때 김완 선생님과 공부한 내용들이 진짜 거짓말처럼 술술 말로 나와 좋은 결과를 얻을 수 있었습니다.

그리고 저는 멘탈도 약하고, 걱정도 많아서 항상 불안 해 했습니다. 그럴 때마다 선생님들께서 응원해 주셨고, 제가 너무 자만하거나 긴장을 멈추면 흐트러진 집중력을 바로 잡아주셨습니다. 면접 준비를 다 하고 면접장에 들어갔을 때는 뭐랄까? 승리자가 된 기분이었습니다. 남들은 다 떨고 있는데 든든한 백이 있는 기분이었습니다. 아마 김완 선생님을 만나지 않았더라면 긴장해서 거의 말도 못하고 떨고 있지 않을까 싶습니다. 결과적으로 공주교육대학교에 합격하였고, 초등교사라는 꿈에 한걸음 다가갈 수 있었습니다.

저의 꿈에 열정을 쏟아 부어 주신 선생님들께 감사드리며 앞으로도 훌륭한 초등교사가 되기 위해 더욱 노력하겠습니다. 교육대학교를 희망하는 모든 수험생분들 응원합니다!

진주교육대학교 합격생
하○연

## 흔들리지 않고 준비한다면 좋은 교사가 될 수 있다

저는 정시전형으로 진주교대에 합격한 하○연입니다. 제가 초등교사가 되기 위해 교대 입시를 준비할 때 주변에서 초등임용인원이 줄어 점점 어려워지고, 사회적 문제인 저 출생으로 인해 학생 수가 줄고 있어 초등교사의 미래가 없다는 이야기를 하며 다른 진로를 권유하는 분들이 정말 많이 있었습니다. 하지만 초등교사는 저의 꿈이고 사라질 수는 없는 중요한 직업이란 생각으로 흔들리지 않고 교대입시 준비에 최선을 다하였습니다.

면접 준비과정에서 첫 번째로 제가 되고 싶은 교사상을 확실하게 생각했습니다. 소외되는 학생이 없도록 하는 교사, 학생들과의 의사소통을 중요시 하는 교사 등 되고 싶은 교사상을 확실하게 생각해두는 것이 면접에서 큰 도움이 되었습니다. 실제로 면접에서 예상 외로 '가장 되기 싫은 교사'는 어떤 모습이냐는 질문을 받았을 때 제가 되고 싶은 교사상과 정반대되는 모습을 이야기하여 쉽게 답변 할 수 있었습니다.

두 번째로 최신 교육 이슈를 공부하는 것이 매우 중요했습니다. 예를 들면 다문화교육, 디지털 리터러시 교육, 민주시민교육 등 다양한 이슈에 대해 공부를 하는 것입니다. 면접 준비를 할 당시에는 이 내용들을 오직 면접에서 답변하기 위한 것이라는 생각으로 공부했지만, 교육대학교 수업 내용과도 연관되고 과제를 할 때도 도움이 되었습니다. 무작정 외우거나 생각 없이 받아들이기 보다는 하나하나 이해해보는 것이 추후 교대에서의 공부에 도움이 될 것입니다. 저는 이러한 모든 공부를 김완컨설팅에서 도움을 받았습니다. 나만의 교사상을 시작으로 반드시 알아두어야 할 12가지 교육이론과 최신 교육이슈 등의 지식을 토대로 열심히 연습 했습니다. 또한 논리적으로 말하는 방법과 모의면접도 제가 합격하는데 큰 도움이 되었습니다. 앞으로도 임용과 저 출생 이야기는 계속해서 들리겠지만 제가 선택한 길이기에 최선을 다해 좋은 교사가 되어 저의결정이 옳았다는 것을 증명할 것입니다. 여러분들도 저와 같은 이야기를 듣는다면, 남들의 이야기기에 흔들리지 않고 교사의 꿈을 이어나갔으면 좋겠습니다. 그러면 반드시 좋은 결과가 있을 것이라 생각합니다.

## 서류기반 생활기록부 면접 후기

저는 이번에 수시로 광주교육대학에 합격한 학생입니다. 우선 면접은 말하는 시험이고, 점수에 반영되어 합격에 큰 영향력을 미친다는 것입니다. 따라서 충분한 학습과 연습이 필요합니다. 저는 광주교대 면접에서 8개의 질문을 받았습니다. 긴장은 되었지만 나름 열심히 공부해서 인지 편하게 면접에 임할 수 있었습니다. 제 경험으로 생활기록부 면접은 자신이 경험한 내용을 말하는 것이기 때문에 모르는 내용은 없습니다. 다만 그 상황만을 이야기한다면 좋은 점수를 받을 수가 없습니다. 따라서 자신의 성장이유와 가치관 등을 이론에 근거해 논리적으로 답변해야 합니다. 짧은 시간 내에 이야기해야하기 때문에 교양, 교직 이론공부와 말하기 연습을 충분히 할 필요가 있습니다. 제가 받은 질문은 다음과 같습니다.

1. 동아리에서 또래상담을 했는데 또래 상담의 중요성이 무엇이라고 생각하는가?
2. 상담할 때 상담자가 갖춰야할 자질은 뭐라고 생각하는가?
3. 지원자의 생활기록부를 보면 특수교사를 진로로 했던 것 같은데 맞습니까?
4. 생명과학에서 배운 유전에 대한 내용을 지역아동센터에서 초등학생들을 대상으로 진행했다고 되어 있는데 어떤 내용이었는지? 또한 어떻게 진행했는지 이야기 해보세요.
5. 지역아동센터에서 봉사활동을 하면서 본인이 생각하기에 잘한 점 그리고 아쉬웠던 점을 차례로 이야기해 보세요.
6. 논술 시간에 아동학대법과 관련된 조사를 했는데, 초등학생들에게 어떻게 가르칠 것인지 답변 해보세요.
7. 동물치료를 특수아동들에게 적용해 전문적인 연구를 하고 싶다고 했는데, 어떻게 이런 생각을 하게 된 것인지 구체적으로 이여기 해보세요.
8. 마지막으로 하고 싶은 말 있으면 해보세요.

이 모든 질문에 저는 김완컨설팅에서 배운 내용을 토대로 충분히 연습하여 막힘없이 답변할 수 있었습니다. 수업시간에 배운 많은 내용 중 나만의 교사상, 교사의 자질, 장애이해교육, 초등교육의 목적, 봉사정신, 학교폭력과 아동학대 등의 이론을 근거로 논리적으로 잘 이야기 할 수 있었습니다. 마지막으로 하고 싶은 말에 대해서는 김완선생님께서는 보충설명, 정황, 준비한 내용 3가지 중에서 적합한 것을 선택하라고 하셨는데, 저는 그 날 분위기가 준비한 것을 이야기하는 것이 좋다고 판단하여 다음과 같이 이야기 했습니다.

"저는 교사에게 있어 지치지 않는 힘이 중요하다고 생각합니다. 그 이유는 특히 초등학생들은 교사를 롤 모델이나 선망의 대상으로 삼기도 하기 때문에 교사의 이런 긍정적인 태도가 학생들에게도 영향을 미칠 수 있기 때문입니다. 따라서 저는 교사가 이러한 지치지 않고 긍정적인 태도를 가져야 한다고 생각합니다. 따라서 저는 반드시 그렇게 할 것입니다."

저는 이렇게 면접을 보고 광주교육대학교에 합격했습니다. 제 글이 조금이나마 도움이 되기를 바랍니다.

## 4가지만 지킨다면 아주 좋은 면접 성적 장담

안녕하세요. 저는 이번에 정시전형으로 진주교육대학교에 합격한 학생입니다. 저는 고3 1학기에 교대라는 목표를 꿈꾸게 되었습니다. 그동안은 수동적인 삶을 살았던 저에게 교육대학교에 진학하여 초등학생들에게 많은 도움을 줄 수 있는 교사가 되고 싶다는 목표가 생겼고 늦었다는 주위의 만류에도 불구하고 제 꿈이 너무 간절했기에 2년 동안 쌓았던 생명과학 위주의 생기부 내용과는 다른 다양한 교육 활동에 참여하고 교육 관련 생기부를 작성했습니다. 선택과목 또한 6월 모의고사 이후에 바꿀 정도로 정말 간절했습니다. 수시 결과 저는 6교대를 지원했지만 모두 불합격을 하였습니다.

남들보다 교육에 관한 생기부의 내용들이 많이 부족하다는 이유로 저에게는 면접을 볼 기회조차 없었습니다. 단지 간절한 마음 하나로는 아직 세상이 나를 알아봐 주지 않는다고 생각했습니다. 결국 정시로 교육대학교에 지원하게 되었고 이번에는 저의 간절한 마음뿐만 아니라 실력도 갖추어야 함을 알게 되었고, 이는 결국 수능과 면접을 잘 보아야 한다는 목표로 이어졌고 교육대학교를 간 고등학교 선배의 추천으로 김완 컨설팅 학원에 오게 되었습니다. 저는 대구에서 서울로 올라오다 보니 많은 어려움들이 있었습니다. 하지만 선생님들의 수업을 들은 순간 저는 무조건 열심히 다니고 과제를 성실히 한다면 좋은 결과가 나올 것이라는 믿음이 생겨 여러 번 서울과 대구를 왔다 갔다 했습니다. 저의 경험을 토대로 여러분들이 4가지만 지키신다면 면접에서 아주 좋은 성적이 나올 것임을 장담할 수 있습니다.

첫 번째는 간절한 마음을 가지는 것입니다. 여러분들은 간절한 마음을 가지고 지금 이 글을 보는 것이라 생각하기 때문에 우선 절반은 해냈다고 말씀드리고 싶습니다. 저는 한 번씩 힘든 순간이 찾아올 때 내가 왜 교대라는 목표를 잡게 되었는지 되새기면서 간절함을 면접을 보는 그 순간까지 가지고 가려고 노력했습니다.

두 번째는 수업 시간에 정말 열심히 참여하는 것입니다. 여기서 중요한 점은 항상 배우려는 마음가짐을 가져야 한다는 것입니다. 하나의 문제에 대해 답변을 할 때 정말 다양한 해결책들과 답변들이 나옵니다. 본인의 생각과 다른 친구들의 생각 그리고 선생님의 생각까지 최소한 3개 이상으로 문제에 대한 답변들이 나오는데 저는 이 모든 걸 항상 다 필기했습니다.

선생님들의 피드백뿐만 아니라 다른 친구들의 답변들에도 배울 점이 굉장히 많습니다. 교육대학교 면접문제들은 정답이 명확하게 정해져있는 문제들보다는 인·적성을 담은 학생들의 의견을 묻는 문제들이 많습니다. 이때 한 가지의 답변보다는 다양하게 답하는 게 정말 중요하기 때문에 본인이 잘 아는 문제라고 해서 본인의 답변들에 안주하기보다는 뭐든 배운다는 마인드를 가지는 것이 굉장히 많이 도움이 됩니다.

세 번째로는 수업 시간에 배운 내용들은 카테고리 별로 정리하며 복습하는 것입니다. 다양한 내용들을 배우다 보면 여러 교육들이 헷갈리기도 하고 혼동됩니다. 따라서 저는 예를 들어 학교폭력, AI 이런 식으로 카테고리를 정해서 그 카테고리와 관련된 내용들을 모두 정리하여 이동 시간에 그것들을 계속 공부했습니다. 이렇게 해 두면 그 카테고리에 대한 답변을 잘 할 수도 있고 교수님의 추가질문에도 확실하게 대응을 할 수 있습니다.

마지막으로 네 번째는 말하는 연습입니다. 수업을 듣다 보면 선생님께서 말하는 연습을 하는 방법에 대해 설명을 해주실 텐데 그 방식들을 적용해 말하는 연습을 정말 많이 해야 합니다. 여기서 중요한 점은 본인이 말한 것을 꼭 본인이 들어봐야 합니다. 본인이 듣는 과정에서 본인의 문제점이 무엇인지가 보이고 그 문제점들을 하나씩 해결하려고 노력하면서 영상을 찍다 보면 신경 쓰이는 부분들을 완벽하게 고칠 수 있습니다.

저는 김완 컨설팅 선생님들의 열정적인 수업들로 인해 많은 것들을 배우고 느꼈습니다. 그리고 최종적으로 교육대학교에 합격하여 목표를 이루었습니다. 여러분도 저의 글을 읽고 위의 4가지를 잘 연습하셔서 모두 꼭 교육대학교에 합격했으면 좋겠습니다. 언제나 여러분의 뒤에서 응원하고 있겠습니다. 다들 입시가 모두 끝나는 그날까지 파이팅 하세요!!

## 바른 자세로 정선된 언어를 사용한 질문에 적합한 답변

안녕하세요! 저는 이번에 서울교대에 합격한 조○경입니다. 교대입시에서는 성적뿐만 아니라 면접도 매우 중요하다는 것을 알게 되었습니다. 오늘은 저의 면접 준비 과정에 대해 이야기하려고 합니다. 특히 말하기 연습이 저에게 가장 중요한 과제였습니다.

처음에는 혼자 집에서 면접 인터넷 강의를 보면서 준비를 시작했습니다. 그러나 막상 영상이나 녹음을 통해 자신의 대답을 듣게 되니 잘못된 습관이 많았고 긴장으로 인해 말을 더듬는 일도 자주 일어났습니다. 이런 상황에서 김완컨설팅의 도움을 받아 '바른 자세로 정선된 언어를 사용하여 질문에 적합한 답변'을 할 수 있도록 공부하고 연습했습니다. 정선된 언어와 잘못된 습관을 고치는 과정에서 저는 말하는 능력을 향상시키고자 평소에도 면접에서 사용되는 단어와 표현들을 사용하며 이야기를 나누기 시작했습니다. 또한, 면접 준비에서 교육 상식을 알고 자신의 교육관을 정의하는 것도 중요하다는 것을 알게 되었습니다. 면접 도중에는 자신이 알고 있는 상식을 어디에 어떻게 활용할 수 있는지를 명확하게 전달해야 했습니다. 이를 위해 최대한 많은 교육 관련 이야기들을 읽고 교육 이슈를 접하며 자신의 교육관을 구체화했습니다.

이 과정에서 김완선생님의 수업이 큰 도움이 되었습니다. 이렇게 준비한 것들이 면접에서 자신감 있게 대답할 수 있는 힘을 주었습니다. 물론, 배운 것을 토대로 논리적 답변의 연습, 나만의 교육관 정립 등 혼자서 이루어야 하는 것도 있었습니다. 하지만 그동안 저를 지원해준 가족, 친구, 김완컨설팅 선생님들의 도움과 응원은 더 큰 힘이 되었습니다. 이러한 체계적인 교육과 응원은 저에게 교대면접 준비에 확신과 자신감을 심어주었습니다. 이렇게 끈질기게 목표를 향해 나아가며 면접을 준비한 결과, 합격과 함께 교사란 꿈에 한 발짝 더 다가갈 수 있게 되었습니다.

앞으로도 끊임없이 노력하며 성장하는 모습을 보여드릴 것을 약속드리며, 합격에 도움을 주신 선생님들께 감사의 말씀을 전합니다. 잘 지도해주시고 함께 응원해주셔서 정말 감사합니다.

마지막으로, 저 또한 교육대학을 희망하는 모든 수험생을 응원합니다.

서울교육대학교 합격생
이○진

## 행복하게 최선을 다하기를 바라며, 응원합니다

저는 이번에 서울교육대학교에 입학한 이○진입니다. 저는 초등학교 6학년 때부터 교사라는 직업을 꿈꾸었고 고등학교 3년 동안에는 교대 진학만을 위해 노력했습니다. 교대에 진학하기 위해서 우선 학교 내신 관리를 철저히 하였고 생활기록부를 교대에 맞추기 위해 다양한 영역에서 '나'를 들어내는 것에 집중했습니다. 구체적인 예를 들자면 각 과목 관련 대회는 수상 여부를 떠나 참여하여 나중에 소감문을 작성하여 나의 양분으로 만들기도 하고 독서는 각 과목당 한 학기에 2권 이상 제출하였으며 시험이 끝나고 점수 확인기간 동안 시간이 남아 심화 탐구보고서를 작성하기도 하였습니다. 또한 학교에서 실시하는 봉사, 행사, 교육프로그램 등을 항상 빠짐없이 신청하여 보고서나 감상문을 제출하기도 했습니다. 하지만 가장 두려웠던 것은 '교대면접'이었습니다. 면접을 준비하기 위해 고등학교 3학년 여름방학부터 교대입시 전문 김완컨설팅학원에서 본격적으로 연습을 했습니다.

처음에 학원에 가서는 면접의 기본자세와 말하기 연습을 했습니다. 첫날 저의 모습을 떠올리면 어떻게 면접을 통과했을지 의문이 들 정도로 기본지식도 부족하고 미숙한 상태였습니다. 비디오 촬영시간에는 질문에 대한 답변을 하는데 점점 주제와 상관없는 말을 하였고, 너무 뻔하거나 1차원적인 답변을 했습니다. 또한 비디오 분석시간에 기본자세도 손짓을 너무 과하게 사용하고 말이 떠오르지 않을 때는 가만히 멈추거나 시선 처리가 불안정해지는 습관도 가지고 있다는 것을 알게 되었습니다. 선생님의 피드백을 통해 해결 방법도 알게 되었습니다.

저는 이러한 문제점들을 고치기 위해 '영상 촬영' 방법을 이용했습니다. 카메라 앞에서 스스로 연습을 하고 그 영상을 보며 셀프 피드백으로 문제점들을 고쳐나갔습니다. 또한 말하기 연습은 학원에서 배운 사물을 보고 떠오르는 생각을 5단 구성으로 말하기를 어머니와 함께 연습했습니다. 어머니가 갑작스럽게 사물을 말하시면 저는 그것에 대한 저의 의견을 말하고 어머니께서 피드백을 해주시거나 사고를 확장할 수 있도록 다양한 것들을 이야기해주셨습니다. 이 외에도 나만의 말하기 방식 틀을 만들어 어떤 질문에도 정리하여 말할 수 있도록 하였고 학원에서 알려준 여러 가지의 교직·교양 지식들을 집에 와서 한 번 더 상기시키며 정리하곤 했습니다. 이때 김완선생님의 인터넷 연계 강좌가 많은 도움이 되었습니다. 저의 합격 요인 중 가장 중요한 것으로 '면접'을 뽑을 수 있는데, 이는 학원 선생님들께 많은 것들을 배워 저의 면접 능력을 성장시킬 수 있었기 때문이라 생각합니다. 마지막으로 예비교사를 꿈꾸는 수험생분들 행복하게 최선을 다하기를 바라며, 응원합니다. "파이팅!"

# 불가능하다는 생각이 가능한 능력으로 변화

교대 면접 준비를 하면서 어떻게 해야 할지 갈피를 못 잡고 있던 학생이었습니다. 하지만 학원에서 말하기 단계 및 논리적으로 답변하기, 비디오촬영 및 분석, 개인지도, 다른 여러 학생들과 같이 피드백하고 의논하고, 지켜보고 배우는 과정을 통해 동반성장 하면서 많이 발전하였습니다.

처음에는 떨리고 감이 안 잡히고 어렵고 불안했습니다. 면접연습을 하면서도 '합격할 수 있을까?' 하는 걱정이 많았습니다. 그러나 막상 실전면접에서 준비한 과정을 바탕 해서 성공적으로 해낼 수 있었습니다. 처음에는 면접 준비 과정에서의 어려움과 불안감으로 인해 면접에 대한 자신감이 낮았습니다. 하지만 김완선생님과 함께 준비하면서 교직관련 지식도 많이 알게 되었고 비디오 촬영과 분석을 통하여 저의 문제점을 알 수 있었습니다. 또한 부족한 점은 개인 피드백을 통하여 고칠 수 있었습니다.

가장 크게 도움이 되고 말하는데 자신감을 갖게 된 것은 논리적으로 말하는 연습이었습니다. 선생님께 5단 구성 방법을 배워서 답변을 할 때 적합한 내용을 잘 표현하고 자신감을 가질 수 있게 되었습니다. 실제 면접에서도 자신 있게 논리적으로 답변하여 합격할 수 있었다고 생각합니다.

이 모든 것이 김완컨설팅학원 선생님들의 도움과 지도 없이는 불가능했을 것입니다. 감사드립니다. 결국 저는 4개 대학에 합격 했고 경인교대를 선택했습니다. 경인교대 합격은 저에게 큰 의미를 갖는 결과였습니다. 면접 준비 과정을 통해 제 자신을 발전시키고, 면접에 대한 자신감을 키울 수 있었습니다. 이러한 경험은 저의 인생에 큰 자신감과 동기부여를 주었으며, 교사로서의 꿈을 향한 첫걸음이기 때문입니다.

마지막으로, 교육대학을 준비하는 학생들도 성공적인 면접 준비를 할 수 있기를 바랍니다. 자신이 조금 부족하다고 절대로 포기하지 말고 최선을 다하시기 바랍니다. 그렇게 한다면 반드시 합격할 것이라고 믿습니다. 여러분을 응원하며, 저 또한 교사로서의 역량을 향상시키기 위해 계속해서 노력하겠습니다.

경인교육대학교 합격생
김○진

## 체계적 면접연습으로 4개 대학에 합격

　저는 처음으로 교대에 진학하고 싶다는 생각을 한 것이 1학년 2학기 생기부 마감 즈음이었기 때문에 1학년 때에는 생기부가 교대로 맞춰지지 않은 상태였습니다. 따라서 2학년 때부터 본격적으로 비교과 및 세특을 준비하기 시작했고, 비교적 나쁘지 않은 성적임에도 1차의 서류에 대한 불안감이 컸습니다. 때문에 만약 1차에서 운 좋게 붙는다고 할지라도, 2차의 면접을 걱정하지 않을 수 없는 상황이었고, 이를 해결할 방법을 찾던 중 김완 컨설팅에 대해 알게 되어 설명회를 들은 후 다니게 되었습니다. 당연히 3학년 때까지는 면접에 대해 기본적 공부조차 되지 않은 상태였기 때문에 막연히 '내가 정말 면접을 잘 볼 수 있을까?'라는 걱정에 빠져 있었고, 이로 인한 불안함과 스트레스도 받았습니다. 하지만 처음 김완 컨설팅의 수업을 들은 후, 기본적인 개념들과 말하는 방법을 익히니 정말 말하는 것이 달라지고 면접에 대한 자신감이 생기기 시작했습니다.

　특히 그날 배운 것을 집에 가서 스스로 한 번 더 재구성하는 과정을 통해 지식을 달달 외운 것이 아니라 스스로 생각을 더하여 말할 수 있는 능력이 생겼고, 더불어 학원에서 제공해준 영상 강의를 통해 얻은 배경지식 활용으로 좋은 시너지 효과를 낼 수 있었습니다. 더하여, 같은 진로를 고민하고 있는 다른 김완 컨설팅의 학생들과 같은 주제로 계속 대화하는 시간을 통해 저의 부족함과 장점을 동시에 느낄 수 있었습니다.

　우리는 경쟁자가 아닌 동반자로 서로의 피드백을 통해 확연히 발전하는 것을 느낄 수 있었습니다. 이렇게 여름방학부터 입시의 마지막까지 여러 번의 수업을 진행하였고, 매일 매일이 진이 빠지고 힘들었지만 저는 적어도 그날 들은 수업을 후회하는 날은 없었습니다. 열심히 노력한 덕분에 입시 전 모교에서 진행한 모의 면접에서도 좋은 결과를 얻어 마지막 스퍼트를 낼 수 있었고, 이러한 자신감이 실제 면접까지 이어져 떨리더라도 제가 생각한 것들을 논리적으로 말할 수 있었습니다.

　처음에 생기부의 부족함에 불안해하고, 면접을 몹시 두려워하던 제가 4관왕이라는 좋은 결과를 낼 수 있었던 것은 당연히 김완 컨설팅덕분이라고 생각합니다. 김완컨설팅에서는 한명 한명 모의 면접과 피드백, 제시문 요약과 계속된 말하기 등 매우 다양하고 체계적인 수업이 이루어지기 때문에 스스로 열심히 하고, 복습하고자 하는 의지만 있다면 좋은 결과를 얻을 수 있다고 생각합니다.

# 간절한 노력과 성공의 모토 '진인사대천명'

안녕하세요. 저는 이번에 정시로 경인교육대학교에 입학하게 된 최○한이라고 합니다. 저는 세 번째 입시였기 때문에 그 누구보다 간절하고 마음이 조급했습니다. 이런 상황에서 제가 코로나에 걸린 탓에 어머니께서 대신 지원을 해주시는 과정에서 '다'군 안정지원 대학 지원 시간을 착각하여 '다'군을 도저히 다닐 수 없는 대학에 지원하게 되었습니다. 이런 절망적인 상황에서 저는 상향 지원이지만 면접이라는 마지막 기회가 있는 경인교대에 정말 올인할 수밖에 없었습니다. 동시에 이 대학에 떨어지면 4수 혹은 인생이 꼬여버릴지도 모른다는 생각을 했습니다. 수시면접도 준비한 적 없고, 난생 한 번도 면접을 준비한 적 없던 제가 과연 어떻게 할 수 있을까라는 불안한 생각은 학원을 다니면서 많은 변화가 생기기 시작했습니다.

그동안 교과 과정에만 매달려 알지 못했던 다양한 교육적 지식들, ebs다큐를 통해 생생한 교육적 지식들을 받아들이고, 김완 원장님의 강의를 들으면서 저는 많은 지식들을 절망적인 상황에서도 처음으로 재미있게 공부할 수 있었습니다. 그리고 짧은 시간 안에 저의 생각을 논리적이고 핵심적으로 정리해서 말한다는 것이 시작할 때는 너무 힘들었지만, 선생님의 차분한 지도와 연습으로 해결할 수 있었습니다. 저는 기본수업부터 2번의 파이널 수업을 참여하였고, 집에서도 끊임없이 부모님과 연습한 결과, 짧은 시간을 준비했지만 정말 놀라운 성장을 했습니다. 그래서 합격했다고 생각합니다.

'진인사대천명'은 삼수 시절 저의 모토였습니다. 하늘을 감동시킬만한 노력만 하면 된다. 그 이후는 하늘의 뜻을 기다리자는 마음으로 공부했던 기억이 납니다. 저의 이런 간절한 노력이 하늘에 닿았을까요? 면접 하루 전 제가 김완컨설팅학원에서 준 교육 다큐에서 공부한 자료를 말할 기회가 끊임없이 생겼고, 공부한 것들이 면접문제에 나왔다는 마음에 저의 긴장은 한순간에 풀어졌습니다. 또한 시선 처리, 인사하는 자세, 표정 모두 고려한 저에게 면접장은 더 이상 차가운 강의실이 아닌 그동안 삼수라는 시절을 거치며 공부했던 많은 지식과 저의 간절함 저의 삶의 태도를 보여주는 공연장으로 바뀌었습니다. 그렇게 오고 싶던 대학에 합격해 정말 너무 행복합니다.

경인교대를 준비하는 많은 수험생분들 응원합니다. 화이팅! 노력은 절대로 배신하지 않아요! 우리 내년에 학교에서 만나요!

공주교육대학교 합격생
김○희

## 교대를 꿈꾸는 모두를 위하여

　저의 수험생활을 간략히 이야기하려 합니다. 저는 고 3때 처음 쳤던 수능에서 수학만 1등급이 나오며 한양대에리카에 합격했습니다. 그러나 주변에서 들려오는 친구들과 선배들의 소식에 비하면 스스로가 너무 초라하게 느껴져 일말의 자책과 의지를 가지고 재수(정시&논술)에 도전, 결과는 실패. 흔히들 재수는 현역 시절보다 더 나은 경우가 흔치 않다고들 하지만 정말 그 말이 현실이 될 줄 몰랐던 저는 좌절할 수밖에 없었죠.

　다시 한 번 도전한다고 성공적인 결과를 도출할 수 있을지는 미지수라는 점도 있지만 확실하게 도전하고 싶은 분야가 없었기 때문에 더욱이 다시 의지를 불사를 동기가 존재하지 않았기 때문입니다. 그렇게 모든 것이 불확실한 채 겨우 스스로를 다잡고 공부를 이어갈 무렵 제가 공부하는 것을 오랫동안 지켜보던 선생님으로부터 "교대 어때?" 라는 말을 듣게 되었습니다. 그 말을 듣는 순간 초등학생일 시절의 여러 추억들과 더불어 초등학교 6년 내내 늘 좋은 은사님들을 만나 행복하게 지내던 시절이 떠올랐고 자연스레 꿈은 언젠가 한 번쯤은 꾸었던 수많은 꿈들 중 하나인 초등교사로 자리 잡게 되었습니다. 그렇게 의지와 목표를 가지고 공부한 끝에 대망의 수능 날 다소 부족하지만 공주교대에 지원할 수 있는 성적을 거둘 수 있었습니다.

　다음으로 교대는 면접을 준비해야 하기에 수능이 끝난 이후에도 끝날 때까지 끝난 게 아니라는 일종의 부담감이 생길 수밖에 없었습니다. 저는 지인분께서 김완컨설팅을 추천하여 다니게 되었습니다. 입시 업계에 오래 계신 분이셨던 만큼 매우 탁월한 추천이셨고 김완컨설팅에 갔던 것은 신의 한 수였다고 생각합니다. 그만큼 면접 준비에 많은 도움을 받았고 결과적으로 면접 뒤집기에 성공할 수 있었습니다.

　공주교대의 면접은 질문형으로 이루어지는 만큼 매년 이슈가 되었던 주제들을 중심으로 교육과 연결 짓는 질문들이 출제되는데 교육과 이슈의 폭이라는 것이 가늠할 수 없기에 처음 학교 면접 기출을 마주했을 때는 그저 막막하기만 하였습니다. 하지만 김완선생님과 공부하면서 핵심 개념들과 중심 이슈들만을 알 수 있어 낭비하는 시간이 없었고 쉬는 시간 없이 진행되는 압박감이 오히려 학습에 더욱 긴장감을 주어 면접 당일까지 최선을 다할 수 있었습니다.

　정리하자면 꿈과 목표가 정확할수록 입시라는 긴 싸움 속에서 버티고 견뎌낼 수 있는 원동력이 생긴다는 것입니다. 포기하지 않는다면 모두 할 수 있습니다!

## 부족한 수능점수를 면접으로 극복

안녕하세요. 정시로 공주교육대학교에 합격한 석○솔입니다. 저는 타 대학을 다니다 초등교사라는 꿈이 생겨 재학 중이던 대학교를 휴학하고 1년간 공부하였습니다.

수능 공부를 열심히 했지만 기대만큼 성적이 나오지 않아 한동안 낙담하기도 했습니다. 꼭 가고 싶었던 교육대학교에 가기 위해서 저는 성적이 남들보다 부족하기에 면접 변별력이 큰 공주교육대학교에 지원하였습니다.

저는 고등학교와 대학교 모두 면접으로 들어갔기에 남들보다 면접에 대한 자신감은 있었고 별다른 준비를 하지 않아도 무조건 합격할 거라는 확신이 있었습니다. 하지만 교대 관련 입시 글을 찾아보니 저보다 성적이 좋은데도 면접 학원과 스터디를 하는 등 다른 친구들은 저보다 유리한 위치임에도 더 열심히 준비하는 모습이었습니다. 불안해진 저는 면접학원을 알아보았고 그 과정에서 김완컨설팅을 알게 되었습니다. 처음 학원에 가서 김완선생님과 대화를 하며 제가 한참이나 부족하다는 사실을 깨달았고 부끄러웠습니다. 교대면접은 제가 생각한 것과 결이 달랐고 준비할 것이 많았습니다. 제가 하는 답변들은 초등학생 수준의 누구나 할 수 있는 답변이었습니다.

선생님께서는 제게 지금은 많이 부족하지만 지금부터라도 준비하면 잘 할 수 있을 것 같다는 말씀을 해주셨고 덕분에 용기를 내어 선생님과 같이 면접 대비를 하였습니다. 남들 앞에서 말하는 것을 어려워하는 저에게 친구들 앞에서 말하는 연습은 저를 더 강하게 키워준 수업이었습니다.

첫 수업 당시 저의 모든 답변은 논리적이지 못하고 부족함만 가득했습니다. 하지만 선생님만의 5단 구성 스토리텔링 연습으로 차츰 나아졌고 선생님들의 격려로 자신감을 얻어 더 열심히 수업에 임할 수 있었습니다. 또 다른 제 문제점은 교육시사에 대한 무지였습니다. 단순히 초등교사가 되고 싶었던 저는 최근 이슈에 대해서 아무것도 알지 못했습니다.

공주교대는 특히나 교직에 관한 질문이 주로 출제된다고 하는데 이런 기본적인 것도 모르고 있었습니다. 하지만 김완선생님께서 단기간에 압축하여 작년과 올해 이슈들을 집어서 알려주셨고 컴팩트하게 중요한 부분을 익힐 수 있었습니다. 체계적인 답변보다도 이 점이 저에게는 정말 큰 도움이 되었습니다. 실제 면접을 보며 학원에서 배운 여러 정보를 적재적소에 사용하였고 덕분에 면접에서 뒤집고 합격할 수 있었다고 자신 있게 말할 수 있습니다.

제가 이 학원에 오지 않았더라면 전 저의 무지함을 깨닫지 못하고 불합격했을 것입니다. 김완컨설팅에서 무수히 많은 연습과 친구들과 선생님들의 적극적인 피드백을 통해 저의 잘못된 점을 인지할 수 있었고 고칠 수 있었습니다. 반복된 연습으로 실제 면접장에서는 전혀 떨지 않고 자신 있게 후회 없이 마치고 나왔습니다. 김완컨설팅은 수능 결과로 낙담한 저에게 한줄기 희망이었습니다.

　부족한 저를 응원해주시고 격려해주신 김완 선생님, 원유숙 선생님, 김민섭 선생님 감사합니다. 선생님들 덕분에 합격할 수 있었습니다. 교육대학교에 진학하고자 하는 모든 학생들을 진심으로 응원합니다!

## 체계적인 면접 준비의 중요성

제가 준비했던 공주교육대학교 같은 경우에는 생기부 기반으로 면접이 진행되었는데, 김완 컨설팅에서 반드시 준비해야 할 질문들에 대한 대비부터 개별적인 부분까지 대비하면서 짧은 시간이었지만 면접 방향 설정을 할 수 있었습니다. 특히 마지막에는 직접 모의면접을 진행하는 과정을 통해 면접을 어떻게 준비해야 한다는 감을 잡을 수 있었습니다. 또한 다른 학생들과 면접을 진행해보면서 부족한 점을 보완할 수 있었고, 의견을 들어보면서 많은 것들을 배울 수 있었습니다. 사실 저의 경우에는 예상치 못한 질문을 받는 것을 두려워하여, '면접 때 내가 예상하지 못한 질문을 받으면 어떻게 답변을 해야하지?', '즉문즉답을 할 수 있을까?'라는 고민이 많이 있었는데요.

면접을 준비하며 느낀 점은 즉문즉답하는 능력을 기르기 위해서는 면접 준비를 철저히 하는 것이 필요하다는 것이었습니다. 미리 예상 질문을 작성해보고, 그에 대한 답변을 준비하는 과정을 통해서 '내가 어떤 교사가 되고 싶은가', '내가 그런 교사가 되기 위해서 어떤 점을 준비했는가' 등의 가치관과 방향성을 설정할 수 있다고 생각하는데요. 그런 부분에 있어 김완선생님과 면접 준비한 것이 방향성을 설정하는데 큰 도움을 받을 수 있었습니다. 뿐만아니라 면접을 준비하면서 제가 중요하다고 느꼈던 부분에 대해서 이야기해본다면, 우선 면접에서 답변을 할 때에는, 활동을 한 뒤 느낀 점이나 깨달은 점을 언급하는 것이 중요하다고 생각합니다.

예를 들어 보자면, 답변에서 특정 활동을 언급했다면 '그 활동이 내게 교사를 희망하는 데에 어떤 도움을 주었습니다.'라는 것을 함께 말하는 것이 좋다고 생각합니다. 또한 면접에서 예상치 못한 질문을 받을 경우 당황하지 않고 간략하게라도 내가 최대한 아는 대로 질문에 대한 답을 하고, 그 뒤에 내가 준비했던 멘트들을 덧붙여 답변 속에 내가 준비했던 것들을 조금씩 녹여내는 것도 좋은 방법이라고 생각합니다. 면접에 대해 많이 고민했던 기억이 있어 여러 가지를 말씀드리다보니 글이 두서없어졌네요. 사실 저의 경우에는 이전에 다른 대학 면접에서 제가 예상치 못한 질문을 받은 뒤 답변을 제대로 하지 못했던 경험으로 면접에 대해 막연한 두려움을 가지고 있었습니다. 하지만 김완컨설팅에서 공부하면서 면접을 어떻게 준비해야 하는지 배울 수 있었고, 단순히 교대 면접을 준비하는 것을 넘어서서, '면접' 자체를 대하는 태도들을 배울 수 있었습니다. 이런 경험으로 면접에 대해 자신감을 얻을 수 있었습니다.

오랜 시간 동안 희망했던 교육대학교에 합격하게 되어 너무 좋고, 교육대학교를 희망하는 분들 또한 좋은 결과 있으셨으면 좋겠습니다.

대구교육대학교 합격생
변○준

# 포기하지 말고 최선을 다하라

저의 교육대학교 준비 과정은 그리 순탄하지는 않았습니다. 이러한 과정이 미래에 예비교사가 되고 싶지만 교육대학교 입시가 어려울 것 같아 도전을 망설이고 계신 후배님들께 조금이나마 도움이 되었으면 하는 마음으로 간단히 적어봅니다. 보통 교육대학 진학을 희망하는 학생들은 1학년 때부터 교과 내신뿐만 아니라 생활기록부 비교과 활동을 열심히 준비하는 것으로 알고 있습니다. 하지만 저는 그렇지 못했습니다. 교사의 꿈은 2학년 말에 바뀐 꿈이었고, 교과 내신은 또한 계속 하향하고 있었기에 3년간의 모든 비교과 비중이 상당히 큰 교육대학교로 목표를 전향하는 것은 저에게 있어 큰 고민이 될 수밖에 없었습니다.

어느 곳에서 나 입시상담을 하게 되면 모두들 마치 약속이나 한 것처럼 가능성이 희박한 도박이라며 말리셨습니다. 또한 교육지원청에 대구교육대학교 입학 사정관 출신 선생님이 계시다는 소식을 듣고 상담을 받아봤지만, 본인이 평가한다면 1차 통과도 어려울 것 같다며 다소 냉정하고도 현실적인 답을 주시기도 하셨습니다.

내신과 비교과 모두 부족한 상태였습니다. 그러나 저는 모두가 예상하지 못했던 "교육대학교 입시"라는 도전을 하게 됩니다. 선생님들께서는 제가 조금 더 가능성이 높은 선택지를 고르길 바라셨지만, 저의 적성에 더 초점을 맞추어 결정했기에 더 이상 고민하지는 않았습니다. 그러나 결정을 내리고 결심이 굳어졌다고 해서 모든 일이 그저 잘 해결되었다는 뜻은 아닙니다. 무엇을 해야 할지 몰랐기에 이곳저곳에 교육봉사를 찾아다니며 학기 중에 내신 공부와 병행했고 비교과 활동 또한 수업 시간에 모든 내용을 교육과 연관 지어보며 발표, 보고서와 같은 활동을 하였는데 이 역시 정말 쉽지 않았습니다. 그렇게 억지로 힘을 내고 도움의 손길을 찾던 중 '김완컨설팅'을 찾게 된 것이 신의 한수였습니다.

수업 시간에 면접에 관한 내용들을 공부하고, 생각을 정리해서 답변하는 연습을 하였습니다. 매 수업 마지막에 모의면접 실전연습을 하였습니다. 그렇게 면접날은 다가왔고 저는 "생활기록부에서 교직 관련 적성을 확인할 수 없습니다. 혹시 성적이 하향되어서 성적에만 맞는 대학을 지원한 것인가요?", "특정 과목이 취약한데 교직에서 어려움이 있을 것 같은데 어떻게 해결할 것인가?"와 같은 어려운 질문들에 모두 답변을 하며 면접관분들께 칭찬을 받는 성공적인 결과를 얻어내며 합격할 수 있었습니다. 이러한 경험을 통해 제가 확실하게 장담할 수 있는 것은 포기하지 않으면 성공한다는 것입니다.

교육대학을 희망하는 상황이 어려운 여러분, 포기하지 말고 최선을 다하기를 바랍니다.

# 만학도의 어려움을 즐거움과 보람으로

안녕하세요? 저는 이번에 정시로 청주교육대학교에 합격한 김○우입니다. 저는 항공대학교 전자공학과 석사를 졸업하고 회사를 8년 정도 다니다가 교직의 꿈을 갖게 되어 남들보다는 많이 늦은 시기에 교대 입시에 도전하게 되었습니다. 결혼을 했고 자녀가 있었기 때문에 육아휴직 1년을 하면서 마지막 수능이라고 정하고 공부를 했으나 성적이 생각보다 잘 나오진 못했습니다.

국어, 수학, 영어, 한국지리, 정치와 법 순서로 5, 2, 1, 1, 3등급이 나왔고 합격예측 서비스를 이용했을 때, 청주 교대와 공주 교대에 지원 가능한 상태였습니다. 재학생들은 학교에서 선생님들이 면접 지도를 해준다고 하는데 저는 그런 수업을 받을 수 없었기 때문에 저를 도와줄 학원이나 강의를 찾아보다가 인터넷에서 우연히 김완 컨설팅에 대해 알게 되었고 종합반을 수강하게 되었습니다. 처음에는 입시 면접 경험이 없는 터에 도대체 어떻게 준비를 해야 하나 막막했지만 수업을 들으면서 많은 주제들을 섭렵하게 되었고 어떤 식으로 답변을 준비해야 되는지 감을 잡게 되었습니다. 수업에서는 꼼꼼하게 말하는 내용을 구성하는 법부터 시작해서 발음과 태도를 교정하는 것까지 면접 경험이 없는 사람도 차근차근 준비할 수 있는 기회를 제공하였습니다.

저의 경우에는 말하기에는 어느 정도 자신이 있었기 때문에 수업을 통해 많은 내용들에 대해 인지하고 나름대로 옳다고 생각하는 관점으로 해당 주제들에 대해 생각하며 하나하나 답을 준비하였습니다. 그 과정에서 선생님들께서 개인의 의견으로서는 가능할 수 있지만 면접 답으로는 부적합한 답들을 다른 방향으로 준비하도록 피드백을 주셨고 그런 대안적 답들을 사전에 얻을 수 있어서 좋았습니다. 무엇보다도 도움이 되었던 부분은 학원에서 제공해준 인터넷 연계강좌인 교육 이슈들과 관련된 강의와 다양한 교육 다큐멘터리였습니다.

선생님이 되고 싶은 마음은 틀림없었지만 준비를 하는 과정에서 알게 된 학교 현장의 다양한 문제 학생들의 이야기를 접할 때마다 이들을 어떻게 대해야 될까 많은 고민이 되었는데 다큐멘터리를 보면서 그 아이들을 보는 다른 관점을 갖게 되었고 진정으로 도와주고 싶은 마음이 생겼습니다. 또한 학생들을 덜 갖추어진 지도의 대상으로 보는 것이 아니라 하나의 존중받아야 될 인격체며 신뢰 받아야 될 대상이라는 생각을 갖게 되었습니다.

이 모든 변화를 겪을 수 있도록 도움을 주신 김완 컨설팅에 진심으로 감사합니다. 이제 시작이기에 잘 알지 못하는 것들 이 많지만 앞으로 4년간 착실히 준비할 것이고 학교 현장에서 아이들과 만날 그 날을 향해 나아가려고 합니다.

분명히 하고 싶은 것이 있기에 1학년부터 관심 분야에 대한 연구를 시작하였고 후배들에게 뭘가 도움을 주고 싶어서 부족하나마 이것저것 수기를 적었습니다. 모쪼록 기회가 된다면 이 수기를 읽은 미래의 선생님들을 만나게 되길 기원합니다. 감사합니다.

## '면접 병아리'에서 '면접 퀸'으로

처음 학원에 와서 모의면접을 보고 눈물을 흘렸던 시간이 엊그제 같은데 제가 합격 수기를 쓰고 있다는 것이 정말 행복하고 또 행복합니다. 교육대학교에 진학하기에 저의 성적은 약간 부족하였기 때문에 면접을 잘하는 것이 더욱 간절하였습니다. 그래서 김완 선생님을 찾아왔고 종합반 수업을 들으며 '면접 병아리'에서 '면접 퀸'으로 바뀔 수 있었습니다.

학원에서 다른 친구들이 질문에 대한 답변을 4~5개 준비하는 시간 동안 저는 2개밖에 생각하지 못하였습니다. 그렇다 보니 자신감이 점점 없었고, 긴장되어 생각이 나지 않아 악순환이었습니다. 그래서 제가 한 다짐은 '과거의 나보다 잘하자'였습니다.

면접에 임하는 다른 친구들의 대답과 태도에서 좋은 점과 배워야 할 점은 참고하여 저한테 적용하였고 면접 보는 저의 모습을 촬영하며 스스로 피드백하고, 시간 제한을 두고 생각하는 방식 등을 통해 '과거의 나'보다 발전하기 위해 노력하였습니다. 또한, 김완 선생님의 수업은 시사 이슈, 교육 이슈, 다양한 기출 문제뿐만 아니라 동영상 촬영, 모의면접 등 여러 가지 방법으로 저의 면접 역량을 강화시켜주셨습니다.

저는 뉴스나 신문을 많이 접하지 않아 심화된 지식이 많이 부족했습니다. 하지만 수업에서 시사 이슈와 교육 이슈를 접하며 이슈에 대한 저만의 생각과 가치관을 세울 수 있었고, 친구들과 이야기를 나누면서 제가 생각하지 못한 부분을 알 수 있어서 더 넓고 풍부하게 생각을 할 수 있었습니다. 이러한 체계적이고 구체적인 수업을 받은 후, 저는 3개의 면접을 봤습니다. 놀랍게도 학원에서 공부한 내용과 준비한 답변을 바탕으로 실제 면접에서 질문이 나왔고 저는 자신 있는 목소리와 밝은 표정으로 대답하였습니다. 그 결과, 면접을 본 교육대학교와 이화여자대학교 모두 합격하였습니다.

모의 면접을 처음 했을 때, 울고 있었던 제 모습과 실제 대학교 면접을 보고 나와서 웃는 제 모습을 보며 김완컨설팅에 가서 수업을 들은 것은 저의 면접능력뿐만 아니라 내가 해낼 수 있다는 자신감과 확신을 가지게 된 것을 느끼게 되었습니다. 수업에서 배운 것은 오직 대학교만이 아닌 저의 인생에서 긍정적인 영향을 많이 받을 것이라고 생각합니다. 지금 이 합격 수기를 읽는 분도 해낼 수 있다는 믿음을 가지고 열심히! 성실하게 임한다면 반드시 원하는 결과를 얻을 수 있을 것이라고 생각합니다.

마지막으로 저를 항상 응원해 주시고 자신 있는 모습이 될 수 있는 방향과 방법을 알려주신 김완 선생님, 원유숙 선생님, 김민섭 선생님께 진심으로 감사드립니다.

## 인생에서 소중한 추억이자 학습이었습니다

안녕하세요, 저는 이번 수시전형에서 광주교대, 대구교대, 부산교대, 춘천교대 4개 교육대학에 합격하고, 집에서 가까운 춘천교육대학교에 입학하게 된 김○찬입니다. 교육대학을 지원하는 여러분들에게 도움을 줄 수 있으면 좋겠다는 생각으로 이 글을 쓰게 되었습니다.

먼저 저는 내신이 상대적으로 낮았고, 모의고사 점수도 높지 않아 초등 교사를 희망하면서도 불안한 상태였습니다. 또한 제 생각을 논리적으로 말하지 못하고 말을 하는 것이 두려운 학생이었습니다. 따라서 면접공부와 수능공부를 병행야만 했습니다. 하지만 저희 학교에서 교대를 준비하는 사람은 저 밖에 없었고, 무엇을 어떻게 준비해야 하는 지에 대한 고민을 하던 중 "교대입시는 김완 컨설팅이다"라는 말을 듣고 찾게 되었습니다.

종합반을 등록하고 교대입시 컨설팅과 면접 지도를 받았습니다. 말하는 연습, 답변 구성하는 방법 등의 면접을 꼼꼼히 준비하며 점점 나날이 말하는 능력이 향상되는 저의 모습을 발견할 수 있었고, 면접날 제가 준비한 답변을 모든 것을 성공적으로 말할 수 있었습니다. 김완 컨설팅에서 면접을 준비하며 가장 좋았던 것은 목표가 같은 친구들과 함께 면접을 준비하며 보고 배운 점이 많다는 것입니다. 처음에는 김완 선생님의 질문에 어떻게 답변해야 하는지 모르는 경우가 많았습니다. 하지만 보충수업과 반복학습을 통해 자신감이 붙을 수 있었습니다. 예를 들면 카메라 테스트와 피드백을 통해 현재 발표습관과 말하는 방식을 교정할 수 있어서 실제 면접에서 면접관님들과 눈을 맞추며 대화하듯이 부드러운 분위기 속에 면접을 마칠 수 있었습니다. 특히 모의면접에서 질문과 답변에 따른 꼬리질문에 대해 처음에는 말을 잘 표현하지 못하거나 우물쭈물하는 것이 부끄러워 빨리 지나갔으면 좋겠다고 생각했습니다. 하지만 모의면접을 주기적으로 계속하다 보니 꼬리질문에 답변하고, 갑작스러운 질문에 답변하는 법을 배울 수 있었습니다. 실제 교대면접에서 꼬리질문에 잘 대답할 수 있었습니다. 이러한 결과로 제가 원하는 교육대학교에 모두 붙을 수 있었습니다.

김완컨설팅에서 받았던 모든 수업과 수업내용은 현재 재학 중인 교육대학교에서도 유용하게 쓰일 만큼 저의 인생에서 소중한 추억이자 학습이었습니다. 그 중에서도 가장 좋았던 점은 면접에서 만난 친구와 소중한 인연을 만들 수 있었던 것이라 생각합니다. 학원에서는 선의의 경쟁자로서 서로에게 도움이 되는 친구였고, 대학교에 와 친구들과 고민을 나누며 여기서 이어진 인연이 훗날 교직에 나가서 까지도 도움이 될 것이라 생각합니다. 자신의 꿈을 향해 치열하게 달려가는 교대 입시 수험생 여러분들! 후회 없는 입시생활을 끝내고 더 높은 곳에서 만날 수 있길 응원하겠습니다.

## 짧은 시간의 큰 능력을 만든 수업

저는 초등교사만을 바라보며 수능준비를 해왔습니다. 그만큼 교사라는 꿈과 교육대학교 입학이라는 그 길이 저에게는 정말 간절했습니다. 그러나 저의 교육관, 교사상, 교육철학에 대해 누군가가 물어보면 항상 어물쩍하게 대답하였습니다.

저만의 확고한 교육관을 만들기란 정말 어려웠고, 막막했습니다. 또, 한편으로는 제가 정한 교육관이 남들이 보기에 부족해 보이지는 않을까 걱정도 많았습니다. 하지만 김완 선생님과 일대일 상담을 한 후 저는 완벽하고 구체적인 '나만의 교사상'을 만들 수 있었습니다. 더불어, 김완 컨설팅에서는 '반드시 출제되는 5문제'라는 이름으로, 그리고 다양한 방식으로 교육에 관련된 이슈나 정보를 많이 주었습니다. 이를 꼼꼼하게 읽어보고, 끊임없이 고민해볼 수 있는 시간을 가지며 나는 어떤 교사가 되고 싶은지, 나의 강점은 무엇인지, 내가 어떤 교사가 될 수 있을지에 대해 생각해볼 수도 있었습니다. 이후, 김완 컨설팅은 단순한 면접 학원을 넘어서서 교사로서 기본적인 소양 및 자질을 갖출 수 있도록 도와주는 공간이라는 생각도 들었습니다.

'시단(시간단축키)' 이것은 제 별명이었습니다. 평소 발표에 많은 두려움을 가지고 있었던 저는 긴장하면 말이 매우 빨라지고, 핵심 논리도 빼먹고 말했기에 이와 같은 별명이 붙었습니다. 그러나 이 때문에 그동안 꿈꿔온 교사의 길을 포기하고 싶지는 않았습니다. 그때, 제게 김완컨설팅은 마지막 남은 치트키 느낌이었습니다. 김완컨설팅에서 5단구성과 스토리텔링을 배우고 저는 '나도 할 수 있겠다'라는 자신감을 얻었습니다. 특히 하나의 사물을 보고 5단 구성으로 스토리텔링하는 연습은 잃어버렸던 논리성을 되찾을 수 있게 해주었습니다.

친구들과 함께 연습하면서 잘하는 친구들을 보며 배울 수도 있었고, 서로 피드백하면서 논리적으로 말하기 위해서 머릿속으로는 무슨 생각을 하고 있어야 하는지 등을 자세하게 알 수 있었습니다. 또, 실제 면접의 분위기를 잘 모르고 있던 저는 모의면접 때 김완 선생님께서 아주 날카로운 질문을 해주셔서 깜짝 놀랐습니다. 그 과정을 영상으로 모두 찍고, 피드백하는 과정에서 저는 저의 답변에 대해 깊게 생각해볼 수 있는 시간을 가질 수 있었으며, 다른 친구들과 함께 토의하면서 답변을 풍부하게 채울 수 있었습니다. 더불어, 교육 이슈, 시사에 대해 학생들이 한 명씩 얘기를 나누었던 시간은 그곳에 있었던 모든 학생이 교사로서 성장할 수 있도록 도와주었다고 저는 장담합니다.

저의 경우 김완컨설팅에서 했던 연습들이 진주교육대학교의 실전 면접에서 밑거름이 되어 발휘되었습니다. 가장 좋았던 것은 단순히 모범 답변을 알려주는 것이 아니라 혼자서 어떻게 면접 준비를 해야 하는지와 어떤 문제에서든지 답변할 수 있는 능력을 키워주셨던 것입니다. 면접 강의를 듣고, 실전 면접까지 꾸준히 5단 구성과 스토리텔링을 연습했고, 여러 교육 이슈에 대해 저의 생각을 정리하는 연습도 많이 했습니다.

선생님께서 알려주신 내용을 제 것으로 만드는 연습도 했습니다. 이 과정이 모두 모여 좋은 답변으로 이어질 수 있었다고 생각합니다. 물론, 좋은 수업만으로 교대 입시가 완성되는 것은 아닙니다. 본인의 노력이 전제가 되어야 좋은 수업도 의미가 있는 것이라 생각합니다.

마지막으로 여러분을 응원하겠습니다.

## 운을 믿지 말고 요행을 기대 말고, 나의 철저한 준비와 노력만을 믿어라

안녕하세요. 서울교육대학교에 합격한 임○은입니다. 이 학교에 합격하는 것이 간절한 목표였기에 감사한 마음으로 지내고 있습니다. 교육대학을 진학하고자 하는 학생들에게 조금이나마 도움이 되고자 합격 수기를 써 봅니다. 우선 저는 입시에서 가장 중요한 건 '후회 없는 하루하루를 보내 수험생활에 미련을 남기지 않는 것'이라고 생각합니다. 이를 위해선 학교생활, 수능준비, 면접 대비에 있어서 철저한 준비와 노력이 필요합니다. 학교생활에 있어서 도움이 될 만한 점들을 이야기해보겠습니다. 첫째, 다양한 학교활동을 하는 것이 좋습니다.

저는 특정 분야나 과목을 가리지 않고 제가 잘할 수 있고 도움이 된다면 각종 대회에 많이 참여했습니다. 임원활동도 열심히 했고, 과목별 발표기회가 생기면 해당 과목과 평소 관심 있던 교육 이슈들의 연결고리를 찾아 창의적인 발표를 하여 '저만의 스토리가 담긴 생활기록부'를 완성해 나갔습니다. 다만, 독서의 경우 1, 2학년 때는 여러 과목과 관련된 책들을 읽었지만, 학년이 올라가면서는 교육관련 책을 중심으로 교육 분야 지식을 쌓기 위해 노력한 점을 드러냈습니다. 둘째, 내신 성적 변화에 일희일비하지 말고 주어진 상황에서 최선을 다하는 것이 중요합니다. 저의 내신 성적도 상향곡선이 아닌 W자곡선 이었습니다.

여러분도 성적변화로 인해 마음 쓰고 있다면 포기하지 말고 끝까지 도전하시길 바랍니다. 교육대학을 희망하는 학생들이라면 수능최저를 맞춰야 하는 학생들이 있을 거라 생각됩니다. 저는 사실 현역 때 수능최저를 맞추지 못해 서울교대를 합격하지 못하고 다른 교대를 입학했습니다. 평소 모의고사를 보면 항상 4합 9는 맞추었기에 "당연히 수능에서도 맞추겠지. 설마 내가 최저를 못 맞추겠어?" 라고 자만한 것입니다. 자만한 나머지, 9월 원서접수 후에도 공부계획을 세워 매일을 후회 없이 보내야 했는데 이미 마음이 원하던 대학에 합격한 것처럼 들떠 공부와 상관없는 콘텐츠들을 보며 시간을 허비하고 자기합리화 하는 날들이 늘었습니다. 그 결과 수능최저를 못 맞춰 반수를 했습니다. 반수를 하는 동안은 5월부터 수능 전날까지 매일 6시 반에 일어나 밤 12시까지 시간을 알차게 사용했습니다.

여러분들은 저처럼 자만하지 말고, 원서접수 후에도 요행을 바라지 말며 하루하루 열심히 보내시길 바랍니다. 면접대비는 현역 때와 반수 때 모두 '김완 컨설팅'의 도움을 많이 받았습니다. 김완 선생님의 면접 종합반을 수강하며 크게 달라진 점은 논리적인 답변을 스토리텔링 기법으로 구현할 수 있게 된 것입니다. 면접대비 첫 시간 교직관련 질문을 받았을 때 저의 답변 길이가 1분을 넘어가지를 못했고 중언부언하는 경우가 많았습니다. 하지만 종합반을 통해 교직교양 질문, 시사

이슈, 교육이슈, 모의면접 수업을 모두 수강하며 5단 구성으로 주장에 대한 예시도 들고, 반론도 대응할 수 있는 저만의 답변들을 만들 수 있게 됐습니다. 그 결과 면접장에서 교수님들과 대화하듯이 면접을 매우 잘 볼 수 있게 됐습니다.

여러분들도 철저한 준비와 노력으로 원하는 대학에 합격하기를 항상 응원하겠습니다.

## 최선의 선택으로 모든 대학에 합격할 수 있었다

안녕하세요. 이번에 경인교대, 청주교대, 부산교대, 진주교대에 합격한 신○정 입니다. 체계적인 면접공부를 통해 면접능력을 향상시켰기에 최종적으로 면접실전에서 지원한 모든 교대에 합격할 수 있었습니다. 지금은 경인교대를 등록하여 열심히 대학생활을 하고 있습니다. 교육대학 입시에서 면접의 중요성을 잘 알고 있었기에 3학년 여름방학부터 공부를 시작했습니다. 기출문제 등의 자료를 보고 스스로 공부했습니다. 하지만 혼자 공부하기에는 한계가 있었습니다.

저는 도움을 받기위해 김완컨설팅을 선택했습니다. 학원에서 답변 구성하는 방법, 근거 차용하는 방법을 배우며 면접의 기초를 다질 수 있었습니다. 또한 다양한 교대 면접을 준비하는 친구들을 만나면서 자극도 받을 수 있었고 잘하는 친구를 보며 배울 수 있었습니다. 이후 추석기간에 진행된 심화강좌에선 시간을 정해놓고 실전처럼 지속적으로 교대를 준비하는 친구들과 모의면접을 하고 김완 선생님과의 생활기록부 면접, 제시문 면접 연습을 통해 저는 면접에 자신감을 얻을 수 있었습니다. 처음 교대면접을 준비할 때는 정말 막막했는데, 학원 수업을 통해 교대 면접을 준비하며 방향성을 알게 되었고 또한 실전 연습을 할 수 있는 좋은 환경적 여건으로 좋은 결과가 나올 수 있었다고 생각합니다.

제가 가장 도움을 많이 받았던 부분 역시 김완 선생님과의 실전 연습인 모의면접 시간이었습니다. 이를 통해 순발력과 상황대처 능력 또한 교대 교수님들과 대면하였을 때 어떤 방식으로 답변을 응해야 할 지 배울 수 있었습니다. 그리고 압박된 상황에서 어떻게 하면 평소처럼 말 할 수 있을지 김완 선생님과의 실전 모의 연습을 통해 잘 배워 나갈 수 있었습니다. 선생님의 체계적인 수업은 면접공부 뿐만 아니라 교사로서의 역할과 자질을 깨우치게 합니다. 만약 다시 교대 입시 수험생으로 돌아간다 해도 저는 꼭 김완 선생님께 배우고 싶습니다.

저의 선택은 최선이었다고 생각합니다. 교대 입시 수험생 여러분들도 면접이라는 전형이 막막하고 두려우실 것입니다. 미리 준비하고 체계적으로 공부한다면 여러분만의 방향성을 찾아 좋은 결과를 얻을 수 있을 것이라 생각합니다. 응원합니다.

## 실력을 쌓는 노력을 포기하지 않으면 꿈은 이루어진다

안녕하세요. 경인교육대학교 새내기 최○서입니다. 기억도 안 날 정도로 어린 시절부터 막연히 초등 교사라는 꿈을 키워왔습니다. 교대에 가려면 성적이 좋아야 한다는 생각에 공부에만 집중하다 보니 막상 입시에 당면하니까 면접이라는 것은 저에게 생소하고 두렵게 느껴졌습니다. 어딜 가나 조용하고 소심하다는 소리를 들어온 저로서는 말을 조리 있게 말하는 것도 어려웠고 심지어 목소리를 크게 내는 것조차 힘겨웠습니다. 이렇듯 말하기에 매우 자신이 없던 저는 고3이 되었을 때 교대 말고 다른 길을 찾아야 하나 많은 고민을 하였습니다. 하지만 김완 선생님께서 해주신 조언을 듣고 면접에 노력을 많이 하자는 다짐과 함께 수시 카드 6장 모두 교육대학에 지원했습니다. 그 결과 경인교대, 공주 교대, 전주 교대, 청주교대, 춘천교대 5개 교육대학에 합격하게 되었습니다.

저에게 도움이 된 김완컨설팅 수업의 좋은 점은 크게 3가지 있습니다. 첫 번째는 논리적으로 말하는 연습을 충분히 할 수 있다는 것입니다. 처음에는 5단 구성으로 말하기 연습하고 이것이 익숙해지면 상황에 따라 3단 구성이나 2단 구성으로 유연하게 응용할 수 있어 시간을 조절하여 말하는데 큰 도움을 받았습니다.

두 번째는 다른 친구들의 말을 듣고 같이 성장해갈 수 있다는 것입니다. 같은 주제를 가지고도 저와는 다른 근거를 들어 말하는 친구들을 보며 관점을 넓힐 수 있었습니다. 처음엔 친구들이 경쟁자로 느껴졌지만 나중엔 서로 보고 배워가는 동료로 느껴져 면접 준비를 하는 데 있어 큰 동기부여를 받을 수 있었습니다.

세 번째는 모의면접으로 연습할 수 있다는 것입니다. 수업의 마지막쯤에 모의면접 방으로 가서 김완 선생님과의 일대일 모의면접을 하게 됩니다. 처음엔 무슨 말을 해야 할지도 모르겠고 살면서 이렇게까지 떨린 적은 없었던 거 같다는 생각이 들 정도로 긴장했었습니다. 하지만 모의면접을 통해 익숙해진 덕분에 실제 면접에서는 떨지 않고 차분히 말할 수 있었습니다. 또한 모의면접이 끝난 뒤 부족한 점과 잘한 점을 피드백 주셔서 어떤 부분을 집중적으로 연습해야 할지 알 수 있었습니다.

이 경험을 통해 후배 수험생들에게 해주고 싶은 말은 면접은 노력을 통해 실력을 쌓을 수 있으니 꿈을 포기하지 않으면 이루어 진다입니다.

## KTX로 왕복 5시간의 통학시간이 아깝지 않은 배움

안녕하세요! 저는 한국교원대학교 초등교육과에 합격한 김○현입니다. 저는 12년간 초등교사만을 꿈꾸며 준비해 왔습니다. 하지만 고등학교 2학년 때 성적의 한계를 느끼고 중고등교사로 진로를 바꾸어야겠다고 생각했습니다. 하지만 제게 가장 맞는 직업이 초등교사라는 생각을 했고 안되더라도 도전해보자! 하는 마음이었습니다. 그렇기에 저에게 면접은 더욱 중요했고 간절했습니다. 저는 어렸을 때부터 다른 사람들의 앞에서 발표하는 것에 어려움이 많았습니다. 하지만 이는 제 오랜 꿈인 초등교사가 되기 위해서는 꼭 거쳐야 하는 관문이었고 면접을 잘해야 했습니다.

그렇게 막연히 걱정만 하며 지내던 어느 날 서점에서 빨간색의 김완 선생님의 교대면접 책을 보게 되었고 합격자분들의 진심어린 합격수기를 보며 부러웠고 믿음이 갔습니다. 또 기출분석과 필독서내용, 그해 키워드 소개 등 내용이 세세하고 정확하게 정리되어 있어 보기에 편했습니다. 그렇게 김완 선생님을 알게 되었습니다. 그리고 줌을 통해 선생님께 생기부 컨설팅을 받고 나서 제 생기부를 객관적으로 평가할 수 있었습니다. 이후 면접교육도 선생님과 꼭 해야겠다는 생각을 했습니다. 비록 ktx로 왕복 5시간이 걸리지만 그만큼 의미 있는 시간일 것이라고 생각했고 지금은 최고의 선택이었다고 생각합니다.

저희학교 선생님들께서는 선배들이 다닌 면접학원이 체계적이지 않았다며, 이곳도 시간 낭비가 될 수 있다고 하셨습니다. 하지만 저는 뭔지 모를 믿음을 가지고 친구와 아침 7시 ktx를 타고 10시간 공부하고 11시에 집에 도착하는 방법을 선택하였습니다. 지금의 저로서는 매우 잘한 선택이었습니다. 처음에는 제가 학원을 늦게 가서 이미 여름방학 때 배운 친구들 사이에서 주눅이 들었던 적도 있습니다. 하지만 친절하시고 열정적이신 선생님들을 보며 나도 해낼 수 있다는 자신감이 생겼습니다. 수업은 제가 생각했던 것보다 체계적이고 구체적이었습니다.

말하는 방법부터 자세, 흔히 하는 실수를 짚어주셨고 그해의 시사이슈, 시대성이슈, 교육이슈를 파일로 정리해서 주셔서 그 지식을 바탕으로 모의면접 등 계속해서 체계적으로 말하는 연습을 하였습니다. 이렇게 다 같이 연습하고 1차 합격을 한 학생들은 파이널강의로 학교별로 그 학교의 특성을 알려주며 답하는 방법을 자세히 알려주셨습니다. 교육대학교 면접은 똑같을 것이라고 생각했고 준비도 한 번에 하면 될 것이라고 생각했었는데, 정말 학교별로 중시하는 키워드가 다 다르고 면접방식도 다 다르다는 것을 알게 되었습니다. 또 이것이 합격 불합격을 가른다는 것을 알게 되어 대비할 수 있었습니다.

결국 경인교육대학교, 대구교육대학교, 광주교육대학교도 최초합격하였고 최종적으로 한국교원대학교 초등교육과에 들어오게 되었습니다. 합격수기를 보며 부러워하던 제가 이렇게 합격수기를 쓰고 있을 것이라는 생각은 해보지 못한 만큼 여러분도 하실 수 있습니다! 원하는 학교에 꼭 합격하여 행복한 대학생활 하셨으면 좋겠습니다.

마지막으로 면접에 두려움이 있던 저를 항상 응원해주시고 격려해주시고 열정적으로 가르쳐주신 김완 선생님, 원유숙 선생님, 김민섭 선생님께 진심으로 감사드립니다.

## 본인의 목표를 이루고자할 때
## 포기하지 말고 끝까지 달려가라

안녕하세요. 저는 올해 부산교대에 진학한 서○현입니다. 저는 고등학교 1학년 시절부터 김완 선생님과의 상담을 통해 많은 도움을 받아왔습니다. 초등학생 때부터 초등교사라는 꿈을 목표로 하고 있었지만, 고등학교에 처음 들어갔을 당시 대학입시에 대하여 아무런 정보가 없었습니다. 그렇기에 무엇을 어떻게 준비해가야 할지에 대한 막막함과 두려움을 가지고 있었습니다.

아무 준비 없이 초등교사가 되고 싶다는 꿈을 가지고 도전하려니 앞이 보이지 않는 길을 걷는 것과 같은 느낌이었습니다. 하지만 이 시기에 김완 선생님을 만나게 되면서 제가 가야 할 방향성을 찾을 수 있었습니다. 김완 선생님께서는 교육대학교 입시 정보와 준비 방법 등을 자세히 알려주셨고 제가 가지고 있던 고민을 하나씩 해결해주셨습니다.

저는 고등학교 3년 동안 학생부 종합 전형으로 준비해왔기에 내신과 생활기록부를 꼼꼼하게 챙겨야 했습니다. 하지만 노력에도 불구하고 성적이 좋지 않았습니다. 저는 2점대로 평균 1점대의 교육대학교를 진학하기에는 부족한 내신이었습니다. 불안한 내신을 가지고 학교생활을 하는 과정에서 초등교사라는 꿈에 대해 비관적인 고민에 빠진 경험도 있었습니다. 하지만 김완 선생님께서는 격려해주시며 포기하지 말라고 말씀해 주셨습니다. 이러한 격려와 함께 꿈을 이루고자 하는 확고한 의지로 3년간 내신을 올릴 수 있었고 희망을 품을 수 있었습니다. 그리고 생활기록부를 꼼꼼히 챙기면서 선생님의 내용적인 부분에 대한 피드백과 방향성을 조언받아 더욱 풍부한 생활기록부를 만들어 갈 수 있었습니다.

시간이 날 때마다 봉사활동과 독서를 하였고, 학교에서 진행하는 모든 행사에 적극적으로 참여하여 창의적 체험활동 영역을 채워나갈 수 있었습니다. 김완 선생님과 함께 만들어간 결과물로 1차에 5개의 교육대학교에 합격할 수 있었습니다. 제가 대학교 1차 발표가 난 후 입시에서 가장 걱정이었던 것은 면접이었습니다. 확고한 교육관이 잡혀있지 않았고 준비해야 할 것이 너무 많아 걱정이었습니다. 하지만 이 부분을 김완 선생님의 면접 수업을 들음으로써 해결할 수 있었습니다. 저는 면접 수업으로 기본부터 심화 그리고 파이널 수업까지 모두 수강하였습니다.

김완 선생님의 면접 수업은 학생들이 본인의 생각을 정리해나가는 기회를 제공하여 자신들의 교육관을 정립해나가고 의견을 서로 나눌 수 있는 좋은 시간이었습니다. 김완 선생님께서는 항상 경청해주시고 피드백과 함께 말을 조리 있게 할 수 있도록 도와주셨습니다.

면접 공부를 통해 실제 대학에서 면접을 보면서 떨지 않고 평소처럼 말할 수 있었고 합격에 많은 도움이 되었습니다. 결국 1차합격 5개 대학 중 2개의 대학은 면접 날짜가 중복되어 참여하지 못하였고, 경인교대, 부산교대, 진주교대 3개의 교육대학에 합격하여 부산교육대학에 진학했습니다.

  교육대학교를 준비하는 후배들에게 본인이 이루고자 하는 목표를 향할 때 포기하지 말고 달려가 보라고 응원해주고 싶습니다. 파이팅!

## 함께 성장하며 동료의식을 배우는 면접 프로그램

안녕하세요. 한국교원대학교 초등교육과에 합격한 김○진입니다. 우선 저에게 자신감을 주시고 많은 가르침을 주신 모든 김완컨설팅 선생님들께 감사드립니다.

처음 혼자 면접 준비를 시작할 때 막막하기도 하면서 이렇게 하는 것이 맞는지 의문이 들 때가 많았고 실력이 늘고 있다는 생각이 들지 않았습니다. 그러던 중 김완 선생님의 면접 프로그램에 대해 알게 되었고 면접에 대한 공부만이 아니라 나만의 가치관, 막연히 교사가 되겠다는 다짐이 아닌 어떤 교사가 될 것이며 어떻게 가르칠 것인지에 대한 전반적인 생각을 정리해 볼 수 있는 기회가 될 것 같아서 프로그램에 참여하게 되었습니다.

수업에서는, 단순한 강의식 수업이 아닌 친구들과 서로 질문을 주고받는 형태의 수업이나 토론식 수업이 이루어졌습니다. 자연스럽게 다른 친구들의 의견을 들으면서 추가적인 공부가 되었을 뿐만 아니라 직접 말을 해보면서 어느 부분에서 내가 약하고 어느 부분에서는 내가 강점을 보이는지 빠르게 파악할 수 있었습니다. 또한, 교사로서 아이들이 직접 말하고 생각해 볼 수 있는 기회를 주는 것이 필요하다고 알려 주시면서 실제로 그런 수업을 진행하시는 모습이 내가 교사라면 어떻게 수업할 것이고 말할 것인가에 대한 답을 내리는 데에 많은 도움을 받았습니다.

저는 스토리텔링을 하는 부분에서 어려움을 겪었는데, 매 시간 진행되는 반복적인 말하기 연습, 어떤 방식으로 이야기를 풀어나가야 내가 하고 싶은 이야기가 효과적으로 전달될 수 있는지에 대해 지속적인 탐구가 이루어지다 보니 어느 순간부터는 하고 싶은 이야기가 논리적으로 말할 수 있게 되었습니다. 단순히 면접, 대학 입학을 위한 수업이 아닌, 교사가 되었을 때의 마음가짐부터 어떤 교사가 되어야 하는지 많은 생각을 해 볼 수 있었습니다.

다른 친구들과 함께 성장해 나가면서 동료의식도 배울 수 있었습니다. 김완컨설팅의 수업은 제 생각 이상으로 만족스러웠고, 많은 것을 변화시켰습니다. 이러한 변화는 경인교대, 대구교대 한국교원대의 합격으로 이어졌습니다.

청주교육대학교 합격생
고○정

## 두려움을 희망으로 바꾸어준 선생님들

　제가 합격 수기를 쓰게 되는 날이 올 줄은 꿈에도 몰랐습니다. 우선 제가 교육대학에 진학할 수 있도록 가장 많은 도움을 주신 김완 선생님께 진심으로 감사드립니다.

　많은 사람들 앞에서 이야기를 해 볼 기회가 많지 않았던 저는 남들 앞에서 말하는 것을 두려워하는 학생이었습니다. 그 이유는 사람들 앞에만 서면 머릿속이 하얘져 제 생각을 온전하게 전달하지 못했기 때문입니다. 알고 보니, 하고 싶은 말들을 논리적으로 구성하지 못했던 저의 부족함 때문이었습니다. 이러한 점은 김완컨설팅 선생님께서 말씀해주신 5단 구성으로 해결할 수 있었습니다. 논리적으로, 차례대로 저의 생각을 정리하여 말하는 연습을 반복적으로 하다 보니, 온전한 저의 생각을 사람들에게 전달하는데 훨씬 수월해졌습니다. 그러나 말하기에 있어서 제 생각이 너무나도 평범하다는 생각을 하게 되었습니다.

　다른 친구들에 비해 식상하여 조금 더 창의적인 생각을 해볼 순 없을까 하는 고민이 생기게 되었습니다. 이 고민에 도움이 되었던 수업은 창의적 수업이었습니다. 그 수업은 선생님께서 하나의 주제를 말씀해주시면 그 주제와 시 하나와 사진 두 장을 엮어서 자신의 생각을 말해보는 수업이었습니다. 처음엔 어려워서 접근하기 힘들었고, 틀릴까봐 말하기 두려웠지만 여러 친구들의 생각들을 들어보고, 생각하는 시간을 가져봄으로써 저 또한 생각하지 못했던 것들을 생각해내서 발표할 수 있는 힘이 길러졌습니다.

　말하는 모습을 촬영하여 확인하는 '비디오 촬영' 수업이 또한 많은 도움이 되었습니다. 논리적 말하기의 5단 구성부터, 모의 면접연습 등 김완컨설팅의 수업은 말하기의 두려움을 없애주었고, 오히려 말하고 싶어지는 학생이 되도록 만들어주었습니다. 단순히 교대 면접만을 위한 것이 아닌, 후에 교사가 되었을 때에도 이번 수업은 큰 도움이 되리라 생각합니다.

　마지막으로 교대 진학에 두려움 큰 저에게 도전할 수 있도록 격려와 함께 손을 잡아 주신 원유숙 부원장님과 제 생활 기록부를 분석해서 면접 질문의 방향을 잡아주시고 항상 옆에서 응원과 용기를 북돋아 주신 원장선생님께 너무 감사합니다.

　저는 선생님들의 학생들을 향한 뜨거운 열정처럼 후에 저 또한 뜨거운 열정을 가진, 학생들 모두를 책임질 수 있는 교사가 되겠습니다.

## 연습문제가 실제 면접 시험문제로

원하던 교육대학교에 합격하고 합격 수기를 쓰려니, 1년 전 '김완컨설팅의 교대 사대 구술면접' 책에서 동경하는 마음으로 읽었던 합격 수기, 교대 입시를 준비하며 불안했던 당시의 심정이 떠오릅니다.

우선 저에 대해 짧게 소개를 하자면, 저는 초등학교 5학년 때부터 아주 오랫동안 초등 교사에 대한 꿈을 키워왔고 그 긴 세월만큼 교육대학교 합격이 매우 간절했습니다. 그 간절함을 안고 고등학교에 입학해 수시 학생부종합전형을 목표로 교대 합격을 위해 내신부터 생활기록부까지 차근차근 완성해나갔습니다. 수시 학생부종합전형이 필요로 하는 내신, 생활기록부, 면접 중 제가 가장 걱정했던 부분은 바로 면접이었습니다. 면접은 학교 수업시간, 수행평가 시간에 하는 발표와는 달랐습니다. 미리 준비하고 하는 발표는 친구들 앞에서도 유창하게 할 수 있었으나, 처음 받아보는 질문에 답하는 면접은 매번 만족스럽지 못했습니다. 마음속으로는 이미 답변을 다 생각해 두었는데, 막상 그것을 말로 표현하려니 논리성이 떨어진다고 느꼈습니다.

그래서 여러 가지 방법을 모색하다가 김완컨설팅을 알게 되었고, 김완 선생님과 함께 면접 준비를 하게 되었습니다. 김완컨설팅의 면접 수업은 면접에 대한 자신감과 논리성이 부족하던 저를 긍정적으로 바꾸어 주었습니다. 김완 선생님께서 알려주신 '5단계에 따른 스토리텔링'은 저의 답변을 논리적으로 만들어주었고 그에 따라 면접에 대한 저의 자신감도 높아졌습니다.

처음 이 스토리텔링을 시작할 때는 익숙하지 않아 종이에 미리 5단계를 써보고 말로 표현하는 연습을 했지만, 계속해서 스토리텔링 연습을 하다 보니 종이에 미리 적지 않아도 말을 하다 보면 자연스럽게 5단계 순으로 말할 수 있었고, 전보다 훨씬 논리적으로 답변을 할 수 있었습니다. 또, 김완컨설팅의 비디오 촬영은 면접을 볼 때의 저의 자세, 말투, 빠르기, 표정 등을 바로잡는데 큰 도움이 되었습니다.

김완 선생님께서 동영상을 함께 봐주시면서 어떤 점에서 고쳐야 할지를 정확하게 알려주셨기 때문에 집에서 혼자 동영상을 촬영하고 스스로 피드백 할 때 특히 많은 도움이 되었습니다. 수업을 듣는 학생이 많다는 것도 저에게 큰 도움을 주었습니다. 처음에는 학생 수가 많아서 피드백을 꼼꼼하게 들을 수 있을까하는 걱정도 있었습니다. 그러나 오히려 인원이 많다는 것이 장점으로 다가왔습니다. 함께 수업을 듣는 친구들이 많았기 때문에 한 주제에 대해서 내가 생각지 못했던 다양한 의견을 들을 수 있었고 친구들의 의견을 다시 나의 말로 바꾸어 보면서 제시문을 바라보는 시야를 넓힐 수 있었습니다. 또, 같은 꿈을 꾸고 같은 길을 걸어가게 될 친구들만 모여 있어서 그런지 통하는 점이 많았기에 지친 입시 기간 동안 잠깐이나마 힐링하는 시간도 가질 수 있었고, 좋은 인연들도 만날 수 있었습니다.

　마지막으로, 김완컨설팅에서 나눠주신 다양한 면접 자료들도 큰 도움이 되었습니다. 그 자료들을 통해 교육 관련 이슈들을 다양하게 접할 수 있었고, 교육뿐만 아니라 다양한 분야에서의 이슈들도 포함되어 있었기에 다양한 문제로 나오는 교대 면접에 큰 도움이 되었습니다.

　더 나아가 다양한 지식을 쌓는 데도 도움이 되어서 교육대학교에 입학하고 나서도, 교사가 되어서도 유용하게 쓰일 수 있는 것들이라 아주 유익한 자료들이었습니다. 특히, 선생님과 연습한 문제들이 실제 면접시험에 출제되어 놀라우면서도 좋았습니다. 김완 선생님과 미리 문제에 대한 대답을 연습했던 저는 그때 연습했던 것을 떠올리며 침착하게 면접을 보고 나올 수 있었습니다.

　끝으로 이렇게 면접에 대한 두려움을 극복하게 해주시고 항상 격려와 응원을 아끼지 않으시며 자신감을 불어 넣어주셨던 김완컨설팅의 모든 선생님들께 진심으로 감사드립니다.

## 면접시험 이후에도 대학 발표에 유용한 수업

안녕하세요. 올해 부산교대에 입학하게 된 고○빈입니다. 어느 대학을 지원해야 할지 교대 면접 준비는 어떻게 해야 할지 잘 모르는 상태에서 김완컨설팅을 찾게 되었습니다.

선생님과 상담을 통해 부산교대를 지원하기로 결정하고 면접 수업에 참여했습니다. 기본 수업에서 이런 것을 가르쳐 주는 곳이 또 있을까라는 생각이 들었습니다. 시사상식과 교육이슈에 대해서 배운 것들이 많았고 이 내용들을 통해 면접이 끝난 이후에도 관련된 분야에 관심이 생겨서 너무 놀랍고 좋았습니다. 그리고 화법과 자세나 목소리 크기에 관련해서도 어떤 것이 좋은 느낌을 주는지 많이 배웠습니다. 이런 것들 또한 면접이 끝난 이후에도 발표를 할 때 유용하게 사용할 수 있었습니다.

김완 선생님께서는 많은 연구를 통해 형식적으로 그냥 내용을 짚어주는 것이 아니고, 실제로 효과적인 교수법을 사용해서 지도하신다는 것을 알았습니다. 왜냐하면 수업에 참여하기를 독려해주셨고, 저희가 답변할 때 오래 기다려주시고 칭찬도 많이 해주시는 구성주의 교육을 하셨기 때문입니다. 저는 그런 점도 너무 좋았고, 간접적으로도 이런 방식의 수업 운영을 하는 것이 좋은 교수자의 태도라는 것을 배울 수 있었습니다. 저 또한 후에 교가되어 많은 교수법을 연구하고 학습해서 학생들에게 선망이 되는 교사가 되고 싶습니다.

김완컨설팅의 수업은 전체적으로 너무 많은 것을 배우다 보니 수강료가 아깝지 않았습니다. 오히려 제가 감사했습니다. 그리고 부산교대면접 대비 수업 또한 대학 특성 맞게 자세하게 지도해주시고 개인적 피드백도 잘 해주셨습니다. 특히 파이널 수업에서 가장 좋았던 것은 심리적으로 든든했던 것입니다. 질문의 답변을 동영상으로 집에서 여러 번 찍은 것을 피드백 받고 수정했습니다. 혼자 했더라면 불안했을 시기를 안정되게 보낸 것 같아서 그것이 가장 좋았습니다. 저는 김완 선생님의 수업을 통해 원하는 것이 있다면 그것을 이루기 위해 최선을 다해 노력한다면 성공한다는 것을 알았습니다.

교육대학을 지원하는 후배들에게 해주고 싶은 말은 선배들의 합격수기를 통해 어떤 노력이 최선인지 스스로 생각해보고, 자신에게 맞는 방향을 잡아 실천하라는 것입니다. 생각만 하지 말고 실천을 하는 것이 중요 합니다.

마지막으로 교육대학에 합격할 수 있게 도와주신 김완컨설팅 선생님들께 감사드립니다.

# 교대면접
# & 사대면접
# 합격방법

# 교대면접 & 사대면접 합격방법

## Ⅰ 논리적으로 답변하는 방법

김완 컨설팅의 면접 모토는 "바른 자세로 정선된 언어를 사용하여 질문에 적합한 답변을 대화하듯이 이야기한다."이다. 지원자들이 이렇게 4가지를 잘 지킬 수 있다면 별 어려움 없이 교대·사대 면접에 합격할 것이다.

첫 번째로 바른 자세는 표정, 태도, 복장 등이 해당될 것이다. 수험생들의 표정은 각양각색이다. 긴장돼서 그런지 대부분 수험생의 표정이 굳어 있다. 상황이 쉽지는 않겠지만, 표정을 밝게 하는 것이 가장 좋다. 그렇다고 해서 억지로 표정을 밝게 하려 애쓰다 보면 오히려 어색한 표정이 나올 수 있으니 각별히 조심해야 한다. 활짝 웃는 것보다 살짝 미소 짓는 정도가 좋다. 평소에 거울을 보면서 연습하면 효과가 있다.

태도는 바른 자세로 서서 인사한 후 자리에 앉을 때는 허리를 똑바로 세우고 앉아 두 손을 자연스럽게 무릎 위나 책상위에 살짝 올려놓는 것이 좋다. 이 부분은 정신만 집중하면 어려움 없이 가능하다.

그런데 말을 하다 보면 자신도 모르게 손을 움직이는 경우가 많다. 코를 만진다거나 머리를 만지는 경우가 종종 있다. 특히 안경 쓴 학생들은 계속하여 안경을 만지는 버릇이 있다. 그리하여 손을 움직이는 것을 방지하기 위해 손깍지를 끼거나 필기도구가 제공될 경우 펜을 양손으로 잡는 것도 하나의 방법이다. 그렇게 되면 두 손으로 물건을 잡고 있는 관계로 움직이는 것을 막을 수 있다. 간혹 다리를 떠는 학생들이 있는데 책상에 앉아 있다고 해도 대부분 밑이 열려있기 때문에 면접관들에게 좋지 않은 인상을 줄 수 있으니 그러한 버릇이 있는 학생은 각별히 조심해야 한다.

태도에서 가장 중요한 것은 시선이다. 면접관과 시선을 맞추면서 대화하는 것은 매우 중요한 일이다. 자신감의 표현과 대화의 예의인 것이다. 복장은 블라인드 면접이 일반화되면서 교복 착용이 불가능하다. 따라서 학생들이 면접 볼 때 무슨 옷을 입었으면 좋겠냐는 질문을 한다. 자신에게 잘 어울리는 단정한 옷이면 좋을 것이다. 특별히 정장을 입고 어른처럼 보일 필요는 없다.

물론 참신하게 보이는 것이 중요하기 때문에 단정한 정장이 잘 어울린다면 나쁘지 않다.

  두 번째 정선된 언어는 몇 가지 주의하면 될 것이다.
- 줄임말은 사용하지 않는다.
- 우리나라를 저희 나라로 표현하는 오류를 범하지 않는다.
- 일반적으로 거친 표현을 삼간다.
- 단어의 잘못된 사용에 주의하여야 한다. (주인공과 장본인, 빌어서 → 빌려서 등)
- 압존법을 준수하라. (선배님께서 → 선배가)

  세 번째로 질문에 적합한 답변을 위해서 여러 가지 준비할 것들이 있다. 우선 학교생활기록부를 제대로 숙지하여야 한다. 또한 시대성 교양을 평소에 다방면으로 학습할 필요가 있다. 뒤에 나오는 교직 면접에 반드시 출제되는 문제와 반드시 알아야 할 교육이론, 그리고 이 책의 chapter 4의 꼭 알아야 할 이슈 관련 필수 용어 165선, 면접 추천도서 핵심내용 40권을 숙지한다면 많은 도움이 될 것이다.
  좀 더 시사 이슈와 교양의 폭을 넓히려면 EBS '다큐프라임', KBS의 '시사기획 창'과 같은 교양 프로그램을 학습하는 것도 좋을 것이다. 짧은 시간의 효과를 원한다면 김완 컨설팅의 인터넷 강의를 활용하거나 교대 입시 전문가의 도움을 받는 것도 나쁘지 않다. 기본적으로 시사·교육 이슈와 교양 지식도 중요하지만 표현력 또한 매우 중요하다. 논리적으로 이야기하기 위해서는 두괄식 구성과 논거 제시가 중요하다. 이렇게 문제에 최적화된 답변을 하기 위한 체계적인 김완 컨설팅의 방법 '단계 구성법' 두 가지를 소개해 본다.
  우선 5단계 구성법이다. 여기서는 5단계로 소개하지만 수험생의 생각에 따라 4단계로 이야기해도 무방하다.
  먼저 첫 단계로, 첫 문장에서 자기의 주장 및 의견을 간결한 문장으로 표현해야 한다.
  '국사 교과서 국정화에 대하여 찬성·반대의 의견을 제시하라'는 문제가 나왔을 경우를 예를 들어 보자. 찬성의 의견을 갖고 있다면 "저는 국사 교과서 국정화에 대하여 찬성하는 입장입니다."라고 간결하게 자신의 주장을 제시하라는 것이다. 여기서 더 늘어지면 안 된다. 나름대로 결론을 내리는 것이다. 그러면 면접관들은 학생의 주장을 선명하게 인지했기 때문에 다음 이야기를 듣고 싶어 한다. 그것이 바로 다음에 제시할 구체적인 논거인 것이다.
  두 번째 단계는, 논거 제시이다. 앞에서 주장을 간결하고 명쾌하게 잘 표현했다면 그것만으로도 이미 면접관의 관심을 유도하는 데 성공했다고 볼 수 있다.

이 부분의 접근 방법은 생각보다 쉬울 수 있다. '왜냐하면 ~'이나 '그 이유로는 ~'으로 시작하면 된다. "왜냐하면 국사는 우리나라의 정통성을 담아야 하기 때문에 사적인 입장이 아닌 객관적이고 보편적인 사실을 바탕으로 기술해야 합니다." 이렇게 되면 주장에 대한 논거는 제시된 셈이다. 그런데 민족의 정통성을 담는데, 개인적인 견해로는 불가능한 것인지, 또한 국정화를 했을 때만이 가능한 것인지 등의 반론이 제기될 수도 있다.

그래서 세 번째 단계로 준비한 것이 바로 '물론'이라는 부사어이다. 이 '물론'이라는 부사어는 아주 큰 가치가 있다. "물론 제가 앞에서 말씀드린 것이 반드시 옳다는 것은 아닙니다. 여기에는 ~~~한 문제점(의견)이 제기될 수 있습니다."와 같이 자기주장의 한계 및 모순점을 지적할 수 있다. 그리고 상대방이 제기하고자 하는 반론을 미리 알아차려 일면 수긍하는 것이다. 이렇게 되면 그 누구도 나의 약점을 잡거나 새로운 반론을 쉽게 제기하지 못할 것이다.

이때 반드시 주의할 것은 본인의 주장이 자리를 잃을 정도로 주장을 강하게 세워서는 안 된다. 아무리 약하게 새로운 주장을 세운다 해도 상대의 질문이 나올 확률이 높다.

그래서 네 번째 단계는 '그러나'라는 역접의 부사어를 등장시켜 이에 따른 반론을 다시 제시하고 그 해결책을 마련해 내는 것이다. 예를 들어 "그러나 이러한 문제는 ~~~하게 해결할 수 있습니다."라고 구체적으로 답변하면 된다. 이렇게 되면 나름대로 나의 주장을 제시했고, 더 나아가 반론이 제기될 것까지 해결한 셈이다. 이렇게 논리를 전개하는 동안 자칫 늘어지는 듯한 느낌을 줄 수 있기 때문에 다시 한 번 깔끔하게 마지막을 정리해 주어야 한다.

마지막 다섯 번째 단계로 '따라서'라는 인과 관계의 부사어를 동원(사용)한다. "따라서 저는 ~~~한 이유로 국사 교과서 국정화에 대하여 찬성하는 입장입니다."라고 표현하면 된다.

지금까지 제시한 5단계 구성을 활용하면 나름대로 논리적인 답변을 할 수 있을 것이다. 물론 네 번째 단계와 다섯 번째 단계를 합쳐서 결론으로 이야기해도 무방하다. '그러나', '따라서'를 사용하지 않고 "그러한 문제는 ~~~하게 해결할 수 있기 때문에 찬성하는 입장입니다."라고 표현하면 된다. 처음에는 힘들겠지만 여러 번 훈련하면 익숙해질 것이다.

다음은 3단계 구성법으로 서언, 본론, 결언으로 이야기하는 방법이다. 일반적으로 5단계 구성법이 면접관의 질문에 대한 답변 방법에 유용하다면, 제시문 발표면접에서는 3단계 구성법이 조금 더 유용할 수 있다. 예를 들어 제시문의 문제가 '~~~에 대해 지원자의 생각 2가지를 이야기하고, 이유를 말하시오.'라고 한다면 서언에서 제시문의 주제를 이야기하고, 본론에서 자신의 생각 2가지를 이유와 함께 구체적으로 이야기 한다. 그리고 결언에서 제시문의 내용에 대한 자신의 결론을 이야기하면 된다. " 제시문은 ~~대한 이야기로 ~~ 측면에서 2가지를 말씀 드리겠습니다. 첫째 ~~~입니다. 그 이유는 ~~~라서 입니다. 둘째 ~~~입니다. 그 이유는 ~~

때문 입니다. 이러한 결과로 ~~~점을 기대할 수 있습니다." 라고 하면 된다. 3단계 구성법의 경우 제시 문항에 따라 다양한 표현 방법이 나올 수 있어, 많은 연습이 필요하다. 물론 이 같은 방법 들이 절대적인 것은 아니기 때문에 참고하여 자신의 방법을 찾는다면 많은 도움이 될 것이다.

마지막으로 네 번째 대화하듯이 이야기한다는 말은 어떤 의미인지 생각해보자.

면접이 씩씩하고 당당하게, 그리고 자신감 있게 이야기만 하면 되는가? 당당하고 자신감 있는 모습의 답변이 반드시 좋다고 할 수 있는가? 상황에 따라 좋을 수도 있겠지만, 가장 좋은 면접은 면접관과 대화를 하는 것이다.

첫 단원인 논리적으로 답변하는 방법은 완전하게 숙지할 때까지 반복해서 읽고 연습하기 바란다.

## Ⅱ 교직 면접에 반드시 출제되는 문제

매년 모든 교육 대학과 사범 대학 면접 문제를 전체적으로 살펴보면 그중 일부 대학에 반드시 출제되는 문제가 있다. 해마다 출제되는 대학과 문제는 바뀌어도 5가지 나만의 '교사상', '왕따 관련 문제', '다문화 가정 학생 관련 문제', '학교 폭력 관련 문제', '창의적인 교육 관련 문제'와 초등학교에서 실시하고 있는 비교과교육(인성교육, 코딩교육, 장애이해교육, 생명존중교육, 미디어리터러시 교육, 민주시민교육 등)들이 반복적으로 출제되고 있다.

그 이유를 하나씩 살펴보면 우선 나만의 교사상은 누가 생각해도 꿈이 교사인 지원자에게 묻는 당연한 질문일 것이다. 그리고 '왕따 관련 문제', '다문화 가정 학생 관련 문제', '학교 폭력 관련 문제'는 지금도 학교 현장에서 끊임없이 발생하고 있는 문제들이기 때문이다. 이 문제들은 일부 해결되기도 하지만 또 다른 형태로 생성되기도 한다. 결국 근본적인 해결이 되지 않는 이런 문제는 미래 교사들이 해결해야 하기 때문이다.

다음으로 창의적인 교육 방법은 학교에서는 항상 창의적인 교육을 하려 한다. 그러나 현실은 그렇지 못하다. 따라서 미래 교육을 책임질 예비 교사들은 창의적인 교육 방법을 생각해야 할 것이다.

면접에 정답은 없다. 다만 같은 문제라 할지라도 학생의 교양과 능력으로 다양하게 표현하면 된다. 또한 이러한 문제를 해결하려는 지원자의 답변은 학교 현장의 귀중한 자료가 될 수 있다.

마지막으로 비교과교육 관련 문제는 답변을 통해 교사의 자질인 인성과 적성을 파악 할 수 있다. 이 책에는 매년 출제되는 다섯 가지 문제에 대해 chapter1-2에서 방향성과 예시문제와 예상답변을 제시하였다. 그리고 초등학교에서 실시하고 있는 비교과교육에 대해서는 chapter1-4 '반드시 알아야할 교육이론'에 수록하였다. 지원자들은 절대로 암기해서 답변하지 말고, 참고하여 자신만의 답변을 만들기 바란다.

### (1) 나만의 교사상 관련 문제

교육 대학과 사범 대학에서 지속적으로 나만의 교사상을 묻는 이유는 학생의 교과와 비교과 활동을 통해 이루어낸 성과를 보고자 함이다. 이 학생의 경험은 교사가 되었을 때 학업에 어려움을 겪는 학생들에게 가장 좋은 대안이 될 수 있을 것이다. 또한 내신이 교대 또는 사대에 유리해서, 혹은 부모님의 권유 등으로 교원 양성 대학을 진학하는 경우와 확고한 학생의 의지로 교육, 또는 사범 대학에 입학한 경우는 입학 후 모든 활동에 영향을 미친다고 한다.

나만의 교사상이 확고한 학생은 임용 고시에서도 합격률이 높다고 한다. 특히 재학 시절 실시하는 교생 실습에서도 뛰어난 기량을 보인다고 한다. 이렇듯 교육의 미래를 짊어질 교사의 자질을 엿볼 수 있는 중요한 사항이기 때문에 이 질문을 끊임없이 묻는 것이다. 학생은 자신만의 교사상을 갖게 된 배경을 생기부 활동 등을 통해 확립한 부분이 있다면 연관 지어 답변하면 좋을 것이다.

부모가 된 성인 중 학교를 감옥이라고 말하는 이들도 다수라고 한다. 이들은 더 나은 교육을 위해 그들의 자녀를 한국이 아닌 다른 곳에서 교육하는 실정이다. 이런 상황은 사회 계층 간 단절을 심화시키는 요인이다. 계층 간 소통까지도 영향을 미칠 수 있는 학교 교육에서 나만의 교사상을 정립하여 행복한 학교를 만들 수 있기에 교원 양성 대학에서는 이 나만의 교사상을 중요시할 수밖에 없다.

> **예시문제 : 나만의 교사상을 갖게 된 활동을 말해보시오.**
>
> ▶▶ 예상답변 : 제가 생각하는 교사는 학생들과 소통을 잘해야 한다고 생각합니다. 봉사 활동으로 다문화 가정 학생을 만난 적이 있습니다. 그 학생은 가정 폭력으로 인해 잠시 고아원의 돌봄을 받는 상황이었습니다. 그러나 그 상황에서도 발생할 수밖에 없는 학생 간의 문제조차 언어 전달 미숙으로 인해 어려움을 겪고 있었습니다. 그런 마음 상태이기에 그곳의 활동에서도 부진한 모습으로 이어졌습니다. 다문화 가정이라는 이야기를 듣고 저는 그 학생이 잘하는 언어인 중국어로 소통을 시도했습니다. 물론 미숙한 중국어 실력

이라 정확한 내용을 알지는 못했지만 그 학생의 마음만은 알 수 있었습니다. 마음을 모두 표현한 후 그 학생은 이전보다 모든 활동에서 적극적인 모습을 보였습니다. 다문화 가정이 늘어나는 교육 현장에서 어려움을 겪는 학생에게는 외국어로 소통할 수 있는 것은 공기와도 같다는 생각을 갖게 되었습니다. 그 후로 저는 영어 공부도 더 열심히 하는 계기가 되었습니다. 또한 학생의 생각이 변할 수 있는 기회를 만들기 위해서는 소통이 참으로 중요함을 느꼈습니다. 소통은 들어주는 것으로부터 시작하고 들어주는 것으로 끝난다는 것도 알게 되었습니다. 그 학생은 자신의 모든 일을 다 이야기하는 것만으로도 문제의 대부분이 해소되었다고 했습니다. 교육 현장에서 소통을 잘하기 위해서는 상대를 이해하는 것이 가장 중요하다고 생각했습니다. 그렇게 하기 위해 독서 활동이 중요하다고 느껴 비교적 많은 독서를 하게 되었습니다. 나만의 교사상은 소통 능력이고 소통을 잘하기 위해서는 독서와 외국어 습득이 필요하다고 생각해 부단히 노력하고 있습니다.

### (2) 왕따 학생 관련 문제

왕따와 관련된 문제의 경우 다양한 요인이 있고, 학교생활과 학교 외부 생활에서 모두 나타날 수 있다. 사소한 부분에서도 발생할 수 있다. 예를 들면 누리 과정 한글 교육이 금지되면서 올해 초등학교에 입학한 학생들의 경우 한글을 유치원에서 배우지 못하고 학교에서 배운다고 한다. 그러다 보니 한글을 습득하지 못한 학생이 많은데 국어 시간에 한글을 배우는 것은 문제가 없지만 수학 교과서가 문장제로 되어 있다고 한다. 수학 시간에 한글을 익힌 학생들과 그렇지 못한 학생의 수준 차이로 인해 느리게 문제를 풀 수밖에 없다고 한다. 그런 학생들로 인해 지루함을 느끼는 학생은 해당 학생을 싫어하게 되고 왕따로 이어질 수 있는 소지가 많다고 한다. 이렇게 학습 능력 차이로 인한 것뿐만 아니라 학생 개인위생 청결도 왕따의 요인이 된다고 한다.

고학년으로 올라갈수록 예상하지 못한 모든 것이 왕따의 요인이 될 수 있다는 것을 교사가 인식해야 한다. 이러한 왕따 현상은 학교 폭력으로 이어지고 심한 경우 자살로 이어지는 등 사회 문제로 이어진다. 따라서 다양한 연구를 통해 왕따 문제가 다른 문제로 이어지는 통로를 차단하려는 노력을 학교, 교사, 학부모가 기울여야 한다.

자주 출제되는 문제로는 왕따의 발생 원인과 그 해결책을 지원자의 다양한 활동을 통해 해결한 경험을 알아보고 있다. 교육 현장에서 왕따라고 규정하기는 어렵지만 지원자들도 왕따를 경험한 적이 많다고 한다. 더 나아가 이러한 경험을 면접 상황에서 적극적으로 소개하는 경우도 있지만 이는 불필요하다. 왕따 경험이 표면화되는 과정에서 부정적으로 과장되게 전달될 수 있기 때문이다.

> **예시문제**: 감명 깊게 읽은 책을 통해 왕따 문제를 해결할 수 있는 방안을 제시하시오.

▶▶ **예상답변**: 카프카의 '변신'이라는 책은 주인공이 어느 날 커다란 벌레로 변신하는 이야기입니다. 벌레로 변신한 주인공의 가족은 대화를 통해 자신들의 가족임을 알게 되지만 주변 사람들의 외면으로 인해 가족 모두 벌레로 변한 주인공을 죽게 한다는 내용입니다. 개인의 정체성보다 사회적 정체성의 중요도를 보여주는 작품입니다. 이 작품에서 보듯 학교에서 학생 자신의 정체성을 찾고 교우 관계를 유지할 수 있는 다양한 활동을 하는 것이 중요하다고 생각합니다. 물론 여러 돌발적 상황들이 마음대로 되지는 않을 것입니다. 그러나 서로 노력하다 보면 학생 모두의 힘으로만 성취할 수 있는 활동 등을 통해 학생들은 서로 중요한 존재임을 깨닫게 될 것입니다. 또한 개인의 의견이 사회에 수용될 수 있는 보편성을 갖는 데 필요한 교육이 병행되어야 한다고 생각합니다. 왕따를 당하는 학생은 문제의 발생과 상관없이 어떻게든 해결하려는 의지를 가져야 합니다. 해결하려는 의지를 갖고 해결할 수 있게 보다 많은 집단 활동의 기회를 늘려야 한다고 생각합니다.

### (3) 다문화 가정 학생 관련 문제

국내에 거주하는 외국인과 이민자가 늘면서 다문화 가정의 새로운 형태의 가정이 생겨나고 그에 따른 자녀와 학생도 급격히 늘어나고 있다. 통계청 자료에 따르면 최근 다문화 가정 학생은 3년 전에 비해 두 배 이상 급증했다. 이들에 대한 배려와 관심이 점점 더 필요해지고 있다. 또한 우리나라에서 출생하지 않고 부모의 재혼이나 귀화로 청소년기에 중도 입국 청소년들도 늘고 있다. 한국어 미숙과 관련 서류 미비로 입학을 거부당한 다문화 학생은 교육의 심각한 교육 사각지대에 놓여 범죄 온상이 되는 경우도 많다고 한다. 출제되는 문제로는 이러한 문제의 해결 방안, 다문화 학생의 민족 정체성 교육을 어떻게 할 것인지 등이다.

초등학교 저학년의 경우 부모와의 소통이 교육 효과를 높이는 요인임에도 부모의 한국어 능력이 매우 낮아 어려움을 겪는다고 한다. 또한 불법 체류자 가정의 경우 정서적 불안도 학습 효과를 저해하는 요인이다.

다문화 가정 학생의 교육 효과를 높이기 위해 부모의 한국어 능력을 키울 수 있는 방향 제시는 우선되어야 할 것이다. 초등학교에서 실시하는 돌봄 교실과 방과 후 학습 프로그램 등을 잘 활용하는 것도 필요하다. 다만 일선 교사들의 이야기에 따르면 요즘 학생들 대부분이 정규 학습 시간 이외의 숙제 형식의 공부를 싫어한다고 한다. 의미 있지만 실질적인 효과를 보지 못하는 이유이다. 따라서 다문화 학생과 학부모가 참여하고, 학습 효과가 높은 방법을 연구하는 것이 중요하다. 이는 초등학교뿐만 아니라 중등학교에서도 필요하다. 학생의 능력과 성향을 고려한 맞춤식 교육을 실시할 수 있는 환경이 조성되어야 할 것이다.

가장 중요한 것은 모든 국민을 대상으로 편견과 차별을 갖지 않게 다문화주의 교육을 실시하는 것이 중요하다. 같은 민족이라도 추구하고 행동하는 문화는 서로 다를 수 있다. 사실 다문화주의는 너무나 익숙한 단어이다. 그러나 다문화란 단어는 다문화인, 다문화 가정, 다문화 아이들, 다문화 여성 등으로 표현되는 것은 원론적인 측면에서 생각해보면, 모든 사람은 문화가 다 같다고 볼 수가 없다. 자라난 가정, 자라왔던 환경, 학교생활, 사회생활, 친구 관계 등 이 모든 것을 다문화적으로 볼 수 있다. 그렇다고 한다면 '다문화 아이, 다문화 가정, 다문화 여성' 등의 단어는 잘못된 표현이다. 이러한 측면에서 본다면 모든 가정은 다문화적이다.

'다문화'란 단어는 다문화주의의 준말로 인식해야 한다고 할 수 있다. 그래서 다문화 사회의 문화가 우월한 문화가 있고 열등한 문화가 있다고 보는 것이 아니라 문화를 상대적으로 보고, 어떤 문화라도 수용하겠다는 측면에서 보는 것이 다문화주의이다.

예시문제 : **다문화 가정의 학생의 문제점과 해결책을 말하시오.**

▶▶ 예상답변 : 교사에 따르면 다문화 가정임에도 불구하고 매우 우수한 학생이 있고, 더 이상 다문화 학생이 과외의 교육을 받을 필요도 적다는 이야기를 들었습니다. 물론 모든 다문화 가정 학생이 그런 상황은 아닐 것입니다. 그만큼 학교 현장에 이 문제의 해결 방안이 자리를 잡은 결과일 것입니다. 하지만 여전히 다문화 가정의 아이들은 상대적으로 부족한 한국어 미숙과 문화적 차이로 인한 어려움이 있을 것입니다. 특히 초기에 이러한 문제를 극복하지 못하면 이후 학습에 부정적 영향을 준다고 생각합니다. 따라서 학생 맞춤식 교육으로 모든 다문화 가정의 아이들이 한국어 부족과 문화적 차이로 발생하는 수업 지장을 최소화할 수 있는 프로그램을 개발해야 한다고 생각합니다. 또한 독서 활동 후 독후감을 쓰고 그 내용을 중심으로 올바른 글쓰기 지도를 한다면 다른 교과 이해에도 도움이 될 것입니다. 물론 다문화 가정 학생의 맞춤식 교육만으로는 외모의 차이로 발생하는 문제는 해결하지 못할 것입니다. 따라서 다문화 가정 학생이 아닌 나머지 학생들에게도 다문화가정 학생을 이해할 수 있게 모둠 독서 활동을 통해 이야기를 익힌 후 이야기를 요약해 발표하는 수업을 함께하도록 한다면 다문화 학생과 다른 학생 모두에게 긍정적일 것입니다.

## ⑷ 학교 폭력 관련 문제

학교 폭력이 발생하면 관련 학생들에게 심리 치료나 특별 교육 이수를 받도록 규정하고 있지만, 예방이 가장 중요하다. 예방은 학생과 학교 모두 중요하다고 인식하지만 예방 교육 단계에서 오히려 폭력의 형태를 학습시키는 부정적인 측면이 발생할 수 있다는 점도 유의해야 한다.

학교 폭력은 가해 학생과 피해 학생 모두 정신적으로 문제를 발생시킬 수 있다는 점에서 다루어야 한다. 전문가의 정확한 평가와 치료, 그리고 상담이 필요하다. 학교 폭력은 피해 학생과 가해 학생 모두 심리적인 안정이 필요하고, 자살 등의 사회 문제로 발전될 수 있는 요인을 가지고 있다는 점에 그 심각성이 있다. 또한 학교 폭력은 학생 간의 문제뿐만 아니라 교사가 그 지위를 이용한 폭력 문제도 심각하다. 특히 성폭력 같은 경우 오랜 시간이 지난 후에 노출되는 경우가 많아 그 피해가 더 크다. 교사의 철저한 도덕성이 더욱 강조되어야 하는 이유다.

학교 폭력을 처리하는 과정에서 담임교사가 해결하려다가 오히려 문제가 커지고 이 책임을 교사가 지게 되는 것도 현장에서는 문제다. 학교 폭력이 긍정적으로 해결되지 못하고 더 큰 갈등으로 번지는 것도 책임 소재가 불분명한 점을 들 수 있다.

학교 폭력을 신고하는 과정에서 발생하는 문제도 많은 현실이다. 주변에서 신고하고 나중에 가해 학생으로부터 보복을 당하는 경우가 발생한다. 이러한 이유로 폭력을 키우게 되는 경우도 발생하고 더 나아가 근절되지 못하는 이유이기도 하다. 폭력 상황을 주변에서 지켜보면서 간접적으로 느낀 공포감도 피해자와 마찬가지로 정신적 영향이 크다고 한다. 따라서 방관자에 관한 교육도 반드시 이루어져야 한다. 그렇게 해서 방관자가 줄어든다면 학교 폭력도 줄어들 것이다. 또한 가해 학생은 어디에선가 피해 학생일 경우가 많다는 것을 기억해야 한다. 출제 경향은 여러 요인에서 보듯 다양한 문제가 출제된다. 학교 폭력을 신속하고 정당하게 그리고 신고한 사람도 안전하게 보호받을 수 있는 제도를 함께 발표하는 것도 염두에 두자.

예시문제 : **지원자가 생각하는 학교 폭력이 발생하는 근본 이유가 무엇인지와 그 해결을 위한 개인 의견을 말하시오.**

▶▶ 예상답변 : 학교 폭력의 근본 이유는 지나친 개인주의라고 생각합니다. 학교에서 아주 사소한 일이 폭력으로 이어진다고 합니다. 학습 능력 부진아로 인해 불만을 가지는 경우 왕따, 폭력으로 쉽게 이어진다고 합니다. 이러한 경우 지나친 경쟁으로 이어지는 고학년으로 갈수록 폭력성이 더 심해지는 경향이 있습니다. 자신의 입장을 가장 우선시하다 보니 학교 친구의 어려움을 도와주려는 의지는 약하게 됩니다. 이러한 극단적인 개인주의를 해결하기 위한 방법으로 독서를 해야 한다고 생각합니다. 물론 또 다른 이유도 있을

것입니다. 예를 들면 본인이 피해를 받지 않기 위해 부득이하게 집단 폭력에 가담하는 경우도 있다고 합니다. 이는 부모의 지나친 관심을 받는 가정이 많아지면서 문제가 발생하면 스스로 해결하는 경험이 적어 발생하는 문제라 생각합니다. 이러한 경우 독서로 간접 경험을 하는 것이 효과적일 것입니다. 또한 열매를 맺거나 꽃이 피는 식물을 지속적으로 키우면서 식물의 성장을 사진이나 그림으로 표하는 시간을 갖게 하는 것도 개인주의를 해결하는 방법이라 생각합니다. 식물과의 교감을 통해 타인을 이해하고 타인과 협력하는 마음을 갖게 될 수 있을 것이라고 생각합니다. 마지막으로 체계적이고 지속적인 학교 폭력 관련 예방, 또는 처방 교육이 필요하다고 생각합니다.

### (5) 창의적 교육 관련 문제

우리 교육계의 장점과 단점에 대한 토론의 결과 소통, 창의성, 융합적 사고, 배려가 핵심 요소라고 한다. 스스로 재능을 키워나갈 수 있는 능동적 수업 활동을 통해 각 개인의 재능을 조기에 발견하고 지식을 융합할 수 있는 능력을 키울 수 있게 하는 것이 창의적이라는 결론이다. 무엇인가 실질적이고 가치 있는 창의적 사고를 통해 주어진 문제를 해결하고, 이 문제 해결을 통해 학생 스스로 긍정적 감성을 느끼는 과정이 반복적으로 일어나는 창의적 설계를 할 수 있게 하는 것이 창의적 교육의 핵심이다. 이러한 창의적 교육을 통해 행복지수도 높아지는 효과가 있다고 한다. 교사도 학생들의 창의성을 높여주는 교육으로 인해 학생들의 변화와 새로운 면모를 발견함으로써 자긍심과 소명감이 높아진다고 한다.

현재는 4차 산업혁명이 진행 중이고, 인공 지능, 로봇 공학, ICT 등의 다양한 분야에서 융합이 이루어지고 알파고와 인간의 바둑 대결에서 보듯 사회와 문화에까지 영향을 미치고 있다. 이 4차 산업혁명은 교육 혁명으로 이어질 것이다. 4차 산업혁명의 파고를 넘을 수 있는 유일한 대안은 창의력일 것이다. 창의적 교육이 더욱 중요해지는 이유이다.

창의적이라는 것은 다양한 독서를 통해서도 이룰 수 있고, 많은 긍정적, 부정적 경험을 통해 이룰 수도 있다. 무엇이든 자기 주도적으로 해결해 보려는 의지를 갖게 하는 교사의 노력이 강조되는 부분이다. 학생 스스로 해결하려는 모든 과정을 기다려주고 응원해 주는 교사의 자세는 참으로 중요할 것이다.

창의적 교육 관련 문제 출제 유형은 고등학교 활동을 통해 습득된 여러 형태의 변화 모두 소재가 된다. 기존의 방법을 열심히 하고 한계를 극복한 모든 노력은 창의력과 같기 때문이다. 창의력은 대단한 것이 아니라 우리 일상에 있는 것이다.

창의력은 타고나기도 하지만 갑자기 나타나기는 어렵다. 성장 과정에서 여러 요소가 상호작용해서 나타나기 때문에 자신의 목표를 세우고 그 목표를 이루는 방법을 스스로 찾아나가는 과정에서 길러지는 것이다. 창의성이란 무에서 유를 창조하는 것뿐만 아니라 일반적인 것을 다양한 각도에서 바라볼 때 나타나는 것이다.

> **예시문제 : 일상에서 경험한 창의적인 활동과 지원자가 생각하는 창의적 수업을 말해보시오.**

▶▶ 예상답변 : 피카소는 다시 어린아이로 돌아가는 데 40년이 걸렸다는 말을 했다고 합니다. 저도 비슷한 경험을 한 적이 있습니다. 초등학교 1학년 학생이 쓴 시에서 "신은 장사다. 사람을 든다."라고 표현한 것을 보고 어린이의 시선으로 돌아가는 것은 참으로 힘든 일이라 생각을 했습니다. 신을 보면서 단 한 번도 해보지 못한 시선을 초등학생은 본 것입니다. 이런 시선을 느끼려고 하는 독서가 창의적 활동이라고 생각합니다.

많은 것을 보고 듣고 생각하게 하는 것이 창의적인 수업이라고 생각합니다. 고등학교 미술 시간에 본 미켈란젤로의 피에타상과 그와 유사하게 표현된 작품에서는 비슷한 점을 느낄 수 있습니다. 그러나 신본주의 시대에서 인본주의 시대로 옮겨가던 시대에 그렸던 레오나르도 다빈치의 '베누아의 성모'에서는 성모 마리아가 예수를 안고 웃고 있습니다. 중세적 시선에서는 모든 일이 신의 뜻에 따라 미리 정해져 있고, 성모는 예수의 운명을 알기에 웃을 수 없었을 것이고, 중세적 시선을 탈피하니 웃는 성모를 표현할 수 있었습니다. 이런 시선의 변화를 관찰할 수 있는 미술 감상 시간 또한 창의적 수업이라고 생각합니다.

❖ 교직 면접에 반드시 출제되는 문제 내용을 활용하여 다음의 유사 기출문제들에 대해 스스로 답변을 생각해 보기 바란다.

위의 내용을 숙지하고 자신만의 생각을 정리했다면 다음 문제들은 쉽게 연결하여 답변할 수 있을 것이다.

◆ 학급에 학습 능력이 떨어지는 학생이 있을 때 어떻게 지도할 것인가?

◆ 학교 폭력이 일어났을 때 어떻게 대처할 것인가?

◆ 우리나라 교육 정책 중에서 보완해야 할 것이 있으면 말하고 어떻게 보완하면 좋을지 말해 보세요.

◆ 기초 학습 부진의 원인과 해결 방안을 각각 세 가지씩 말해보세요.

◆ 수업 시간에 아이들이 자는 이유 2가지와 본인이 교사라면 해결 방법을 말해보세요.

◆교사의 권위가 떨어진 것에 대해 이유와 해결 방안을 말해보세요..

◆아동 학대에 대한 교사의 대처 방안을 이야기해보세요.

◆교사가 되었을 때 학생이 특정 과목만 선호하여 다른 수업 시간에 그 책만 보고 수업에 집중을 하지 않는다면 어떻게 할 것인가?

◆학생과 소통하면서 좋은 수업을 만들기 위해 어떻게 해야 하나? 사례를 들어서 설명하라. 초등학교 교사에게 꼭 필요한 자질이란 무엇이라 생각하는가? 또한 본인은 그 능력을 가지고 있다고 생각하나요?

◆학생들의 창의성 계발을 위한 교사의 자세나 역할에 대해 말해보시오.

◆ 교권 실추의 원인과 대책에 대해 말해보시오.

◆ 교사가 된다면 어떤 점에 중점을 두고 아이들을 교육할 것인지 말해보시오.

◆ 자신이 가르치는 학생이 집단 따돌림을 당하고 있다. 원인이 무엇이고, 다른 친구들과 어떻게 어울릴 수 있게 할 것인지 교사의 입장에서 이야기해보세요.

◆ 자신이 가르치는 학생이 컴퓨터 중독이라면 어떻게 지도할 것인가?

◆ 다문화 가정이 늘어나고 있는데 각 다문화 가정의 아이들에게 민족의 정체성을 어떻게 가르치겠는가?

◆ 학생이 학교 급식을 거부한다. 교사로서 어떻게 지도하겠는가?

◆ 영재 교육에 대한 자신의 견해를 말해 보시오.

◆ 인성 교육이 왜 필요한지 말해보시오.

◆ 수준별 수업에 대해 어떻게 생각하는지 말해보시오.

◆ 4차 산업혁명 시대의 바람직한 교사상에 대해 말해보시오.

## Ⅲ 면접 유형별 핵심 접근법

### 면접의 유형

면접 고사 유형은 대학마다 그 형태와 방법에 있어 차이가 있다. 따라서 면접을 준비하는 수험생들은 지원하는 대학교의 구술 면접 고사 형태나 방법을 미리 알고 준비한다면 당황하는 일 없이 면접에 차분히 임할 수 있을 것이다. 면접의 유형을 정리해 보면 다음과 같다.

◆ 대학 면접의 유형
① 방법에 따라: 개별 면접, 집단 면접, 발표 면접
② 소재에 따라: 서류 기반 면접, 문제 제시 면접, 제시문 기반 면접, 개방형질문

③ 질문에 따라: 교직 인성, 교직 적성, 교직 교양

④ 수준에 따라: 일반 면접, 심층 면접

교육대학 또는 사범대학 면접고사의 형태는 개별면접, 심층면접, 그룹면접, 발표면접 형태로 나누어지며 일반적으로 한 가지 형태로 실시된다. 평가 항목에 있어서 가장 중요한 것은 인성과 교직 적성이며 그 외 표현력, 발전 가능성, 협동심, 리더십, 태도, 문제 해결 능력 등을 종합적으로 평가한다. 상세한 내용은 chapter 4의 '대학별 특성 및 평가 기준'을 참고하라.

### (1) 개별 면접과 심층 면접

개별 면접은 가장 대표적인 면접 형태로 학생과 평가자가 1:2~3 형태로 진행된다. 교육 대학의 경우 수시와 정시 대부분의 교육 대학에서 실시하는 면접이다. 물론 서울교육대학과 같이 개별 면접을 심층 면접으로 표현하는 학교도 있지만, 학교별로 사용하는 용어 기준의 특별한 차이는 없다. 사범대의 경우도 비슷하다. 물론 정시의 경우 면접 시험을 보지 않는 학교들이 늘어나는 추세이다. 다만 개별 면접의 경우 크게 개방형질문 또는 제시문 기반과 서류 기반 두 종류로 구분된다. 문항 또는 제시문 기반의 경우 대학 자체가 개발한 교직 교양 관련 일반 문항 또는 제시문 관련 질문의 답변을 통해 교직 인성, 교직 적성, 표현력, 잠재 역량 등을 평가한다. 서류 기반의 경우는 학교생활기록부를 참고로 인성, 교직 적합성, 태도, 문제 해결 능력, 발전 가능성, 가치관 등을 평가한다. 또한 서류의 내용이 사실인지의 진위 여부를 판단한다.

일반적으로 서류 기반 면접은 수시 전형에서 다수의 교육 대학과 사범대에서 실시하며 질문의 형태는 지원자의 고등학교 생활이나 가치관을 묻는 질문으로 누구나 편하게 답변을 할 수 있다. 그러나 어떻게 답변하는가에 따라 평가 점수는 달라진다. 제시문을 활용하는 대학의 경우 제시문을 숙지한 후 관련 질문을 통해 교직 인성, 교직 적성, 교직 교양 등을 평가한다.

개방형질문의 경우 무엇이든지 물어볼 수 있다. 하지만 일반적으로 학교생활과 교직교양관련 질문을 한다. 답변을 통해 인성, 교직 적합성, 태도, 문제 해결 능력, 발전 가능성, 가치관 등을 평가한다.

정시의 경우는 대부분의 대학이 개별 면접을 실시한다.

### ⊙ 서류 기반 인성 면접 유형

수시 전형에서만 활용되는 유형의 개별 면접 방법이다.

주로 학교생활기록부를 중심으로 질문을 하지만, 교직 관련 적성 문제나 인성 문제를 묻기도 한다. 일반적으로 다음과 같은 질문들이니 참고하기 바란다. 주로 교직 면접에서 반드시 출제되는 문제들을 숙지하면 충실한 답변이 가능한 문제들이다. 다만 지원 대학의 인재상 등은 면접전에 홈페이지에서 꼭 확인하고 가기 바란다. 본서 chapter 4에 학교별 특징이 요약되어 있으니 참고하면 도움이 될 것이다.

## 문항 예시 📌

**Q1.** 우리 대학 ○○교육학과에 지원한 이유가 무엇인가?

**Q2.** ○○ 교사가 되기 위해 어떤 노력을 했는가?

**Q3.** 학생은 ○○ 봉사 활동을 통해 무엇을 배웠는가?

**Q4.** ○○ 동아리 활동이 ○○ 교사가 되는데 어떤 도움이 되었나?

**Q5.** ○○책을 읽고 어떤 교훈을 배웠는가?

**Q6.** 학교폭력 예방교육을 어떻게 하라고 배웠는가?

**Q7.** 교사의 자질이 무엇이라 생각하는가?

**Q8.** 학생이 생각하는 창의적인 교육이 무엇이라고 생각하는가?

**Q9.** 우리 대학의 인재상을 알고 있는가?

**Q10.** 마지막으로 하고 싶은 이야기는?

〈서류 기반 인성 면접 기출문제〉

마지막으로 하고 싶은 이야기는 주어진 면접을 다 마치고 시간이 조금 남아 있다면 대부분의 교수님들께서 간략하게 해보라고 요청한다. 마지막으로 면접관 입장에서 지원자에게 추가 답변 기회를 주기 위해 '마지막으로 하고 싶은 말'을 해보라고 한 것이다. 이때 당연히 면접 과정에서 부족한 답변을 했다면 추가적으로 보충 설명하는 것이 좋다. 그러나 앞에서 부족하게 설명한 것을 보충 설명하기는 쉽지 않을 것이다. 물론 답변 이후 면접 중간에 새로운 기억이 난다면 가능할 것이다. 미리 답변을 준비해 가는 경우는 지원 동기, 교사상, 미래의 계획 등 본인의 장점을 보여줄 수 있는 것을 연결하여 답변하면 된다. 다시 말하지만 면접에는 정답이 없기 때문에 그때의 상황에 맞게 약 1분 정도 서두르지 말고 침착하게 그 정황에서의 느낀 점을 차근차근 대화하듯이 말씀드리는 것도 또한 방법이다.

⊙ 제시문 기반 면접

제시문 기반 면접은 이해력, 논리력, 창의력 등을 중심으로 그 안에서 교직 인성, 교직 적성을 평가하기 때문에 제시문의 주제와 논점 파악이 중요하다. 제시문에 대한 사전적 지식이 없는 경우라도 제시문을 토대로 자기의 논리를 창의적으로 설정하고, 문제에 대한 본인만의 답변을 할 수 있도록 생각의 전개 및 자신의 주장을 논리적으로 표현하는 능력이 필요하다.

### 문항 예시

(A) 교사는 자신을 초월하는 위대한 도덕적 인간, 즉 사회의 전도자이다. 성직자가 신의 해석자인 것과 마찬가지로 교사도 그 시대와 국가의 위대한 도덕 사상의 해석자인 것이다. 교사에게 이러한 사회의 도덕 사상에 숙달하도록 하고, 이 사상의 향기를 느끼도록 해야 한다. 그러면 이 사상이 갖고 있는 권위와 그것에 대해 교사가 느끼는 권위는, 교사의 모든 행동으로 표출되고 아동에게 반드시 전달되고야 말 것이다.

[뒤르켐(E. Durkheim)의 『교육과 사회학』 중에서]

(B) 제6조(교육의 중립성) ① 교육은 교육 본래의 목적에 따라 그 기능을 다하도록 운영되어야 하며, 정치적·파당적 또는 개인적 편견을 전파하기 위한 방편으로 이용되어서는 아니 된다.

[『교육기본법』 중에서]

**Q1.** (A)에서 제시된 '위대한 도덕적 인간'으로서의 교사의 특성을 추론하여 설명하시오.
**Q2.** (A)의 내용을 바탕으로 (B)에 제시된 법조항의 의미를 해석하시오.

미래보다 현재의 행복을 중시하는 욜로족(YOLO, You Only Live Once)과 반대개념인 '파이어족(FIRE, Financial Independence, Retire Early)'이 주목받고 있다. 이것은 '경제적자립(Financial Independence)'을 토대로 자발적 '조기 은퇴(Retire Early)'를 추진하는 사람들을 일컫는 말이다. 파이어족이라는 개념은 1990년대 미국에서부터 시작해서 온라인을 통해 영국, 호주, 네덜란드, 인도 등지로 급속하게 확산되었고 최근 국내에도 알려지게 되었다. 이들은 빠르면 20대, 늦어도 40대 초반에 퇴직해 은행 빚이나 소비생활에 따른 스트레스에서 벗어난 삶을 살고자하기 때문에 현재의 소비를 극단적으로 줄이고 조기은퇴를 꿈꾼다. 어떤 이들은 수입의 70% 이상을 저축하면서 생활비를 절약하기 위해 먹거리를 스스로 재배하는가 하면, 내 집을 마련하기보다는 전셋집에 살면서 오래된 차를 탄다. 또한 유통기한 직전의 떨이 식품을 할인가로 구매해 식료품비용을 줄이고 웬만한 거리는 걸어 다니며 각종 포인트를 모아 현금처럼 쓰기도 한다.

**Q1.** 위와 같은 파이어족의 삶에 대해 긍정적인 면과 부정적인 면의 논거를 각각 두 가지씩 제시하시오.

※ 학교별 기출문제 및 기출 문제를 분석한 답변과 방향성은 chapter 2에 상세하게 기술되어 있다.

또 긴 제시문의 경우 제시문 간의 연결성을 분석하는 능력이 있는가를 확인하는 면접이다. 지원자는 교육 및 사회적 이슈, 다양한 사건, 시대성 문제 등 특정 주제에 대한 자신의 생각을 체계적으로 정리하고 전개하는 연습을 해야 한다. 물론 수능 비문학 문제가 많은 도움이 될 것이다. 본서 chapter 4의 구술 면접 대비 전략 내용을 잘 숙지하면 많은 도움이 될 것이다.

### (2) 그룹(집단) 면접

부산교육대학과 일부 사범 대학에서 지원자가 많을 경우 실시하는 면접 유형이다.

그룹 면접은 3~4명의 수험생과 면접관 2~3명이 함께하는 면접 형태로 제시문 문항 형태로 진행된다. 집단 면접 방식은 수험생 입장에서는 개별 면접에 비해 긴장감과 부담감이 좀 덜하며 다른 수험생의 질의응답 때 답변을 미리 생각하고 준비할 수 있다는 장점이 있다. 하지만 여러 명의 수험생에게 같은 질문이 주어진다면 각 수험생들의 답변에 대한 평가가 바로 이루어지므로 자칫 자신의 답변이 상대적으로 부족해 보일 수 있으며 개인에 대한 깊이 있는 질문이 불가능할 수도 있다. 면접관의 입장에서도 수험생 개개인을 동시에 관찰하면서 비교 평가할 수 있다는 장점이 있지만, 수험생 개개인의 특성을 충분히 파악하기 어렵다는 단점도 있다. 집단 면접에서는 평소 여러 사람 앞에서 자신의 의견을 조리 있게 발표할 수 있는 능력을 갖춘 사람이 유리하다.

### 문항 예시

**Q.** 최근 개정된 '학교생활 기록 작성 및 관리 지침'에 따르면 초등학교와 중학교에서는 교과목 특성에 따라 수행 평가만으로도 평가를 실시할 수 있게 되었다. 수행 평가만으로 평가를 하는 것의 긍정적인 면과 부정적인 면을 열거하고 개정된 평가 방안에 대한 자신의 견해를 제시하시오.

[부산교육대학 기출문제]

※ 학교별 기출문제 및 기출문제를 분석한 답변과 방향성은 chapter 2에 상세하게 기술되어 있다.

대부분의 대학은 그룹(집단)면접이 폐지되었다. 부산교육대학은 그룹면접을 실시한다. 방법은 3문제를 각각 순차적으로 모두 답변하고, 다른 학생의 답변에 대해 질문이나 평을 하게 된다. 따라서 다른 학생의 답변을 경청하는 것은 매우 중요하다.

### (3) 발표 면접

발표 면접은 대학에서 자체 개발한 자료를 제공하고 분석할 일정한 시간을 준 다음 정해진 시간 동안 발표하는 형식으로 분석력, 발표 능력, 의사 표현 능력, 문제 해결 능력, 교직관과 인성, 가치관과 교양 등을 종합적으로 평가한다. 발표 후에는 발표 내용과 관련된 질의응답을 하여 수험생의 능력과 성향을 다시 한 번 확인한다. 일정 시간 동안 내가 분석한 내용을 논리적으로 발표하는 일은 매우 어려운 일이니 단단히 준비해야 한다. 최근 별도의 질문을 하지 않거나 영상업로드 방식으로 시행 하는 대학들도 있다. 제시문 문항을 숙지하고, 2~4분(대학별로 다름) 발표한 후 그것에 관한 질의응답으로 진행된다. 상황에 따라 질문 없이 발표만으로 평가하는 대학도 있다. 사범대의 경우 서류 기반 면접을 실시하는 대학 이외의 대부분의 대학 면접에서 실시한다.

**문항 예시** 📌

> 강자는 더욱 강해지고, 약자는 더욱 약해지는 현상을 '마태 효과'(Matthew effect)라고 한다. 예를 들어, 저명한 과학자에게는 무명의 과학자보다 명성과 보상을 받을 기회가 더 많이 주어진다. 학교 현장에서 마태 효과에 해당하는 상황을 구체적으로 제시하고, 그 상황에서 마태 효과를 최소화하기 위한 방안을 교사 차원과 학교 차원에서 각각 제안하시오.
>
> ※ 다음에 제시된 (가)와 (나)의 글을 읽고 물음에 답하시오.
>
> (가) 우리나라는 큰 위기에 빠져 있다. '불평등'은 세계 최고 수준이고, '불공정'은 공동체의 존립 자체를 위협하고 있으며, '차별과 혐오'는 사회적 약자의 삶을 벼랑으로 내몰고 있다. 불평등, 불공정, 차별과 혐오는 바로 한국 민주주의의 결함을 보여주는 예이다. 불평등은 경제민주화의 부재에 근본 원인이 있고, 불공정은 사회 민주화의 결함에서 기원하며, 차별과 혐오는 문화 민주화의 결여와 밀접한 관련이 있다. 정치 민주화는 어느 정도 이루었지만, 사회, 경제, 문화 민주화가 거의 이루어지지 않은 현실이 불평등, 불공정, 차별과 혐오의 사회를 만든 주범인 것이다.

㉯ 민주주의가 결판나는 곳은 투표장이 아니라 교실이다. 교실은 민주주의의 훈련장이기에 한 나라가 성취한 민주주의의 수준은 교실에서 결정된다. 우리가 위대한 광장 민주주의의 전통에도 불구하고 여전히 성숙한 민주사회에 이르지 못한 이유는 무엇보다도 교실에서 성숙한 민주주의자를 기르지 못했기 때문이다.

[출처: 김누리, "민주주의의 성패는 교실에서 갈린다.", 「한겨레신문」 칼럼 (2022년 1월 4일) 재구성]

**Q.** ㉮에서 언급하고 있는 ① '불평등, 불공정, 차별과 혐오의 사회 문제'가 무엇인지 교육과 관련하여 설명하고, ② 이를 해결하기 위한 교육 방안을 ㉯를 참고하여 말하시오.

※ 학교별 기출문제 및 기출문제를 분석한 답변과 방향성은 chapter 2에 상세하게 기술되어 있다.

대부분 대학들이 시대성을 반영한 교직·교양관련 질문 속에서 가치관과 인성, 적성, 문제해결 능력, 창의력, 표현력, 논리력 등을 평가한다.

## Ⅳ 반드시 알아야 할 교육이론

### 01. 강화학습이론

심리학에서 강화는 어떤 자극에 반응하여 미래의 행동을 변화시키는 것을 이야기한다. 특히 행동주의 이론에서의 강화는 보상을 통하여 특정 행동을 유도하거나 행동수정으로 이어지는 것을 이야기한다. 강화이론은 행동주의, 인지주의 이론들을 결합, 활용하는 앨버트 반두라(Albert Bandura)의 사회학습이론은 어떻게 인간의 행동이 인지능력과 연관되는지 잘 나타낸다. 다시 말해 강화란 어떠한 자극으로 인해 나타나는 행동의 빈도수가 유지되거나 증가되는 것을 이야기한다. 반대로 자극으로 인해 반응이 감소하는 경우는 처벌로 분류된다.

### 02. 개정 교육과정 핵심역량 (2015, 2022)

과거의 성공 패러다임이 미래에 대한 답을 줄 수 없기 때문에, 교육의 방식이 변해야한다. 기존의 교육이 단편지식을 주입, 획일화된 교육으로 인해 학생들의 개성이 저하된다. 따라서 학생들에게 미래 사회를 살아가야 할 실제적인 지식을 스스로 구성하고 탐색하는 것을 교육하기 위해 2015개정 교육과정에서는 자기주도역량강화, 지식정보처리역량, 창의적 사고역량, 의사소통역량, 공동체역량을 강조한다. 또한 2022개정 교육과정에서는 '국민과 함께하는 교육과정'이라는 비전 아래 시행될 네 가지 주요 과제는 '미래 변화에 대응하는 교육과정 혁신', '학습자 맞춤형 교육 강화', '학생의 요구와 학교의 여건 고려를 통한 현장의 자율적인 혁신 지원', '교육환경 변화 대응 지원으로서 교과 교육과정 개발 방향 제시'이다. 주요 핵심역량으로는 주도적 역량, 창의적 역량, 포용성 역량이 있다.

## 03. 게임 셧다운제

게임 셧다운제는 청소년, 특히 남학생들이 관심을 갖는 게임이용시간에 대해 청소년보호법에 근거해 도입된 제도이다. 16세미만 청소년의 명의로 가입된 아이디의 접속을 자정12시부터 새벽 6시까지 차단시키는 제도다.

## 04. 게임 이용 장애

세계보건기구(WHO)가 게임 중독을 질병으로 분류했다. 2019년 5월25일 스위스 제네바에서 열린 제72차 WHO 총회 B위원회는 '게임장애(gaming disorer)'가 포함된 국제질병분류 11차 개정안(ICD-11)을 만장일치로 의결했다. 게임중독을 새 질병으로 분류한 ICD-11은 2022년부터 발효된다. 국내에서는 2026년 ICD-11을 반영한 질병분류체계 개편될 예정이다. 이로 인해 게임 산업의 타격은 불가피할 것으로 예상된다. ICD-11에 질병코드 '6C51'로 등재된 게임장애는 "다른 일상생활보다 게임을 우선시해 부정적인 결과가 발생하더라도 게임을 지속하거나 확대하는 게임 행위의 패턴"으로 정의되었다. 진단기준은 '게임에 대한 통제기능 손상', '삶의 다른 관심사 및 일상생활보다 게임을 우선시하는 것', '부정적인 결과가 발생함에도 게임을 중단하지 못하는 것'으로 이러한 현상이 최소 12개월 이상 지속되는 경우로 규정한다. 이에 진단기준이 모호하여 명확한 기준을 마련하지 못한다면 사회적비용이 낭비될 수 있다는 우려의 목소리도 있다. 또한 코로나19(COVID19)로 인해 사회적 거리두기가 활성화 되면서 세계보건기구(WHO)에서 게임을 적극적으로 권장하는 모습을 보였다. 이는 게임중독을 질병이라고 평가한지 채 1년이 안 됐는데 입장을 번복하여 소위 '태세전환'이 빨라 게임중독 질병 코드부여에 대해 비합리적이라는 의견도 나타나고 있다.

## 05. 경계선 지적 지능

일종의 인지 장애의 하나인 경계선 지적 지능(borderline intellectual functioning, borderline mental disability, (in the ICD-8))은 일반인과 지적 장애인 지능의 중간으로 정확히는 경계선 상에 위치하고 있는 지능이다. 분별력, 암기능력, 인지력 등이 일반인에 비해 현저하게 떨어 진다. 그러나 외관상은 정상인이고 의사소통은 가능하기 때문에 이들의 행동은 고의적인 것으 로 오해를 받기도 한다. 평균(BAIQ) 이하 IQ(below average IQ)라고도 한다. 이 그룹은 정신적으 로 장애가 있기 때문에 전문 기술 습득, 숙련성 작업에 다소 어려움을 보인다. 외관상 정상인이 기 때문에 진료나 상담의 기회가 주어지지 않는 사례가 존재한다. 다른 별칭으로는 경계선정신 지체(Borderline mental retardation), 경계선정신결핍(borderline mental deficiency), 경계선지능 (borderline intelligence), 결핍지능(deficientia intelligentiae) 등으로도 부른다.

## 06. 고교학점제

고교학점제는 학생이 기초 소양과 기본 학력을 바탕으로 진로·적성에 따라 과목을 선택하고, 이수기준에 도달한 과목에 대해 학점을 취득·누적하여 졸업하는 제도이다. 이 제도는 2022년 특성화고 도입 및 전체 일반계고에 대한 제도 부분도입(신입생부터 적용)을 거쳐 2025년부터 전 체 고등학교에 본격 시행될 예정이다. 고교학점제를 통해서 학생은 배우고 싶은 과목을 스스로 선택할 수 있다. 학생들은 학교의 교육과정에 따라 공통 과목을 포함한 교과 필수 이수 단위를 준수하는 선에서 자유롭게 과목을 선택하게 된다. 또한 학교에서는 학생의 수요에 따라 과목을 개설하되, 필요에 따라 전문 교과의 과목을 개설할 수 있으며, 교육과정에 제시되어 있는 과목 외에 새로운 과목을 개설 (시·도교육청이 정한 지침에 따라)할 수 있다. 고교학점제 홈페이지에서 는 다양한 과목 안내서를 참고하여 학교에서 개설된 과목 중 배우고 싶은 과목을 미리 살펴보고 수강신청 할 수 있다.

## 07. 교육과정 재구성

교육과정이 요구하는 목표를 실현하기 위해 수업목표, 수업내용과 방법, 평가방법 등을 학생 의 특성과 수준을 고려하여 조정하는 것으로 교사의 자율성과 전문성을 함양할 수 있으며, 학습 자 중심수업이 가능하다. 또한 학교교육의 다양성을 증진할 수 있고, 교육의 유연성과 시간을 절약 할 수 있다.

## 08. 교육격차해소

교육격차의 가장 큰 이유는 환경에 따른 교육기회의 불평등이다. 어느 정도의 형평성을 맞추기 위해 공교육의 역할이 중요하다. 교육격차 해소는 새 정부의 국정과제이기도 하다. 교육에서 완벽한 격차 해소란 불가능하지만, 학습의 성과를 극대화하고 모든 학습자의 성과를 끌어올려 결과적으로 격차를 줄이는 것은 학교가 존재하는 이유이자 학교교육의 목표이다. 교육격차 해소를 위한 방법으로는 교육환경을 개별화 교육에 맞춰야 한다는 의견, 학교 밖 전문가를 학교 안으로 들어오도록 해야 한다는 의견 등이 있다. 또한, 학습 단위를 다양하게 세분화하여 AI를 활용한 에듀테크와 개인별 맞춤식교육으로 교육격차를 해소 할 수 있을 것이다.

## 09. 교육방법과 교육공학

교육방법은 교사가 학생을 지도하는 방법으로 교수방법이라고도 하는데, 어떻게 가르칠 것인가를 포괄하는 개념이다. 종래의 교육방법은 교수·훈련 등을 뜻하였으나, 근래에는 주로 학습지도 및 생활지도의 영역으로 나누어 생각한다. 최근에는 학습지도·생활지도 이외에 교육과정은 물론, 학급경영 방법의 기본적 원리나 시청각적 방법까지 포함시켜 광범위하게 해석하기도 한다. 인간적 가치의 형성과 실현을 목적으로 하는 교육방법은 다양하고 다채롭게 연구·개발되고 있지만 아직 뚜렷한 학문적 체계가 수립되지 않았으며 앞으로도 수립되기 어려울 것이다. 그 이유는 인간의 신체적·정신적인 구조가 복잡하기 때문에 교육방법도 복잡할 것이고 결코 일정한 개념으로 규정지을 수 없기 때문이다. 교육공학은 과거에는 교육공학은 두 가지 의미로 사용되었다. 초기에 좁은 의미의 개념으로 시청각교육을 수단으로 사용한 다는 것이고, 후기에는 교육목표를 효과적으로 달성하기 위해 체계적이고 과학적인 절차를 적용하고, 교수과정에서 발생하는 여러 가지 문제를 해결하는 넓은 의미의 개념이다. 발전과정을 살펴보면 감각적 실학주의, 자연주의에서 시각교육으로 다시 시청각교육으로 발전하였고, 시청각 교육 통신을 거쳐 교수공학에서 현재의 교육공학으로 발전하였다.

## 10. 교육생태계

학교와 지역사회, 교육 주체가 서로 연결된 관계망 속에서 혁신교육의 철학·내용·방법 등 서로의 상호작용을 통해 배움이 일어나고 이러한 배움이 삶과 연결되어 그 배움의 결과가 공동체의 상생과 공진화로 이어지는 유기적이고 선순환적인 체제를 말한다.

## 11. 구성주의 교육

교육은 실제 행동에 의한 행동주의 교육에서 사고에 의한 인지주의 교육으로 그리고 구성주의 교육으로 변화해왔다. 구성주의 교육은 한마디로 학습자 중심의 교육으로 학생 스스로 새로운 지식을 구성하고, 교사는 지도자가 아닌 조력자, 촉진자인 교육을 의미한다. 학자로는 듀이, 피아제, 비고츠키 등이 있다. 인간이 어떻게 지식을 구성하느냐에 일차적인 관심을 갖는다. 각 사람이 지닌 지식은 어떠한 일이나 사건들을 해석하는데 사용하는 인간의 사전 경험, 정신구조, 신념 등의 기능에 의해 구성된다. 구성주의에 따르면, 사고란 물리적 경험과 사회적 경험의 지각을 토대로 형성된다는 것이다. 구성주의의 중요한 인식론적 가정은 인간은 외부 세상에 대한 독특한 경험에 의해서 모든 외부의 실재를 다르게 받아들인다는 것을 기본으로 한다. 따라서 구성주의에서는 인간은 외부 세계에 있는 실재의 본성을 경험에 의해 의미 있게 구성하고, 학습을 이끌어내는 동시에 개인적인 학습 목적을 추구하게 된다는 것이다. 이러한 맥락에서 구성주의 관점에서는 실제의 문제를 현실적인 상황 속에서 경험을 통해 다루고, 학습자가 상호작용을 통해 서로 협동하여 문제를 해결하도록 하는 것이다.

## 12. 국제 바칼로레아(IB–International Baccalaureate)

국제 바칼로레아(IB)는 세계적으로 인정받는 국제적인 대입과정으로, 토론식 수업과 논술형 시험을 기반으로 창의융합형 인재를 길러내는 교육과정이다. IB프로그램의 한글화에 따라 IB의 국내 공교육 도입은 대구시와 제주도를 넘어 점차 전국으로 확산할 전망이다. 서울시교육청은 IB시범학교 운영을 위해 임시조직(TFT)을 준비하고 있으며, 세종시교육청은 청와대의 승인을 받은 스마트시티 건설에 초·중·고 2개 학교씩 IB학교 도입할 예정이다. 국제 바칼로레아를 국내 공교육에 도입하기 위한 3단계 방안이 나와 시행중이다.

## 13. 그린스마트 스쿨

전국 초·중·고교에 태양광과 친환경 단열재를 설치(그린)하고 교실에 WiFi 및 교육용 태블릿 PC를 보급(디지털)하는 사업을 말한다. 첫째 스마트교실은 학교별·학급별로 첨단 디지털기반을 구축하고, 디지털기술을 활용한 교수학습방식을 도입하는 동시에, 교원과 학생의 디지털역량강화를 지원한다. 둘째 그린학교는 학생건강을 우선하는 건축기법을 최대한 활용하고, 태양광 발전 등을 활용하여 에너지를 자체생산 할 수 있는 에너지 자립형 그린학교를 만든다. 이를 통해 학교자체가 환경교육의장이자 교재가 되도록 조성한다. 셋째 공간혁신은 과거의 규격화된 학교공간에서 벗어나, 미래교육을 준비하는 유연하고 창의적인 공간, 학습·쉼·놀이가 공존하는 공간으로 전환한다. 설계과정에서 학생, 교원 등 사용자 참여를 강화한다. 넷째 학교복합화는 학교가 지역사회의 중심역할을 할 수 있도록 다양한 연령층이 교류하는 공간을 조성하며, 지역사회와 연계한 교육을 강화하고, 학교시설을 지역과 공유한다.

## 14. 기초학력

어떤 교육을 받는데 기초적으로 필요한 학습능력. 어떤 과제의 학습에 직접적으로 요구되는 학습능력이 아니라 여러 과제의 학습에 포괄적으로 필요하게 되는 일반적 학습능력을 말한다. 예컨대, 읽기·쓰기·셈하기와 같은 능력은 기초학력이 된다. 교육수준에 따라 기초학력의 수준도 달라진다. 따라서 학습 내용을 이해하는 데 필요한 기초적인 수준의 의미를 넘어, 사회를 살아가는 데 필요한 전제조건이 되기도 한다. 최근에는 인권으로서의 기초학력에 대한 의미도 부각되고 있다. 이러한 기초학력을 국가와 시도교육청이 책무성을 갖고 체계적으로 지원하기 위하여, 「기초학력 보장법」과 「기초학력 보장법 시행령」이 시행되었다. 법과 시행령에서는 기초학력의 기준, 기초학력 진단의 내용과 방법, 지원 대상 학생 선정 및 교육 등에 관한 내용을 규정하고 있다. 교육청에서는 기초학력 진단검사를 통해 맞춤형 보충학습 자료를 제공받아 기초학력을 높일 수 있는 서비스를 제공하고 있다.

## 15. 기후위기 교육

기후위기교육은 기후변화와 그로 인한 위험 상황에 대응하기 위한 교육이다. 교육부가 추진하는 기후위기 대응 교육은 학교 환경교육에 연결할 수 있는 방안으로 지속가능한 사회를 위한 환경학습권 보장, 탄소중립 사회로의 전환을 위한 학교 환경교육장 구축, 신 기후체제 대응을 위한 실행체계 혁신 등 세 가지다.

## 16. 놀이중심수업

많은 학생들이 놀이에 흥미와 관심을 갖는다. 몸을 움직이는 놀이를 수업시간에 하거나 빙고, 위스퍼 게임과 같은 간단한 게임을 수업에 녹여낸다면 학생들이 수업에 즐겁게 참여할 수 있다.

## 17. 누리과정

저출산 문제의 해결과 학부모의 교육비 부담을 경감하기 위해 누리과정은 만 3세~5세를 대상으로 어린이집의 표준보육과정과 유치원의 교육과정을 통합한 공통과정으로 구성되어 있다. 이 과정은 만 3세~5세 유아의 건강과 조화로운 발달을 통해 민주시민의 기초를 형성하는 것을 목적으로 한다. 어린이집·유치원 구분하지 않고 동일한 내용을 배우게 된다. 2012년 3월 만 5세를 대상으로 교육비 지원을 시행하여 2013년 만 3세~5세를 대상으로 시행된 누리과정은 교육비를 지원하고 있다.

## 18. 늘봄학교

'늘봄학교'는 교육부가 추진하는 정책으로, 방과 후 교육활동을 내실화하고 돌봄의 질을 높여 교육과 돌봄을 통합적으로 제공하는 것으로 학부모의 돌봄 부담을 경감하고 출발점 시기의 교육격차를 해소할 수 있도록 모든 학생에게 개별화된 교육과 돌봄을 지원하기 위해 마련되었다.

## 19. 다문화감수성

다문화 감수성은 다문화수용성과 문화 간 감수성의 요소를 포괄하는 개념으로, '다양한 문화적 환경에서 타인과 조화롭게 관계 맺고 소통할 수 있는 태도와 가치, 행동 역량'을 의미한다.

## 20. 다원성존중교육

다원성존중교육은 국적, 민족, 인종, 종교, 언어, 지역, 성별, 세대 등의 다양한 가치를 인정하고 존중하는 것을 교육한다. 이 교육의 목적은 다양한 가치들이 조화와 균형을 이루며, 권리와 의무가 동시에 존중받는 사회조성에 있다. 포괄적의미로 민주시민교육, 세계시민교육, 다문화교육 등이 이에 포함된다고 할 수 있다.

## 21. 돌봄 노동

돌봄 노동은 타자를 돌보기 위한 모든 일을 지칭한다. 이는 어린이, 환자, 노인 등 약자를 부양하는 것으로 간주되곤 하지만, 양육자, 자원봉사자의 무급노동뿐 아니라 보육·교육·의료 및 건강관리 관련 직업에 종사하는 사람들의 유급노동 역시 포함된다. 돌봄은 유년기와 노년기는 물론 전 연령에 걸쳐 모두에게 필수적이며, 국가적인 차원에서도 국민의 기본적인 생활에 필요한 돌봄 노동력이 부재한다면 사회가 생산적으로 작동하기 힘들다. 가정에서나 직장에서나 주로 여성들이 무급으로 돌봄 노동을 도맡는 경우가 많기에 이는 페미니즘의 주요 관심사이기도 하다. 이러한 돌봄 노동의 저평가 현상 및 돌봄 노동 분야의 불균등한 성비를 해결하기 위해 많은 국가가 노력하고 있다.

## 22. 디지털 시민성

디지털 기반 네트워크로 연결된 사람들 간에 가져야 할 시민적 소양으로서 디지털 자원의 생산, 공유, 활용 과정에서 요구되는 시민으로서의 자질을 말한다.

## 23. 대안학교

대안학교는 일반학교에서 중도 탈락자 등 부적응 학생들에게 정상적인 사회생활로 복귀하도록 다시 한 번 기회를 주기 위해 일반학교와 다르게 전인교육과 체험학습 등의 교육을 기반으로 운영하는 학교다. 1998년 3월 5개의 학교가 우선적으로 신설됐다. 대안학교는 중·고교 교육과정을 마치면 이에 맞는 학력을 받게 되며, 또한 일반학교에서 재학도중 탈락한 학생을 대상으로 1년 이내의 기간에 단기과정을 이수시켜 본래 학교로 복귀시킨다.

## 24. 마을교육공동체

초중고 학생과 동일 연령대 학교 밖 청소년이 배움의 주인이 되고 마을에서 행복하게 성장할 수 있도록 학교, 교육청, 지자체, 대학, 시민사회 등이 협력하고 지원하고 연대하는 교육공동체이다.

## 25. 문해 교육

OECD 국가 중 우리나라 청소년의 학업성취도는 상위인 반면 문해력은 하위이다. 이에 따라 문해 교육의 필요성이 대두되며 2022 교육개정안의 중점교육 중 하나가되었다. 문해 교육은 글을 읽고 이해하는 최소한의 능력과 읽은 글을 바탕으로 새로운 것을 창조하는 능력을 기르기 위한 교육이다. 효과적으로 말하고, 쓰고, 경청하는 능력과 다양한 학교 및 일상생활에서 요구되는 문해 능력 기술을 사용하는 데 초점을 두고 있다. 예를 들어 책을 소리 내어 읽는 것이다. 눈으로 읽으면 글자를 빼먹거나 틀리게 읽을 수 있다. 따라서 소리 내어 읽으면 단어를 꼼꼼하게 읽어 문해력이 향상된다.

## 26. MOOC(Massive Open Online Course)

MOOC는 '온라인 공개 수업(Massive Open Online Course)'의 약자로 보통 '묵'이나 '무크'로 읽으며, '대규모 사용자를 대상으로 제공하는 온라인 공개 수업'을 의미한다. 일반적으로 대학 수업을 온라인으로 접속하여 들으면서 동시에 무료로 듣는 강의를 MOOC라고 표현한다. 광범위하게는 테드(TED)같은 강의도 MOOC에 포함되고, 2012년부터 본격적인 관심을 받았으며, 우리나라도 2015년에 KMOOC가 만들어졌다. 일반 인터넷 강의와 차이점은 단방향이 아닌 쌍방향의 수업이라는 것이다. 예를 들면 인터넷상에서 실시간으로 질문도하고 토의도 할 수 있으며, 수료증로 받을 수 있다. 외국의 경우에는 학점과 학위를 받는 경우도 있다. 최근 MOOC에 유료 강의도 등장하고 있다.

## 27. 메이커교육

메이커 교육은 창의적인 아이디어를 내는 데서 그치는 것이 아니라 실제로 무언가를 만드는 과정을 통해 과학(science)·기술(technology)·공학(engineering)·예술(arts)·수학(mathematics)의 제반 이론을 통합적으로 학습하는 것(STEAM)을 목표로 한다. 메이커 교육은 4차 산업혁명 시대에 필요한 역량을 길러주는 교육으로 주목받고 있다. 메이커(MAKER)는 뜻 그대로 "만드는 사람"을 지칭한다. 구체적으로는 창의적으로 어떤 대상을 설계하고, 제작하는 사람들을 의미한다. 애플과 구글 등 미국 실리콘밸리의 첨단기업들을 세운 창업자들 상당수가 차고의 '메이커' 였다. 따라서 메이커 교육이란 어떤 대상을 창의적으로 설계하고, 제작하는 능력을 길러주는 교육이다. 메이커 교육은 이론적 지식을 읽고 듣기만 하던 기존의 교육 방식을 벗어나 직접 아이디어를 생각해내고 직접 손으로 만지고 조작하고 경험하며 지식을 습득하는, 즉, 만들기를 통한 학습을 목표로 한다. 이러한 메이커 교육의 가장 큰 장점은 학생들의 상상력과 창의력을 자극한다는 것이다.

## 28. 미디어리터러시

미디어리터러시는 언론 및 교육계에서 '가짜뉴스'의 문제 해결 방안을 논의할 때마다 등장하는 개념이다. 미디어리터러시란 미디어를 책임감 있고 능숙하게 다루며, 콘텐츠를 창조적으로 생산하고, 미디어를 비판적으로 이해하는 능력 등을 의미한다. 대다수의 시민들에게는 생소한 개념이지만 언론이나 교육계에서는 주목한지 꽤 오래 되었다. 지금 이 순간에도 미디어 환경이 빠르게 변하고 있는 만큼 미디어를 올바르게 이해하고 활용하는 법을 익힌다는 것은 굉장히 중요하기 때문이다. 그럼에도 현장에서는 여전히 명확한 개념 정립조차 되지 않고, 교육으로서의 큰 틀을 갖추려면 많은 노력이 필요하다는 의견이 지배적이다. 미디어 교육의 지원이나 인프라가 부족하다는 의견부터 이미 미디어를 활용해 수업을 실시하는 학교 현장에 미디어리터러시 교육의 필요성이 충분하게 설명되지 않았다는 지적 등 다양한 목소리가 있다. 핀란드에서는 미디어 교육이 중요하다는 공통적인 의식을 바탕으로 학교와 정부 기관은 물론 도서관·방송사·민간단체 등이 자발적으로 미디어 교육을 실시한다. 또한 협업과 더불어 논의 역시 지속적으로 이뤄진다. 미디어를 통하여 사회나 공동체에 자신이 어떠한 영향력을 줄지 등 정보 생산자로서의 역할에 대해서도 고민해야겠지만, 수용자로서 '정보 리터러시' 능력도 매우 중요하다. 정보에 대해 무조건 신뢰하는 것이 아니라 거리를 두고, 스스로 정보를 판별하는 눈을 가져야 한다. 그런데 이 능력을 갖추기에 바람직한 미디어 환경이 조성되어있는가에 대해서도 고민해봐야 한다.

## 29. 바칼로레아

바칼로레아는 프랑스 교육과정의 중등과정 졸업시험이다. 며칠 동안 계속 시험을 치른다. 바칼로레아에서 50%이상의 점수를 받는 모든 사람들에게 일반적인 국공립 대학 입학 자격을 주며 절대평가이다. 대한민국의 수학능력시험의 역할이지만 수능은 상대평가이다. 흔히 줄여서 bac이라고 부른다. 철학 및 논술 시험이 필수인 것으로 유명하다. 1808년 나폴레옹에 의해 시작되었고 약 200년에 가까운 역사를 가지며, 철학 및 논술 시험문제는 학생뿐만 아니라 전 국민의 관심사이다. 대학교수가 아닌 현직 교사들이 문제를 출제한다. 이 문제들은 한국의 수능보다 깊은 생각을 요구한다.

## 30. 블랜디드 러닝(Blended Learning)

서로 다른 학습형태를 혼합하여 새로운 효과를 만들어내는 교육방법이다. 대표적 블렌디드 러닝은 온라인과 오프라인의 통합을 통해 지속적인 학습을 가능하게 하며, 학습 공간과 학습 기회를 확대할 수 있다. 또한 학습자의 특성에 맞는 학습 내용 및 방법으로 교육 효과를 극대화 하며, 학습 모델과 방법의 개발 시간 및 비용을 최적화 할 수 있는 특징을 가지고 있다. 블랜디드 러닝의 장점으로는 교사가 새로운 지시 방법을 지원하는 추가 교육 도구를 사용할 수 있고, 학생이 독립적으로 온라인에서 일부 콘텐츠를 학습한 후 교실에서 대면 토론을 따르도록 수업을 설계할 수 있습니다. 학생들에게는 블랜디드러닝 모델 과정이 모든 연령대의 학생들에게 더 매력적으로 작용하는 것으로 입증되었다. 실제로 디지털 교육 센터의 연구에서 이 모델을 활용하는 73%의 교육자가 학생 참여도가 증가했다고 보고했다. 또한, 학습자 중심으로 설계되어 학생들이 언제, 어떻게, 어디서 지시를 받을지에 대해 더 많은 유연성을 갖는다. 학생들은 자신의 속도로 학습 자료에 접근하고 교실에서 배운 것을 강화하는 시간을 가질 수 있다.

## 31. 성인지감수성

성인지 감수성(gender sensitivity)은 성별 간의 차이로 인한 일상생활 속에서의 차별과 유·불리함을 이해하고 불평등을 인지하여 이를 해결하고자 하는 관점과 태도를 말한다. 간단히 말하면 상대성에 대한 공감능력의 다른 표현이라 할 수 있다. 성인지 감수성 교육은 성별 간의 불평등에 대한 이해와 지식을 갖추어 일상생활 속에서의 성차별적인 요소를 인지하는 민감성을 기르는데 필요한 교육이다.

## 32. 소셜 학습(러닝)

소셜 학습이란, 학습(learning)에 소셜 네트워킹 서비스(SNS, 누리소통망 서비스)를 결합한 교육 방법. SNS의 장점인 소통과 협업으로 창의성과 문제 해결 능력을 키우는 SNS를 결합한 교육 방식이다. 소셜 러닝 플랫폼은 '나'로 인한 지식의 맥락(context), 연결(connectivity), 협업(collaboration)을 가능하게 해준다. 미국의 비영리 재단이 개최하는 지식 컨퍼런스 'TED(Technology, Entertainment, Design)'는 소셜러닝의 초기 모델이었다. 이후 하버드와 스탠포드를 비롯한 미국 명문 대학이 전 세계 대중에게 온라인 공개 수업인 '무크(MOOC, Massive Open Online Course)'를 제공하면서, 2012년 무렵부터 무크가 소셜러닝의 새로운 사례로 대두되었다. 한국에도 교육부에서 지원하는 K-MOOC와 KOCW 등의 무크 기업이 등장했다. 현재 많이 활용되는 소셜 학습의 사이트로는 외국어를 배우고 싶어 하는 사람들을 일대일로 매칭 시켜, 서로 언어를 가르쳐주고 배울 수 있도록 지원하는 라이브모카(www.livemocha.com), 수학 강의 동영상을 유투브에 올린 데서 출발한 비영리 무료 교육 사이트인 칸 아카데미(www.khanacademy.org) 등이 있다.

## 33. 생명존중교육

생명의 존귀함을 소중히 하도록 하는 교육이다. 즉, 살아 있는 모든 것을 귀하게 여기고 모든 생명에 가치를 부여하는 사상을 기르는 것이다. 우리는 지구환경을 구성하는 공동체의 일원으로써 식물과 동물의 생명도 소중함을 알고 생태 중심의 사고를 지녀야한다. 구체적 교육방법으로 동물 사랑 동아리활동과 1인 1화분 키우기, 교과연계 생명존중 캠페인, 생명존중 ucc 제작, 생명 존중 책 만들기, 생명존중 필요성 토의 등을 예로 들 수 있다.

## 34. 원격수업의 장점과 단점

장점으로는 콘텐츠 업로드 시 반복 수강 가능하여 학생이 이해할 때까지 완전학습이 가능하다. 또한 에듀테크의 발전과 시공간을 초월한 수업이 가능하다. 반면 단점으로는 교육 약자의 교육 격차 발생할 수 있고, 인성교육, 사회성 교육, 실험 실습의 어려움이 있다.

## 35. 에듀넷(Edunet)과 에듀테인먼트(Edutainment)

에듀넷(Edunet)은 컴퓨터를 통해 각종 교육 관련 정보를 제공하는 국내 최초의 '교육정보 종합서비스 시스템'으로 1996년 9월 11일 개통되었다. 교사, 학부모, 학생들이 컴퓨터 통신망을 통해 국내외의 학습, 학술자료와 교육 행정 등 모든 교육 관련 정보를 한눈에 알 수 있는 꿈의 '교육정보 고속도로'라 할 수 있다. 에듀테인먼트(Edutainment)는 교육(education)과 오락(entertainment)의 합성어로, 이질적 두 요소를 하나로 묶은 새로운 형태의 학습방법으로, 이 같은 효과를 위해 구성된 소프트웨어를 지칭하기도 한다. 컴퓨터 기술의 발달과 함께 멀티미디어적 요소를 활용해 사용자가 지루함을 느끼지 않게 놀면서 배우도록 하는 교육 방법이다.

## 36. 이러닝(e-learning)

그 어원을 살펴보면 전기나 전자를 의미하는 electronic의 e와 학습을 의미하는 learning이 합성된 용어로서 기본적으로 인터넷 환경을 의미한다. 이러닝이란 인터넷 기반의 전자적 매체 즉 컴퓨터나 스마트기기를 통해 구현된 융통성 있는 학습 환경에서 학습자들이 시간과 공간을 초월하여 자기 주도적 학습활동을 통해 다양한 학습경험을 수행하는 학습형태로 정의된다. 특히 교수자와 학습자, 학습자와 학습자 간에 다양한 방식의 상호작용 활동 및 커뮤니케이션을 수행할 수 있다.

## 37. 인공지능 교육

인공지능 기술을 활용한 교육을 의미한다. 인공지능은 학습자에게 최적화된 학습방법과 자료를 제공하는 등 학습자 개개인에게 맞춤형 학습지원을 위해 널리 활용할 수 있다. 에듀테크(Education+Technology)가 대표적인 예이다. 이는 실시간 학습데이터를 축적하고 이 데이터를 활용해 기술을 개선하고 교육의 질을 높이는 선순환 형태로 이루어져야 한다. 또한 교사의 역할의 변화가 요구되어, 교사가 더욱 집중해야 할 일은 수업 기획, 학생 살피기, 정서 관리 등이다. 인공지능 세상에서 중요한 것은 '자기주도성'이며, 학습 환경도 초개인화로 들어서고 있다.

## 38. 인성교육

인성교육은 자신의 내면을 바르고 건전하게 가꾸고 타인, 공동체, 자연과 더불어 살아가는 데 필요한 인간다운 성품과 역량을 기르는 것을 목적으로 하는 교육이다. 인성교육의 목표는 핵심 가치와 덕목을 함양하는 것으로 개인이 지녀야 할 성품과 역량(존중, 배려, 소통, 참여, 공감, 책임, 협력, 공정성 등)을 키우는 것이 교육의 목표이다. 인성교육의 교육방법은 다양하다. 예를 들어, 학교 교육과정 내에서 인성교육을 안착시키고, 인성교육 친화적 학교 환경을 조성하며, 가정과 지역사회가 함께하는 인성교육을 추진하는 것이 있다.

## 39. 장애이해교육

장애 이해 교육은 비장애인에게 장애에 대한 잘못된 개념이나 이해를 바로 잡아주고 편견을 없앨 수 있도록 교육하는 하는 것이다. 교사와 학생들이 장애 학생에 대한 이해를 바르게 할수록 장애 학생의 통합교육이 더욱 성공적일 수 있다는 측면에서 장애 이해 교육의 중요성이 강조된다. 교사는 장애 친구의 문제나 어려움뿐만 아니라 그들의 강점과 능력을 알려주어야 한다. 그리고 장애 아동이 일반 아동과 다른 점만을 강조하기보다는 장애가 없는 아동과 비슷한 점을 더욱 강조할 필요가 있다. 또한 유명한 인사들 중 장애를 가지고 있는 사람들의 극복사례를 들면, 장애에 대한 편견을 깨는 데 도움이 된다. 장애 친구를 무조건 돕는 것을 지양하고 장애 친구를 도울 때 필요한 예의를 알려주어야 한다. 장애인이 스스로 할 수 있을 때 도움을 제공하는 것은 장애인이 독립할 기회를 빼앗은 것이다. 다시 말해서, 장애를 가진 친구에게 어떻게 도와주면 좋을지 물어 봄으로써 보다 더 장애 친구를 잘 도울 수 있음을 알려준다. 교육 자료는 그림책, 만화, 비디오 자료, 드라마나 다큐멘터리, 영화 등의 영상물을 이용하고, 초청 강연이나 토론, 장애 체험 등의 다양한 방법을 통해 일반 학생들의 장애에 대한 이해를 도울 수 있으며, 이는 정규 교과과정이나 특별활동 시간을 활용하여 교육할 수 있다.

## 40. 재난안전교육

재난안전교육은 재난이 발생했을 때 인명과 재산의 피해를 최소화하기 위해 평소에 재해의 특성을 잘 알고 철저히 대비하고, 사고재해 발생 시 신속하게 적절하게 대처하는 능력을 갖추기 위한 교육이다. 예로 소방안전교육, 교통안전교육, 지진대피교육, 민방위교육 등이 있으며 이는 이론교육은 물론 체험교육이 중요하다. 교육방법으로는 여러 재난안전 체험관을 이용하거나 가상현실과 증강현실 기술을 활용하는 것도 좋은 방법이다.

## 41. 전인교육

지덕체(智德體)를 고르게 성장시켜 넓은 교양과 건전한 인격을 갖춘 인간을 육성하려는 교육이다. 전인교육은 학생의 지식과 신체적 발달뿐만 아니라 정서, 성격, 행동, 가치관, 흥미, 대인관계 등의 능력을 향상시키는 것에 초점을 둔다. 교육은 개성적 존재로서의 인간을 존중하여 다양하면서도 균형 있게 이루어져야 한다. 전인교육은 현대산업사회의 물질만능주의와 규격화된 제도에 따르는 인간소외현상을 비판하고, 지식 중심과 입시위주의 교육을 지양한다.

## 42. 초학문

초학문(transdiscipline)의 정의는 초학문의 '초'(trans)는 '초월한다'는 뜻과 '넘나든다'는 뜻의 2가지 의미를 가지고 있다. 단순히 '초'(trans)자를 '초월한다'는 말에 강조를 둔다면 학생들이 교과의 지식을 너무 소홀히 하여 기본 지식을 무시하고 일상생활에 필요한 지식들에게만 관심을 두게 될 우려가 있다. 그러나 '초'(trans)자를 '넘나든다'는 말에 강조를 둔다면 학생들이 다양한 지식과 활동에 관심을 두고 문제 해결식 수업을 할 수 있다.

## 43. 코딩

코딩은 컴퓨터 프로그래밍의 다른 말이며 자바, C언어, 파이선 등 컴퓨터의 언어로 프로그램을 만드는 것을 뜻한다. 코딩 교육을 통하여 논리력 창의력 문제해결력을 키울 수 있고, 유치원생과 초등학생들은 퍼즐이나 블록맞추기 등의 게임방식을 통해 컴퓨터 프로그래밍 원리를 배운다. 코딩이 중요한 이유는 지능형 로봇, 인공지능, 빅 데이터 분석 및 활용, 사물인터넷 등 4차산업혁명시대를 대변하는 모든 ICT(정보통신기술)를 기반으로 한 소프트웨어를 통해 구현되기 때문이다. 현재 우리나라의 초등학교의 코딩교육은 5,6학년 실과시간을 이용하여 한 학기에 17시간이 배정되어있으며, 알고리즘을 이해시키는 것에 초점을 두고 있다. 이는 교육 선진국들의 최소 100시간이 넘는 코팅교육에 비하면 많이 부족한 편이다. 2022 교육개정안에서는 수업시수를 34시간으로 증가하였다.

## 44. 탈학교론

형식적인 학교교육은 제도의 경직성, 빈부와 지역적 격차, 지식교육 강조 등으로 학교 본래의 기능인 자유롭고 참된 인간의 성장에 기여하지 못하고 오히려 소외, 지배구조의 현상유지 등을 낳고 있기 때문에 형식적인 학교교육의 제도를 지양하고 비공식적이고 실질적인 교육을 해야 한다는 주장이다. 원래 신부였던 일리치는 멕시코에 설립한 그의 연구소 시닥(CEDOC)에서 세계 각국에서 온 교육비판가들과 약 6주간의 세미나 과정을 마련하고 탈학교론을 주장하였다. 그가 이러한 주장을 하게 된 배경에는 남미의 보수적인 여러 나라에서 학교가 사회계층구조를 유지하기 위한 하나의 수단으로 이용되고 있다고 생각한 데 있다. 탈학교사회에서 학교에 가지 못한 사람은 그 사회에서뿐만 아니라 국제적으로 하층계급이 되고, 반대로 대학졸업자들은 지배계층이 됨으로써 학교는 국제적인 계급제도를 형성하고 있다고 비난하였다.

## 45. 평화감수성과 평화교육

평화감수성은 공공연하고 직접적인 물리적 폭력 뿐 아니라 은밀하고 구조적인 폭력(정치·경제·사회·문화적불평등)까지 인간의 자아실현을 저해하는 비평화 상황을 민감하게 감지하고, 문제를 해결하고자 하는 책임감을 말한다. 그러기위해 평화교육이 필요하고, 이는 우리가 살고 있는 세계의 폭력과 비평화에 대하여 문제를 제기하고, 이러한 문제에 대한 구조적이고 비판적인 이해를 토대로 하여, 평화로운 해결방법을 모색할 수 있는 총체적인 역량을 길러주는 교육을 의미한다.

## 46. 플립드 러닝(거꾸로 교실)

'플립드 러닝'은 미국에서 수업참여가 어려운 운동선수들을 위하여 처음으로 실시되었는데, 일반 학생의 경우에는 2000년대 후반부터 간헐적으로 시도되다가 최근에는 급격히 확산되어 2014년에 50%정도가 '플립드 러닝'을 실행하거나 할 것이라고 한다. 우리나라에선 '거꾸로 교실'이라는 말이 더 익숙한 '플립드 러닝'은 학교 수업 전에 비디오와 같은 학습자료를 통해 학생이 자기 주도적으로 학습한 내용을 학교 수업에서 과제논의, 평가, 토론을 중심으로 확인, 보완을 한다.

PBL은 Problem—Based Learning인 '문제 중심학습'과 Project Based Learning인 '과제 중심학습' 두 가지이다. 모두 학습자 중심의 교육이기는 하지만 서로 다른 형태의 학습방법이다. 우선 '문제 중심학습'은 전통적인 교육 방식인 "문제 중심(Problem—Centered)" 학습과는 다르게, 문제 중심학습인 PBL은 문제가 수단이고, 문제 중심(Problem—Centered)은 문제가 목적이다. 따라서 접근하는 방식이 서로 반대이다. '문제 중심학습'은 의과대학의 독특한 교육적 요구 상황에 대응하기 위해 개발된 학습으로 고차적 추론 기능과 자기 주도적 학습기능, 문제 해결력 등은 의학뿐만 아니라 공학, 경영, 교육, 법률 등 다양한 전문 영역에서 공통적으로 요구되기 때문에 오늘날엔 모든 분야에서 학습의 기본 철학으로 널리 사용되고 있다. 특히 21세기 사회에서는 그러한 고차적 능력들의 중요성이 강조되고 있고, 지식의 구성과 학습자 중심의 학습을 강조하는 구성주의 패러다임과 접목되면서 PBL은 더욱 주목받고 있다. 다음으로 '과제 중심학습'인 프로젝트 학습(Project Based Learning: PBL)은 학습자들이 과제를 수행하고 결과물을 만들어 내는 과정에서 새로운 지식을 습득하고 비판적 사고력, 문제해결력, 자기주도적 학습능력과 같은 다양한 능력을 신장할 수 있는 학습자 중심 교육방법으로 21세기를 준비하는 학생들에게 필요한 교수·학습 방법이다. 프로젝트 학습법은 교사가 학습자에게 일방적으로 지식을 제공하거나 행동 지침을 제공하는 것이 아니라 어떠한 프로젝트나 미션을 제공하여 그것을 진행하는 과정에서 학생에게 학습이 일어나게 하는 교수 방법이다. 프로젝트를 진행하는 과정에서 교사는 주체가 아닌 보조자, 운영자의 역할을 맡습니다. 주체는 학생으로, 문제를 해결하고 결과물을 만들어 내는 모든 과정은 학생이 주도적으로 진행한다. 이를 통해 학습자는 주도성과 자기 효능감을 높일 수 있다.

## **48.** 혁신학교(革新學校)

지도자의 영향력은 크다. 특히 교육에 있어서는 더욱 그러하다. 교육은 백년지대계라고 했는데, 우리나라의 교육정책은 그렇지 못한 것 같아 참으로 아쉽다. 혁신학교 또한 전 경기도 교육감의 혁신적인 교육개혁안의 하나이다. 혁신학교는 전인 교육을 표방하며 만든 자율학교인데, 학급 인원을 25명 이하로 제한하여 소규모 학교로 운영한다. 이 학교는 입주위주의 획일화된 교육체계에서 탈피하여 주도적이고 창의적인 학습능력을 배양함에 가장 큰 역점을 두고 운영하고 있다. 혁신학교의 구체적인 결과는 아직 나오지 않았지만, 운영 6년차에 접어든 경기도 혁신

학교가 교내 학생들 간의 교육격차를 줄이는 데 효과가 있다는 연구 보고서가 나와 긍정적인 평가를 받고 있다. 그러나 혁신학교로 지정되지 않은 학교는 상대적으로 박탈감에 빠져있을 수도 있다는 우려가 높다. 균형있게 발전시킬 수 있는 대안이 필요하다.

## 49. 협력적 인성교육

협력적 인성교육은 '협력'이라는 집단 실천을 통해 더불어 살아가는 데 필요한 집단지성을 기르는 교육이다. 기존 인성교육이 '개인' 중심의 '사회적 요구'를 지향한 성품과 역량을 기르는데 초점을 두었다면, 협력적 인성교육은 '집단' 중심의 '존재적 요구'를 지향한 실천을 통해 개인의 인성뿐 아니라 집단지성도 일깨우는 데 초점을 두었다는 점에서 다르다.

## 50. 회복적 생활교육

회복적 생활교육은 학생들이 서로 간의 갈등을 해결하기 위하여 참여하고, 스스로 관계회복을 위하여 노력하도록 돕는 교육이다. 회복적 정의'는 평화·용서·화해에 초점을 두고 학교폭력으로 인해 발생한 갈등을 단순히 해결하는 차원을 넘어 학교의 문화를 평화적으로 정착시킬 수 있는 움직임이다. 지금까지 사회정의를 실현하기 위한 패러다임은 죄를 지은 사람에게 벌을 주는 '응보적 정의'였다. 그동안 가해자를 처벌해왔음에도 불구하고 피해자의 아픔이 회복되지 못했다. 또한 가해자를 영원히 이 사회에서 추방할 수도 없다. 이러한 고민은 '회복적 정의'로 관심을 돌리게 했다. 회복적 생활교육은 잘못을 저지른 학생에게 벌을 주는 문제를 해결하기보다는 학생들이 서로간의 갈등을 해결하기 위하여 참여하고, 스스로 관계 회복을 위하여 노력하는 것을 기대한다. 학교에서의 회복적 생활교육은 회복적 실천의 토대를 이루는 것으로 신뢰, 상호 존중, 관용과 같은 가치와 분위기를 형성한다. 이를 통해 존중하고 공감하며 적극적으로 경청하는 문화가 조성된다. 또한 인간의 느낌. 욕구 그리고 권리에 대한 중요성 인식을 통해 제공되는 다양한 회복적 기술들이 구체적인 삶의 맥락 속에 적용된다. 여기에는 공감. 적극적 경청. 조정의 기술이 사용된 다. 회복적인 진행으로 이는 갈등으로 인하여 깨어진 관계를 회복하고, 발생한 피해에 대하여 적절한 책임을 지는 것을 독려한다.

# 교대면접 기출문제

# 답변 및 분석

# Chapter 2
# 교대면접 기출문제 답변 및 분석

## Ⅰ 서류기반 면접 문제(개방형 질문 포함)

### 1 왜 초등교사가 되고 싶다고 생각 하였나요?

**학생답변**

저는 초등학교 6학년 때 반장의 역할을 맡은 경험이 있었습니다. 담임선생님께서는 제가 반장의 역할을 하는 것을 보시면서 항상 적극적이고 열정적으로 참여하려고 하는 모습을 칭찬해주셨고 이 부분이 저의 내재적인 동기가 되어 어떤 일이라도 항상 열심히 하려는 장점을 가지게 되었습니다. 이러한 점으로 보아 말 하나만으로도 학생의 내재적 동기를 키워주는 선생님이 되고 싶다는 생각을 하게 되었습니다.

**추가질문** 초등학교 6학년 때부터 초등교사가 되고 싶다고 했는데 다른 꿈은 없었나요?

**학생답변**

운동선수의 꿈이 있었습니다. 부상과 신체적인 조건으로 힘들어 하고 있었는데 선생님께서 저에게 희망과 격려를 주시면서 도움을 주었고 이로 인해 초등 교사를 꿈꾸게 되는 계기가 되었습니다.

 **김완 선생님의 방향성 잡기와 한 걸음 더** 👣

교육대학교 인성면접에서 많이 하는 질문 중 하나이다. 초등교사의 꿈을 갖게 된 동기를 구체적으로 설명하되 ,고등학교 활동까지 연계하여 꿈을 위해 노력한 점을 포함하여 간략하게 설명하는 것도 좋다. 위에서 답변한 학생의 경우 초등학교 6학 때의 동기만을 이야기함으로 중등학교 생활을 하면서 꿈의 변화가 없었을까? 란 의문으로 추가질문을 받은 것으로 보인다. 위와 같은 추가질문을 받는 것이 분리한 것은 아니지만, 고등학교까지 꿈을 미리이야기 했다면 좀 더 진보된 추가질문을 받을 수도 있었을 것이다. 추가답변에서 교사의 꿈을 유지하게 된 이유를 잘 설명하였다. 아쉬운 점은 마지막에 '초등 교사를 꿈꾸게 되는 계기가 되었습니다.' 를 '초등교사의 꿈을 다지게 되었습니다.'로 답변 했다면 꿈의 동기가 중복되지 않고 확고함으로 이해되었을 것이다.

**2** 본인이 생각하는 중등교사와 초등교사의 차이를 말하고, 교육대학을 선택한 이유를 말해 보세요.

**학생답변**

네. 중등교사와 초등교사의 차이는 다른 교육과정을 지도하는 차이라고 생각합니다. 아무래도 중등 교육은 사회적으로 대학입시를 매우 중요하게 생각하기 때문에 입시관련 수업 중심이 되다 보니 학생들의 사고력을 길러주는 수업이 어렵다고 생각합니다. 따라서 어렸을 때부터 사고력을 길러주는 수업이 필요하다고 생각했습니다. 저는 학생들의 사고력을 길러주는 초등교사가 되고 싶어 교육대학을 선택하게 되었습니다.

**추가질문** 그러면 사고력 증진 수업을 받아본 적이 있나요?

**학생답변**

네. 저는 초등학생 때 독서 수업을 통해 사고력 증진 수업을 받은 적이 있었습니다. 학생들은 모두 집에서 몇 권의 책을 가져왔습니다. 자신이 가져온 책을 다 읽은 후 다른 친구들의 책을 읽고서 읽은 책에 대해 이야기를 나누었습니다. 이 수업을 통해 다양한 지식을 쌓고 친구들의 관점도 들어볼 수 있었기 때문에 제가 사고력을 증진시키는데 많은 도움이 되었다고 생각했습니다.

**2차 추가질문** 그러면 학생들의 인성과 사고력을 어떻게 길러주고 싶으세요?

**학생답변**

네. 저는 첫 번째로 학생들의 인성을 위해 교사가 먼저 올바른 인성을 함양하고자 노력해야 된다고 생각하였습니다. 왜냐하면 교사가 먼저 올바른 인성을 가져야 학생들도 교사의 모습을 보고 배울 수 있을 것이라고 생각했기 때문입니다. 따라서 지속적으로 올바른 인성을 갖기 위해 노력하고 책을 읽으면서 올바른 인성에 대해 공부하고 싶습니다. 두 번째로 저는 학생들의 사고력을 길러주기 위해서 독서 수업을 진행하고 싶습니다. 학생들은 독서를 하면서 정보를 전달해주는 책일 경우 머릿속으로 도표를 그리거나 정리하면서 읽고 소설과 같은 책일 경우 그림을 그리면서 읽을 것이라고 생각합니다. 이는 학생들의 사고력을 길러주는 데 도움이 될 것이기 때문에 저는 학생들이 책을 읽고 그 책에 대해서 이야기를 나눌 수 있도록 하는 수업을 진행하고 싶습니다.

 **김완 선생님의 방향성 잡기와 한 걸음 더** 💬

우선 이 학생은 답변의 시작을 '네'로 하였다. 이는 면접관의 질문을 잘 들었다는 예의의 표시로 좋은 습관이다. 초등교사와 중등교사의 차이는 겉으로 나타나는 전 과목과 전문 과목의 지도를 생각하기 쉬운데 이보다 사고력 증진에 초점을 두고 이야기 한 점은 돋보인다. 하지만 좀 더 구체적으로 답변할 필요가 있다. 또한 추가질문의 답변에서 독서를 통한 사고력 수업 경험과 2차 추가질문 답변에서 독서를 통한 사고력 수업 답변은 배운 것을 실천하는 것은 좋지만, 사고력수업은 독서수업만 알고 있는 것처럼 보일 수 있다. 독서수업 이외의 자신이 선호하는 학습법을 이야기 했다면 더 좋았을 것이다. 인성교육에 대한 답변에 교사의 본보기로 답변한 것은 좋았다. 하지만 올바른 인성을 갖기 위해 책을 읽으면서 공부한다고 한 부분은 아쉬운 답변이다. 인성은 이론만으로 형성되는 것이 아니다. 잘못된 행동을 하는 사람이 바른 행동이 무엇인지 몰라서 그런 행동을 하기 보다는 어렸을 때부터 경험에 의해 자신의 생각을 지배하는 습관이나 품성이 형성되지 못했기 때문이다. 초등교육은 인성과 적성교육에 초점을 둔다면 중등교육은 문제해결능력에 초점을 둔 교육이 필요할 것이다.

**③ 리더십을 실천한 사례를 소개해주세요.**

학생답변

1학년 때 학급에서 학급 합창 대회를 준비하면서 곡 선정이나 안무 연습 과정에서 각자 하고 싶은 부분을 하다 보니 의견 충돌이 생긴 적이 있습니다. 당시에 학급회장으로서 효율적으로 연습하기 위해서는 파트를 나눌 필요가 있다고 생각했습니다. 각자 잘하는 파트를 배정한 뒤 그 중 가장 잘 하는 학생을 파트의 리더로 세워 연습했습니다. 이러한 방식으로 체계를 세워 문제를 해결할 수 있었습니다. 이 경험을 통해 문제가 발생했을 때 당황하지 않고 성급하지 않게 대처하는 자세를 배울 수 있었습니다. 이러한 경험은 이후 교사가 되었을 때 큰 도움이 될 것이라고 생각합니다.

김완 선생님의 방향성 잡기와 한 걸음 더

학급회장 활동 중 합창대회 활동을 사실적으로 소개한 점은 좋았다. 아쉬운 점은 회장의 리더십인지 파트장의 리더십인지 둘 다를 이야기하는 것인지 모호하다. 물론 회장으로서의 활동을 리더십으로 볼 수도 있지만 평가자에 따라서 단순히 회장업무로 볼 수도 있다. 따라서 자신이 생각하는 리더십을 설명한다면 도움이 될 것이다. 예를 들면 "리더의 자질은 다양한 능력이 필요하지만, 기획능력과 문제해결능력도 있어야 한다고 생각합니다. 이 부분의 관련된 경험을 말씀드리겠습니다."라하고 위의 답변을 한다면 조금 더 구체적이고 논리적인 답변이 될 것이다. 참고로 리더는 비전과 목표 설정 능력, 의사소통 능력, 창의성과 문제 해결 능력, 책임감과 도덕성, 팀워크와 협업 능력, 자기계발과 지속적인 학습 태도 등의 자질을 갖추었을 때 팀의 성과를 높이고, 팀원들의 성장과 발전을 이끌어낼 수 있을 것이다.

**4** 3년 동안 개근을 했는데 특별히 건강에 대해서 관리는 어떻게 했어요?

학생답변

평소에 가능하면 시간을 내서 운동을 하려고 노력했습니다. 또한 제가 환절기에 감기를 잘 걸리는 것을 알고 있기 때문에 환절기에 특히 조심해서 관리를 했던 것 같습니다. 한 번은 몸이 불편한 적이 있었는데 참고 등교 했는데 공부에 집중하나보니 좋아졌습니다.

 김완 선생님의 방향성 잡기와 한 걸음 더

일반적인 질문의 답변이 되었지만, 답변이 조금 짧은 느낌이다. 평소에 운동을 했다면 구체적으로 시간 때와 운동방법에 대한 이야기가 있었으면 하는 아쉬움이 있다. 환절기에 조심해서 관리한 내용이 무엇인지도 이야기했다면 좋았을 것이다. 마지막에 참고 공부한 것은 질문에 적합한 답변과는 거리가 있어 보인다. 앞의 내용을 구체적으로 답변했다면 굳이 이야기할 필요가 없는 내용이다. 개근관련 질문은 건강뿐아니라 또 다른 방법을 묻기도 한다. 다른 각도에서의 개근에 대한 답변을 준비할 필요가 있다. 자신의 소신 성실성 등을 토대로 이야기 하는 것도 좋을 것이다.

학생답변

두 분이 계십니다. 한 분은 초등학교 2학년 때 교사의 꿈을 꾸게 해주셨던 담임 선생님이십니다. 일일꼬마활동을 통해 자존감과 책임감을 키워주셨습니다. 일일꼬마활동은 꼬마사서, 꼬마교사, 꼬마농부 등 학업이외의 학생 스스로 참여하는 체험학습입니다. 이를 통해 교사의 꿈을 갖게 되었습니다. 또 한분은 고3 담임 선생님이십니다. 제가 힘들어 할 때마다 먼저 알아봐주시고 따뜻한 위로와 조언을 해주셨습니다. 이 경험을 통해 저도 교사가 된다면 미래학생에게 따뜻하게 대해주겠다고 생각했습니다.

추가질문  따뜻하게 대하더라도 반항하는 아이가 있을 수 있는데 이런 경우 어떻게 할 것 입니까?

학생답변

저는 교사로서 먼저 다가가 아이의 이야기를 듣고 공감을 해주기 위해 아이가 반항 하는 이유를 이해하려고 노력 할 것입니다. 이를 위해 서로의 유대관계를 쌓겠습니다. 저는 사제관계의 유대감을 중요하게 생각하여 제가 먼저 다가가면 된다고 생각합니다. 서로 친해지면 따뜻하게 대해주었을 때 반항하는 일은 없을 것이라고 생각합니다. 저는 교육동아리 봉사활동으로 지역아동센터에 간 경험이 있습니다. 거기서 처음에 저한테 다가오지 못하고 멀리하는 아이가 있었는데 제가 먼저 말을 걸고 이야기를 들어주었습니다. 결국 아이는 저에게 다가오며 저를 찾아주는 경험을 했습니다. 이 경험을 통해 아이에게 따뜻하게 대해주는 것이 중요한 교사의 자질이라 생각하게 되었습니다.

 김완 선생님의 방향성 잡기와 한 걸음 더 👣

위 학생처럼 두 분을 이야기하는 것도 좋지만 가장 인상 깊은 선생님에 대해 더 구체적으로 이야기하는 것도 좋다. 첫 질문에서 두 분을 이야기 하는 과정에서 추상적으로 답변하게 된 것 같다. 따라서 부족한 내용의 추가질문을 받은 것이다. 추가질문은 내용이 부족할 때 또는 내용이 충분하지만 그 다음이 궁금할 때 하게 된다. 같은 추가질문이라 해도 후자의 경우가 높은 점수를 받을 수 있다. 물론 면접관에 따라 질문과 평가를 달리 할 수 있지만 일반적으로 추상적 답변과 당연한 답변은 피하는 것이 좋다. 그러기 위해서는 평소에 면접

연습을 많이 할 필요가 있다. 위 답변 내용 중 자신의 경험을 구체적으로 표현한 것과 이를 통해 성장한 부분을 이야기 한 것은 아주 좋은 답변이다.

## 6 가르치기에 자신 있는 과목과 자신 없는 과목은?

### 학생답변

제가 자신 있는 과목은 학생들 모두가 참여하는 활동중심 과목입니다. 저는 오케스트라 단원으로 음악합주 활동을 하였고, 줄넘기시범단도 하며 많은 프로그램에 참여 하였습니다. 저는 학생들에게도 이러한 프로그램을 통해 즐거운 학급분위기를 만들어 주고 싶습니다. 자신 없는 과목은 수학과목입니다. 많은 학생들처럼 저도 수학과목에 무서움과 두려움이 있었고 흥미가 부족했습니다. 제가 교사가 된다면 저와 같은 이러한 학생들을 대상으로 흥미를 유발할 수 있는 참여수업을 하겠습니다. 예를 들어 시장놀이나 보드게임 등을 통해 실생활에서 활용할 수 있고, 학생들이 재미와 흥미를 갖게 수업을 하고 싶습니다.

### 추가질문   그렇다면 수준이 높은 학생이 쉽다고 하는 것은 어떻게 할 것인가요?

### 학생답변

만약 그러한 학생이 있다면, 그 학생에게 추가적인 어려운 과제를 제공하겠습니다. 이러한 과제는 학생이 더욱 깊이 있는 학습을 할 수 있도록 돕고, 그 학생의 학습 동기를 유지시킬 수 있다고 생각합니다. 또한, 그 학생에게 다른 학생들을 도와주는 역할을 맡기는 것도 좋은 방법이라 생각합니다. 그 학생이 다른 학생들에게 수업 내용을 설명하거나, 질문에 대답하는 등의 역할을 맡으면, 그 학생은 더욱 깊이 있는 학습을 할 수 있고, 동시에 다른 학생들에게도 도움을 줄 수 있을 것입니다. 그리고 저는 그 학생에게 개별적인 맞춤식 수업이나 상담을 할 것입니다. 그 학생의 학습 수준을 파악하여 만족하는 학습방법을 찾아 학습 동기를 높여주겠습니다.

 김완 선생님의 방향성 잡기와 한 걸음 더

첫 번째 질문의 답변에서 자신 있는 과목에 대해서는 공감할 수 있는 답변을 했지만, 자신 없는 과목에 대해 극복하기 위한 자신의 노력의 이야기가 없는 것이 아쉽다. 자신과 같이 수학을 어려워하는 학생에게 자신 있는 활동중심 수업으로 해결하는 방법은 참신한 답변이었다. 추가질문에서 그 학생의 학습 수준을 고려해 추가적인 문제를 제공하는 것과 다른 학생을 돕는 것과 같은 확장학습은 좋은 방법이다. 다른 예로 그 학생에게 수업 내용에 대한 자유로운 토론의 장을 마련하는 것도 좋은 방법이다. 그 학생이 수업 내용에 대해 자유롭게 의견을 나누고, 다른 학생들과 함께 토론 하면서 새로운 아이디어를 도출할 수 있기 때문이다. 또한, 그 학생의 학습 수준이 높다는 것은 그 학생이 높은 도전을 필요로 한다는 것을 의미하는 것이다. 따라서 그 학생이 자신의 능력을 발휘할 수 있는 프로젝트나 발표 등의 기회를 제공하여 학습 동기와 자신감을 높일 수 있다.

**7** 많은 교사상 중에 학생이 가장 중요하다고 생각하는 교사상은?

학생답변

두 가지를 생각해 보았습니다. 첫째 저는 아이들을 사랑하고 아이들 눈높이에 맞춰 공감하고 이해하는 진정성 있는 따뜻한 선생님입니다. 이를 통해 아이 들과 친해지면서 서로를 신뢰하는 관계가 형성될 것이라고 생각 합니다. 두 번째로 학생 중심의 교육이라고 생각합니다. 학생 중심의 교육은 학생들의 학습 동기와 자기 주도적 학습 능력을 증진시키는 데 중요한 역할을 한다고 생각합니다. 학생 중심의 교육은 학생들의 관심과 수준에 맞는 교육 내용을 제공하고, 학생들의 참여와 활동을 적극적으로 유도하게 될 것입니다. 또한, 학생 중심의 교육은 학생들의 창의성과 자율성을 증진시킬 것입니다. 학생 중심의 교육은 학생들이 스스로 생각하고, 창의적으로 문제를 해결할 수 있는 능력을 갖추도록 돕는 수업이라 생각합니다.

 김완 선생님의 방향성 잡기와 한 걸음 더 **“**

위 학생은 인성적 측면과 지도적 측면을 나누어 설명함으로 매우 좋은 답변을 했다. 인성적 측면의 교사상은 다 좋은 이야기 이지만 일반적인 답변으로 보인다. 사랑, 공감, 진정성, 따뜻한 교사 모두 너무 중요하기 때문에 일반적으로 보이는 것이다. 이런 경우 그렇게 생각하는 이유를 항목 별로 나누어 구체적으로 설명한다면 좋은 답변이 될 것이다. 다음으로 학생 중심의 교육은 학생들의 다양성을 존중하고, 학생들의 개성을 존중하는 것이다. 학생 중심의 교육은 학생들의 인성과 인격을 발전시키는 것을 목표로 하며, 이를 위해 학생들의 다양한 경험과 생각, 가치, 문화를 존중하고 수용 한다는 점에서 매우 중요하다. 이러한 점에서 아주 좋은 답변이다. 조금 더 보충하자면 교사는 학생들의 학습 동기와 자신감을 높일 수 있는 다양한 학습 방법을 활용해야 한다. 학생들은 서로 다른 학습 방법을 가지고 있기 때문에, 교사는 학생들의 다양한 학습 방법을 파악하고, 그에 맞는 학습 방법을 제공해야 한다. 이를 통해 학생들은 더욱 효과적으로 학습할 수 있으며, 학습 동기와 자신감을 높일 수 있다.

**⑧ 3학년 1학기 성적이 많이 떨어지고 3학년 2학기 때 성적이 많이 올라갔는데 혹시 그 이유에 대해 설명해줄 수 있나요?**

학생답변

우선 성적이 낮아진 가장 큰 이유는 선택과목으로 분리되면서 수강 인원이 적어지다보니 좋은 성적을 받기 어려운 상황이 벌어져서인 것 같습니다. 저 나름대로는 최선을 다하여 공부하였으나, 다른 학생들의 노력에 비해 부족했던 부분 또한 있던 것 같습니다. 3학년 2학기 때에는, 이러한 점을 보완하여 더욱 열심히 공부하였고 2학기에는 비교적 좋은 성적을 받을 수 있었습니다.

김완 선생님의 방향성 잡기와 한 걸음 더 ✏️

보통 성적관련 질문은 잘 하지 않지만 위 학생처럼 성적차이가 큰 경우 질문을 받을 수 있다. 위 학생은 고등학교를 졸업한 학생으로 3학년 성적 질문을 받았지만, 고3 학생의 경우 2학년 성적과 3학년성적을 비교하거나 3학년 성적 위주로 질문할 수 있다. 위 답변은 질문에 적합성 측면에서 아주 간결하게 질문에 적합한 답변을 하였다. 아쉬운 점은 노력과 성적의 논리성을 구체적으로 설명 했으면 좋았을 것이다. 이러한 질문은 결과를 알고 과정을 묻는 것이기 때문에 진정성 있게 자신이 노력한 부분을 구체적으로 설명하는 것이 좋다. 성적 관련 질문은 매우 민감한 주제이기 때문에, 자신이 노력한 부분을 구체적으로 설명하고, 어떤 방식으로 극복했는지에 대해 진솔하게 답변하는 것이 좋다. 이를 통해 질문자가 학생의 성적 개선을 위해 노력하고 있는 자세를 인식하고, 공감 할 수 있다. 따라서 성적이 부족하다고 불안해 할 필요는 없다. 질문의 의도는 부족한 성적이 아니라 자신의 부족한 부분의 진솔한 답변과 극복 사례이다.

학생답변

먼저 귀납법은 개개의 다양한 사실들을 수집한 후 이것을 바탕으로 일반적인 결론을 도출해내는 것이라고 알고 있습니다. 또한 연역법은 가설을 세워 일반적 이론을 짐작한 후 자료들을 수집하고 이 가설이 잘못된 것일 경우 다시 가설을 세워 연구하는 과정으로 이루어진다고 알고 있습니다.

추가질문 과학 연구를 할 때 둘 중 어떤 방법을 주로 사용한다고 생각하세요?

학생답변

제가 과학에 관한 연구를 해본 적이 없어서 잘 모르겠습니다만 주로 연역법을 사용한다고 생각합니다. 일반적인 과학자들이 많은 양의 자료를 수집하여 그것으로부터 일반적인 결론을 이끌어내는 것에는 많은 어려움이 있을 것 같다고 생각하였기 때문입니다. 따라서 연역법을 이용해 가설을 세운 후 이에 맞는 자료들을 수집하여 연구한다고 생각합니다.

 김완 선생님의 방향성 잡기와 한 걸음 더

짧은 답변이지만 귀납법과 연역법의 핵심내용을 잘 설명하였다. 추가질문에 대한 답변에서 과학에 관한 연구를 해본 적이 없어서 '잘 모르겠다.'는 말은 불필요한 말이다. 잘못된 답변에 대해 미리 이유를 이야기한 것으로 생각된다. 하지만 어떤 경우든 잘못된 답변을 한다면 그것은 잘못된 답변이다. 오히려 변명처럼 들릴 수도 있다. 그냥 자신의 생각을 주장과 근거를 논리적으로 설명한다면 면접관이 원하는 답변이 아니라도 논리성을 인정받을 수도 있다. 위에서 바르게 답변했지만 '과학에 관한 연구를 해본 적이 없지만, 연역법을 사용한다고 생각합니다.' 라고 했다면 더 좋았을 것이다.

**10** 자신의 진로와 관련 없는 활동한 것을 설명해주세요.

학생답변

네 저는 고등학교 2학년 때 초등교사와 함께 운동 관리사 또한 꿈꾸게 되었고 고민되던 부분이었습니다. 제가 운동 상담사도 희망한 이유는 학업에 대해 지치고 스트레스를 느낄 때 친구들끼리 운동을 하면 스트레스가 해소되고 활기 넘치게 회복될 수 있었습니다. 이렇게 운동의 긍정적인 면을 사람들에게 알리고 관리하고 싶다는 마음이 생겨 운동 관리사 관련 활동을 하게 되었습니다. 하지만 최종적으로 초등교사의 꿈을 다지게 된 이유는 초등학생과 아동에게 운동이 신체발달에 중요한 부분을 차지한다는 것을 생각했기 때문입니다. 초등교사로 운동 관리를 통해 아이들의 신체적 발달을 크게 향상시키고 싶었습니다. 또한 운동뿐만 아니라 여러 과목을 가르치는 역할을 담당하는 것 또한 저에게 흥미로 다가왔고 저의 적성에 맞아 초등교사가 되기 위해 이 자리에 서게 되었습니다.

김완 선생님의 방향성 잡기와 한 걸음 더 **👀**

꿈은 얼마든지 바뀔 수 있다. 교직과 관련 없는 활동이라 해도 어떻게 하였는가가 중요하다. 또한 이 활동을 통해 무엇을 배웠는가도 중요하다. 발전 가능성을 보여 줄 수 있는 답변이 좋은 답변이다. 위 답변의 경우 진로와 다른 자신의 경험을 교사의 역할로 연결하여 매끄럽게 잘 이야기 했다. 이는 학생 관리가 교사의 역할 중 하나이기 때문에 가능하였을 것이다. 만일 교직과 전혀 관련 없는 의사. 경찰, 외교관, 통역사 등이라면 적합성에 초점을 두지 말고 발전 가능성에 초점을 두어 답변하기 바란다. 평가자가 대학에서 교육을 받는다면 교직에도 충분한 발전 가능성이 있다고 판단하게 한다면 그것이 좋은 답변이다. 물론 의사. 경찰, 외교관, 통역사 등의 역할에서 교사의 자질로 연결 할 수도 있다. 이때 비논리적으로 연결한다면 오히려 좋지 않으니 주의해야한다.

**11** 동아리에서 '제4차 산업혁명시대의 교육의 방향 '에 대해 탐구했다고 되어있는데 4차 산업혁명 시대란 어떤 시대이고 교사의 역할 이 무엇인지 이야기해주세요.

학생답변

저는 4차 산업 혁명 시대를 맞아 교육부의 목표는 그린 스마트 스쿨이라고 들었습니다. 미래에는 스마트 기기를 사용한 수업이 많을 것이므로 교사는 첫째로 스마트 기기를 사용할 수 있는 능력을 갖추어야 한다고 생각합니다. 학생들과 스마트 기기로 수업을 하기 위해서는 교사가 먼저 자유롭게 사용할 줄 알아야 하기 때문입니다. 둘째로 미래에는 창의력이 중요하다고 생각합니다. 따라서 창의적 수업을 할 수 있어야 한다고 생각합니다. 이를 위해서 먼저 전문 지식을 쌓고 과목 간 연관성을 파악하여 학생들이 창의력을 높일 수 있도록 해야 된다고 생각합니다. 마지막으로 학생들의 인식을 개선하는 데에도 힘써야 한다고 생각합니다. 온라인 수업을 해보니 수업을 듣지 않거나 문제를 대충 푸는 학생들을 많이 보았기 때문입니다.

 김완 선생님의 방향성 잡기와 한 걸음 더 ♪♪

질문에 충실해야한다는 점에서 반쪽짜리 답변이라 할 수 있다. 질문을 보면 4차 산업혁명이 어떤 시대이고, 교사의 역할이 무엇인지를 물었다. 교사의 역할에 대해서는 자신의 생각을 조목조목 논리적으로 이야기를 잘하였다. 하지만 4차 산업혁명시대에 대해서는 한마디도 없었다. 답변의 방향은 우선 4차 산업혁명의 시대가 어떤 시대인지 설명하고, 위의 답변을 하였다면 우수한 답변이 되었을 것이다. 4차 산업혁명시대는 인공지능시대, 사물인터넷시대 등 여러 가지로 표현되기도 한다. 요약하면 지능정보화시대이다. 이는 기술의 발전이 AI 등으로 첨단화되고 이를 활용하는 수준 또한 극도로 발전한 시대를 말한다. 한 과학자의 설명을 빌리면 가상의 세계와 현실의 세계를 자유롭게 넘나드는 시대를 4차 산업혁명시대라 할 수 있다.

**12** 힘들어하는 학생들을 상담해주며 교사의 꿈을 키웠는데 교사로서 학생들에게 어떻게 도움을 줄 수 있을까요?

학생답변

저는 그동안 학업과 진로 등에 대해 힘든 일을 겪는 친구들을 상담을 통해 도와주었습니다. 저는 중학교, 고등학교 생활을 하면서 글을 읽기 싫어하고 공부를 위해 문제만 많이 푸는 학생들을 많이 보았습니다. 따라서 저는 교사가 된다면 아침 자습 시간에 흥미 있는 분야의 책을 읽도록 하거나 조원들끼리 작품을 번갈아가며 읽고 의견을 나누도록 하는 활동을 통해 독서에 대한 흥미를 느끼게 해주어 사고력을 길러주고 싶습니다. 이는 학생들의 모든 과목 학습에도 도움이 되어 공부에 대한 고민거리도 덜어줄 수 있을 것이기 때문입니다.

김완 선생님의 방향성 잡기와 한 걸음 더 ❞

학생의 답변이 겉보기에는 질문에 적합하게 답변한 것처럼 보인다. 하지만 '교사로서 학생들에게 어떻게 도움을 줄 수 있을까요?'에만 초점을 두고 답변하였다. 그러다보니 학생들을 상담해주며 키운 교사의 꿈과 연결이 부족하다. 예를 들면 독서교육을 위해 상담을 어떻게 활용할 것인지 또는 독서내용을 기반으로 상담하여 사고력과 고민거리를 덜어 주는 교육을 한다면 좋을 것이다. 항상 질문의 내용을 충실하게 해석하고 답변하는 것이 중요하다. 따라서 위 질문의 답변 또한 '상담해주며 교사의 꿈을 키웠다'는 '상담경험이 교사가 되어 학생들에게 어떻게 도움을 줄 수 있는가'의 뜻으로 해석하고 답변해야 할 것이다.

**13** 동아리에서 복지에 관한 토론을 했는데, 교육과 연관지어, 교육의 공정성이란 무엇이라고 생각합니까?

**학생답변**

제가 생각하는 교육의 공정성이란 교육에 있어서의 공정한 경쟁이라고 생각합니다. 최근 여러 사례들로 있어서 정시확대와 자사고 통폐합 등 여러 이야기들이 나오고 있는 것으로 알고 있습니다. 이는 교육의 공정성이 지켜지지 않고 있어 그에 대한 대안으로 나온 방법들이라고 생각합니다. 따라서 저는 입시로 직결되는 현행 교육 제도에 있어서는 부당한 피해자가 발생하지 않고 모두가 공정한 분위기 속에서 경쟁할 수 있도록 공정한 경쟁을 보장해 주는 것이 교육의 공정성 이라고 생각합니다.

**추가질문** 그러면 학생이 이야기하는 교육의 공정성이란 공정한 경쟁이 이루어질 수 있도록 제도가 필요하다는 건가요?

**학생답변**

네, 저는 이를 위해서 현재 정시확대나 자사고 통폐합 같은 방안이 고려되고 있고, 더 나은 방안을 도출하기 위해 국민적인 합의나 공청회를 통한 협의가 필요할 것이라 생각합니다.

**2차 추가질문** 교육의 공정성에 대해서 또 다른 생각은 없나요?

저는 앞에서 말씀드린 것처럼 경쟁하는 과정에서 공정성을 보장하는 방법도 있지만 교육 받을 기회 자체를 보장해 주는 것도 교육의 공정성을 보장하는 방법 중 하나라고 생각합니다. 실제로 수련회나 현장학습에 가는 비용이 부담되거나 중·고등학생의 경우 교복 비용이 부담이 될 수도 있습니다. 이 학생들은 교육 받을 기회 자체를 보장받고 있지 못한 경우라고 생각하고, 공교육에서는 모두가 같은 수준의 교육을 받고 같은 경쟁을 할 수 있도록 교육을 받을 여건이 보장되어야 한다고 생각합니다. 따라서 저는 이들을 위한 복지 제도에 대하여 방안이 더욱 고려되어야 한다고 생각합니다.

 김완 선생님의 방향성 잡기와 한 걸음 더 ✌✌

학생의 답변에서 교육의 공정성은 표현이 되었지만, 교육 복지와 연관 지은 답변은 모호하다. 따라서 면접관은 추가질문으로 제도에 대한 것이 복지제도인지를 확인하려 한 것으로 보인다. 추가답변에서도 방안을 도출하기 위해 합의나 공청회를 통한 협의가 어떤 협의인지 역시 모호한 답변이다. 이에 면접관의 배려로 2차 추가질문을 받은 것으로 보인다. 2차 추가답변에서 비로서 앞에 이야기한 내용을 교육복지와 연결하여 답변하였다. 아마도 이 학생은 질의응답 과정에서 자신이 놓친 교육복지를 생각한 것 같다. 이 경우는 면접관이 학생에게 여러 차례 기회를 주어 다행이지만, 대부분의 경우 2차 추가질문을 하는 배려는 쉽지 않다. 다시 한번 이야기하면 질문의 내용을 충분히 생각하고 답변하여야한다. 면접과정에서 충분히 생각할 시간이 부족할 것이다. 따라서 평소에 경청을 통한 해석능력을 키울 필요가 있다.

**14** 유네스코 학교 활동으로 기부 문화에 대해 토론했다고 적혀 있는데, 본인과 상대편의 주장에 대해 말해보세요.

우선 토론의 논제는 '한국은 유네스코 중심의 기부문화가 조성되어야 한다.'였고, 저는 이에 대해 찬성 입장을 내세웠습니다. 왜냐하면, 6.25전쟁 당시 우리나라가 다른 해외 국가들로부터 많은 도움을 받았고, 이제 우리나라의 경제력이 높아졌으니 우리나라가 도와줘야할 차례라고 생각했기 때문입니다. 또한 가나의 '아두레고모'라는 마을의 경우는 아이들이 물을 얻기 위해 수십 km를 걸어가야 하지만 가나 정부에서는 이 아이들을 위해 어떠한 조치도 취하지 못하고 있기 때문에 세계 시민으로서 국제 사회가 이들에게 도움을 주는 것이 옳다고 생각하여 우리나라 뿐 만 아니라 전 세계를 대상으로 기부문화가 조성되어야 한다고 생각했습니다. 반대 측에서는 우리나라에도 어려운 처지에 놓여있는 사람들은 많고, 우리는 대한민국 국민이니 대한민국 국민으로서 이들을 먼저 도와주는 것이 옳다고 주장하였습니다.

추가질문  그러면 본인은 실제로 기부를 실천한 경험이 있나요?

학생답변

네, 유네스코에서 진행하는 기부에 참여한 경험이 있습니다. 위생 시설이 잘 구비되어 있지 않거나 아예 없는 그러한 지역에 위생 시설을 만들기 위함이라고 학교에서 기부 활동을 진행한 적이 있어 이 때 참여한 경험이 있습니다.

 김완 선생님의 방향성 잡기와 한 걸음 더 👀

이 학생의 경우 질문을 잘 이해하고, 그에 적합한 답변을 하였다. 우선 토론의 주제를 설명하고 자신의 생각과 그 근거를 논리적으로 설명하였다. 또한 가나의 '아두레고모'라는 마을의 예시를 들며 자신의 주장에 공감을 유도하였다. 답변순서나 내용면에서 부족함이 없는 답변으로 보인다. 추가질문의 답변에서 기부 실천 경험의 설명은 앞 답변에 비해 다소 구체성이 부족하다. 유네스코에서 진행하는 어떤 성격의 기부인지, '위생 시설이 잘 구비되어 있지 않거나 아예 없는 그러한 지역'이 어느 지역을 말하는 것인지, 학교에서 진행한 기부 활동 등이 구체적으로 표현 되었다면 좋았을 것이다.

**15** 캐나다와 우리나라의 다문화 교육 정책을 비교했다고 했는데, 이 활동에 대해 구체적으로 설명해보세요.

학생답변

우선 캐나다는 모든 학생을 대상으로 다문화 교육이 이루어지고 있지만, 우리나라의 경우는 다문화 가정의 학생을 중심으로 이루어진다고 알고 있습니다. 물론 우리나라도 모든 학생을 고려하여 이루어지고 있지만, 특히 다문화 가정 학생에 초점을 맞추어 이루어지는 것이 문제점이라고 생각했습니다. 그래서 제가 초등교사가 된다면 모든 학생이 다양한 문화를 이해하도록 돕기 위해 한 달에 한 번, 혹은 두 달에 한 번처럼 자율 시간 등으로 활용하여 정기적으로 다문화의 날이라는 행사를 진행하여 모든 아이들에게 다문화 교육이 이루어지도록 해야겠다고 생각했습니다.

추가질문 그러면 그런 활동을 어떻게 진행할건지 구체적으로 생각한 것이 있나요?

**학생답변**

네. 저는 초등학교 때 전통 의상을 입어본다던가, 전통 음식을 만들어보는 것과 같이 문화를 체험한 경험이 있습니다. 이 경험을 토대로 아이들이 전통 문화를 체험해 볼 수 있는 기회를 제공하는 방식으로 저도 진행해보고 싶습니다.

 김완 선생님의 방향성 잡기와 한 걸음 더 ▟▟

다문화 가정이 증가함에 따라 다문화 교육에 관한 내용은 교육대학 면접에서 끊임없이 질문을 하고 있다. 학생답변이 캐나다의 다문화교육과 한국의 다문화교육의 차이를 전체학생을 대상으로 한 교육과 선택학생을 대상으로 한 교육으로 비교한 점은 아주 단순한 것으로 다문화 교육 정책을 비교 탐구했다고 하기는 많은 부족함이 있다. 캐나다의 경우 모든 이주민을 대상으로 언어교육부터 의무화 되어있다. 언어교육을 받고 테스트를 통과해야 캐나다에 거주할 수 있다. 우리나라의 경우 정책은 있지만 제대로 관리되지 않는 다는 것이 안타까운 일이다. 이는 언어교육 뿐 만아니라 다문화주의 교육에서도 나타난다. 추가질문에 대한 답변 또한 구체성이 부족하다. 자신의 경험은 잘 이야기 했지만, '이 경험을 토대로 아이들이 전통 문화를 체험해 볼 수 있는 기회를 제공하는 방식'을 구체적으로 설명할 필요가 있다.

**16** 진로 탐구활동에서 언어교육을 통해서 고운 말 사용의 중요성을 강조했는데 언어 교육은 어떻게 해야 할 수 있을까요?

**학생답변**

저는 학생들에게 언어에 대한 것을 알려주기 위하여 오픈 클래스 활동을 참여한 경험이 있습니다. 두 가지 밥을 준비하고 한 쪽에는 좋은 말만 한 쪽에는 나쁜 말만 하며 2주일 동안 실험을 진행하였습니다. 그 후 각각 다른 색깔의 곰팡이가 피었고 저는 이 밥을 친구의 마음과 빗대어 나쁜 말을 하면 이 검은 곰팡이처럼 친구의 마음이 상처받을 수 있다는 것을 비유하여 알려주었습니다. 저는 이 실험처럼 빗대어 설명해 주면 학생들도 고운 말을 사용해야하는 이유를 직접 깨달으며 흥미를 가질 수 있을 것이라고 생각합니다. 또한 다른 방법으로는 어원을 알려주는 것이 좋다고 생각합니다. 저도 중학교 때 선생님께서 욕의 어원을 설명해 주신 것을 듣고는 충격을 받아 입에 담지 못할 말이라고 생각한 경험이 있습니다. 따라서 학생들에게 욕의 어원을 알려주며 사용하면 친구의 마음을 상하게 할 뿐 아니라 자기 자신의 가치도 떨어뜨리는 말이라고 알려주고 싶습니다.

---

**추가질문**  그러면 욕의 어원을 모르고 한 학생들이 많을 텐데, 그럼 그 학생들이 한 말은 나쁜 말이 아닌 건가요?

---

학생답변

저는 학생들이 충분히 어원을 모를 수 있다고 생각하고 나쁜 말인지 모르고 친구의 말을 따라하거나 여러 매체에서 접하고 이런 말들을 할 수도 있다고 생각합니다. 따라서 저는 욕이 나쁜 말이고 하면 안 되는 말임을 알려주는 교사의 역할이 중요하다고 생각하며, 교사가 되었을 때 학생들의 언어교육에 신경을 쓸 것입니다.

 김완 선생님의 방향성 잡기와 한 걸음 더 **▍▍**

실험의 예를 통해 고운 말 언어교육에 대해 구체적으로 질문에 적합한 답변을 하였다. 욕설의 뜻을 알려주는 교육도 좋은 방법이다. 하지만 추가질문처럼 그 한계가 있다. 추가답변에서 질문의 뜻을 '욕의 어원을 모르고 한 학생들이 한 말은 나쁜 말이 아닌 건가요?'에 대한 답변이 확실하지 않고, 그런 말을 할 수 있다는 내용과 교사의 역할을 이야기했다. 추가답변에서 모르고 했어도 나쁜 말이다 따라서 미리 어원교육을 시켜 그런 학생을 없게 할 것이라는 내용이 추가된다면 조금 더 확실한 답변이 될 것이다. 일반적으로 고운 말 언어교육으로 학교에서 반 친구들 끼리 합의하에 존칭어를 사용하는 방법이다. 그러다 보면 욕설도 점차 적어진다고 한다.

---

**17**  학급 회장, 학급 부회장 같은 임원 생활을 오래 했는데 성적을 잘 받은 편인 것 같아요. 공부도 하면서 임원까지 하기는 힘들었을 것 같은데 왜 임원 생활을 했나요?

---

학생답변

저는 그동안 학교생활을 하면서 학급 회장과 부회장 같은 임원 생활을 해왔습니다. 공부도 하면서 임원 생활을 하는 데에는 물론 어려움이 있었지만 저는 미래 교사 생활을 하는

데 이러한 경험들이 도움이 될 것이라고 생각했습니다. 따라서 어려움이 있거나 시간이 부족하면 쉬는 시간을 줄여 열심히 참여하려고 노력하였습니다. 이 경험을 통해 급우들의 의견을 듣는 등의 값진 경험을 했다고 생각하기 때문에 의미 있는 활동이었다고 생각합니다.

**추가질문**   그러면 임원 활동하면서 리더십 발휘한 것 있으면 말해보세요.

**학생답변**

네. 저는 임원 생활을 하면서 학급 회의를 진행하고 난관을 마주했을 때 이를 해결했습니다. 저는 리더십이란 제가 혼자서 주도하여 이끄는 것이 아니라 급우들의 의견을 들어주고 함께 문제를 해결해나가며 성장하도록 돕는 것이라고 생각하였습니다. 따라서 예를 들어 학교 축제 활동을 준비하면서 저희 반은 음식점을 운영했습니다. 이때 친구들이 음식을 사온 후 보관할 장소를 찾지 못해 어려움을 겪었던 적이 있었습니다. 이를 해결하기 위해 학생회 친구들에게 연락하여 학생회 냉장고에 음식을 보관하는 것을 허락을 받은 후 저는 학생회 선생님들께 연락하여 다시 허락을 받고 다른 친구들은 음식을 날라서 함께 해결했던 경험이 있습니다.

 김완 선생님의 방향성 잡기와 한 걸음 더 👣

학생답변이 대체적으로 공감이 된다. 하지만 '미래 교사 생활을 하는데 이러한 경험들이 도움이 될 것'이라는 부분은 추상적이다. 임원활동의 어떤 점이 미래교사 생활에 어떻게 도움이 되는지 구체적인 설명이 부족하다. 추가질문에 대한 리더십 답변은 예를 들어 잘 설명하였다. 교사의 자질 중 리더십은 필수조건이다. 다만 교사의 역할이 지도자인지, 조력자인지에 따라 어떠한 교사가 될지 달라진다. 현재 선진교육은 구성주의 교육을 추구하고 있다. 학생중심의 교육을 뜻하는 것이다. 그러기 위해서는 교육정책과 제도가 보완 될 점이 많이 있다. 또한 교사의 마인드가 바뀌어야 할 것이다. 과거의 권위적인 교사에서 봉사정신을 함양한 교사로 변화 할 필요가 있다.

**18** 독도를 지켜라 라는 수행평가에서 독도교육을 어떻게 해야 한다고 했나요?

학생답변

독도를 지키기 위해서는 일본이 왜 독도를 소유하고 싶은지에 대해 알고 이에 올바르게 대처해야 한다고 주장하였습니다. 과거에 일본은 경제적인 이유뿐만 아니라 정치적인 이유로 독도 소유를 주장하였고 현재에는 경제적인 이유로 독도 소유를 주장하고 있고 생각하였고 이로 인해 우리나라는 국력을 키우고 독도가 우리 땅이라는 올바른 근거를 들어 전 세계적으로 독도가 우리 땅임을 알려야 한다고 주장하였습니다.

추가질문   학생들이 역사적 사실을 잘 이해하지 못한다면 어떻게 할 것입니까?

학생답변

역사적 사실에 근거하여 체험 교육을 하겠습니다. 독도 박물관이나 역사박물관이 많이 있는 것으로 아는데 박물관에서 견학을 한다면 독도의 중요성에 대해 더 잘 이해 할 수 있다고 생각한다. 실제로 저도 역사박물관에 가서 체험을 하였을 때 독도에 대해 더 잘 이해할 수 있었다.

 김완 선생님의 방향성 잡기와 한 걸음 더 👣

독도교육에 대해 자신의 주장을 나름 논리적으로 답변하였다. 모든 교육은 교육의 목적이 있다. 또한 목적을 향한 목표 또한 필요하다. 그리고 목표 달성을 위한 방법을 순차적으로 구체성을 담아 설명한다면 좋은 답변이 될 것이다. 우선 독도교육의 목적은 독도를 지키는 것이다. 목표는 교육대상에 따라 다소 다를 수 있지만 독도가 우리 땅임의 근거를 이해하고, 세계시민을 대상으로 알릴 수 있는 능력을 함양하는 것이다. 독도교육은 역사적 사실을 근거로 교육하여야 한다. 일본이 주장하는 역사적 근거는 무엇인지, 그 것에 대한 반환각서와 같은 잘못된 점을 을사조약이 아니고 을사늑약이라는 점 등의 역사적 진실을 지도할 필요가 있다. 역사적 사실을 잘 이해하지 못한 학생들에게 체험교육 뿐만 아니라 안용복역사를 재미있는 이야기로 만든 영상을 활용하는 것도 방법이다. 역사적 사실과 진실의 차이에 대해서도 학습하여야 한다.

학생답변

미디어 교육은 비판적 사고 능력을 기르기 위해 하는 것이라 생각합니다. 이를 위해서 첫 번째로는 교사가 가짜뉴스와 진짜 뉴스를 학생들에게 주고 학생들이 비교, 토론을 통해 학생들이 직접 비교할 수 있게 할 것입니다. 두 번째로는 가짜뉴스를 직접 만들어 보는 것입니다. 체험을 통해 교육을 한다면 학생들이 이해를 잘 할 수 있다고 생각하였기 때문이다. 예를 들어 가짜 뉴스를 만들며 가짜뉴스가 얼마나 쉽게 배포, 유통되는지 안다면 가짜뉴스에 대한 심각성을 알 수 있다고 생각합니다. 물론 학생들이 "가짜뉴스를 이렇게 쉽게 만들 수 있다니, 나도 만들 수 있겠는데?"라고 생각을 할 수도 있겠지만 교사가 수업 중간 가짜뉴스를 왜 만드는지 목적에 대해 교육을 한다면 학생들이 가짜뉴스에 대해 깊이 있게 생각할 수 있는 시간을 가지게 될 수 있다고 생각합니다.

 김완 선생님의 방향성 잡기와 한 걸음 더 **,,**

학생이 답변한 미디어교육은 정확하게 미디어리터러시 교육이다. 비판적 사고 능력을 기르기 위한 교육방법에 대해 논리적으로 잘 설명하였다. 미디어리터러시 교육은 현재 언론의 신뢰도가 바닥인 상태에서 반드시 필요한 교육이다. 미래에도 매우 중요한 교육으로 중요성을 강조하고 있다. 우리나라는 가짜뉴스가 넘치는 저신뢰 사회이다. 참으로 안타까운 일이다. 핀란드와 같은 고신뢰 사회를 만들기 위해 미디어리터러시 교육을 통해 통찰력을 키워야 한다. 통찰력을 키우기 위해서는 체험교육이 필요하다. 전 국민이 통찰력을 키우게 되면 가짜뉴스를 구별하게 되어 그 수는 줄어들게 될 것이다. 정부차원에서는 독일처럼 가짜뉴스 생산자를 엄벌하는 것이 필요하다.

**20** 인상 깊게 읽은 책은 무엇인가요?

학생답변

네. 저는 데이비드 샐린저의 호밀밭의 파수꾼이라는 책을 읽었습니다. 이 책은 주인공인 홀든이 세상이 허위로 가득 차 있다고 느끼고 여동생과 가출을 하려 하지만 결국 가출을 하지 못 하고 호밀밭에서 아이들이 넘어지면 일으켜주는 일을 하고 싶어 하는 이야기입니다. 미국의 사회적인 관점에서 본다면 홀든은 문제아이지만 저는 홀든이 자신만의 가치관을 가지고 있는 인물이라고 생각하였습니다. 따라서 홀든과 같이 사회에 비판적인 아이들도 행복하게 살 수 있도록 도와주고 싶었습니다. 비록 공격적인 언어의 사용과 매춘 등으로 쉽게 받아들이기 힘든 점도 있었지만 홀든처럼 아이들의 순수함을 지켜주고 싶다고 생각하게 된 책이었습니다.

 김완 선생님의 방향성 잡기와 한 걸음 더 ✏✏

책에 대한 답변을 할 때 일반적으로 저자와 줄거리, 배운 점을 이야기한다. 이때 줄거리는 아주 간단하게 이야기하고 배운 점 위주로 답변하는 것이 중요하다. 이에 학생의 답변은 잘 정리된 답변이라 할 수 있다. 아쉬운 점은 배운 점의 내용이 다소 부족하다는 것이다. 배운 점을 조금 더 구체적으로 말하고 이를 통해 교사가 되었을 때 어떻게 학생들을 지도할지 연결하여 답변한다면 좋을 것이다.

**21** 영어 원서 읽기 활동을 하면서 영어 도서인 'Robin Hood'와 'King Arthur'을 읽었는데 깨달은 점이 무엇인가요?

학생답변

네. 저는 'Robin Hood'를 읽고 세상을 살아가면서 많은 어려움을 겪을 수도 있지만 주위 사람들과 협력하고 열심히 살아간다면 자신의 목표를 이루고 행복하게 살 수 있다고 생각하였습니다. 또한 'King Arther'를 읽고 목표를 이루고도 많은 어려움이 있을 수 있지만 이때 주위 사람들을 의심하지 않고 열정을 가지고 자신의 일에 정진해나가는 것이 중요하다는 것을 깨달았습니다.

 김완 선생님의 방향성 잡기와 한 걸음 더 ✏✏

앞에서 책에 대한 답변에 대해 이야기한 것을 토대로 학생의 답변을 분석해보면 저자와 간단한 책 소개 없이 느낀 점만 이야기 하였다. 우선 'Robin Hood'의 저자와 간단한 책 줄거리 소개를 하고 '행복하게 살 수 있다'는 내용의 배운 점을 이야기한다. 또한 'King Arther'대한 저자와 간단한 책 줄거리 소개를 하고 깨달은 점을 이야기 한다. 또한 원서의 경우와 번역본으로 읽었을 때의 차이점과 영어 원서이기 때문에 색다른 느낀 점이 있다면 이야기 하는 것도 중요하다.

**22** 마지막으로 하고 싶은 말 있으면 해보세요.

학생답변

그동안 교육대학교에서 개최하는 영재 프로그램이나 어린이날 행사에 참여해오며 다양한 프로그램을 진행하는 특별한 학교라고 느꼈습니다. 이러한 활동에서 많은 즐거움을 느낀 만큼 이 ○○교육대학교 학생이 되어 다른 사람들에게 즐거움을 주는 프로그램을 진행해보고 싶고, 저의 꿈인 초등교사로서의 발자취를 함께 걸어 나가고 싶습니다.

 김완 선생님의 방향성 잡기와 한 걸음 더 💋

마지막으로 하고 싶은 말은 학생에게 마지막으로 답변의 기회를 주는 것이다. 시간이 부족하거나 학생의 답변이 완벽하다면 묻지 않는 질문이다. 그렇기 때문에 지금까지 답변에서 부족한 점을 간단하게 이야기하는 것이다. 너무 길게 이야기 하다보면 답변 중간에 면접관이 끊을 수도 있다. 이에 학생의 답변은 간단하면서도 자신에게 도움이 될 내용을 논리적으로 잘 답변하였다. 면접하는 과정에서 교사상을 말하지 않았다면, 교사상을 이야기하는 것도 방법이다. 또한 지원한 교육대학이 지원자를 선발해야 하는 이유를 교육의 목표와 자신의 경험을 통해 초등교사가 되는데 도움이 된다는 내용을 담아 이야기하는 것 도 한 방법이다.

**23** 자연계열 이수과목이 상당히 많고 진로 역시 의료, 생명공학 등의 분야를 희망하는 것으로 확인되는데, 교육대학교에 지원하게 된 동기를 설명해주세요.

학생답변

평소에 사회에 기여하는 사람이 되고 싶어서 관심 있는 의료나 생명과학 관련 진로를 생각하여 그와 관련된 활동을 주로 하였습니다. 그러던 중 고등학교 2학년 때 1학년 후배를 대상으로 학습 멘토링 활동을 하면서 지도의 보람을 느끼게 되었습니다. 또한 지역 아동센터에서 다문화 학생을 대상으로 학습지도 봉사활동을 하면서 단순한 학습지도뿐만 아니라 아이들의 꿈을 같이 생각하고 이야기하면서 제자신의 꿈에 대해서도 구체적으로 생각하는 계기가 되었습니다. 사회에 기여하는 것은 의학이나 과학도 좋지만 사회의 미래를 책임질 어린학생들을 대상으로 꿈을 심어주는 활동이 더 우선이라는 생각을 하게 되었습니다. 물론 제자신의 적성을 고려해 보았을 때도 의사보다는 교사를 더 잘 할 수 있을 것이라는 확신이 생기게 되어 꿈을 바꾸게 되어 교육대학교에 지원하게 되었습니다.

김완 선생님의 방향성 잡기와 한 걸음 더 ♕♕

일반적으로 의료나 이과계열 희망자의 진로 변경은 지원자의 뚜렷하고 분명한 이유가 있어도 검증 항목이다. 관련 학과의 성적이 잘 유지된 경우에는 소명하기 쉽다. 반면 성적 하락으로 인해 진로가 변경된 경우라면 관련 활동 등을 통해 성장한 면을 잘 소명해야 한다. 지원자의 생활기록부를 잘 숙지하고 답변 방향을 정해야 한다. 학생은 멘토링 활동과 다문화 학습지도 활동, 그리고 꿈을 심어주는 활동으로 소명하였다. 고등학교 활동에서 이런 경험을 가장 많이 할 수 있다. 심사하는 입장에서 가장 흔하게 듣는 답변일 것이다. 위 내용과 더불어 특정 교과 또는 독서 활동을 통해 구체적으로 변화된 상황을 준비하면 좋을 것이다. 성장기 학생들의 꿈의 변화는 일반적인 현상이다. 하지만 답변에서 미래 사회의 주역이 될 학생들을 의미 있게 지도할 수 있는 역량을 보여주어야 한다. 지원자의 진로변경이 차선책이나 보장된 직업으로 인식되는 답변을 피해야 한다. 실제 상황이 아니라도 그런 이미지를 주지 않게 특별히 진정성 있고 구체적인 답변을 준비해야 할 것이다.

**24** 윤리와 사상 수업에서 관심이 있었던 철학자나 내용에 대해 소개해 보세요.

학생답변

프랑스의 철학자이며 위대한 교육사상가인 장 자크 루소에 대해 말씀 드리겠습니다. 루소는 명성에 걸맞지 않게 34살부터 다섯 명의 자녀를 낳자마자 고아원에 버린 비정한 아버지였습니다. 그런 사람이 인류의 이상적인 인간상을 담은 교육서인 '에밀'을 썼다는 것이 아이러니하다고 생각합니다. 루소는 교육을 사람과 사회에 대한 희망으로 상상했습니다. 교육이 희망과 가능성의 언어라고 증언하고, 인간은 나약하지만 강인하게 하려면 정성을 다해 인간으로 가꾸는 교육을 해야 한다고 주장 하였습니다.

 김완 선생님의 방향성 잡기와 한 걸음 더 ♕♕

루소에게 가장 충격적인 논란은, 테레즈 르바쇠르와의 사이에서 얻은 아이 5명을 모두 고아원에 맡겼다는 사실이다. 교육학의 명저인 『에밀』의 저자였기에 당시에도 비판이 끊이지 않았다. 다만 그 당시 그런 행동을 파리의 사분의 일 이상이 하였고, 흔한 일이었고 나중에 자신의 아이들을 찾으려는 노력을 했다. 부유한 집안에서도 자녀를 버려 파리의 고아원에는 대략 1년에 6천명의 아이들이 들어 왔다고 한다. 루소는 『에밀』을 쓰기 전 이런 행동을 했고 참회의 심정으로 『에밀』을 집필했다. 루소가 후회했다는 것은 의심이 여지가 없다고 받아들여졌다. 『에밀』은 서구 교육에 가장 큰 영향을 미친 기념비적 저작이다. 『에밀』은 자연인이 사회에서 어떤 존재로 바뀔 수 있는가에 대한 문제에 대한 해답을 찾아가는 과정, 즉 순수한 자연인으로 태어난 아이가 자신이 속한 사회 속에서 어떻게 사회의 이기심에 물들지 않고 자유롭고 도덕적으로 살아갈 수 있는지 기술한 책이다. 교육을 통해 자유로운 사고방식을 잃지 않으면서 양심과 이성을 가지게 하는 목표로 가상의 인물 에밀을 교육 시키는 소설이다. 루소는 자신이 생각하는 교육을 총 5단계로 설명했다. 유아기(1~5세), 아동기(5~12세), 소년기(12~15세), 청년기(15~20세), 성년기(20~결혼) 단계로 저술했다. 이 저서는 그 당시 아이의 육아에 대한 부모 교육의 중요성을 그 당시 지식인에게 인식하게 하였고, 그 5단계 교육을 바탕으로 교육하는 토대가 되었다. 반면 그 당시 여성의 평등과 자유에는 남존여비 사상을 벗어나지 못한 한계가 있다. 여성에게 인권이 없고 교육시킬 필요도 없다고 주장한 점은 『에밀』의 한계로 지적되고 있다. 더욱이 여성을 정치에 참여시켜서도 안 된다는 주장은 지금까지 공격을 받고 있다. 이런 한계에도 불구하고 프랑스 왕세자 루이 16세도 언젠가 높은 신분에서 추락할 경우를 대비해 기술을 가르치라는 루소의 조언대로 아이 때 열쇠공 훈련을 받을 정도로 근현대 교육에 지대한 영향을 미쳤다. 괴테는 "호주머니에는 언제나 호메로스를, 그리고 머리에는 언제나 『에밀』에 대한 생각을 하고 있었다"라고 말할 정도였다. 페스탈로치도 루소의 『에밀』을 읽고 감동하여 "왕좌에 있으나 초가에 있으나 모두 같은 인간"이라는 신념으로 어린이 교육에 일생을 바쳤다. 프뢰벨, 존 듀이 등 20세기의 모든 교육 개혁가들에게 영향을 미쳤다.

**25** 독서 시간에 핀란드 교육에 대한 책을 읽고 우리 교육의 현실과 비교했을 때, 우리 교육에 반드시 적용하고 싶은 내용이 있다면 무엇이었는지 이야기해보세요.

학생답변

한국교육은 방향과 목적이 모두 대학입시 중심으로 이루어지는 상태입니다. 따라서 교육개혁이나 교육정책도 제대로 자리 잡기 어렵다고 생각합니다. 핀란드 교육의 경우는 성공이 자연스러운 결과물이 아니라 그들의 의지와 노력으로 만들어 냈고 그 성공의 핵심요인으로 국민의 '공동체의식'을 꼽았습니다. 국가가 경쟁만을 부추기는 것이 아니라 함께 나아가고자 하는 국가 교육 비전을 세워야 함을 강조합니다. 우리교육이 핀란드 교육을 통해 경쟁과 평가 중심 교육이 아닌 학생 한명 한명의 행복한 교육을 위해 교육 종사자들의 공동 책임의식과 교육자치제, 교사 자율권 등이 적용되었으면 좋겠다고 생각합니다.

김완 선생님의 방향성 잡기와 한 걸음 더 **🎧**

핀란드식 교육모델이 우리나라에 널리 알려지게된 계기는 PISA 학업흥미도에서 대한민국이 바닥권일 때, 핀란드 학생은 70%가 '공부가 즐겁다'라고 대답한 것이다. 한국에서 핀란드식 교육이 유명해지기 시작하였다. 특히 핀란드의 '복수 수능제'와 '주관식 위주 시험문제'등은 긍정적인 평가를 받았다. 지원자가 답변한 것처럼 입시 중심의 교육제도의 한계를 인식하고 있는 실정이다. 반면 핀란드 학생들의 자국 교육제도에 대한 만족도는 의외로 낮고, PISA 성적은 점진적으로 하락하고 있다. 이유로는 너무나도 자유분방한 교육 환경이 학습 의욕을 저하시켰다는 분석이다. 그럼에도 핀란드 학생들은 OECD 기준 상당히 높은 학력수준과 외국어 능력을 유지하고 있다. 또 하나 주목할 점은 부모의 교육수준이 자식에게 대물림되는 현상이 비교적 낮은 편에 속한다. 부모의 재정능력과 학력 수준이 자식에게 영향을 미치기는 하지만 그 정도가 주요 국가들에 비해 낮은 편이라는 점은 향후 사회적 계층간 불균형을 줄일 수 있다는 점에서 우리나라와 큰 차이를 보인다. 대부분의 교육이 무상으로 제공되고, 도서관이나 여러 교육 시설 이용에 비용이 부과되지 않는 등 교육 환경적 요인들이 주요하기 때문이다. 따라서 우리나라 교육에서도 학생들의 교육의지를 지켜줄 재정적 지원이 중요할 것이다. 또한 학생이 교육에 대한 의지를 가지고 있으면 다양한 방법으로 교육 서비스를 지원하는 제도도 매우 중요하다. 핀란드는 학생이 입원한 경우라도 병원으로 찾아가 교육 서비스를 제공한다. 학생이 공부의 의지를 유지하기 위한 교육 서비스는 일상에서도 유지할 수 있는 제도가 절실하다.

## 26) 학교에서 가장 기억에 남는 활동은 무엇인가?

**학생답변**

저는 그동안 참가했던 활동 중 아동학대와 관련하여 사회 탐구 활동에 참가했던 것이 가장 의미 있었습니다. 이 활동에 참가하여 아동에 대한 체벌이 학대로 이어질 가능성이 높으며 체벌은 본래의 목적인 반성을 유도할 수 없다고 배웠습니다. 따라서 아동에 대한 체벌의 심각성을 느낄 수 있었고 이에 대해 보고서를 작성하였습니다. 이 내용에 대해 선생님들께서 칭찬도 해주셨습니다.

**추가질문** 아동에 대한 체벌을 하지 않고 다른 방법을 사용해야 된다고 생각하는 것 같은데 그러면 아동을 어떤 방식으로 교육하고 싶으신가요?

**학생답변**

아동에 대해 체벌을 하지 않고 다른 방법을 사용해야 된다고 생각합니다. 그 방법으로는 저는 상담을 통해 평소 학생들의 성향과 힘들어하는 점 등을 파악하는 것이 중요하다고 생각합니다. 상담을 통해 학생들의 특성을 파악한 뒤 그 학생들이 올바른 인격을 가지고 행복하게 살 수 있도록 지속적으로 도움을 주고 싶습니다.

김완 선생님의 방향성 잡기와 한 걸음 더

답변과 추가질문 답변 모두 적합하게 잘 이야기했다. 다소 짧게 느껴지지만 내용상으로는 부족함이 없다. 체벌은 교육부 방침에도 금지되어있다. 물론 교육부 방침이 허용되던 과거에도 좋은 교육방법이라 할 수는 없었다. 체벌은 학대로이어질 뿐 아니라 학교폭력으로도 이어질 수 있다. 이를 상담을 통해 해결하려는 지원자의 자세는 매우 바람직하다. 그러기 위해서는 다방면의 노력과 지원이 필요할 것이다. 예를 들면 전문적인 상담 선생님의 교육과 학생숫자에 비례한 교사배정 등의 지원이 필요하고 교사입장에서는 학생 한명 한명을 꼼꼼하게 관찰하여 특성을 파악하는 노력이 필요하다.

**27** 학창시절 반면교사(反面教師)로 삼고 싶었던 선생님 있다면 이야기해보세요.

학생답변

고등학교 3학년 수능과목 지도 선생님들이 생각납니다. 선생님들께서는 오랜 경험과 노하우를 바탕으로, 문제 풀이 방법과 암기방법을 알려주시면서 짧은 시간에 많은 내용을 전달해야 한다는 이유로 획일화된 교육을 하셨습니다. 하지만 학생들마다 학습방법이 다르기 때문에 교사는 학생들의 다양한 학습 방법을 파악하고, 그에 맞는 교육 방법을 제공할 수 있어야 한다고 생각합니다. 또한, 교사는 학생들의 자율성을 존중하며, 학생들이 스스로 생각하고, 창의적으로 문제를 해결할 수 있는 능력을 키울 수 있도록 학습 환경을 제공할 수 있어야 한다고 생각합니다. 물론 선생님들께서 알려준 방법대로 했을 때 성취효과는 있었습니다. 하지만 교육은 다소 느리더라도 학생스스로의 능력을 키워 만족도가 높이는 것이 중요하다고 생각합니다. 따라서 제가 교사가 된다면 학생들에게 다양한 학습 활동을 제공하고, 학생들의 창의성을 존중하며, 자율적인 학습자 중심의 교육을 하고 싶습니다.

김완 선생님의 방향성 잡기와 한 걸음 더

이 질문은 답변이 쉽지 않은 질문이다. 왜냐하면 자신의 은사의 부정적 측면을 이야기해야하기 때문이다. 교사가 되려는 학생이 교사의 부정적면을 교육자 앞에서 거론하는 것은 어려운 일이다. 위 학생은 이러한 부분을 수능공부의 어쩔 수 없는 사회적 현실을 예로 들어 반면교사로 삼고 싶은 선생님을 이야기해서 매끄럽게 답변을 하였다. 물론 교사의 잘못된 행동은 수정되어야하는 것은 당연하다. 하지만 이러한 점을 교육자인 평가자들이 불편하지 않게 이야기 해야 한다는 것이다. 교사의 자질과 하고 싶은 자신의 교육에 대해서 잘 이야기 했다. 학창시절 자신의 은사기 아닌 뉴스나 수업시간의 배운 부족한 스승 예를 들어 이야기하는 것도 방법이다. 참고로 교사는 학생들과의 긍정적인 관계를 유지하면서, 학생들의 성장과 발전을 지원할 수 있어야 한다. 이를 위해 교사는 학생들과의 소통을 적극적으로 유도하며, 학생들의 의견을 존중하고 수용할 수 있어야 한다. 또한, 교사는 학생들의 다양한 문제를 해결할 수 있는 능력을 갖추고 있어야 한다.

## 28 "교사는 ☐☐다."에 ☐☐를 채워서 말해보세요.

### 학생답변

교사는 부모다 입니다. 아이가 성장과정에 있어 부모만큼 선생님의 역할이 중요하다고 생각하기 때문입니다. 가정에서는 부모의 역할이 학교에서는 교사의 역할이 학생을 성장시키는데 매우 중요하다고 생각합니다. 교사가 학생의 행동모델이 되는 경우가 많이 있습니다. 이를 고려하여 저는 학생들 앞에서 본보기가 되고 따뜻하게 안정된 학급을 만들어 갈 것입니다. 따라서 교사는 학교에서의 부모라 생각합니다.

 김완 선생님의 방향성 잡기와 한 걸음 더 👣

학생의 교육에 있어 가정, 학교, 사회 3위 일체가 중요하다. 이러한 면에서 교사는 학생에게 부모이상의 역할이 필요하다. 이런 점을 고려할 때 위 학생의 답변은 공감이 된다. 하지만 많은 학생들이 교사는 학교에서의 부모라고 생각하기 때문에 변별력 있는 답변으로 보기는 어렵다. 물론 이유를 구체적인 차별적 근거를 제시한다면 변별력을 가질 수 있을 것이다. 예를 들면 "우리나라의 교육의 목적은 전인교육으로 지, 덕, 체를 함양하는 사회화 교육에서 체험과 사회성을 키우는데 학교교육은 큰 역할을 합니다. 이점에서 교사는 또 다른 부모라 할 수 있습니다."라고 한다면 논리적 근거가 될 것이다. 또한, 요즘 맞벌이 부모가 맞아 아이들에게 신경을 못 쓰는 부모들이 많이 있다. 실제로 부모와 지내는 시간 보다 교사와 지내는 시간이 더 많은 학생들도 있다. 이러한 학생들에게는 교사가 부모역할이 필요하다. 반면 학생과 부모 사이가 원만하지 않은 경우 학교에서조차 부모를 경험한다면 부담이 될 수 있다. 마지막으로 네모에 부모 말고 다른 단어를 넣어 창의적 답변을 생각해보기 바란다. 정답은 없기 때문에 여러 단어를 넣어 생각하고 답변하면서 교사의 역할과 자질을 자신만의 교사상과 함께 정립 할 수 있을 것이다.

**학생답변**

제가 특히 관심을 가졌던 과목은 화학입니다. 특히 과학탐구발표대회에서는 직접 실험을 설계하고 진행하는 과정에서, 두 명의 학생이 서로 협력하며 활동을 할 수 있어서, 그 과정에서 협력의 자세를 배울 수 있었습니다. 이러한 협력의 자세는 이후 교사가 되었을 때에도 긍정적인 영향을 끼칠 것이라고 생각합니다. 또한 한 문제를 해결하는 방법에 관하여 여러 각도로 고민해볼 수 있었다는 점에서도 큰 도움이 되었습니다. 이후 교사가 되어 학생들이 여러 각도로 생각해보는 방향으로 지도한다면, 더 좋은 수업을 진행할 수 있을 것이라 생각합니다.

 김완 선생님의 방향성 잡기와 한 걸음 더 👣

이 질문은 대학면접에서 자주하는 질문이다. 자신만의 답변을 잘 준비해두기 바란다. 물론 지원학과에 맞는 답변이라면 더 좋을 것이다. 위 학생은 화학과목을 관심을 가지고 한 활동중심의 이야기를 사실적으로 답변하고, 교사가 되었을 때의 이야기도 하여 나름 단계적 답변을 무난하게 하였다. 구성은 좋았지만 평가자가 논리적 답변으로 보기는 어려울 것이다. 우선 화학 과목에 관심이 있는 이유가 없다. 또한 노력한 부분에서 과목에 대한 노력보다는 협력을 강조하였다. 이 후 교사가 되었을 때의 답변도 추상적이다. 종합적으로 아쉬움이 3가지 정도 있는 답변이다. 보완한다면 첫째 화학과목에 관심을 갖게 된 동기, 둘째 화학과목을 다른 과목에 비해 관심이 있다면 더 심화된 학습과 노력을 구체적으로 설명할 필요가 있다. 셋째 교사가 되었을 때 화학과목에 대한 노력의 경험이 구체적으로 학생을 지도하는데 어떠한 도움이 되는지 설명이 필요하다. 3가지 보완한 답변을 한다면 아주 좋은 답변이 될 것이다.

**학생답변**

우리나라의 교육의 문제점은 여러 가지가 있겠지만, 제가 생각하는 가장 큰 문제점은 대학입시로 인한 과도한 학습 부담감입니다. 자신의 학년에 맞는 공부를 아침부터 긴 시간 하고 있습니다. 또한, 학생간의 경쟁과 성적 중심의 교육이 지속되고 있다는 것입니다. 이는 학생들의 개인적인 경험과 창의성에서 멀어지고, 학생들의 신체적, 정서적 건강을 나쁘게 할 수 있습니다. 마지막으로, 교육 환경의 변화가 필요하다고 생각합니다. 따라서 교육 역량 향상을 위한 변화와 교육 기관의 적극적인 지원이 필요하다고 생각합니다.

 김완 선생님의 방향성 잡기와 한 걸음 더 ✏️✏️

우리나라는 세계에서 가장 학습 시간이 길고, 가장 많은 학습 부담을 가진 나라 중 하나이다. 이러한 면에서 주제를 잘 선택한 답변이다. 학습 부담은 학생들의 심리적 건강에 영향을 미치며, 창의성과 자율성을 저해하는 요인이 된다. 이러한 점을 거론한 것은 매우 훌륭하다. 다만 교육환경에 대한 이야기는 추상적이어서 조금 더 구체적으로 이야기하는 것이 필요하다. 예를 들면 "학생들의 학력 수준과 학습 환경이 다르기 때문에 학생들의 학습 수준에 맞는 맞춤형 교육을 제공하는 것이 필요합니다."와 같이 이야기 했다면 좋았을 것이다. 또한, 우리나라 교육에서는 공존과 다양성을 존중하는 교육이 필요하다. 다양한 문화와 가치, 생각, 경험 등을 존중하고 수용하는 교육을 통해 학생들의 인성과 인격을 발전시키는 것도 중요하다.

《 **경인교육대학** 》

**1** 경인교대 2024학년도 수시 학생부교과 A형 문제

학교에서 이루어지는 많은 교육 활동 중 운동회, 현장 학습, 수학여행은 학생들이 좋아하는 행사들이다. 팬데믹(pandemic) 등의 여파로 이러한 행사들이 사라졌다가 엔데믹(endemic) 전환 이후 운동회, 현장 학습 등은 다시 조심스럽게 시행되고 있지만, 수학여행은 여러 이유로 시행 비율이 상대적으로 낮은 상황이다. 전통적으로 수학여행은 교사의 인솔 하에 명승고적지를 방문하여 견문을 넓히는 목적으로 시행되어 왔었다. 그러나 지금은 가족 단위 여행의 증가로 유명 수학여행지들을 이미 방문한 학생이 많아져 수학여행이 불필요하다는 의견이 있다. 수학여행의 시행과 관련하여 교육 공동체의 의견이 나뉘고 있는데, 여러분이 생각하는 수학여행의 장점과 단점 각각 두 가지를 그 이유와 함께 제시하시오.

**학생답변**

제가 생각하는 수학여행의 장점 첫 번째는 학생들이 학교에서 할 수 없는 다양한 경험과 추억을 만들 수 있다는 점입니다. 학교는 주로 수업이 이뤄지는 공간으로 학생들이 학습을 하는 공간으로만 인시하는 경우가 많습니다. 반면에 수학여행에서는 학생들이 학교보다 자유로운 분위기에서 다양한 경험과 추억을 쌓을 수 있다고 생각합니다. 두 번째는 공동체 의식을 기를 수 있는 점입니다. 현재 우리나라의 학습목표는 대입에 초점이 맞춰져 있다고 생각합니다. 특히 중등학생은 개인학습시간이 성적에 큰 영향을 미치기 때문에 학생들 사이에 상호작용할 수 있는 시간이 부족할 수 있습니다. 그러나 수학여행에서는 학생들끼리 자유로운 상호작용을 하기 용이하기 때문에 공동체 의식을 기를 수 있다고 생각합니다.

다음으로 단점을 말씀드리겠습니다. 첫 번째로 사고가 발생할 확률이 증가한다는 점입니다. 수학여행에서는 학교보다 문제상황이 발생될 가능성이 증가한다고 생각합니다. 또한 수학여행에서는 발생한 문제상황은 학교에서 보다 교사가 즉각적인 대응하기 어려워 사고로 이어질 가능성이 높습니다. 두 번째는 학교폭력 사안이 증대될 수 있습니다. 수학여행에서는 학생끼리 지내는 시간이 증가되어 학교폭력이 발생하더라도 교사가 사실을 파악하기 어려울 수 있습니다. 또한 학교폭력사안을 조사한 결과 많은 수가 수학여행에서

부터 학교폭력이 시작된 것으로 알고 있습니다. 학생들의 상호작용이 증가하는 수학여행이 오히려 학생들 사이에 균열이 생기는 시초가 될 수 있습니다. 이상입니다.

 **김완 선생님의 방향성 잡기와 한 걸음 더** 💭

이 문항은 학교에서 교육 활동에 관련해 다양한 관점이 있음을 이해하고 타당한 근거를 바탕으로 자신의 의견을 논리적으로 설명할 수 있는 능력을 파악하려는 문항이다. 사회 변화에 따라 수학여행의 교육적 의미나 효과가 변화된 점을 지문을 정확히 이해하고 문제의 핵심을 논리적으로 전달해야 한다. 과거 수학여행은 대형 참사가 발생한 적도 있다. 울산의 모 초등학교에서는 운행기록증 발급이 중단된 업체를 이용하여 수학여행을 다녀왔다. 불법 운송 영업 중 초등학생 수학여행에서 업체측이 제공해야할 운행 기록증을 제출받지 못한 채 수학여행을 다녀왔다. 사고로 이어지지 않아 참으로 다행이지만 조달시스템에서 업체를 조회했을 때 문제가 없었고 운행기록증 발급과 부정당 제재를 다루는 기관이 달라 걸러지지 않은 것이다. 세월호 사건이 발생된지 10년의 세월이 흘렀지만 아이들은 여전히 위험에 노출되어 있다. 유튜브에 "수학여행 참사"라고 검색하면 아찔한 사건 사고가 너무 자주 일어나 악몽을 꾸는 것 같다. 수학여행은 교과서에서 배운 내용을 실제 체험할 수 있고, 단체 활동을 통해 의사소통 역량과 사회성을 함양할 수 있으며, 다양한 상황을 겪으며 문제해결 역량과 자기 주도적 역량을 기를 수 있는 기회가 되기 위해서 보다 체계적이고 안전에 대한 철저한 제도가 뒷받침되어야 할 것이다. 또한 학부모의 경제적 부담, 교사의 업무 과중, 학생간 갈등 증가, 이를 해결하는 과정에서 교사의 법적 대응 가능성 등 수학여행의 단점 또한 적지 않다. 미래의 주역인 학생들이 여전히 위험에 노출되어 있는 상황에서 관련법의 긍정적 변화가 느린 것은 매우 유감이다.

**2** 경인교대 2024학년도 수시 학생부교과 B형 문제

많은 분야의 전문가들이 자신의 전문성을 바탕으로 강연, 책 집필, 유튜브 활동 등을 하고 있다. 이러한 활동을 통하여 자신의 지식과 경험을 대중과 소통하며 전문성을 더 발전시키고 있다. 교육 분야에서도 학교 현장의 다양한 교육 활동들을 대중과 공유하는 교사들이 늘어나고 있다. 교사들은 수업 계획·실행·결과, 학생·학부모 상담 방법, 학교·학년·학급 업무의 효율적 운영 방법 등과 관련된 전문적 지식과 경험을 교육 공동체와 함께 나누고 있다. 특히 최근에는 이러한 내용들을 동영상 콘텐츠로 제작하여 유튜브 활동을 하는 교사들이 많아지고 있다.

위와 같이 교육적 지식과 경험을 공유하기 위한 교사의 유튜브 활동이 갖는 장점과 단점 각각 두 가지를 그 이유와 함께 제시하시오.

교사의 유튜브 활동이 갖는 장점 두 가지를 말씀 드리겠습니다. 첫 번째는 다양한 지식과 경험에 대한 간접 체험을 할 수 있다는 점입니다. 다양한 현장 경험을 통해 확보할 수 있는 전문성이 부족한 초임 교사에게는 유튜브 콘텐츠가 간접적으로 선배 교사들의 전문성을 습득할 수 있는 좋은 기회가 될 수 있습니다. 또한, 자신에 대한 반성적 사고 및 자기 개발에 대한 동기부여로 이어져 교육의 질이 향상되는 긍정적 효과도 이끌어 낼 수 있습니다. 두 번째는 교사와 학생 간의 친근한 소통을 가능하게 한다는 점입니다. 그 이유는 최근 학생들의 유튜브에 대한 흥미와 관심이 많아진 만큼 교사의 유튜브 활동이 교사와 학생 간의 교감을 가능하게 하고, 소통 창구 역할을 할 수 있으며, 다양한 지식을 아이들에게 전달할 수도 있고, 또한 지루한 교사중심수업의 보완재가 될 수도 있다고 생각하기 때문입니다.

다음으로 교사의 유튜브 활동이 갖는 단점 두 가지를 말씀드리겠습니다. 첫 번째는 교사의 직무 능률이 저하될 수 있다는 점입니다. 그 이유는 교사들이 유튜브 운영을 위해 수업시간에 촬영을 신경을 쓰다 보면 아무래도 수업 중 도움이 필요한 학생들을 파악하고 교실을 관리하는데 집중을 저해하는 요소가 될 수 있습니다. 이러한 집중력 감소는 교사가 학생관리와 수업운영 등 교사의 직무 능률이 떨어지는 결과로 이어질 수 있기 때문입니다. 두 번째 는 학생들의 개인정보 유출 위험의 문제가 있을 수 있다는 것입니다. 왜냐하면 아무리 촬영 전 학생과학부모, 학교장의 동의하에 진행이 되었다 하더라도 불특정 다수에게 공개되는 유튜브의 특성상 원치 않는 악플이나 온라인상의 공개된 정보를 악용한 범죄가 이루어질 수도 있다고 생각하기 때문입니다.

 김완 선생님의 방향성 잡기와 한 걸음 더

이 문항은 최근 늘어나고 있는 교사의 유튜브 활동을 전문적 지식 공유 활동으로 바라보는 다양한 관점을 이해하고, 지원자의 의견을 논리적으로 설명할 수 있는 능력을 파악하려는 문항이다. 교사가 유튜버로 활동하면서 이익이 창출되는 시점부터는 학교장의 허락이 필요하다. 이익창출을 위해 위해한 콘텐츠를 제작한다거나 선전성이 강조되거나 과장 되는 등의 문제점을 차단하려는 안전장치다. 교사 유튜버가 이익창출을 위해 게임 영상 등을 제작한다면 학교장이 허락하기는 어려울 것이다. 일반적으로 교사는 모든 면에 높은 신뢰를 받는다. 그만큼 사회적 책임감을 무겁게 느껴야 한다. 특히 '교육적 지식과 경험을 공유'하기 위한 교사의 유튜브 활동이라는 목적에 맞는 콘텐츠를 제작하여야 한다. 교사 유튜브 활동의 장점으로 유능한 교사들과 소통을 통해 콘텐츠 확장을 할 수 있어 빠르게 변화하는 학생들의 학습을 향상시킬 수 있다. 교사 또한 동료·예비교사와 정보를 공유하고 자신의 수업과 업무 수행 등을 성찰하여 전문성을 신장할 수 있다. 반면 단점으로 학생 개인정보 유출, 초상권, 저작권 침해, 콘텐츠 참여자 동의 어려움, 이익창출에 대한 욕심으로 인한 교육적 본질 훼손, 동영상 제작에 많은 시간을 투자하다보면 교사 본연의 업무 소홀 등이 있다. 그럼에도 불구하고 시대가 기술 혁신을 통해 빠르게 변화하고 있고 학생들의 변화속도는 학교 교육으로 부족한 현실을 교사의 유튜브 활동으로 전문성을 제공할 수 있다면 이는 필요한 교육활동이 될 것이다. 교과에서 다루지 않지만 학생들에게 꼭 필요한 역량을 제공하는 유튜브 활동은 교육의 장이 확장되는 의미다.

**3** 경인교대 2024학년도 수시 학생부종합 A형 문제

최 교사는 요즘 마음이 조금 무겁다. 의욕적으로 준비한 사회과 모둠 프로젝트 수업을 시작한 지 얼마 안 되어, 몇몇 학부모로부터 모둠 활동을 하지 말아 달라는 요청을 받았기 때문이다. 이러한 요청을 한 학부모들은 대개 모둠 활동 자체의 한계나 불편함을 이유로 내세웠다. 그러나 최 교사는 여기에 자기 아이가 겪는 개인적인 불편함이나 어려움도 들어 있음을 짐작할 수 있었다. 최 교사는 연수를 통해 학부모(보호자)의 학교 교육 활동 참여가 학생들의 성장에 도움을 줄 수 있음을 잘 알고 있다. 특히 코로나 19로 인한 팬데믹 이후 학부모(보호자)의 학교 교육 활동 참여 활성화와 학교-가정 간의 긴밀한 연계가 더욱 필요하다고 생각한다. 그러나 어떤 경우에는 오히려 학교 운영과 수업 등에 걸림돌이 될 수도 있다는 생각도 들었다. 그래서 최 교사는 사회과 모둠 프로젝트 수업을 밀고 나가야 할지 개인 프로젝트 형태로 바꾸어야 할지 결정하기 어려운 상황이다.

**Q1.** 학교운영위원회, 재능 기부, 학부모 모니터링, 교원 평가 등과 같은 학부모(보호자)의 학교 교육 활동 참여에서 기대할 수 있는 효과와 발생할 수 있는 문제점을 각각 2가지 제시하고, 교사와 학부모(보호자)의 이상적인 관계에 관한 자신의 생각을 제시하시오.

학생답변

제가 생각하는 기대효과는 첫째 학생의 성장을 촉진시킬 수 있다는 것입니다. 학부모의 학교 교육활동 참여는 학생들이 학교생활에 더 잘 적응하고, 학업 성취도를 높이는 데 도움을 줄 수 있습니다. 그 이유는 교사와 학부모의 소통이 증가하여 학생들 개개인의 특성에 맞춰 학교생활 및 학업에 도움을 줄 수 있다고 생각하기 때문입니다. 둘째 학교 커뮤니티가 강화된다는 것입니다. 학부모가 학교 활동에 참여함으로써 학교와 가정 간의 긴

밀한 관계가 형성되고, 학교 커뮤니티의 일원으로서의 소속감을 느낄 수 있습니다. 이에 가정에서도 학교에서 일어난 상황을 올바르게 이해할 수 있습니다.

다음으로 제가 생각하는 문제점은 첫째 학교 운영의 복잡성이 증가한다는 점입니다. 학부모의 과도한 참여는 때때로 학교 운영에 혼란을 줄 수 있으며, 교사와 학부모 간의 의견 충돌로 이어질 수 있습니다. 둘째 학부모 간의 불평등을 유발할 수 있습니다. 모든 학부모가 학교 활동에 참여할 수 있는 시간과 자원이 동일할 수 없습니다. 이는 일부 학부모만 참여하는 활동에 대해 참여하지 못한 다른 학부모가 소외감을 느낄 수 있습니다.

따라서 제가 생각하는 교사와 학부모의 이상적인 관계는 상호 존중과 협력을 기반으로 해야 한다고 생각합니다. 교사는 학부모의 의견을 경청하고, 학부모는 교사의 전문성을 인정하며, 학생의 최선의 이익을 위해 함께 노력해야 합니다. 따라서 학부모가 학교 교육 활동에 적극적으로 참여하되, 교육 전문가인 교사의 지도를 따르고, 교사는 학부모의 의견을 학교 정책과 수업 계획에 반영하여 학생들에게 최적의 학습 환경을 제공해야 한다고 생각합니다. 이러한 협력적 관계는 학생들이 학교에서 성장하고 발전하는데 필수적이라고 생각합니다.

 김완 선생님의 방향성 잡기와 한 걸음 더 👣

이 문항은 이미 반영되어 있는 학부모(보호자)의 학교 교육 활동 참여로 인해 발생할 수 있는 효과와 문제점을 이해하고, 교사와 학부모(보호자)의 이상적 관계에 대해 지원자의 생각을 논리적으로 표현할 수 있는 능력을 평가한다. 더 이상 학교는 교육자와 학생만의 공간이 아니다. 교육 공간에 학부모(보호자)가 학교 교육 활동에 참여하는 시대다. 학교에서 학부모(보호자)가 구성원으로 참여하는 시대다. 학부모(보호자)의 참여 확대는 교육에 많은 변화를 가져왔다. 교육적 기회와 자본이 특정한 학생에게 집중되는 등의 문제점이 생길 수도 있고 반대로 이를 견지할 수도 있는 변화다. 교사의 정확한 문제인식에 교육의 공정성이 담보되어있다. 군 사망사고시 피해자의 정보접근성의 어려움으로 진실이 은폐되고, 의료사고 역시 전문성 차이로 인해 억울한 피해가 발생한다. 반면 학교현장에서 학부모의 참여로 원활한 소통이 이루어 지면서 학교와 학부모(보호자) 간 정보 차이로 인해 발생하는 문제가 개선되고 있다. 우선 장점으로 학교 운영이나 학교 활동 참여로 인해 새로운 의견 청취, 학생 개인 맞춤 프로그램 운영, 학부모의 전문성 지원, 학교와 가정의 원활한 소통, 학부모(보호자)의 학교 교육활동의 폭넓은 이해, 학생들의 식생활 습관 등을 연계할 수 있다. 특히 가정과 학교 교육의 연계가 필요한 학습에서는 중요한 정보 교환을 통해 효과를 높일 수 있다. 하지만 지나칠 경우에는 공교육의 불신과 붕괴 등의 어려움이 발생할 수 있다. 교사의 교육적 신념이 무시되고, 학교장의 운영 방침이 무시

될 수도 있다. 자기 자녀만을 위한 이기주의 팽배, 학생의 학습권과 교사의 교권 침해, 교육적 판단이 일부 의견에 좌우, 학교 의사결정의 비효율성, 특히 적극적으로 참여할 수 없는 학부모의 소외와 참여 강요 등의 단점이 있다. 교사와 학부모(보호자)의 이상적인 관계는 '교육'이라는 공동의 목표 실현에 있다. 공동의 목표를 함께 추구하는 관계에서 존중, 배려, 공감, 신뢰, 협력 등 건강한 파트너십 형성이 중요하다. 우리나라 학부모는 매니저 역할을 하고 있다. 교사는 가르치는 것에 확고한 전문성을 갖기 위한 개인적 노력, 학부모(보호자)의 정당한 학교 활동 참여에 대한 친밀감을 형성하는 다양한 학습이 병행되어야 할 것이다. 학부모(보호자)의 정당한 참여를 위한 교육도 철저히 실시되어야 한다.

**4** 경인교대 2024학년도 수시 학생부종합 B형 문제

나는 평소에 학생들에게 좋아하는 일이 무엇인지 묻는다. 그리고 좋아하는 일을 직업으로 삼으면 무척 행복하다고 말해 준다. 그러면 많은 아이는 자신의 근사한 미래를 상상하듯 행복한 미소를 짓는다. 그런데 가끔은 좋아하는 일을 찾아 진로를 설계하라는 조언을 하기 조심스러울 때도 있다. 예를 들어 우리 반 A는 시 쓰기를 좋아하고 장래에 시인이 되고 싶어 하는 아이이다. 시인으로 활동 중인 옆 반 담임선생님의 의견에 따르면, A의 시는 초등학교 6학년 수준을 훨씬 넘어선 수준이다. 그러나 시인은 직업으로 삼기에 안정성이 떨어지는 것도 사실이다. A의 부모님은 그래서 A가 시는 취미로 쓰고 경제적으로 안정적인 직업을 희망하길 바란다. 반면 B는 축구를 무척 좋아해서 장래에 축구 선수가 되고 싶어 하는 아이이다. 그러나 축구 선수가 되려면 진작에 축구부에서 전문적인 훈련을 받아야 했는데, B는 6학년인 지금까지도 축구부에 들어가지 않았다. 아니, 정확히 말하면 들어가지 못했다. 축구부 감독님이 보기에 B는 축구를 좋아하지만 재능이 뛰어난 편이 아니기 때문이다. 그래서 지금 나는 깊이 고민 중이다. 시인이 되겠다는 A를 응원하는 것이 잘 하는 걸까? 축구 선수가 되겠다는 B에게는 어떤 말을 해 주어야 할까?

**Q1.** 담임교사의 입장에서 진로와 관련하여 A와 B에게 조언을 하고, 왜 그런 조언을 해주었는지 설명하시오.

학생답변

저는 A학생에게 '시인'이라는 꿈을 꼭 키워나가는 것이 좋겠다고 이야기할 것입니다. A학생에게 선생님도 어렸을 때부터 꿈꿔온 진로를 위해 열심히 노력했고, 진정으로 원했던 일이었기에 흔들리지 않을 수 있었다고 말해줄 것입니다. 따라서 본인이 진정으로 원

하는 일이고, 필요한 역량을 갖춘다면, 그 꿈을 이룰 수 있다고 이야기해줄 것입니다. 이러한 조언을 하는 이유는 시인이라는 직업이 설령 경제성과 안정성이 떨어진다고 할지라도, 자신이 좋아하고 재능까지 있다면 경제적인 면은 자연스럽게 따라올 것이라고 생각하기 때문입니다. 혹시 꿈을 이루지 못했더라도 작가나 극본가로 진출할 수 있다고 이야기해줄 것입니다.

B학생에게는 우선 본인이 얼마나 축구선수가 되고 싶은지 파악해본 후, 진심으로 원한다면 꿈을 포기하지 말라고 할 것입니다. 단 다른 친구들보다 몇 배 더 열심히 준비하고 노력해야 한다는 사실을 알려줄 것입니다. B학생이 꿈을 이루는 과정에서 한계를 느낄 수도 있다고 생각합니다. 이런 경우에는 축구선수 말고도 축구 해설가, 스포츠 마케팅 등 다양한 분야로 나아갈 수 있다고 설명해줄 것입니다. 또한 요즘엔 자신이 무엇을 좋아하는지 모르는 학생이 정말 많은데, 벌써 본인이 좋아하는 일을 찾았다는 것만으로도 잘한 일이라고 칭찬해줄 것입니다.

이러한 조언을 하는 이유는 교사는 학생들에게 공감하며 꿈을 심어주는 사람이라고 생각하기 때문입니다. 특히 아직 어린 초등학생들의 경우 충분한 노력으로 아직 발현되지 않은 잠재적인 능력이 깨어날 수 있다고 생각합니다. 따라서 저의 조언이 학생이 더욱 열심히 노력하는 계기가 될 수 있도록 할 것입니다.

 김완 선생님의 방향성 잡기와 한 걸음 더 👣

이 문항은 학생이 좋아하는 일이 직업으로서의 안정성이 떨어지고, 학생이 좋아하는 일과 잘하는 것이 다를 경우 교사로서 바람직한 방향을 제시할 수 있는 능력과 학생의 입장을 고려하여 답하는 공감, 존중, 배려 등의 역량을 평가하려는 것이다. 더 나아가 부모의 입장을 고려해 조언한다면 학생과 학부모의 갈등도 이해할 수 있을 것이다. 위 지원자의 경우 부모님에 대한 의견이 없어 아쉽다. 1996년 제러미 리프킨은 『노동의 종말』을 통해 안정성이 직업에 중요한 가치가 될 수 없음을 경고했다. 1995년을 기준으로 8억 명의 인구가 실업 또는 불완전고용 상태에 놓여있다고 한다. 2001년까지 약 10억 명 이상의 사람들이 이러한 두 가지 범주 중의 한 가지에 속해 있었다고 한다. 실업률은 계속 증가하고 있다. 직업의 안정성에 학생들의 특기는 뒷전일 수밖에 없다. 더불어 인간의 수명이 길어졌지만 소득없는 삶 앞에 놓인 노인 세대의 암담한 현실은 더 이상 뉴스가 아닌 시대다. 하지만 아직 무한한 가능성 앞에서 학생들에게 현실직시만 강조한다면 그 사회의 미래는 암울하다. 디지털 기술이 일상생활과 교육에 보편적으로 사용되는 사회를 이해하고 학생들에게 조언할 수 있어야 한다. A학생의 경우 직업의 안정성과 좋은 직업과의 연관성이 크지 않음을 알려주고, 다양한 경험과 깊이 있는 학습을 통해 경쟁력을 갖추고, 꿈을 포기하지 않아야 이룰 수 있음을 알려주어야 한다. 더 나아가 글쓰기 능력과 연관성이 많은 유사 직업에 대한 정보를 제공해 학생 스스로 직업의 다양성을 인식할 수 있는 학습이 필요하다. 지금 Chat GPT로 인해 창작 영역의 종사자가 가장 먼저 노동 시장에서 배제되는 것만 보더라도 디지털 기술 이해도는 매우 중요하다. B학생의 경우 운동은 개인의 재능이 매우 중요한 요소다. 좋아해서 하기에는 직업으로 연결되기 힘든 현실이다. 전문 운동선수 들은 조기 교육의 여부에 따라 기량차이가 매우 심하다. 하지만 늦게 시작하여 감춰진 기량을 발휘하는 경우가 없지 않으니 최선을 다해보는 노력을 기울인 후 결정할 것을 권하면 좋을 것이다. 한 분야의 전문성을 기르면 파생된 직업군에서 다양한 활동을 할 수 있는 사회다. 더불어 운동 능력은 고령화 시대 건강한 노년을 보낼 수 있는 체력을 유지할 수 있어 바람직한 결과로 이어진다. 부모님의 경우 미래 사회의 변화를 정확히 예측하긴 어렵지만 고정 관념에서 벗어나 자녀가 노력하려는 의지에 용기를 주어야 한다. 하고 싶은 걸 찾고 그 꿈을 위해 노력하는 태도는 이후 삶에 어떠한 변화에도 적응할 수 있는 능력을 갖추게 될 것이다.

인공지능, 사물인터넷, 빅데이터 등 급변하는 디지털 기술이 일상생활, 업무, 교육 등에서 보편적으로 사용되는 사회 변화가 국내는 물론 세계적으로도 급속하게 진행되고 있다. 이에 따라 디지털 기술을 제대로 활용하는 사람들과 그렇지 못한 사람들 사이의 '디지털 격차'가 점점 더 커지고 있다. 디지털 격차는 디지털 기술을 잘 활용하지 못하는 사람들의 인식과 생각, 감정, 일상생활, 교육, 문화 및 경제적 기회의 격차를 심화시켜 소득 격차, 빈부격차 등 사회적 불평등과 갈등의 주요 요인이 될 수 있다. 따라서 각국 정부, 민간 기업, 사회단체 등에서는 고령자, 장애인, 저소득계층, 농어촌 지역 거주자, 이주민 등 사회적 약자와 취약계층의 디지털 격차를 최소화하기 위한 정책과 지원을 위해 노력하고 있다. 이에 비해, 초등학생들에 대해서는 태어나면서부터 디지털 기술을 모국어 처럼 친숙하게 다루며 살아온 '디지털 네이티브'이자, 초등학교 입학 전부터 스마트폰, 태블릿, 스마트 TV 등의 기기와 유튜브 동영상을 이용하며 자란 '알파세대'라고 이름을 붙이며, 마치 초등학생들 모두가 디지털 기술을 능숙하게 다루는 것처럼 생각하는 사람들이 많다. 그러나 초등학생의 디지털 기술과 미디어 이용 실태에 대한 국내외 최신 연구들에 따르면, 가정의 소득, 부모의 교육수준, 거주 지역의 여건, 초등학생 개인의 장애나 특수교육 요구 등에 따라 일상생활과 학습을 위해 디지털 기기와 다양한 서비스 및 콘텐츠 이용에 상당한 격차가 존재한다. '디지털 네이티브'와 '알파세대'라는 말 뒤에 가려진 초등학생들 사이의 디지털 격차에 주목하는 교육적 대응이 필요하다.

**Q1.** 디지털 격차가 초등학생 개인에게 미치는 영향을 두 가지 제시하고, 이러한 문제들을 해결하기 위해 학교 교육에서 고려해야 할 사항이 무엇인지 적절한 이유를 들어 두 가지 제시하시오.

학생답변

디지털 격차가 학생 개개인에게 미치는 영향 두 가지를 제시하겠습니다. 첫째, 디지털 격차는 디지털 기기 활용 능력이 다소 미흡한 학생의 학업 의지가 저하할 수 있습니다. 학생의 디지털 기기 활용 능력은 이를 활용한 수업에서의 참여도 및 이해도에 직접적인 영향을 줍니다. 따라서 이러한 능력이 상대적으로 미흡한 학생은 수업을 따라감에 있어 어려움을 느낄 뿐 아니라 해당 학습에 대한 의지 자체를 상실할 가능성이 높기 때문입니다. 둘째, 디지털 격차는 학생의 소외감과 위축감을 야기할 수 있습니다. 디지털 격차는 학생이 접하고 활용할 수 있는 정보 간의 양과 질의 차이로 이어질 것입니다. 이러한 차이는 결국 자신의 디지털 기기 활용 능력 및 경험이 부족하다고 느끼는 학생에게 소외감과 위축감을 느끼게 할 것이라 생각합니다.

이러한 문제점을 해결하기 위해 학교 교육에서는 첫째, 수업에서의 디지털 기기 활용에 앞서 해당 디지털 기기의 사용에 대한 교육이 선행되어야 한다고 생각합니다. 가령 디지털 교과서를 활용하여 수업을 진행한다면, 모든 학생이 이를 충분히 활용할 수 있도록 사전에 교육한 뒤 이를 사용하여 수업을 진행하여야 합니다. 사전 교육을 통해 학급 전체가 수업에 적극적으로 참여할 수 있도록 이끌 때, 비로소 디지털 격차에 의해 소외되는 학생 없이 수업이 진행될 수 있을 것이기 때문입니다. 둘째, 디지털 격차가 존재함을 인지하고, 이를 최소화하기 위한 지원을 확대해야 합니다. 저소득층 학생들을 위한 방과 후 교육을 확대하여 디지털 기기의 활용 경험을 늘려주거나, 청각 장애로 인해 디지털 기기를 활용함에 있어 어려움을 겪는 학생에게는 점자 표기가 존재하는 디지털 기기를 제공하는 등 학생 개개인에게 알맞은 지원이 이루어질 때, 디지털 격차에 의해 소외되거나 위축되는 학생의 수를 줄여나갈 수 있을 것이기 때문입니다.

 **김완 선생님의 방향성 잡기와 한 걸음 더** 💬

이 문항은 디지털 격차가 교육, 문화, 경제적 격차로 이어져, 사회 불평등과 갈등의 원인이 됨을 이해하고, 디지털 격차가 초등학생 개인에게 미칠 수 있는 영향과 이 문제를 해결하기 위한 학교 교육 방안을 파악하고 있는지 평가하는 문항이다. 디지털 기술이 일상생활에 보편적으로 사용되어 전문가에 의존하는 시대를 마감하고 지능정보사회가 되면서 디지털 격차 문제 해결이 중요한 현안이 되었다. 초등학생들이 디지털 전환 시대를 살아가기 위한 보편적 권리로서 학교 교육 역할의 중요성에 대해 근거를 들어 타당하게 말할 수 있는 지식, 기능, 태도 등을 갖추고 있는지 평가한다. 디지털 격차가 초등학생 개인에게 미치는 영향을 살펴보면 디지털 격차가 교육 격차로, 더 나아가 사회적 불평등과 갈등을 일으키는 중대한 문제로 대두된다. 온라인을 통해 유료 양질의 콘텐츠를 사용할 수 있는 학생들과 그렇지 못한 학생들의 교육 격차는 사회적 연결망의 격차로 이어진다. 기회의 제약이 문화 및 교육의 격차로 이어진다. 또한 디지털 기술의 남용, 이용 조절 실패 등 디지털 세계와 현실 세계에서 조화롭고 건강하게 살기 어려워지는 문제가 발생하고 있다. 사이버 보안 등 안전을 위한 도움 보안 서비스 이용 제약으로 인한 사이버 괴롭힘, 사생활 및 개인정보 그리고 보안 침해 문제에 노출되어 있다. 디지털 정보와 기술을 습득하지 못하면 학교 학습 및 사회적 관계망 형성에 어려움을 겪게 된다. 이런 격차는 성인이 되어 직업 선택의 기회에서도 뒤처지게 된다. 이러한 문제들을 해결하기 위한 학교 교육에서의 고려 사항으로 우선 학교 교육 과정을 편성하여 정규 수업 시간에 양질의 디지털 기술 및 서비스 이용 교육이 실시되어야 한다. 가장 중요한 것은 학생들이 온라인 세계에서 스스로를 안전하게 보호하고 다른 사람들과 소통하기 위해, 개인정보 보호, 사이버 보안, 사이버 폭력 예방, 디지털 기기와 서비스 이용 시간 조절 등을 익히고 실천할 수 있도록 돕기 위한 디지털 시민 교육을 학부모 포함하여 실시해야 한다. 디지털 기술을 활용한 학습, 디지털 놀이, 사회적 의사소통에 잘 참여할 수 있게 디지털 리터러시 교육을 학부모와 학생 모두에게 제공해야 한다. 올바른 미디어 이해는 미디어 활용에 큰 영향을 미친다. 학교에서 학생뿐만 아니라 학부모까지 디지털 교육을 실시함으로써 학생들을 온라인 세계에서의 여러 문제에 노출되지 않게, 더 나아가 문제가 발생했을 때 조기에 차단할 수 있을 것이다. 디지털 기술은 전 국민이 습득해야 한다. 디지털 기술 습득에 뒤처지면 일상생활에 꼭 필요한 정보에서 멀어지고 스스로를 지킬 수 없게 된다. 디지털 기술 습득은 선택이 아니라 필수다.

## 6 경인교대 2024학년도 정시 수능위주전형 B형 문제

그간 간헐적으로 논의되어 온 "이민청" 신설안이 최근 탄력을 받고 있다. 대한민국에 정착하려는 외국인의 수가 꾸준히 증가하고 있다는 점을 고려하면, 이들의 삶을 포괄적으로 보살필 수 있는 국가 기관의 신설은 불가피해 보인다. 현재 외국인 체류는 법무부가, 다문화정책은 여성가족부가 주관하고 있는데, 이민청이 신설되면 여러 부처에 분산된 이주민 업무가 보다 체계적으로 집행될 것으로 기대된다.

그러나 이민청이 구체적으로 어떠한 역할을 수행할지는 미지수이다. 우선, 이민청이 이주자들의 신분을 관리 및 단속하는 기관 즉, 권력기관으로 변질될 여지가 있다. 이민청을 이미 운영하고 있는 여러 나라의 사례를 보면 그러한 우려가 기우가 아니라는 점은 명백하다. 이민청 신설과 함께 논의되고 있는 일련의 이민법 역시 이민청을 둘러싼 걱정을 키우고 있다. 일례로 최저 임금제에 적용되지 않는 해외 가사도우미의 도입 및 관리안은 이주민에 대한 문화적 편견을 넘어 실질적인 차별을 초래할 것이라는 비판으로부터 자유롭지 못하다.

그럼에도 우리 사회에 필요한 해외의 인재를 확보하고 이들을 통해 우리사회의 동력을 키워나가는 정책적 기조는 중요하다. 이에 이민청의 역할에 대한 사회적인 논의는 입체적으로 진행되어야 한다. 이는 정부뿐만 아니라 시민사회 역시 이민청 신설의 문제에 적극적으로 목소리를 내야한다는 것을 의미한다.

**Q1.** 이러한 점을 고려해 정부와 시민사회는 이민청의 신설 및 운영과 관련해 각각 어떠한 역할을 해야 하는지 구체적인 사례를 들어 제시하시오.

**학생답변**

정부에서 고려해야 할 역할을 두 가지 말씀드리겠습니다. 첫 번째로 이주민의 권리보호에 힘써야 한다고 생각합니다. 왜냐하면 현재 우리나라의 이주민 정책은 매우 까다롭지만 이에 비해 이주민의 권리를 보호하는 정책은 부족하기 때문입니다. 이에 이주민의 인권에 관련된 문제점을 제도적으로 개선하고 이주민이 올바르게 보호받는지 감시해야 한다고 생각합니다. 두 번째로 해외의 이주정책의 문제점을 파악하여 우리나라 상황에 맞게 보완해야 한다고 생각합니다. 해외에서 발생된 많은 사례들 예를 들어 이주민과 기존 시민들 간의 문화적인 차이로 인해 발생된 문제, 차별적인 이주정책으로 발생한 폭력문제 등 문제점을 파악하여 사전에 방지해야 한다고 생각합니다.

다음으로 시민사회에서 고려해야 할 역할을 두 가지 말씀드리겠습니다. 첫 번째로 동일한 사회구성원으로 인식해야 한다고 생각합니다. 왜냐하면 정치, 법률적으로 시민과 이주민의 권리에 차이가 있어도 사회적인 차원에서는 동일한 구성원으로 인정받아야 하기 때문입니다. 이를 위해 시민과 이주민 상호간의 보호를 받을 수 있도록 적극적인 태도를 보일 필요가 있습니다. 두 번째로 이주민에게 우호적인 나라들이 시행한 정책이 어떻게 발전했는지 학습해야 한다고 생각합니다. 우리나라의 시민 역시 다른 나라의 이민정책에서 자유로울 수 없고, 모든 이민자들이 갖는 모든 고충을 이해하기 어렵기에 해외의 우호적인 정책에 대한 이해를 바탕으로 우리사회에 미칠 영향에 대해 고민해야 한다고 생각합니다.

 김완 선생님의 방향성 잡기와 한 걸음 더 👀

이 문항은 이민청 신설 시 고려해야 할 여러 사항 중 인구 변화, 산업구조 변화, 이주 노동, 인권 보호 등의 논의를 통해 지원자가 우리 사회가 봉착한 거시적인 문제를 어느 정도 인식 및 이해하고 있는지 평가하려는 문항이다. 사례를 통해 지원자의 논리력을 파악하려는 문항이다. 특히 시민사회의 역할에 대한 지원자의 답변에서 거시적 관점을 정부가 제시한다면 미시적 관점에서 시민사회 일원인 우리의 역할을 제시하면 좋을 것이다. 이미 우리나라는 외국인 노동자의 의존도가 매우 높은 나라다. 더욱이 외국인 근로자들의 한국 이미지도 매우 좋은 상황이다. 이제 우리는 이주민의 권리를 인권의 차원에서 인식하고 개인 차원의 역할을 합리적으로 제도화 할 수 있는 지점에 와 있다. 시민사회의 역할에 대해 살펴보자. 시민의 권리와 이주민의 권리는 사회경제적 차원에서 동일하다는 인식이 필요하다. 이주민들이 안정적으로 정착할 수 있는 제도를 만들게 시민사회에서 정부에 적극적으로 의견을 제시해야 한다. 우리나라가 이민정책의 대상이었다는 점을 감안하면 이민정책의 폭력성에 대해 방지할 방안에 선두에서 목소리를 내야 한다. 더 나아가 이민 정책을 먼저 실시한 나라들의 발전을 학습하고 우리 실정에 맞는 정책 변화에 관심을 가져야 한다. 난민을 우호적으로 받아들인 많은 나라에서 '체념 증후군'이 발병했듯 이주민의 삶에서 보호조치가 얼마나 중요한 가치를 갖는지 되짚어야 한다. 정부의 역할은 이주민의 권리를 명시해 언제 어디서나 이주민이 불합리한 대우를 받지 않게 보호해야 한다. 이주민의 인권과 관련된 보고서를 정기적으로 발간하고, 예상치 못한 문제점을 제도적으로 개선해야 한다. 우리보다 앞서 이주민을 받은 나라에서 비판의 대상이 된 이주 정책의 문제점을 파악하여 방지책을 마련해야 한다. 감독기관은 이주민의 인권이 존중되고 보호되는지 철저히 파악해 개선해야 한다. 노동법에 명시된 사항은 이주민이 관련 법 이해 부족으로 권리 행사를 하지 못할 경우에 나중에라도 찾아서 도와주어야 한다. 더불어 '교민청'을 신설해 해외 이민자인 우리 재외국민을 다시 돌아오게 하는 방법도 추진하면 좋을 것이다. 이들은 이미 해외에서 성공한 삶을 산 우수한 우리나라 국민이다. 이들이 돌아올 수 있는 방안을 마련한다면 이미 자연 인구 소멸 국가로 전환된 우리나라에 희망이 될 것이다.

**7** 경인교대 2023학년도 수시 교직인성 A형 문제

송 교사는 5학년 1학기 과학 '다양한 생물과 우리 생활' 단원을 모둠 수행프로젝트 수업으로 진행하기로 하였다. 학생들은 개별 과제로 진행하기를 원했지만, 자신의 수업에 모둠프로젝트 수업을 적용해 보고 싶은 생각에 조편성을 하고 모둠 과제를 부여하였다. 그런데 프로젝트 수업의 중간에 모둠별로 진행상황을 살펴보니 어떤 조는 학업 능력이 떨어지는 학생들이 모여 있고, 어떤 조는 친한 학생들의 친목 모임이 되었다. 또 모둠장을 하겠다고 선뜻 나서는 학생이 없는 조가 있는가 하면, 몇 명만 참여하고 나머지는 빈둥거리는 조도 있고, 자기주장이 강한 모둠장과 모둠원들 사이에 갈등이 생긴 조도 있었다. 큰 기대를 갖고 시작한 프로젝트 수업인데 그대로 하자니 진행이 안 되고, 조 편성을 다시 하자니 학생들이 혼란스럽고, 개별 과제로 바꾸자니 교사의 권위가 안 살 것 같아 난감한 상황이다.

**Q1.** 여러분이 송 교사라면 1) 현재의 모둠 유지, 2) 새로운 모둠을 구성, 3)개별 과제로 전환하는 세 가지의 선택 중 어떤 선택을 할 것인지 그 이유와 함께 제시하시오.

학생답변

제가 송 교사라면 기존 모둠 수업을 그대로 진행할 것입니다. 그 이유는 학생들에게 모둠 활동의 중요성과 협력의 가치를 알려주기 위해서입니다. 물론 새로운 모둠을 구성해

서 수업을 진행하더라도 모둠 활동의 장점을 이끌어 낼 수 있습니다. 그러나 어떠한 방식으로 모둠을 구성하더라도 모든 구성원이 만족하는 완벽한 조편성은 불가능하다고 생각합니다. 또한 현재 모둠 수업에서 나타난 문제점을 해결했을 때 학생들은 더욱 성장하고, 모둠원들 사이가 돈독해 질 것이라고 생각합니다. 학생들이 문제를 해결할 수 있도록 도와주기 위해 학생들에게 모둠장 이외에도 다양한 역할과 책임을 부여하여 학생들의 참여를 유도하고, 지속적인 피드백을 제공함으로써 모둠에서 추가적인 문제가 발생할 경우 개선점과 조언을 제시할 것입니다.

또한 이러한 문제의 원인은 교사가 학생들의 요구를 반영하지 않았기 때문이라고 생각합니다. 학생들은 개별과제로 진행하기를 원하는 상황에서 교사가 모둠 수행프로젝트 수업을 진행하려면 학생들에게 이 수업의 필요성에 대한 충분한 설명이 필요하다고 생각합니다. 그러면 학생들 입장에서도 수업에 참여하는 태도가 보다 적극적이 되었을 것입니다.

**김완 선생님의 방향성 잡기와 한 걸음 더** 👀

이 문항의 출제 의도는 지원자가 교사가 된 후 교수 학습 과정에서 진행 방식에 대한 교사 본인의 판단과 실제 교실 상황이 다르게 진행되는 상황에서 합리적 판단을 내리고 또한 교사 자신이 선택한 방법을 논리적으로 학생들에게 설명할 수 있는 능력을 평가하려는 문항이다.

교사는 프로젝트 모둠 수업이 갖는 장점과 한계를 분명히 이해하고 핵심을 명확하게 파악해 교사의 교육적 신념에 기반한 판단을 내릴 수 있어야 한다. 학생들은 교과 과정에서 모둠 수업을 진행하며 성장하거나 한계를 경험했을 것이다. 이러한 경험을 바탕으로 교사가 결정 사항을 쉽게 바꾸거나 바뀌는 이유를 학생들에게 잘 이해시키지 못하면 교사는 다른 사항에서도 학생들의 신임을 잃게 되어 어려움을 겪게 되고 이는 학생들의 학습권에도 악영향을 미친다.

현재 모둠을 유지하는 경우에 교사의 권위가 유지된다. 학생들에게 협업 과정에서 갈등이 발생할 수 있는 상황을 이해시키고 이 과정에서 성장할 수 있게 도울 수 있어야 한다. 학생들에게 갈등 극복 경험은 문제 해결 능력을 기르는 기회가 될 것이다. 교사는 모둠을 유지하되 모둠 저해 요소를 잘 분석하여 저해 요소를 배제하고 학습 목표에 집중할 수 있도록 돕는 역할을 해야 한다.

새로운 모둠을 구성해야 할 경우 교사는 권위보다 학생들의 목표 달성을 우선시한 선택이다. 학생들이 모둠 변경을 받아들일 수 있게 교사와 학생 모두 실패를 받아들여야 한다. 새로운 모둠 결성 후 활동이 원활하게 이루어지도록 교사의 독려가 중요하다. 모둠을 재편성하면서 기존의 문제를 잘 해결하는 긍정적 상호작용을 경험하는 교육의 기회가 되도록 학생과 교사는 끊임없이 노력해야 한다.

마지막으로 개별과제로 전환한다면 학생들의 학습 목표 달성이 용이할 수 있다. 따라서 모둠과제 진행이 학습 목표 달성을 어렵게 한다면 전환하는 것이 바람직하다. 교사는 학생 개개인의 학습 과정을 철저히 독려하고 살펴야 한다. 모둠 활동으로 무임승차하는 것은 성실한 학생들에게 과정의 공정을 무시하는 교육이 될 수 있기에 개별 과제로의 전환이 더 바람직한 결정이 될 수 있다.

교사는 교육적 신념을 바탕으로 항상 합리적인 대안을 제시하고 교사 자신의 의견에 대해 타당한 이유를 제시하는 논리로 일관성있게 지도해야 한다.

**8** 경인교대 2023학년도 수시 교직인성 B형 문제

권 교사가 근무하는 초등학교는 올해 학교 예산 중 사용하고 남은 금액을 내년 예산에 포함하여 사용하기로 결정했다. 다음 예산 관련 회의에서 해당 예산을 어떻게 사용할 것인지 논의할 예정이다. 이와 관련하여 의견을 수렴한 결과, 어떤 선생님들은 현장 체험 학습 예산을 증액하여 학생들의 체험 학습을 좀 더 의미 있게 구성하길 기대하고 있다. 다른 선생님들은 전교생에게 태블릿 PC를 지급하여 수업 및 학습에서 다양하게 활용할 수 있게 되기를 기대하고 있다. 또 다른 선생님들은 효율적인 수업 운영을 위해 새로운 학습 보조 도구(예: 칠교, 도형판 등의 수학 교구, 과학실험도구, 악기)들을 구매하여 수업에 활용하기를 희망한다.

**Q1.** 여러분이 권 교사라면 어떤 방안을 지지할 것인지 그 이유와 함께 말하시오.

학생답변

저는 현장 체험 학습 예산을 증액하는 방안을 지지할 것입니다. 최근 코로나 상황으로 인한 현장체험학습 및 대면활동 감소로 인해 많은 학생들이 다양한 경험을 하지 못한 것으로 알고 있습니다. 따라서 현장체험학습의 기회를 확대해야 한다고 생각합니다. 또한 현재는 대다수의 학생들이 다양한 방식으로 초등학생 때 이미 많은 지식전달 수업이 진행되고 있다고 알고 있습니다. 학교 수업은 지식전달 목적만 가지고 있는 것이 아니라고 생각하기 때문에 본인이 직접 체험하여 배우는 활동도 필요하다고 생각합니다. 따라서 현장 체험 학습 예산을 증액하여 학생들의 체험학습의 양과 질을 높일 수 있는 방향으로 활용해야 한다고 생각합니다. 물론 현장 체험학습이 모든 학생들에게 의미있는 활동으로 진행되기는 어렵다고 생각합니다. 이러한 문제를 해결하기 위해서는 학생 자치회의를 통해서 학생들 스스로 가고 싶은 장소와 하고 싶은 활동을 정하고, 체험활동을 진행하기 전에 필요한 배경 지식을 심어준다면 학생들에게 의미 있는 활동이 진행될 것이라고 생각

합니다.

 김완 선생님의 방향성 잡기와 한 걸음 더 👣

이 문항은 교육예산 우선순위를 둘러싼 다양한 생각을 이해하고 각 주장의 핵심을 명확히 파악하는지 평가한다. 또한 각 주장의 장단점을 합리적으로 비교할 수 있고 지원자의 의견에 대한 이유를 타당하게 제시하는 논리력을 파악하려는 문항이다.

체험의 중요성을 선택한 경우 초등학교 교육이 추상적인 문자를 통해 학습하는 어려움을 직접 체험으로 보완할 수 있는 장점이 있다. 교사의 역량에 따라 현장체험학습의 양과 질을 높일 수 있다. 직접적인 현장체험학습은 학생들의 관심사를 반영하고 교과와 연계되는 활동을 중심으로 진행할 수 있다. 코로나19라는 시대 상황을 고려해 야외 활동을 지원하는 것은 이 시기에는 더욱 절실하다. 계층간 임금 격차로 인해 직접체험을 통한 성장에도 격차가 벌어진 점을 감안하면 현장체험활동 지원이 우선되어 학생에게 경험을 쌓게 도울 수 있다. 경험은 상상력을 기를 수 있는 중요한 요소다.

태블릿PC가 모든 학생에게 지급된다면 학생들 수업 개선에 도움이 된다. 교사는 다채로운 교수학습 방법을 적용할 수 있다. 또한 태블릿PC 활용은 미래사회를 위한 디지털 역량을 길러줄 수 있다. 이 기기가 모든 학생에게 지급된다면 소득 격차로 가정에서 경험하기 어려운 학생들이 질 높은 교육으로 교육 격차 해소에도 많은 도움이 될 것이다. 물론 디지털 리터러시 교육이 철저히 병행되어야 한다. 태생적으로 가진 디지털 문제로부터 학생들을 보호해야 한다. 예산이 충분하지 못한 경우라면 저학년은 체험활동을 지원하고 고학년은 태블릿PC를 지급하는 방안도 생각해볼 수 있다.

학습 보조 도구 구매는 학교 교육의 기본에 해당한다. 학교 교육은 교실에서, 운동장에서, 특별실에서 이루어지는 수업이다. 다양한 교구를 직접 활용하면서 겪는 학습 경험이 학교 교육에 가장 중요하다. 수업에 적합한 교구를 활용할 경우 학생들의 흥미를 돋우고 개념 또한 쉽게 이해할 수 있다. 이러한 학습 도구를 수업 시간 이외에도 활용하면 일회적 수업에 그치지 않고 반복학습이 가능해져 학습 부진아를 지도할 때 도움이 될 것이다.

교사는 어떤 선택을 해도 그 상황에서 가장 최선을 다할 것이다. '최소극대화(maximin)'라는 정의의 원칙을 이끄는 과정에서 사용한 개념인 존 롤스의 '무지의 베일'을 활용한 답변을 할 수 있다. 서로의 신분과 사회적 경제적 지위, 능력, 가치관, 목표 등을 알지 못하는 상황에서 선택한다면 더 다양한 의견을 제시할 수 있다. 공정한 합의를 위한 전제 조건인 무지의 베일을 적용한다면 사회적 약자들을 위한 예산도 생각해 볼 수 있다. 장애를 겪는 학생들의 다양한 지원 등을 생각해 볼 수 있다.

최근 '학교 숲 조성 사업'에 대한 사회적 관심이 높아지고 있다. '학교 숲 조성사업'은 말 그대로 학교 안에 숲을 조성하는 것이다. 운동장이나 담장, 교사(校舍)주변 등 학교 안의 다양한 공간이 이 사업을 통해 숲으로 탈바꿈된다. '학교 숲 조성 사업'은 지난 1999년부터 지금까지 꾸준히 진행되어, 산림청 및 지자체·교육청·시민 단체 등의 지원으로 지난 20여 년간 총 4,000여 개소의 학교 숲이 조성되었다. 최근에는 이렇게 조성한 학교 숲을 지역 사회에 개방해 지역 주민들로부터 환영받는 경우도 많다. 이렇게 학교 숲은 학생들의 생활 공간이자 학습 공간, 나아가 지역 주민의 휴식 공간으로 자리 잡고 있다.

**Q1.** 이러한 '학교 숲 조성 사업'의 장점과 단점을 각각 두 가지씩 제시하고, 만약 초등학교 교사인 자신이 근무하는 학교에서 해당 사업을 추진한다고 가정할 때, 사업 추진에 대한 자신의 생각을 적절한 이유를 들어 제시하시오.

---

학생답변

제가 생각하는 '학교 숲 조성 사업'의 장점 첫 번째는 학생 및 교사에게 휴게공간으로 이용 가능하다는 점입니다. 이에 대한 예시로 저의 경험을 말씀드리겠습니다. 저희 학교에 조그만 공원이 있는데 쉬는 시간 및 식사시간에 공원에서 휴식을 취하거나 걷는 등 다양하게 휴게공간으로서 활용되었습니다. 두 번째 장점은 생태공간의 장으로 활용가능하다는 점입니다. 학생들이 실제로 식물에 대해 접하면서 호기심도 증가하고, 직접 키우면서 생명의 소중함을 깨닫는 계기가 될 수 있습니다. 다음으로 '학교 숲 조성 사업'의 단점을 말씀드리겠습니다. 첫 번째 단점은 학교 숲에서 병충해의 문제가 발생할 수 있다고 생각합니다. 먼저 직접적인 피해를 입힐 수 있는 벌, 모기 등의 곤충이 교실로 들어와 수업시간에 방해를 받을 수 있습니다. 또한 감염병 등 학생들에게 건강에 악영향을 미치는 환경이 조성될 수 있습니다. 두 번째 단점은 제대로 관리되지 않을 시 학생들의 안전문제가 발생할 수 있습니다. 숲의 특성 상 사각지대가 존재할 수밖에 없다고 생각합니다. 이와 같은 숲에서 사고가 발생하였을 때 교사의 즉각적인 대처가 어려울 수 있습니다. 나아가 지역사회와 연계 시 외부인의 출입으로 사고 발생 시 책임소재가 불분명해지는 문제도 발생할 수 있습니다. 마지막으로 제가 근무하는 학교에 '학교 숲 조성 사업'을 적용하는 것에 긍정적인 입장입니다. 왜냐하면 숲은 휴식공간의 기능을 제공할 뿐만 아니라 학생들이 직접 식물을 심어보는 활동을 통해 정서 안정 및 감성 발달에 도움이 될 것이라 생각하기 때문입니다.

 김완 선생님의 방향성 잡기와 한 걸음 더 ,,

이 문항은 교육 정책 관련 쟁점을 바라보는 다양함 관점을 이해하고 지원자의 생각을 타당한 근거를 들어 논리적으로 설명할 수 있는 능력을 파악하려는 문항이다. 교육 공간이 시대 변화에 맞춰 변화하고 활용해야 한다는 이해를 바탕으로 학교 공간이 변화하고 있다. 사회가 당면한 문제 상황에 따른 학교 공간의 필요성은 이해하나 문제에서 제시한 바와 같은 여러 문제가 있다. 학교 공간 변화 전 후로 장단점을 제시하면서 타당한 이유나 근거를 논리적으로 설명할 수 있어야 한다. 장점과 단점을 두 가지씩 정확히 제시해야 한다.

석탄연료 과다 사용으로 인해 지구 생태계는 빠르게 변화하고 있다. 숲 조성으로 학교 주변 온도를 낮출 수 있고, 주변 경관의 아름다움은 학생들과 인근 주민들의 심리적 안정에도 도움을 줄 수 있다. 또한 미세먼지가 심한 날들이 많아 야외 활동이 어려운 상황에도 도움이 될 수 있다. 특히 학생들의 생태 감수성을 높여 인류 문제를 바라보는 시각을 넓히는 교육이 가능하다. 학교 공간 활용 시간의 문제점을 해결하면서 다양한 일자리 또한 창출될 것이다. 학생, 학부모, 교사, 지역 주민들 모두 숲을 체험하며 서로의 신뢰를 쌓아갈 수 있다.

반면 여러 문제점을 해결해야 하는 한계도 있다. 숲 조성으로 학교 활용 공간이 줄어든다. 적지 않은 업무를 처리하는 실정에서 숲 관리 책임 소재도 불분명한 실정이다. 외부인이 학교에 출입함으로써 폭력이나 보안 문제도 발생한다. 숲에서 발생하는 안전사고 위험도 해결해야 한다. 유해 생물이나 감염병에 노출된다는 지적도 많다.

인구의 도시 집중화로 인한 인구 과열이 사회문제가 되었다. 현대인들이 이 시대를 살아가며 특히 정신적인 휴식을 취할 수 있는 공간 마련 차원의 학교 숲 조성은 공간 변화에 의미를 잘 살렸다. 또한 학생들에게 학교 공간의 획일화로 인한 상상력 제한문제를 공간 다양화로 해소된 연구는 많다. 미래 사회를 대비하는 학생들의 상상력을 풍부하게 해준다면 이는 학생들의 국제 경쟁력을 갖추는 기회가 될 것이다.

숙제란 복습이나 예습 등을 위하여 학생들이 방과 후에 해결하도록 내주는 과제를 뜻한다. 배운 내용을 심화·확장하여 학습 효과를 높이는 데 효과가 있다는 점을 근거로, 예로부터 지금까지 많은 학교에서 학생에게 숙제를 내주었다. 그러나 최근 들어 숙제를 내주지 않는 것이 더 교육적이라는 주장이 주목받고 있다. 숙제가 학교에 대한 흥미를 떨어뜨리거나 학습 효과를 높이는 데 별로 도움이 되지 않는다는 주장은 20세기 초반부터 지금까지 꾸준히 제기된 바 있다. 이러한 주장은 숙제를 내주는 관행에 묻혀 한동안 큰 주목을 받지 못하였지만, 교육 환경 변화에 힘입어 최근 그 의의가 새롭게 조명되고 있다. 그 결과 미국·영국·독일 등에서는 숙제 대신 독서나 다양한 체험을 장려하는 정책을 추진하고 있다. 우리나라에서도 지난 2018년부터 일부 교육청에서 '숙제 없는 학교' 정책을 추진 중이다.

**Q.** 초등학교에서 '숙제 없는 학교' 정책을 실행할 때의 장점과 단점을 각각 3가지씩 말하고, '숙제 없는 학교' 정책에 관한 자신의 생각을 적절한 이유를 들어 말하시오.

학생답변

제가 생각한 '숙제 없는 학교'의 장점과 단점을 말씀드린 후 저의 입장을 말씀드리겠습니다. 먼저 첫 번째 장점은 학생들의 부담을 줄여줄 수 있다는 점입니다. 특히 초등학교 저학년 학생들의 경우 발달 단계에 따라 능력차가 큰 것으로 알고 있습니다. 이에 숙제를 해결할 능력이 부족한 학생의 경우 부담을 느껴 부모님이 숙제를 대신해 주는 경우가 발생할 수 있습니다. 두 번째 장점은 교사가 숙제를 부여하고 검사하는 시간을 다양한 수업에 활용할 수 있다고 생각합니다. 수업시간 내에 적절한 과제활동으로 적용한다면 단순한 지식전달 수업이 아닌 학생 주도적인 수업을 진행할 수 있습니다. 세 번째 장점은 사교육으로 인한 경제적인 부담을 줄일 수 있다고 생각합니다. 숙제를 통한 학생들의 능력이 표면화될 경우 사교육의 의존도가 높아질 수 있다고 생각합니다. 다음으로 단점을 말씀드리겠습니다. 첫 번째로 일부 학생의 기초학력이 부족할 경우 수업만으로는 해결하기 어려울 수 있습니다. 정해진 수업시간 내에서 학생 스스로 생각할 충분한 시간이 제공되지 못할 수 있습니다. 두 번째로 교사가 학생의 수업 이해도를 파악하는데 어려움이 발생할 수 있습니다. 왜냐하면 숙제를 수행한 결과만으로 학생들의 수준을 직관적으로 알 수 있기 때문입니다. 세 번째로 학생의 자기주도 학습 능력을 길러주기 어렵다는 점입니다.

스스로 공부하는 습관을 가져야 하는데 숙제가 없을 시 구체적인 목표가 없어 혼자 공부하는 시간이 부족해 질 수 있습니다. 마지막으로 저는 '숙제 없는 학교'정책에 반대합니다. 왜냐하면 모든 숙제가 꼭 학생들에게 부담이 되는 것은 아니고, 숙제의 긍정적인 면도 있기 때문입니다. 만약 숙제가 학생들에게 부담이 된다면 학생들의 능력을 파악하여 적정한 수준의 숙제를 부여하는 등 상황에 맞춰 개선하는 방향으로 나아가야 한다고 생각합니다. 일부 부정적인 부분으로 인해 숙제를 전면 폐지하는 것은 너무 극단적인 방안이라고 생각합니다.

 김완 선생님의 방향성 잡기와 한 걸음 더 👣👣

이 문항은 교육 정책 관련 쟁점을 바라보는 다양한 관점을 이해하고 지원자의 생각을 논리적으로 설명할 수 있는지 파악하려는 문항이다. 숙제의 효용과 문제점을 바탕으로 숙제의 장단점을 제시하고 숙제가 지금까지 학교에서 어떠한 역할을 해왔는지 잘 이해하고 쟁점에 대해 타당한 이유를 바탕으로 논리적으로 답해야 한다. 위 답변의 경우 답변 초기에 두괄식으로 제시해 우수함을 보였다. 두괄식 구성은 지원자의 학습 정도를 높이 평가받을 수 있는 구성이다. 다만 추기답변 2에서 좀 더 세심한 접근이 아쉽다. 우선 고학년 수업에서 학생 능력이 저학년 수준에 있는 학생의 경우 학습 흥미도도 낮고 문제 해결 능력 또한 낮다. 이러한 문제를 부모님과 해결할 수 있는 상황이 아닌 경우 학습 부진이 포기로 이어지고 학생 성장 없는 과제 수행으로 그친다. 학생의 학습 의욕저하 요인이 된다. 학생 수준을 파악하여 충분한 대화를 통해 부족한 진도를 보완할 수 있는 기회를 제공하는 것이 더 중요할 것이다.

학교 숙제는 학생의 학습 수행 능력에 따라 유연하게 실행하여야 한다. 학생들은 학교에서만 학습이 이루어지는 것이 아니다. 대부분의 학생은 다양한 형태의 학습을 학교 밖에서도 강요받고 있다. 학생 수준을 잘 파악하여 숙제가 필요한 학생을 선별해야 한다. 학습이 잘 된 학생에게는 독서나 다양한 체험활동을 숙제로 제공하고 학습 수준에 꼭 필요한 숙제는 스스로 성장해야할 이유를 학생 스스로 찾을 수 있게 대화가 필요하다. 학기 초 학생들과 이러한 문제에 대한 협의를 거친다면 무리없이 학생들이 받아들일 수 있을 것이다. 이번 코로나19로 인해 발생한 학습 공백을 메우기 위해 학교에서 실시한 방과 후 교실에서 학생들의 만족도가 매우 높은 것에서 볼 수 있듯 학생들은 배우고 싶어하고 알고 싶어한다. 교사가 학생들의 학습 수준을 잘 파악하고 숙제가 학생 성장에 매우 중요한 부분을 스스로 인식하게 해 준다면 숙제는 학생들에게 기회가 될 것이다. 기회는 학생들에게 미래의 주인이 되는 길이다.

'깊이 파고들기', '꽂힌 상태'를 표현하는 말로 '디깅 모먼트(digging moment)'라는 용어가 유행 중이다. 이 말은 단순한 취미 생활을 넘어서 나의 행복과 성장을 위해 좋아하는 것에 과몰입하는 행태를 의미한다. 디깅 모먼트에 빠진 사람들은 운동, 요리, 여행, 식물재배와 같은 취미 분야뿐만 아니라 운동화, 화장품, 정밀 모형(피겨)과 같은 특정 상품, 나아가 군사학, 의학, 역사학 등의 학문 영역에 이르기까지 시간과 돈과 열정을 아낌없이 투자하며 방대하고 해박한 지식을 쌓아나간다. 이들은 같은 취미를 가진 사람들과 적극적으로 소통하고 자신이 쌓은 지식과 수집품을 개인 미디어를 통해 발표하거나 적극적인 비평 활동을 하면서 몰두의 정도를 높이기도 한다. 이렇게 개인의 행복과 성장이라는 개인적인 동기로 시작한 취미가 사회적인 인지도와 영향력을 바탕으로 온라인상의 유명 전문가가 되어 활동하는 경우도 많아졌다. 취미형 전문가의 등장은 과거에는 접근조차 어려웠던 전문 지식을 다양한 방법으로 얻을 수 있게 된 지식정보사회의 긍정적인 측면으로 볼 수 있지만 부정확하거나 편향된 내용으로 대중들을 오도하기도 하고, 기존 전문가 집단의 지식과 견해를 폄하하거나 무시하는 경향이 생길 수 있다는 비판도 제기되고 있다.

**Q.** 어떤 한 분야에 몰두하는 취미형 전문가의 활동이 사회에 미칠 수 있는 영향을 두 가지 제시하고, 취미형 전문가의 비평 활동을 사회관계망 서비스(SNS)나 동영상 공유 사이트에서 접하게 될 때 고려해야 할 사항 두 가지를 제시하시오.

학생답변

저는 취미형 정문가 활동이 사회에 긍정적인 영향을 미친다고 생각합니다. 제가 생각하는 긍정적인 영향 첫째는 아이들의 직업 선택의 폭이 넓어질 수 있을 것입니다. 현재 학생들은 많이 접해본 일부 직업 이외에는 직업에 대한 전체적인 이해도가 많이 부족하다고 생각합니다. 또한 지금은 의사나 변호사와 같은 직업만이 각광받고 있지만, 취미형 전문가가 증가하면 그만큼 직업에 대한 이해도가 높아져 자신에게 맞는 선호도를 반영할 기회가 많아질 것입니다. 그리고 두 번째로는 모든 사람들이 다양한 정보에 대한 접근이 쉬워진다고 생각합니다. 지식을 전공한 전문가의 입장이 아닌 취미형 전문가들의 입장에서 설명한다면 많은 사람들이 쉽게 지식에 접근할 수 있다고 생각합니다. 물론 지식이 단편적이고 편향된 지식이 세밀한 지식으로 둔갑될 수 있고, 잘못된 정보가 확산될 수 있습니다. 이러한 상황에서 고려해야 될 점 두 가지는 첫째 가짜 뉴스가 점점 많아지기 때문에 미디어 리터러시 교육을 강화해야 한다고 생각합니다. 주제에 대한 하나의 정보가 아닌 다방면의 정보를 습득하는 방법과 이를 비판적으로 사고할 수 있는 교육이 필요합니다. 두 번째로는 기존 전문가 집단이 좀 소외될 수 있기 때문에 그것에 관련된 정책도 마련을 해야 한다고 생각합니다. 왜냐하면 기존 전문가들이 전문성을 갖기 위한 연구 혹은 교육활동 등 다양한 노력이 관심을 받지 못할 수 있기 때문입니다.

 김완 선생님의 방향성 잡기와 한 걸음 더 👣

이 문항은 지원자가 현대 사회 현상에 관심을 가지고 의미를 잘 파악하고 분석하며, 온라인 매체의 적절성과 사실성을 비판적으로 수용할 수 있는 지 파악하려는 문항이다. 지식기반사회 또는 지식정보사회는 전문가의 영향이 적은 사회를 말한다. 지식기반사회에서는 지식을 제공하는 참여자들이 급속히 늘어난다. 또한 사회관계망 서비스나 동영상 공유 사이트 등이 폭발적으로 늘어나 이러한 지식을 습득할 기회가 많아지는 사회가 된다. 이 과정에서 사용자는 정보나 정보 생산자와 관련된 내용을 주체적인 관점과 비판적 수용이 중요하게 된다. 특히 정보의 진실이나 정보의 내용을 잘 파악할 수 없는 초등학생들은 정보 생산자의 주관적 관점을 내면화하기 쉽다. 거짓 정보를 진실로 받아들여 잘못된 판단을 하게 된 사례가 알려지고 있다. 취미형 전문가들이 전달하는 정보에는 긍정적인 부분과 부정적인 부분이 이 정보 이용자들에게 영향을 주기 때문에 균형있는 사고 역량을 길러야 한다. 미디어 리터러시 교육 강화는 아무리 강조해도 지나치지 않을 것이다.

취미형 전문가들은 일반인의 눈높이에 맞춘 정보 제공으로 중요한 정보가 확산될 수 있다. 또한 일반인들도 지식 습득의 가능성을 높여주어 지식 습득 기회가 주어진다. 이보다 중요한 점은 전문가 집단이 그들의 이익을 위해 은폐하거나 축소하려는 진실을 일반인들이 알 수 있는 계기가 된다. 요즘 후쿠시마 오염수 방출이 인류에 많은 부정적인 요소가 있음을 알려주는 취미형 전문가들의 활동이 대표적이다. 이러한 취미형 전문가들의 진실된 정보는 일반인들이 소비하는 제품의 질이 더 좋아지게 하는 변화를 이끌고 있다.

하지만 취미형 전문가들은 집단을 이뤄 전문성을 강조하며 가짜 뉴스와 선정정을 이용하여 거짓 정보 확산의 장이 되고 있다. 사회 관계망 서비스의 이익 구조만을 위해 자기 과시와 영향력 확장에 치우친 비도덕적 행위와 편향된 목소리는 미디어 리터러시 교육만으로는 개선할 수 없는 지경이다. 오랜 시간을 투자해 전문성을 획득한 전문가들이 소외되거나 관심을 받지 못하게 되어 경쟁력 없는 사회가 되는 점은 매우 안타깝다.

지난 미국 대선에 러시아가 개입했다는 의혹이 제기되었다. 일부 취미형 전문가들이 러시아에 유리한 대통령을 당선시키기 위해 상대 후보의 거짓 뉴스만을 반복 재생하는 방법으로 대선에 개입했다는 의혹이다. 이처럼 어느 나라의 선거에도 취미형 전문가들은 영향을 미친다. 사회 어느 부분에도 이들의 영향이 미친다. 딥 훼이크 같은 또 다른 기술을 접목해 거짓 뉴스를 확산한다면 어린 학생들은 무방비 상태가 될 것이다. 미디어 리터러시 교육과 사안에 대한 정확한 정보 습득과정을 교육해야 한다. 모두가 전문가가 되는 세상, 모든 정보를 알 수 있는 사회에서 학생들은 중요한 정보를 취득하고 불필요한 피해를 당하지 않게 교육받을 권리가 있다. 이보다 앞서 미래 사회 역량인 학생들이 피해를 보지 않게 취미형 전문가의 사회 공익 차원의 재교육이 필요하다.

**12** 경인교대 2023학년도 정시 B형 문제

호주의 한 초등학교에서 과학 실험 도중 폭발 사고가 일어나 학생 11명과 교사 1명이 화상을 입는 사고가 발생했다. 이 실험은 알코올로 적신 모래 위에 탄산수소나트륨과 설탕을 섞어 쌓고, 여기에 불을 붙여 설탕을 연소시키면 남은 탄소 덩어리가 모래를 뚫고 기둥처럼 뻗어 나오면서 검은 뱀 모양으로 굳어지는 모습을 관찰하는 것이다. 이날 사고는 야외에서 실험이 진행되던 중 갑자기 거센 바람이 불어 실험에 쓰인 화학물질이 흩날려 불길이 커지면서 발생한 것으로 조사되었다. 우리나라 초등학교 과학 수업에서도 안전사고가 발생한 실험은 교과서에서 간단한 실험으로 대체하거나 제외하기도 하였다. 교사들도 위험한 실험의 경우 실험 과정이 담긴 동영상을 보여 주는 것으로 실제 실험을 대신하는 경우가 많아지고 있다.

**Q1.** 학교 과학 수업에서 위험한 실험을 동영상으로 대신하는 것에 대한 긍정적인 측면과 부정적인 측면을 적절한 이유를 들어 각각 두 가지씩 제시하시오.

학생답변

동영상으로 대신하는 것에 대한 긍정적인 측면으로 먼저 안전사고를 미연에 방지할 수 있다는 점입니다. 교사가 아무리 안전사고 예방에 관련하여 철저하게 교육을 하더라도 완전히 사고에 가능성이 사라질 수는 없다고 생각합니다. 또한 안전사고는 교사와 학생의 인명에 직접적인 영향을 줄 수 있어 발생한다면 되돌릴 수 없습니다. 다음으로 동영상으로 수업을 진행하게 된다면 학생들의 학습하는 입장에서 단발성이 아닌 반복적인 시청이 가능합니다. 따라서 중요한 부분을 반복적으로 학습하거나 필요할 때 다시 찾아볼 수 있기에 학습효과가 높아질 수 있습니다. 반면 부정적인 측면으로는 먼저 학생들이 직접적으로 활동하는 것이 아니므로 학습몰입도가 낮아질 수 있습니다. 또한 실험 도중 발생하는 문제를 스스로 해결하는 과정을 통해 문제해결능력을 향상시킬 수 있는 기회가 제공되지 못할 수 있습니다. 다음으로는 스스로 실험을 통해 성공적인 실험을 이행하였다는 성취감을 느낄 수 있는 기회를 박탈하는 결과로 이어질 수 있습니다. 단순히 동영상에서 성공하는 것을 시청한 것과 직접 활동을 통해 성공적인 실험으로 이끌어 낸 것은 학생들이 느낀 점에 큰 차이가 있을 것입니다.

 김완 선생님의 방향성 잡기와 한 걸음 더 **

이 문항은 학교 과학 수업에서 위험한 수업을 실험 동영상으로 대신하는 것과 관련하여 긍정적인 부분과 부정적인 부분 그리고 다양한 관점을 이해하는 역량을 파악하려는 문항이다. 과학 실험은 학생들이 문제 해결 능력 등 과학 탐구 방법을 이해하고 자연현상과 일상생활의 문제를 과학적으로 탐구하는 것을 목표로 하는 교과목이다. 그렇기 때문에 학생들은 일상생활 속에서 의문점을 갖고 이러한 의문점을 해결하기 위해 가설을 세우고 가설 검증을 위한 실험을 설계하고 실험을 통해 가설을 검증해 보려는 태도를 길러야 한다. 이러한 태도는 실제 실험의 경험이 많을수록 길러질 수 있기에 동영상을 통한 실험이 아쉽다.

지원자는 초등학교 과학 수업에서 안전사고가 발생하는 이유와 안전사고 예방 방법에 대한 다양한 입장을 파악하고, 쟁점 사항에 대한 문제에 대응하기 위한 논리적이고 합리적인 근거를 제시해야 한다. 과학 실험을 통해 교사와 학생이 사고를 당하는 것은 실험 동영상으로 대체하는 긍정적인 부분이다. 또한 동영상 실험 학습은 반복적으로 시청하면서 위험성도 없애고 지식도 깊이 이해할 수 있다. 코로나19와 같은 상황에서는 감염을 최소화하는 역할도 매우 중요하다. 생체 해부와 같은 실험 내용에 있어 생명 존중 관점에도 부정적인 인식을 심어줄 수 있다. 동영상 시청으로 실험을 대체하면 많은 위험 요소를 줄일 수 있다.

반면 실제 경험을 통한 지식 습득은 다양한 문제 해결 능력을 기를 수 있는 기회다. 실제 실험하면서 발생한 문제를 해결하면서 학생들은 유사한 문제 해결 능력이 향상되고 더 심오한 실험할 수 있는 능력을 갖추게 된다. 실험 하는 과정에서 일어나는 현상 속에서 새로운 의문점을 갖게 되는 상상력 향상은 무엇과도 바꿀 수 없는 소중한 경험이다. 협력적 탐구 활동은 협력적 사고력을 기를 수 있고 흥미와 호기심을 갖는 태도를 기를 수 있다. 과학은 우리 생활과 밀접하게 관련되어 있다. 과학적 지식 습득으로 유사과학의 위험을 해결할 수 있다. 학교 계단 설계에도 과학적 지식을 기반으로 건축한다. 학생들이 안전하게 활동할 수 있도록 과학적으로 설계되어 있다. 학생의 진로에 상관없다고 교육하지 않는다면 문제해결 능력이 멈춰버린 수동적인 삶을 살아가야 한다. 기술 발전을 과학적 사고로 이해할 수 있도록 진로와 무관하게 교육해야 한다.

초등학교 5학년 담임인 최 교사는 경도 지적 장애가 있는 A 학생 때문에 요즘 고민이 깊다. A 학생은 어렵거나 지루한 수업을 견디기 어려워한다. 특히 국어와 수학 시간에 큰 소리로 짜증을 내기도 했고, 이로 인해 수업 분위기가 흐트러지기도 했다. 이에 최 교사는 A 학생을 특수 학급에 보낼까도 생각했지만, A 학생 부모의 반대를 무시하기도 어려운 상황이다. 게다가 답답한 마음에 관련 연구를 찾아본 최 교사는 경도 지적 장애 학생과 비장애 학생이 상호작용을 하며 공부하는 것이 교육적으로 효과가 크다는 것을 확인하였다. 학습 효과는 장애 학생에게뿐만 아니라 비장애 학생들에게도 해당되었다. A 학생을 특수 학급으로 보낼까, 말까? 최 교사는 이제 결정할 때가 되었다고 생각하였다.

**Q1.** 여러분이 최 교사라면 어떠한 의사결정을 할지 이유와 함께 설명하시오.

---

학생답변

저는 A 학생을 특수 학급으로 보내지 않을 것입니다. 그 이유 두 가지를 말씀 드리겠습니다. 첫째 교사는 모든 학생을 수용할 수 있는 자질이 필요하다고 생각합니다. 자신이 힘들다고 포기해서는 안 된다고 생각합니다. 물론 다른 학생들의 수업에 방해가 될 수 도 있습니다. 하지만 다원성을 존중하고 더불어 살아가야하는 현대사회에서 필요한 수업으로 이어질 수 있다고 생각합니다. 따라서 교사입장에서 다양한 방법을 찾아 장애학생과 비 장애학생 모두 잘 적응하게 하여 교육적 효과를 높이고 싶습니다. 둘째 비 장애학생에게도 도움이 될 것이라고 생각합니다. 이해심이나 포용심과 협동심이 길러져 사회에 나가서도 장애에 대한 차별적 시선 없이 잘 지낼 것이라고 생각합니다. 물론 같이 있다고만 해서 차별적 시선이 없어지기는 어려울 것입니다. 하지만 역할극이나 롤플레잉 등의 다양한 활동을 통해 가능하다고 생각합니다. 저는 장애학생과 비 장애학생이 서로 둘러 앉아 역할극을 한 후 장애학생, 비 장애학생, 교사가 제3자 입장에서 어떤 느낌이 들었는지 서로를 이해하는 시간을 가질 것입니다. 더 나아가 하브루타 수업을 통해 장애학생과 비 장애학생이 함께 수업을 한다면 차별적 시선은 사라질 것이라고 생각합니다.

---

 김완 선생님의 방향성 잡기와 한 걸음 더 **''**

이 문항은 장애 학생에 대한 통합과 분리의 딜레마 상황을 이해하고 교사 자신의 의사결정을 논리적으로 설명할 수 있는 능력을 파악하려는 것이다. 교육 현장에서 장애 학생에 대한 통합과 분리 사이의 균형을 중심으로 문제의 핵심을 명확히 파악하고 답해야 한다. 장애 학생과 비장애 학생 모두를 위한 통합 교육에 대한 명확한 의견을 제시하고, 이유를 타당하게 제시해야 한다. 효과적인 학습을 위해 학생이 힘들어 하는 과목인 국어와 수학 시간에만 특수 학급에서 수업할 수 있게 한다. 장애 학생에게 최적의 교육이 이루어 질 수 있도록 특수 교사와 긴밀히 협력해야 한다. 부모님의 의견을 충분히 듣고 분리해야 하는 이유를 설명하고 분리로 인해 개선된 유의미한 데이터를 제공해야 한다. 학급에서는 공동체 문화를 형성하고, 서로에 대한 특성을 이해하고 받아들일 수 있도록 교육해야 한다. 비장애 학생들의 사회, 정서적 능력을 기를 수 있도록 장애 학생이 일반 학급에서 함께 생활하는 것도 필요하다. 차이와 다양성에 대한 이해와 존중을 어려서부터 내재화할 수 있도록 장애 학생을 일반 학급에서 지낼 수 있도록 해야 한다. 우리나라 외부에서 장애인을 잘 볼 수 없다. 장애인의 수는 많은데 외부 활동을 거의 하지 않기 때문이다. 하지만 외국에서는 외부 활동이 자유로운 장애인들을 쉽게 발견할 수 있다. 우리 교육에서 어려서부터 차이와 다양성을 교육한다면 장애로 인해 모든 기회를 스스로 차단하는 문제점도 해결할 수 있을 것이다.

**14** 경인교대 2022년도 수시 교직적성 문제

교육환경의 변화에 따라 디지털 교과서에 대한 관심이 높아지고 있다. 디지털 교과서는 말 그 대로 디지털화된 교과서를 가리키는 말로, 여기에는 멀티미디어 자료 탑재·자료 검색·메모 등 다양한 기능이 포함될 수 있다. 종이를 책 형태로 묶은 기존의 서책형 교과서와 디지털 교과서 사이의 가장 큰 차이점은 자료 구성의 가변성이다. 서책형 교과서의 경우, 제작과 보급에 상당한 시간과 비용이 들어 자료를 수정하거나 새롭게 구성하기 어렵다. 반면 디지털 교과서의 경우, 콘텐츠의 형태와 내용만 바꾸면 되기 때문에 서책형 교과서에 비해 자료를 수정하거나 새롭게 구성하기 쉽다. 최근에는 디지털 교과서의 이러한 장점을 수업에 구현하기 위한 방안으로 '만들어 가는 교과서'가 주목을 받고 있다. '만들어 가는 교과서'란 교사와 학생이 온라인 기반의 다양한 디지털 콘텐츠로 교수·학습 자료 등을 직접 개발하여 활용하는 것을 말한다.

**Q1.** 위에 제시된 '만들어 가는 교과서'의 장점과 단점 각각 2가지를 이유와 함께 제시하시오.

학생답변

우선 장점부터 말씀 드리겠습니다. 첫째 교사의 자율성 보장이 가능하다고 생각합니다.

교사가 학생들의 수준을 파악하여 적절한 내용을 추가하여 효과적인 교육이 가능 합니다. 둘째 유동성 있는 교육이 가능하다고 생각합니다. 예로 코딩교육이나 AI 교육을 생각해 보았습니다. 우리나라의 코딩교육의 경우 5~6학년 대상으로 한 학기에 17시간인 반면 교육 선진국들은 대부분 100시간이 넘는 것으로 알고 있습니다. 이러한 점에서 수업 조정이 가능할 것입니다. 단점으로는 첫째 교사의 편향적 사고가 반영될 수 있다는 것입니다. 예를 들면 정치적 견해가 들어갈 경우 아직 가치관이 미완성된 아이들에게 좋지 않은 영향을 미칠 수 있다고 생각합니다. 둘째 교육의 질이 떨어질 수 있다고 생각합니다. 국정이나 검정 교과서는 지속적인 다수의 전문가에 의한 점검으로 전문성이 보장 되지만 교사가 바꾼다면 전문성 면에서 질이 떨어질 것이라고 생각합니다. 따라서 제가 교사가 된다면 전문적 학습 공동체를 통해 지속적으로 전문적인 내용을 담기위해 노력할 것입니다. 또한 여러 선배나 동료교사들의 자문을 참고하여 교육을 실시할 것입니다.

 김완 선생님의 방향성 잡기와 한 걸음 더 👣👣

이 문항의 출제의도는 교육 정책의 다양한 관점을 지원자가 이해하고 있는지를 파악하고, 지원자의 생각을 타당한 근거를 들어 논리적으로 설명할 수 있는 능력을 파악하려는 것이다. 최근 두드러진 교육 환경을 꼽으라면 정보통신 기술의 변화라고 할 수 있다. 정보통신 기술의 변화에 학생과 교사가 어느 정도 적응할 수 있는지 중요한 상황이다. 정보통신 기술 변화로 디지털 교과서가 등장하고, 이 디지털 교과사의 장점을 이해하고 단점을 보완할 수 있는 방안을 설명할 수 있어야 한다. 또한 사용자 중심의 만들어 가는 교과서의 의의와 한계를 잘 이해할 수 있는 능력을 표현해야 한다. 디지털 교과서는 학생들의 적극적인 수업참여, 자기주도적 학습 가능, 교사 간 학생, 학생 상호 간 상호작용 면에서 중요하다. 시청각 자료 제공으로 지루함을 느끼지 않고, 증강현실 기술을 통해 즐거움을 줄 수 있고, 용어사전을 통해 모르는 단어를 쉽게 찾음으로써 집중도를 높일 수 있다. 학생의 의지만 있다면 심화학습을 활발히 활용할 수 있을 것이다. 특히 학생과 교사의 원활한 소통으로 학습의 만족도도 매우 높을 것이다. 무엇보다 디지털 교과서는 학생들의 창의력 증진에 매우 중요한 학습 환경이 될 것이다. 또한 충분히 검증되지 않은 자료나 이론으로 인한 오개념과 혼란을 방지해야 한다. 온라인 환경 구축과 디지털 기기 보급에 막대한 비용이 드는 점도 문제다. 위 지원자의 답변에서 교사의 정치적 편향과 교사의 전문성을 문제로 제기한 점은 동료 장학 등을 잘 활용하여 검증 받을 수 있을 것이다. 또한 교육대학 교육 과정에서 충분히 학습하여 능력을 갖춘 교사가 되어야 할 것이다. 사용자 중심의 만들어 가는 교과서는 학생의 능력이 충분히 향상될 수 있도록 교사의 다양한 지도가 반드시 전제되어야 할 것이다.

**15** 경인교대 2022년도 정시 문제

코로나 팬데믹이 장기화되면서 학생 간 교육격차가 커졌다는 조사결과가 발표되고 있다. 한국 교육학술정보원의 '초·중등 원격교육 실태조사(2021)'에서 대다수의 교사들은 상위 10% 학생의 성적은 유지되고 있는 반면, 중·하위권 학생의 학업성취도는 낮아졌다고 응답했다. 이러한 문제를 해결하기 위해 일부 시·도교육청에서는 민간기업이 개발한 에듀테크(edutech) 학습 프로그램을 학교 수업에 활용할 수 있도록 예산을 지원하고 있다. 이 프로그램은 각 학생에게 일대일 맞춤형 진단과 처방을 제공하는 특징을 띤다. 교사는 학교와 교실 상황, 그리고 학생 특성에 맞는 에듀테크 학습 프로그램을 선택하여 수업에 활용할 수 있다. 하지만 이러한 시도로 인해 공교육이 결과적으로 사교육 확대를 조장할 수 있다는 비판도 제기되고 있다.

**Q.** 학교 수업에서 민간기업의 에듀테크 학습 프로그램 활용을 지지하는 입장과 반대하는 입장의 근거를 각각 두 가지 제시하고, 교육격차 해소를 위해 교사가 에듀테크 학습 프로그램을 활용할 때 고려해야 할 사항 두 가지를 제시하시오.

---

학생답변

에듀테크 학습 프로그램을 지지하는 입장으로는 첫째, 에듀테크는 일대일 맞춤형 교육에 효과적입니다. 맞춤형 교육을 실현하여 개별 학생의 부족한 점을 파악하여 학생들의 성장을 도울 수 있습니다. 둘째, 블렌디드 러닝의 효율성을 보다 높일 수 있습니다. 에듀테크는 면대면 교수학습과 온라인 학습의 통합에 훌륭한 도구로 작용하여 하나의 완전한 학습이 이루어지는데에 기여할 것입니다. 한편, 에듀테크 학습 프로그램 활용을 반대하는 입장으로는 첫째, 에듀테크의 활용으로 인해 사람과 사람의 만남을 통해 얻을 수 있는 배움이 줄어들 수 있습니다. 기기를 통한 배움이 강조되면서 사회성이나 감수성처럼 면대면 학습을 통해 배울 수 있는 것들을 놓칠 수 있습니다. 둘째, 학습동기에 따라 에듀테크 학습 프로그램의 활용 능력이 크게 달라질 것입니다. 에듀테크 프로그램의 효과는 학습자가 호기심을 가지고 자기주도적으로 프로그램을 활용할 때 극대화되기 때문에 모든 학생들에게 유익한 프로그램은 아니라고 생각합니다. 교사가 에듀테크 학습 프로그램을 활용할 때 고려해야 할 사항은, 첫째, 개별 학생이 가지고 있는 학습동기입니다. 교사는 학생들의 이해도 뿐만아니라 심리적 부분까지 파악해 학교 현장에서 관리해주어야 합니다. 둘째, 디지털 리터러시 교육입니다. 디지털 기술을 올바르게 사용하는 것을 배움으로써 디지털 기기를 이용한 학습 과정의 효율을 높일 수 있습니다.

 김완 선생님의 방향성 잡기와 한 걸음 더 ▶▶

이 문항은 사회적 쟁점과 그에 대한 다양한 관점 및 주장을 이해하고, 관련 문제를 해결하기 위한 방안을 합리적이고 논리적인 근거와 하께 제시할 수 있는지 파악하려는 것이다. 코로나19 상황이 오래 동안 지속되면서 학생 간 교육격차 현상이 불거졌고 이러한 문제에 적극적으로 대응할 필요성을 이해해야 한다. 교육 격차 해소를 위해 민간기업의 에듀테크 학습프로그램을 활용해야 한다면 반드시 고려해야 할 사항에 대해 타당한 근거를 제시해야 한다. 특히 평가시 평가자의 개인적 의견이 반영되지 않도록 주의해야 할 것이다. 에듀테크 학습 프로그램을 지지하는 면을 살펴보자. 우선 학생 개인별 맞춤 학습과 지원, 학생 흥미에 맞는 다양한 학습 콘텐츠를 제공할 수 있다. 누적된 학습 데이터를 통해 학생의 학습수준을 정확히 판단할 수 있다. 교사와 학생의 디지털 리터러시 역량이 향상될 것이다. 교육격차 해소를 위해 학교 자원과 민간 부문 자원의 협력체계 구축도 의미 있다. 반대 입장도 여러 면에서 살펴 볼 수 있다. 공교육에서 사공육 프로그램 도입으로 인해 학부모의 공교육 에 대한 신뢰가 무너질 수 있다. 사교육 프로그램 사용 빈도에 따라 교사의 역할이 축소될수 있다. 그저 교사가 프로그램 관리자로 전락할 수 있다. 수업에서 사교육 콘텐츠에 익숙해짐에 따라 사교육 의존도가 높아질 수 있다. 프로그램을 이용한 학생 개인 데이터가 사익에 이용될 수 있다. 교사가 이 콘텐츠 사용 방법을 익히기 위한 시간과 비용이 든다. 그럼에도 불구하고 코로나19로 인한 교육 격차를 줄이기 위해 에듀테크 프로그램을 활용해야 한다면 수업이 목적이 아니라 교사의 수업목표 달성을 위한 수단으로 활용해야 한다. 기초 학력부진학생들에게 낙인 효과가 나타나지 않도록 유의해야 한다. 이 프로그램을 통해 확보된 학생 정보가 유출 되지 않도록 관리해야 한다. 학생 교육 격차 해소를 위해 프로그램 수정, 보완 등 유연하게 활용해야 한다. 마지막으로 프로그램 활용이 학생들의 인터넷이나 스마트폰 과몰입으로 이어지지 않도록 지도해야 한다.

《 **공주교육대학** 》

**16** 공주교대 2024학년도 정시모집 수능위주전형 면접문제

최근 지구촌은 유례없는 호우와 가뭄, 폭염과 한파 등 기상 이변으로 몸살을 앓고 있다. 그 주된 원인으로 산업화 이후 급증한 이산화탄소에 의한 지구온난화가 지목되고 있다. 인간이라는 한 생물 종의 행위가 지구 전체의 기후 변화를 주도하고 있다는 것이다. 기후 변화는 기상 이변 이외에도 빙하의 감소로 인한 해수면의 상승, 농어업 환경의 변화로 인한 식량난, 가뭄과 기온 상승으로 더 빈번해진 대형 산불 등의 여러 문제를 동반하고 있으며 이는 결국 인류와 자연의 공존을 위협할 수 있다. 따라서 이 문제의 해결을 위한 여러 가지 방안들이 제기되고 있다. 먼저 (2) 원인 제거에 초점을 맞추는 입장에서는 탄소 배출을 억제하여 지구온난화 속도를 늦추는 것이 시급하다고 주장한다. 한편 (1) 과학기술의 발전에 희망을 거는 입장에서는 새롭고 효율적인 친환경 에너지원이나 최소의 에너지로 최대의 효과를 내는 신소재, 자원 재활용 기술 등의 연구 개발에 주력해야 한다고 주장하기도 한다.

**Q1.** 기후 변화 해결을 위해 (1)과 (2) 중 자신이 더 중요하다고 생각하는 입장을 제시하고 그 이유와 구체적인 실천 방안에 대해 설명하시오.

___학생답변___

저는 원인제거와 기술발전 모두 중요하기에 두 입장이 병행되어야 한다고 생각합니다. 그럼에도 불구하고 더 중요한 것은 (1)번 입장이라고 생각합니다. 왜냐하면 지구온난화가 1차 산업혁명 이후 급속도로 가속화 되었고, 지구의 평균온도가 약 1.5도 높아지면 임계점이 넘어 인간의 노력으로 이를 막을 수 없기 때문입니다. 이를 위해 현재 지구온난화에 가장 큰 영향을 미치는 열돔현상의 원인인 탄소배출을 억제하여 온난화 속도를 늦추는 것이 필수적이라고 생각합니다. 또한 지구온난화의 근본적인 해결책은 에너지 사용량을 감소시키는 것으로 알고 있습니다. 그러나 현대 사회에서 이는 불가능으로 여겨지기 때문에 (2)번 입장인 에너지의 효율을 높이거나 대체에너지를 사용하더라도 에너지의 총량은 동일하기에 (1)번 입장을 배제한 방안으로는 한계가 있다고 생각합니다. 따라서 두 입장 모두 중요하지만 (1)번 입장이 더 중요하다고 생각합니다.

김완 선생님의 방향성 잡기와 한 걸음 더 **

이 문항은 기후 변화로 인해 인류가 위기에 놓여 있는 상황에 대해 지원자가 비판적 시각을 토대로 실천 방안에 대한 타당한 근거를 논리적으로 갖추고 있는지 파악하려는 문항이다. 위 지원자의 대답에서 두 가지 모두 병행되어야 한다고 답한 부분은 매우 우수하다. 요즘 전세계 뉴스에서 지구 온난화로 인한 재난 뉴스는 일상이 되었다. 우박의 크기가 야구공만한 영상, 폭우, 자연발화로 인한 산불 등 인류는 해결할 수 있는 임계점을 넘기고 있다는 분석이다. 이 문제 해결 중 원인제거에 관한 노력 중 환경운동가 스웨덴 출신 그레타 툰베리의 청소년 기후 행동을 살펴보면 좋을 것이다. 기후 위기로부터 안전한 삶을 지킬 수 있는 여러 활동을 보편화 시켰다. 영리기업 중 파타고니아의 ESG를 통한 환경 철학 실천도 살펴보면 좋을 것이다. 지구상의 모든 생명체가 위태로운 시기를 맞고 있다는 전제하에 사업을 시작해 환경 보호 활동 및 단체에 매출의 1% 또는 수익의 10%중 더 많은 쪽을 기부하고 있다. 더 나아가 환경 문제를 발굴하고 문제를 해결하도록 돕고 있다. 다른 한편으로 과학기술의 발전의 가능성에 대해 살펴보자. 과학기술 발전의 인류 문제를 해결한 사례는 백신 개발 등 무수히 많다. 석탄 연료 사용으로 인한 환경 문제는 신소재 개발, 친환경 에너지원, 자원 재활용 등 주장은 많지만 실효성 문제, 부작용 발생 문제가 여전히 남아있다. 문명이 발전하는 과정에서 생기는 생태계의 파괴나 환경 악화는 어쩔 수 없다는 태도도 큰 걸림돌이다. 가장 우려되는 점은 과학적 해결 가능성에 기대 개인적 노력과 기업의 노력 등을 소홀히 할 수 있는 여지를 제공한다는 것이다. 인류가 자연과 공존하기 위해서는 과학발전과 더불어 개인, 기업 등의 윤리 의식 고양도 매우 중요하다. 자연과 인간의 공존 가치를 위한 교육이 지속적으로 이루어 져야 한다.

**Q2.** 최근 기후 변화 문제 해결을 위해 생태교육이 강조되고 있다. 인류와 자연의 공존을 위한 생태교육의 필요성에 대해 설명하시오.

학생답변

저는 생태교육을 통해 자연의 소중함을 깨닫게 하기 위해 필요하다고 생각합니다. 왜냐하면 우리는 태어날 때부터 자연이 당연히 제공되어 소중함을 망각하는 경우가 많기 때문입니다. 물론 생태교육보다 과학교육이나 분리수거 등 생활교육으로 기후 변화 문제를 해결할 수 있다고 생각할 수 있습니다. 그러나 생태교육을 통해 자연의 소중함과 인류가 미치는 영향을 구체적으로 깨달아야 학생들이 생활에서 실천할 것이라고 생각합니다. 따라서 저는 생태교육이 학생들에게 자연을 당연히 제공된 존재가 아닌 자연의 소중함을 깨달아야 생활에서 적극적인 노력을 기울일 것이라고 생각합니다.

김완 선생님의 방향성 잡기와 한 걸음 더 👣

이 문항은 인류와 자연이 공존하기 위해서는 과학기술 발전이 꼭 필요하지만 예측할 수 없는 부작용으로 인한 피해가 부차적으로 발생되는 점을 잘 이해하고 있는지, 그리고 이 문제를 생태 교육을 통해 안전하게 해결할 수 있는 방법에 대한 지원자의 이해를 파악하려는 문항이다. 생태학습이란 생물의 살아가는 모양이나 상태를 체험하고 익히는 일이다. 지자체는 환경생태학습관을 운영해 일반인과 학생들에게 생태학습의 중요성을 교육하고 있다. 자연 생태계는 인간과 마찬가지로 생명이 있다. 생태 교육은 인위적인 조작을 가하는 과학적 해결보다 더 안전하다. 하지만 아무리 안전하다 한들 이미 과학 발전하의 삶을 과거로 되돌릴 수 없다. 생태교육이 관념적이고 낭만적이라는 비판이 나오는 이유다. 기술 문명을 거부한다면 빈곤을 마주하게 된다. 하지만 어린 시절부터 꾸준한 생태교육을 한다면 예방효과는 확실할 것이다. 화석연료를 덜 사용하려는 개인적인 노력을 응원하고, 자연이 기술을 대치할 수 있는 방안 공유 등의 생태학습이 필요하다. 하지만 앞에서 지적했듯이 눈부신 기술 발전의 도움을 경험한 세대에게 과거로 돌아가는 것을 강요할 수 없을 것이다. 따라서 인류와 자연이 공존할 수 있는 기술발전과 생태교육을 보완해 실시해야 한다. 인간이 자연의 생태학적 관점으로 보지 않아 빚어진 참상을 폭우, 자연 발화 산불, 가뭄 등 거의 매일 접하고 있다. 생태교육은 아무리 강조해도 지나치지 않을 것이다. 위 학생의 경우 생태교육의 필요성과 더불어 과학기술의 유연한 상호 보완의 가치를 함께 이야기 하지 않은 점은 아쉽다.

인공지능이 우리 사회에 많은 영향을 미치고 있다. 그런데 인공지능 시스템이 제대로 그 능력을 발휘하기 위해서는 양질의 많은 데이터가 필요하다. 이를 위해 2020년도에 국회에서는 데이터 3법을 통과시켰다. 이 법에 의해 시민과 학생의 개인 정보를 무기명 처리하여, 시민의 경제활동, 의료 기록, 각종 취미 활동 데이터를 수집 및 가공할 수 있다. 또한 학생의 학업 데이터도 그 대상에 포함되어 있다. 이를 이용하여 개인별 맞춤형 의료 서비스, 금융 서비스, 각종 개인 소비재를 추천할 수도 있다. 또한 학교교육에서도 학습자별로 최적화된 학습을 제공할 수 있다. 그런데 데이터의 수집과 활용 과정에서 보안 문제로 인해 정보가 유출될 수 있고 여러 조각 데이터의 연결을 통해 개인 민감 정보가 노출될 수 있으며 개인의 의사와 관계없이 개인의 익명 데이터가 여러 기관에서 관리되는 등의 문제점이 나타날 수 있다.

**Q1.** 데이터 3법의 통과로 일반 시민들은 편리하게 생활할 수 있지만 그에 따른 부작용도 우려된다. 인공지능 시대의 일반 시민으로서 어떤 측면이 더 중요한 이슈라고 생각하는가? 이유는 무엇인가?

학생답변

저는 긍정적인 측면을 더 중요한 이슈라고 생각합니다. 왜냐하면 여러 가지 면에서 편리성을 주는데, 특히 교육 분야에서 인공지능이 학생들 개개인의 맞춤형 수업을 제공하는 데 정말 큰 도움을 줄 수 있을 거라고 생각합니다. 물론 인공지능이 개인 정보 유출로 인해서 범죄로 악용될 수 있지만 이러한 점은 사회적으로 인식 개선이 이뤄져야 한다고 생각합니다. 따라서 학교와 사회에서 교육이 이루어져야 하는데 학교에서는 민주 시민교육을 통해서 나뿐만 아니라 타인을 존중할 줄 알게 되고, 책임을 다 할 줄 아는 시민으로 교육을 시켜야 한다고 생각 합니다. 사회에서는 데이터를 공공재로 인식하는 재교육을 시키고, 사람들 간의 연대를 키울 수 있도록 기회를 많이 마련을 해야 한다고 생각합니다.

**추가질문** 개인정보를 악용하는 것은 기업이 돈을 벌려고 하는 것인데, 교육을 한다고 하면은 그것은 너무 나이브(순진)한 대답이 아닌가요? 다른 방안 생각해 본 것 있으면 이야기해보세요.

**학생답변**

국가에서 더 강한 제재를 마련하거나 혹은 기술이 더 발전되어서 보완 체계가 더 강화된다면 해결될 수 있다고 생각합니다. 하지만 그것은 근본적인 문제를 해결할 수는 없다고 생각합니다. 따라서 4차 산업혁명 시대에 인간과 인간이 대화를 하는 것보다 인간과 기계간에 소통이 더 많아지면서 개인주의가 발생할 수 있는데, 이렇게 극심한 개인주의로 가다 보면 더 많은 문제가 발생할 수 있기 때문에 인식 개선 교육이 더 중요하다고 생각했습니다.

 **김완 선생님의 방향성 잡기와 한 걸음 더** 💬

이 문항은 인공지능시대 필요한 자원인 데이터가 편리성과 부작용이 우려되는 쟁점 상황에 대한 다양한 관점을 이해하고, 자신의 생각을 타당한 근거를 들어 논리적으로 설명할 수 있는 역량을 파악하려는 문항이다. 데이터 3법 신용정보법 개정안은 상업 통계 작성, 연구, 공익적 기록 보존 등을 위해 가명 정보를 신용 정보 주체의 동의 없이 이용하고 제공하는 것이 핵심이다. 데이터 이용을 활성화하는 개인정보 보호법, 정보통신망법, 신용정보법 이를 통칭해 데이터3법이라 한다. 지금 시대는 데이터가 핵심 자원이다. 데이터 이용 활성화를 통한 신산업 육성이 국가적으로 절실하다. 인터넷 기반 정보 통신 자원통합이 절실한 반면 안전한 데이터 이용을 위한 사회적 규범 정립도 시급하다. 따라서국가는 데이터를 결합하기 위한 법적 근거를 마련하되, 국가 지정 전문기관을 통해 데이터 결합만을 허용한다. 또한 가명정보 활용과 결합에 대한 안전장치 및 사후통제 수단을 마련했다.

데이터 3법의 기대효과로는 빅데이터 분석 이용의 법적 근거가 명확해지고 빅데이터 활용의 안전장치가 강화되었다. 데이터 경제의 활성화가 규제 혁신을 통해 이루어졌다. 새로운 개인정보 자기결정권이 도입되었으며 EU 등 국제적 데이터 법제와의 정합성 제고로 전세계 데이터 경쟁에 참여할 수 있는 기반이 마련되었다.

데이터 3법은 언젠가 반드시 만들어졌어야만 하는 법안이었지만 문제점이 상당하다. 빅데이터 시대이고 또 유럽 법안이 새로 생기면서 한국은 유럽에서 사업이 어려워진 문제 등이 해결되었지만 개인보호는 뒤로하고 오직 기업에게 유리한 점이 지적되고 있다. 개인정보를 기업이 독점하게 되면 병에 걸릴 위험이 높은 사람들은 보험 가입이 어려워진다. 많은 정보를 서로 대조하면 특정인을 인식할 수 있어 기업 이익에 반하는 특정인을 배제할 수 있다. 현재 대통령령으로 인정한 기관에서만 데이터를 결합 할 수 있도록 하지만 정확한 인정 기준이 모호하다. 기업이 이익 앞에서 국민의 이익을 우선할 수 있는 사회적 합의가 매우 중요하다.

이러한 문제를 해결하기 위해 개인이 기업에게 정보제공을 명확히 거부할 수 있고, 미성년자의 데이터 판매를 금지하고, 개인의 실시간 위치정보 추적 금지, 데이터 공유를 거부했다는 이유로 다른 품질의 서비스 제공에 불이익을 주면 안 될 것이다.

**Q2.** 예비교사로서 무기명화 된 학습 데이터의 수집과 활용에 대한 찬반 입장을 밝히고 그 이유를 설명하시오.

학생답변

저는 찬성합니다. 이유는 학급에는 다양한 학생들이 존재한다고 생각합니다. 경계선 지능을 가진 학생은 의사소통은 가능하더라도 학업에 문제가 있을 수 있고, 다문화 가정 학생의 경우에는 의사소통 문제가 있을 수 있습니다. 또한 코로나19가 장기화되면서 학생 간의 다양한 학습에 격차가 생길 수 있다고 생각합니다. 그런데 이 데이터를 활용해서 학생 개개인에 맞춤화된 교육을 제공한다면 교육 격차도 줄일 수 있을 뿐더러 학생 한 명 한 명에 맞는 맞춤형 교육으로 교육의 질이 올라갈 수 있다고 생각합니다.

**추가질문** 그러면 인공지능을 이용해서 교육이 이루어지는 이 시대에 교사가 할 수 있는 역할은 무엇이 라고 생각합니까?

학생답변

인간 교사만이 할 수 있는 역량을 더 늘려야 한다고 생각합니다. 예를 들면 인성 교육이나 토론교육을 통해서 학생들의 비판적 사고력 향상에 도움을 줄 수 있는 지도 능력을 길러야 한다고 생각합니다.

**추가질문** 그러면 인성교육은 어떻게 지도할 것입니까?

학생답변

인성교육은 이론교육과 실천교육이 모두 병행되어야 한다고 생각합니다. 이를 위해서는 가정과 학교와 사회에서 모두 교육이 이뤄져야 합니다. 왜냐하면 학교에서 학습한 내용과 사회에서 실천되는 상황이 다르다면 학생들에게 교육효과가 떨어지기 때문입니다. 또한 제가 생각할 때 인성 교육의 가장 큰 핵심 요소는 정직 배려 그리고 책임감이라고 생각합니다. 따라서 학교에서는 1인 1역할 활동을 통해서 책임감을 길러주는 인성 교육이 필요하고, 가정에서는 가정에서만 배울 수 있는 부모 자식 간의 교육이라든지 혹은 형제 자매간의 윤리를 배워야 되고, 사회에서는 다른 사람의 존중하고 다원성을 존중할 수 있는 분위기를 만들기 위해서 홍보물 등을 통해서 교육이 이뤄져야 한다고 생각합니다.

 **김완 선생님의 방향성 잡기와 한 걸음 더** 👣

이 문항은 학생관련 학습데이터를 수집하고 활용하는 과정에서 무기명이라 하더라도 개인 학습 데이터를 수집 활용하는 쟁점에 대한 다양한 관점을 이해하고 지원자의 생각을 타당한 논거를 기반으로 답변할 수 있는 능력을 파악하려는 문항이다.

학생 개인의 학습과 관련된 데이터는 교사의 교과 연구에 중요한 자료가 될 것이다. 특히 교과간 연계성을 통합하거나 기타 질병이 학업에 미친 영향 등을 고려할 때 필요한 데이터 수집을 통해 유사한 학생들의 학습 지도에 도움이 될 수 있을 것이다. 학습 데이터가 공정한 방법으로 수집되고 학생들의 학습 증진과 기타 학생 성장에 필요한 부분에 국한되어 활용된다면 좋은 교육 자료가 될 것이다. 반면 학생 학습 데이터가 학원 등 기타 영리 목적 기반 업체에 유출되어 학생 개인 맞춤 교육 등 영리 목적으로 악용된다면 공교육 붕괴 뿐만 아니라 학생들이 학교에서 교사로부터 지도받는 것에 대한 기대가 떨어질 것이다. 물론 무기명된 자료이기 때문에 특정 학생을 지칭하기가 어려울 것이라고 생각할 수도 있지만 다양한 방법을 동원해 학생을 특정 하는 것은 그리 어렵지 않은 것으로 알려져 있다. 교육 현장에서 교사가 학생들의 학습에 열성을 기울인다면 교육에 필요한 학생의 정보는 어렵지 않게 수집할 수 있다. 그럼에도 불구하고 학생들의 무기명된 학습 데이터가 대량으로 필요한 상황이 있다면 학생과 학부모 동의를 구하는 절차가 정당해야 한다. 정당하게 수집된 정보가 어떻게 활용되고 있는지 학생과 학부모에게 정기적으로 공개해야 한다. 물론 필요한 상황이 있어 학생과 학부모가 그 정보를 요구하면 즉시 공개하는 시스템을 제공해야만 학습 정보의 공정한 유통이 보장될 수 있다.

인공 지능 활용 교육이 활성화 되는 시대에 빅데이터를 가진 인공 지능 활용 교육과 데이터가 턱없이 부족한 교사의 교육에 격차가 발생할 수 있다는 우려의 목소리도 높다. 빅데이터를 통해 교육한다면 문제를 해결하는 효율성에서 교사보다 우수한 결과를 낼 것이다. 반면 학생들은 진정한 소통을 통한 교육을 원하는 것으로 나타난 점을 고려하면 교사의 학생에 대한 애정을 바탕으로 교육하는 방법이 빅데이터 기반 교육보다 효율적일 것이다. 교사는 학생에 대한 애정을 갖고 학생들의 성장에 도움이 되는 연수 등을 통해 다른 교사와의 협력적 사고를 교육에 접목하면 좋을 것이다.

**18** 공주교대 2022학년도 기출

인간의 사회생활은 수천 년 동안 대면 방식으로 이루어져 왔다. 과학 기술이 발전하면서 간 간이 비대면 방식이 사용되기는 했지만 일상적이지는 않았다. 그런데 코로나19(COVID-19)로 인하여 비대면 방식의사회생활이 급속히 확산되었다. 재택근무, 온라인 거래, 원격 수업, 화상회의 등 비대면 방식의 사회생활이 우리에게 일상화되고 있다. 이런 변화에 대해, 한편에서는 비대면 방식이 코로나19로 인해 어쩔 수 없이 취했던 불완전한 생활 방식이었다고 보고, 앞으로 코로나19 상황이 해결되면 대면 방식을 회복하는 것이 바람직하다고 주장한다. 반면 다른 한편에서는 비대면 방식을 사회 진화의 한 양상으로 받아들여야 한다고 보고, 앞으로 코로나19 상황이 해결되어도 비대면 방식을 유지·확대하는 것이 바람직하다고 주장한다. 이런 상반된 주장에 대한 판단은 앞으로 우리의 사회생활 모습을 결정지을 것이므로 매우 중요하다.

**Q1.** 코로나19 상황이 해결된 후 대면 방식의 회복과 비대면 방식의 유지·확대라는 상반된 주장에 대해 여러분은 어느 쪽을 지지할지정하고, 근거를 들어 지지하는 주장을 정당화하시오.

학생답변

저는 코로나 상황이 해결된 이후에도 비대면 방식을 유지, 확대해야한다고 생각하는 입장입니다. 이에 대한 근거로 교육적 측면과 산업적 측면에서 생각해보았습니다. 교육적 측면으로는 비대면 방식이 유지 된다면 교육의 질이 더욱 강화될 수 있을 것입니다. 왜냐하면 기술이 급격하게 발달됨에 따라 비대면 방식에서 활용될 수 있는 수업 프로그램이 발달되어 미래에는 학생들이 더 높은 수준의 교육을 받을 수 있을 것이라고 생각합니다. 구체적으로 메타버스로 예를 들 수 있습니다. 메타버스 기술을 활용해 학생들이 자신의 아바타를 통해 가정에서도 다양한 경험을 할 수 있다고 생각했습니다. 따라서 비대면 방식으로 인해 수업의 질이 강화될 수 있다고 생각합니다. 산업적 측면으로는 비대면 관련 산업이 발달되고 편리한 생활이 가능해질 수 있습니다. 코로나19상황으로 배달업체가 발달되고, 키오스크 또한 적재적소에 배치되어 관련 산업이 발달되었습니다. 따라서 비대면 방식을 확대한다면 비대면 관련 산업이 발달 되어 이에 따라 편리성도 증가될 수 있다고 생각합니다.

 김완 선생님의 방향성 잡기와 한 걸음 더 👣

이 문항은 코로나19로 인해 모든 분야에서 비대면 방식을 경험한 세대가 대면 방식으로 전환될 때 예상되는 문제점과 해결 방안에 대한 지원자의 종합적 사고와 논리성, 답변의 명료성 등을 파악하려는 것이다. 비대면 방식은 일자리가 집중된 지역의 교통문제와 주택문제 등 사회 문제가 다소나마 해결되었다고 한다. 또한 비대면 사회로의 전환을 준비하던 분야에서 대중의 인식 변화로 인해 급격하게 진행되었다. 은행 업무 등 반드시 가야 한다는 인식이 강했던 분야에서도 비대면 방식이 급속하게 확산되었다. 이를 계기로 인원을 대폭 줄여 고용 시장이 붕괴되기도 하였다. 지원자는 한 쪽 입장을 선택하여 주장의 근거를 논리적, 객관적으로 표현해야 한다.

**Q2.** 두 가지 주장을 초등 교육의 관점에서 고려할 때, 코로나19 상황이 해결된 후 초등 교육이 나아가야 할 바람직한 방향을 근거를 들어 제시하시오.

학생답변

코로나19 이후 초등교육이 나아가야할 방향으로 그린스마트스쿨, 인성교육, 비대면 교육 3가지를 생각해보았습니다. 첫 번째, 그린스마트스쿨로 공간적인 혁신을 통해 학생들이 주도적으로 활동할 수 있도록 이끌어야한다고 생각합니다. 현재 그린스마트스쿨이 도입된다고 알고 있습니다. 학생들이 이전에 학교에서 활동을 하지 못한 점으로 공간의 혁신을 통해 주도적인 활동이 이루어져야할 것입니다. 또한 디지털기기를 공급함으로써 학생들의 디지털 역량 또한 함양시킬 수 있을 것입니다. 두 번째, 인성교육이 중요해진다고 생각합니다. 4차 산업혁명시대 도래로 인간만이 강점이 될 수 있는 부분이 인성이라고 생각합니다. 구체적으로 인성교육을 이론교육에 그치는 것이 아니라 경험위주로 이뤄져야 한다고 생각합니다. 학생들의 나눔 경험을 통해 인성을 함양하도록 이끌고 싶습니다. 세 번째, 교육의 질을 강화해야한다고 생각합니다. 현재 코로나로 인해 급격히 변동된 교육현장에서 비대면 방식이 오히려 교육의 질이 대면보다 떨어진 상황으로, 미래에는 에듀테크와 같은 교육 시스템 도입으로 이 부분을 강화해야한다고 생각합니다.

코로나가 해결된 이후에 교사로서의 역할은 무엇이라고 생각하나요?

학생답변

저는 학급운영에서 관계개선교육, 온라인과 오프라인 병행으로 생각해보았습니다. 우선 관계개선교육을 통해 학생들의 교류를 증가시켜야한다고 생각했습니다. 왜냐하면 코로나 상황으로 인해 비대면 수업이 진행됨에 따라 학생들이 교류가 적어 우정을 나누거나 관계 맺기가 어려워졌다고 생각합니다. 따라서 코로나 문제가 해결된 이후에는 사회성을 길러주는 교육을 이끌어내고 싶습니다. 구체적인 방법으로 회복적 생활교육을 생각해봤습니다. 회복적 생활교육을 통해 친구들 간의 존중과 배려하는 분위기와 자세를 배우며 서로 소통할 수 있는 학급의 분위기를 이끌어내는 것이 중요하다고 생각합니다. 또한, 온라인과 오프라인 수업을 병행하는 플립드러닝을 활용하는 방법을 생각해 보았습니다. 가정에서는 온라인 강의를 듣고 학교에서는 학생이 중심이 되어 토론이나 프로젝트 수업 등을 진행하여 교육의 질을 높이는 것이 교사의 역할이라고 생각합니다.

 김완 선생님의 방향성 잡기와 한 걸음 더 ▶▶

초등교육 배움의 핵심 요소는 '피드백'이다. 코로나19 상황의 종료로 대면 방식이 활성화 되면 학생들의 학습권이 보장된다. 아직 코로나19가 완전히 해결되지 못한 상황에서 등교 수업이 진행되어 방역(안전)과 학습권(배움)이 책임 소재를 두고 보이지 않게 대립하고 있는 실정이다. 권한 이양에 따른 책임 이양을 두려워하고 있는 것도 학교 실정이다. 배움의 수준을 높이려면 방역이 위협받는다. 방역의 수준을 높여 생명권을 보장하려면 다양한 배움 활동은 불가능하다. 이 과정에서 학생들은 학교를 너무 재미없고 힘든 곳으로 인식할 것 같다. 특히 초등학교 저학년은 새로운 규칙과 공간에 적응하고 선생님, 친구들과 친해지면서 학교의 즐거움과 새로움을 배우는 황금 시간인데 비대면 방식 유지로 인해 안타깝다. 방역과 학습 조화가 일어나는 학교들에서 뚜렷한 특징이 보였다. 차이는 민주주의 경험이었다고 한다. 코로나19 이전부터 민주적 의사결정 과정이 작동하던 학교들은 갑자기 늘어난 업무와 책임, 끊임없이 발생하는 돌발변수에 비교적 유연하게 대처했다. 발생한 문제를 두고 비난 대상을 찾기보다 해결방법에 집중했다. 서로가 해결방법을 찾으면서 시행착오가 생겨도 책임을 전가하지 않을 것이라는 '신뢰'가 형성되었다. 학교 내 민주주의가 코로나19 위기를 버티는 중요 요인이었다. 학교 내 민주주의 경험이 중요한 자산인 '신뢰'를 구축한 것이다. 이를 바탕으로 최대한 방역 수칙을 지키고 감정 카드 등을 활용하여 아이들의 내면을 다독여주고 수업에 어려움을 겪는 학생들에게 개별지도를 실시하는 교육 방향이 바람직 할 것이다. 무엇보다 학생들이 대면 학습의 필요성을 자발적으로 형성할 수 있는 학습 기회 제공이 필요하다.

**19** 공주교대 2022학년도 기출

4차 산업혁명 시대의 도래와 코로나19 바이러스 감염증의 대유행이겹쳐지며 여러 분야에서 비대면 환경으로의 변화가 가속화되고 있다. 이러한 시대적 흐름에서 가상과 초월을 의미하는 '메타(meta)'와 우주 혹은 세계를 뜻하는 '유니버스(universe)'의 합성어인 '메타버스(metaverse)' 라는 신조어가 등장했다. 메타버스는 가상현실, 증강현실 등의 상위개념으로서 가상의 자아인 아바타를 통해 경제, 사회, 문화 및 교육 활동을 할 수 있는 가상의 시공간을 의미한다. 코로나19로 인해 학교에 갈 수 없는 상황에서 메타버스가 효과적인교육을 위한 수단으로 떠오르고 있다. 메타버스를 활용하면 다차원적소통이 가능하면서도 직접 관찰이 어렵거나 경험하기 어려운 내용을 좀 더 쉽게 교육할 수 있기 때문이다. 반면 메타버스가 대면수업에서 얻을 수 있는 직접적인 소통과 체험을 대체할 수 없다는 견해도 있다.

**Q1.** 메타버스의 특성을 고려하면서 이를 효율적으로 활용할 수 있는 다양한 분야의 사례를 들고 그 이유를 설명하시오.

─ 학생답변

메타버스는 현실에서는 불가능하거나 어려운 분야에서 다양한 활용이 가능 때문에 교육 분야에서 메타버스를 활용한다면 학생들에게 보다 다양한 경험을 제공할 수 있다고 생각합니다. 예를 들어, 역사 수업에서는 학생들을 가상의 과거시대로 이동시켜 역사적 사건에 대해 사실감 높은 체험을 제공할 수 있습니다. 이를 통해 학생들은 역사에 대한 관심도 높일 수 있고, 역사적 사건에 대해 더욱 쉽게 이해하게 되며, 역사의 배경과 상황을 더욱 잘 파악할 수 있다고 생각합니다. 또한, 메타버스는 다양한 분야에서의 협업에도 유용하게 사용될 수 있습니다. 가상의 공간에서 다양한 사람들이 모여 협업하면서, 지리적 제약 없이 원활한 소통과 협업이 가능하기 때문입니다. 코로나19로 대면회의가 어려워지면서 화상회의로 대체되는 상황이 많아 업무의 효율성에 대한 우려가 많았지만, 우려와는 다르게 업무 효과가 기존과 큰 차이가 없거나 오히려 증가되었다고 알고 있습니다. 나아가 메타버스를 적용하게 된다면 대면회의에서 제공되기 어려운 자료나 장소 시찰 등을 사실적으로 제공하여 회의의 질을 높일 수 있다고 생각합니다.

새로운 제품을 출시하는 기업들은 메타버스를 활용하여 제품을 가상으로 체험할 수 있는 기회를 제공함으로써 소비자들에게 제품의 기능과 사용 방법을 보다 쉽게 전달할 수 있습니다. 또한, 메타버스에서는 실제로는 불가능한 실험도 가능하기 때문에, 의학 분야에서는 신약 개발 등에 활용될 수 있습니다.

**Q2.** 대면수업과 메타버스를 활용한 수업의 장·단점을 고려하면서 포스트 코로나 시대에 우리가 지향해야 할 더 좋은 수업을 위한 방안들을 제시하시오.

**학생답변**

포스트 코로나 시대에는 대면수업과 메타버스를 활용한 수업이 병행되어야 교육적인 효과를 높이고 창의적인 수업이 될 수 있다고 생각합니다. 대면수업의 장점으로는 교실에서 직접 교사와 학생이 대면으로 소통하며 상호작용하는 것이 가능하여 직접적으로 수업참여를 유도하는 등 다양한 상황에 즉각적인 대응이 가능하다는 점이 있습니다. 메타버스를 활용한 수업의 장점으로는 시공간적 제약이 없다는 것입니다. 학생들은 가상공간에서 자유롭게 상호작용하며, 교사는 수업 내용을 더욱 집중적으로 설명하고 시각화할 수 있습니다. 따라서 포스트 코로나 시대에는 대면수업과 메타버스를 함께 사용하여, 학생들이 참여하고 자신의 능력을 발휘할 수 있는 창의적이고 협력적인 수업이 지향해야 할 더 좋은 수업이라고 생각합니다.

장점을 고려한 내용은 좋습니다. 단점도 교려한 내용도 있으면 좋겠습니다. 대면수업의 단점으로는 코로나19와 같은 전염병 상황에서는 안전성 문제가 있을 수 있습니다. 메타버스를 활용한 수업의 단점으로는 기술적 한계와 대량의 투자가 필요하다는 점이 있을 수 있습니다.

**20** 공주교대 2022학년도 기출

어떠한 조직일지라도 인재를 선발하는 것은 개인뿐만 아니라 그 조직공동체의 미래 발전과 직결되기 때문에 매우 중요한 문제이다. 우리나라에서는 공공기관, 기업 등의 채용이나 학교 입학 등에서 인재 선발 시특정 집단에게 일정한 비율을 할당하는'할당제'를 시행하고 있다. 예를 들어 지역 할당제, 청년 할당제, 장애인 할당제, 성별 할당제 등이 대표적 이다.

그런데 최근 할당제에 대한 찬반 논의가 활발히 진행되고 있다. 즉, 특정 계층이나 집단에 대한 할당제를 유지해야 한다는 주장과, 할당제를 폐지하고 남녀노소나 지역 등에 상관없이 능력 중심으로 선발해야 한다는 주장이 첨예하게 맞서고 있다. 이런 인재 선발에 대한 논의의 결과는 우리 사회에 큰 차이를 만들게 되므로 중요한 사안이 아닐 수 없다.

**Q1.** 할당제에 대한 찬반 논의가 활발히 진행되는 상황에서 여러분은 어느 쪽 주장을 지지할지 정하고, 근거를 들어 지지하는 주장을 정당화하시오.

___학생답변___

저는 할당제 도입에 찬성합니다. 그 이유는 장애인의 경우 신체적 차이로 인해 경쟁의 불공정을 해결해야합니다. 또는 저소득층과 같은 소외계층은 기회의 공정성을 갖추어야 합니다. 지역할당제의 경우 지역사회 발전에 기여한다고 생각합니다. 성별할당제의 경우 성 평등 차원에서 당연한 일이라 생각합니다. 이로 인하여 대학간의 격차를 줄일 수 있고, 지역사회를 살리는 등 다양성한 측면에서 많은 사람들을 위하는 일이 될 것입니다.

 김완 선생님의 방향성 잡기와 한 걸음 더 

이 문항은 모두에게 공정한 사회인가에 대한 지원자의 생각을 논리적으로 설명하고 능력제와 할당제가 가지고 있는 의의와 한계에 대한 인식을 파악하려는 것이다. 초등 교육은 학생들의 능력을 키워주고, 동시에 태어나면서부터 발생한 개인 간 능력 차이로 인해 불평등이 심화되는 환경에 대한 이해심을 키울 수 있어야 한다. 전쟁 중에도 인간에 대한 예의를 지킨 실화를 바탕으로 쓴 얍 터르 하르 작가의 〈레닌그라드의 기적〉에서 보듯 증오를 가지지 않고 살아가야 한다. 증오는 자유의 의미를 묵살한다. 누구에게도 악의를 품지 않고, 조금 더 배려하면서 인간에 대한 연대를 구하고 예의를 잃지 않는 사람들이 되어보는 교육이 절실하다. 인류는 최악의 순간에도 인간과 인간의 연대를 포기하지 않아 살아남았다. 개개인의 작고 보잘 것 없는 존재다. 하지만 연대의 가치를 교육하면 사회적 약자에게 의미있는 시선을 갖게 될 것이다. 이는 할당제의 당위성을 수용하고 스스로 능력을 갖추는 계기가 될 것이다. 위 지원자의 답변에서 '이유'를 문장으로 시작하면 '때문이다'라고 호응해야 한다. 성별 할당제가 대학 간 격차를 줄일 수 있다고 답변할 때 명확한 근거를 함께 제시해야 한다.

**Q2.** 두 가지 주장을 교육의 관점에서 고려할 때, 학교 교육에서 교사가 취해야 할 바람직한 태도와 구체적인 구현 방안의 예를 제시하시오.

학생답변

모든 학생을 공평하게 대하는 것을 기반으로 3가지를 생각해 보았습니다. 첫 번째 공정성 교육으로 공정한 기회의 평등이 무엇인지 인지시켜야 한다고 생각합니다. 두 번째로 배려 관련 인성교육으로 같은 출발선 상에서 시작했다고 해서 공정한 것은 아니고, 과정중심을 평가하여 배려역량을 함양시키는 것이 필요하다고 생각합니다. 세 번째로 VR, AR 기술을 이용한 메타버스 활용 교육을 학교가 연계학습 함으로써 학교간의 격차를 줄여야 한다고 생각합니다.

**추가질문**  개인의 역량을 키우기 위해서 해야 할 교육은 무엇이라 생각합니까?

학생답변

구성주의에 입각한 창의성을 중심으로 학습을 진행해야한다고 생각합니다. 단 방향적으로 진행되는 주입식 교육은 아이들의 개개인의 역량을 키우기 어렵다고 생각합니다. 교사가 관심을 가지고 아이 하나하나의 잠재력을 키워줄 수 있는 체험학습을 통해 학생 스스로 느끼고 성장 할 수 있도록 도와주는 조력자로서의 교육이 필요하다고 생각합니다.

 김완 선생님의 방향성 잡기와 한 걸음 더

이 문항은 교사의 교육 방법이 학생의 실력 향상과 미래 대비에 핵심요인임을 이해하고 이를 논리적으로 설명할 수 있는지 파악하기 위한 문항이다. 우선 교사는 학생들의 호기심을 잘 활용하여 지적 호기심을 확장시켜 주어야 한다. 이 초기 단계에서 많은 학생들이 학업을 포기하고 학교의 인형으로 전락하고 있는 실정이다. 특히 초등 교육은 이후 학습의 질을 결정하는 면에서 매우 중요하다. 매 교육 과정에서 학습 부진 상태가 되지 않도록 살펴야 한다. 이 시기에 가정환경이나 교우 관계가 학습에 방해가 되지 않도록 정서적 안정에도 관심을 기울여야 한다. 동료 간 장학 들을 통해 더 나은 교육의 방향을 공부하는 교사들의 자세도 매우 중요하다. 학생과 학부모, 교사 등 교육에 직간접으로 관여하는 모든 주체가 인간에 대한 상호 협력 자세의 기틀에서 필요한 정책을 펼칠 수 있는 사회가 되어야 한다.

## 《 대구교육대학 – 정시 》

**21** 대구교대 2024학년도 정시 면접 A형 문제

**Q.** 다음 글을 읽고, 지원자가 생각하는 초등학교 교사에게 가장 중요한 역량은 무엇인지 설명하고, 그 역량을 발전시키기 위해 어떤 노력을 할 것인지 구체적인 계획을 말하시오.

최근 연구에 따르면 일반 시민들은 교사에게 가장 필요한 역량을 학습지도 역량, 생활 지도 역량, 진로·진학 지도 역량, 학생 및 학부모와의 소통 역량, 학급 경영 역량 순으로 응답하였다. 그러나 초·중·고등학교 학교급별 차이는 있었는데, 고등학교 교사에게는 진로·진학 지도 역량이, 중학교 교사에게는 학습지도 역량이 가장 중요하다고 응답하였다. 마지막으로 시민들은 초등학교 교사에게 가장 필요한 역량은 생활 지도 역량, 학생 및 학부모와의 소통 역량, 학급 경영 역량 중 (    )역량이라고 응답하였다.

___학생답변___

저는 학생 및 학부모와의 소통 역량이 가장 중요하다고 생각합니다. 왜냐하면 소통이 원활하게 이뤄지지 않는다면 학생들의 특성을 파악하기 어렵고, 올바른 교육이 진행되기 어렵다고 생각하기 때문입니다. 특히 초등학교 저학년 학생들의 경우 본인의 생각을 말로 표현하는데 한계가 있을 수 있기 때문에 소통능력이 더욱 중요하다고 생각합니다. 또한 학생과의 소통을 통해 사소한 학생들 사이의 문제가 학교폭력 문제로 확대되는 것을 방지할 수 있고, 학부모와의 소통을 통해 교권침해 문제가 발생하기 전에 올바르게 대처할 수 있을 것이라고 생각합니다. 물론 연구에서는 초등학교의 경우 생활 지도 역량이라고 응답한 비율이 가장 많았다고 알고 있습니다. 하지만 학생들과의 소통이 선행되어야 학생과 교사간의 관계성 향상으로 올바른 생활 지도도 가능하다고 생각합니다. 따라서 저는 초등학교 교사에게 가장 필요한 역량은 학생 및 학부모와의 소통 역량이 가장 중요하다고 생각합니다.

김완 선생님의 방향성 잡기와 한 걸음 더 👣

이 문항은 자신이 강조하는 교사의 역량에 대한 이야기를 통해 다양한 교사역량에 대한 이해도와 지원자의 교육적 신념과 가치를 파악하여 교직인성 및 전문성 개발 역량을 파악하려는 문항이다. 위 지원자의 경우 교사의 역량에 대한 답변을 한 반면 그 역량을 발전시키기 위한 노력을 답하지 않아 매우 아쉽다. 지원자는 현장에서 아무리 긴장해도 질문에서 요구한 것을 모두 충실히 답해야 한다. 요즘 교육현장에서는 교사의 다양한 역량이 요구된다. 대다수의 학생이 한 자녀로 구성되어 있어 가정 내에서 학생들이 갈등해소에 대한 경험이 거의 없다. 학교 활동 중 학생 간 갈등이 늘어난 원인이다. 교사의 전문성은 대부분 교육대학 과정에서 학습하고 교사 커뮤니티나 동료 장학 등의 제도를 통해 꾸준히 역량이 강화된다. 학부모와의 소통 역량은 신임 교사들에게는 매우 어려운 업무로 알려져 있다. 요즘 학부모는 자기 자녀의 매니저다. 교사의 업무 이외의 불합리한 학부모의 요구에 대한 문제해결에 어려움을 겪어 교사의 자살로 이어진 사례가 공공연한 비밀이 되었다. 학생과 학부모의 심리에 대한 연구가 매우 절실하다. 학부모 학습 프로그램 개발을 통해 학부모 학습 강화도 주기적으로 실시해야 한다. 학급 경영 역시 학교의 자원이 일부 학생에게 집중되지 않고 골고루 배분되려면 교사의 학급 경영에 대한 연구도 필요하다. 더불어 교사에게 자기관리 능력 강화 프로그램 제공도 매우 절실하다. 교사가 행복해야 학생에게 선한 영향력을 전달할 수 있다. 학교 현장의 변화로 인해 교사에게 다양한 역량 강화가 요구되고 있다. 학교 현장에서 상상할 수 없는 문제가 발생되고 있지만 여전히 교육은 한 나라의 미래를 중추적으로 책임지는 분야다. 교육의 중심에 교사가 있다. 건강한 교사를 양성할 수 있는 여러 제도가 꾸준히 개발되어 제공되어야 한다.

**22** 대구교대 2024학년도 정시 면접 B형 문제

**Q.** 다음 글을 읽고 질문에 답하시오. 지원자가 생각하는 초등학교 저학년 단계(1–2학년)에서 기초학력이 중요한 까닭을 설명하고, 기초학력이 부진한 학생(하나의 역량 선택)의 지도 계획을 말하시오.

최근에 학생들의 학력 격차가 더욱 심화되면서 기초학력 문제는 공교육에서 시급하게 해결해야 할 과제로 대두되고 있다. 이에 국가 차원에서는 「기초학력 보장법」을 제정하고, 교육청 및 각급 학교에서도 학생들의 기초학력 보장을 위해 다양한 지원과 노력을 기울이고 있다. 기초학력은 학생들이 갖추어야 할 필수 학력으로 '문해력(읽기와 쓰기)', '수리력(셈하기)', '구술력(듣기와 말하기)' 그리고 '심리·사회적 역량(자기인식 능력, 관계 능력)' 등이 포함된다. 따라서 이와 같은 역량을 기초학력 지도의 핵심 내용으로 다루어야 한다.

---

**학생답변**

초등학교 저학년 단계에서 기초학력이 중요한 이유는 처음으로 학교라는 공간에서 학습을 시작하는 단계이기 때문에 모든 학습의 기초가 되는 역량을 길러주는 중요한 시기라고 생각하기 때문입니다. 또한 초등학교에서 기초학력 수준 미달인 학생이 가장 많은 시기가 초등학교 3학년이라고 알고 있습니다. 이를 구체적으로 대비하기 위해서도 저학년 단계에서의 기초학력이 보장 되어야 한다고 생각합니다. 기초학력 보장을 위해 저는 부진한 학생을 대상으로 문해력 교육을 중점적으로 시행할 것입니다. 정규교과시간에 하는 교육과 병행하여 창의적 체험활동 시간에 학생들에게 독서교육을 통해 읽기교육을 진행할 것입니다. 독서 교육을 통해 디지털 미디어에 익숙한 학생들에게 글을 읽는 습관도 길러주어야 한다고 생각합니다. 다음으로 초등학생들에게 익숙한 알림장을 직접 쓰고 부모님께 읽어드리는 활동을 통해 쓰기 교육을 진행할 것입니다. 초등학교 저학년의 경우 자신의 생각을 쓰는 독후감 등의 활동은 한계가 있다고 생각하여 익숙하지만 반드시 필요한 알림장을 활용하여 학생들의 쓰기와 읽기 역량을 길러주어야 한다고 생각합니다.

 김완 선생님의 방향성 잡기와 한 걸음 더 🏃

이 문항은 코로나 19 상황에서 학력부진이 심화되고 이는 학력 격차로 이어져 이후 사회적 격차로 이어지는

심각성을 제대로 파악하고 그 원인을 분석하여 대안을 제시할 수 있는 교사로서의 인성과 적성을 파악하려는 문항이다. 기초학력은 고령화 사회 구성원으로서 문제해결 능력을 기르는 기반이다. 아무리 지식기반사회로 인한 전문 지식 접근성이 가능한 시대이지만 기초학력이 부진한 사람에게는 그림의 떡이다. 더구나 기술혁신으로 인한 급격한 변화를 지식습득으로 극복하려면 기초학력은 공기보다 더 중요한 요소이다. 지금 젊은 세대는 황금 티켓 증후군을 앓고 있다고 한다. 이미 노동의 종말 시대를 맞이한 젊은 세대에게 경쟁 우위를 차지하기 위한 황금 티켓은 선택이 아닌 필수라는 이론이다. 기초학력이 부진한 학생은 미래 사회에서 불공정한 대우와 빈곤 앞에서 자유로울 가능성이 매우 낮다. 공부를 잘 하자라는 의미가 아니라 학습할 수 있는 능력을 갖추어야 하는 점에서 기초학력은 중요하다. 공교육에서 기초학력 부진아 문제를 해결하지 못하면 그 나라의 미래는 암울하고 이로 인한 사회적 비용은 증가하고 이는 모두에게 큰 부담이 될 것이다. 기초학력이 부진한 학생에게 지문에서 제시한 모든 역량이 중요하지만 초등학교 저학년의 경우 문해력을 습득하는 게 우선되어야 할 것이다. 일반적으로 기초학력이 부족한 학생은 학습의욕도 부진한 경우가 많다. 교사는 다양한 학습을 제공하고 그 중 학생의 흥미를 파악하여 꾸준하게 학습에 대한 열정을 유지할 수 있게 도와야 한다. 교사의 관심과 성장에 대한 칭찬은 학습의 어려움을 극복하는 동력이 된다. 사실 교사의 의지와 배려가 있다면 기초학력 부진아를 위한 교육 방법을 다양하게 제시할 수 있을 것이다. 이를 실시할 때 필요한 자금 지원도 적극적으로 검토해야 한다. 공동 학습 시간에 타 학생들의 학습권을 보장하는 것도 매우 중요하기에 부족한 학생을 위한 방과 후 학습에 대한 교사에게 정당한 지원이 제공되어야 한다. 무엇보다 학생들은 학습에 대한 부진은 있어도 학습을 잘하고 싶은 기본적인 바람은 충만하다는 점을 잊어서는 안 될 것이다. 교사에게 학습 부진아에 대한 배려를 실천할 수 있는 사명감 교육도 병행되어야 한다.

**23** 대구교대 2023학년도 기출문제

**Q.** 아래 글을 읽고 왜 장래희망이 없다고 대답하는 학생 비율이 높아지는지 유추하여 설명하고, 만약 여러분이 학생 A의 담임선생님이라면 1년간 학생 A를 어떻게 지도 할 것인지 여러분의 직·간접 경험을 토대로 이야기해보세요.

〈제시문〉

2022년 말 교육부에서는 진로교육과 관련하여 초등학교 6학년 학생들에게 장래희망에 대한 설문조사를 실시했습니다. 그 결과 1순위는 운동선수, 2순위는 교사, 3위는 유튜버 등 크리에이터로 나타났습니다. 그러나 장래희망이 있는지 묻는 말에 '없다'고 답한 학생 비율은 설문 참여 학생의 약 19%였고, 이 수치는 코로나19 이전인 2019년 조사결과인 12.8% 보다 훨씬 높은 비율이었습니다. 희망 직업이 없다고 답한 이유에 대해서는 '무엇을 좋아하는지 잘 몰라서'(37.8%) 또는 '잘하는 것과 못하는 것을 몰라서'(39.2%)가 큰 비중을 차지했습니다. 우리 반 학생 A 역시 언제나 희망직업은 무직 혹은 모르겠다고 하는 친구입니다. 농담인 듯했으나, 실제로「진로적성 및 흥미 검사」결과에서도 특별히 높은 흥미나 적성을 보이는 직업군이 없었고, 상담에서도 특별히 관심 있는 직업이나 해보고 싶은 일은 없다고 하는 학생입니다. 학교 성적도 좋고, 친구들과의 관계도 좋으며, 부모님과의 관계도 좋아 걱정이 없는 학생이라고 생각했지만, 담임교사로서 진로 검사 및 상담 이후 오히려 고민이 많아졌습니다. 학부모님께서는 학생 A에게서 특별히 하고 싶은 일은 없다는 이야기는 들었지만, '성적만 떨어지지 않는다면 언젠가는 자기가 하고 싶은 일을 할 수 있을 것이다.'라고 생각하시는 것 같습니다.

_학생답변_

아이들이 장래 희망이 없다고 대답하는 학생들이 있는 이유는 많은 학생이나 학부모님들이 학교활동에서 교과 성적에 중심을 두고 있기 때문에 장래희망의 중요성에 대해서는 잘 인식하지 못한다고 생각합니다. 또한 학교 교육과정에서 학생들이 장래 희망에 대해서 탐구를 해볼 시간이 부족하여 아이들이 장래희망이 없다고 대답하는 경우가 대다수라고 생각합니다. 또한 장래희망이 없다고 대답하는 학생 비율이 높아지는지 이유는 코로나19 상황으로 심화되었다고 생각합니다. 제가 담임교사라면 학생 A를 체험학습을 통해 실제 다양한 직업에 대한 경험을 할 수 있도록 도와줄 것입니다. 학생들 대다수는 현재 다양한 직업이 구체적으로 어떤 것인지 몰라 본인이 좋아하거나 잘하는 것과 연관시키지 못한다고 생각합니다. 따라서 A에게 다양한 직업들에 대한 구체적인 설명을 통해 사전에 요구를 파악하여 그에 맞는 직업체험활동을 제공한다면 진로교육의 효과가 높아질 것이라고 생각합니다. 또한 창의적재량활동시간에 조별활동을 통해 서로 좋아하는 활동, 잘하는 활동, 나아가 장래희망을 서로 이야기해보는 시간을 활용하여 다른 친구들에 대한 생각을 들어보면서 스스로 객관적인 판단을 할 수 있도록 도와줄 것입니다. 더불어 단발적인 교육이 아닌 학교에서 지속적으로 본인의 진로에 대해서 탐구할 수 있도록 가정과 연계한 프로그램을 진행할 것입니다.

 **김완 선생님의 방향성 잡기와 한 걸음 더**

이 문항은 교육 활동이 학생의 장래희망과 어떠한 연계성이 있는지 파악하고 다양한 관점이 있음을 타당한 근거를 바탕으로 논리적으로 설명하는 능력을 파악하려는 문항이다. 특히 코로나19 같은 전염병으로 긴 기간 동안 등교하지 못해 사회성을 형성하지 못하고 학습 간 격차가 벌어져 미래를 대비하지 못한 학생들이 학업에 흥미를 잃어 장래 희망도 사라지는 악순환을 지원자가 어떻게 이해하고 있는지 파악하려는 문항이다.

위 지원자의 답 중 담임 교사로서 1년간 학생을 어떻게 지도할지 지원자의 직간접 경험을 토대로 이야기 하라는 질문에 경험을 토대로 답변하지 못한 점은 아쉽다. 면접에서는 원하는 방식 그대로 답변하는 것은 매우 중요하다. 제시된 방식을 따르지 않으면 비슷한 기량을 갖춘 학생들 중 우수한 답변을 한 학생들이 선발될 것이다.

학교는 코로나19 등 특별한 상황에서도 미래를 대비해야 하는 학생들에게 미래 직업 교육이 실시되어야 할 것이다. 학교의 가용 자산을 활용해 학생들이 간접적으로나마 다양한 체험활동을 통해 기량을 갖추게 도와야 한다. 풍부한 동영상을 활용하여 학생들이 경험하지 못한 분야가 많고 동경을 갖게 교육한다면 장래 희망을 갖게 되고 그 희망은 필요한 역량을 갖추는 계기가 될 것이다.

**24** 대구교대 2022학년도 기출문제

**Q.** 다음 교실 상황에 대한 글을 읽고, 여러분이 '동아리 담당 선생님'이라면 학생 A를 어떻게 지도할 것인지 이야기해 보고, 그렇게 지도하는 이유를 설명하시오.

6학년 동아리 활동 시간이다. 학생들은 자신의 경험을 떠올려 한 편의 시를 쓰고 있다. 한참 시간이 지났지만 여전히 어떤 내용으로 시를 쓸지 고민하는 학생이 있고, 썼다가 지웠다가 를 반복하며 열심히 쓰는 학생도 있다. 그리고 벌써 시를 다 쓰고 나서 친구와 장난치는 학생 도 있다. 그래서 선생님은 아직까지 시 쓰기를 시작하지 못한 학생을 도와주어야겠다고 생각 하면서 전체 학생들에게 큰 소리로 말했다. "시를 다 쓴 학생은 시의 내용과 어울리는 그림을 그려 보세요." 그러자 시를 다 쓰고 나서 짝꿍에게 장난을 걸던 학생 A가 선생님에게 이렇게 말했다. "선생님, 그림을 꼭 그려야 하나요? 안 그리면 안 돼요"

동아리 담당선생님 : _____

---

학생답변

제가 동아리 담당 선생님이라면 학생A를 포함한 시 쓰기 활동을 먼저 마친 학생들이 자발적 으로 추가활동을 할 수 있도록 지도할 것입니다. 우선 시 쓰기를 끝마친 학생들의 심리상태에 공감해주고 성과를 인정해줄 것입니다. 그 다음 학생들에게 제가 추가활동을 제안한 이유와 의 도를 충분히 설명할 것입니다. 또한 동아리 관련 활동 중 하고 싶은 것이 있는지 학생들에게 질 문을 한 후, A의 의견과 다른 학생들의 의견을 수용하여 학생들에게 구조화된 자율권을 줄 것입 니다. 꼭 그림그리기가 아니더라도 동아리 활동과 관련된 다양한 추가활동들 중에서 자신이 원 하는 것을 선택해 활동할 수 있도록 할 것입니다. 물론 동아리 활동을 보다 신속히 끝낸 학생에 게 보상으로 자유시간을 보장해 주어야 한다는 의견도 있을 수 있습니다. 하지만 이로 인해 다 른 학생들의 활동에 방해가 된다면 해결해야 한다고 생각합니다. 또한 동아리 활동은 학생들의 관심사에 따라 선택해서 하는 활동이니 만큼 자유시간을 주기보다 관련 활동으로 수업을 채우 는 것이 좋다고 생각합니다. 따라서 제가 동아리 담당교사라라면 학생A를 포함한 시 쓰기 활동 을 먼저 마친 학생들이 자발적으로 추가활동을 할 수 있도록 지도할 것입니다. 이상입니다.

이 문항은 답변을 통해 교직에 대한 인성과 적성을 파악하려는 것이다. 지원자의 의사소통 능력과 문제해결 능력, 인성 등을 파악할 수 있다. 학교 현장에서 선행 학습 또는 학생 능력 차이로 인한 수업의 어려움이 늘 존재한다. 이 과정에서 교사의 역량은 매우 중요하다. 위 지원자의 대답은 모든 상황을 잘 고려한 답변으로 지원자의 역량을 잘 표현했다. 교사는 학생들의 능력 차이에 의한 다양한 문제를 미리 파악하고 준비해 두어야 한다. 교사의 지도 역량에 따라 학생들의 지적 호기심은 4차 산업혁명 시대 가장 중요한 창의력 신장에 지대한 영향을 미친다. 따라서 교사는 부진한 학생들에게 미리 거꾸로 교실 등을 활용하여 수업 시간에 뒤처지지 않게 지도하고 뛰어난 학생들이 더 필요한 지식에 대한 호기심을 유지시켜 주어야 한다. 이 과정에서 학생 서로 간 배려하는 마음을 길러준다면 사회적 합의가 필요한 다양한 문제를 해결할 수 있을 것이다. 우수한 학생들에게 단 한 가지 방법을 제시하는 것이 아니라 다양한 방법을 제시함으로써 다양한 관점을 갖게 하는 수업이 되어야 한다.

**25** 대구교대 2021학년도 기출문제

**Q.** 다음 교실 상황에 대한 내용을 읽고, 여러분이 '담임선생님'이라면 학생 A를 어떻게 지도할 것인지 학교생활에서의 직접 또는 간접 경험(졸업자 등은 졸업 후 경험 가능)을 토대로 이야기해 보고, 그렇게 지도하는 이유를 설명하시오.

5학년 4반 담임 선생님은 초등학생 때 책 읽는 습관을 갖는 것이 중요하다고 생각한다. 그래서 기회가 있을 때마다 학생들에게 독서의 중요성을 강조하고 아침 자습 시간에 책 읽기 활동을 한다. 4반 학생들은 매일 학교에 등교하면 수업이 시작될 때까지 자신이 읽고 싶은 책을 읽는다. 학생 A는 책 읽기를 좋아하여 다른 학생들보다 많이 읽는 편이다. 쉬는 시간에 친구들과 놀지 않고 혼자서 책을 읽곤 한다. 특히 과학 분야의 책을 즐겨 읽고 관련 지식도 풍부하여 친구들과 선생님을 놀라게 하기도 한다. 그런데 가끔은 공부 시간에도 수업에 집중하지 않고 책을 읽는다. 오늘도 국어 시간이 시작되었는데 학생 A는 공부할 준비를 하지 않고 여전히 책을 읽고 있다.

담임선생님 :

제가 학생 A의 담임선생님이라면 A를 나무라기보다는 학생들과 끊임없는 대화로 각각의 과목의 중요성과 과목간의 연계성을 일깨워줄 것입니다. 또한 교과시간 이외에 별도의 시간을 활용하여 독서활용교육을 진행할 것입니다. 이러한 방법을 통해 A학생 스스로 다른 과목 수업에도 흥미를 가지고 수업에 참여할 것이라고 생각합니다. 저의 학창시절에도 그림그리기만 좋아하여 수업시간에는 집중하지 못하는 친구가 있었습니다. 당시 선생님께서 미술시간과 과학시간을 연계하여 두 시간에 걸쳐 색에 대한 수업을 진행하셨습니다. 오래전 일이라 정확한 수업내용이 기억나지 않지만 색을 구분하는 과학적인 원리와 카메라가 인식하는 색의 차이점에 대한 내용의 설명을 듣고, 각각 A4용지에 그린 그림을 실물화상기를 통해 화면으로 본 것과 실제로 본 그림의 차이점을 발표하는 수업이었습니다. 이 수업을 통해 친구는 과학에도 흥미를 가지고 수업에 적극적으로 참여하였습니다. 따라서 제가 담임선생님이라면 학생들에게 과목간의 연계성을 일깨워주기 위해 과목간의 융합수업을 통해 학생들이 스스로 흥미를 가지고 수업에 참여하도록 도와줄 것입니다.

 김완 선생님의 방향성 잡기와 한 걸음 더 🎧

이 문항은 초등 교육의 중요한 목표인 전인교육에 관한 이해를 바탕으로 이를 교실 현장에서 실현할 수 있는 교사의 역량을 파악하려는 것이다. 독서활동의 중요성은 아무리 강조해도 지나치지 않을 것이다. 하지만 극소수의 학생들이 독서활동에 흥미를 보이고 대부분의 학생들이 이 활동을 거의 하지 않는다. 이런 습성은 어른이 되어서도 개선되지 않아 급변하는 정보화 시대에 이해력이 부족한 상황을 직면하게 된다. 이러한 문제점을 개선하기 위한 초등교사의 노력은 매우 중요하다. 글을 읽고 이해해 정보를 습득하는 것은 매우 중요한 능력이다. 또한 독서를 통해 사고력이 확장되고 지적 호기심은 많은 정보를 잘 분류하여 자신에게 필요한 자산을 형성한다. 그럼에도 불구하고 지나친 독서가 모두 긍정적이지 않는 사례도 적지 않다. 독서를 통해 월등한 지적 성장을 조기에 이룬 학생들이 다른 학생들과 지적 수준 차이로 인해 학교 생활을 힘들어 하고 교우 관계에도 흥미를 느끼지 못해 왕따를 당하는 경우도 보고되고 있다. 물론 고학년이 되어 다른 학생들의 지적 수준이 비슷해지면서 많은 문제가 해결되기도 한다. 하지만 독서량이 충분한데도 다른 시간까지 독서에 집중하는 학생에게는 별도의 지도가 필요할 것이다. 다른 학생들과 분리된 공간에서 충분히 대화를 통해 개선할 수 있도록 지도할 수 있을 것이다.

**26** 부산교대 2024학년도 수시 면접 가-A형 문항

**Q.** 최근 교원의 '정당한 생활지도'와 '교육 활동 보호'를 위한 법안이 개정되었다. 개정된 내용에는 교원의 정당한 생활지도는 아동복지법 금지행위 위반으로 보지 않는 것을 포함하고 있다. 그렇다면 교사의 교육 활동 보호를 위한 방안에는 무엇이 있는지 말해 보시오.

**학생답변**

교사의 교육 활동 보호하기 위한 방안으로는 교사는 교육전문가로서의 자격을 갖추고, 학생과 학부모는 교사의 전문성을 인정해야 한다고 생각합니다. 그 이유는 교사의 자격이 미흡하거나 전문성이 인정되지 않아 교권침해 문제가 발생되고 정당한 생활지도가 교사의 취지에 벗어나게 해석되는 경우가 발생하기 때문입니다. 물론 문제에서 제시된 것과 같이 제도적인 방안을 통해 교사의 교육활동을 보호하는 방법이 선행되어야 할 수 있습니다. 그러나 교사에 대한 존중이 선행되지 않은 제도의 경우 학생인권 조례와 교사를 위한 법안이 충돌할 수밖에 없다고 생각합니다. 따라서 교사는 현재에 안주하지 않고 교육전문가가 되기 위해 끊임없이 노력하고, 학생 및 학부모는 교사의 전문성을 인정하여야 한다고 생각합니다. 이를 통해 교사와 학생 및 학부모 상호간의 신뢰를 회복하여야 교사의 교육활동을 올바르게 보호할 수 있다고 생각합니다.

 김완 선생님의 방향성 잡기와 한 걸음 더 🏃

최근 국회 본회의에서 의결된 『교원지위법』, 『초·중등교육법』, 『유아교육법』, 『교육기본법』 등 교권 보호 4법 개정안에는 ①교원 대상 무분별한 아동 학대 신고로부터 보호, ②학부모 악성 민원으로부터 교원의 교육 활동 보호, ③보호자 권리와 책임 간의 균형을 위한 의무 부여, ④피해 교원의 확실한 보호 및 가해 학생 조치 강화, ⑤정부 책무성 및 행정지원체제 강화, ⑥유아 생활지도 권한 명시 등의 내용이 포함되어 있다. 이 문항은 지원자가 이 교권 보호 4법 개정안이 교사의 정당한 생활지도와 교육 활동의 목적 등의 취지를 잘 이해하고 교육 활동을 보호하기 위한 방안으로 어떠한 내용을 포함할지 또는 포함되어야 할지 제시함으로써 교직 인성 및 전문성 개발 역량, 의사소통 역량 등을 파악하려는 것이다. 이 중 교원의 정당한 학생생활지도를 『아동복지법』에 금지 행위 위반으로 보지 않는다는 것이 중요한 대목이다. 초등교사로서의 삶을 선택한 지원자의 입장에서 이러한 교권 보호 4법 개정안의 취지를 이해하는 것은 매우 중요하다. 이를 바탕으로 또 다른

개선안을 제안할 수 있다면 창의 융합 역량에 대해 좋은 평가를 받을 수 있을 것이다. 물론 교육 현장에서 적용될 수 있는 수준에서 제시해야 한다. 또한 최근 교권 보호를 위한 다양한 이슈를 조리 있게 설명함으로써 의사소통역량을 표현할 수 있다. 위 지원자의 답변에서 교사가 전문성을 갖추는 것의 중요성을 이야기 한 점은 가장 근본적인 문제 해결 방법을 제시한 점에서 우수하다. 다만 최근 교육 현장에서 벌어지는 문제의 심각성을 감안할 때 관련 법 개정이나 새로운 법을 제정해 교권을 보호할 수 있는 방안의 제시가 필요하다. 왜냐하면 학부모들이 법 전문성을 악용한 사례 증가, 돈으로 문제를 해결하려는 학부모 증가에서 보듯 관련법 개정, 제정 등은 미룰 수 없는 상황이다. 학교 현장에서는 여러 이유로 거부하고 있는 CCTV설치도 아동학대 쟁점 해결에 도움이 될 것이다. 상대적으로 법 이해도가 부족한 교사들의 관련법 이해를 위한 연수를 실시해야 한다. 해당 교원의 직위 해제나 배제는 다양한 전문가 집단의 분석 이후 진행되어야 한다. 훌륭한 교원은 쉽게 양성되지 않는다. 우리 교육 현장의 교원이 우리 사회의 중대한 자원임을 잊지 말아야 한다.

**27** 부산교대 2024학년도 수시 면접 가-B형 문항

**Q.** 혁신적인 ICT의 적용은 새로운 교육 환경 및 학습 경험을 가능하게 만들었다. 학생들은 온라인 강좌를 비롯한 학교 밖 교육 서비스를 통해 교과 지식을 습득할 수 있다. 이러한 상황에서 교실 수업은 어떤 역할을 해야 할지 말하시오.

〈참고〉 ICT: Information and Communications Technologies

학생답변

저는 ICT의 발달로 다양한 학습기회가 제공되는 상황에서 교실 수업에서 학생들의 자기 주도 학습역량을 길러줄 수 있는 역할을 수행해야 한다고 생각합니다. 왜냐하면 최근 코로나-19로 인해 전면 비대면 학교교육이 진행되었을 때 자기주도 학습능력이 부족한 학생들의 경우 교육효과가 떨어져 학력격차가 심화되었다고 알고 있기 때문입니다. 점진적으로 ICT의 적용으로 인해 학생들에게 다양한 학습기회가 제공되는 만큼 수업의 형태도 다양하게 변화할 것이라고 생각합니다. 수업 형태에 맞춰 학생들에게 올바르게 교육되기 위해서는 무엇보다 학생들의 자기주도 학습역량이 더욱 중요해질 것이라고 생각합니다. 제가 교사라면 이러한 자기주도 학습역량을 길러주기 위해 진행하고 싶은 수업 중 하나는 학생들이 스스로 자신의 수준을 파악하여 적절한 난이도의 과제를 찾고 수행하는 수업입니다. 이러한 수업을 진행하고 싶은 이유는 학생들은 자신의 수준을 파악하는 과정을 통해 메타인지를 기를 수 있고, 적절한 난이도의 과제를 찾고 수행하는 과정에서 성취감을 느껴 지속적인 학습동기로 이어질 수 있을 것이라고 생각하기 때문입니다. 따

라서 저는 혁신적인 ICT의 적용으로 새로운 교육환경 및 학습 경험이 제공되는 상황에서 교실 수업은 자기주도 학습역량을 길러주는 역할을 수행해야 한다고 생각합니다.

 김완 선생님의 방향성 잡기와 한 걸음 더 ✍

이 문항은 학교 교실수업에 의존하던 시대를 ICT 등 교실 밖에서도 많은 학습 기회가 주어지는 기술 혁신 시대에 교실 수업이 어떤 의미를 가지며 어떤 역할을 해야 하는지 지원자의 의견을 제시하게 함으로써 교직 인성 및 전문성 개발 역량, 의사소통 역량 등을 평가하는 문항이다. 학생들은 교실에서 책에 의존하던 과거와는 달리 현재는 새로운 학습 방법이 다양하다. 동영상 강의, 공공도서관의 접근성 용이, 모바일 기기 활용 등 교실 밖에서도 많은 학습기회가 주어지는 시대다. 교실 수업은 이러한 첨단 기술을 통한 교육들과 경쟁하면서 한편으로는 이를 이용하며 새로운 역할을 정립해야 한다. 위 지원자의 답은 자기 주도적 학습을 강조해 학습의 흥미를 유지하고 적절한 ICT를 비롯한 첨단기술 활용해 학습기회를 접목한다는 답은 교직 인성 및 전문성 개발 역량, 의사소통 역량 등을 잘 표현한 우수한 답변이다. 특히 학생 스스로 자기 수준을 파악하게 돕는 과정은 문제 상황에 대비하는 교육적 가치를 실현하기에 매우 우수한 답이다. 요즘 교실 학습에서 다양한 모바일 기반 수업 시 모든 학생이 기기 사용 기회가 주어지지 않는 경우가 있다. 이는 또 다른 학업 역량 차이가 발생된다. 따라서 모든 학생에게 교과서가 균등하게 제공되듯 모바일 기기의 공평한 사용 기회가 주어지는 정책이 필요하다.

**28** 부산교대 2024학년도 수시 면접 가-C형 문항

**Q.** '팝콘브레인(popcorn brain)'을 가진 사람들은 즉각적이고, 충동적이며, 산발적인 사고를 하기 때문에 지속적이고 심층적인 활동에 참여가 어렵다. 또한 타인의 감정이나, 서서히 변화하는 현실에 둔감하게 반응함으로써 사회적 문제가 되고 있다. 팝콘브레인을 예방하기 위한 방안을 제시하시오.

〈참고〉 '팝콘브레인'이란, 튀어 오르는 팝콘처럼 강렬하고 즉각적인 자극에만 반응하는 뇌 구조의 변형을 일컫는 용어

학생답변

제가 생각하는 팝콘브레인을 예방하기 위한 방안 두 가지를 말씀드리겠습니다. 첫 번째 방안은 하루 휴대폰 사용시간을 점진적으로 줄여나가는 방법입니다. 그 이유는 팝콘브레인을 가진 사람들이 증가하는 원인 중 하나가 유튜브, 틱톡 등의 미디어에서 자극적인 짧은 동영상의 잦은 시청으로 알고 있기 때문입니다. 이러한 환경에 계속 노출될 경우 집중할 수 있는 시간이 점점 짧아지며 새로운 자극을 계속 원하는 도파민 중독까지 이어

질 수 있습니다. 따라서 하루 휴대폰 사용시간을 점진적으로 줄여 이러한 환경에 노출되는 빈도를 낮춰야 한다고 생각합니다. 두 번째 방안은 글을 읽는 활동을 증대시키는 방법입니다. 그 이유는 최근 많은 사람들이 동영상에서 정보를 습득하는 경우가 많아지고 있기 때문입니다. 글을 읽어 정보를 습득하는 방법이 동영상에서 정보를 습득하는 방법보다 깊이 사고하기에 유리하다고 알고 있습니다. 이는 현대인들의 집중력 부족 문제를 해결할 수 있는 효과적인 방안이라고 생각합니다. 따라서 독서 등 글을 읽는 활동을 증대시키는 방법으로 팝콘브레인을 예방할 수 있다고 생각합니다.

 **김완 선생님의 방향성 잡기와 한 걸음 더** 🔥

이 문항은 인간의 뇌가 디지털 기기의 빠르고 강렬한 자극에 익숙해져 그런 상황에서만 반응하여 서서히 반응하는 현실 적응에 어려움을 겪고, 대인 관계 뿐만 아니라 지식 습득과 학습의 지체를 초래하는 환경을 얼마나 이해하고 있는지 인지적 역량을 확인하고 문제 해결을 위한 방안을 제시하도록 유도함으로써 창의융합 역량과 의사소통 역량을 파악하고자 하는 문항이다. 위 지원자는 출제의도를 정확히 파악하고 원인과 해결 방안을 제시함으로써 창의융합 역량과 의사소통 역량을 잘 드러냈다. 최근 인터넷에 장시간 노출된 사용자의 뇌를 촬영한 MRI 영상 분석 결과, 인간의 뇌에서 생각 중추를 담당하는 회백질의 크기가 줄어든 것으로 조사돼 우려를 낳고 있다. 이러한 뇌 구조 변형은 즉각적인 현상에만 반응해 느리고 무던하게 변화하는 현실에는 무감각해져 문제다. 스마트 폰의 확산, 멀티태스킹 가능한 기기의 확산으로 언제 어디서나 즉각 반응하는 시간이 너무도 길어지면서 주변인들과의 소통시간보다 기기와 소통하는 시대다. 이런 현상은 어릴수록 발생 위험이 높다는 면에서 미래 교사의 문제 인식이 매우 중요하다. 가정에서 이러한 환경에 익숙한 학생들이 학교 활동에 지루함을 느껴 학습의욕 저하로 이어지면 이는 많은 문제로 이어진다. 팝콘브레인 예방을 위한 실천 방안으로 인터넷 시간 2시간 이내로 줄이기, 친구나 주변인에게 문자대신 전화하기, 디지털 기기 없는 시간 갖기, 독서활동 등이 있다. 팝콘브레인의 가장 큰 문제점은 자극적이고 즉각적인 반응이 지연되면 스트레스와 불안을 느껴 집중력 부족과 충동성이 증가하고, 새로운 정보의 과도한 유입으로 너무 많은 옵션과 가능성을 생각하기 때문에 의사결정에도 어려움을 겪는다. 짧은 주의 집중 시간으로 인해 계속 새로운 자극을 원하고 깊고 지속적인 의미 있는 활동으로 구성된 학습에 많은 어려움을 겪게 된다. 가정과 학교는 함께 연대해서 이러한 학생들에게 지속적인 관심과 극복할 수 있는 동기를 부여해주어야 한다. 이런 문제는 학생 스스로 해결하기에는 한계가 있다. 학생에게 학습권이 보장되듯 인터넷 과다로 인한 학생들의 문제도 교육으로 해결할 수 있는 연구가 필요하다. 모든 학생이 이러한 문제에 노출될 가능성이 매우 높기에 이에 대한 교육적 대안 마련이 시급하다.

**Q.** 학생인권조례는 학생의 존엄과 가치 및 자유와 권리를 보장하기 위해 제정된 조례이다. 최근 일부 교육청에서는 '학생의 책임과 의무' 조항을 담은 개정안을 입법 예고했다. 초등교사로서 학생의 책임과 의무 조항에 담고 싶은 내용을 제시하시오.

---

**학생답변**

저는 수업 중 허용되지 않은 휴대폰 사용금지에 대한 내용을 담고 싶습니다. 왜냐하면 현재 우리나라 학교에서 대다수가 강의식 수업으로 교육이 진행되고 있는데 이러한 상황에서 휴대폰을 사용하는 행위는 교사를 존중하지 않는 태도이기 때문입니다. 또한 수업 중 휴대전화 사용은 교사 및 다른 학생들의 교육활동을 방해하는 행위가 될 수 있습니다. 물론 4차 산업혁명 시대에 맞춰 다양한 휴대폰 기술을 활용하여 창의적인 교육활동을 진행할 수 있습니다. 하지만 디지털 기기를 활용한 교육활동은 최근 보급된 교육용 태블릿을 이용하거나 수업 중 교사가 휴대폰 사용을 허용하여 이를 보완할 수 있다고 생각합니다. 따라서 저는 교사의 교육활동을 방해하는 행위나 존중하지 않는 태도로 이어질 수 있는 수업 중 허용되지 않은 휴대폰 사용을 금지하는 내용을 조항에 담고 싶습니다.

**김완 선생님의 방향성 잡기와 한 걸음 더** 👣

이 문항은 학생의 존엄과 가치 및 자유와 권리를 보장하기 위해 제정된 학생인권조례가 학생의 책임과 의무에 대해 과도하게 관대해 야기되는 교사와 학부모, 학생에 관련된 문제발생을 줄이기 위해 지원자가 학생의 책임과 의무에 대해 생각해 보고, 이와 관련된 내용을 제시함으로써 교직 인성 및 전문성 개발 역량, 창의 융합 역량들을 평가하려는 문항이다. 위 지원자는 휴대폰 사용 금지 내용을 담는다고 답했는데 이는 휴대폰을 몰래 사용해 교사의 영상을 찍고, 다른 학생에게 불편한 상황에 악용하기 위해 사용 하는 등의 단서를 달지 않아 학생의 의무로 보기에는 한계가 있는 답변으로 아쉽다. 물론 휴대폰의 잘못된 상황에 대한 공감대가 형성되어 있어 생략했을 가능성도 배제할 수 없지만 직관적이지 않은 모호한 답은 시정되어야 한다. 최근 학생인권조례 만능주의로 인해 학생 간 다툼 중재 등의 교사 생활지도 활동이 법정다툼으로 이어지는 사례가 늘고 있다. 이로 인해 교사들에게 불이익이 과도하게 발생해 사회적 문제가 발생했다. 이를 보완하고 해결하기 위해 일부 교육청은 학생인권조례 개정안을 예고했다. 이는 늦었지만 필요하다는 인식이 교사와 일반인에게서 확산되고 있다. 학생인권조례는 다른 사람의 자유와 권리를 침해하지 않아야 한다. 또한 다른 학생의 학습권 존중과 수업 활동에 대한 방해도 금지되어야 한다. 더불어 교사의 정당한 교육활동 즉 수업 및 생활지도 등이 존중되고 방해

받지 않아야 한다. 이번에 개정안의 핵심은 '학생의 책임과 의무'를 명시하는 것으로 학생의 인권보장과 함께 학생의 책임과 의무에 관한 규정을 명시하고 있다. 특히 흉기, 마약, 음란물 등 다른 학생 및 교직원의 안전을 해하거나 학습권을 침해하는 소지품의 소지 금지(제3항 제6호), 징계 등 절차에서의 권리 부분에 5항을 신설하여 학교의 장과 교원은 정당한 교육활동을 위하여 필요한 경우 법령과 학칙이 정하는 바에 따라 조언, 상담, 주의, 훈육, 훈계 등의 방법으로 학생을 교육할 수 있게 한 것은 교사의 최소한의 권리를 보장할 수 있다는 평가를 받고 있다. 교육은 미래사회의 핵심이다. 그 중심에 교사의 역할은 지대하다. 우리사회의 핵심 자산인 교사들이 미래 세대에게 가치 있는 교육을 할 수 있는 환경 조성에 사회적 관심이 중요하다. 이를 지지하기 위한 관련법 개정이 늦게나마 예고돼 개선될 여건이 조성되었다.

 부산교대 2024학년도 수시면접 나-B형 문항

**Q.** 인공지능은 교육 분야에서 다양하게 활용될 수 있다. 교과 지식이나 문제 풀이와 관련된 질문에 대해 정확히 답하고 설명해 주는 인공지능도 활용하게 될 것이다. 이러한 상황에서 교사는 교과 수업에서 어떤 역할을 해야 할지 말하시오.

---

학생답변

저는 인공지능이 교육 분야에서 활용되는 상황에서 교사는 교과 수업에서 조력자의 역할을 해야 한다고 생각합니다. 왜냐하면 학생들의 상황에 맞춰 때로는 인공지능을 활용하여 효과적인 수업을 진행하고, 인공지능의 한계점을 규제하는 등의 행동이 필요하기 때문입니다. 예를 들어 인공지능을 활용하면 학생들의 수준에 맞는 다양한 문제 상황을 제공하여 학생들의 창의적인 문제해결능력을 향상시킬 수 있는 수업을 진행하거나, 학생들의 학년에 따라 제공되면 좋지 않은 정보에 무분별하게 노출되는 상황을 막는 등이 교사의 역할이라고 생각합니다. 이러한 역할을 수행하기 위해서는 인공지능 활용능력이 반드시 필요하다고 생각합니다. 왜냐하면 교사가 인공지능 활용능력이 부족할 경우 교과 수업에서 긍정적인 효과를 기대하기 어려울 수 있기 때문입니다. 따라서 저는 교사가 인공지능 활용능력을 길러 교과 수업에서 올바른 조력자 역할을 해야 한다고 생각합니다.

 김완 선생님의 방향성 잡기와 한 걸음 더 **,,**

이 문항은 인공지능이 교사가 담당한 역할을 대신하게 발전하는 상황에서 교사의 역할 재정립에 관한 지원자의 의견 제시 과정에서 교직 인성 및 전문성 개발 역량, 의사소통 역량 등을 평가하는 문항이다. 위 지원자의 답변에서 인공지능을 수용하여 관련성 있는 답을 함으로써 의사소통역량을 잘 표현했다. 지원자는 인공지능을 활용하는 구체적인 방안을 제시하여 교직인성 및 전문성 개발 역량과 문제 상황에 대비하는 방안이 교육적 가치를 가지고 있는 역량까지 표현한 점이 우수했다. 다만 교사는 이 모든 수업의 주체로서 인공지능을 조력자로 활용할 수 있는 역량을 갖추어야지 교사가 인공지능의 조력자 역할에 그친다면 학생들의 지지를 받아 수행해야 할 여러 현안에 대한 전문성 부족으로 인식될 우려가 있다. 따라서 교사는 인공지능을 조력자 역할로 활용할 수 있는 인공지능 활용 전문가 역할이라고 말하는 것이 더 바람직하다. 인공지능은 사회의 많은 분야에서 큰 영향을 미치고 있다. 교수학습과 관련하여 인공지능은 기존에 교사가 담당한 많은 부분을 대신할 수 있게 발전하고 있다. 가장 확실한 것은 교과 지식과 문제 풀이에 관련된 모든 질문에 인공지능이 교사의 지능보다 더 우수한 피드백을 할 수 있다는 점이다. 교사의 역할 재정립 과정에서 교육현장의 요구를 정확히 파악하여야 한다. 학생들은 인공지능에 노출되는 빈도가 매우 높아지고 있어 표면적으로는 수학 능력도 성장한 것으로 보이나 기초학력 조사 등에 의하면 사실과 다르다. 이는 학생들이 인공지능을 소비하면서 습득한 지식을 내면화하지 못하고 있는 반증이다. 따라서 교사는 이러한 학생들의 상태를 잘 이해하고 이들이 인공지능을 통해 표면적으로만 성장하는 단계를 극복할 수 있게 도와야 한다. 특히 학습자가 교육적 성장 없이 인공지능 만능주의에 빠져 학습 의욕저하가 미래 학력 격차로 소득격차로 이어지지 않게 지도해야 한다. 교사는 학습자가 스스로 생각할 수 있는 능력이 향상되는 인공지능 프로그램의 적극적 활용에도 관심을 기울여야 한다. 학습자의 자기주도적 학습 능력은 우리 사회의 미래이기 때문이다.

**31** 부산교대 2024학년도 수시면접 나-C형 문항

**Q.** '그린워싱(greenwashing)'을 내세운 마케팅을 통해, 많은 기업들이 자사의 평판과 이윤을 높이려는 시도가 늘고 있다. 그린워싱의 사례를 제시하고, 똑똑한 소비를 위하여 그린워싱을 판별할 수 있는 기준을 제시하시오.

〈참고〉 '그린워싱'이란, 녹색(green)과 세탁(washing)의 합성어로 '위장 환경주의'라고도 함.
실제로는 친환경적이지 않으나, 친환경적인 가치를 표방하는 것을 의미함

학생답변

제가 알고 있는 그린워싱의 사례 두 가지를 말씀드리겠습니다. 첫 번째 사례는 스타벅스에서 사용하는 친환경 빨대입니다. 플라스틱 빨대를 대신해 종이 빨대를 도입하여 환경보호를 위한 노력을 강조하였지만 종이 빨대를 생산하는 과정에서 발생하는 탄소나 폐기물 문제가 해결되지 않았다는 비판을 받았다고 알고 있습니다. 두 번째 사례는 "깨끗하고 안전한 물" 이미지를 강조하여 홍보한 생수 브랜드입니다. 홍보와는 무관하게 이 제품은 플라스틱 병에 담겨있으며, 플라스틱 병이

환경에 미치는 부정적인 문제를 해결하기 위한 방안을 제시하지 않은 채 "깨끗한 물"이미지를 강조하였습니다. 이러한 그린워싱을 판별할 수 있는 방법 두 가지를 말씀드리겠습니다. 첫째, 친환경, 에코, 자연 같은 모호한 표현과 제품의 특성과 상관없는 자연 이미지에 속지 않아야 합니다. 이를 위해 모호한 표현 및 자연 이미지와 제품의 연관성을 주의 깊게 살펴야합니다. 둘째, 친환경 관련 마크의 인증 주체를 확인해야 합니다. 협회 또는 기업에서 부여하는 친환경 관련 인증은 공신력이 없기 때문에 환경부나 농림축산식품부 등 공신력 있는 주체에서 인증한 마크를 확인해야 합니다.

 **김완 선생님의 방향성 잡기와 한 걸음 더** 👣

이 문항은 전 세계 인구의 33%를 차지하는 이른바 MZ세대들이 그린슈머로서 친환경 소비에 민감하게 반응하는 점을 악용해 실제로는 친환경적이지 않으나 친환경적인 가치를 표방하는 기업에 대한 지원자의 관심과 이해 수준에 대한 인지적 역량을 파악하고, 이에 대한 비판적인 관점 및 문제를 해결하기 위한 실질적인 방안에 대한 의견을 물음으로써 창의융합 역량과 의사소통 역량 그리고 문제 해결 역량을 파악하려는 문항이다. 위 지원자는 그린워싱의 의미를 정확히 판단하여 타당한 문제 해결방안을 제시했고 그린워싱에 대한 바람직한 가치관을 바탕으로 명확하게 제시함으로써 교직인성 및 전문성에 대한 역량도 잘 표현했다. 문제 해결 방안을 상황에 부합하여 보편타당하게 제시하여 창의융합 역량도 잘 드러난 우수한 답변이다. 가격이 조금 비싸더라도 친환경 소비를 선택하는 경향이 확산되면서 일부 기업들은 ESG경영전략을 내세우며 친환경 제품을 출시하고 있다. '에코', '친환경' 등의 표현을 기업의 마케팅 수단으로 무분별하게 사용하며 이윤을 창출하는 '그린워싱' 문제도 사회적 문제로 부상하고 있다. 소비자는 진짜 '친환경'인지 구별하기 어렵고 그린워싱에 관련된 소송도 급격하게 증가하는 상황이라고 한다. 미래 교사로서 최근 사회문제로 대두된 그린워싱에 대한 안목을 형성함으로써 문제해결 능력을 갖추는 것은 미래 사회 주역인 학생들에게 올바른 소비 활동 교육에 도움을 줄 수 있다. 그린피스에서 제공한 자료에 의하면 자연 이미지 남용, 녹색 혁신 과장, 참여형 이벤트를 통해 소비자와 개인에 책임을 전가하는 책임전가 등이 그린워싱에 해당한다고 한다. 대표적인 그린워싱의 유형은 상충효과 감추기, 애매모호한 주장, 관련성 없는 주장, 기만(거짓), 유해상품 정당화, 증거불충분, 부적절한 인증 라벨 이라고 발표했다. 그린워신의 사례로는 PET 용기의 겉면만 종이 소재로 포장한 용기, 종이 빨대, 에코백이나 텁블러 남용 등이 있다. 이러한 것을 만들기 위해 우리 환경에 악영향을 미치고 있는 점을 지적하고 있다. 환경은 나빠지게 하기는 쉬우나 이 문제 해결은 엄청 어렵다는 점을 고려할 때 예비 교사의 환경 문제 인식은 올바른 환경 교육으로 이어져 환경 문제 해결에 지대한 영향을 미칠 수 있다.

**Q.** 초·중등학교 교육의 문제를 한 장의 사진으로 표현한다면, 어떤 사진을 찍고 싶은지 자세히 묘사해 보세요. 그 문제의 원인과 해결 방안을 이야기해 보세요. (1분)

---
학생답변
---

A형 문제 답변 드리겠습니다. 저는 OECD의 문해력 관련 연구보고서를 보며 학생들의 디지털 문해력을 걱정하는 교사의 모습을 찍고 싶습니다. 이와 같은 디지털 문해력 저하의 원인은 학생들이 인쇄된 글보다 영상 매체에 익숙하고, 빠른 결론을 원하기 때문입니다. 이를 해결하기 위해 글쓰기 활동과 토론수업을 통하여 학생들의 비판적 사고력을 증진시켜 디지털 문해력을 키워줄 것입니다. 첫 번째로, 글의 의도와 맥락을 파악해보기 위해 직접 글을 써보는 활동을 통하여 표면적인 정보만을 수용하기보다 글에 담긴 숨겨진 의미를 파악하고 재구성할 수 있는 능력을 길러줄 것입니다. 두 번째, 토론 수업을 통해 양측의 입장을 동시에 고려해보고, 문제 상황을 여러 가지 측면으로 생각해 보며 빠른 결론이 아닌 합의점을 찾으며 인내력도 향상될 것입니다.

 김완 선생님의 방향성 잡기와 한 걸음 더 👣

이 문항은 지원자가 자신의 학창 시절 경험을 통해 우리나라 교육의 문제를 인식하고 그 원인과 해결방안을 제시하도록 함으로써 창의적인 문제 해결 방안 도출 역량을 파악하고, 사진으로 자세히 묘사하도록 함으로써 지원자의 언어적, 비언어적 표현 역량을 확인할 수 있다. 교육적 신념을 반영한 교육 문제 해결 노력을 파악하려는 문항이다. 위 지원자는 공신력 있는 OECD문서 활용 방안을 제시함으로써 전문성역량을 보였고, 초등학생에게 가장 중요한 역량 중 하나인 디지털 문해력 저하 문제 해결에 중점을 둔 답변으로 교직인성과 전문성을 잘 표현한 우수한 답변이다. 토론 조정 능력을 신장시키기 위한 방안 제시는 학생들이 창의적 관점으로 문제를 해결하는 역량을 키울 수 있을 것이다. 한 장의 사진으로 표현하려면 지원자는 문제 인식을 구성할 때 언어적, 비언어적 표현에 능해야 한다. 비언어적 표현 감수성은 미래 교사로서 중요한 덕목이 될 것이다. 학생들의 표현하지 못한 감성을 파악할 수 있어 교실 현장의 문제 해결에 많은 도움이 될 것이다. 평소 무심코 지나쳐 버린 순간이 어떤 학생에게는 결정적 순간이 될 수 있다. 따라서 미래 교사는 동시에 많은 학생을 파악하기 위해 다양한 능력을 갖추어야 한다. 다양한 독서, 상담 기법 학습 등 교사 임용에 그치는 것이 아니라 매 순간 의미있게 성장하는 교사 사명 내면화 노력에 힘을 쏟아야 한다.

**33** 부산교대 2024학년도 정시 면접 B형 문항

Q. 초등학교의 돌봄 기능을 확대한 '늘봄학교' 운영이 전국에서 가장 먼저 부산에서 오는 3월 새학기부터 실시됩니다. 이에 대해 학교 현장에서는 아직 준비가 제대로 안되었다거나, 초등학교가 돌봄 기능을 담당하는 게 맞느냐는 논란이 벌어지고 있습니다. 이에 대한 자신의 생각을 이야기해 보세요. (1분)

**학생답변**

B형 문제 답변 드리겠습니다. 저는 늘봄학교 운영에 찬성합니다. 그렇게 생각한 이유 두 가지를 말씀드리겠습니다. 첫 번째, 학부모가 안심하고 학생들을 맡길 수 있는 장소가 생긴다면 사교육이 줄어들 것입니다. 현재 초등학생들은 방과 후 돌봄 공백 시간에 태권도, 피아노, 보습학원 등 사교육기관에 맡겨지고 있습니다. 늘봄학교가 시행된다면 돌봄 공백 시간에 대한 걱정 없이 학교에서 안전하게 지낼 수 있을 것입니다. 두 번째, 늘봄학교에서 시행하는 다양한 프로그램으로 정규 수업시간에 진행할 수 없었던 교육이 가능해질 것입니다. 학교 수업에 따라가지 못하는 학생을 위한 맞춤형 교육이 가능할 것이고, 다양한 활동을 방과 후에 진행하여 미래 역량을 키워줄 수 있을 것입니다. 물론, 이러한 돌봄이 학교 내에서만 운영되기는 어려울 것입니다. 따라서 지자체와 협력을 통하여 늘봄학교를 운영한다면, 해결될 것이라고 생각합니다.

 김완 선생님의 방향성 잡기와 한 걸음 더 ✍

이 문항은 2024년 1학기에는 1학년 대상 전국 2,000개교 이상 시범 운영을 시작으로 2학기 전국 모든 초등학교 실시, 2025년 2학년까지, 2026년 6학년까지 확대실시 예정인 늘봄교육이 교육적으로 바람직한지 논쟁적 문제에 대한 지원자 자신의 생각과 의견을 제시함으로써 교직 인성 및 전문성 개발 역량, 의사소통 역량 등을 평가하려는 문항이다. 늘봄학교 운영으로 기대되는 효과로는 아이 돌봄에 대한 학부모 부담 경감, 학생 학교생활 적응 도움, 예체능, 심리, 정서 프로그램 제공으로 교육 기회 확대 등이다. 여성들의 돌봄 육아는 경력 단절로 이어져 여성들이 사회 취약계층으로 전락하는 통로 역할을 해왔다. 이는 저출생 문제로 이어져 최근 우리나라는 인구 자연감소 국가가 되었다. 학교가 돌봄 역할을 함으로써 사회 구조적인 문제 해결에 많은 도움을 줄 수 있다는 평가에도 불구하고 교사들의 업무 부담이 과도하게 늘어나는 문제에 대한 뚜렷한 해결책이 없는 실정이다. 늘봄학교 운영에 필요한 실무 직원의 배치 계획과 행정 업무 지원 등 제반 문제 해결이 선행되어야 한다. 늘봄학교 운영으로 사교육 경감에 대한 기대는 긍정적으로 평가된다. 학교 교육을 받는 학생들이 학교를 어떻게 인식하고 있는지 조사하여 학생들의 입장을 고려해 운영되어야 한다. 학생들이 학교를 안전하게 인식하고, 휴

식 기능과 보충 학습의 기회의 장으로 활용하기 위한 다양한 프로그램이 제공되어야 한다. 학교는 완벽한 연구를 통해 프로그램을 제공하고 변화되는 분야에 대한 연구를 꾸준히 실시하여 개선된 정책을 제공해야 한다. 최근 전남 강진군의 인구가 외부 유입과 무관하게 출생률이 80% 증가했다. 0세부터 7세까지 국가 출생 장려금 10만원과 더불어 지역화폐로 아동수당 월 60만원을 지급했던 효과가 출생률 증가 효과로 나타났다. 늘봄학교도 학생과 학부모, 교사 등 관련 업무 종사자 모두 수용할 수 있는 정책을 제공할 때 진정한 효과를 낼 수 있을 것이다.

## 34 부산교대 2024학년도 정시 면접 C형 문항

**Q.** 〈보기〉에 제시된 네 가지 교사상 중에서 자신이 가장 강조하고 싶은 교사상을 하나 선택하고, 그 이유를 이야기해 보세요. (1분)

〈보기〉
- 훌륭한 인격과 성품을 지닌 교사
- 학생에 대한 관심과 사랑을 지닌 교사
- 효율적인 학습지도를 할 수 있는 교사
- 사회변화에 능동적으로 대처할 수 있는 교사

___학생답변___

C형 문제 답변 드리겠습니다. 제가 가장 강조하고 싶은 교사상은 '학생에 대한 관심과 사랑을 지닌 교사'입니다. 선택한 이유를 관심과 사랑 두 가지 측면으로 말씀드리겠습니다. 첫 번째, 학생에 대한 관심은 꾸준한 상담으로 이어져 학생의 문제 상황을 해결할 수 있게 도울 수 있습니다. 학생들과 진실한 대화를 통하여 자신의 문제를 이해하고, 함께 문제 해결 방안을 모색하며 주도적으로 변화를 이끌 수 있게 도와주고 싶습니다. 두 번째, 학생에 대한 사랑은 학생들과 소통하며 친밀한 학급 분위기를 조성할 수 있습니다. 이러한 긍정적인 환경에서 학생들은 실패나 오류를 두려워하지 않고 새로운 것을 시도하며 자신의 역량을 향상시키는데 도움이 될 것입니다. 아이들을 사랑으로 감싸주고 꾸준한 관심을 통해 아이들의 마음에 공감하여 내면이 단단한 하나의 인격체로 성장시키는 교사가 되고 싶습니다.

김완 선생님의 방향성 잡기와 한 걸음 더 **

이 문항은 교사상을 선택하고 그 이유를 설명하는 과정에서 자신의 생각을 논리적으로 전달하고 표현할 수 있는 의사소통 역량, 교사상 유형에 대한 이해도를 확인하고, 지원자의 신념과 가치를 파악하여 교직인성 및 전문성 개발 역량 평가, 자신이 해당 교사상을 강조하는 이유를 창의적 관점에서 설득하는 창의융합 역량을 평가하는 문항이다. 위 지원자는 출제의도에 부합한 답변을 함으로써 다양한 역량을 보였다. 보기에 제시한 역량 모두 중요하고 기량을 갖추기 위해 끊임없이 노력해야 한다는 전제를 말하면 좋았을 것이다. 이 문항은 지원자의 교사관, 교직관, 교육관 등을 확인할 수 있고, 자신이 강조하고 싶은 교사상을 선정한 이유를 이야기하는 과정에서 지원자의 교육적 신념과 가치를 파악할 수 있다. 여러 직종이 사명감을 갖고 임하는 것은 매우 중요하다. 그 중에서도 교사는 한 나라의 미래에 중추적인 역할을 담당한다. 미래 교사의 교직관, 교육관, 교사관 등이 내면화되어 교육 현장에서 발현되어야 학생들에게 진정한 참 교육이 실현된다. 교사의 역량이 임용 후 정립된다면 학생들은 부족한 교육을 받게 된다. 미래 교사를 희망하는 학생들은 이러한 교사 역량을 내면화하는 노력에 최선을 다하고 필요한 학습에 매진해야 한다. 우리 미래가 교육에 달려 있고 교육의 미래는 교사가 중심이기 때문이다.

## 35 부산교대 2023학년도 수시 가형 A형 문제

**Q.** 최근 교육부가 발표한 국가수준의 학업성취도 평가 실시에 대한 논란이 확대되고 있다. 이러한 평가 실시에 대한 긍정적인 측면과 부정적인 측면을 말하고, 자신의 입장을 제시하시오.

### 학생답변

국가수준의 학업성취도 평가는 학생들이 학교에서 수업한 내용의 이해정도를 파악하고 교육과정의 학습목표에 얼마나 도달했는지를 알아보기 위해 실시하는 것으로 알고 있습니다. 이러한 평가의 긍정적인 측면은 학생들의 수준을 체계적으로 파악하고 수치화하여 교사측면에서 즉각적인 대응이 가능하다는 점입니다. 또한 학생들 스스로 자신의 학습 수준을 파악하여 학습에 적용할 수 있다는 것입니다. 반면 부정적인 측면은 수치화된 성적만으로 학교간의 우열을 나누는 지표로 활용된다는 것입니다. 학교 내에서도 학생들의 성적으로 줄세우기에 활용될 수 있습니다. 저는 국가수준의 학업성취도 평가를 실시하는 것에 찬성하는 입장입니다. 왜냐하면 학생들의 이해정도를 파악하는 일과 교육과정에서 제시된 학습목표의 도달 정도를 알아보는 것은 매우 중요하다고 생각하기 때문입니다.

물론 수치화된 성적으로 학교와 학생들을 서열화하는 결과로 이어질 수 있습니다. 하지만 평가결과에 따른 구체적인 개선방안을 모색한다면 학교나 학생의 상황에 맞는 해결방법으로 오히려 학력격차를 줄일 수 있는 상황으로도 발전할 수 있다고 생각하여 사후대처를 적극적으로 한다면 긍정적인 효과가 나타날 것이라고 생각합니다. 따라서 저는 국가수준의 학업성취도 평가를 실시하는 것을 찬성합니다.

 김완 선생님의 방향성 잡기와 한 걸음 더 👣

이 문항은 국가수준의 학업성취도 평가의 취지를 이해하는 의사소통역량과, 이 자료가 학교 현장에 미치는 효과를 제대로 이해하는 교직인성 및 전문성 개발 역량, 자신의 입장을 제시할 때 타당한 근거를 제시함으로써 창의융합 역량을 파악하려는 문항이다. 제시하는 입장이 교육적으로 보편타당해야 한다.

국가수준 학업성취도 평가는 국가에서 정한 교육과정에 근거하여 학생들의 학업성취도 현황 및 변화 추이를 파악하고 학교교육의 질을 체계적으로 관리하기 위해 매년 실시된다. 이러한 평가는 교육 목적으로 교사, 학생, 학부모에게 정보를 제공하고 학업성취 수준을 파악하여 교육정책 수립의 기초자료로 활용된다. 이러한 긍정적인 부분에도 불구하고 학교 간 경쟁을 심화하여 집단을 상대적으로 서열화하거나 일부 학습영역 평가 자료가 정보를 왜곡할 수 있다는 점에서 부정적이다. 학생들의 균형잡힌 정보가 아닌 학습에 국한된 학생들의 정보가 대표성을 갖는 것은 좋은 자료가 될 수 없다. 의무교육에서 목표에 도달하는 기준을 정해 교육하는 것도 매우 중요하다. 교사마음대로 아무거나 가르치는 것이 아니라 이 정도는 알아야 하는 기준을 정하고 학생들이 학업을 성취했는지 조사해야 올바른 교육정책을 수립할 수 있을 것이다. 더 나아가 국가수준 획일화된 학습이 아니라 교사가 교수권을 가져 다양한 학습을 실시할 수 있는 교육도 점진적으로 연구할 필요가 있다.

**36** 부산교대 2023학년도 수시 가형 B형 문제

**Q.** 통합학급 상황에서 특수교육 대상자를 지도하는 초등교사에게 요구되는 중요한 역량을 말하고, 이를 개발하기 위해 어떤 노력을 기울일지 말해보시오.

학생답변

제가 생각하는 특수교육 대상자를 지도하는 초등교사에게 요구되는 역량은 먼저 특수교육 대상자에 대한 이해가 필요하다고 생각합니다. 통합학급을 운영하는 목적은 모든 학생들이 학습활동에 적극적으로 참여하고, 나아가 사회구성원으로서 책임과 의무를 다

할 수 있는 사회적 관계를 형성하도록 도움을 주기 위함으로 알고 있습니다. 이에 교사가 장애학생이 겪는 어려움을 이해하지 못한 상황에서 학급을 운영한다면 모든 학생들이 구성원으로서 역할을 다하지 못할 것이라 생각합니다. 다음으로 장애학생을 포함한 구성원 모두가 상호작용할 수 있는 기회를 부여하여 협력적인 교실 분위기를 조성할 수 있는 역량이 필요하다고 생각합니다. 서로 경쟁상대가 아닌 서로의 능력을 활용한 상호보완관계를 유지할 수 있는 기회를 제공해야 한다고 생각합니다. 저는 이러한 역량을 개발하기 위해 장애학생에 대한 이해를 높이기 위해 다양한 정보에 관심을 가지려고 노력중입니다. 특히 최근에는 경계선 지능장애를 가진 학생들이 겪는 어려움에 대해 알아보기 위해 다양한 매체를 활용해 정보를 찾는 노력을 하고 있습니다. 또한 모든 학생이 구성원으로 최선을 다하고, 서로 협력적인 교실을 만들기 위해 다양한 동아리 혹은 동호회를 경험할 것입니다. 현재는 학교생활로 다양한 경험을 할 기회는 부족하지만 학급내의 갈등상황을 줄여 학교행사에 모든 학급 친구들이 참여할 수 있도록 중재하기 위해 노력하고 있습니다.

 김완 선생님의 방향성 잡기와 한 걸음 더 💬

이 문항은 자신의 생각을 의미있게 구성하여 특수교육 대상자를 지도하는 상황을 이해하고 있는 의사소통역량, 문제 상황을 분석하여 교사 전문성 내용을 제시하고 특수교육 대상자를 지도하기 위해 필요한 역량을 제시하는 교직인성 및 전문성 개발역량, 문제 상황에 대처하는 방안이 교육적 가치가 있고 대처 방안을 통해 문제를 효과적으로 해결하는 창의 융합 역량이 있는지 파악하려는 문항이다.

위 지원자의 답은 이러한 취지에 부합하는 좋은 답변이다. 특히 장애학생을 포함한 학급 구성원 모두가 상호작용할 수 있도록 한다는 답은 교직 인성과 적성이 잘 드러난 답변이다.

학교 현장에는 기준이 모호한 정도의 장애를 가진 학생이 증가하는 추세다. 이러한 학생들에 대한 이해 부족으로 촉발된 학생간 분쟁도 역시 늘어나고 있다. 통합학급 운영에는 다른 사람의 의견을 경청하고 존중하는 태도가 무엇보다 중요하다. 타인의 말과 글에 나타난 생각과 감정을 올바르게 해석하지 못하면 이는 다툼으로 이어진다. 통합학급 운영을 위한 구체적인 지도방안이 현장에서 적용될 수 있는 방안이어야 한다. 이를 위해 교사는 일반 학생과 특수학생의 정확한 차이를 인식하고 서로 소통의 차이를 알아가는 교육 기회를 제공해야 한다. 교사의 사안에 대한 일관된 지도도 매우 중요하다. 교사가 특수학생에 대한 이해 부족으로 교사 감정에 치우친 지도를 한다면 학생들에게 혼란을 초래하여 학급 구성원들의 상호작용을 방해하게 된다. 협력적인 학급 분위기를 조성하기 위해 교사는 언제나 일관된 지도를 해야 한다. 통합학급을 운영하기 위해 교사의 공감능력이 중요하다. 이들 학생들이 서로 조화롭고 상호 보완적 태도를 견지하고 교육관계를 형성 발전시킬 수 있고, 학습이 일어날 잠재적 기회가 최대한 보장되도록 하려면 교사의 일관된 지도와 구조화된 자율성을 내면화할 수 있게 지도해야 한다.

## 37 부산교대 2023학년도 수시 가형 C형 문제

**Q.** 기후변화와 자연생태계 훼손으로 생태계 보전에 대한 관심이 증가하고 있다. 초등학생을 대상으로 생태계 보전의 가치와 중요성을 일깨워줄 수 있는 활동방안을 제시하시오.

### 학생답변

최근 이상기후로 인한 피해가 많이 발생하고 있습니다. 이를 두고 자연이 인간에 대한 복수라는 의견도 있다고 알고 있습니다. 저는 우리가 기후변화와 자연생태계 훼손이 심각한 것에 비해 이에 대한 인식이 부족한 이유가 직접적인 피부로 느껴지기 어렵기 때문이라고 생각합니다. 지금보다 지구의 평균온도가 2℃만 올라가도 인간의 노력으로 되돌릴 수 없는 임계점을 넘어가는 것이라고 알고 있습니다. 그러나 연간 평균온도가 2℃가 올라간다고 해서 우리가 생활하는 것에는 큰 변화가 없습니다. 과학 기술의 발전으로 에어컨 선풍기 등을 이용하고 있기 때문입니다. 제가 초등학생을 대상으로 교육활동을 한다면 먼저 학생들이 구체적인 원인에 대한 과학적인 지식을 전달하는 것과 더불어 직접적으로 차이를 경험하게 해줄 것입니다. 예를 들어 실제 평균온도 증가로 나타나고 있는 현상들에 대한 과학적인 근거를 알려주고, VR이나 AR을 활용하여 이 상황이 지속되었을 때 나타날 수 있는 상황에 대한 사실적인 경험 활동을 진행할 것입니다. 이후 생태계 보전을 위한 개개인이 할 수 있는 노력을 교육할 것입니다. 예를 들어 올바른 물건을 소비하는 단계에서 친환경 물건을 선택하는 방법, 이용 후 분리수거 방법, 가장 근본적인 문제인 에너지 절약방법 등을 교육할 것입니다. 이러한 방법을 통해 교육한다면 학생들이 직접적인 피해를 이해하여 생태계 보전을 위한 노력을 보다 열심히 실천할 것이라고 생각합니다.

 김완 선생님의 방향성 잡기와 한 걸음 더 👣

이 문항은 생태계 보전의 필요성에 대해 제대로 이해하고, 생태계 보전을 위한 활동방안을 구체적으로 표현하는 의사소통역량, 제시하는 교육적 가치가 보편타당하고, 교사의 전문성이 내포되어 있는 교직인성 및 전문성 개발 역량, 제시하는 활동방안이 교육적 가치를 가지고 있고 활용가능성이 높은 창의융합 역량이 있는지 파악하려는 문항이다.

생태계란 생물들이 물리적 생물적 환경 속에서 함께 체계를 이루어 살아가는 공간을 말한다. 생태계 안에서는 서로 의존하는 유기체 집단이 체계적인 구조를 이루며 기능을 하는데 이 구조가 교란되어 제 기능을 다하지 못하는 경우 생태계는 위기에 있다고 볼 수 있다. 기후변화는 이 생태계 구조 교란에 악영향을 미치는 것으로 알려져 있다. 기후 변화로 인해 생태계는 생물 다양성이 손실되고, 식물 계절이 이상으로 작물 특산지가 변하고 있다. 종의 이동 패턴 및 적합한 서식지 분포도 변화가 크다. 현재 그 속도가 너무도 빨라 인간의 힘으로는 해결할 수 없을 것이라는 전망으로 세계는 생태계 보전에 같은 목소리를 내고 있다. 생태계 보전을 위해 초등교육 현장에서도 생태계 보전 가치의 중요성을 교육하고, 실천교육이 절실한 상황이다. 생물 다양성 유지와 멸종위기동식물의 증식, 이들의 삶을 위한 대체서식지 확보 등에 많은 예산이 필요하다. 또한 생태계 보존의 필요성 공감대 확산이 매우 중요하다. 학교에서는 교육을 통해 쓰레기 배출을 최소화하고, 재활용, 재사용, 퇴비화 등 탄소중립 등 시의성 높은 사회 분야에서 혁신적인 정책 수립이 절실하다. 지금 세대는 환경 문제가 해결되어야 건강한 성장이 가능한 세대다. 심각한 도시공해, 환경오염, 오존파괴, 예측 불가능한 기후변화 등의 문제에서 인간과 자연의 공존공생을 꾀하고, 자연환경을 보호하는데 주력하는 교육이 필요하다. 기후위기는 인류생존의 문제다. 되돌리기 어려운 시간이 다가오고 있다. 실천이 중요하다.

**38** 부산교대 2023학년도 수시 나형 A형 문제

**Q.** 코로나19 시기를 지나며 학교 현장에도 이전에 경험하지 못했던 다양한 문제점이 대두되고 있다. 자신이 생각하는 대표적인 문제점을 말하고, 이를 해결하기 위한 방안을 제시하시오.

학생답변

코로나19로 인해 급격하게 학교 수업이 비대면으로 진행됨에 따라 학생들이 학교에서 이루어지는 다양한 활동을 하지 못하고, 가정에서 하루를 대부분 보내면서 심리적, 정서적 우울감과 불안감이 증가되었다고 생각합니다. 학생들은 또래 친구와의 소통 및 관계를 통해 성장하는데 디지털기기를 과다하게 사용하여 스마트폰, 인터넷에 과의존하여 나타나는 문제점 또한 발생하였다고 생각합니다. 특히 초등학교 저학년의 경우 학교생활에 대한 기본적인 교육이 이루어지지 못한 상황에서 상급학년으로 진학함에 따라 생활교육의 부재로 수업을 따라가기 어려울 수 있습니다. 이는 학력격차가 발생하는 원인이 된다고 생각합니다. 코로나19로 인한 학력격차는 초등학교 저학년뿐만 아니라 중등학교 학생들 모두에게 해당된다고 알고 있습니다. 이러한 문제를 해결하기 위해 학교에서는

지식전달과 더불어 다양한 활동을 제공하여 학생들의 생활교육도 진행되어야 한다고 생각합니다. 또한 학력격차 문제를 해결하기 위해서는 강의식수업에 익숙한 학생들이 어떠한 형태의 수업에도 잘 적응할 수 있도록 자기주도학습능력을 길러주어야 한다고 생각합니다.

 김완 선생님의 방향성 잡기와 한 걸음 더 👀

이 문항은 코로나19로 인한 학교 현장의 변화에 대한 의미를 이해하는 분석력, 코로나19로 인한 교육 현장의 변화에 대처할 교사의 역량을 구체적으로 기술하고, 바람직한 가치관을 바탕으로 교육현장에 실천 가능한 방안을 책임감 있게 제시하는 교직인성 및 전문성 개발역량과 학교 현장의 변화에 대응할 수 있는 방안을 제시하고, 새롭고 독창적인 역할 수행과 노력을 제시하는 창의융합 역량을 파악하려는 문항이다.

코로나19로 인한 사회적 거리두기와 등교 수업 중단은 학생들의 심리에 많은 영향을 미쳤으나 실제적인 연구는 미흡하다. 연구가 부족하다보니 문제를 예측하기 어렵고 문제를 해결할 수 있는 방안도 부족한 상황이다. 사회적 거리두기 해제로 학생들은 새로운 일상을 회복했다. 하지만 코로나19 이전의 일상으로의 회복보다 아동청소년의 기초학력보장, 학교 일상회복, 돌봄 공백에 대한 논의 부족으로 이 문제 해결이 시급하다. 일상을 회복한 학생들은 협력적 사고가 형성되지 않아 모둠활동을 포기하며, 문제해결 능력이 없이 성장 만 한 상태다. 타인을 이해하지 못해 스스로 갈등 조절하는 능력 저하로 교사의 중재역할이 많아졌다. 지적 수준은 어느 정도 유지한 학생들이 많은 반면 학교의 생활습관의 형성 부족으로 학습과 생활습관을 형성하는데 어려움을 겪고 있다. 이러한 상황에서 인터넷 과의존 위험군 비율이 이전에 비해 크게 늘어 협력적 사고는 교육만으로 기르기 어려운 실정이다. 학교 현장은 변화했다. 이전의 교육만으로 비대면 수업으로 형성된 문제점을 단기간에 개선하기는 어렵지만 꾸준한 학습으로 필요한 역량을 내면화 할 수 있게 지도하는 교사가 되어야한다. 특히 학습 격차로 어려움을 겪는 학생들에게 다양한 공부 방법을 제시해 학생이 학업을 포기하지 않게 도와야 한다. 무엇보다도 교사와 학교는 우선 어려운 시기를 겪는 학생들을 진정으로 이해하고 이들의 미래 사회에 대비할 수 있는 교과 성장과 생활 성장 그리고 친구관계 등을 면밀히 살펴 보완해주어야 한다.

**39** 부산교대 2023학년도 수시 나형 B형 문제

**Q.** 초등학생의 스마트폰 사용 시간이 늘어나고 있다. 스마트폰 사용의 긍정적 측면과 부정적인 측면을 말하고, 초등교사로서 스마트폰을 올바르게 활용할 수 있도록 지도하는 방안을 제시하시오.

**학생답변**

스마트폰 사용의 긍정적인 측면은 다양한 방식으로 학습에 활용될 수 있다는 점입니다. 예를 들어 비대면 수업으로 장소의 제약이 사라지고, 스마트기기를 사용하여 자료공유가 수월하다는 점, 잘 모르는 정보를 빠르게 검색할 수 있다는 점, 소크라티브, 카홋 등 교육용 앱을 활용할 수 있다는 점 등이 있습니다. 반면 부정적인 측면은 스마트폰 중독과 학습 몰입도를 낮출 수 있다는 점입니다. 왜냐하면 스마트폰을 너무 자주 사용한다면 스마트기기에 의존도가 증가하고, 수업과 관계없는 행동을 하기 쉬워 학생들의 집중도를 낮출 수 있기 때문입니다. 저는 초등교사로서 스마트폰을 올바르게 활용할 수 있도록 지도하는 방안으로 첫 번째로 스마트기기 사용일지를 작성하여 스스로 하루에 스마트폰을 얼마나 사용하는지 자각하게 해줄 것입니다. 왜냐하면 대부분의 학생들은 자신이 스마트폰을 하루에 얼마나 이용하는지 구체적으로 못 깨닫고 있기 때문입니다. 두 번째로 학교에서 스마트기기를 사용하지 않는 수업도 병행할 것입니다. 왜냐하면 스마트기기를 활용한 수업은 다양한 창의적인 수업이 가능하지만 학생들이 모르는 지식을 바로바로 검색하다보면 스스로 깊이 생각할 수 있는 기회가 사라지기 때문입니다.

 김완 선생님의 방향성 잡기와 한 걸음 더 **!!**

이 문항은 스마트폰이 단순히 전화기나 게임기의 역할을 넘어 또래들과의 소통, 세계로 소통하는 매개체의 역할로 인식하고 교사로서 통제와 절제를 유도할 수 있는 수업을 구성하여 스마트폰의 인식을 바꿀 수 있는 인지적 역량을 평가하려는 문항이다. 다양한 기능을 가진 스마트폰은 이용하는 분야에 따라 훌륭한 학습도구가 되고 학생의 창의력을 증진시킬 수 있는 도구다. 이를 교사가 통제하려고만 하면 적지 않은 갈등이 발생할 것이다. 스마트폰 사용에 대한 교사의 인식 전환으로 현명한 대처를 할 수 있을 것이다. 스마트폰 사용과 관련한 문제 상황을 이해하고, 지원자의 생각을 의미있게 구성하여 표현하는 의사소통역량과, 스마트폰 활용과 관련하여 구체적인 지도방안을 제시하고, 교육 현장에서 실천 가능한 방안을 제시하는 교직인성 및 전문성 개발역량, 학교 현장의 변화에 대응할 수 있는 방안을 효과적으로 제시하고, 새롭고 독창적인 역할 수

행과 노력을 제시하는 창의융합 역량을 파악하려는 문항이다.

스마트폰 사용의 부정적인 부분은 소통의 도구라고 인식하지만 실제적인 진정한 소통을 막는 역할을 한다. 시간의 제약을 넘어서면서 학생들은 대부분의 시간을 스마트폰 사용하는데 허비하고 이 과정에서 성착취 동영상 등을 스스로 제공하는 등의 심각한 문제에 노출되고 있다. 스마트폰 사용이 늘면서 금융사기 등 유사한 스미싱 사기가 급증하고 있다. 스마트폰 의존도가 높아지면서 학생들도 이러한 사기에 취약해지는 점을 고려한 교사의 지도도 매우 중요하다. 특히 성착취 동영상 피해자가 초등학생이 많은 것도 정확한 파악을 통한 교사의 지도가 절실한 부분이다. 이런 피해 학생들은 가족에게 알려지는 것을 제일 두려워하기에 교사의 조력이 간절한 부분이다. 교사는 더 이상 스마트폰 활용 분야에 대한 학생들의 수요를 강제할 수 없다. 특히 스마트폰으로 집단 따돌림 등의 문제가 발생하는 것도 민주시민교육, 존중과 배려 교육을 실시해야 한다. 코로나19로 인해 장기간 등교하지 못한 상황에서 학생들에게 스마트폰은 일상으로 자리잡았다. 학생들이 스마트폰을 어떻게 소비하고 그 과정에서 문제점이 발생하는 경로를 파악해 지도해야 한다. 과다한 스마트폰 사용이 파악된 경우 지속적인 소통으로 학생의 문제를 이해하고 해결할 수 있는 대안을 마련해 주는 역할이 중요하다.

**40** 부산교대 2023학년도 수시 나형 C형 문제

**Q.** 최근 비대면 소비확산으로 1회용품 사용이 증가하고 폐기물 처리나 자원 순환에 대한 관심이 증가하고 있다. 초등학생을 대상으로 에너지나 자원 순환의 중요성을 일깨워줄 수 있는 활동 방안을 제시하시오.

학생답변

저는 학생들에게 다양한 환경체험활동을 제안할 것입니다. 환경체험활동의 예로 커피찌꺼기로 비누 만들기, 일회용품을 활용한 재활용품 만들기, 올바른 분리수거 활동수업 등 실제 학생들이 경험하여 체화시킬 수 있는 활동이 필요하다고 생각합니다. 또한 학생들에게 1회용품 사용 후 처리단계의 노력과 더불어 소비하는 단계에서 할 수 있는 노력들도 함께 교육할 것입니다. 예를 들어 아이스팩 대신 생수를 얼려 배달하는 업체를 이용하거나, 스트로폼 사용을 줄이기 위해 집 앞에 보냉백에 물건을 받는 등 소비단계에서 할 수 있는 구체적인 노력도 교육할 것입니다. 현재 1회용품의 과도한 사용으로 인해 환경적인 문제를 해결하기 위해 사용되는 사회적 비용도 구체적으로 알려주어 학생들이 경험한 활동들을 자발적으로 실천할 수 있도록 교육하는 방안을 제안합니다.

김완 선생님의 방향성 잡기와 한 걸음 더 👣

이 문항은 에너지, 자원 순환의 의미를 제대로 이해하고, 자원 순환을 위한 방안을 구체적으로 제시하고, 교육적 가치를 보편타당하게 제시하고, 전문성을 내포하는 교사 인성 및 전문성 개발 역량, 활동방안의 교육적 가치, 활용가능성이 높은 활동방안을 제시하는 창의융합 역량을 파악하려는 문항이다.

학교에서는 학생들에게 환경 보전을 위해 필요한 지식과 태도를 가르치는 환경교육을 실시한다. 더 나아가 환경문제를 해결할 수 있도록 도움을 주는데, 초등학생은 미래를 살아가는 사람이라는 관점에서 환경교육의 중요성이 강조되고 있다. 자원은 한정되어 있지만 순환되는 점을 교육함으로써 자원 순환의 문제점을 발견하고 이를 해결하기 위해 학생 스스로 환경의 질을 관리할 수 있는 활동방안을 제시해야 한다. 지금은 대량생산-대량소비-대량폐기의 시대다. 이 구조 안에서는 에너지 위기를 극복하는데 한계가 있다. 자원순화사회로 전환해야 한다는 정책이 필요하다. 자원순환사회란 생산 유통 소비 폐기 등 전 과정에서의 폐기물 발생을 억제하고 발생된 폐기물과 순환이 가능한 자원을 경제활동의 순환계로 되돌려 천연자원과 에너지의 사용을 최소화하는 구조다. 이는 천연자원의 해외 의존도를 낮추고, 재활용 시장도 급속하게 확산될 수 있다. 이 과정에서 상당수의 일자리가 창출되는 경제적 효과도 예상된다. 또한 쓰레기 매립으로 인한 환경문제도 매립지 수명 연장과 매립, 소각 물질을 최소함으로써 환경오염 문제도 예방할 수 있다.

코로나19는 감염을 방지하기 위해 비대면 사회로 전환되었다. 이는 우리의 일상을 완전히 바꾸게 되었다. 외식문화는 배달 문화로 바뀌고 이 과정에서 1회용품 사용이 급증하게 되었다. 이는 모두 환경 문제로 남게 되었다. 환경은 훼손하기는 쉬워도 복원하기는 매우 어렵다. 학교는 학생들의 의식교육에서 환경 보전을 위한 지식과 태도를 기를 수 있는 중요한 장소다.

**41** 부산교대 2023학년도 정시 A형 문제

**Q.** 자신이 초등 교사가 되고 10년 후 제자로부터 감사 편지를 받았다고 가정하고, 자신이 꿈꾸는 교사상을 바탕으로 그 편지에 들어가 있을 내용을 상상하여 이야기해 보세요.

 학생답변

저는 모든 학생들이 다양한 활동을 통해 스스로 자신이 잘할 수 있는 것을 반드시 1가지 이상 깨닫도록 도움을 주는 교사가 되고 싶습니다. 따라서 제가 받았으면 하는 감사편지의 내용은 "선생님과 함께한 1년 동안 제가 잘할 수 있는 것을 알고 이를 바탕으로 다양한 도전을 할 수 있었습니다. 초등학생 때엔 저의 장점만이 소중했는데 지나고 생각해보니 장점보다는 선생님이 해주신 끊임없는 칭찬을 통해 자신감을 가지고 어떠한 것에도

도전할 수 있는 계기가 되었습니다. 저도 선생님처럼 현재 공부하고 있는 전공을 바탕으로 많은 사람들에게 긍정적인 영향을 미칠 수 있는 사람이 되도록 노력하겠습니다. 내년 스승의 날에 뵙겠습니다."입니다.

 **김완 선생님의 방향성 잡기와 한 걸음 더** ✌️

이 문항은 자신이 꿈꾸고 있는 교사상을 명확하게 제시하고, 감사의 편지 내용을 자신의 교사상과 적절하게 결부하는 의사소통 역량, 편지에 나타나는 교사상이 교육적으로 바람직하고, 현장에서 실현 가능한 교직인성 및 전문성 개발 역량, 감사 편지 내용의 창의성, 독창적인 창의융합 역량을 파악하려는 문항이다.

교사는 교육적 행위를 통해 교사상을 실현한다. 초등학교는 의무교육이기에 모두 어김없이 등교한다는 생각을 내면화한다. 학생들이 이 과정에서 교사가 매우 엄격하다거나 예측이 불가능하고, 공정한 태도를 보이지 않는 등의 부정적 상황에 노출된다면 의미있는 교육이 될 수 없다. 학생에게 학교는 행복한 장소이어야 한다. 어떻게 행복하지 않은 곳을 초등학교 6년간 다닐 수 있겠는가? 학교는 행복한 장소이어야 한다. 교사도 행복해야 한다. 행복은 스스로 만들 수도 있지만 학교생활을 하면서 함께 만들어 갈 수 있다. 요즘 교육대학에서는 1학년 때 교생실습을 경험하게 하는 학교가 늘고 있다. 이는 미래 교사가 되는 학생들이 교실 현장에서 행복감을 느끼고 유능감을 가질 수 있는지 미리 경험해 봄으로써 교사상을 확고하게 할 수 있기 때문이다. 많은 학생들이 교실 현장에서 학생들을 대한 후 교직에 대한 추상성을 버리고 만족한다고 한다. 미래를 대비하는 어린 학생들에게 교사로서 할 수 있는 사명감을 느끼면 이후 학교생활의 질이 매우 높아질 것이다. 미래 교사는 우리나라의 희망찬 미래다.

**42** 부산교대 2023학년도 정시B형 문제

**Q.** 오늘날 초등학교에서 집단 따돌림이 어떤 특징을 보이고 있는지 말하고, 교사로서 집단 따돌림을 예방하기 위해 학생들을 어떻게 지도할지 이야기해 보세요.

학생답변

현재 초등학교에서 집단 따돌림이 온라인에서 많이 이뤄지고 있다고 알고 있습니다. 예를 들어 사이버불링의 일종으로 단체 채팅방에서 피해학생만 초대하지 않거나, 채팅방에서 집단으로 욕설이나 굴욕적인 사진을 공개하고, 나아가 괴롭힘이 싫어 채팅창을 나간 학생을 계속 초대하거나, 데이터를 빼앗아 사용하는 등 인터넷상에서 많이 발생한다고 알고 있습니다. 이러한 집단 따돌림을 예방하기 위해서는 먼저 방관자를 없애야 한다고 생각합니다. 많은 학생들이 대신 괴롭힘 당하는 것이 두려워 선뜻 나서지 못하는 것으로 알고 있습니다. 이는 독일의 사례를 적용하여 학교폭력 자치위원 학생을 선정하여 친구들 사이에 영향력이 있는 학생들을 선정하여 교사에게 이야기 못한 부분들을 친구들끼리 이야기할 수 있는 방안을 만들어 모든 학생들이 집단 따돌림에 대한 관심을 가지게 된다면 현실에서의 집단 따돌림보다 교사가 알기 어려운 사이버불링 문제까지 해결될 수 있을 것이라고 생각합니다.

 김완 선생님의 방향성 잡기와 한 걸음 더 💬

이 문항은 집단 따돌림의 특징을 명확히 이해하고 제시, 지도 방안을 논리적으로 설명하는 의사소통 역량, 인성 교육에 대한 바람직한 가치관과 윤리의식을 갖고 있는 교직인성 및 전문성개발 역량, 문제 상황을 정확히 이해 분석하고 종합하여 최선의 해결책을 제시하고, 새롭고 독창적인 대응 방안을 제시하는 창의융합 역량을 파악하려는 문항이다.

집단 따돌림은 초기에 은밀하게 진행되는 특성 상 외부로 알려진 후에 해결하기 어려운 경우가 많다. 실천 가능한 방안을 내놓아도 이미 되돌릴 수 없는 상황이 된 예도 많다, 안타까운 일이 아닐 수 없다. 학교 폭력 유형은 다양하다. 학교 폭력은 증가하고 더 잔인해지고 있다. 무엇보다 학교 폭력이 증가하고 있다는 점이다. 교사가 이를 감지하기도 어렵다. 괴롭힘을 당하는 학생들이 극단적인 선택을 하는 것도 매우 안타깝다. 예방이 중요하다. 꾸준하게 학생들이 서로에게 신뢰를 형성할 수 있는 교과활동과 협력적 사고를 기를 수 있는 활동을 늘려야 한다. 인간 그자체로 존엄한 존재임을 서로 인식하고 교육 활동 전반에서 인간의 가치를 교육해야 한다. 집단따돌림은 학교 폭력의 한 유형이지만 학생들이 가담함으로써 가해자 경험을 하게된다. 가담 정도의 차이가 있지만 가해자 경험은 또 다른 더 큰 잠재적 가해자가 될 수 있다. 위 지원자가 방관자를 없애는 교육을 강조한 부분은 이러한 면에서 매우 중요하다. 방관자를 잠재적 가해자로 섣불리 규정하기에는 한계가 있다. 하지만 방관자 방지교육을 통해 방관은 피해 규모가 커지는 것을 막을 수 있는 상황임을 인식할 수 있는 계기로 활용해야 한다. 요즘 유트뷰나 영상 문화에서 폭력이 미화되고 폭력의 수위가 높아지는 경향은 또 다른 학교 폭력의 기폭제가 되고 있다. 학생들이 이러한 영상물을 소비하며 모방 범죄가 늘어나고 있다. 가정에서 학교에서 학생들의 인성교육과 폭력 영상 시청 줄이기 등 예방 차원의 교육을 연계해야 한다. 학교에서 단발성에 그치는 교육이 아니라 가정과 연계하여 꾸준히 예방교육을 실시하여 피해자에게 혼자가 아니고 피해자 잘못이 아니라는 점을 인식해 주어야 한다. 또한 이들 피해자들이 교사와 가정에 피해사실을 알리고 도움을 요청할 수 있는 창구를 마련해 주어야 한다. 꾸준하고 의미있고 애정어린 교사의 관심과 가정의 돌봄이 큰 역할을 해야 한다.

**Q.** 〈보기〉의 빈칸을 채워 비유적 표현을 완성하고, 이를 바탕으로 초등 교육이 지향해야 할 바에 대해 자신의 생각을 이야기해 보세요.

〈보기〉

아이들은 (                    )와/과 같다.

학생답변

아이들은 거울과 같다. 이러한 문장을 완성한 이유는 초등학생들은 부모님과 교사의 행동을 가장 많이 보고 배운다고 생각합니다. 특히 초등학교 저학년 학생들의 경우에는 무분별하게 행동을 따라하는 경향도 나타나는 것으로 알고 있습니다. 이처럼 아이들은 어른들의 행동을 보고 배워 나아가 따라할 수 있기 때문에 초등교육이 지향해야 할 방향은 솔선수범이라고 생각합니다. 학교나 가정에서 배운 지식을 정작 가르친 사람들이 그 행동을 수행하지 않는다면 학생들에게 올바른 교육이 되지 않을 것이라고 생각합니다. 예를 들어 자신이 어지럽힌 부분은 스스로 치워야 한다고 배웠는데 교실청소 시 선생님의 책상까지 학생들이 정리한다면 배운 내용이 체화되기 어렵다고 생각합니다. 따라서 어른들에게 많은 영향을 받는 초등학생들의 교육에서는 솔선수범이 올바른 방향이라고 생각합니다.

김완 선생님의 방향성 잡기와 한 걸음 더 👣

이 문항은 자신의 의견을 논리적으로 전달하고 언어적 비언어적 표현을 잘 사용하는 의사소통 역량, 아동에 대한 관점이 교직 인성 측면에서 바람직하고, 초등 교육에 대한 자신의 신념이 잘 구축된 교직인성 및 전문성 개발 역량, 창의적인 관점으로 비유적 표현을 제시하고 비유적 표현에 부합하는 교육관을 설명하는 창의융합 역량을 파악하려는 문항이다.

'아이들은'이라는 제시어를 통해 지원자는 아동에 대한 지원자의 관점과 초등 교육의 지향을 읽고 답해야 한다. 아동의 특성을 나타내는 비유적 표현을 바탕으로 지원자는 초등 교육의 지향에 대한 의견을 논리적으로 명료하게 나타낼 수 있다. 미래 교사는 교육 현장에서 아이들을 교사의 눈높이에 비추어 교육하면서 어려움을 겪는다. 아이들은 계속 새로운 것을 배우며 성장한다. 동무들과 교사와 교육 과정을 통해 변화하고 지식을 내면화 한다. 그저 성장하고 있는 과정에 있는 아이들이다. 이들의 특성을 이해하지 못하고 아이들의 지식교육과 생활교육을 겸하는 교사들은 때론 아이들을 성숙한 인격체로 인식하여 생활지도를 한다. 이 과정에서 갈등이 발생한다. 교사는 아이들의 특성을 잘 이해하고 아이들이 가진 한계를 잘 극복하고 경험할 수 있는 기회를 제공해야 한다. 학교는 끊임없이 변화하는 학생에게 많은 기회를 주고 이 과정에서 실수하는 학생에게 교사는 방향을 제시하며 함께 성장한다. 아이들이 어떤 모습을 보여도 그것은 단지 성장하는 과정에 있고 아이들은 바람직한 인간상을 내면화 할 수 있는 대상임을 이해하는 교사의 교직관이 필요하다.

## 《 서울교육대학 》

**44** 서울교대 2024학년도 수시면접 오전 1번 문항

**Q.** 야구대회 결승전이 벌어지고 있다. 팀에서 타격 능력이 우수한 새록이의 마지막 타석이다. 감독은 확실한 승리를 위해 새록이에게 희생번트를 지시했다. 하지만 새록이는 감독의 지시를 거부하고, 타격하여 득점을 했다. 내가 감독이라면, 새록이를 어떻게 지도할 것인가? 그 이유는 무엇인가?

학생답변

제가 감독이라면 새록이에게 팀 경기에서 감독의 지도를 따르지 않은 점은 큰 잘못이라고 지도할 것입니다. 그 이유에 대해 두 가지 말씀드리겠습니다. 첫 번째 이유는 팀 스포츠에서는 개인의 욕심보다 팀의 안정적인 승리를 위한 노력이 우선시 되어야 한다고 생각하기 때문입니다. 이러한 상황이 지속될 경우 팀 내의 결속력을 저하시키게 되고, 이는 팀의 경기력에 영향을 끼칠 수 있습니다. 두 번째 이유는 감독의 지시 불이행으로 인해 감독의 권위가 무너질 수 있다고 생각하기 때문입니다. 팀 경기에서 감독의 지시를 따르는 것은 팀 내의 당연한 규칙입니다. 그러나 이를 어긴다면 결과가 좋더라도 결국 감독의 권위가 추락하여 팀을 관리하는데 악영향을 미치고, 팀이 공동의 목표를 수행하는데 어려움이 발생할 수 있습니다. 물론 잘못한 점을 지도한 후에 새록이의 개인능력으로 타격을 잘한 점은 칭찬해 줄 것입니다. 이러한 과정이 없다면 새록이의 능동적인 활동과 개인능력개발을 위한 노력을 저해할 수 있습니다. 하지만 팀 스포츠에서 개인보다 팀의 승리를 위해 최선을 다해야 한다고 생각하기 때문에 새록이가 다음에 비슷한 상황에서 팀을 위한 행동을 하도록 지도할 것입니다.

이 문항은 팀 경기에서 규율 준수의 중요성, 개인의 공명심과 팀의 안정적인 승리, 지시 거부로 인한 감독의 지도 관리 능력 훼손 등을 종합적으로 고려하여 논리적인 답변 제시로 창의력과 문제해결 능력 그리고 교직 인성에 대해 평가하려는 문항이다. 위 지원자는 두괄식 구성으로 자신의 의견을 명확하게 제시한 부분과 새록이가 감독의 지시에 불응했지만 득점한 점에 대해서는 좋은 피드백을 해준다고 제시한 점은 매우 우수하다. 교실 현장에서 학생을 칭찬하거나 부족한 부분을 지도할 때 학생들 앞에서 지도할 때와 분리 지도할 때를 감각적으로 선택해야 한다. 교사의 의도와 무관하게 학생들에게 잘못된 정보를 제공할 수 있어 교사는 조심해 선택해야 한다. 결과 만 능주의는 자칫 학생들에게 과정에서의 불공정을 용인하는 정서를 심어줄 수 있다. 새록이의 결과는 득점으로 이어져 결과적으로는 의미 있다고 볼 수 있지만 팀원 모두가 이러한 태도를 취한다면 팀은 어려움을 겪게 될 것이다. 감독의 판단과 다른 선수의 선택이 어떤 결과를 만들었는지 데이터를 분석해 사전에 개인의 선택의 가능한 범위에 대한 지시를 해두는 전략도 필요하다. 무조건 감독의 지시에만 의존한다면 이는 팀 스포츠라 해도 한계를 드러낼 수 있다. 유명한 축구 스타 데이비드 베컴은 맨체스터 유나이티드 선수 시절 감독의 지시 없이 하프라인 근처에서의 슛을 성공시키면서 선수들의 슛 지점을 넓혔다. 이후 먼 거리에서의 슛 성공은 축구 선수들의 기량 향상으로 이어지고 이는 축구 관람인 확대에도 지대한 영향을 미쳤다. 데이비드 베컴은 그 지점에서의 슛을 한 뒤 감독의 눈치를 봤다고 한다. 감독의 지시에 의한 팀 스포츠에서 쉽지 않은 선택이었지만 축구는 크게 발전했다. 교사의 미래를 고려한 학생의 지도 역시 이와 다르지 않을 것이다. 학생들의 성장을 위한 끊임없는 연구에 의한 지도라면 학생과 교사 모두 행복한 경험이 될 것이다. 어떤 규칙도 학생이 참여해 함께 정하고, 이를 어겼을 때의 책임도 학생이 함께 정한다면 합리적인 교실을 만들 수 있을 것이다.

**45** 서울교대 2024학년도 수시면접 오전 2번 문항

**Q.** 교육의 방식은 철도, 도로, 항해 모형에 빗대어 설명할 수 있다. 각 모형은 목적지에 도달하는 방식이 다르다. 철도 모형은 정해진 경로를 따르는 것이다. 도로 모형은 다양한 경로 중 최선의 경로를 탐색하여 선택하는 것이다. 항해 모형은 경로를 스스로 만드는 것이다. 교사 입장에서 각 모형이 지니는 장점과 단점을 설명하시오. 그리고 철도, 도로, 항해 모형을 효과적으로 적용할 수 있는 수업 상황을 각각 제시하시오.

학생답변

제가 생각하는 철도 모형의 장점은 교육을 효율적으로 진행할 수 있다는 점입니다. 교사가 체계화된 교육 방법을 활용하여 수업을 관리하기 수월하다고 생각합니다. 반면 철도

모형의 단점은 학생들의 자율성이 낮아 교사의 획일화된 교육으로 이어질 수 있습니다. 이로 인해 학생들의 수업참여도가 낮아질 수 있다고 생각합니다. 이러한 철도 모형은 학생들이 어려워하는 과목에서 개념을 이해시키는 수업 상황에서 효과적일 것입니다. 다음으로 도로 모형의 장점은 학생들이 학습 활동 과정에서 자신에게 맞는 방법을 선택할 수 있다는 점입니다. 학생들 스스로 결과를 예상하여 최선의 경로를 탐색하는 과정에서 문제해결능력이 길러질 것이라고 생각합니다. 반면 도로 모형의 단점은 교사가 수업을 위해 다양한 경로를 준비하는데 오랜 시간이 걸린다는 점입니다. 또한, 학생들은 교사가 제시한 경로만 선택할 수 있다는 한계가 있습니다. 이러한 도로 모형은 정해진 목표를 수행하는 코딩수업 상황에 활용하면 효과적일 것입니다. 마지막으로 항해 모형의 장점은 학생들의 자율성을 최대로 활용하여 다양한 결과가 나타날 수 있다는 점입니다. 이는 학생들의 다양한 요구를 반영할 수 있고, 학습흥미를 유발할 것이라고 생각합니다. 반면 항해 모형의 단점은 학생들의 능력에 따라 교육의 효과가 차이날 수 있다는 점입니다. 또한 학생들의 다양한 활동으로 인해 학습을 진행하는데 많은 시간이 소요될 수 있습니다. 이러한 항해 모형은 영재학생들의 발명수업 상황에 활용하면 효과적일 것입니다.

 김완 선생님의 방향성 잡기와 한 걸음 더 💬

이 문항은 철도, 도로, 항해 모형의 교육적 함의를 이해하고, 장단점을 분석하고 설명할 수 있는 논리력, 교육 현장에서 모형의 적절한 예시를 찾아내는 응용력 등 종합적 사고력을 평가하려는 문항이다. 교사는 각각의 모형을 교육 목표, 상황, 학습자의 특성을 종합적으로 고려해 수업에 적용해야 한다. 수업 운영의 주도권을 철도, 항해, 도로 등 은유로 제시하여 교육 목표의 효율적 달성과 학습자의 교육적 자율성 보장 사이의 다양한 문제 파악 능력을 파악할 수있다. 교육은 교수자와 학습자 간의 교육적 상호작용이 반복되는 과정이다. 이 과정에서 다양한 요인들에 영향을 받는다. 수업 운영 전반에 주도권 중심으로 교육 방식을 세 가지로 분류하자면 교사중심 교육, 학습자 중심 교육, 양자 혼합 방식 교육이다. 철도 모형은 안정적인 교육, 교수 학습 과정 전반을 효과적으로 관리 통제하는 장점이 있는 반면, 학습자의 자율성 보장이 어렵고, 획일화된 교육, 교사 주도의 형식화된 수업이 단점이다. 도로 모형은 학습자의 자율성이 어느 정도 보장되고, 학습자의 요구와 흥미도 부분적으로 반영되며, 학습활동의 과정과 결과 예측이 가능한 장점이 있는 반면, 교사의 수업 부담 가중, 주어진 선택지 외에 다양성이 결여되는 단점이 있다. 항해 모형은 학습자 자율성이 최대한 보장되고, 다양한 결과 산출, 학습자의 다양한 요구가 수용되는 반면, 시행착오를 겪을 가능성이 높고, 학습자의 능력에 따라 교육의 성과에 많은 차이를 나타내고, 학습 시간이 많이 소요되는 단점이 있다. 시행착오를 수용할 수 있는 시간적 여유가 없는 교육 환경에서 한계가 있다. 위 지원자는 이러한 은유로 표현된 수업 형태를 잘 이해하고 효과적인 적용을 제시해 좋은 답변이다. 학생들은 아직 완전히 한 방향으로 기질이 발현되지 않은 시기임을 감안할 때 다양한 수업 형태를 적절하게 활용하는 다양한 시도에 대한 내용을 첨가하면 좋을 것이다. 미래 교수자가 중등 교육에서 다양한 경험이 전제된 학습을 받을 수 있게 학습활동이 제공되면 좋을 것이다.

**46** 서울교대 2024학년도 수시면접 오전 3번 문항

**Q.** 생성형 인공지능은 대규모 데이터 세트를 기반으로 이용자의 요구에 따라 창의적인 산출물을 신속하게 만들어준다. 생성형 인공지능을 수업 상황에 도입할 경우, 교사의 역할에서 많은 변화가 예상된다. 이때 교사는 학습자에게 어떤 능력을 길러주는데 초점을 두어야 하는지 말하시오.

**학생답변**

제가 생각하는 생성형 인공지능을 활용한 수업에서 학생들에게 요구되는 능력 세 가지를 말씀드리겠습니다. 첫째, 올바르게 질문할 수 있는 능력이 필요하다고 생각합니다. 최근 챗GPT의 등장으로 이를 활용할 수 있는 사람과 그렇지 못한 사람으로 구분될 정도로 큰 영향을 미치고 있다고 생각합니다. 따라서 챗GPT의 활용능력을 향상시키기 위해서는 질문을 올바르게 할 수 있는 능력이 필수적이라고 생각합니다. 둘째, 인공지능이 생산한 정보를 비판할 수 있는 능력이 필요하다고 생각합니다. 현재의 기술이 완벽하지 않아 인공지능이 정확하지 않거나 사실이 아닌 조작된 정보를 생성하는 할루시네이션이 많다고 알고 있습니다. 따라서 인공지능이 제공한 정보들을 무조건으로 수용하기보다 비판적으로 사실여부를 올바르게 판단할 수 있는 능력이 필요하다고 생각합니다. 셋째, 규칙이나 원리를 파악하는 능력이 필요하다고 생각합니다. 현대 사회에는 방대한 정보가 제공되고 지식 또한 급격하게 변화되고 있습니다. 이러한 상황에서 방대한 정보를 규칙에 의해 정리하고, 기본적인 원리를 파악한다면 변화되는 지식을 이해하는데 도움이 될 것이라고 생각합니다. 이에 저는 생성형 인공지능이 도입된 수업 상황에서 교사가 학생들에게 올바르게 질문 할 수 있는 능력, 비판적으로 사고할 수 있는 능력, 규칙이나 원리를 파악하는 능력을 길러주는데 초점을 두어야 한다고 생각합니다.

김완 선생님의 방향성 잡기와 한 걸음 더 💬

이 문항은 정보사회에서 지식과 기술이 활용되는 분야의 급격한 변화를 이해하고, 복잡한 종류의 자료들을 수집, 분석, 활용하기 위한 컴퓨팅 기술의 역할과 중요성을 습득하고, 학교에서 교수자의 역할 변화 측면에서 학습자의 능력을 향상시키기 위한 방향을 제시하는 교직 소향을 판단하려는 문항이다. 인공지능은 학교 활용도가 매우 높아졌다. 이러한 현상에 대한 문제의식을 갖는 능력, 문제에 대한 답을 찾기보다 질문할 수 있는 능력, 암기보다 원리 이해 능력, 가장 중요한 능력은 인공지능이 생성한 산출물에 대한 무분별한 수용이 아닌 비판적 수용 능력이 매우 중요하다. 물론 인공지능이 창의적 결과물을 제시할 가능성이 매우 높아졌다. 지원자는 적절한 이유나 근거를 바탕으로 창의적 답변을 해야 한다. 지시문 활용이나 단순한 답변은 피해야 한다. 위 지원자는 질문의 중요성과 할루시네이션 등의 이유와 근거를 제시한 우수한 답변을 해 원리에 대한 이해 능력을 잘 표현했다. 학교 교육에서 인공지능 활용도가 매우 높아지고 있다. 특히 생성형 인공지능은 아주 많은 창의적 영역 일자리도 대체하고 있다. 이러한 현상은 사회문제가 되었고 심지어 학생들이 마약을 손쉽고 싸게 구매할 수 있게 정보를 제공하거나 극단적 선택의 방법을 제공하는 등 우리 생활 전반에 악영향을 미치고 있는 실정이다. 인공지능이 이미 우리 교육에 지대한 영향을 미치고, 디지털 세상에 대한 이해도가 경쟁력이 된 시대를 외면할 수는 없다. 이러한 상황에서 교사가 학습자를 미래 지향적 관점에서 능력을 길러주려면 디지털 소양 및 인공지능 활용 역량을 갖추어야 한다. 전통적인 교수학습으로 지식을 전달하고 기억하는 수업에서 정답을 찾기보다 문제를 발견하고 효과적인 문제 해결의 과정을 발견할 수 있는 역량을 기르도록 지도해야 한다. 학습자가 답을 찾을 수 있는 방법이 공개되어 있는 지식정보화 시대를 넘어 어떤 질문을 하느냐에 따라 창의력을 갖출 수 있는 시대다. 차별화된 질문을 하기 위해 정확한 지식 습득이 오히려 더 중요한 시대다. 학생들이 풍부한 독서를 통해 정확한 정보를 구별할 수 있는 능력을 갖추게 지도하면 좋을 것이다.

 **47** 서울교대 2024학년도 수시면접 오후 1번 문항

**Q.** 한국초등학교 합창단이 전국 합창대회를 준비 중이다. 합창대회에서 입상하려면 가장 능력이 우수한 학생이 독창 파트를 맡아야 한다. A 교사는 가창 능력이 우수한 새록이에게 독창을 맡기려 하였다. 그런데 합창단원들은 청람이에게 독창을 맡길 것을 요청하였다. 청람이는 가창능력이 다소 부족하지만 대회 준비에 기여도가 높은 학생이다. 내가 A 교사라면, 누구에게 독창을 맡길 것인가? 그 이유는 무엇인가?

학생답변

제가 A 교사라면 당사자인 새록이와 청람이 두 학생의 생각을 들어보고 싶습니다. 왜냐

하면 학생들의 자발적인 의사 없이 주위의 생각만 반영된 결과일 수 있기 때문입니다. 이에 두 학생들의 생각에 따른 저의 선택을 말씀드리겠습니다. 먼저 한 학생만 독창에 대한 의지가 있을 경우에는 당연히 그 학생에게 독창을 맡길 것입니다. 왜냐하면 대회 입상이나 주위의 생각보다 당사자인 학생들의 의지가 더 중요하다고 생각하기 때문입니다. 다음으로 두 학생 모두 독창에 대한 의지가 없다면 독창 파트를 합창 파트로 변경하여 진행하거나 다른 학생의 지원을 받을 것입니다. 마지막으로 두 학생 모두 독창에 대한 의지를 보인다면 연습시간은 길어질 수 있지만 두 학생 모두에게 독창 파트를 연습시킬 것입니다. 이러한 선택을 한 이유 두 가지를 말씀 드리겠습니다. 첫 번째는 새록이가 독창을 연습하는 과정에서 다른 학생들에게 인정받을 만큼 대회 준비에 기여도가 올라갈 수 있기 때문입니다. 대다수의 초등학생들은 역할을 부여받았을 때 더욱 책임감을 가지고 공동체에 기여한다고 알고 있습니다. 두 번째는 청람이의 실력향상을 기대할 수 있기 때문입니다. 초등학생들의 아직 발견되지 않은 다양한 잠재능력이 있을 수 있다고 생각합니다. 물론 두드러지게 새록이의 참여도가 올라가거나 청람이의 실력향상이 나타나지 않을 수 있습니다. 또한, 대회 입상과 합창단 구성원들의 의견을 존중하는 것도 중요할 수 있습니다. 그러나 기존에 준비했던 대회와 더불어서 다른 합창대회에 참가하여 두 학생 모두에게 독창 기회를 한 번씩 제공한다면 대회입상과 의견존중 두 가지 입장 모두를 충족시킬 수 있다고 생각합니다. 따라서 저는 두 학생 모두 독창을 하려고 한다면 두 학생 모두에게 기회를 제공할 것입니다.

 김완 선생님의 방향성 잡기와 한 걸음 더 ♪♪

이 문항은 공동체의 의사결정 과정에서 갈등이 발생했을 때 특히 교수자와 구성원 사이에 의사결정 과정에서 교수자의 판단에 대한 질문을 통해 지원자의 갈등 해결 능력과 논리적인 답변을 요구해 교직 인성을 파악하려는 문항이다. 위 지원자는 다양한 갈등 상황에서 평화적 해결책을 제시하고 사회통합을 위한 구체적인 방안을 제시해 교직 인성에 대해 적절하게 답했다. 다만 누구에게 독창을 맡겨야 하는지 선택하지 않고 다양한 방안 제시에 그쳐 아쉽다. 교수자는 다양한 방법을 통해 결정하고 그 결정은 구성원이 동의할 수 있게 공정해야 한다. 대회 입상이라는 현실적인 목표 달성을 위한 선택에서 학급 구성원들의 의견 수렴도 매우 중요하다. 학습자들은 구성원으로서 문제해결력과 공동체 의식을 기반으로 합리적이고 민주적인 의사결정을 존중하는 태도를 함양해야 한다. 교수자는 하나를 선택해 정당화 하는 과정에서 다른 선택을 존중하는 태도를 기를 수 있게 지도하고, 정당한 의사결정에 모두 참여할 수 있는 기회를 공정하게 제공해야 한다. 학교 생활에서 습득한 민주적 의사결정 경험은 미래 우리사회의 중요한 자산이 된다. 합창대회 입상의 기쁨과 대회 기여도의 가치 사이의 의사결정 과정에서 학생들은 어떤 결정에도 존중의 가치를 배우는 기회가 될 수 있다. 어떤 것을 선택한 것이 아니라 선택하지 않은 것이 가진 가치를 학습한 소중한 경험이 될 것이다.

**48** 서울교대 2024학년도 수시면접 오후 2번 문항

**Q.** 교사와 B 교사는 동일한 교육 내용으로 수업을 실시하였다. A 교사의 수업에서 학습자는 심리적 부담을 느끼며 활동에 소극적으로 참여하였다. 반면 B 교사의 수업에서 학습자는 심리적 부담 없이 활동에 자발적으로 참여하였다. 두 교사의 수업에서 어떤 요인들이 학습자의 반응에 영향을 주었을지를 생각하여 말하시오. 또 학습자가 심리적 부담을 느끼지 않고 적극적으로 수업에 참여할 수 있는 방안을 제안하시오.

---

학생답변

학습자의 반응에 영향을 미친 요인에 대한 저의 생각을 세 가지 말씀드리겠습니다. 먼저 교사가 학습자의 수준을 충분히 고려하지 못한 수업이 요인으로 작용할 수 있다고 생각합니다. 예를 들어 초등학생들이 수행하기 어려운 활동을 제시하였을 경우 학습자들이 심리적인 부담을 느낄 수 있습니다. 다음으로 주입식 교육 방법이 요인이라고 생각합니다. 주입식 교육의 경우 교사중심의 교육으로 학습자가 제한된 시간 내에 수업내용을 이해하지 못할 경우 활동에 소극적이 될 수밖에 없습니다. 마지막으로 교사의 강압적인 어투가 요인이라고 생각합니다. 특히 초등학생들의 경우에는 교사의 강압적인 어투가 심리적 위축에 큰 영향을 미칠 것이라고 생각합니다. 이러한 요인들을 고려하여 학습자가 심리적 부담을 느끼지 않고 적극적으로 수업에 참여할 수 있는 방안에 대해 말씀드리겠습니다. 먼저 교사는 학습자의 수준을 파악하기위해 충분한 관찰을 하고, 학습자 중심의 수업을 구상하여야 합니다. 또한 교사가 학습자의 심리적 안정을 위해 친근한 어투로 수업을 진행해야 합니다. 이상입니다.

**김완 선생님의 방향성 잡기와 한 걸음 더** 👀

이 문항은 학습자의 반응에 영향을 미치는 교수자의 태도 및 인지적 발달 단계 고려, 동기 유발 요소 활용, 학습자 중심 교육 방법 활용, 학습 내용 전달시 친근한 화법 활용, 사전 준비 등의 능력에 대한 교직관과 교육적 자질을 판단하려는 문항이다. 위 지원자는 초중고 시절의 경험이 드러나는 답변으로 교직 인성이 잘 드러난 우수한 답변

을 했다. 교수자는 학습자의 인지적 발달 단계에 대한 철저한 사전 연구가 이루어진 학습활동을 제공해야 한다. 학습자 중심의 교수학습 모형을 활용하고 아무리 시간이 걸려도 친근하게 래포를 형성해 학습에 참여할 수 있게 지도해야 한다. 하지만 많은 교수자가 다수의 학생을 함께 지도하며 이러한 상황을 매번 실시하는데 한계를 느낀다. 학습자가 포기해도 교수자는 다양한 방법으로 지도해야 한다. 더구나 학습자가 포기하지 않는 상황에서 교수자는 절대 이런 학습자를 포기해서는 안된다. 동료 장학을 활용해 다양한 방법을 습득하고, 거꾸로 교실 등을 활용하여 학습자가 성장할 수 있는 기회를 제공해야 한다. 교사가 포기하지 않으면 학생은 성장한다. 교사의 관심은 소극적인 학습자를 변화시킬 수 있다. 학습격차로 이어지는 사다리에서 내려와야 미래 사회의 주역으로 성장한다. 학습자가 학습의 어려움을 교수자의 도움으로 극복한 경험은 다른 많은 문제를 해결하는데 동기부여가 될 것이다. 우리 사회의 건강한 구성원 양성은 어린 시절 교육 경험이 결정한다. 언제나 적절한 도움을 받았던 학습자는 다양한 문제해결력을 갖춘 우리 사회의 건강한 시민으로 성장한다.

**49** 서울교대 2024학년도 수시면접 오후 3번 문항

**Q.** 오늘날 교사는 온라인 네트워크를 통해 교실을 글로벌 교육 공간으로 활용할 수 있다. 글로벌 교육 공간이란 시공간을 초월하여 다른 나라의 학생들과 함께 수업할 수 있는 공간을 의미한다. 교실을 글로벌 교육 공간으로 활용하기 위해 교사가 갖추어야 할 역량을 설명하시오.

학생답변

저는 교사가 갖추어야할 중요한 역량은 컴퓨터 활용능력과 교육설계능력이라고 생각합니다. 왜냐하면 시공간을 초월하기 위해 컴퓨터 활용능력이 없이는 불가능하다고 생각하기 때문입니다. 예를 들어 교사가 최신 프로그램을 자유자재로 활용할 경우 수업이 진행되는 동시에 다양한 언어로 통역되어 학생들의 이해를 도울 수 있고, 다양한 콘텐츠를 활용한 창의적 수업이 가능할 수 있습니다. 또한 교육설계능력이 부족할 경우 국가별로 다른 교육과정을 통합한 수업을 진행할 수 없다고 생각합니다. 물론 교사가 다양한 언어능력과 문화이해 능력을 통해 학생들에게 효과적인 수업을 진행할 수도 있습니다. 그러나 4차 산업혁명시대에 맞춰 최신기술을 활용할 경우 보다 효율적이고 창의적인 수업을 진행할 수 있다고 생각합니다. 따라서 저는 컴퓨터 활용능력과 교육설계능력이 글로벌 교육 공간을 활용하기 위해 교사가 갖추어야 할 역량이라고 생각합니다.

김완 선생님의 방향성 잡기와 한 걸음 더 👀

이 문항은 온라인 네트워크 활용 가능한 시대에 시대가 요구하는 역량을 갖추어 물리적 공간으로 제한된 교실공간이 최신의 기술을 통해 글로벌로 확장되는 모습에 적응할 수 있는 지원자의 이중 언어 사용 능력, 디지털 기기 활용 능력, 글로벌 시민 양성 능력, 상호 문화 이해 능력 등 확장가능한 교사의 역량을 파악하는 문항이다. 위 지원자는 글로벌 교육 환경의 핵심 요소인 컴퓨터 활용능력과 교육설계능력을 말함으로써 교수자의 덕목을 잘 표현했다. 이를 잘 수행하기 위한 이중 언어 구사 능력 함양을 제시하면 더 좋았을 것이다. 요즘 학습자는 디지털 기기 활용 능력 우수자가 많다. 그만큼 온라인 세상에서의 위험에도 노출되어 있는 것이 매우 안타깝다. 디지털 리터러시 교육을 실시하여 학생들이 위험에 빠지지 않게 돕고, 세계시민 교육을 통해 상호 존중 및 글로벌 시민성 함양 교육을 병행해야 한다. 코로나 19로 인해 온라인 수업 경험이 풍부해 시공간을 초월한 수업은 수월하다. 학교에서는 디지털 기기의 활용이 차등화되지 않게 제공되어 디지털 학습 격차를 줄이고 교수자는 학생 스스로 다양한 학습 기회를 활용할 수 있게 꾸준히 관심을 가져야 한다.

**50** 서울교대 2024학년도 정시면접 오전 1번 문항

**Q.** 교내 수영 대회에 출전할 학급 대표로 1등을 한 청람이를 추천하려고 한다. 그런데 간발의 차이로 2등을 한 사향이는 청람이가 부정 출발을 했다며 자신이 대표가 되어야 한다고 주장한다. 자신이 교사라면 이 상황을 어떻게 해결할 것인지 이유를 들어 설명하시오.

학생답변

저는 교사로서 사실을 파악하기 위해 학생들과 대화를 할 것입니다. 정말로 청람이가 부정 출발을 해서 1등을 한 것인지 단순한 오해로 인해서 발생한 상황인지 파악하는 것이 중요하다고 생각합니다. 이러한 과정에서 학생들 사이에 관계가 틀어지지 않도록 두 학생의 이야기를 충분히 들어줄 것입니다. 만약 청람이의 부정 출발이 밝혀진다면 학생들에게 규칙을 준수하는 것에 대한 중요성을 교육하고, 공정한 경쟁을 위해 노력할 수 있도록 지도할 것입니다. 반면 단순한 오해로 밝혀진다면 사향이가 청람이에게 사과할 수 있도록 지도하고, 확실한 근거 없는 주장이 다른 학생들에게 미칠 영향에 대해 교육할 것입니다. 물론 어떠한 선택을 하던 두 학생 모두 만족하는 결과로 이어지기 어려울 수 있습니다. 하지만 교사가 학생의 이야기를 경청하고 각각의 입장을 공감하여 지도한다면 두 학생들이 수용할 수 있는 선택을 할 수 있을 것입니다. 따라서 저는 학생들과 대화를 통해 사실여부를 파악하여 상황을 해결할 것입니다.

이 문항은 딜레마 상황에서 지원자의 문제해결 역량을 파악하려는 문항이다. 내용을 수용하거나 거부할 때 상대방을 비롯한 다른 학생들을 배려하고 또 고려해야 하는 요소를 논리적으로 말하는 과정에서 지원자의 교직인성을 파악할 수 있다. 위 지원자는 경청을 말함으로써 교직인성을 잘 드러냈다. 한편 사향이와 청람이 외에 다른 학생의 의견을 수렴하는 내용을 말하지 않아 아쉽다. 지문에 내용이 없다하더라도 교육 현장에서 유추할 수 있는 상황이기 때문이다. 또한 교사의 부주의한 점에 대한 내용도 말하면 좋았을 것이다. 사향이가 교사의 판정에 대해 말하기는 어려웠을 것을 감안해 답하면 좋았을 것이다. 교수자는 규칙 준수, 공정, 정직, 자기 책임감 등의 가치를 학생들이 내면화할 수 있게 교육해야 한다. 사향이의 의견을 수용하면 규칙 준수의 가치, 공정성 유지의 가치의 중요성을 지도할 수 있다. 반면 사향이의 의견을 수용하지 않는다면 규칙 미준수에 대한 명확한 근거를 제시하지 못하고, 공정성 측면에서 역차별, 수용 불가 이유를 설명하지만 사향이가 공정에 대해 의구심을 갖게 된다. 교사는 판정에 있어 자기 검열에 대한 태도도 표현해야 한다. 학생들이 교사의 권위에 맞서 의구심을 표현하기에는 한계가 있다. 학교에서 공정성의 가치를 경험한 학생들은 배려와 존중의 가치를 내면화하여 공감능력을 함양할 수 있을 것이다.

**51** 서울교대 2024학년도 정시면접 오전 2번 문항

**Q.** 인공지능을 활용한 개인 학습 시대가 도래함에 따라 미래 교육 방식에 있어서 '학교는 존속해야 한다'는 의견과 '학교는 더 이상 필요하지 않다'는 의견이 있다. 이 두 입장에 대해 각각 근거를 말하고, 학교의 존속 여부에 대한 자신의 견해를 논하시오.

학생답변

학교가 존속해야 한다는 입장의 근거는 학교에서 단순한 지식만을 배우는 것이 아니기 때문입니다. 우리나라의 학교의 목적은 학생들의 신체적, 지적, 정서적, 사회성 등을 조화롭게 발달시키는 전인교육으로 알고 있습니다. 이를 위해 학교라는 많은 친구들과의 상호작용하는 공간이 필요하다는 입장입니다. 반면에 학교가 필요하지 않다는 입장의 근거는 최근 인공지능의 발달로 개인이 학습할 수 있는 다양한 방법들이 개발되었기 때문입니다. 인공지능의 빅데이터 및 딥러닝 기술을 활용할 경우 학습자의 맞춤교육이 진행될 수 있습니다. 또한 코로나-19로 인해 VR, AR 등을 활용한 다양한 비대면 교육 콘텐츠가 개발로 다른 학생들과의 소통 대체가 가능하다는 입장입니다. 저는 이 사안에 대해 학교는 존속해야 한다고 생각합니다. 왜냐하면 아무리 VR, AR 등이 사실적으로 발달되어도 완벽하게

학습자의 심리적인 요인까지 대체하기는 어렵다고 생각하기 때문입니다. 물론 인공지능을 활용하면 학습자의 수준을 파악하여 문제를 제시하거나, 이해하지 못한 개념을 제시하고, 창의적인 방법을 활용한 수업 등의 다양한 교육이 이뤄질 수 있습니다. 그러나 시간이 많이 소요되어도 학생 스스로 본인의 수준을 파악하는 과정을 통해 메타인지를 기를 수도 있고, 고민하는 과정을 통해 더 큰 성취감을 가질 수도 있습니다. 따라서 4차 산업혁명 다양한 기술들을 활용한 다양한 수업을 진행하되 학교는 존속되어야 한다고 생각합니다.

 **김완 선생님의 방향성 잡기와 한 걸음 더** 🦶

이 문항은 인공지능이 개인의 삶, 사회와 직업을 어떻게 변화시키는지 탐색하고 인공지능 역할의 필요성과 중요성을 이해하고 있는지 파악하기 위한 문항이다. 인공지능 만능시대에 학교의 기능이 단순한 지식 전달에 그친다면 학교 무용론에서 자유롭지 못하겠지만 학습자는 지식 습득뿐 아니라 사회성, 협력 등 사회 구성원으로서 갖추어야 할 덕목은 학교 활동을 통해 내면화 할 수 있다. 학교는 존재해야 학생들의 성장의 발판이 된다. 위 지원자는 학교 필요의 예와 불필요 예를 적절히 잘 표현했고 인공지능의 여러 기능 중 학습자에게 중요한 기술인 딥러닝 등을 사용하여 필요한 정보를 잘 전달했다. 학교의 기능 중 기초 교육은 학생들이 앞으로 문제를 해결할 때 너무도 중요한 핵심 교육이다. 더불어 사회문화적 교류를 통해 관계를 형성하고 시민 참여 능력을 향상시키는 장소다. 이밖에도 자기개발, 진로교육 등의 기회를 제공한다. 반면 학교의 의미와 학교 공간에 대한 인식은 빠르게 변화했다. 홈스쿨링 증대 등 교육 형태는 다변화 했고 특히 대학 입시와 취직만을 위한 공간으로 인식해 배움을 위한 외주업체 정도로 인식하는 경향이 확산되고 있다. 인공지능 시대에 학교는 기존의 모습에서 벗어나 학생들에게 새로운 기회를 제공해야 한다. 특히 교수자는 인공지능이 학교 교육과 접목되면서 갖추어야 할 인공지능 활용 기술을 습득해야 한다. 학교 교육의 패러다임이 변화하고 있다. 그 변화의 중심에 학교 기능의 중요성이 있다. 인공지능 활용에 익숙한 학생들이 학교 공간에서 성장의 필요성을 깨닫고 인공지능을 접목해 역량을 기를 수 있게 학교 공간이 활용되어야 한다.

**52** 서울교대 2024학년도 정시면접 오전 3번 문항

**Q.** LMS(Learning Management System)는 학습 과정에 필요한 다양한 기능과 도구를 제공하는 소프트웨어 플랫폼이다. 게이미피케이션(gamification)을 통해 게임적 요소를 LMS에 통합할 경우 학습자 입장에서의 긍정적 효과를 설명하고, 나타날 수 있는 문제점들과 이에 대한 해결 방안을 설명하시오.

제가 생각하는 긍정적인 효과를 두 가지 말씀드리겠습니다. 첫 번째는 학습자의 활동에 대한 흥미 요소와 즉각적인 결과를 통해 학생들의 학습 동기를 향상시키는 효과입니다. 제가 경험한 카훗의 경우 신나는 음악과 제한시간을 통해 긴장감이 고취되고, 문제풀이와 동시에 제공되는 점수를 통해 경쟁심을 유발하여 학습 동기가 자극되었습니다. 두 번째는 학습 목표를 달성함에 따라 제공되는 보상을 통해 학생들의 학습 동기를 향상시키는 효과입니다. 제가 경험한 듀오링고의 경우 언어학습과정에서 문제를 풀거나 목표를 달성할 때마다 보상으로 제공되는 도장을 수집하는 과정에서 학습 동기가 자극되었습니다. 그러나 이러한 플랫폼을 수업에 적용하였을 때 학습자들의 이후 다른 수업에 집중을 방해하는 요소가 될 수 있습니다. 또한 교육목표와는 상관없는 단순한 게임적인 요소에만 집중하거나, 중독될 수도 있습니다. 나아가 학습자가 플랫폼에 익숙해짐에 따라 더 이상 흥미를 느끼지 못할 수도 있습니다. 이러한 문제들을 해결하기 위해 교사는 수업의 마무리 단계에서 학생들의 이해도를 파악하는 용도로 사용하고, 명확한 교육목표를 인지시켜 게임적인 요소를 효과적으로 활용할 수 있도록 지도해야 합니다. 또한, 계획적으로 콘텐츠를 업데이트 하여 학생들의 지속적인 흥미를 유발한다면 이러한 문제를 해결할 수 있다고 생각합니다.

 김완 선생님의 방향성 잡기와 한 걸음 더 💬

이 문항은 게이미피케이션의 게임적 요소가 적용된 LMS를 잘 활용하는 교사의 역량을 평가하려는 문항이다. 정보기술의 발달과 소프트웨어가 개인의 삶과 사회에 미친 영향과 가치를 분석하고 학습자가 이러한 요소를 활용할 수 있도록 지도할 수 있는 역량이 있는지 파악하려는 것이다. 위 지원자는 이러한 부분에 대한 뚜렷한 인식을 바탕으로 자신의 관점을 잘 표현했다. 학교 공간에서 교수자는 학습자에게 다양한 기능과 도구를 활용한다. 게임적 요소가 적용된 LMS는 학생들의 흥미를 유발하고 적절한 경쟁도 유발할 수 있다. 또 즉각적인 보상이 주어진다. 학생의 학습동기 고취는 매우 긍정적으로 평가한다. 하지만 문제점에 대한 의견이 많다. 특히 게임적 요소가 중독과 연결되는 점은 매우 우려된다. 학습 과정 플랫폼에 게임적인 요소가 들어갔을 때 중독과 연결된다면 중독의 특성 상 다른 중독의 매개체 역할을 하기에 적절한 규제가 필요하다. 게임요소는 학습 초기에는 뚜렷한 효과가 있지만 반복되는 자극에 둔감해 지면 교육적 효과를 기대하기 어렵다. 오히려 학습 의욕 저하 요인이 될 수 있다. 따라서 주기적으로 업데이트해야 한다. 이는 비용이 계속해서 발생한다는 점에서 우려된다. 학습자마다 게임적 요소에 대한 선호도 차이와 수준 차이도 문제다. 학습자는 스스로 학습할 수 있는 생각의 힘을 길러야 한다. 이 제도 도입 후 효과를 면밀히 분석하여 학습 과정에 반영해야 한다.

**53** 서울교대 2024학년도 정시면접 오후 1번 문항

**Q.** 운동회 청백 계주에 참가할 학급 대표가 연습 중 부상을 당했다. 학생들은 두 번째로 달리기를 잘하는 새록이가 출전해야 한다고 주장하고 있다. 그런데 새록이는 자신이 원래 학급 대표가 아닌데다가 계주에서 질 경우 친구들로부터 비난받을 수도 있다는 것을 염려하여 주저하고 있다. 자신이 교사라면 어떻게 교육할 것인지 이유를 들어 설명하시오.

### 학생답변

저는 새록이의 입장과 학생들의 입장을 모두 존중하여야 한다고 생각합니다. 이를 위해 먼저 학생들에게 목표한 결과가 나오지 않더라도 학급 대표를 비난하지 않도록 지도할 것입니다. 예를 들어 학생들에게 결과보다 서로 협력하여 노력하는 과정에서 끊임없는 소통과 응원으로 학생들 사이에 유대감을 길러주는 방법을 통해 비난을 막을 것입니다. 이런 과정을 통해 새록이의 부담을 줄여주어 출전하도록 설득할 수 있다고 생각합니다. 이러한 노력에도 불구하고 지속적으로 출전하는 것을 주저한다면 새록이의 의견을 존중해야 한다고 생각합니다. 다른 학생들에게 새록이의 판단을 존중하고 이해할 수 있도록 지도하고, 다른 학생을 학급 대표로 선발할 것입니다. 따라서 저는 결과에 대한 학생들의 비난을 막아 새록이를 설득해보고, 그럼에도 주저한다면 서로의 입장을 이해할 수 있도록 지도하여 다른 학생을 선발하는 방법으로 교육할 것입니다.

### 김완 선생님의 방향성 잡기와 한 걸음 더 👣

이 문항은 새록이와 학생들 간의 갈등이 고조되는 문제 상황에서 지원자가 도덕적 민감성을 바탕으로 올바른 판단을 내릴 수 있는지, 합리적인 근거를 들어 설명할 수 있는 교직인성에 대해 파악하려는 문항이다. 위 지원자의 답변은 두 입장을 잘 고려해 균형 잡힌 사고를 잘 보여주었다. 구성원은 합리적 근거에 의한 결정을 수용하고, 다른 의견에 대한 존중을 학습해야 한다. 이러한 성장은 그 사회의 경쟁력이 된다. 학생들이 학급 대표에게 결과에 대한 책임만 묻는다면 쉽게 도전하지 못한다. 노력한 과정에 의미를 부여하고 비난하지 않는 성숙한 의식을 갖추어야 한다. 평화적인 갈등 해결 경험이 쌓여 더 복잡한 문제해결력을 기를 수 있다. 학교에서 문제해결을 위해 상대에 대한 배려, 도전의식, 자신감 고취, 민주적 의사결정 등의 가치를 학습해 성숙한 민주시민으로 성장해야 한다.

**Q.** 일부 인플루언서들은 자신의 사회적 영향력을 확대하기 위해 대중이 관심을 보일 만한 주제들을 소셜미디어(social media)로 소개한다. 이러한 목적을 위해 소셜미디어를 활용할 때 나타날 수 있는 부작용의 예를 들고, 이를 완화하기 위한 교육적 방안을 설명하시오.

**학생답변**

먼저 제가 생각하는 부작용의 예시를 두 가지 말씀드리겠습니다. 첫째, 저는 인플루언서들이 제공하는 가짜뉴스가 부작용이라고 생각합니다. 최근 우리나라는 국민들의 문해력이 감소하고 있다고 알고 있습니다. 이에 영향력을 가진 인플루언서들의 정보를 무비판적인 수용으로 이어지는 경우가 증가하고 있다고 생각합니다. 둘째, 저는 인플루언서들이 두 집단을 갈라치기하는 행위가 부작용이라고 생각합니다. 한 집단에서 요구하는 자극적인 정보를 제공하여 다른 집단을 혐오하게 만들어 본인의 영향력을 확보하는 경우가 많다고 생각합니다. 이에 특히 온라인에서 성별, 지역감정, 인종 등 서로에 대한 무조건적인 배척이나 폭력적인 표현이 증가하고 있다고 생각합니다. 이러한 부작용을 완화하기 위해 학생들에게 디지털 미디어 교육을 실시해야 한다고 생각합니다. 학생들이 정보를 수집하는 과정부터 편향되지 않도록 다양한 정보를 수집 및 공유하는 방법을 교육하고, 사안을 다각적인 시선에서 바라볼 수 있도록 교육해야 한다고 생각합니다. 이러한 교육을 위해 본인의 주장을 논리적으로 할 수 있는 수업과 서로를 존중하는 토의토론 수업이 선행되어야 한다고 생각합니다.

 **김완 선생님의 방향성 잡기와 한 걸음 더** 🎧

이 문항은 인플루언서들이 영향력 확대를 위한 거짓정보 제공, 개인의 욕망에 기반한 자극적인 정보제공, 개인정보 유출, 저작권 문제가 발생, 그리고 이를 소비하는 사람들의 원하는 정보에 대한 맹목적 신뢰, 사회적 관계의 불균형 심화, 혐오, 폭력적 표현의 일상화, 소셜미디어 중독 등 문제에 대한 이해도와 교육적 대안제시를 함으로써 지원자의 문제해결 능력과 창의력, 교직인성에 대한 역량을 파악하려는 문항이다. 현재 학교에서 일어나는 문제 중 SNS로 인해 발생하는 문제가 많다. 일부 인플루언서 들은 사회적 관심을 유발할 수 있는 주제를 선정해 많은 이익을 내고 좋은 영향력을 끼치는 직업군으로 자리 잡았다. 사회적 신뢰도 높은 편이다. 개인의 관심사가 타인에게 필요한 정보를 제공하는 사회로 변화하는데 중요한 역할을 하고 있다. 특히 미디어의 발달로 인플루언서들의 차별화된 관심사가 대중의 인기를 끌고 있다. 고용 없는 성장시대에 새로운 일자리 창출 면에서는 참으로 다행이다. 반면 부작용도 발생한다. 이들을 소비하면서 거짓 정보에 노출되고 개인 정보 유출 문제도 심각하다. 노력의 가치보다 남에게 보여지는 삶을 중요시하며 일확천금을 꿈꾸거나 요행을 바라는 심리 확산은 매우 안타깝다. 사회성과 윤리성 파괴 문제도 발생한다. 미디어 리터러시 교육이 더 중요하다. 교사는 학생들에게 비폭력적 표현방법을 지도하고, 편향되지 않은 정보 공유의 중요성을 알려주어야 한다. 개인정보가 어떻게 유출되는지, 유출로 인한 문제의 종류와 대처방안 등에 대한 교육이 필요하다. 교사는 학생들을 주기적으로 상담하여 학생들이 어떤 문제에 노출되었는지 파악하여 지도하면 좋을 것이다. 가장 먼저 교사의 도움을 받을 수 있는 프로그램을 꾸준히 실시해 미래 사회 주역인 이들이 소셜미디어로 인해 발생되는 문제를 해결할 수 있게 도와야 한다.

**55** 서울교대 2024학년도 정시면접 오후 3번 문항

**Q.** 사이버 도박 위험군으로 조사된 청소년의 연령이 점점 낮아짐에 따라 여성가족부는 올해부터 사이버 도박 진단 조사 대상에 초등학생을 포함하기로 했다. 사이버 도박 위험군 학생에게 나타날 수 있는 문제 상황을 말하고, 청소년 사이버 도박의 폐해에 대처할 수 있는 방안을 설명하시오.

**학생답변**

먼저 문제 상황은 도박 자금을 확보하기 위해 범죄를 저지를 수 있습니다. 예를 들어 다른 학생들에게 금품을 갈취하거나 훔치는 행위 등이 발생할 수 있습니다. 또한 쉽게 돈을 벌어 돈에 대한 잘못된 가치관이 형성될 수 있고, 잘못된 길로 빠져들 수 있습니다. 반면 돈을 잃어 어린 나이에 빚이 생길 수 있습니다. 이는 학생들의 자살까지 이어져 청소년 자살률에도 영향을 미치고 있다고 생각합니다. 이러한 문제를 해결하기 위해 가정에서는 학생과 학부모의 끊임없는 소통을 통해 학생들의 상황파악에 노력하고, 물질만능주의에서 탈피하도록 도와주어야 한다고 생각합니다. 학교에서는 사이버 도박으로 나타난 사례 등을 제시하여 학생들에게 금융 교육을 실시해야 한다고 생각합니다. 가정과 학교에서 교육하는 것에서 그치지 않고 사회에서는 관련법과 규제를 강화하여 사이버 도박의 폐해를 막기 위해 노력하고, 돈으로 범죄를 덮는 일 등 모든 것을 해결하는 사례가 사라지도록 노력해야 한다고 생각합니다. 따라서 청소년 사이버 도박 문제를 해결하기 위해 가정, 학교, 사회에서 모두 함께 노력해야 한다고 생각합니다.

이 문항은 사이버 중독 예방과 청소년의 건강을 위협하는 다양한 원인을 분석하고, 정보사회에서 사이버 공간에서 일어나는 사이버 도박 사용자가 초등학생까지 낮아진 현상을 이해하고 미래 교사로서 학생들을 이러한 위험에 대한 예방교육의 중요성을 인식하고 지도할 수 있는 교직인성에 대해 파악하려는 문항이다. 위 지원자의 답변에서 금융 교육 실시, 학부모와의 소통, 가정과 학교에서의 노력과 더불어 사회적인 해결에 대해 언급해 교직인성을 우수하게 표현했다. 청소년이 건강하게 성장해야 함은 아무리 강조해도 지나치지 않다. 그들의 건강한 성장에 실제로 우리 사회 모두가 관심을 가지고 참여해야 한다. 사이버 도박 사이트 운영자는 모두 성인이다. 운영자들은 법의 테두리를 벗어나기 위해 불법을 일삼는다. 청소년들이 쉽게 도박에 빠져 야기된 문제를 인식하고 해결하고 싶어도 방법을 모르거나 감추기에 급급해 문제 해결 시점을 놓친다. 사회적 관심이 필요한 이유다. 청소년이 도박에 이르기 전에 사이버 중독에 빠진다. 중독 예방 교육 실시가 중요한 이유다. 도박 자금 마련을 위해 대담해진다. 학교폭력, 마약 배달, 보이스피싱 등 2차 범죄의 사다리에 갇힌다. 사이버 도박 위험군에 빠진 청소년 관련 통계를 보지 않더라도 성인들이 이러한 위험에서 벗어나지 못해 발생되는 문제들은 많이 알려져 있다. 중독에 의한 도박 등의 문제는 쉽게 해결되지 않는 특징이 있다. 더구나 도박 위험군의 나이가 점점 어려지는 것은 중독된 시기가 너무 길어진다는데 문제의 심각성이 있다. 초등교육에서 건강한 경제를 가르치고 중독에 관련된 유관기관의 주기적 상담을 통해 도박 위험군을 치료해야 한다. 중독은 중독에 빠진 자신만을 위험에 빠뜨리는 것이 아니라 주변에 악영향을 끼친다. 코로나19를 거치면서 IT기기와 친숙해진 청소년들이 쉽게 빠질 수 있어 초등학교에서도 중요하게 다루어야 한다.

## 56 서울교대 2023학년도 수시 '교직 인성' 문항

○○초등학교에서 학급 간 축구대회가 열릴 예정이다.

이 대회에서 우승하면, 학급의 모든 학생에게 상품이 제공된다. 학생들 사이에 팀 구성 방법을 두고, 두 가지 의견이 팽팽하게 대립하고 있다. 하나는 축구를 잘하는 학생 위주로 팀을 구성하자는 것이고, 다른 하나는 여러 학생이 골고루 참여하게 팀을 구성하자는 것이다.

**Q.** 여러분이 교사라면, 학생들에게 어떤 조언을 할 것인가? 그 이유는 무엇인가?

#### 학생답변

제가 교사라면 다함께 축구대회 팀을 꾸리자고 학생들에게 제안하겠습니다. 학교에서 축구대회의 목적은 좋은 축구 실력을 갖춘 팀을 선발하기 위함도 있지만 학급 내에서 팀을 구성하고 반 별로 움직이는 과정과 그에 따른 공동체의 성취를 느끼게 하며 협동심 등을 기르기 위해서도 목적이 존재한다고 생각합니다. 따라서 잘하는 학생에게만 기회를 주기보다는 학생들에게 공동체의 가치에 대해 충분히 알려준 뒤에 학생들이 직접 자유롭게 구성할 수 있도록 분위기를 형성해 학급 학생들 모두에게 기회를 줄 수 있도록 하고 잘하는 학생과 하고 싶어 하는 학생들이 함께 보완해나가며 성장할 수 있도록 도움 줄 것입니다.

## 김완 선생님의 방향성 잡기와 한 걸음 더 **

이 문항은 학교 활동 중 다양한 갈등 상황에서 평화적 해결의 중요성을 이해하고, 평화적으로 갈등을 해결할 수 있는 실천 방법을 탐구하고 자신의 생각을 논리적으로 설명할 수 있는 기량을 파악하려는 문항이다. 양측의 입장을 고려하여 구체적이고 설득력 있게 조언할 수 있고, 특히 미참여 학생들에 대한 배려와 교사로서의 책임감과 공동체 의식 함양과 협동심을 이끌 수 있는 교사로서의 경청과 도덕적 대화를 확인할 수 있는 문항이다. 갈등 해결을 위해 교사는 공감 능력이 중요하다. 양측의 입장을 충분히 듣고 그들 스스로 다른 의견을 수용하고 합리적인 대안을 제시하는 논의를 이끌 수 있어야 한다. 축구대회는 다양한 변수가 있다. 뛰어난 기량을 가진 학생들로 팀을 만든다고 하여 반드시 우승한다는 보장은 없다. 우승 가능성이 높아지지만 다른 구성원의 의견이 반영되지 못하는 결과로 인해 다른 사안에 대한 공감대를 형성하지 못하는 상황도 고려해야 한다. 학생들의 의견을 수렴해야 하는 다양한 갈등 상황에서 평화적 해결의 중요성이 강조되는 이유다. 학생들과 대립되는 요소에 대해 충분히 논의한 후 결정해야 한다. 우승을 못해도 구성원들의 협동심과 평화적 해결 방안 경험은 구성원 모두에게 값진 경험이 될 것이다. 미참여 학생들의 역할도 논의되어야 한다. 축구 경기 결과에 영향을 미치는 요소를 잘 검토하여 미참여 학생들도 경기 참여에 준하는 경험을 할 수 있어야 한다. 응원단을 구성하고 플랜카드 제작 등 미참여 학생들의 역량이 경기에 반영되는 토의가 중요하다. 또한 결과에 승복하는 교육이 중요하다. 이후 계속 팀을 구성해 축구 활동 등을 할 수도 있을 것이다. 학생들은 경청을 통해 타인의 감정에 공감하는 과정이 공동체 의식 함양으로 이어져 축구 경기가 값진 인성교육의 장이 될 것이다.

강자는 더욱 강해지고, 약자는 더욱 약해지는 현상을 '마태 효과'(Matthew effect)라고 한다. 예를 들어, 저명한 과학자에게는 무명의 과학자보다 명성과 보상을 받을 기회가 더 많이 주어진다.

**Q.** 학교 현장에서 마태 효과에 해당하는 상황을 구체적으로 제시하고, 그 상황에서 마태 효과를 최소화하기 위한 방안을 교사 차원과 학교 차원에서 각각 제안하시오.

___학생답변___

제시문을 바탕으로 제가 생각한 마태 효과는 좋은 능력을 가진 사람에게 더 많은 기회가 가고 능력이 없거나 부족한 경우에 기회가 잘 주어지지 않기 때문에 이러한 양극화 현상이 더 극심해진다고 생각합니다. 이러한 마태 효과를 학교 현장에 적용한 사례로는 학교에서 과학 탐구 대회를 나가게 되었을 때 능력이 우수한 학생들 위주로 참가할 기회를 부여하는 사례를 들 수 있습니다. 따라서 교사 측면에서 마태 효과를 해결할 방안으로는 학생들이 능력과 상관없이 도전할 수 있는 분위기를 형성해 주는 것과 교사로서 학생의 도전을 지지, 응원해주고 조력해주는 것입니다. 교사로서 학생이 원하는 것을 할 수 있도록 자유로운 분위기를 형성하여 참여의 기회를 제공한다면 마태 효과를 막을 수 있을 것입니다. 학교 측면에서의 해결방안으로는 다양한 프로그램 구성과 기회의 확대입니다. 학교 측에서 진행하는 프로그램을 더욱 다양한 분야로 구성하여 도전의 기회를 확장시켜야 합니다. 그리고 참여를 함에 있어서 어떤 능력이 갖추어져야 할 수 있는 것이 아닌 누구나 참여할 수 있도록 만들고 지원과 조력을 통해 해결할 수 있다고 생각합니다.

### 김완 선생님의 방향성 잡기와 한 걸음 더 💬

이 문항은 지원자가 사회 전반에 만연한 불평등 현상을 인식하고, 실질적인 정의를 구현할 수 있는 교사로서의 인성, 용어개념을 이해하는 문해력, 학교생활에서 예시를 찾는 응용력, 정의로운 사회를 만들기 위한 다양한 제도와 실천방안 제시 등 종합적 사고력을 평가하는 문항이다.

사회 및 공간에서 불평등 현상이 존재한다. 마태 효과 사례는 다양한 방식으로 표출된다. 학교에서 명문대 진학반을 운영하고, 학습이나 운동 능력이 우수한 학생들끼리 모둠을 구성하고, 기회가 불평등하게 주어지고, 교사의 관심이 우수한 학생에게 집중되고, 부모의 학력이나 소득 등 후광효과에 영향을 받는 태도 등은 마태 효과의 대표적인 사례다.

교사는 성적 부진 학생에 대한 관용적 태도를 가져야 한다. 성적 우열에 따른 편견이나 선입견을 스스로 방지할 수 있어야 한다. 소외되거나 취약 계층에 대한 배려와 관심은 마태 효과를 최소화 할 수 있는 태도다.

학교 차원에서는 저소득층에 대한 경제적 지원, 학습 부진 학생의 학력 향상 방안을 실행하고, 소외 계층의 교육 여건을 개선하고, 코로나19 같은 상황에서도 양질의 교육과 기회가 균등하게 제공되고 보장되어야 한다. 학생들에게 교사와 학교는 과정의 공정을 통해 결과의 공정이 실현되는 학습의 장을 마련해 주어야 한다. 그래야 학생들은 언제나 도전하고 실패를 작은 성공으로 인식하며 끊임없이 미래를 향해 도전할 수 있다. 이렇게 교육 받은 학생들은 기회를 독점하려하지 않고 공정한 사회를 만들어 나가는 힘을 갖게 된다. 학교는 공정한 기회를 통한 성공을 경험하는 장소이어야 한다.

**58** 서울교대 2023학년도 수시 '교직 교양' 문항

1980년대에 제시된 '모라벡의 역설'(Moravec's paradox)에 의하면, 인간은 컴퓨터보다 지각과 인지를 잘하고, 컴퓨터는 인간보다 복잡한 계산을 쉽게 할 수 있다. 그러나 최근 빅데이터 기반 인공지능의 발달로 모라벡의 역설을 반박하는 사례들이 나타나고 있다.

**Q.** 이에 해당하는 사례를 두 가지 제시하고, 그 이유를 설명하시오.

학생답변

제시문에서는 인간이 컴퓨터보다 지각, 인식에 능하고 컴퓨터는 인간보다 복잡한 계산에 능하다고 나와 있습니다. 저는 각각 이것의 반박 사례를 말씀드리겠습니다. 먼저 컴퓨터가 인간보다 지각, 인식에 능할 때입니다. 보통은 인간이 경험, 특화된 직관력을 바탕으로 인지 능력이 더 뛰어나다고 생각합니다. 하지만 제시문에 나타나 있는 것처럼 컴퓨터는 빅데이터를 기반으로 하기 때문에 이러한 막대한 정보를 활용하는 프로그램을 만들어 적용시도를 거듭한다면 상상할 수도 없는 많은 데이터를 기반으로 인간보다 뛰어난 지각 능력을 갖출 수 있다고 생각합니다. 다음으로 인간이 컴퓨터보다 복잡한 계산에 능할 때입니다. 컴퓨터는 기존에 있는 연산 도구를 가지고 그것을 프로그램화 하여 인간보다 훨씬 빠르게 계산할 수 있습니다. 하지만 라이프니츠가 미분적분기호를 만든 사례처럼 인간은 새로운 연산 기호를 창작하여 복잡한 계산을 더 빠르게 할 수 있다는 점에서 컴퓨터보다 계산 능력이 뛰어날 수도 있다고 생각합니다. 이상입니다.

이 문항은 정보사회에서 정보과학의 지식과 기술이 활용되는 분야를 탐색하고, 그 영향력을 이해하고 우리 사회와 생활에 미칠 영향을 인공지능과 연계하여 문제를 해결하는 지원자의 역량을 파악하려는 문항이다. 최근의 인공지능 기술의 발달은 사회의 모습 변화를 가속화 하고 있다. 인간의 역할에도 많은 변화를 가져왔다. 최근 chatGPT의 영향으로 글쓰기의 영역은 모두 대체되고 있는 실정이다. 인간의 역할에 변화가 가속화되고 있다. 학교 교육에서 이런 시대를 대비한 교육의 중요성을 바탕으로 창의적인 아이디어가 매우 중요한 시기다. 인간의 고유영역이라 여겨졌던 지각과 인지 및 추론과 판단에 대한 기능을 인공지능이 할 수 있는 시대에서 교육은 많은 변화를 겪게 될 것이다. 데이터를 학습하여 얼굴 인식을 통해 잠금을 해제하는 시대를 넘어 짧은 글을 읽는 데이터를 기반으로 거의 동시에 음성을 재연한다. 목소리도 거의 실시간으로 인지하여 서비스를 제공한다. 인간의 창의적 영역도 인공지능이 더 우수한 시대다. 인공 지능이 추론을 수행한다. 정형 데이터 이외의 비정형 데이터도 학습과 처리가 가능하다. 인공지능이 인간보다 빠르고 정확하고 더 창의적인 시대다. 인공지능이 사회를 어떻게 변화시킬지 예측하기 어려운 시대다. 교육이 방향을 잡고 학생들을 대비시켜야 한다. 최근 양자컴퓨터가 개발되었다. 상상할 수 없는 처리 속도로 지금 우리가 사용하는 컴퓨터는 외면당할 것이다. 아직 기술적 한계로 보급되고 있지 않지만 양자컴퓨터가 보편적으로 사용되는 시기에 인공지능은 어떤 모습을 보일지 상상하고 학생들이 이 시대에도 주인공이 되어야한다.

**59** 서울교대 2023학년도 정시 오전 '교직 인성' 문항

사향이는 담임선생님에게 과제물 제출 기한 연장을 요청하였다. 사향이에게는 기한 내에 과제물을 제출할 수 없었던 사정이 있었다. 선생님은 고민에 빠졌다. 모든 학생들을 대상으로 과제물 제출 기한을 연장하려고 했지만, 일부 학생들이 이의를 제기하였기 때문이다.

**Q.** 여러분이 선생님의 입장이라면, 어떤 결정을 내릴 것인가? 그 이유는 무엇인가?

학생답변

제가 담임선생님이라면 사향이의 입장을 친구들에게 이야기하게하고, 그 것에 대해 모든 학생을 대상으로 회의를 통하여 합리적인 방법을 자율적으로 결정하도록 할 것입니다. 학생들은 이 문제에 대해 스스로 고민하고 결정함으로서 주도력을 키우고 공동체에서의 사회성도 기를 수 있다고 생각합니다. 물론 이 경우에 어떻게 결정되더라도 불만은 나올 수 있습니다. 그러나 과제물 제출 기한 연장으로 결정될 경우 연장된 기간내에 기

존 과제를 제출하면 과제와 연계된 추가적인 활동을 제시하여 평가에 반영하는 방식으로 해결할 수 있고, 제출기한을 연장하지 않을 경우도 과제와 연계된 추가적인 활동을 제시하여 사향이는 과제를 수행한 뒤 연계 활동에 참여한다면 학생 모두를 공평하게 평가할 수 있을 것입니다. 이러한 방법을 통해 교사가 독단적으로 결정한 상황보다 학생들이 납득할 수 있는 결과로 이어질 수 있도록 서로의 입장을 이해하고 회의를 통해 방법을 결정할 수 있도록 지도할 것입니다.

 김완 선생님의 방향성 잡기와 한 걸음 더 👣

이 문항은 인간의 삶에서 나타나는 다양한 문제를 윤리적 관점에서 이해하고, 지원자의 생각을 논리적으로 말하는 문제해결 능력과 창의력을 파악하려는 문항이다. 윤리적 삶을 살기 위한 다양한 도덕적 탐구와 윤리적 성찰 과정의 중요성을 인식하고 도덕적 탐구와 윤리적 성찰을 일상이 윤리 문제에 적용할 수 있는 지원자의 교육관을 파악할 수 있다.

위 지원자의 답변에서 교사가 일방적으로 결론을 제시하는 것이 아니라 학생 모두의 의견을 수렴하는 태도는 바람직하다. 제출 기한을 연장하면 규칙도 중요하지만 상황에 따라 예외를 둘 수 있는 유연성을 보일 수 있다. 제출 기한 연장 불가는 형평성을 유지할 수 있지만 피치 못할 상황이 고려되지 못한다. 약간의 감점을 적용해 사향이만 연장하는 방법도 있지만 그 감점의 공정 문제가 남는다. 학생들은 이 문제를 해결하는 과정에서 타인에 대한 배려와 자신들도 어떠한 문제가 발생하면 구성원의 도움을 받을 수 있다는 경험을 하게 된다. 학교생활에서 뿐만아니라 사회생활에서 학생들은 타인을 돕지만 도움을 받고 살아간다. 상호 보완적 태도를 학교 공간에서 경험하면서 윤리적 성찰을 통한 성장을 한다. 무조건 선이 최선도 아니고 자신의 이익만을 고려한다고 해서 만족하는 것은 아니다. 학교생활에서 흔히 일어나는 일들을 통해 타인의 관점을 인식하고 다양한 관점을 수용하는 교육이 이루어져야 한다.

**60** 서울교대 2023학년도 정시 오전 '교직 적성' 문항

알파세대는 2010년 이후 태어난 세대이다. 이들은 출생과 동시에 인터넷에 언제나 연결된 디지털 기기를 사용하고 있다. 알파세대는 숏폼(short form) 위주의 영상 콘텐츠 소비와 생산에 익숙하다.

**Q.** 알파세대의 학습 특성을 제시하고, 이를 고려한 교육 방안을 말하시오.

알파세대의 학생들은 제시문에 나타난 것과 같이 유튜브 쇼츠같은 미디어매체에서 제공되는 짧은 영상에 친숙합니다. 그렇기 때문에 학생들에게 수업 전에 수업과 관련된 1분 미만의 영상들을 보여주고 수업을 진행한다면 학생들이 수업에 대한 흥미를 높일 수 있을 것입니다. 그렇지만 단순히 영상만 보게 해서는 안 된다고 생각합니다. 예를 들어 지식을 알려주는 수업의 경우에는 관련영상으로 학생들의 사전지식을 쌓는 방법으로 활용한다면 미디어 리터러시 수업을 병행할 경우에는 전체 영상에서는 흐름상 반론을 제시하는 필요한 부분인데 그 부분 영상만 볼 경우 전체 영상의 내용과 반대되는 결과만을 제시하는 영상이 될 수 있습니다. 이처럼 다양한 매체에서 사실의 일부를 활용한 가짜 뉴스들이 넘치고 있는 상황으로 짧은 영상뿐만 아니라 긴 영상 또는 텍스트로 된 정보를 파악하는 능력을 향상시킬 수 있는 교육방안도 병행해야 한다고 생각합니다. 단순히 디지털 책만을 읽게 하는 것이 아니라 서책도 함께 읽을 수 있도록 하여 학생들이 다양한 정보를 분별하는 능력뿐만 아니라 한 가지 사안에 대한 깊은 사고도 할 수 있는 기회를 제공해 주어야 한다고 생각합니다.

 김완 선생님의 방향성 잡기와 한 걸음 더 💬

이 문항은 무선 인터넷 접속이 가능한 스마트폰 사용에 익숙한 알파세대의 특성을 기반으로 이들을 교육방안을 논리적으로 설명할 수 있는지 평가하는 문항이다. 이 알파세대는 태어나면서 인간과의 소통보다 스마트 기기와의 소통이 훨씬 많은 점에서 이전세대의 인간과 다른 종으로 분류해야 한다는 의견이 있다. 그만큼 알파세대는 다른 특성을 갖고 있다. 일부 학자들은 인간과 소통하는 것보다 스마트폰 세상에 더 익숙한 알파세대는 학습하는 방식이 변화되어야 한다고 주장한다. 학습과 교육측면에 스마트폰을 연결시켜 생각해야 한다. 새로운 매체를 통한 학습에 있어 알파세대 학생들은 주의력이나 학습 스타일에 큰 변화가 예상된다. 알파세대 학생들의 특징은 긴 문장 독해능력 부족, 영상 위주의 정보 검색 및 처리를 선호, 궁금증은 즉각적으로 정보에 접근해 해결, 개별 맞춤 정보 제공에 익숙, 교사중심 학습에 부적응, 빠른 영상 전환 없는 환경에 부적응, 학습자 주체성이 높은 상황을 선호한다. 이런 알파세대 학생들의 특성을 활용한 수업에서는 영상과 이미지 중심 수업을 진행해야 한다. 학습자 맞춤 피드백이 즉각적으로 이루어 져야 한다. 반면 궁금증에 대해 스스로 해결할 수 있는 탐구 역량을 강화해야 한다. 인지적 인내심과 집중력 강화 훈련을 실시해야 한다. 학습자는 긴 문장 독해 능력을 강화해야만 한다. 알파세대는 디지털 환경에서 많은 학습이 이루어지는 특성 상 디지털 정보 윤리 교육이 반드시 병행되어야 한다. 사회 구성원으로서의 책임감 등에 대한 지도를 꾸준히 실시하여야 한다. 코로나19로 비대면 소통이 일상화되어 알파세대

학생들은 디지털 세계에 더 많이 노출된 점을 감안하여 면대면 소통을 강화하는 학습 활동이 제공되어야 한다.

**61** 서울교대 2023학년도 정시 오전 '교직 교양' 문항

집단 토의 과정에서 개인은 자신의 의견을 고수하기보다 집단의 의사결정에 수렴하는 경향을 보인다. 예를 들어, 어떤 사안에 대한 개인별 설문조사에서 사람들은 대부분 소신대로 응답하였다. 그런데 집단 토의를 거친 후 동일한 설문조사를 실시했더니, 사람들은 집단의 의사결정을 따르는 응답 결과를 보였다.

**Q.** 이런 현상이 발생하는 원인을 제시하고, 집단 토의를 통해 최선의 결과를 얻을 수 있는 방안을 말하시오.

---

**학생답변**

저는 제시문을 보고 철학자 니부어가 떠올랐습니다. 니부어는 도덕적인간과 비도덕적사회를 주장했는데 니부어의 주장과 같이 인간은 본인의 의견이 어떻든 집단의 의견과 같은 방향으로 이끌리는 경향이 있다고 생각합니다. 특히 우리나라의 경우에는 눈치 문화가 주요하게 작용한다고 생각합니다. 이러한 문제를 완화하기 위해서 학생들에게 자신의 주장을 올바르게 이야기할 수 있는 토의수업과 다수결이 아닌 소수의 의견도 존중될 수 있는 의사결정 방법을 알려주는 수업도 필요합니다. 수업에 활용할 토의주제를 결정할 때 단순히 2가지 방향성으로 제시할 수 있는 주제가 아닌 학생 개개인마다 아이디어를 산출 할 수 있는 주제를 통해 학생들이 아이디어를 공유하고 융합하여 문제를 해결하도록 유도한다면 개인의 의견이 다수의 의견으로 수렴하는 결과를 완화할 수 있을 것이라고 생각합니다.

---

 김완 선생님의 방향성 잡기와 한 걸음 더 👣

이 문항은 집단 토의 과정에서 구성원 간의 비합리적인 의사결정 현상의 원인과 해결 방안을 설득력 있고 논리적으로 설명할 수 있는 지원자의 문제해결 능력과 창의적 역량을 파악하려는 문항이다. 개인의 의견을 집단의 의견에 종속하지 않으려면 토의 과정을 통해 다양한 관점이 있고 타인을 존중하는 수용성 교육이 이루어져야 한다. 토의를 거쳐 합의된 부분도 소수 의견이 존중되는 과정이어야 한다. 공동체를 위한 합의 부분은 받아들일 수 있는 가치관이 형성되는 교육이 이루어져야 한다. 집단토의에 따른 의사결정에는 비합리성이 있음을 이해해야 한다. 집

단 의사결정을 따르는 원인에 집단 의사결정에 대한 동조 압박이 있다. 집단 사고가 개인보다 합리적이라는 믿음 아래 토의 과정에서 반대의견을 표출하지 못하고 표현 기회도 주어지지 않는 경우가 발생한다. 만장일치에 대한 환상이 개인 의견 타진에 장애가 된다. 또한 고립과 배척이 두려워 침묵하는 경우도 빈번하게 발생한다. 집단의 의사결정에 동조하면 의사결정 책임을 전가할 수 있다. 집단의 의사결정 과정에서 끊임없이 대안을 제시하고 평가할 수 있는 절차를 마련해야 한다. 여러 번 투표하여 여러 의견을 선택하는 방식도 도입해야 한다. 집단 토의에서 발언 부담을 줄이기 위해 토의 집단 수를 조정하고 발언 기회 증가를 위해서도 토의 집단 수를 조정해야 한다. 초등학교 교육 과정에서 자신의 의견을 고수하는 경험을 하는 것은 이후 다양한 의견 수렴에서 자기주도적이고 합리적인 의견 조율 능력을 표출할 수 있다.

**62** 서울교대 2023학년도 정시 오후 '교직 인성' 문항

청람이는 친한 친구로부터 탐구보고서를 보여 달라는 요청을 받고, 흔쾌히 빌려주었다. 친구는 탐구대회에서 우수한 성적으로 입상했다. 친구의 탐구대회 출품작을 보니, 아이디어와 내용이 청람이의 탐구보고서와 전반적으로 유사했다. 청람이는 억울한 생각이 들었다.

**Q.** 만약 여러분이 청람이라면, 어떻게 할 것인가? 그 이유는 무엇인가?

학생답변

제가 청람이라면, 먼저 친구의 입상을 축하해 줄 것입니다. 일부 억울한 생각이 들 수도 있지만 보고서를 그대로 제출한 것도 아니기 때문에 친구의 아이디어로 인정해야 한다고 생각합니다. 그럼에도 불구하고 너무 억울하다면 친한 친구라고 이야기할 수 없다고 생각합니다. 그리고 친구와 대화를 통해 어떻게 보고서를 작성했는지 물어볼 것입니다. 친구가 나의 아이디어와 보고서를 참고하여 작성했다면, 우수한 성적으로 입상한 보고서의 근간이 된 나의 아이디어의 가능성을 보고 이 능력을 개발하기 위해 노력할 것입니다. 반면 우연하게 비슷한 아이디어를 가지게 된 것이라면 서로가 어떠한 상황에서 비슷한 아이디어를 산출할 수 있었는지 분석해볼 것입니다. 이러한 과정을 통해 서로를 이해하는 데 도움이 되고 신뢰를 쌓을 수 있어 친구관계가 더욱 돈독해 질 것이라고 생각합니다.

 김완 선생님의 방향성 잡기와 한 걸음 더 ✏✏

이 문항은 최근 강조되고 있는 연구윤리와 학습윤리에 대한 인식을 바탕으로 도덕적 문제 상황을 인식하고 판단

에 대한 근거와 이유를 말하게 함으로써 지원자의 과학적인 사고와 문제해결 능력을 판단하려는 문항이다. 도덕적 민감성을 토대로 올바른 도덕적 판단을 내릴 수 있는지 평가하고, 도덕적인 삶을 키우려는 태도를 확인할 수 있다. 학생들의 평소 모든 학교 활동은 상급학교 진학시 중요한 지표이고 모두 점수화 되는 상황이다. 이 과정에서 학생들은 자신들의 모든 활동이 타인과 차별화 되고 더 의미있는 성장이었음을 스스로 증명해야 한다. 친구의 진심을 의심하는 경쟁에 내몰린 학생들에게 도덕적 민감성 교육이 진행되지 않는다면 공정성을 학습해야할 학생들은 도덕적 해이를 습득하게 될 것이다. 청람이가 공개적인 문제제기를 한다면 친구의 입상이 표절이라는 이유를 밝혀야 한다. 친구가 부정직한 학습활동으로 부당한 이익을 취했다는 것을 증명하는 과정에서 분쟁이 발생한다. 결과와 별개로 표절에 대한 경각심을 일깨울 수 있다. 친구가 평가의 공정성을 훼손한 부분은 다른 탐구대회 참가들이 결과를 왜곡한 책임을 물을 수 있다. 반면 청람이가 공개적으로 문제를 제기하지 않는다면 친구와의 친분이 유지되지만 이것은 진정한 우정이 되기보다는 언제든지 터질 위험이 있는 교우관계가 될 수 있다. 친구의 평판도 하락하지 않을 것이다. 개인적인 충고로 마무리 될 수 있다. 도덕적 행동은 사회를 투명하게 한다. 우리 모두 공정한 경쟁을 하고 공정한 경쟁의 결과를 받아들이는 신뢰사회가 되기 위해 모두 노력해야 한다. 서로를 믿지 못하게 한 사회가 성공한 역사는 없다.

**63** 서울교대 2023학년도 정시 오후 '교직 적성' 문항

4학년 3반 사향이는 아직 글 읽기가 서툴고 문제 풀이가 느리다. 평소 선생님의 설명을 이해하지 못하는 경우가 많고, 눈치가 부족하다. 이로 인해 사향이와 같은 모둠이 되는 것을 싫어하는 학생들도 있다.

**Q.** 담임선생님의 입장에서 사향이의 학교생활 적응을 도울 수 있는 방안을 말하시오.

── 학생답변

저는 사향이의 학교생활 적응을 도울 수 있는 방법으로 세 가지를 생각해보았습니다. 첫째 사향이의 개별 면담을 통해 어떤 부분에서 어려움이 있는지 파악하고, 사향이의 역량을 단계적으로 길러줄 수 있도록 수준에 맞는 학습 방법과 필요한 보조 교재나 학습 도구를 제공할 것입니다. 둘째 수업을 이해하지 못한 모든 학생들을 위해 학교에서 설명하는 것 이외에 집에서도 이해를 도울 수 있는 영상을 제공하여 이해가 될 때까지 볼 수 있도록 제공할 것입니다. 셋째로 학생들이 사향이와 같은 모둠이 되는 것을 싫어하는 점은 다양한 모둠 활동을 시도함과 동시에 처음에는 능력위주의 활동이 아닌 모든 학생들이 참여해야 해결할 수 있는 활동을 제시함으로써 학생들 간의 소통을 촉진하여 단계적으로

문제를 해결할 것입니다.

 김완 선생님의 방향성 잡기와 한 걸음 더 ✨

이 문항은 초등교사로서 학교현장에서 쉽게 접할 수 있는 문제상황을 제시하고 이에 교사로서 어떤 역할을 할지 설명하게 함으로써 교사로서의 인성과 교직관을 평가하려는 문항이다. 자신과 다른 상황의 학습자들에 대한 이해심을 파악해 보는 문항이다. 학교생활 적응을 돕는 방안에서 지원자의 창의력을 파악할 수 있다. 사람마다 학습 능력에는 차이가 있다. 그 차이를 어우르는 따뜻한 시선과 방법은 학습자의 다양성 존중으로 이어지고 이는 미래 사회에 더욱 강조되는 개념이다. 초등교사는 이러한 자질을 반드시 갖추어야 한다. 학습자가 모두 가르칠 필요가 없이 유능하다면 학교도 교사도 필요하지 않게 된다. 교사는 이러한 차이를 잘 극복할 수 있게 끊임없는 관심과 반복된 수업을 제공해 학습자를 성장시켜야 한다. 효과적인 학습기술과 전략을 연구하고 구체적 학습 경험을 제공해야 한다. 부족한 학습자는 쉽게 포기하는 경향을 보인다. 따라서 교사는 학습동기를 고취시키고 성실한 노력에 대한 보상과 인정을 통해 학습자를 성장시켜야 한다. 눈치가 없는 것도 교사는 생활지도면에서 세심하게 보살펴야 한다. 공감능력이 부족하기 때문에 정서를 조절 할 수 있는 독서 활동과 글쓰기 교육을 통해 타인과 협력할 수 있는 능력을 기르도록 도와야 한다. 능력 차이가 있는 학생의 다름을 인정하고 다른 장점에 공감하는 협동학습을 구성해 협력 학급문화를 조성해 주어야 한다. 이 과정에서 학습자들은 상대에 대한 깊은 배려를 내면화 할 수 있고 학습자의 다양성은 존중될 수 있다.

**64** 서울교대 2023학년도 정시 오후 '교직 교양' 문항

과학기술 발달은 인류의 삶을 혁신적으로 변화시켰지만 동시에 예상하지 못했던 부작용을 초래하였다. 예를 들어, 항생제는 질병 치료에 효과적이지만, 내성이 강한 슈퍼박테리아를 출현시키는 부작용을 낳았다.

**Q.** 이러한 사례를 한 가지 제시하고, 과학기술 발달에 따른 부작용을 최소화하기 위해 어떤 노력이 필요한 지에 대해 말하시오.

학생답변

저는 에어컨의 개발을 사례로 들고 싶습니다. 에어컨의 발달로 더운 여름을 시원하게 보낼 수 있고 습도를 조절할 수 있는 긍정적인 효과가 있지만, 더운 공기는 외부로 배출하고, 에너지 사용량 증가로 인해 지구의 평균기온을 높이는 결과로 이어지면서 에어컨의

의존도가 점점 높아지는 딜레마에 빠지게 된다는 문제점을 제시하고 싶습니다. 이처럼 과학기술 발전에 따른 부작용을 최소화하기 위한 노력으로 세 가지를 생각해보았습니다. 첫째 과학기술 발전의 부작용을 미리 예측하여 대처할 수 있는 사회적인 논의와 평가가 필요하다고 생각합니다. 이를 통해 과학기술 발전의 방향성과 그에 따른 부작용을 예방할 수 있을 것입니다. 둘째로 과학기술 발전과 부작용이 환경에 미치는 영향에 대한 전문적 교육이 필요하다고 생각합니다. 이를 통해 인간 중심의 과학기술 발전으로 인해 지구 환경에 어떤 영향을 미쳐 다시 인간에게 돌아올지 파악하여 무분별한 기술개발을 막을 수 있을 것입니다. 셋째로 정부와 기업 등이 과학기술 발전에 따른 부작용에 대한 책임을 지고, 탄소중립정책 및 ESG지표를 높이는 방법과 같이 환경보호에 적극적인 노력을 기울여야 한다고 생각합니다.

 김완 선생님의 방향성 잡기와 한 걸음 더 👣

이 문항은 과학기술이 양면성을 가지고 있고 과학 기술 발전이 가속화 됨으로써 기술변화로 인한 사회변화는 불가피하다. 이러한 과학기술 발달의 기본적 이해를 바탕으로 부작용 사례를 제시하는 과정에서 지원자의 교직 적성과 기본적 자질을 평가하려는 문항이다. 부작용을 최소화하기 위한 노력을 기술하는 과정에서 지원자의 논리력과 창의력을 파악할 수 있다.

과학기술은 인류의 식량 문제를 해결한 질소 비료, 전염성이 매우 강한 코로나19 감염병의 RNA방식 백신 개발 등 눈부신 발전을 거듭하고 있다. 반면 원전을 개발해 전기를 값싸게 공급한 반면 이 핵심 기술은 핵무기 개발의 시작이 되었고, 수송용 드론을 개발해 산간 지역에도 도시와 같은 값싼 혜택을 누리게 된 반면 군사 무기가 되어 많은 희생자를 발생시키고 있다. 신이 깜박 잊고 만들지 못했다던 인간의 최대 자랑이었던 플라스틱은 환경오염의 주범이다. 인공위성은 우주쓰레기로, 보안용 CCTV는 사생활 침해, 인공지능기술은 디지털 범죄의 온상을 거대하게 만들었다. 사회 소셜 미디어는 학생들을 왕따시켜 사회적 고립문제를 양산해 버렸다. 그럼에도 과학은 끊임없이 눈부시게 발전할 것이다. 따라서 부작용 최소화 노력은 더욱 강조되고 있다. 국제적인 협약과 공조, 부작용 예방을 위한 연구 지원, 과학기술 개발에 대한 사회적 책임과 윤리의식, 새로운 기술이 인류 발전에 기여하는지 등을 평가하는 기술영향평가 등을 통해 부작용을 최소화하려는 노력을 모든 국가가 행해야 한다.

**65** 전주교대 2024학년도 수시 면접 문항

다음에 제시된 ㈎와 ㈏의 글을 읽고 물음에 답하시오.

㈎ 텍스트, 음성, 이미지 등 기존 콘텐츠를 활용해 유사한 콘텐츠를 새롭게 만들어 내는 chatGPT와 같은 인공지능(AI)을 생성형(generative) AI라고 한다. 기존 AI가 데이터와 패턴을 학습해서 대상을 이해했다면, 생성형 AI는 기존 데이터와 비교 학습을 통해 새로운 창작물을 만들어 낸다. 즉 콘텐츠의 생성자와 만들어진 콘텐츠의 평가자가 끊임없이 서로 대립하고 경쟁하면서, 새로운 콘텐츠를 만드는 과정을 통해 현실에 있을 법한 새로운 콘텐츠가 탄생하게 된다. 예를 들어, 텍스트 분야에서는 특정 소재로 시나 소설을 창작할 수 있으며, 음성 분야에서는 특정 장르의 음악을 작곡하거나 특정 노래를 원하는 가수의 음색으로 재생성할 수 있다. 또한 이미지 분야에서는 특정 작가의 화풍을 모사하여 그림을 재생성하거나 가짜 동영상을 생성할 수 있다.

[전자신문(2022.11.15.), "[ICT 시사용어]생성형 인공지능"재구성]

㈏ 현재 학교 시스템은 학생들의 평균적인 수준에 적합한 내용과 속도를 고려하여 교육과정을 설계하고, 그에 따라 교육하고 있다. 이러한 교육 시스템은 학생들의 개인별, 수준별 차이를 충분히 고려하지 못해, 교육의 효과를 극대화할 수 없다는 한계가 있다. 이러한 한계를 극복하기 위해서는 '교육과정-수업-평가-기록'과정의 혁신이 필요한데, 이 과정에서 AI 활용 교육이 도움이 될 것이다. AI 활용 교육의 대표적인 예가 수업에서 'AI 보조교사'를 사용하는 것이다. AI 보조교사는 수업 과정에서 학생의 질문을 이해하고 그에 따라 정확한 답변을 제공하며, 학생의 학습 진행 상황과 활동을 실시간으로 모니터링해 줄 수 있다. 또한 학생과 관련된 데이터를 수집하고 분석하여, 학생 수준에 적합한 콘텐츠를 추천해 줄 수 있으며, 과제의 채점과 피드백 제공과 같은 반복적인 작업을 자동화하여 교사의 업무량을 경감시켜 줄 수 있다.

[서울교육(2021), "교육의 미래, AI 융합교육과 교사의 역할"재구성]

**Q1.** ㈎와 ㈏의 글을 근거로 AI 기술의 확산에 따른 ① 사회 현상의 변화와 ② 학교 교육의 변화에 대해서 말하시오.

학생답변

제가 생각하는 사회 현상의 변화와 학교 교육의 변화에 대해 각각 두 가지씩 말씀드리겠습니다. 먼저 사회 현상의 변화 첫 번째는 AI 기술의 관련된 다양한 직종의 변화가 나타날 것입니다. 왜냐하면 제시문 (가)에 나타난 것처럼 과거 인간만이 할 수 있다고 생각했던 창작의 영역에서도 AI가 활용되고 있기 때문입니다. 사회 현상의 변화 두 번째는 딥페이크, AI목소리 등이 범죄에 악용될 수 있습니다. 최근 AI 기술로 유명 연예인 등 사회적 영향력이 있는 인물들이 하지 않은 행동이나 목소리를 생성해 사기 등 범죄에 악용되는 사례가 많다고 알고 있습니다. 이러한 범죄의 피해를 최소화하기 위해 모두의 디지털 문해력을 키울 수 있는 사회적인 노력이 필요하다고 생각합니다. 다음으로 학교 교육의 변화에 대해 말씀드리겠습니다. 첫째, 학생들 개개인에게 맞춤형 교육이 가능해 질 것이라고 생각합니다. 현재 교사가 수업시간에 교육해야 하는 교육내용과 학생이 많아 개개인 맞춤으로 수업을 진행하기 어렵다고 생각합니다. 그러나 AI 기술을 활용한다면 학생들의 수준을 즉각적으로 판단하여 개개인에게 맞춤형 교육을 진행할 수 있습니다. 둘째, AI 기술 활용한 다양한 수업형태의 변화가 교육격차의 심화로 이어질 수 있다고 생각합니다. 왜냐하면 코로나-19로 인해 학교 수업형태가 변화했을 때 학생들의 학습격차가 심화되었다고 알고 있기 때문입니다. 이러한 수업형태 변화에 적응하기 위해 학교에서는 학생들의 자기주도 학습역량을 길러주는 노력이 필요하다고 생각합니다. 최종적으로 정리해서 말씀드리면 제가 생각하는 사회적 변화 두 가지는 직종의 변화와 새로운 범죄가 등장할 수 있다는 점이고, 학교의 변화 두 가지는 학생 맞춤형 교육과 교육격차 심화될 수 있는 점입니다.

 김완 선생님의 방향성 잡기와 한 걸음 더 👣

이 문항은 글을 정확히 파악하고 제시한 글을 참고하여 사회 현상의 변화와 학교 교육의 변화를 설명하는 과정에서 지원자의 미래 직업의 변화를 예견한 창의력과 디지털 이해력, 신종 범죄 변화에 사용되는 디지털 기술 등에 대한 비판적 사고 능력을 타당한 근거를 통해 제시하고 있는지 파악하려는 문항이다. 위 지원자는 문제를 충분히 이해하고 자신의 의견에 대해 타당한 근거를 제시한 우수한 답변이다. 우선 사회 현상 변화를 살펴보자. 직업군에 큰 변화가 예상된다. 이미 미술 창작물도 대치되고 있고, 스포츠 결과 기사 등은 AI작가가 대신하고 있다.창작의 선두에 있는 할리우드 영화산업 종사자들의 파업은 이러한 사회의 단면이 고스란히 담겨있다. 인공지능 중 생성형 AI는 새로운 창작물을 만들어 내 기존의 AI와는 다른 능력이라 미래 직업군에 커다란 변화가 예상된다.

이에 학교는 이러한 현상을 잘 이해한 교사의 자질을 바탕으로 학생을 지도해야 한다. 새로운 서비스와 콘텐츠 생산 가속화, 사람과 AI협업 활동 증가, 저작권 및 산출물 진위 여부 판별 기술 중요성 증대, 신종범죄, 세대 간 디지털 격차 심화가 예측된다. 학교 교육의 변화를 살펴보자. 지금 학생들이 학습하는 내용이 미래 사회에 유용하지 않을 가능성도 매우 크다. 따라서 학교는 교육 내용의 변화를 통해 학생의 능력을 키워야 한다. 생성형 AI를 활용해 개인별, 수준별 수업을 실시하고, 시공간을 초원한 학습으로 학생들의 학습 고취, 무엇보다 단순 지식 전달 교육의 탈피는 시급하다. 교사의 지적인 권위 약화로 인한 문제 해결 방안을 찾고, 학생들에게 정보 윤리 교육을 강화해 건강한 시민으로 성장하게 도와야 한다. 생성형 AI의 도움으로 교사의 잡무도 경감될 것이라고 예상하는 반면 이로 인해 새롭게 발생하는 문제 해결에 교사의 역할이 증대될 것이라는 우려가 더 크게 대두되고 있다.

**Q2.** AI 시대의 학교 교육에서 인간 교사는 어떠한 역할을 해야 하는지에 대해서 말하시오.

학생답변

제가 생각하는 학교 교육에서 교사가 해야 할 역할 세 가지를 말씀드리겠습니다. 첫 번째 교사의 역할은 AI 기술을 활용한 다양한 수업을 설계하여 학생들의 창의적인 문제해결능력을 길러주는 것이라고 생각합니다. 그 이유는 AI 기술을 활용할 경우 학교에서 진행하기 어려웠던 다양한 교육을 진행하는 것이 가능하다고 생각하기 때문입니다. 예를 들어 AI 교과서를 활용하여 학생들에게 실생활에서 발생할 수 있는 문제상황을 다양하게 제시하고 이를 해결하는 교육을 진행할 수 있습니다. 두 번째 교사의 역할은 디지털 리터러시 교육을 통해 학생들의 비판적 사고능력을 길러주는 것이라고 생각합니다. 왜냐하면 chatGPT와 같은 생성형 AI가 발달됨에 따라 다양한 거짓정보가 생산되는 빈도가 증가하고 있기 때문입니다. 이러한 정보를 무비판적으로 수용하는 것뿐만 아니라 2차 3차 창작물을 공유하여 가짜뉴스가 빠르게 확산되고 있다고 알고 있습니다. 이러한 문제를 막기 위해 학생들이 정보에 대해 비판적으로 사고할 수 있는 능력을 길러주어야 한다고 생각합니다. 세 번째 교사의 역할은 학생들에게 자기주도 학습역량을 길러주는 것입니다. 4차 산업혁명으로 인해 다양한 기술들이 빠르게 교육현장에 반영되고 있다고 알고 있습니다. 이로 인해 다양한 수업 방법의 변화가 일어나고 있는데, 학생들이 자기주도 학습역량이 부족할 경우 변화되는 수업방법에 적응하지 못해 학습격차가 벌어질 수 있습니다. 이렇게 생각한 이유는 코로나-19에서 비대면 수업에 적응하지 못한 학생들의 가장 큰 원인이 자기주도 학습역량 부족이라고 알고 있기 때문입니다. 따라서 교사가 학생들의 자기주도 학습역량을 길러주어 변화되는 수업방식의 변화에 적응할 수 있도록 도와주어야 한다고 생각합니다.

김완 선생님의 방향성 잡기와 한 걸음 더 **

이 문항은 AI시대 교사의 역할이 어떻게 변화되어야 하는지 정확히 역할을 제시하고, AI보조교사와 차별되는 교사의 역할을 논리적으로 제시하는지 파악하려는 문항이다. 학교에서 교사의 지적인 권위 약화로 인해 홈스쿨링 등 학습 장소에도 많은 변화가 예상된다. 생성형 AI가 더 유용한 지식을 줄 수 있다고 믿는 학생은 증가할 것이다. 학교는 교사의 지도아래 교과 지식을 습득하는 역할과 학생들이 건강한 사회인으로 성장할 수 있는 교육을 실시한다. 이미 AI보조 교사를 활용한 외국 사례에서 보듯 학생들은 일시적으로 AI교사를 선호하지만 인간교사에게 더 많이 의존하는 것으로 나타났다. 이에 착안하여 교사는 학생들을 더 따뜻하게 보살피고 학생들의 심리를 파악하기 위한 개인 연구 활동을 실시해야 한다. 생성형 AI 기술을 활용하여 학생들의 문제해결 능력을 키워주는 동시에 디지털 리터러시 교육을 철저히 실시해야 한다. 학생들이 자신도 모르는 사이에 개인정보가 유출되어 학생들의 디지털 피해 규모는 너무 커지고 있다. 디지털 영상의 속성 상 쉽게 없앨 수 없어 어려움을 겪게 된다. 바른 인성과 가치관이 형성될 수 있게 더 많은 교육을 실시해 학생들에게 내면화 시켜야 이들이 건강한 사회 구성원으로 성장할 수 있다. AI를 보조교사로 잘 활용하기 위해 교사는 AI에 대한 지식을 토대로 활용할 수 있는 역량을 강화해야 한다. 생성형 AI는 선택이 아니라 필수인 시대다. 교실에서 AI 활용에 뒤처지면 사회에서 이 디지털 격차로 많은 차별을 받게 될 것이다. 학생들이 AI를 미래 핵심 기술로 받아들이고 이를 활용하는 능력을 길러주기 위해 교사는 디지털 세상에 대한 깊은 연구가 필요하다.

다음에 제시된 글을 읽고 물음에 답하시오.

세계 각계 전문가들은 올해 인류가 당면한 최대 위험으로 '기후위기'를 꼽았다. 세계경제포럼(WEF·다보스포럼)이 2024년 1월 20일 학계와 재계, 정부 기관, 국제기구 관계자 등 전 세계 전문가 1,490명을 대상으로 34가지 글로벌 리스크를 복수로 선택하도록 한 설문 조사 결과를 발표하였다. 조사 결과를 담은 "글로벌 리스크 리포트 2024"에 따르면, '극한의 날씨'를 꼽은 응답자가 전체의 3분의 2에 해당하는 66%에 달했다.

지난해 여름 북반부가 기상 관측이 시작된 이래 가장 더웠던 것으로 나타났다. 지구온난화를 가속하는 엘니뇨가 5월까지 기승을 부릴 것으로 예상되어, 날씨 관련 우려가 커졌다. 엘니뇨가 기후에 미치는 영향은 지역별로 다양하다.

최근 지구상 곳곳의 나라에서 급격한 기후변화로 인해 산불, 폭우, 폭설, 폭염과 같은 재난 상황이 급격하게 증가하고 있다. 이러한 현상은 특정한 나라나 인종 계층에 국한되지 않은 전 인구, 전 지구인의 삶이 걸린 문제이므로 중지를 모아 공동의 노력으로 해결해야 할 것이다. 이때 가장 의미 있고 중요한 역할을 할 수 있는 것이 바로 '교육'이다. 기후위기에 대응하기 위한 우리의 미래 교육은 어떻게 이루어져야 할까?

[출처: 2024년 인류 최대의 위험, 기후위기, AI, 사회·정치적 대립, 세계일보 기사(2024.1.21.) 발췌 및 재구성]

**Q1.** 제시된 글을 참고하여 '기후위기'의 원인을 설명하고, 인간의 생활이 어떻게 달라져야 하는지 자신의 견해를 말하시오.

---

학생답변

제가 생각하는 기후위기의 원인을 두 가지를 말씀드리겠습니다. 첫 번째는 인간의 모든 생산적인 활동으로 발생하는 탄소 배출의 증가로 인한 열돔현상이 원인이라고 생각합니다. 왜냐하면 인간이 사용한 모든 에너지는 쓸모없는 열에너지로 전환되는데, 탄소로 인해 우주로 배출되지 못하고 지구대기에 갇혀 평균 기온이 상승하기 때문입니다. 두 번째는 지구의 평균기온 상승으로 극지방의 빙하가 줄어드는 것이 원인이라고 생각합니다. 왜냐하면 빙하의 감소로 인해 바다의 면적이 증가하여 태양빛이 빙하에 반사되지 못하고 바다에 흡수되어 수온이 상승되기 때문입니다. 이러한 문제를 해결하기 위해 인간의 생활이 어떻게 달라져야 하는지 두 가지 말씀드리겠습니다. 첫 번째는 화석연료사용을 줄이고 다양한 대체에너지를 개발 및 사용하기위해 노력해야 합니다. 왜냐하면 화석연료사용은 많은 탄소를 배출하기 때문입니다. 물론 에너지 보존법칙을 생각하였을 때 발생되는 열에너지를 줄이기 위해 근본적인 해결방법은 전체적인 에너지 사용량 감소입니다. 그러나 현재 인류의 발전을 생각한다면 에너지 사용량을 줄이는 것은 어렵기 때문에 탄소배출을 줄이기 위해 친환경 에너지 사용량을 증가시켜야 한다고 생각합니다. 두 번째는 소고기나 돼지고기의 소비를 줄이는 방법이 있습니다. 왜냐하면 축산으로 인해 많은 탄소가 배출되고 있기 때문입니다. 고기의 소비를 줄이기 위해 콩고기나 식물성고기 등의 개발에 많은 기업들이 노력하고 있다고 알고 있습니다. 따라서 이러한 대체고기를 활용하여 소고기나 돼지고기의 소비량을 감소시키기 위한 노력이 필요하다고 생각합니다.

 김완 선생님의 방향성 잡기와 한 걸음 더 👣

이 문항은 기후위기 원인을 인간의 생활과 연결하여 파악하고, 응답한 내용이 인간의 생활 변화에 적절하게 제시했는지 파악하여 논리력과 창의력, 문제해결 능력을 파악하려는 문항이다. 위 지원자는 정확한 원인을 논리적으로 설명하고 인간의 실용 가능한 생활 변화를 제시함으로써 우수한 답변이다. 기후위기의 원인으로 무분별한 개발을 꼽을 수 있다. 지구의 허파라고 불리던 아마존의 삼림은 경제적 이익을 위한 목적 앞에 속수무책이다. 자연환경 파괴는 쉽지만 자연을 살리는 것은 매우 어렵다. 플라스틱이 처음 개발되었을 때 신이 마지막으로 남겨둔 창조물을 인간이 드디어 창조했다는 평을 받았지만 지금 우리는 플라스틱 공포의 시대를 살아가야 한다. 미세 플라스틱 섭취로 생선은 안전한 먹거리가 아니고, 바다 생태계는 교란되었다. 자동차의 등장으로 급격하게 사용된 탄소는 지구온난화의 주범인 줄 알면서도 줄이는 노력에도 한계가 있다. 전 세계 중산층 증가로 급속하게 소비가 증가되었고 물질 중심의 사회가 되어 온실가스도 빠르게 증가하고 있다. 기상 이변으로 세계 곳곳이 불타고 있고 물난리가 일상이 된 것도 우리의 잘못이지만 이 문제를 해결할 수 있는 것도 우리다. 다음 세대를 위한 절제된 소비를 해야 한다. 자연환경과 조화로운 활동을 해야 한다. 탄소배출이나 온실가스를 줄이기 위해 노력하고, 생활 속 플라스틱 배출 감소 노력, 에너지 절약, 대중교통 이용, 자전거 타기, 채식 문화 확산 등의 노력이 매우 중요하다. 최근 경기도는 대중교통 장려 정책으로 청소년에게 대중교통 이용 요금을 돌려주어 대중교통 이용의 중요성을 교육하고 더 나아가 환경을 지키는 역할을 어린 시절부터 내면화할 수 있는 교육의 기회를 제공한다는 평이다.

학생답변

저는 미래 교육의 방향은 실천중심의 환경교육 강화라고 생각합니다. 왜냐하면 제가 학교에서 경험한 환경교육은 대부분 이론중심으로 진행되었기 때문입니다. 물론 이론중심의 환경교육도 중요하다고 알고 있습니다. 그러나 환경교육이 실생활로 이어지기 위해서는 실천중심의 교육이 이뤄져야 한다고 생각합니다. 따라서 미래 교육의 방향은 실천중심의 환경교육 강화라고 생각합니다. 이러한 교육을 진행하기 위한 교육방법은 지구온난화에 대한 올바른 인식을 바탕으로 실생활에서 실천할 수 있는 수업을 구성하는 것입니다. 예를 들어 단순한 쓰레기 재활용 교육이 아닌 소비단계부터 처리단계까지 개인이 할 수 있는 노력을 교육하는 것입니다. 소비단계에서는 최근 많이 생산되는 무라벨제품을 이용하고, 신선식품을 주문하였을 때 집 앞에 아이스박스를 놓아 배달받고, 음식을 주문할 때 배달보다는 냄비 등의 용기를 활용하여 포장해 1회용품 사용을 줄이는 등을 실천하는 교육을 하는 방법이 있습니다. 처리단계에서는 플라스틱 재활용 시 비닐제거 및 세척 후 배출 등의 쓰레기 재활용 교육뿐만 아니라 사용된 아이스팩을 동사무소에 제출하여 필요한 업체에 전달되게 하는 등의 다양한 방법을 알려주어 실천하도록 유도하는 교육 방법이 있습니다. 이러한 방법을 통해 학생들이 기후위기에 대한 이론과 더불어 스스로 실천할 수 있는 교육을 진행하여야 교육적인 효과가 증가될 것이라고 생각하기 때문에 실천중심의 환경교육을 강화하는 것이 기후위기 대응을 위한 미래교육의 방향이라고 생각합니다.

 김완 선생님의 방향성 잡기와 한 걸음 더 ▶▶

이 문항은 미래 교육의 방향이 제시된 글과 정합성이 맞는지, 적절한 사례를 들어 교육 방법을 제시하는 지원자의 교직인성과 창의적 역량을 파악하려는 문항이다. 위 지원자는 다양한 실생활의 예를 들었으며 경험에 의한 사례 제시로 실천 가능성을 제시한 우수한 답변이다. 환경교육은 아무리 강조해도 지나치지 않지만 실천을 강요할 수 없어 효과가 잘 나타나지 않는다. 실천중심의 생태시민교육이 중시되는 이유다. 우리나라는 환경 친화적인 교육으로 생태시민교육장이 곳곳에 다양하게 설치 운영되고 있다. 교육과정에서 이를 활용하는 학습이 이루어져 학생들이 어린 시절부터 생태의 중요성을 인식하게 되어 의미 있다는 평이다. 기업은 신·재생 에너지 중심 산업으로 전환해야 한다. 세계 글로벌화로 인해 우리나라의 환경교육은 다른 나라에게 지대한 영향을 미친다. 내가 버린 쓰레기 하나가 모여 비가 오면 바다가 쓰레기 장이 되고, 중국의 산업활동은 우리에게 미세먼지로 나타난다. 글로벌 시민성 강화 교육이 절실하다. 세계가 연대하여 이 문제를 해결하지 않으면 우리는 가해자인 동시에 피해자인 세상에서 벗어나지 못한다. 환경 교육을 암기하는 교육에서 그치지 않고 체험하고 실천하는 교육으로 변해야 한다. 탄소 중립 에너지 정책은 또 다른 무역 장벽이 되어 우리나라의 미래 산업에 많은 영향을 미치고 있다. 탄소 중립 문제를 국가차원에서 해결하여 미래 사회 주역인 학생들이 직업선택에도 불이익을 당하지 않는 정책 실현이 요구된다.

다음에 제시된 (가)와 (나)의 글을 읽고 물음에 답하시오.

(가) 합계출산율은 가임기 여성(15-49세) 1명이 가임기간(15-49세) 동안 낳을 것으로 예상되는 평균 출생아 수를 의미한다. 2000년대 들어 저출산 현상이 가속화되면서, 우리나라의 합계출산율은 2000년 1.48에서 2010년 1.23, 2022년 0.78로 계속 낮아지고 있다.[1] 저출산 문제를 해결하기 위해서, 임신과 출산에 대한 경제적 지원, 교육 시스템 개혁, 주거 지원, 다문화 가정 지원, 이민자 수용 등을 통한 장기적인 사회·구조적 변화가 필요하다. 2023년 노벨경제학상을 수상한 클로디아 골딘 미국 하버드대 교수는 한국의 저출산에 대해 "특정 가정의 문제가 아니라 기성세대, 남성, 기업문화 등이 모두 변해야 한다."고 지적했다.[2]

[출처: 1) 한국지표체계 합계출산율, 지표누리 (2023.02.22.) 발췌 및 재구성
2) "0.86명입니다" 노벨상 수상자도 아는 한국 저출생 문제, 한겨레 기사 (2023.10.6.) 발췌 및 재구성]

(나) 전국 초중고교 다문화 학생 수가 2014년 6.7만명에서 2020년 14.7만명, 2023년 18만명으로 지속적으로 증가하고 있다. 전라북도 교육통계에 따르면 도내 다문화 학생(초중고)의 수는 2020년 7,720명에서 2021년 8,105명, 2022년 8,228명, 2023년 8,664명으로 점점 증가하고 있다. 다른 시도에 비해 외국인 학생 비율이 높고 소규모 학교가 많은 전북지역에는 2023년 기준 다문화 학생 비율이 50%가 넘는 학급 수가 전체 8,952개 학급 중 279개이다.[1]

다문화 학생들이 한국 사회에 적응하고 교육을 받는 과정에서 언어적 문제, 문화적 문제, 사회적 문제 등 다양한 문제를 겪고 있으며, 이를 해결하기 위해서는 국가와 지자체, 학교, 가정 등이 함께 협력하고 노력해야 한다. 교육부는 2023년 열린 제8차 사회관계장관회의에서 '이주배경학생 인재 양성 지원 방안'을 발표하였다. 지원 방안에는 차별 없는 교육 기회 제공과 우수 인재 지원 강화 등을 통해서 빠른 속도로 증가하고 있는 이주배경학생을 산업 역군으로 키우겠다는 내용이 포함되어 있다.[2]

[출처: 1) 2013~2023년 다문화 학생수 및 비율, 전북교육포털 (2023.02.22.) 발췌 및 재구성
2) 제8차 사회관계장관회의, 교육부 (2023.09.26.) 발췌 및 재구성]

**Q1.** ㈎와 ㈏에서 제시한 저출산 현상과 다문화 학생들의 증가가 우리 사회와 학교 교육에 미치는 영향에 대해 말하시오.

### 학생답변

문제에 제시된 현상이 우리 사회와 학교 교육에 미치는 영향을 각각 세 가지씩 말씀드리겠습니다. 우리 사회에 미치는 영향 첫 번째는 저출산 현상이 인구 고령화로 이어질 수 있습니다. 현재 우리나라는 고령사회로 저출산 현상이 지속될 경우 초고령 사회로 진입하게 될 것입니다. 우리 사회에 미치는 영향 두 번째는 저출산 현상으로 인해 노동 인구 감소될 수 있습니다. 저출산의 지속될 경우 인구모형이 역삼각형으로 되어 경제참여인구가 줄어들어 국가의 생산성 감소 및 경제 성장 저하로 이어질 것입니다. 우리 사회에 미치는 영향 세 번째는 다문화 학생들의 증가로 인해 혼란이 가중될 수 있습니다. 일부 다문화 학생들의 경우 문화, 언어, 가치관 등의 차이로 지속적인 혼란을 겪는 경우가 있습니다. 다문화 학생이 증가할 경우 이러한 문제도 증가될 것이라 생각합니다. 학교교육에 미치는 영향 첫 번째는 저출산 현상으로 학생수가 감소하여 소규모 학교 및 학급 증가입니다. 이러한 현상이 지속될 경우 효율적인 교육을 진행하기 어려울 수 있습니다. 학교교육에 미치는 영향 두 번째는 저출산 현상으로 학생들의 교육의 다양성이 제한될 수 있습니다. 예를 들어 체육교육 시 학생수의 부족으로 운동경기를 진행하기 어려울 수 있고, 학생들의 공동체 역량을 길러주기 어려울 수 있습니다. 학교교육에 미치는 영향 세 번째는 다문화 학생들의 증가로 인해 학생들의 문화 및 언어수준의 차이로 인해 교육이 어려울 수 있습니다. 일부 다문화 학생들이 가정에서 배운 문화와 학교수업에서 배운 문화의 차이로 정서적인 어려움을 겪고, 언어수준이 수업내용을 이해하기에 부족하여 어려움을 겪는 경우가 있습니다.

 김완 선생님의 방향성 잡기와 한 걸음 더 👀

이 문항은 질문의 요지를 정확하게 판단하고 응답하는 논리력과 저출생 현상과 다문화 학생 증가가 사회와 학교에 미치는 영향을 적절하게 제시하는 문제해결 역량과 창의력을 평가하려는 문항이다. 위 지원자는 저출생 현상과 다문화 학생 증가를 각각 사회에 미치는 영향과 학교 교육에 미치는 영향을 분리해 문제에서 제시한 방향에 맞게 적절하게 답함으로써 논리력과 창의력 문제해결 역량을 잘 보여주었다. 저출생 현상과 다문화 학생의 증가가 사회에 미치는 영향을 고려하고 이를 바탕으로 교육이 변화해야 한다. 국가 소멸 위험이 증가하는 저출생 문제는 국가가 해결책을 뚜렷하게 제시하고 정책적 지원을 아끼지 않아야 한다는 사회적 공감대가 형성되어 있다.

이를 해결하기 위해 이민자 수용 등의 정책으로 다문화 학생들이 증가하게 되고 이는 사회적 응집력 약화, 사회 갈등 확대 등의 문제가 드러나고 있다. 저출생으로 인해 우리사회는 인구 고령화, 생산성과 경제 성장 저하, 노동 인구 감소로 인해 숙련공 부족, 국가의 국방력과 국제적 영향력 약화 등의 문제에 당면했다. 저출생 문제는 학교 교육에도 많은 영향을 미친다. 소규모 학교 증대, 소인수 학급 증대로 인해 학생들의 성장과 발달에 부정적인 영향 증대, 교육 재정의 효율성 약화, 학생들 간의 문화와 언어의 차이에 따른 교육의 어려움, 다문화로 인해 갈등 증가, 학교 교육 과정의 변화 필요성 등이 학교 교육에 미치는 요소다. 저출생으로 인한 문제 해결에 성공적인 국가들의 공통점에 경제적 지원이 있다. 더불어 결혼과 육아에 대한 전통적인 관념의 변화를 사회적으로 수용함으로써 해결했다. 세계 전체적인 인구는 증가하고 있다. 상위 고소득자가 많은 나라에서 AI기술을 이용해 인구가 많은 나라들을 부정적으로 통제할 수 있다는 우려도 제기되고 있다. 학교 교육을 통해 세계시민 교육, 인권 교육 등이 꾸준히 이루어져야 한다.

**Q2.** (가)와 (나)의 글을 근거로 저출산 현상 및 다문화 사회에 대응하기 위한 학교 교육 방향을 제시하고, 이를 위한 교육 방법을 사례를 들어 말하시오.

학생답변

제가 생각하는 저출산 현상의 대응을 위한 학교 교육의 방향은 학생들의 세대간의 격차를 줄이기 위한 교육과 더불어 고령인구의 디지털 격차를 줄이기 위한 교육을 진행해야 한다고 생각합니다. 예를 들어 학교에서 조부모와의 활동을 과제로 제시하여 세대 간의 이해를 도울 수 있고, 활동 중 디지털기기를 활용하는 과제를 제시함으로써 고령인구들이 디지털 기기에 익숙해지는 기회를 제공할 수 있습니다. 다음으로 다문화 사회에 대응하기 위한 학교 교육의 방향은 다문화에 대한 이해를 바탕으로 인권과 평등 교육을 진행하고, 개인 맞춤교육으로 다문화 학생들이 소외되지 않는 교육을 진행해야 한다고 생각합니다. 예를 들어 학생들에게 세계시민교육을 통해 다양한 문화에 대해 이해할 수 있고, 다문화 학생들에게 언어교육과 병행하여 디지털 교과서를 활용해 익숙한 언어로 번역되어 학습할 수 있도록 도와줄 수 있습니다. 이러한 교육 방법 이외에 다양한 문화를 경험할 수 있는 체험학습을 진행하거나, 다문화 학생들을 대상으로 학습격차를 줄이기 위해 멘토멘티 활동을 활용할 수 있습니다.

김완 선생님의 방향성 잡기와 한 걸음 더 **

이 문항은 질문의 요지를 정확히 파악하여 응답하고, 응답한 교육 방향과 교육 방법의 사례가 적절한지 판단하려는 문항이다. 위 지원자는 학교 교육의 방향 답변에서 세대간 격차 줄이기와 고령인구의 디지털 격차 줄이기 위한 교육을 제시했다. 이 문제를 해결함으로써 저출생 문제가 어떻게 해결되는 지 직관적이지 않아 아쉽다. 반면 다문화 학생 수용을 위한 학교 교육의 예는 교육 방향과 교육 방법을 적절하게 제시했다. 면접에서 지원자는 짧은 시간에 답을 할 때 직관적으로 전달하는 연습이 필요하다. 숙고를 거쳐 이해할 수 있는 답변은 피해야 한다. 저출생 문제와 이를 해결하기 위한 다문화 정책으로 인한 다문화 학생 증가는 교육을 통해 해결할 수 있다. 학교 교육의 방향은 개인 맞춤형 교육 강화, 디지털 전환 시대에 적합한 교육시스템 구축, 소규모 학교 연대, 도농간 교류 확대, 다양한 감수성과 세계시민성 함양, 인권과 평등, 인종과 성에 대한 인식 개선, 다문화 학생의 교육적 소외 방지, 문화 상대주의적 인식 확산, 다양한 배경의 학생과 협력 등의 교육 방향으로 전환이 절실하다. 교육 방법으로는 개인 맞춤형 수업 운영, 다문화 가치 체험, 다문화 인식과 인권 존중 교육 프로그램 개발과 운영, 이중 언어 교육의 확대 등이 있다. 좀 더 살펴보면 저출생으로 고령 사회는 사회활동 시간이 길어진다. 고령인구가 생산성을 높이기 위한 적절한 교육을 받고, 이들의 복지에도 사회적 자원 배분이 필요하다. 우리나라는 세계 10대 경제 강국이다. 교육 정책이 인구 자연 소멸 국가에서 벗어나 우리나라가 가진 경쟁력이 세계 기준이 되는 미래를 제시해야 한다.

다음에 제시된 (가)와 (나)의 글을 읽고 물음에 답하시오.

(가) 미래학자 버크민스터 풀러는 인류가 가진 지식의 총량이 비약적으로 늘어날 것으로 예측한 바 있다. 그가 발표한 '지식 두 배 증가 곡선'에 따르면 인류 지식의 총량이 두 배로 증가하는 주기는 점점 짧아지고 있다. 전문가들은 앞으로 이 주기가 최대 12시간으로 단축될 것으로 예측한다. 이러한 지식의 폭발, 이른바 지식의 빅뱅은 우리가 지금까지 한 번도 경험하지 못했다. 이것이 오랜 전통을 갖고 있는 브리태니커 백과사전이 인쇄본 발매를 중단한 이유이기도 하다. 244년의 전통을 가진 세계적 권위의 백과사전이 종말을 고했다는 것은 곧 지금까지 사용된 지식의 종말을 의미한다. 인류가 그래왔던 것처럼, 자신의 시대가 도달한 지식수준을 따라잡는 것은 이제 불가능한 일이 되고 말았다. 학교에서 배운 지식도 1~2년이 지나면 금방 옛 지식이 되고 만다. 한번배운 것으로 평생 먹고 사는 시대는 다시 오지 않을 것이다.

(나) 매년 11월이면 수능이 치러진다. 열아홉 살에 치르는 이 한 번의시험으로 인생의 많은 부분이 좌우된다. 그 한 번의 기회에 모든 것이 결정된다고 여기기에 우리는 경쟁하듯 천문학적인 비용과 시간, 노력을 투자한다. 하지만 이 시험이 과연 한 사람의 인생을 판가름할 만한 가치를 지니고 있을까? 중요한 건 이제 이런 시스템이 우리 사회의 미래를 보장해주지 않는다는 사실이다. '정답 기계'만을 쏟아내는 우리의 교육은 지금 변화하지 않으면 살아남을 수 없는 중대한 위기에 놓여있다. '19세기의 교실에서 20세기의 교사들이 21세기 아이들을 가르치는' 이 모순에서 어떻게 벗어날 수 있을까? 우리가 삶을 살아가며 겪게 될 문제들은 모두 시험지 밖에 있다. 몇 개의 보기 중에서 정답을 고르는 객관식일 리도 없다. 이제 많은 지식을 스마트폰으로 검색할 수 있는 시대가 되었다. 단순히 많이 아는 것만으로는 살아갈 수 없다. 앞으로의 경쟁력은 누가 어떤 지식을 얼마나 많이 갖고 있느냐가 아니라, 지식을 활용해 새로운 것을 만들어 낼 수 있느냐에 달렸다.

[KBS 명견만리 제작진(2017). 『명견만리』 교육편, 257-263 재구성]

**Q1.** (가)에서 제시한 사회 현상의 변화를 요약하고, 이에 근거하여 (나)에서 추론할 수 있는 교육 문제가 무엇인지 말하시오.

(가) 글의 내용을 요약하면 인류 지식의 총량이 두 배로 증가하는 주기가 짧아지고 있습니다. 전문가들은 앞으로 이 주기가 최대 12시간으로 단축될 것으로 예측합니다. 인류는 자신의 시대에 맞는 지식을 따라잡는 것이 불가능해졌으며, 한번 배운 것으로 평생을 살 수 있는 시대는 다시 돌아오지 않는 다는 내용입니다. 이를 근거로 (나) 글에서 추론할 수 있는 교육의 문제는 4차 산업혁명과 같은 급변하는 지능정보화 시대에 시험 중심의 교육은 혁신적인 변화에 대해 적응하지 못한다는 것입니다. 또한, 학생들의 창의성과 문제 해결 능력을 길러주지 못하고, 학생들의 다양성을 생각하지 않고 획일화된 교육을 하는 것입니다. 이러한 문제를 해결하기 위해서는 교육제도의 변화가 필요하다고생각합니다.

 **김완 선생님의 방향성 잡기와 한 걸음 더** 👀

이 문항은 미래 교육의 방향이 제시된 글에 근거를 두고 있는지를 통해 지원자의 교육 현장의 현상에 관심을 가지고 그 의미를 분석할 수 있는 역량, (나)에서 추론할 때 자신의 의견을 논리적으로 제시하고 창의적으로 접근하는 능력을 파악하려는 문항이다.

정보사회, 지식기반 사회로 인해 지식은 폭발적으로 증가했다. 학생들이 습득한 지식의 유용성이 약화되었다. 넘쳐나는 지식과 정보를 선택적으로 수용하는 것이 중요하고, 학교교육과 평생교육이 더욱 중요해졌다. 특히 지식의 생명주기는 매우 단축되었다. 대략 이러한 점이 정보사회로 인한 사회 현상의 변화. 이러한 사회 현상으로 추론할 수 있는 교육 문제로 암기 위주 교육, 주입식 교육 문제, 학생들의 학습 능력을 지적 능력으로만 평가하는 방식, 창의성과 무관한 정답 기계를 만드는 교육 문제, 다양성을 기반으로 사고하는 교육 부족 등은 학교 교육의 문제다.

학생 답변 중 사회 현상의 변화를 요약하는 과정에서 제시문을 그대로 요약한 점이 아쉽다. 제시문을 바탕으로 어떤 사회 현상이 나타났는지 말했으면 좋았을 것이다.

**Q2.** (가)와 (나)의 글을 근거로 미래 교육의 방향을 제시하고, 이에 맞는 교육 방법을 사례를 들어 말하시오.

미래 교육의 방향은 단순히 정답을 암기하고 시험 점수만 높이는 것이 아니라, 학생들의 창의성과 문제 해결 능력을 길러주는 방향으로 변화해야 한다고 생각합니다. 이러한 변화를 위해서는 교사들도 지식을 심어주는 교육이 아닌 능력을 길러주는 교육으로 변화해야 한다고 생각합니다. 또한 교육 시스템도 학습자 중심으로 변화해야 한다고 생각합니다. 사례로는 개인 맞춤형 교육을 생각했습니다. 각 학생의 성향, 관심사, 배경 등을 고려하여 맞춤형으로 교육을 한다면, 유연한 수업을 할 수 있고, 학생들의 창의성과 문제 해결 능력을 길러줄 수 있다고 생각합니다.

 김완 선생님의 방향성 잡기와 한 걸음 더 👣

이 문항은 미래 교육의 방향과 교육 방법의 연계성의 적절성과 적절한 사례를 들어 교육 방법을 제시하는 과정에서 지원자의 다양한 관점과 타당한 근거를 들어 논리적으로 설명할 수 있는 능력을 파악하려는 문항이다.

미래 교육의 방향은 우선 지식을 선별하여 활용할 수 있는 판단력을 기르는 교육이 필요하다. 과도한 정보 속에서 알고리즘에 의해 제공되는 과정에서 지식과 정보가 편향될 수 있다. 핵심 내용을 파악해 내는 통찰력을 기르는 교육도 매우 중요하다. 정보가 빨리 변하는 사회에서 통찰력은 미디어 리터러시 교육 등을 통해 정보의 진실을 구별하는 교육으로 기를 수 있다. 상호 지식들을 연결하는 통섭력을 기르는 교육이 필요하다. 새로운 기술은 거의 개발되었다. 지금 사회는 이러한 기술을 서로 접목해 새로운 것을 창출할 수 있는 통섭력이 요구되고 이를 교육하기 위해 연관성을 찾는 교과간 연계 수업이 진행되면 좋을 것이다. 지식 습득과 더불어 예술성과 심미성을 강조하는 교육이 필요하고, 생각하는 힘을 기르는 교육이 병행되어야 한다. 구성주의 학습에 근거해 지식을 암기하기 보다 지식을 창조하고, 교사는 지식을 전달하는 과정에서 융합을 통한 문제해결 능력을 기를 수 있게 교육해야 한다. 무엇보다 학습 결과보다는 과정을 중시하는 교육이 실시되어야 한다.

위 학생은 짧은 답변 속에 미래 교육 방향과 잘 연계하여 창의성과 문제해결 능력을 모두 보여주는 답변이었다.

**69** 전주교대 2023학년도 수시 오후 기출

다음에 제시된 ㈎와 ㈏의 글을 읽고 물음에 답하시오.

㈎ 미래 학교의 모델로 회자되었던 알트스쿨(Alt School)은 개별 맞춤학습이 가능한 플랫폼을 구현해 학생 개개인의 학습 목표와 진도에 따라 일과표를 다르게 구성했다. 디지털 플랫폼을 토대로 학생이 저마다 자신의 교육과정을 설계하고 관리하도록 했으며, 학생의 흥미, 학습 방식, 교사의 과제 피드백 등의 정보를 수집하고, 이를 알고리즘으로 분석하여 제공함으로써 학생들이 주도적으로 학습 과정을 관리할 수 있게 했다. 그러나 알트스쿨은 문을 닫았다. 비싼 학비도 원인이었지만 지나치게 개인화된 콘텐츠로 학생들의 기초 학력이 저하된 점이 가장 큰 이유로 지적되었다. 뿐만 아니라 알트스쿨에서는 학습자가 실수를 통해 배울 수 있는 기회가 차단되었다. 예컨대 학습자가 맞춤법을 틀렸을 때 프로그램이 자동으로 수정해주기 때문에, 정작 학습자는 왜 틀렸는지 스스로 알기 어려웠다.

[남미자(2022). 자기주도학습이 미래 교육의 방향일까. 『민들레』 141, 60–69 발췌]

㈏ 형태가 어떻든 많은 학생들이 수업 시간에 잠을 잔다. 자는 행위가 꼭 나쁘다고만 할 수 없다. 잠은 피로를 풀어주고 기분을 상쾌하게 만든다. 시끄럽게 코를 골지 않는다면 다른 사람에게 피해를 주지도 않는다. 그러나 수업 시간에 자면 배울 기회를 잃어버리기 때문에 안타깝다. 그렇다면 교사는 자는 학생을 깨워야 할까? 가르쳐야 하는 교사가 잠을 자는 학생을 깨우는 것은 일견 타당해 보인다. … 〈중략〉 … 최근 언론 보도에 따르면, 수업 중 잠을 자는 학생을 강제로 깨우다 법적 사건으로까지 비화한 사례도 있다. 경기도교육연구원(2018)의 조사에 따르면 "선생님이 수업 시간에 자는 학생의 몸을 흔들어 깨우는 것도 성적 괴롭힘이라고 생각하느냐"는 질문에 학생과 교직원 4명 중 1명은 '그렇다'라고 대답했다.

[정태윤(2022). 교실에서 잠을 선택하는 아이들의 유형. 『민들레』 140, 71–72 재구성]

**Q1.** ㈎에서 제시한 사회 현상의 변화를 요약하고, 이에 근거하여 ㈏에서 추론할 수 있는 교육 문 ㈎에서 제시한 알트스쿨의 문제점을 지적하고, 이를 해결하기 위한 방안을 말하시오.

Alt School은 혁신적인 교육 방식으로 학생들에게 맞춤형 교육을 제공함으로써 학생들의 창의성과 문제 해결 능력을 높이는 것을 추구하고 있습니다. 그러나 이러한 맞춤형 교육 방식은 비싼 학비와 지나치게 개인화된 콘텐츠로 학생들의 기초 학력이 저하된다는 점의 문제가 있습니다. 뿐만 아니라 Alt School에서는 학습자가 실수를 통해 배울 수 있는 기회가 차단된다는 것입니다. 이러한 문제는 플랫폼이 아닌 교사와 함께하는 학습자 중심의 교육을 통해 학생들의 창의성과 문제 해결 능력을 키운다면 해결할 수 있다고 생각합니다. 또한, 학생들의 창의성과 문제 해결 능력을 인정받을 수 있는 평가 방식을 개발하고 적용하는 것도 중요하다고 생각합니다.

 김완 선생님의 방향성 잡기와 한 걸음 더 ✏️

이 문항은 제시된 글에 근거하여 알트스쿨의 문제점을 제시하는 논리력과 다양한 관점에서 문제점과 해결방안을 제시하는 창의역량을 파악하려는 문항이다.

제시된 알트스쿨의 문제점은 비싼 학비, 컨텐츠가 지나치게 개인화되어 있고, 하고 싶은 공부만을 할 수 있는 반면 기초학력이 저하되는 점, 가장 중요한 점은 실수를 통해 성장하는 기회가 차단되는 것이다. 해결 방안으로는 교사의 적절한 개입과 학생 협동 학습 등을 통해 지나친 개인화를 조절하고, 기초학력 정기 진단을 통해 기초 학력 부진 시 필요한 학습 자료를 제공하고, 피드백을 실시하되 즉각적인 방법과 지연된 피드백을 유연하게 제공하고, 비판적 창의적 사고력을 기를 수 있는 과제 제시를 하면서 해결하면 좋을 것이다. 무엇보다 학생들은 끊임없는 실수를 통해 사고력 증진과 창의성을 기를 수 있다. 하고 싶은 공부만 하고 오류를 자동으로 수정해 주는 시스템은 편리함을 주지만 너무나 큰 성장의 기회를 앗아간다. 알트스쿨의 단점을 보완하고 장점 중 우리 교육에 실현 가능한 부분은 도입하면 좋을 것이다.

**Q2.** 만약, 자신이 (나)와 같은 상황에 처한 교사라면, 학생 지도를 어떻게 할지 말하시오.

학생이 잠을 자는 이유는 여러 가지가 있겠지만, 교사가 수업을 재미나게 하면서 학생을 참여 시킨다면, 아무리 피곤해도 수업에 집중할 수 있다고 생각합니다. 그래도 자는 학생이 있다면 추후에 이유가 무엇인지 파악하여 대안을 세울 것입니다. 수업에 관심이 없다면, 학생 개개인의 성향과 관심사를 파악하고, 학생이 수업에 더욱 집중할 수 있는 방법을 찾아

볼 것입니다. 또한, 학생에게 적극적으로 참여하도록 유도하고, 수업 내용과 관련된 질문을 던지거나 학생의 의견을 물어보는 등 학생이 수업에 참여할 수 있는 기회를 줄 것입니다. 만약 학생이 그냥 잠을 자는 습관이 있는 경우라면, 적절한 수면 패턴을 갖도록 방법을 찾아 줄 것입니다.

 김완 선생님의 방향성 잡기와 한 걸음 더 ✏✏

이 문항은 학생 지도시 교육의 방향성과 일치하고, 지도방안이 현실성이 있는지 대답하는 과정에서 다양한 관점을 이해하고, 학생 인권조례와 교권을 바탕으로 실시하는 교육 과정에서 발생하는 문제점을 해결하는 문제 해결 능력을 평가하는 문항이다.

교사가 학생을 지도할 때 학생 상황 이해는 매우 중요하다. 인권을 침해하지 않는 범위에서 교사는 적극적인 개입을 통해 학생을 성장시킨다. 평소에 학생과 교사는 끊임없는 소통을 통해 신뢰를 형성해야 한다. 이 신뢰를 유지함으로써 수업 참여도를 높일 수 있다. 학생들을 꾸준히 상담함으로써 학생의 문제를 해결하고 학교의 공공성을 강조하여 건전한 생활 윤리 교육을 강화할 수 있다. 자는 학생을 강제로 깨우는 과정에서 시각 차이로 인한 불미스러운 사건이 법정 사건으로 이어지는 것은 매우 안타깝다.

위 학생의 답변에서 법적 사건에 대한 언급이 없는 부분은 아쉽다. 학생들은 학교가 사적 공간이 아니라는 점을 인식하고, 공공성을 토대로 학생이 지켜야 할 생활 윤리 교육을 언급하면 좋을 것이다. 최근 학교에서 벌어지는 갈등이 대화나 지도로 해결되지 못하고 법적 사건으로 이어지는 추세의 증가는 무척 안타깝다.

다음에 제시된 (가)와 (나)의 글을 읽고 물음에 답하시오.

(가) 우리나라는 큰 위기에 빠져 있다. '불평등'은 세계 최고 수준이고, '불공정'은 공동체의 존립 자체를 위협하고 있으며, '차별과 혐오'는 사회적 약자의 삶을 벼랑으로 내몰고 있다. 불평등, 불공정, 차별과 혐오는 바로 한국 민주주의의 결함을 보여주는 예이다. 불평등은 경제민주화의 부재에 근본 원인이 있고, 불공정은 사회 민주화의 결함에서 기원하며, 차별과 혐오는 문화 민주화의 결여와 밀접한 관련이 있다. 정치 민주화는 어느 정도 이루었지만, 사회, 경제, 문화 민주화가 거의 이루어지지 않은 현실이 불평등, 불공정, 차별과 혐오의 사회를 만든 주범인 것이다.

(나) 민주주의가 결판나는 곳은 투표장이 아니라 교실이다. 교실은 민주주의의 훈련장이기에 한 나라가 성취한 민주주의의 수준은 교실에서 결정된다. 우리가 위대한 광장 민주주의의 전통에도 불구하고 여전히 성숙한 민주사회에 이르지 못한 이유는 무엇보다도 교실에서 성숙한 민주주의자를 기르지 못했기 때문이다.

[출처: 김누리, "민주주의의 성패는 교실에서 갈린다.", 「한겨레신문」 칼럼 (2022년 1월 4일) 재구성]

**Q.** (가)에서 언급하고 있는 ① '불평등, 불공정, 차별과 혐오의 사회 문제'가 무엇인지 교육과 관련하여 설명하고, ② 이를 해결하기 위한 교육 방안을 (나)를 참고하여 말하시오.

───  학생답변

(가) 글에서 불평등은 경제민주화의 부재에 근본 원인이 있고, 불공정은 사회 민주화의 결함에서 기원하며, 차별과 혐오는 문화 민주화의 결여로 제시하였습니다. 첫째 교육의 불평등은 빈부 격차에 따라 다양한 교육에 접할 기회불평등이 있다고 생각합니다. 둘째 교육의 불공정은 학교나 사회에서 학습 또는 활동적인 면에서 능력 있는 학생들에게는 더 좋은 기회가 주어지고, 그렇지 못한 학생들에게는 성장할 기회가 없기 때문에 불공정하다고 생각합니다. 마지막으로 차별과 혐오는 학교폭력을 생각했습니다. 이를 해결하기 위한 교육 방안은 민주시민교육을 통해서 해결할 수 있다고 생각합니다. 학생들이 스스로 학교문화를 만들고, 활동 계획을 세우고, 참여할 수 있도록 학교와 교사는 교육 환경을 조성해야 한다고 생각합니다. 이를 위해서는 학생들이 논의, 협력, 의사결정 등의 과정을 경험하도록 하

는 것도 중요하다고 생각합니다. 학생들이 적극적으로 참여하고, 공동체를 이루는 데에 기여할 수 있도록 하고, 수업시간에 다양한 주제를 다루면서, 학생들이 다양한 관점과 서로를 이해하는 능력을 배양하게 된다면 위의 세 가지 문제점은 해결될 수 있다고 생각합니다.

 김완 선생님의 방향성 잡기와 한 걸음 더 👣

이 문항은 제시문에 근거한 사회 문제를 이해하고 교육과 관련하여 설명하는 과정에서 지원자의 논리력을 평가하고, 교육 방안을 제시하는 과정에서 사회 다양한 계층에 대한 이해력과 민주주의의 결함을 올바르게 이해하고 교육으로 해결할 수 있는 문제 해결 능력을 파악하려는 문항이다.

교육과 관련한 불평등, 불공정, 차별과 혐오의 사회 문제의 원인은 학부모의 경제력과 사회적 지위에 따른 교육 불평등에서 찾을 수 있다. 지역에 따른 교육 격차, 교육 기회 박탈, 사회 문제로 인식되는 부모 찬스로 인한 교육 평가의 불공정, 다문화 가정 아동에 대한 편견과 차별, 나이, 성별, 장애 유무, 성소수자에 대한 혐오 등 차별 권하는 사회 양상을 보인다. 혐오를 정치에 이용한 나라 중 성공한 예가 없음을 인식하고 화합의 정치를 실현해야 한다.

이러한 사회 문제를 해결하기 위한 교육방안으로 학교 운영 및 학급 자치의 민주화를 들 수 있다. 또한 다양성 체험 교육을 실시하고 꾸준히 프로그램을 운영해야 한다. 인종과 민족, 성별, 성적 지향, 장애, 외모, 나이, 지역, 가족 형태, 종교, 소득, 고용 형태, 학력 등의 차별 사례에 대한 교육으로 학생들의 소수자들에 대한 인식 전환 교육이 지속적으로 이루어져야 한다. 새로운 교육 과정에서 실시하지 않는 민주 시민 교육을 오히려 강화해야 한다. 인성 교육과 더불어 합리적 의사결정 과정에 학생 참여를 보장함으로써 불평등, 불공정, 차별과 혐오 사회를 벗어나 상생의 가치를 교육해야 한다.

**71** 진주교대 2024학년도 정시면접 오전 면접 문항

다음 〈제시문〉을 읽고, 아래 질문에 답하시오.

㈎ OECD는 2021년 '국가 AI 전략 및 정책 개요(An Overview Of National AI Strategies and Policies)' 보고서에서 AI가 빠르게 도입되는 분야에 교육을 포함했다. (중략) AI를 교육 분야에 도입하는 가장 큰 이유는 AI가 그간 해결하기 어려웠던 '개인 맞춤형 교수·학습·평가'를 실현해 줄 수 있는 유용한 도구이기 때문이다.

(KDI, 세계는 지금, 2023년 9월호)

㈏ 교육부는 2023년 2월 23일 '모두를 위한 맞춤 교육의 실현'을 위해 '디지털 기반 교육 혁신 방안'을 발표했다. 이는 디지털 대전환 시대에 대응해 공교육 분야도 변화와 혁신이 필요하다는 인식에 따라 마련됐으며, AI 등 첨단 기술을 활용해 학생들에게 자신의 역량과 배움의 속도에 맞는 '맞춤 교육'을 제공함으로써 학생 한 명 한 명을 소중한 인재로 키우고 교사들이 학생과의 인간적 연결에 더욱 집중할 수 있도록 함으로써 창의성·비판적 사고력·인성·협업 능력 등 디지털 시대의 핵심 역량을 키우는 교육환경을 구축하는 것을 목표로 한다. (중략) 학생들이 AI 보조교사로부터 사전에 지식을 전달받은 후 교사와는 토론, 프로젝트 학습, 거꾸로 학습 등 문제 해결 역량을 함양할 수 있는 다양한 방식의 수업에 참여할 수 있다. 이러한 교실의 변화를 통해 학생들은 자신만의 학습 경로를 구축할 수 있고, 교실 속에서 교사 및 동료 학생들과 함께 수업을 만들어 가는 능동적 학습자로 성장할 것으로 기대된다.

**Q.** 위 제시문에 언급된 '디지털 기반 교육 혁신 방안'을 성공적으로 실현하기 위해 교사가 갖추어야 할 전문성은 무엇인지 제시하고 그 이유를 설명해보시오.

학생답변

제가 생각하는 교사가 갖추어야 할 전문성은 먼저 디지털 활용능력이라고 생각합니다. 왜냐하면 교사가 디지털 능력에 따라 학생들에게 창의적인 교육방법을 적용할 수 있기 때문입니다. 또한 디지털 기기활용 수업 도중 문제가 발생할 경우 교사가 올바르게 대처할 수

있습니다. 예를 들어 AI 보조교사를 통해 사전 지식 교육 시 잘못된 정보가 제공될 수 있고, 학생들의 발달 수준에 맞지 않는 무분별한 정보에 노출되는 경우 교사의 즉각적인 대처가 필요합니다. 다음으로 교사가 갖추어야 할 전문성은 다양한 수업을 설계할 수 있는 능력이라고 생각합니다. 왜냐하면 디지털 기반 교육을 통해 기존 수업방식의 한계를 넘어 다양한 창의적인 수업방법들이 도입될 수 있기 때문입니다. 제시문에 나타나 있는 토론, 프로젝트 학습, 거꾸로 학습 등 다양한 수업에 디지털 기기를 자유롭게 활용하기 위해 새로운 수업을 설계하는 능력이 중요하다고 생각합니다. 물론 AI 보조교사가 확산되면서 지식교육보다는 인간교사가 학생들의 인성 교육과 올바른 생활교육을 진행할 수 있는 능력이 중요하다고 이야기할 수 있습니다. 그러나 인간교사와 AI 보조교사가 협력하는 수업을 설계한다면 지식교육뿐만 아니라 인성 및 생활교육까지 효율적으로 지도할 수 있을 것이라고 생각합니다. 따라서 교사는 디지털 활용능력과 다양한 수업을 설계할 수 있는 전문성을 갖춰야 한다고 생각합니다.

 **김완 선생님의 방향성 잡기와 한 걸음 더** 👣

이 문항은 디지털 기반 여러 교육 중 학생 맞춤 교육을 실현해 개인 차이가 큰 배움의 속도에 맞는 맞춤 교육을 이루는 시대에 교사역할의 의미를 정확히 이해하고 전문성을 갖추기 위한 노력을 제시함으로써 교직인성과 창의력, 문제해결력을 파악하려는 문항이다. 위 지원자는 이러한 관점을 잘 이해하고 디지털 기기를 잘 활용하여 AI보조교사와 협업해 지식 전달과 함께 인성 및 생활교육도 효율적으로 지도한다는 지원자의 관점을 논리적으로 잘 전달했다. 학생과 교사는 모두 디지털 사회 구성원으로서 디지털 환경을 이해해야 한다. 그 바탕에서 윤리의식을 함양하고 디지털 환경을 협력적 소통의 도구로 활용할 수 있는 능력을 키워야 한다. 디지털 전환 시기에 교사는 개방적 사고를 통해 초등 교사의 전문성을 길러야 한다. 요즘 학생들은 실제 교과지식에 유능하기보다 교과지식을 찾는 플랫폼 사용에 익숙하다는 평이다. 학생들은 머리에 관련된 지식을 저장하는 것이 아니라 정보 저장량이 많은 기기를 가지고 있다는 것이다. 일부 교사들 역시 저장된 정보를 보여주는 수업을 진행한다. 오염된 정보를 학생들에게 제공할 가능성도 매우 높다. 디지털 전환 시기에 정보의 질이 얼마나 정확한지 판단할 수 있는 교사의 역량도 매우 중요하다. 디지털 기반 수업에서 학생들에게 오염된 정보가 전달된다면 피해가 클 것이다. 학생들의 디지털 기기 활용 차이가 학업 역량 차이로 나타날 수 있어 교사는 이 격차를 줄일 수 있는 방안에 대해서는 연구해야 한다. 학생의 학업 차이는 이후 능력 차이로 이어지고 이는 사회적 문제로 발전한다. 따라서 디지털 전환 시기에 학습자가 기기를 충분히 활용해 학습할 수 있는 균등한 기회가 주어지게 지도해야 한다.

다음 〈제시문〉을 읽고, 아래 질문에 답하시오.

㉮ 새 학기인 올해 3월부터 교권 침해 신고 직통전화번호 '1395'가 생긴다. 교육부와 과학기술정보통신부는 악성 민원, 형사 고발 등 교육활동 침해가 발생하면 교원이 즉시 신고할 수 있도록 '1395'를 올해 1월부터 특수번호로 사용하기로 합의하고, 3월 개통을 준비 중이라고 밝혔다. 특수번호란 공공질서 유지와 공익 증진을 목적으로 과기정통부 장관이 부여하는 번호로, 119·112가 있다. 교원이 '1395'로 긴급전화를 걸면 발신 지역 시·도 교육청 교권 민원 팀과 즉시 연결돼 교권 침해 사안 신고를 할 수 있다. 또한, 사안과 관련된 법률 상담 지원이나 마음 건강 진단·치료 프로그램도 안내받을 수 있다.

(농민신문, 2024. 1. 4.)

㉯ 국책연구기관인 한국교육개발원이 지난 10월 발간한 '지방교육자치법규에 대한 사후입법 영향 분석: 학생 인권 조례를 중심으로' 보고서도 학생 인권 조례 시행 여부에 따른 학생들의 인권 인식을 살펴본 결과 학생 인권 조례 시행 지역 학생들이 미시행 지역보다 일반적인 인권에 대한 인식이 높고 시간이 갈수록 우상향하는 것으로 나타났다고 밝혔다. 연구진은 "학생 인권 조례의 시행과 학생 인권 교육, 학생인권옹호관 제도 등 다양한 입법 수단을 통해 학생 인권 조례라는 규범의 실효가 있을 수 있다는 점을 시사한다"라고 짚었다. 서울시교육청의 학생 인권 실태조사에서도 학생 인권 조례가 학생들의 인권 보장에 도움이 되는지를 묻는 질문에 '그렇다'라고 응답한 초·중·고 학생 비율이 2015년 64.2%에서 2019년 70.7%로 높아졌다.

(경향신문, 2023. 12. 25.)

**Q.** 교권보호법과 학생인권조례의 필요성에 대해 설명하고, 학생의 인권을 존중하면서도 교권을 보호할 수 있는 방안을 예를 들어 설명해 보시오.

학생답변

제가 생각하는 교권보호법이 필요한 이유는 교사의 교육활동을 곡해하여 학생이나 학부모가 과도하게 대응하는 경우가 증가하고 있기 때문입니다. 최근 학생과 학부모의 과도한 민원으로 인해 어려움을 겪는 교사가 증가하고 있고, 나아가 극단적인 선택으로 이어진 사례까지 있다고 알고 있습니다. 이처럼 교사 개인이 감내하고 해결하기 어려울 정도의 상황이 발생할 수 있기 때문에 교권보호법이 필요하다고 생각합니다. 다음으로 학생인권조례가 필요한 이유는 과거 교사들이 권위를 이용한 과도한 생활교육이 체벌 및 폭력으로 이어지는 경우가 있었기 때문입니다. 또한 과도한 두발규제 등 학생들의 자율성을 침해하는 행동이 관행으로 당연하게 여겨지는 경우도 있습니다. 이러한 문제들을 해결하기 위해 학생인권조례가 필요하다고 생각합니다. 교권보호와 학생의 인권존중 두 입장 모두를 충족할 수 있는 방안은 각각의 사안에 대한 모호한 방안이 아닌 구체적인 방안을 규정해야 한다고 생각합니다. 현재 교권보호를 위해 해결방안으로 교사의 정당한 생활지도에 대한 면책권을 부여하거나 학교교권보호위원회 제도 개선 등이 제시된 것으로 알고 있습니다. 예를 들어 정당한 생활지도에 대한 세부 항목을 학생 및 학부모와 교사 및 학교가 함께 협력하여 규정하고, 학교나 교육부에서 교권보호위원회가 체계적으로 운영될 수 있도록 지원해주는 등 실천될 수 있는 구체적인 방안이 제시되어야 합니다. 이러한 과정이 체계적으로 이뤄질 때 학생과 학부모는 학교와 교사의 교육에 대한 이해와 신뢰가 생겨 서로 존중하는 교육문화가 정착될 것이라고 생각합니다.

 **김완 선생님의 방향성 잡기와 한 걸음 더** 💬

이 문항은 현재 가장 크게 집중되고 있는 교육 관련 뉴스나 시사를 접하고 학생 인권 조례의 정착 과정에서 과도하게 교권을 침해하는 행위가 어떻게 행해지고 있는지 이해하고 이를 바탕으로 두 제도의 필요성과 보완책을 답변하는 과정에서 공정의 가치와 비판적 수용 능력을 파악하려는 것이다. 교육 현장에서 학생 인권이 보장되지 못하고 교사의 무분별한 무도한 지도 행위가 사회 문제가 되어 학생 인권 조례는 건강하게 정착되었다. 하지만 일부 학생들의 심한 일탈로 인한 문제를 학생부에 기록하는 법이 개정되면서 대학 입학에 불리해진 학생과 학부모는 그들의 문제를 일부 교사에게 떠넘기며 이를 법적 공방으로 끌고 갔다. 이 과정에서 문제 학생들은 안전하게 대학에 진학하는 등 학생 인권 조례는 본래의 취지를 벗어나 교사에게 책임을 묻는 잘못된 기준이 되고 있다는 문제의식이 생겼고, 이 과정에서 교사는 법적 보호를 받지 못하고 극단적 선택으로 자신의 처지를 세상에 알리는 사태가 뉴스가 되었다. 그나마 교권 침해 신고 직통 전화가 생겨 일부 해결의 실마리를 제공했으나 일선의 교사들이 혼자 이 문제를 해결하게 방치한 학교 책임자의 문제의식이 전면에 드러나지 않아 미봉책이라는 평이다. 우리 모두는 우리나라의 건강한 시민 구성원이다. 교사이면서 딸이고 아들이고, 학생이면서 동생이고 누나며, 악성 민원이면서 엄마고 아빠다. 누구나 선한 영향력을 끼칠 수 있는 사회 구성원으로 건강하게 성장해야 한다. 알려진 바에 의하면 흑인 노예 해방 과정에서 아이들이 독서활동을 통해 흑인들의 참담한 현실에 눈물을 흘리는 것을 보고 관련법을 개정했다고 한다. 학생들의 교육의 중요성은 아주 강력하면서도 지속 가능한 사회적 도구임을 다시 한 번 강조한다.

## 73 진주교대 2023학년도 기출

다음 〈제시문〉을 읽고, 아래 질문에 답하시오.

(가) 학력 저하가 심각해졌다는 경고는 객관적 지표와 현실 체감, 양쪽에서 모두 나타난다. PISA(국제학업성취도평가) 지표를 보면, 기초학력 미달률에서 경제협력개발기구(OECD)평균은 큰 변화가 없는데 한국만 두 배 가까이로 증가(2012년 8%에서 2018년 15%)했다. 국내의 국가수준학업성취도 평가에서도 고2 기초학력 미달률이 2016년 3~5%에서 2021년 7.1~14.2%까지 급증했다. 이러한 지표상 위기가 코로나19 사태로 더 극명하게수면 위로 드러나면서 모두 문제를 체감하게 됐다.

[중앙일보, 2022.10.27.]

(나) 코로나19 감염병 사태 이후 학생들의 기초학력 저하와 학습 격차 문제는 교육계 최우선 과제가 됐다. 근 2년 넘게 이어진 원격 수업은 학생들의 학습 결손, 정서 결손, 사회성 결손 등에 영향을 주어 전반적인 학력 저하 문제로 불거졌다. 학력 저하 문제는 단기간에 회복하는 데는 한계가 있으며, 특히 초등 저학년에서 발생한 학습 결손은 누적돼 중·고등학교에서도 기초학력 미도달로 연결될 우려가 큰 상황이다.

[문화일보, 2022.10.25.]

**Q.** 제시문 (가), (나)에 의하면 기초학력 저하와 학습 격차에 대한 문제가 심화되고 있다. 이를 해결하기 위한 구체적인 방안을 말해보시오.

### 학생답변

코로나 상황으로 인해 발생한 학생들의 학력 격차를 해결하기 위해서는 세 가지 방법을 생각해보았습니다. 첫 번째로는 개별 맞춤형 교육입니다. 학생들은 학력 수준이 다르기 때문에, 단일한 방식의 교육으로 해결하기는 어렵다고 생각합니다. 개별 맞춤형 교육을 통해 학생들의 학습 수준에 맞춰 교육을 제공한다면, 학생들 학습격차를 줄이는데 어느 정도 줄일 수 있다고 생각합니다. 두 번째로는 에듀테크와 같은 교육콘텐츠 기술을 활용하는 것입니다. 교육콘텐츠 기술은 학생들이 보다 쉽게 학습할 수 있도록 도와주어 효과적으로 학습할 수 있다고 생각합니다. 또한 온라인 학습 도구를 다양한 방식으로 제공한다면 학생들이 집에서도 학습할 수 있으며, 보다 쉽게 이해할 수 있다고 생각합니다. 세 번째로는 AI를 활용한 학습 연계 프로그램의 도입입니다. AI를 활용한 학습 연계 프로그램은 학생들의 학습을 도와주고, 학생들이 학습한 내용을 재확인하며, 보충 학습을 제공할 수 있습니다. 이러한 방법들을 통해 학생들이 보다 깊이 있는 학습을 할 수 있게 되고, 학력 격차가 줄어들 수 있다고 생각합니다.

 김완 선생님의 방향성 잡기와 한 걸음 더 ▪▪

이 문항은 사회가 당면한 문제 상황과 교육 공간 변화의 관계를 명확하게 파악하여 자신의 생각을 뒷받침하는 이유를 타당한 근거들 들어 논리적으로 제시하는지 파악하려는 문항이다.

학력 저하 문제는 교육 현장에서 일정 비율 발생해왔다. 하지만 이번 코로나19 감염 확산을 막기 위해 대규모로 장기간 동안 학생들은 비대면 수업을 진행하면서 학력 저하 비율이 매우 높아졌다. 이러한 현상으로 인해 교육 양극화 현상이 나타났다. 오히려 강화 학습을 할 수 있었던 상위 계층 학생들은 더 많은 기회가 생겼다. 반면 코로나19 장기화로 직장을 잃거나 소득이 줄어든 계층의 자녀는 학교에서 학습하면서 성장하는 최소한의 기회조차 박탈당한 상황이다. 기초학력 저하는 상급학교 진학 후 더 많은 문제가 생긴다. 상급학교에서 다루는 학습 내용을 이해하지 못하면 그 성적을 기반으로 주어지는 미래 기회가 매우 제한된다. 초등학교 시절 이 기초학력 저하 문제를 해결해야 하는 이유다. 세계화 시대를 살아가는 미래 세대에게 사회성은 중요한 덕목이다. 코로나19 감염사태로 학생들의 사회성 저하도 상당한 문제를 야기할 수 있다. 학교는 이러한 문제 중 학교 현장에서 적극적으로 해결하려는 의지를 토대로 대책을 마련해야 한다. 일선 학교에서 실시하고 있는 기초학력 부진아를 대상으로 실시하는 방과 후 교사와의 학습은 좋은 성과를 내는 대표적인 정책이다. 이밖에 정서적 결손 문제 해결을 위한 정책으로 상담 프로그램을 꾸준히 실시해야 한다. 정서적 문제도 당장 큰 문제가 표출되지 않지만 성장하면서 다른 문제와 결합해 표출되는 속성을 감안하여 지속적으로 학생들의 정서상담이 효율적으로 시행되어야 한다. 현재 학교체육활동을 통한 학생의 정서 교육결손 회복을 위한 건강체력교실 프로그램이 17개 시도교육청이 실시하고 있다. 학생들의 현재 모습은 국가의 미래다. 교육을 의무교육으로 실시하는 이유를 잘 살펴 그 근본적인 문제를 교육 현장에서 해결해 주어야 한다.

기초학력평가란 '기초학력 진단-보종 시스템'을 활용한 진단검사 결과를 의미한다. 기초학력 수분에 미달하는 학생을 선별한다. 학생이 기초학력 이상인지 미달인지 여부만을 가르며, 기초학력 미달 학생에게 맞춤형 교육 지원을 제공하기 위해 실시된다. 반면 학업성취도평가는 국가 교육정책을 수립하기 위해 필요한 데이터 수집을 목표로 하여, 학생의 수준을 4단계(우수, 보통, 기초, 기초미달)로 나누어 평가한다. 조희연 서울시 교육감과 김현기 서울시의회 의장은 "기초학력 보장은 인권의 문제다"라는 동일한 평가를 내렸다. 학생들의 학교별, 지역별 기초학력 평가 결과를 외부로 공개함으로써 학교 서열화를 조장할 수 있다는 우려의 목소리가 높다. 이 결과가 경쟁을 부추기고 지역에 대한 낙인과 학교에 대한 낙인찍기의 자료가 되지 않아야 한다.

**74** 진주교대 2023학년도 기출

다음 〈제시문〉을 읽고, 아래 질문에 답하시오.

㉮ 이태원 핼러윈 참사 사망자 중에는 중·고교생 6명(부상 5명), 교사 3명이 포함돼 있다. 우리 사회에서 그나마 재난·안전 교육을 시행하는 곳이 일선 학교인데, 이번 사고는 학교 재난·안전 교육 현실을 되돌아보는 계기가 되고 있다. 미국, 영국 등은 안전을 정규 교과로 지정해 실습 위주로 교육하고 있다. 반면 한국에선 독립교과로는 초등 1,2학년 때 '안전한 생활'이 있을 뿐이다. 유치원부터 고등학교까지 교육부의 단계별 매뉴얼인 '학교 안전 교육 7대 영역 표준안' 어디에도 군중 밀집 상황 관련 항목은 찾아볼 수 없다.

[한경오피니언, 2022.11.1.]

㉯ 지난달 29일 서울 용산구 이태원동에서 발생한 '이태원 핼러윈 참사'를 계기로 정부가 학교 안전 교육을 강화하기로 했다. 2022 개정 교육과정 총론에 학생들의 발달 수준에 맞게 체험 중심의 안전 교육을 명시한다. 중고교 보건 교과에서는 '다중이 밀집된 곳에서의 위험 요인을 파악하고 안전 방안을 세운다'는 내용이 신설됐다. 그러나 실제 학생들의 안전 의식을 키우기 위해서는 지금보다 체계적인 형태의 실습 교육이 이뤄져야 한다는 지적이 많다.

[동아일보, 2022.11.22.]

**Q.** 제시문 ㉮, ㉯를 참고하여 학교에서 실제적인 안전 교육을 위한 적절한 방법을 말해보시오.

학생답변

대부분의 학교에서 안전교육을 이론교육으로 대체하는 경우가 많이 있습니다. 실습교육을 한다고 해도 형식적으로 하는 경우가 많다고 알고 있습니다. 따라서 앞으로 이태원 핼러윈 참사와 같은 사고를 예방하기 위해서 구체적인 위험인식교육과 대응 교육을 통해 긴급 상황에서도 안전하게 대응할 수 있도록 해야 한다고 생각합니다. 사고발생시 피해를 최소화할 수 있는 기본지식과 행동 지침을 학생들에게 교육하고 실습하여 체화 시킨다면 학생들이 위험을 예측하고 사전에 대비할 수 있다고 생각합니다. 안전 실습교육에서 환경을 실제 상황처럼 만들기 어려운 경우 메타버스와 같은 가상현실 기술 또는 증강현실 기술을 활용해서 교육을 한다면 학생들이 핼러윈 축제와 같은 이벤트를 안전하게 즐길 수 있고, 사고를 예방하는 데에 큰 도움이 될 것입니다. 또한, 학생들이 사회적 책임을 가지고 행동하며, 다양성과 문화의 중요성을 인식하도록 세계시민교육을 하는 것도 필요하다고 생각합니다.

 김완 선생님의 방향성 잡기와 한 걸음 더 💕

이 문항은 사회적 참사가 반복적으로 발생하는 원인을 학교 안전 교육을 통해 최소화하는 방안을 이야기하는 과정에서 지원자의 피해자들을 대하는 인성과, 문제해결의 적절한 방법을 교육과 연계하여 논리적으로 기술하는 창의력을 판단하려는 문항이다.

우리나라는 이미 세월호 사건으로 대규모 사회적 참사를 경험한 나라다. 일본도 2001년 7월21일 효고현 아카시시 육교 압사사고로 11명이 숨졌다. 이날 육교에는 약 6000명이 엉켜있었다. 한 사람위에 쏟아진 압박감이 업라이트 피아노 한 대 무게였다고 한다. 이 사건도 경찰이 미온적으로 대처한 면이 지적되었다. 일본에서 희생자 수가 많았던 군중 사고로는 1956년 새해 첫날 니가타현 야히코 신사에서 일어난 '떡 뿌리기'행사에 사람이 몰려 124명이 숨졌다. 국가는 국민의 안전을 적극적으로 지켜야 한다. 이태원에서 핼러윈 축제는 매년 열린다. 경찰은 밀집도를 분석하여 경찰 인력을 배치하여 국민의 안전한 동선을 확보했던 과거에는 이러한 참사가 발생하지 않았다. 가장 기본적인 대처로 참가자들의 질서를 유도하고 사고를 예방했던 것이다. 이번 핼로윈 참사의 경우 경찰의 업무가 사복을 입고 마약 밀매 적발에 집중된 점은 안타깝다. 정복을 입은 경찰에 익숙한 시민들은 현장에 있는 경찰의 조력을 받지 못해 너무나 안타까운 참사가 되었다. 이처럼 참사는 되돌릴 수 없다. 하지만 예방차원에서 학교의 안전교육이 시행되어야 한다. 우리는 직접 겪지 않은 것에 대해 민감하게 대응하기 어렵다. 따라서 다양한 세계 참사 상황을 시청각 자료 등을 활용해 교육하고, 현장을 답사하는 교육도 실시하면 좋을 것이다. 2023년 5월16일은 이태원 참사 200일이 되는 날이다. 참사 희생자들의 시간은 여전히 지난해 10월에 머물러 있다. 국민의 안전은 국가가 책임지듯 학생들의 안전은 지속적인 학교교육을 통해 학생들에게 내면화될 것이다.

다음 〈제시문〉을 읽고, 아래 질문에 답하시오.

⑦ 코로나19 유행 기간 동안 떨어진 학생들의 체력을 끌어올리기 위해 교육부와 17개 시도교 육청이 학교별 지역별로 맞춤형 건강 체력교실을 운영한다. 교육부는 17개 시도교육청과 함께 저하된 학생의 체력을 강화하고, 학교체육활동을 통한 학생의 정서 교육결손 회복을 위해 건강 체력교실 등 학교체육 지원 프로그램 운영을 본격적으로 지원한다고 밝혔다.

[교육문화신문, 2022.6.29.]

④ 학교체육진흥회가 지난해 발표한 '코로나19 시대 학생 신체활동 실태분석 및 정책방향 설 정'을 보면 코로나19 시기 학교 안팎에서 이뤄지는 신체활동은 현격히 감소했다. 학교 안 신체활동의 경우 2020년 초등학생은 하루 평균 20.86분, 중·고등학생은 70.61분을 전년 보다 적게 한 것으로 조사됐다. 연구 작업에 참여한 (중략) 교수는 "대체로 우리나라 청소 년들은 학교 영역에서의 신체활동 의존도가 높다. 하루 8시간 학교에 있는 가운데 20분에 서 70분까지 신체활동이 줄어든 것은 비율로 보면 큰 것이다. 학생들의 신체활동 확대를 위해 학교가 기능을 해줘야 한다"고 지적했다. 교육부가 초·중·고(초1~4년 제외) 전체 학 생을 대상으로 매년 1회 이상 실시하는 학생 건강 체력평가(PAPS) 자료에서도 저체력 학 생의 증가는 눈에 띈다. 팝스는 2009년 도입된 체력 시스템으로 과거 '모형 수류탄' 등을 던지던 체력장과는 토대가 다르다. 심폐 지구력, 근력, 순발력, 체질량지수(BMI) 등을 과 학적으로 산출하고, 이를 바탕으로 신체활동 처방을 내린다. 국가가 초·중·고 학생 전체 를 대상으로 건강통계, 팝스 측정을 하는 것은 학교체육의 중요성을 스스로 인정한 것으 로 볼 수 있다. 물론 교육부도 팝스가 실질적으로 학생들의 건강과 체력을 증진할 수 있도 록 방법을 고민하고 있다.

[한겨레, 2022.11.11.]

**Q.** 제시문 ⑦, ④의 내용에 의하면 학생들의 기초체력 중요성이 강조되고 있다. 학교에서기 초체력을 함양할 수 있는 구체적인 방안을 말해보시오.

학생답변

학생들의 기초체력을 함양하기 위한 방안 세 가지를 생각해보았습니다. 첫째 체육수업

시수를 늘리고 강화하여 학생들이 정기적인 운동을 할 수 있는 기회를 주는 것이 필요하다고 생각합니다. 학생들이 재미있어 할 다양한 운동 종목을 포함한, 신체 능력 향상을 위한 프로그램과 활동을 한다면 기초체력 증진에 도움 될 것입니다. 둘째 학교 내에서 다양한 운동 동아리를 운영하여 학생들에게 운동을 즐기고 참여할 수 있는 기회를 제공하는 것입니다. 이를 통해 학생들은 자율적으로 운동을 선택하고 진행함으로써 체력을 향상시킬 수 있다고 생각합니다. 셋째 학생 건강 체력평가(PAPS) 자료를 기반으로 학생들마다 개인적으로 적합한 운동 계획을 세워 개별적인 체력 관리를 지원하는 것입니다. 그렇게 한다면 학생들이 운동을 습관으로 만들고 지속적으로 자기관리를 할 수 있을 것이라 생각합니다. 학생들이 기초체력 증진은 미래 비만이나 성인병 예방 측면에서도 사회적 비용을 줄일 수 있다고 생각합니다. 코로나19로 인한 비대면 장기화 이전에도 소아 비만이나 소아 당뇨 등의 노인성 질환이 어린이이 에게 급속히 늘어난 점을 감안하여 학생들의 기초체력 증진 정책은 빠르고 꾸준히 시행되어야 한다고 생각합니다.

 김완 선생님의 방향성 잡기와 한 걸음 더 👣

이 문항은 코로나19로 인한 비대면 수업 실시로 인해 체력 저하 현상이 발생한 학생들의 기초체력을 끌어올리기 위해 학교에서 실시할 수 있는 다양한 방법을 구체적으로 발표함으로써 지원자의 문제해결능력과 창의력을 파악하려는 문항이다.

비대면 수업의 장기화로 인해 학생들은 인터넷 의존이 매우 높아지는 과정에서 학습 능력과 체력도 함께 저하되었다. 체력저하는 신체에 부정적인 영향을 미친다. 학생들은 학습하는 과정에서 활발한 두뇌 활동을 해야 한다. 이 과장에서도 체력저하로 인한 집중력 감소는 다른 학교 활동에도 악영향을 미치게 된다. 서울교육청은 '틈틈체육 프로젝트'를 추진해 학생들 체력 회복에 나서고 있다. 신체활동 위축이 지속되면서 서울 학생들의 과체중 및 비만 비율이 2019년 26.7%에서 2021년 32.1%로 높아졌다. 중고등 학생들의 건강체력평가등급도 낮은 등급을 받았다. 이는 다른 시도도 비슷할 것으로 예상된다. '틈틈체육 프로젝트'는 복도 끝, 건물 사이, 운동장 모퉁이 등 틈새 공간을 활용해 아침, 점심, 쉬는 시간, 방과후 등 틈새 시간에 학생들이 쉽게 신체활동을 할 수 있도록 지원하는 사업이다. 복도에 탁구대 등을 설치하고, 틈새 공간에 농구 골대, 철봉 등을 설치하고, 벽면이나 바닥을 활용해 체력운동, 신체놀이 공간 등을 구축할 수 있다. 이러한 사업을 바탕으로 모두가 함께하는 회복적 학교교육을 모토로 운동회 개최, 스마트 건강관리교실을 구축할 수 있다. 체육활동은 학생들의 즐거운 학교생활에 큰 역할을 한다. 초등학교 시기 체육을 통해 기초체력, 기본 인성을 기르고 평생체육의 기틀을 마련할 수 있도록 현장 맞춤형 체육정책이 추진되어야 한다.

다음 〈제시문〉을 읽고, 아래 질문에 답하시오.

영어의 'Student centered education', 'Learner centered education'을 우리말로 번역한 학생 중심 혹은 학습자 중심 수업은 최근 교실 개혁과 관련하여 가장 많이 회자되는 말 중 하나이다. 현재 우리나라 학교 현장에서 학습자 중심의 배움 중심 수업을 하라는 요청은 하나의 당위로 받아들여지고 있다. 교사들도 이상적인 수업을 학생들의 요구에 민감한 수업, 학생들의 흥미를 유발하는 수업, 학생들의 개별성을 존중하는 수업 등으로 생각한다. 그러나 지향해야 할 수업이기는 하지만 이 용어를 접하면 부담스럽고 당혹스럽기까지 하다. 한국의 교실 상황에서 학습자 중심 수업을 실현하기가 너무 어렵다고 느끼기 때문이다. 강력한 국가수준 교육과정, 차시 단위로 설계된 표준적 교과서, 다인수 학급, 객관화된 학업성취도 평가 등을 고려할 때 어떻게 학생 중심 수업을 할 수 있을까? 이런 현실을 딛고 학습자 중심 수업을 시도하기도 어려울 뿐 아니라 시도해도 잘되지 않는다. 그리고 무엇이 학습자 중심 수업인지도 합의하기가 쉽지 않다. 혹자는 교사가 말을 적게 하고 활동을 중심으로 수업하거나, 개별화 수업과 토의·토론식 수업을 학습자 중심 수업이라고도 생각한다. 그러나 학습자 중심 수업은 다양한 교수 기법이나 전략을 넘어서는 교육에 대한 새로운 성찰을 요구한다.

**Q.** 위 제시문을 참고하여 '학습자 중심 수업'이 의미하는 바를 이야기하고, 이러한 수업을 실현하기 위해서는 어떤 변화가 필요한지 말해 보시오.

---

학생답변

학습자가 스스로 성장 할 수 있도록 도와주는 수업 즉 구성주의에 입각한 수업이라고 생각합니다. 이러한 수업을 실현하기 위해서 필요한 변화 세 가지를 생각해보았습니다. 첫 번째 변화는 결과 중심이 아니고 과정 중심의 평가입니다. 많은 교육 현장에서는 성적이나 시험 결과를 중심으로 평가를 하고 있습니다. 그러나 이러한 평가 방식은 학생들이 스스로 생각하고 문제를 해결하는 능력을 키우는 데에는 한계가 있습니다. 따라서 교사들은 학생들이 생각하는 과정을 중심으로 평가를 진행해야 한다고 생각합니다. 두 번째 변화는 교사중심의 교수법을 줄이고 개선하는 것입니다. 교사중심의 교수법은 교사가 지식을 전달하는 것에 중점을 두고 있기 때문에 학생들이 스스로 생각하고 창의적으로 문제를 해결하는 능력을 키우는 데에는 한계가 있습니다. 따라서 교사들은 학생들의 관심사와 배경을 파악하고,

그들이 이를 기반으로 스스로 생각하고 창의적인 방법으로 문제를 해결할 수 있도록 도움을 주어야 한다고 생각합니다. 세 번째 변화는 학생들이 일방적으로 수업을 받는 것이 아닌 참여하는 수업입니다. 학생들이 수업에서 활발하게 참여하고 스스로 생각하며 문제를 해결하는 것은 학생들이 스스로 성장할 수 있는 능력을 기르는 데에 큰 도움이 될 것입니다. 이를 위해서는 학생들이 수업에서 발표하고, 서로 의견을 나눌 수 있는 기회를 주어야 한다고 생각합니다. 이러한 변화가 이루어진다면 학생들은 스스로 생각하고, 성장 할 수 있다고 생각합니다.

 김완 선생님의 방향성 잡기와 한 걸음 더 **

이 문항은 지원자의 고교 교육과정에서 습득한 다양한 학습을 토대로 기술하는 과정에서 인성등 초등교사로서 갖추어야 할 교양, 교직관, 표현력 등을 종합적으로 파악하기 위한 문항이다.

학습자 중심 수업은 교사의 교수방법 연구가 매우 중요하다. 많은 학생들의 동시에 교육하는 과정에서 학습자 능력의 차이와 학생들의 개별성을 맞춤식으로 제공하는 수업은 교사의 학업 준비에 많은 연구가 필요하다. 학기 초 학생들의 정확한 요구 분석, 학력, 호기심 등 다양한 설문조사를 실시하여 학습자 중심 수업 내용을 정해야 한다. 학생들의 학력 수준 차이를 극복하기 위해 학생 개인에게 필요한 자료를 제공하여 성장시켜야 한다. 개개인에게 태블릿 기기를 제공하여 스스로 부족한 부분과 궁금증을 해결할 수 있는 학습 기회를 제공하여 스스로 문제해결력을 길러주어야 한다. 교사는 학생들이 학습자 중심 수업을 할 수 있는 역량을 기르게 필요한 학습을 먼저 실시해야 한다. 스스로 학습할 수 있는 능력을 키우고 확대 실시해야 한다. 아무리 필요한 수업이라해도 교육은 모두에게 공정한 기회가 주어지는 방식으로 진행되어야 한다. 소득 격차 등으로 인한 과정의 공정성이 교육에서도 훼손되고 있는 상황에서 성급하게 학습자 중심 교육을 도입하여 일부 학생들에게 필요한 수업을 넘어 모두가 성장하는 수업으로 실시해야 한다. 토의나 토론 수업을 통해 학생 스스로 필요한 학습을 찾는 기회 제공도 필요하다. 교사가 일방적으로 지식을 주입하는 시대는 한계가 있다. 지식기반 사회, 정보화 사회로 이미 필요한 정보는 넘쳐나고 있다. 이 다양한 정보가 학생 개인에게 필요한 정보가 되어야 한다. 학습자 중심 교육의 기반은 만들어져 있다. 교육 현장에서 다양한 정보 접근 기기 제공, 학생들의 정확한 분석에 의한 맞춤식 정보 제공 등을 위한 학교와 교사의 선택만 남은 실정이다.

**77** 2024학년도 대학 수시모집 교직 적·인성 면접 문항(오전반)

전체 학생 및 다문화 학생 수　　　　　　　　　　　　　　(단위: 만 명)

**Q1.** 전체 학생 수의 추이를 고려할 때, 교육 현장에 어떠한 변화가 나타날지 말하고 이에 대응하는 교육의 방향에 대해 설명해 보자.

학생답변

전체 학생수 그래프를 파악해 보았을 때 학생수가 지속적으로 감소할 것으로 예상됩니다. 이에 교육현장에서는 소규모 학교의 증가로 교육부에서 효율적인 교육운영에 어려움을 겪을 수 있습니다. 제한된 교육예산에서 운영되기에 교육의 질을 유지하기 위해 소규모 학교들은 통합되는 상황입니다. 이는 학교까지의 거리증가, 소규모 학교 학생들의 소외되는 등의 문제로 학생들의 학습권을 침해되는 상황까지 발전될 수 있습니다. 또한 학급의 학생수 감소로 인해 학생들의 다양한 학습활동이 보장되지 못할 수 있습니다. 예를 들어 공동체 활동을 진행하기 위한 학생수가 부족하여 활동을 못하거나, 학생들 간 상호작용을 통해 다양한 의견을 공유하는데 제한이 생길 수 있습니다. 물론 현재 우리나라는 효과적인 수업을 위해 교사 1인당 책임져야 하는 학생의 수가 OECD의 평균보다 많다고 알고 있습니다. 또한 교육학에서 교사가 효과적인 교육을 하기 위한 적절한 학생의 수는 4~8명이라고 알고 있습니다. 현재의 학급수가 유지된다면 학생수가 감소함에 따라 자연스럽게 교사 1인당 학생 수가 줄어들어 효과적인 교육이 이뤄질 수도 있습니다. 이를 위해 우리나라의 교육의 방향성은 효율적인 교육보다 많은 예산이 필요하더라도 효과적인 교육을 위한 노력이 필요하다고 생각합니다. 또한 학생수의 감소에 따른 다양한 교수법을 활용하여 주입식 교육을 탈피하여 창의적인 교육을 진행한다면 위기를 기회로 변화시킬 수 있을 것이라고 생각합니다.

 **김완 선생님의 방향성 잡기와 한 걸음 더** 🔸🔸

이 문항은 그래프로 문제를 제시하여 출생율 저하로 인해 학생수가 꾸준히 줄어 인구 자연 감소 국가로 전환되는 점과 그 과정에서 다문화 학생 수는 이민 정책의 효과로 꾸준히 늘어나고 있는 현상을 이해하고 출생율 증가 정책과 이민자 정책, 다문화 증가로 인한 다양한 문제 인식을 통해 지원자의 그래프 해석 및 분석 능력을 파악하고, 다문화 사회로의 진입에 따른 교육의 변화를 설명할 수 있는지 파악하려는 문항이다. 위 지원자는 그래프를 잘 이해하고, 직접적으로 보이는 미래 학생 수 자체에만 중점을 두는 것이 아니라 교육 방향에 대해 다각도의 견해를 잘 표현했다. 인구의 지속적 감소는 국가 경쟁력의 약화로 이어져 미래 사회에 매우 악영향을 미치는 대표적인 수치다. 다양한 국가 정책이 연구되고 실효성 있는 방안이 절실하다. 우리나라는 인구 자연 감소 국이 되었다. 이는 다시 말해 미래 국가가 소멸된다는 것이다. 인구 변화를 고려해 학교의특성을 살리고 교육 여건 변화로 경쟁력을 갖춘 사회인으로 성장하게 도와야 한다. 더불어 출생율이 증가할 수 있는 사회적 제도 개선에 관심을 기울여야 한다.

---

**Q2.** 다문화 학생 수의 추이를 고려할 때, 교육 현장에 어떠한 변화가 나타날지 말하고 교사가 갖추어야 할 역량에 대해 설명해 보자.

학생답변

다문화 학생수의 그래프에서 점차적으로 다문화 학생이 증가하는 것으로 나타났습니다. 이에 교육 현장에서는 다문화에 따른 갈등이 발생할 수 있고, 학생들의 문화와 언어의 차이에 따른 교육의 어려움이 발생할 수 있습니다. 이에 학교 교육과정의 변화의 필요성이 증대될 것입니다. 이에 교사가 갖추어야 할 역량은 다문화주의에 입각한 '같음'에 초점을 맞춘 교육을 진행할 수 있어야 한다고 생각합니다. 왜냐하면 대다수의 다문화가정의 학생들은 다양한 '다름'으로 인해 차별을 받고 있다고 느끼기 때문입니다. 다문화가정의 학생과 일반학생 모두 같은 우리나라 학생의 일원으로 학생들의 차이를 반영한 학생 맞춤식 교육을 진행한다면 이를 해결할 수 있을 것입니다. 학생들 사이에 다문화에 따른 갈등이 발생하는 요인 중 외모와 언어가 주된 것으로 알고 있습니다. 외모의 경우 학생들에게 우리가 일반적으로 생각하는 우리라고 하는 범위에서도 개개인의 개성이 존재하기에 이러한 범위를 확장시켜 다문화가정의 학생 또한 개성으로 존중할 수 있는 분위기를 만들어주는 것이 필요하다고 생각합니다. 다음으로 언어의 경우 이중언어 교육을 진행하거나, 다문화가정의 학생의 한국어 능력을 향상시키기 위해 끊임없이 한국어에 노출되는 상황을 만들어 주는 것이 중요하다고 생각합니다. 따라서 학생들 사이에 끊임없는 상호작용을 위한 활동을 확대하거나, 부모님과 한국어로 대화하는 상황을 만들어 주기 위해 부모와 함께 한국어교육을 받을 수 있는 교육기관과 연계교육이 필요하다고 생각합니다.

 김완 선생님의 방향성 잡기와 한 걸음 더 🎵

이 문항은 다문화 학생의 추이를 생각할 때 교육 현장은 빠르게 변화하고 이 변화에 맞춰 교사의 역량도 변해야 함을 잘 이해하고 답변함으로써 지원자의 문제해결력과 다양성을 존중하는 교직 인·적성을 파악하려는 문항이다. 위 지원자는 이 취지를 잘 이해하고 답했고 무엇보다 다문화 부모님 한국어 교육으로 소통 능력을 키우자는 제안은 매우 우수한 답변이다. 실제 학교에서 다문화 학부모의 한국어 구사 능력 부족으로 인해 발생되는 문제도 증가하고 있다. 다문화 학생은 사회생활의 대부분을 학교에서 보낸다. 사회성이 길러지는 중요한 장소가 학교다. 따라서 학교는 다문화 학생들이 '다름'이 아닌 '같음'을 경험해야 건강한 우리나라 학생으로 성장할 수 있는 교육이 이루어 져야 한다. 한편 교사는 다문화 교육에 대한 이해와 다문화 감수성을 높이기 위해 다양한 방식으로 노력해야 한다. 일반적으로 다문화 학생은 학업에 있어 우수함을 보인다고 한다. 다른 나라 이민자도 기존 국민들에 비해 더 건강하고 학습에도 우수성을 나타낸다고 한다. 이들은 새롭고 더 나은 선택을 함으로써 자신들의 기량을 펼치는 것에 매진하기 때문일 것이다. 이들이 건강한 사회 일원으로 성장할 수 있게 사회 구성원이 포용력을 보여 주어야 한다. 이민자를 제도적으로는 수용하면서 감정적으로 배척해 이민자 어린이들이 '체념증후군'을 앓고 있는 현상에서 우리가 어떻게 그들을 포용해야 하는지 답을 보여주고 있다.

**78** 2024학년도 대학 수시모집 교직 적·인성 면접 문항(오후반)

'판옵티콘'은 원래 인간의 신체를 효율적으로 감시하면서 길들이고자 한 근대 감옥이었다. '판옵티콘'은 감옥 중앙의 감시탑에 간수가 없더라도 죄수들은 항상 감시당하고 있다고 생각하게 만들어 효과적으로 죄수들의 신체와 정신을 통제하도록 만든 장치이다. 프랑스의 철학자 푸코는 사회 전반에 걸쳐 '판옵티콘'과 같은 방식으로 인간이 권력에 길들여지고 있다고 비판하였다. 최근에는 푸코의 이론에 근거하여 학교교육의 생활규정, 학교 공간배치, 평가 등 다양한 방면에서 규율을 통해 학생들을 통제하고 교육하는 것에 대해 비판하고 있다.

(A) 푸코의 관점에 근거한다면 학생들을 규율로 통제하는 방식은 비판받을 수 있다. 따라서 현재 학교에서 학생들의 행동과 생활 태도를 규정하는 '학생생활규정' 등도 비판받을 수 있다. 이는 규율을 통해 학생들의 개성과 특성을 일정한 틀로 규격화하고 제한하기 때문에 학생의 자유 실현을 저해한다는 입장이다.

(B) 반면에 학생들을 일정 수준 통제하여 규율을 지키도록 하지 않으면 교권 추락, 학생들의 일탈과 방종 등을 막을 방법이 없어 학교 교육활동의 정상적인 기능이 마비된다는 주장도 있다. 따라서 학생들이 건전한 사회성을 함양하기 위해서는 학교 규율을 통해 학생들을 통제하는 방식의 교육 운영이 필요하다는 입장이다.

**Q1.** 위에서 설명한 (A)와 (B)의 주장 중에서 면접 대상 학생이 찬성하는 하나의 입장을 선택하여, 그렇게 생각한 이유에 대해 두 가지 이상 근거를 들어 설명해 보자.

---

학생답변

저는 (A)의 주장의 입장을 선택하였습니다. (A)의 입장을 선택한 이유 세 가지를 말씀드리겠습니다. 첫째, 학생들을 규율로 통제하는 방식은 근본적인 문제를 해결하는 방안이 아니기 때문입니다. 학생들이 통제에 의해서만 행동이 제한되는 경우 스스로 잘못된 행동을 하지 않는 교육이 이뤄지지 않아 통제에서 벗어나게 되면 잘못된 행동을 아무렇지 않게 하게 될 것입니다. 둘째, '판옵티콘'과 같은 감시와 통제는 구성원들 간의 감시가 중점이 되어 상호간의 신뢰를 깨트려 협력하기 어렵기 때문입니다. 학교현장에서도 '학생생활규정'을 기반으로 학생을 감시하는 교사들과 학생들 사이에도 서로 목표가 같음에도 협력보다는 갈등을 유발하는 요소가 되고 있습니다. 셋째, 학생들의 자율이 보장되지 못한 규율이라고 생각하기 때문입니다. 학생들이 참여하지 않은 규율제정으로 학생들의 불만이 생길 수밖에 없다고 생각합니다. 또한 학생들이 자율적으로 규율제정에 참여한다면 스스로 정해진 규칙을 더 잘 지킬 것이라고 생각합니다.

 김완 선생님의 방향성 잡기와 한 걸음 더 👣

이 문항은 최근 논란이 되고 있는 교권과 학생 인권 사이에서 균형있는 입장과 시각이 중요하고, 지원자가 이러한 역량을 갖추고 논리적으로 표현하는지 파악하려는 문항이다. 어느 한 쪽을 선택하여 유불리가 존재하지 않게 답하고 타당한 근거를 두 가지 이상 제시함으로써 창의력과 문제해결력을 잘 드러내야 한다. 학생생활규정을 통한 통제의 중요성과 학생의 인권과 자율권의 중요성 우선에 대한 논란이 커지고 있다. 역사적으로 판옵티콘에 의한 감시체제가 약화된 적은 거의 없다. 이는 범죄율이 감소되지 않는 것과 무관하지 않듯 학교 현장에서 학생의 인권과 자율권 보장이 교사와 다른 학생의 인권과 자율권 보장으로 이어지지 않아 많은 문제를 야기하고 있어 공통점이 있다. 만약 작금에 이어지는 여러 학교 폭력 등 학생 간 갈등이나, 학생과 교사 간의 갈등 심화 문제에서 보듯 자신의 인권과 자율권 보장에 대한 목소리는 높은 반면 타인에 대한 인식은 매우 낮다. 이는 학생의 인권과 자율권 보장으로는 한계가 있고 다른 교육적 대안의 필요성을 드러냈다. 학생들을 규율로 통제하지 않고 자유 실현을 통해 문제를 해결할 수 있는지 공론화 되어야 한다. 지금은 모든 폭력은 허용되지 않는다. 유일하게 국가만이 공권력이라는 이름으로 폭력을 독점하고 있다. 정기적인 인권 교육을 통해 학생들이 타인에 대한 인권 감수성을 길러야 한다.

**Q2.** 면접 대상 학생이 1번에서 선택하여 설명한 주장에는 단점이 있을 수 있다. 그것을 보완할 수 있는 방안에 대해 설명해 보자.

학생답변

제가 선택한 (A)주장의 단점은 아직 미성숙한 학생들을 일정 수준 통제하지 않아 교육이 올바르게 이뤄지지 않을 수 있고, 나아가 교권추락으로 이어질 수 있다는 점입니다. 이를 보완하기 위한 방안으로 두 가지 말씀드리겠습니다. 첫째, 교사가 교육전문가로써 학생들에게 존중받을 수 있는 능력을 기르면 이를 해결할 수 있을 것이라고 생각합니다. 왜냐하면 학교생활에서 교사가 전문성을 가질 경우 많은 학생들이 존경하고 잘 따르는 상황을 경험했기 때문입니다. 둘째, 교사와 학생간의 좋은 관계성을 유지하는 방법으로 해결할 수 있을 것이라고 생각합니다. 왜냐하면 저희 학교에서 인기가 많은 교사의 경우 학생들과의 마찰이 없었기 때문입니다. 물론 이 두 방법으로 모든 교권추락 문제를 해결할 수 있다고 생각하지 않습니다. 그러나 저는 교사와 학생이 상호간의 존중을 바탕으로 공통의 교육적인 목표를 수행한다면 적어도 학생이 교권을 침해하는 문제는 해결될 수 있다고 생각합니다. 따라서 교사와 학생의 상호존중을 통한 교권추락 문제를 해결하기 위해 교사의 전문성과 상호간의 좋은 관계성이 반드시 필요하다고 생각합니다.

 김완 선생님의 방향성 잡기와 한 걸음 더 💬

이 문항은 1번에서 지지한 주장에는 상대적으로 단점도 존재하기에 그 단점을 보완하기 위한 방안을 답함으로써 비판적 사고력과 논리력을 파악하려는 문항이다. 위 지원자는 교사의 교과 전문성과 상호 존중관계로 1번 주장을 보완하는 답변을 하여 설득력 있게 표현했다. 학교 현장에서 한 가지 방법으로 문제를 해결하기에는 한계가 있다. 교사의 다양한 경험과 문제 해결력은 매우 중요하다. 학교 현장에서의 문제를 교사의 시각으로 극복하지 못해 극단적 선택이나 정신적 고통을 받고 있는 교사가 급증하고 있다. 교사의 전문성도 매우 중요하지만 이것으로 해결되지 않는 다양한 문제가 노출되고 있고 이해 당사자도 다변화 되고 있다. 과거에 학생 간 스스로 문제를 해결하는 과정이 요즘은 거의 대부분 학교 폭력 위원회를 거쳐 해결되는 점도 안타깝다. 일반적으로 학교 폭력 위원회가 열리면 문제가 확산된다. 결과적으로 상처만 남는 경우가 허다하다. 상호 존중에 입각한 교육이 중요하다. 꾸준한 소통을 통해 상호 입장에 대한 고려를 공부하고, 상담을 통해 자기감정 조절 역량을 기를 수 있게 교육해야 한다. 한 자녀 환경에서 자란 학생들은 여러 자녀 환경이 주는 문제 해결력을 기르지 못하고 학교에서 발생하는 갈등에 노출되어 어려움을 겪는다. 문제의 다양성을 인식하고 문제를 해결하지 못하면 학교는 학생들의 사회성 학습의 기회를 놓치고 갈등 조장의 터가 될 것이다. 학교 문제 해결책이 또 다른 문제를 야기 시키는 점을 잘 인식하고 보다 성숙된 제도를 시행한 독일 등의 성공사례를 시도하면 좋을 것이다.

〈사례 1〉

○○시 소재 학교에서 근무하는 교사가 학생이 던진 교과서에 얼굴을 맞아 다치는 사건이 발생하였다. 보도에 따르면 5학년 학생'갑'이 수업을 하던 A교사에게 교과서를 두 차례 집어 던진 것으로 전해졌다. 당시 학생 갑은 수업 도중 "시험을 봐야 하니 자지 말고 일어나라."라고 말한 A교사에게 교과서를 던진 후 교사의 지적을 듣자 다시 얼굴에 교과서를 던졌다. A교사는 다행히 큰 부상은 입지 않았고, 「교원의 지위 향상 및 교육활동 보호를 위한 특별법」에 따른 피해 교원 보호조치에 따라 특별휴가 5일을 받았다가 복귀했다. 한편, 학교는 학생 갑을 징계하였다.

〈사례 2〉

△△시 소재 학교에서 학생'을'이 수업 중 스마트폰을 들고 교단에 드러누워 동영상을 찍는 듯한 영상이 누리 소통망 서비스(SNS)에 게시되어 논란이 되었다. 12초 분량의 동영상에는 학생 을이 드러누운 채 칠판에 글씨를 쓰는 B교사를 뒤에서 촬영하는 것으로 보이는 모습이 담겼다. 한편, 영상이 올라온 계정에는 수업 중 또 다른 학생이 상의를 벗은 채 교사에게 말을 거는 모습이 담긴 영상도 게시되었다. 이에 학교는 관련 학생을 징계하였다.

**Q1.** 면접 대상 학생이 A 교사, B 교사라면 각각의 사례에 어떻게 대처했겠는가? 이와 같이 최근 논란이 되는 다양한 교권 침해가 발생하는 원인에 대해 설명해 보자.

학생답변

제가 교사 A라면 우선 수업진행을 다른 선생님께 부탁하고 학생 '갑'과 상담실로 가서 상담 전문선생님과 함께 학생 '갑'의 행동에 대해 상담하고 이유를 찾을 것입니다. 이에 적절한 공감과 훈계를 할 것입니다. 그리고 학생 '갑'에게 스트레스 관리 및 감정 조절 기술을 가르치는 프로그램을 도입하여 학생 '갑'이 정서적인 어려움을 해결할 수 있도록 도울 것입니다. 그리고 제가 교사 B 라면 학생 '을' 포함한 학급학생들에게 올바른 미디어 사용 교육을 실시 할 것입니다. 잘못된 미디어 사용의 위험성과 올바른 사용법에 대한 교육을 할 것입니다. 이를 통해 미디어의 영향력과 온라인에서의 교권침해 문제를 인식시키고, 사회적인 책임과 올바른 온라인 행동을 함양할 것입니다. 또한, 사회적 미디어 플랫폼에서의 신고 절차와 개인정보 보호에 대한 지침을 교육하여 학생들이 안전한 온라인 환경을 유지할 수 있도록 도울 것입니다.

 김완 선생님의 방향성 잡기와 한 걸음 더 99

이 문항은 교사의 교권과 학생의 인권의 대립을 다양환 관점에서 인식하고 그 조화 방안을 기술하는 과정에서 지원자의 문제해결 능력과 교직 적성과 인성을 파악하려는 문항이다.

2022년 1월 24일 학국교육개발원이 발표한 '2021년 교육여론조사' 결과에 따르면 조사 대상자의 36.2%가 '교원의 교육활동 침해행위의 이유'로 '학생 인권의 지나친 강조'를 선택했다. 26.2%는 '학교교육이나 교원에 대한 학생 보호자(부모 등)의 불신'이라고 응답했고, 17.5%는 '교육활동 보호에 대한 학생 보호자(부모 등) 인식 부족'이라고 응답했다. '교원의 교육활동 보호 강화를 위한 과제'로는 '침해 행위자에 대한 엄정한 조치 강화'(36.9%)를 선택한 응답자가 가장 많았고, 예방교육, 캠페인 등 교육활동 보호에 대한 전 사회적 인식 제고(23.8%)가 그 뒤를 이었다. 과거 교사의 학생 인권무시 시대를 거쳐 학생들의 인권이 긍정적으로 향상되었다. 하지만 제시문에서 보듯 일부 학생들의 지나친 인권의식 행사로 인해 교육활동 안에서 교사의 교권이 유린되고 있는 문제를 양산하고 있다. 인권과 교권은 학교생활에서 두 주체를 보호하는 역할을 기대했으나 한쪽을 강조하다보면 다른 쪽이 제약되는 문제를 보인다. 학교교육에 대한 불신이 교사의 정당한 권위조차 인정하지 않는 사회분위기도 확산되고 있다. 요즘 학교에서 발생한 사건이 학교 안에서 원만하게 해결되지 못하고 법정 사건으로 옮겨지는 사례가 늘어나는 것도 이러한 사회 분위기와 연관이 있다. 교권침해가 발생하는 뉴스가 넘쳐나고 있지만 여전히 대다수의 학생은 교사를 존경한다. 교사는 학생들에게 언제나 공정한 기준으로 교육해야 한다. 교사의 기분과 상관없이 학생들을 사랑으로 교육해야 한다. 학생들이 더 편한 가정을 벗어나 기꺼이 학교에 출석하는 이유는 배움의 즐거움과 교우관계에서 얻는 기쁨이 있기 때문이다. 이 밖에도 다양한 이유로 학생들은 학교에 등교한다. 학생들은 학교에서 성장하고 학교에서 희망을 찾는다. 교사는 그런 학생들의 마음을 이해하고 언제나 사랑으로 교육한다면 학교 문화는 건전하게 변화될 것이다. 위 지원자의 답변에서 우선 상담교사의 조력을 통해 문제 학생의 다양한 심리 상태를 우선 점검한다는 내용은 의미있는 답변이다. 성실한 학생이 갑자기 불미스러운 행동을 하는 경우는 많지 않을 것이다. 하지만 교육 중 교실에서 발생한 문제를 다양한 전문가의 전문성을 토대로 해결한다면 합리적인 방안이 도출될 수 있다.

**Q2.** 교사의 교권과 학생의 인권은 대립된다는 주장도 있으나, 일부 학생의 과도한 행위는 다른 학생들의 학습권을 침해할 수 있다. 이런 측면에서 교사의 교권과 학생의 인권을 조화시킬 수 있는 적절한 방안을 설명해 보자.

학생답변

교사의 교권과 학생의 인권을 조화시킬 수 있는 적절한 방안을 교사와 학교 두 측면에서 말씀드리겠습니다. 우선 교사는 학생들과의 대화와 소통을 적극적으로 추진해야 합니다. 학생들의 의견을 경청하고, 문제 상황에 대해 서로 이해하고 공감하는 기회를 가짐으로서 문제 해결에 대한 공동의 목표를 설정하고 협력할 수 있을 것입니다. 그리고 학교는 학생들에게 학생 인권과 교권에 대한 교육과 인식 개선을 위한 활동을 실시해야 한다고 생각합니다. 예를 들면 학교는 학생 인권과 교권에 관련된 주제의 전문가 초청 강의, 다큐영상 시청, 실천 활동 등을 실시하여 학생들이 인권과 교권에 대한 인식개선을 할 수 있게 돕는 것입니다. 이를 통해 학생들은 자신의 권리와 책임을 이해하고, 다른 학생들의 인권과 교육권을 존중하는 태도를 함양하게 될 것입니다. 또한, 학생들이 자신의 권리를 주장하고 피해를 입었을 때 신고 및 상담 체계를 구축하여 학생들이 안전하고 행복한 학교생활을 할 수 있게 해야 한다고 생각합니다.

 김완 선생님의 방향성 잡기와 한 걸음 더 ..

이 문항은 교사의 교권과 학생의 인권이 대립되는 상황에 대한 합리적인 판단을 근거로, 지원자의 학생 학습권 보장에 관한 견해를 통해 문제해결 능력과 학생들을 적절히 규제하는 방안에 대한 창의력, 교사의 인성, 적성을 파악하려는 문항이다.

학생의 인권은 참으로 중요하다. 교사의 교권은 학생들의 학습권을 보장하는 범위에서 안정적으로 보장되어야 한다. 교권을 침해하는 학생을 적절히 규제하지 못하면 선량한 다른 학생들의 학습권이 보장되지 못하는 상황이 발생한다. 교사의 교권과 학생의 인권이 대립하고 있다. 교사의 교권은 교사의 사적 이익을 보호하기 위한 성격의 권리가 아니다. 학생의 학습권을 보장하기 위한 '권한'의 성격이 강하다. 이 지점에서 교사는 교권을 침해하는 학생을 적절히 규제하여 다른 학생들의 학습권을 보장하기 위해 필요한 권리다. 다른 학생의 학습권을 보호하기 위해 사용되는 교권을 학생들이 수용하는 교육이 병행되어야 한다. 학생들은 학교에서 교사의 가르침을 바탕으로 학습을 통해 미래 다양한 가능성을 준비한다. 자신이 누려야할 교육 활동이 침해받지 않으려면 다른 사람을 존중해야 한다. 학교 구성원을 모두 존중하는 태도를 길러야 한다. 학기초에 학급 회의를 통해 다양한 학생들의 의견을 수렴하여 교권과 인권 그리고 학습권을 보장하기 위한 규칙을 정해야 한다. 함께 만든 규칙을 서로 지키며 구성원을 존중하는 교실 문화를 만들어야 한다. 교권이나 인권은 자신이 지키는 것과 더불어 타인이 지켜주는 것이다.

## 80 한국교원대 2023학년도 오후 문제

교단에 들어선 지 얼마 되지 않아 교직에 들어선 것을 후회하는 경우가 많아졌다. 교사들에게는 높은 수준의 도덕성이나 책임감을 요구하고 많은 양의 교과 지식을 습득하기를 바란다. 또한 교수 방법도 잘 익히기를 기대하고 생활지도를 잘하여 학생들이 인격적으로 성장하도록 돕기를 요구한다. 이에 더해 학생들의 진학 지도와 학교 행정 업무에도 적극적으로 참여하기를 바란다. 이처럼 교사에게 많은 책임과 의무를 요구하는 반면에, 그들의 사기를 높이는 방안을 찾는 것에는 소극적인 편이다. 이에 교육계 안팎에서 교사들의 사기를 높이는 방안을 찾고 있다. 교육계 안에서는 교사들의 직급을 세분화해서 그에 맞는 적절한 보상을 제공하자는 의견이 있다. 현재 교직은 평교사, 부장교사, 교감, 교장으로 나뉘는데, 이를 군대의 계급처럼 다양한 직급으로 나눠 승진의 기회를 많이 주자는 것이다. 이는 교사들이 의욕적으로 교직에 임하도록 적절한 보상과 대우를 하자는 의도이다.

또한 교육계 밖에서는 교사들에게 많은 경제적 혜택을 주자는 의견이 있다. 예를 들어 교사들이 비행기를 탈 때 할인 혜택을 주거나 자동차나 가전제품 등 고가의 물건을 구입할 때도 혜택을 주자는 것이다. 또한 주택 구입 시 세금 감면 혜택을 주어 경제적인 이익을 제공하자는 것이다.

**Q1.** 위에서 제시한, 교육계 안과 밖에서 주장하고 있는 사기 진작 방안 각각에 대해 지지하거나 반대하는 의사를 밝히고, 그렇게 생각하는 이유를 구체적으로 설명해 보자.

### 학생답변

첫째 다양한 직급으로 나눠 승진의 기회 많이 주는 것에 대해 반대합니다. 이유는 교사들의 수평적관계가 수직적관계로 되어 학생들을 교육하는데 어려움이 증가할 것이라 생각하기 때문입니다. 물론 교직의 다양한 직급과 승진 기회를 많이 제공하는 것에는 동기부여측면에서 효과가 있을 수 있습니다. 그러나 경쟁과 압박, 직급 중심의 조직 문화 등의 단점도 있다고 생각 합니다. 따라서 득보다는 실이 많다고 생각하여 반대합니다. 두 번째로 세금혜택이나 항공권 할인 등과 같은 보상을 제공하는 것은 지지합니다. 왜냐하면 동기 부여, 경제적 지원 등의 효과가 있을 수 있습니다. 물론 예산 부담의 문제점이 발생할 수 있습니다.

하지만 이러한 점은 교원복지로 지원한다면 해결 될 것입니다. 따라서 여러 혜택을 주는 것은 교사들의 행복과 업무효율에 도움이 될 것이라고 생각하여 지지합니다.

 **김완 선생님의 방향성 잡기와 한 걸음 더** 💬

이 문항은 교육 현장에서 교사들이 겪는 사기 저하 문제에 대해 지원자가 어떻게 인식하고 있는지 평가하는 과정에서 다양한 문제해결 능력과 비판적 시각을 가지고 있는지 평가하는 문항이다. 지지하거나 반대하는 이유를 구체적으로 상세하게 설명하는 과정에서 지원자의 객관적 시각과 비판적 시각을 확인할 수 있다.

직급을 세분화하여 승진의 기회를 많이 주면 교사들은 좀 더 의욕적으로 자기 계발을 할 수 있고 이는 학생들에게 질 높은 교육으로 이어져 교직 문화에 좋은 영향을 미친다. 반면 지나친 과열로 동료 교사와의 마찰이 발생할 수 있다. 위화감 조성으로 인한 바람직한 교직 문화를 저해할 수도 있다. 요즘 교육대학에 입학한 학생 중 적지 않은 학생들이 다른 진로 준비로 학업을 포기한다고 한다. 학업을 진행해도 재수를 병행하는 학생이 늘고 있다고 한다. 이는 교직을 숭고하게 여기는 문화가 변하고 있음을 보여준다. 학생 간 갈등 해소 과정에서 법정 소송으로 이어지고, 학생들에게 폭행을 당하는 등 교권은 추락한 반면 높은 수준의 도덕성을 요구받는 등 사기저하 요인이 늘어나고 있다. 이는 교직을 수행하는 동력을 잃고 교사는 책임과 의무를 소홀하게 되고 이 과정에서 피해는 고스란히 학생에게 전가된다. 교사가 행복해야 한다. 그래야 교실이 행복하고 결국 학생이 행복해진다. 교사의 복지에 사회적 관심이 절실하다.

---

**Q2.** 교사들의 사기가 떨어지는 중요한 이유는 무엇인지 말해보고, 위에서 제시한 방안 이외에 구체적인 사기 진작 방안에 대해 설명해 보자.

**학생답변**

교사들의 사기가 떨어지는 중요한 이유는 업무 부담과 스트레스라고 생각합니다. 교사들은 수업 준비, 학생 관리, 교육과정 개발 등 다양한 업무를 동시에 처리해야 하기 때문에 신체적, 정서적으로 지치고 사기가 떨어진다고 생각합니다. 또 다른 사기 진작 방안으로 교사들에게 필요한 자원을 충분히 제공하는 것입니다. 예산을 적절히 배분하여 교사들이 필요로 하는 교육 자료 및 기자재를 구입하고 업데이트할 수 있도록 함으로써 업무 부담과 스트레스를 줄일 수 있다고 생각합니다. 또한, 자신의 노력과 성과가 인정되고 격려 받을 때 사기가 높아진다고 생각합니다. 학교는 교사들에게 정기적인 성과 평가와 피드백 시스템을 도입하여 교사 간에 우수한 성과를 공유하고, 성과에 대한 인센티브나 장려제도를 마련한다면 교사들의 사기를 높일 수 있다고 생각합니다.

 김완 선생님의 방향성 잡기와 한 걸음 더 ,,

이 문항은 미래 교사의 사기 저하 문제의 원인에 알맞은 해결책을 생각하는 창의력과, 학생의인권은 향상되고 상대적으로 교권은 추락하는 상황이고 그럼에도 임용은 치열해지는 경쟁 상황이지만 그럼에도 교직을 위해 지원하는 지원자의 교직 인성과 적성을 파악하려는 문항이다.

지원자는 사기 저하 원인과 사기 진작 방안에 대해 심도있게 고민하고, 구체적인 시행 방안을 제시해야 한다.

교권 침해로 인한 휴직 시 무조건 휴양의 기회를 제공하고 상담 치료를 지원해야 한다. 현장복귀 시점도 전문가의 판단을 근거로 이루어져야 한다. 대학 교수에게 제공되는 휴식년 제도도 도입하면 좋을 것이다. 일반적으로 육아 휴직 등의 제도가 있지만 결혼 연령이 늦어지고 결혼하지 않는 교사들도 증가하는 추세다 이들에게 휴식년 제도를 도입함으로써 교과 연구 등의 기회가 주어질 것이다. 세계화 추세에 맞춰 교환 교사 제도를 확대하는 것도 좋을 것이다. 학생들을 세계 시민으로 성장시키기 위해 교사의 다른 나라 교육 제도와 학생들 지도 경험은 우리 학생들에게 필요한 정보를 제공할 수 있을 것이다. 임용 시험 때 선택한 지역에서 근무하는 환경을 희망하는 지역으로 확대하는 것도 필요하다. 상대적으로 취약하다고 평가하는 지역에서 근무하면서 느낄 사회적 박탈감 해소를 위한 정책을 실시하면 좋을 것이다.

우리나라의 교사 임용 방식을 보면 대체로 ㉠ [대학의 해당 교육과에서 관련 교과의 교사 자격증을 취득하고, 이러한 자격을 갖춘 사람들]을 대상으로 임용 시험을 볼 수 있는 자격을 부여하며, 그 시험에서 합격한 사람들이 임용되어 학교 현장에서 교사로 복무하는 체제로 되어 있다. 그런데 ㉡ [미래 사회를 살아갈 학생을 교육하기 위해서는 과거보다 훨씬 다양한 전공 능력과 경험을 갖춘 교사가 교육 현장에 필요하다는 주장]이 최근 관심을 모으고 있다. 특히 고교 학점제 시행이나 선택 과목제의 운영, 교육에 대한 여러 사회적 요구가 있는 현재 상황에서 기존의 해당 교육과를 중심으로 한 교사 임용 방식으로는 이러한 요구에 적절하게 대응하기 어렵다는 지적이 있다. 다양한 전공과 전문성을 갖춘 전문가들이 교직에 접근할 수 있도록 하는, 보다 개방적인 교사 임용 체제가 필요하다는 것이다. 그런데 이렇게 교직을 개방하면 다양한 전공 능력과 경험을 가진 전문가들이 교육 현장에서 교육적 요구에 맞춰 다채롭고 새로운 수업을 진행할 수는 있을 것이다. 하지만 교육에 대한 전문성이 떨어지는 사람들이 교사가 된다면 학교 현장에서 여러 가지 문제가 발생할 수 있다는 지적도 있다.

**Q1.** 관련 교육 전공자 이외의 다양한 전문가에게 교직을 개방해야 한다는 주장에 대해서 면접 대상 학생의 입장을 찬성이나 반대로 분명히 밝히고, 그렇게 생각한 이유에 대해 근거를 들어 설명해 보자.

**학생답변**

저는 다양한 전문가에게 교직을 개방하는 것을 찬성합니다. 왜냐하면 학생들을 교육하는 것은 교과과목 뿐만 아니라 원하는 진로교육을 위해 다양한 분야의 전문가들의 교육이 필요하다고 생각하기 때문입니다. 관련 교육 전문가들은 교육과의 해당과목 교육 전문가로서 최선을 다하면 되고, 그 외의 경험은 다양한 꿈을 가진 학생들에게 희망을 줄 수 있습니다. 예로 프로그래머나, 스포츠맨, 음악가 등 자신의 전공을 통해 같은 꿈을 꾸는 학생들에게 큰 도움이되리라 생각합니다. 물론 교육에 대한 전문성이 떨어지는 학교 교육현장에서 여러 문제점이 발생될 수도 있습니다. 하지만 이러한 문제점은 임용 후 수업에 앞서 교육관련 연수를 통해 전문성을 숙지하면 된다고 생각합니다. 따라서 저는 관련 교육 전공자 이외의 다양한 전문가에게 교직을 개방하는 것은 필요하다고 생각합니다.

김완 선생님의 방향성 잡기와 한 걸음 더 ''

이 문항은 사회적 변화에 따라 교육적 대응에서 고려되는 교직 개방 논의와 현 교사 양성 체제의 특징에 대한 이해를 파악하고, 교직 개방에 대한 인식을 파악하려는 것이다. 다양성의 확대 측면에서 교직을 개방하려는 논의는 꾸준히 제기되고 있다. 반면 국가의 미래 핵심 요소인 초등교육을 국가가 수행해야 한다는 의견이 관철되고 있다. 우리나라는 타민족에게 지배를 받았고 동족 간의 전쟁을 겪으며 기초 교육의 필요성을 절실히 느꼈다. 이 논리로 전문성을 바탕으로 교사를 선발하면서 교사의 다양성 문제가 제기되었다. 4차 산업혁명 시대 등의 사회의 급격한 변화는 다양성의 수용을 요구하고 있지만 학교 현장은 여전히 학습 부진아들이 넘쳐난다. 이들에게 다양성과 전문성 중 하나를 선택하라면 전문성이 더 중요할 것이다. 일부 우수한 학생들의 경우 교사의 다양한 관점에 의한 교육은 매우 유용할 것이다. 교대가 학생들을 교육하는 과정에서 이 부분에 대한 교육을 철저히 실행해야 할 것이다.

**Q2.** 면접 대상 학생이 ㉠ 관련 교사 양성 과정에 있는 학생이라고 할 때, ㉡의 주장과 관련한 교사의 역량은 무엇인지, 그렇게 생각한 이유는 무엇인지 지원한 학과의 특성을 고려하여 설명해 보자.

학생답변

전공과목 이외에 다양한 경험을 통해 많은 학생들의 다양한 꿈을 공감해주고 방향성을 잡아주는 것이 필요합니다. 저는 초등교사로서 갖추어야할 ㉡의 주장과 관련한 교사의 역량으로 코딩능력과 예체능 경험을 생각해 보았습니다. 미래 인재양성에서 코딩은 필수 요건이 될 것이고, 여유로운 삶을 위해 예체능에 관심은 증가할 것입니다. 따라서 초등학생들에게 교과목이외에 코딩교육과 힐링 차원에서 예체능 경험을 공유하는 것은 미래사회의 인재를 양성하는 기본이라고 생각합니다. 제가 초등교사가 된다면 수학시간과 과학시간에 해당 교육과정에 코딩을 접목시켜 사고력과 창의력 증진에 힘쓸 것입니다. 또한 예체능 시간에 이어 재량수업시간이 1인1악기 다루기나 그리기활동, 그리고 관심 있는 스포츠 경험하기 등을 하고 싶습니다.

김완 선생님의 방향성 잡기와 한 걸음 더 ''

이 문항은 교직 개방에 대한 찬반 입장에 정답이 없음을 인식하고 지원자의 입장에 근거한 이유가 명확하고 논리적인 지를 평가한다. 기본적으로 교육 현장에서 요구되는 다양성을 보완하기 위해 전공의 전문성은 당연할 것이다. 이 외에 다양한 사회적 요구에 따라 교사가 갖추어야 할 역량은 융합 교육과 어려움을 겪는 학생들의 상담 시 전문성, 학생 생활 지도 시 문제 해결 능력이다. 교사로써 전문성을 갖추고 또한 다양성을 갖추기 위해 독서활동과 글쓰기 활동 중심의 교육을 받아야 한다고 생각한다. 이 글쓰기 교육과 독서 활동은 이미 다른 나라 교육에서도 활용되고 효과를 검증받았다. 스마트 기기 등의 발달로 인해 그렇지 않아도 독서를 하지 않는 것으로 나타난 우리나라 독서 활동은 위축된 상태다. 이는 문맹에서는 탈출했지만 문해력은 떨어지는 안타까운 현실이다. 글자를 읽고 내용을 이해하지 못하면서 교사가 되려 한다면 교직을 개방해야 한다는 의견을 받아들여야 할 것이다.

**82** 한국교원대 2022학년도 오후 문제

교육에 대해 19세기의 교실에서 20세기의 교사가 21세기의 학생들을 가르친다는 말을 하곤 했다. 그렇지만 역설적으로 이러한 교육 상황은 교육과는 하등의 관련이 없는 코로나19 상황으로 인해 큰 변화가 발생할 수밖에 없게 되었다. 정보화와 4차 산업혁명, 인공 지능의 시대라는 말을 해 왔음에도 좀처럼 변할 것 같지 않던 우리의 교실이, 이제는 코로나 바이러스가 세상의 여러 가지 모습을 바꾸는 와중에 가장 근본적인 변화를 요구받고 있는 것이다. 교실 대신 컴퓨터 속 '교실'로 학생들은 입장을 하고 교사는 손톱만한 학생들의 얼굴들을 바라보면서 수업을 한다. 비대면 수업은 코로나19의 상황 속에서 일상화되었으며 새로운 변이 바이러스의 출현에 의해 전면 등교의 어려움이 발생할 때마다 비대면 수업으로의 전환이 끊임없이 요구되고 있는 실정이다. 이러한 비대면 수업은 시간과 공간의 제한을 극복할 수 있는 교육이 가능하며 안전한 교육 환경을 유지할 수 있다는 장점이 있다. 하지만 교사와 학생, 그리고 학생과 학생 사이의 친밀도가 떨어지는 문제를 포함하여 학생들의 학력 격차 등 여러 가지 면에서 교육적 제한점을 드러내고 있는 것도 현실이다.

**Q1.** 비대면 수업 상황에서 교사가 겪게 될 어려움을 면접 대상 학생이 지원한 전공 분야의 교육 내용 및 교육 활동의 특성과 관련지어 세 가지 키워드로 제시하고, 이를 해결하기 위한 구체적인 교육 방안을 설명해 보자.

학생답변

저는 온라인 학습으로 발생하는 교사의 어려움의 키워드 세 가지를 첫째, 집중력 둘째, 몰입도 셋째, 체력으로 정해보았습니다. 우선 온라인 학습이 진행되다 보니 학생들은 작은 화면을 통해 학습을 해야 했고, 유튜브나 SNS 접근성이 높아 집중력이 떨어진 것으로 알고 있습니다. 또한 친구들과 함께 수업을 듣지 않다보니 몰입감 또한 떨어질 수밖에 없다고 생각합니다. 저는 이를 해결하기 위해 VR, AR, 메타버스를 적극 사용하여 학생들이 조금 더 몰입도 있고 집중할 수 있는 수업을 할 수 있다고 생각합니다. 물론, 현재 메타버스 속 교실은 게임형식으로 진행되고 있지만, vr기기의 보급화와 현실화가 이루어진다면 학생들에게 더 좋은 수업을 할 수 있을 것이라고 생각합니다. 다음으로는 체력입니다. 온라인 수업이 진행되면서 체육수업에도 많은 어려움이 생긴 것으로 알고 있습니다. 집에만 있다 보니 코로나블루와 같은 우울감과 무기력함이 생기면서 체육수업의 중요성 또한 높아졌다고 생각합니다. 따라서 학생들의 움직임을 점수화 시키는 어플리케이션이나 바디트위스트게임 키트 제공을 통해 학생들이 집에서도 체육수업을 할 수 있도록 하고 싶습니다.

**김완 선생님의 방향성 잡기와 한 걸음 더** 💬

이 문항은 비대면 수업 상황을 경험한 지원자의 전공 교육 분야의 교육 내용과 연관하여 지원자의 비대면 교육 경험을 어떻게 해석하고 의미화 하는지를 통해 실현 가능한 방법을 합리적으로 제시하는 능력을 파악한다. 원격 수업 적용에 대한 판단력, 의사 표현 능력, 교육에 대한 통찰력 등을 파악할 수 있다. 비대면 수업에서 교사는 학습자의 이해도를 판단하기 어렵다. 교사의 권위가 사라진 상황에서 학습자의 학습 의욕을 유지하기 어렵고, 코로나19 증상 호소를 핑계 삼는 학생을 제어하기 어렵다. 거의 모든 상황이 학생의 교육 격차를 줄이기 힘든 상황이다. 그럼에도 교사는 교과 특성을 반영하여 학습자의 이해도를 높이고 공감할 수 있어야 한다. 우선 교사는 학습자가 교과 흥미를 유지할 수 있도록 오히려 더 다양하고 모든 학생이 참여할 수 있는 수업을 구성하면 좋을 것이다. 학습자의 관심도가 높은 소재를 활용하여 학습 의욕을 고취해야 할 것이다. 거꾸로 교실 등을 활용하여 수업 전에 교과에 대한 이해도를 높이는 것도 필요하다.

> **Q2.** 면접 대상 학생이 지원한 전공 분야의 학습자 특성을 고려해 볼 때 해당 학교급(예: 유치원, 초등학교, 중·고등학교)의 비대면 수업 상황에서 소외될 수 있는 학생을 예측해 보고, 이에 대한 효과적인 지원 방안을 제시해 보자.

**학생답변**

저는 온라인 학습으로 소외되는 학생으로 맞벌이 부부의 자녀를 선택하였습니다. 저학년의 경우 자기주도 학습 능력이 떨어져 보호자의 도움이 필요하기 때문입니다. 따라서 저는 이 문제 해결을 위해서는 기업, 학교, 가정의 삼위일체가 필요하다고 생각합니다. 기업에서는 부모님들에게 재택근무의 기회를 주고 학교에서도 일부 학생을 불러 수업을 할 수 있습니다. 두 번째로는 다문화가정의 자녀들입니다. 왜냐하면 다문화 학생들의 문제점 중 하나가 언어이고, 이 언어는 친구들과의 상호작용에서 느는 것인데, 온라인 수업으로 그 기회가 가로막혔다고 생각하기 때문입니다. 따라서 평생교육원을 이용한 언어 수업이 진행된다면 이 문제가 완화될 수 있다고 생각합니다.

 김완 선생님의 방향성 잡기와 한 걸음 더 👣

이 문항은 유아, 초등, 중등 교육에서 학습자의 특성을 고려할 때 예측되는 어려움을 고려하여 교육 현실을 고려한 실현 가능한 방안을 합리적으로 제시하는 능력을 파악할 수 있다. 교과 내용과 학습자에 대한 지식, 비대면 수업 등 원격 수업 적용에 대한 판단력, 의사표현 능력, 교육에 대한 통찰력 등을 파악할 수 있다. 지원자의 전공 능력은 필수 항목이다. 이것 이외에도 다양한 사회적 요구에 따라 교사는 갖추어야 할 역량이 있다. 미래 사회는 지금 예측하기 어려울 정도로 빠르게 변화하고 있다. 특히 기술의 발전은 더 많은 기회를 제공함과 동시에 이 기술에 접근할 수 없는 취약 계층간 불균형을 최소화 할 수 있는 교육이 절실하다. 그린스마트스쿨의 활성화 등을 통해 학생간 차이를 줄이고 교사는 학습자의 지적 호기심 유발로 스스로 학습할 수 있는 상황을 재현해야 한다. 기술의 혁신이 학생간 차이를 줄이는 방향으로 가기 위해 교사는 더 많은 관련 정보를 유용하게 활용해야 할 것이다. 미래 교사의 학습 또는 여러 활동에서의 경험은 많으면 많을수록 학생의 교육에 도움이 될 것이다. 따라서 지원자는 예체능을 포함한 전 교과 활동에 적극적으로 참여해 능력을 함양해 미래 사회에 필요한 역량을 갖추어야 한다. 교수 활동에 활용할 다양한 역량의 함양은 학생들에게 중요한 자산이 될 것이다.

# 사범대

# 면접 방향성과

# 예상문제

# 사범대 면접 방향성과 예상문제

## Ⅰ 사범대 면접 답변 방향성

　사범대 면접 고사 유형은 대학마다 그 형태와 방법에 있어 차이가 있다. 따라서 면접을 준비하는 수험생들은 지원하는 대학교에 구술 면접 고사의 형태나 방법을 미리 알고 준비한다면 당황하는 일 없이 면접에 차분히 임할 수 있을 것이다.

　사범 대학 면접 고사 답변 방향성을 chapter 1-3 면접 유형별 핵심 접근법에서 언급한 것 중 중복되지 않는 범위에서 언급한다. 사범대 면접 형태는 크게 개별 면접과 집단 면접으로 나누어지는데 일부 대학을 제외하고는 대부분 개별 면접으로 학생과 평가자가 1:2~3 형태로 진행된다. 개별 면접은 일반 면접과 심층 면접으로 다시 나누어지는데 이 또한 대학에 따라 수준과 유형의 차이를 보인다. 평가 항목에 있어서 가장 중요한 것은 인성과 적성이며 그 외 표현력, 발전 가능성, 협동심, 리더십, 태도, 문제 해결 능력, 지적 능력 등을 지원 학과 특성에 맞추어 종합적으로 평가한다. 사범 대학 면접의 유형은 크게 4가지, 교직 인·적성 면접(개방형 질문), 서류 기반 면접, 제시문 기반 면접, 교과 지식 기반 면접으로 나눌 수 있다. 그 유형 중 교직 인·적성 면접(개방형 질문)과 서류 기반 면접은 일반 면접으로, 제시문 면접과 교과 지식 기반 면접은 심층 면접으로 분류하는데, 대학에 따라 그 경계가 모호한 경우도 있다. 심층 면접의 경우 지원자들은 우리 주변의 흔히 발생 가능한 사건, 사회적 이슈, 장기간 해결되지 않는 문제점 등에 관련된 주제와 내용을 다양한 관점에서 자신의 의견을 정리해보는 것도 필요하다. 가장 좋은 방법은 지원 대학의 기출문제를 통해 문제 유형과 방향성을 익히는 것이다. 중요한 것은 수험생 본인이 지원하는 대학의 면접형태에 맞추어 올바른 방법으로 준비 하는 것 이다. 인터넷이나 유튜브의 검증되지 않은 자료와 방법은 피해야한다. 소중한 시간을 소비하고 잘못된 방향으로 준비될 수 있기 때문이다. 자신의 합격사례를 소개하는 경우도 개인별 차이가 있으므로 주의해야한다. 따라서 검증된 자료를 가지고 효율적 방법을 선택하여 준비하기 바란다. 물론 수험생 스스로 검증된 자료와 방법을 찾기가 어려울 수도 있다. 이 경우 사범대 입시경험이 많으신 선생님이나 사범대 입시전문가의 도움을 받는 것을 추천한다. 또한 대학의 인재상과 교육의 목표 등은 면접 전에 본서 chapter 4-1의 대학별 특징 및 평가기준 또는 대학 홈페이지에서 꼭 확인하고

가기 바란다. 유형별로 답변 방향성은 다음과 같다.

## ① 교직 인·적성 면접(개방형 질문) 답변 방향성

교직 인·적성 면접(개방형 질문)은 지원자의 성격, 개성, 가치관, 지원 동기, 교직 적성, 의사소통 능력, 인성 등을 확인할 수 있는 기본적인 질문의 형태를 통해 지원자의 자질을 종합적으로 평가한다. 물론 다소 어려운 교직·교양관련 질문을 하는 경우도 있다. 따라서 다음의 질문들에 대해 교육이론과 인·적성을 기반으로 충실한 답변을 만들어보기 바란다. 그동안 지속적으로 출제된 기출문제와 예상문제를 정리하였다. 자신만의 답변을 준비하고 반드시 숙지하기 바란다.

> **Q1.** 자신이 생각하는 교사의 자질은 무엇인가요?
>
> **Q2.** 우리 학교 ○○학과를 지원한 동기를 말해보세요.
>
> **Q3.** 우리대학 ○○교육학과 홈페이지에서 가장 관심 있게 본 내용이 무엇인지 이유와 함께 이야기해보세요.
>
> **Q4.** 본인이 읽은 책 중에서 우리 학과와 연관 있는 책은?
>
> **Q5.** 우리 학과를 지원하기 위해서 어떤 노력을 했는지 말해보라.
>
> **Q6.** 선진국의 교사와 우리나라 교사의 차이점이 있다면 무엇이라 생각하는가?
>
> **Q7.** 지원자는 ○○교사가 되기 위해서는 어떤 종류의 공부가 가장 필요하다고 생각하나?
>
> **Q8.** 교육 전문가로서 자신의 장단점은 무엇인가?
>
> **Q9.** 존경하는 교육자를 이유와 함께 이야기해보세요.
>
> **Q10.** 지원자는 우리나라 교육의 문제점이 무엇이라 생각하나?
>
> **Q11.** 사회적 관심사로 크게 부각되고 있는 학교폭력의 주원인이 무엇이라고 생각하나요?
>
> **Q12.** 학교폭력 내용을 학교생활기록부에 기록하고, 상급학교 진학에 불이익을 주는 것에 대해 어떻게 생각하는가?
>
> **Q13.** 교권침해 및 교실 붕괴에 대해 지원자가 생각하는 대안이 있다면 이야기 해보세요.
>
> **Q14.** 챗 GPT의 교육적 활용 가능성에 대해 먼저 말해보고, 그와 함께 우려되는 요소들에 관해서도 이야기 해보세요.
>
> **Q15.** 함께 살아가는 다문화 사회를 만들기 위해 교사로서 갖추어야 할 역량이 있다면 무엇이라고 생각하는지 말해보세요.
>
> **Q16.** 진로선택과목 선택에서 자신의 진로와 연계한 면이 있다면 무엇인지 설명해 보세요.

**Q17.** 2028학년도 입시대상 학생부터 전면 시행되는 고교학점제에 대해 교사의 입장에서 이야기해보세요.

**Q18.** 우리나라 현 대학입시제도에 대한 본인의 견해를 이야기 해보세요.

**Q19.** 교사가 된다면 중학교와 고등학교 중 어디를 선호하는지 이유와 함께 이야기 해보세요.

**Q20.** 저 출생 문제가 교육에 미치는 영향에 대해 자신의 견해를 이야기 해보세요.

위 질문들의 답변을 생각할 때 가장 중요한 것은 교사가 되고 싶은 마음과 교사에 대한 자긍심이다. 따라서 전공 학과에 대한 기본 지식은 반드시 알아두어야 한다. 예를 들면 국어 교사의 역할, 영어 교사 양성의 목적 등이다. 교육학과별 상세한 내용은 chapter 3-2에 수록되어있다.

### ② 서류 기반 면접 답변 방향성

제출서류(학교생활기록부 등)의 내용을 중심으로 서류의 진위 여부를 확인, 학업 준비도, 인·적성, 의사소통 능력 등을 고교 시절의 다양한 활동과 경험에 대한 이야기 속에서 계기, 과정, 내용, 노력, 의미, 성장 및 배운 것과 관련된 질문과 답변을 통해 평가한다.

지원자는 자신의 학교생활기록부 내용을 꼼꼼히 확인하여야 한다. 또한 고교 시절 활동과 경험의 구체적인 과정, 내용, 역할, 결과 및 그것의 의미와 어떤 영향을 받았는지, 또 얼마나 어떤 점에서 성장했는지를 생각해서 정리해보기 바란다. 서류 기반 면접에서는 교직 인·적성 면접(개방형 질문)의 내용을 포함해서 질문하는 경우가 많이 있다. 따라서 반드시 교직 인·적성 면접(개방형 질문) 준비도 함께하기 바란다. 다음 정리한 문제들 중에서 본인과 비슷한 내용이 있다면 답변을 생각해보기 바란다.

**Q1.** 교내활동 중 협동한 사례가 있다면 구체적으로 이야기 해보세요?

**Q2.** 교육봉사활동이 있는데, 어떻게 하게 되었고 얼마나 오래 했나?

**Q3.** ○○ 탐구 동아리 활동을 하였는데 본인이 내적 성장한 면이 있다면 설명해 보아라.

**Q4.** 학생부에 친구의 고민 상담을 하였는데 어떻게 하였는가?

**Q5.** 청소년 기자단 활동을 하셨는데, 작성한 기사가 있다면 그 내용은 무엇인가?

**Q6.** ○○ 대학이 운영하는 활동에 참가했는데 무엇을 배웠는지 느낀 점을 말해보라.

**Q7.** 좋아하는 과목과 싫어하는 과목을 이유와 함께 이야기 해보세요?

**Q8.** 회장으로 활동하였는데 본인이 생각하는 리더십은 무엇이라고 생각하나?

**Q9.** 교과 성적을 보면 주요 과목 말고는 성적이 그리 좋지가 않은데 이유가 있나?

**Q10.** 학생은 성적이 좋은 편인데 본인의 학업 능력이 어느 정도라고 생각하는가?

**Q11.** 의료관련 진로활동을 주로 했는데 교사가 되려는 이유가 무엇인가?

**Q12.** 영어 말하기 발표 때 어떻게 준비했는지?

**Q13.** 지원자의 장래 희망이 일률적인데 어떻게 이루어 나갈 것인지 구체적으로 말해보세요?

**Q14.** 포토샵 프로그램을 배웠다는데 어디에 쓰일까?

**Q15.** 지원 학과에서 수학이 중요한데 왜 중요하다고 생각하나?

**Q16.** 진로활동으로 ○○ 책을 읽고, 본인의 꿈을 이루는데 어떤 도움이 되었나요?

**Q17.** 대부분의 활동이 영어 관련 활동인데, 영어 교사가 아닌 사회교육학과에 지원한 이유가 무엇인가?

**Q18.** 발명 캠프 참가하면서 창의력을 배웠다는 내용이 있는데 창의력이 배울 수 있는 것인가?

**Q19.** 수학 교사를 희망하면서 다양한 역사 관련된 활동들을 한 특별한 이유가 있는가?

**Q20.** 고교 시절에 다양한 활동들을 많이 했는데 대학에 입학한다면 꼭 해보고 싶은 일은?

위 질문 들이 본인의 학교생활기록부 내용과 다를 경우 문항에 자신의 활동을 대입해서 예상 문제를 만들어 연습해 보기 바란다. 만일 짧은 시간에 큰 효과를 원한다면 사범대 입시전문가와 상의해서 자신의 생활기록부의 출제 가능 질문을 대상으로 연습하는 것도 좋은 방법이다.

### ③ 제시문 기반 면접 답변 방향성

제시문 기반 면접에 대해서는 chapter 1-3 면접 유형별 핵심 접근법에서 자세하게 기술하였다. 사범 대학의 제시문 면접은 대학에 따라 주제와 길이가 다양하다. 사범 대학은 종합 대학 내 단과 대학이므로 대부분 대학 공동으로 출제되는 경우가 많다. 따라서 교직에만 적용되는 것이 아니고 인문 계열, 자연 계열 등 계열별로 출제된다. 물론 대학에 따라 짧은 제시문을 활용하여 교직 계열 문제를 출제하는 경우도 있다. 어떤 경우에도 제시문을 잘 파악하는 것이 중요하다. 그러나 이 부분은 이미 국어 수능 공부를 하면서 비문학 지문 독해로부터 익숙할 것이다. 따라서 크게 염려할 필요는 없다. 다만 질문에 대해 적합한 답변을 논리적으로 하는 것이 가장 중요하기 때문에 chapter 1-1에 수록된 논리적으로 말하는 연습은 필요하다. 또한 자신이 원하는 교직과 연관시켜 답변한다면 더 좋은 답변이 될 것이다.

각 대학별 제시문 면접 기출문제는 그 자료가 워낙 방대하고, 대학 홈페이지에서 확인이 가능한 관계로 굳이 수록할 필요가 없다고 판단되어 본 단원에서는 예시만을 수록하였다. 지원하는 대학의 기출문제와 자세한 분석은 각 대학 입학 홈페이지의 자료실에서 '선행 학습 영향 평가 보고서'를 참고하기 바란다.

다음은 종합 대학의 계열별 짧은 제시문과 긴 제시문의 예시이다.

(1) 인문 계열 짧은 제시문 예시

바이럴(Viral) 마케팅은 입소문 마케팅이란 뜻으로 근본적으로 바이러스(Virus)와 오럴(Oral)이라는 입소문 마케팅의 합성어이다. 이러한 입소문 마케팅을 토대로 형성된 시장의 기존 데이터와 흔히 말하는 빅 데이터를 통해 사람들의 관심을 파악하고 관심을 끌어 상품 구매로 전환시키는 하나의 수단이다. 상위 노출은 충분한 자금만 있다면 누구든지 할 수 있다. 흔히 말하는 검색 광고와 포털 사이트의 메인 배너 광고 등만 조회 수만 높이는 것이 상위 노출의 일종이다. 캠페인의 경우는 블로그나 카페, SNS 등 바이럴 마케팅을 적극 활용, 네티즌의 자발적인 영상 공유를 통해 릴레이 캠페인이 이루어질 것으로 보인다.

**Q.** 바이럴 마케팅과 빅 데이터 등이 세계화 시대에 어떻게 작용할지 설명하고 주변에서 가능한 실제 사례를 제시해 보시오.

(2) 자연 계열 짧은 제시문 예시

배아 줄기세포의 운명을 가르는 비밀이 세포 내 단백질 공장, 즉 '리보좀'에 있다는 연구결과가 나왔다. 기초과학연구원(IBS) RNA연구단(단장 김빛내리 서울대 교수)은 배아 줄기세포가 모든 세포로 분화될 수 있는 능력을 지닌 만능 줄기세포로 남아 있기 위해 필요한 'RNA 결합 단백질'을 찾아냈다고 밝혔다.
그런 다음 RNA 간섭으로 이들 단백질이 제 기능을 못 하면 배아 줄기세포는 만능 분화 능력(전분화능)을 잃고 일반 세포로 바뀐다는 것을 밝혀냈다.

**Q.** 연구단 관계자는 "기존 연구가 DNA를 중심으로 특정 유전자 발현에 초점을 맞췄던 것과 달리, 이번 연구에서는 RNA에 초점을 맞춘 분석을 통해 줄기세포의 새로운 특성을 발견할 수 있었다."며 "이번 연구 결과는 줄기세포, 암, 뇌 연구 등에 새로운 돌파구를 제공할 것"이라고 말했다. 리보좀에 대해 설명하세요.

## (3) 인문 계열 긴 제시문 예시

(가) 유교는 인간의 몸과 마음에 하늘과 우주의 이치가 내재되어 있어서 천지 만물 중 인간을 가장 중요한 존재로 여기는 인본주의적 성격을 지닌다. 유교의 인본주의는 초월적 존재나 정해진 운명의 힘을 믿기보다는 인간이 자기 삶의 주인으로서 현재를 성실하게 살아갈 것을 강조한다. 유교 사상은 인본주의를 바탕으로 현실에 있어서 인간관계를 중시하고 사랑을 실천할 것을 강조하였다. 그리고 인격을 완성하고자 끊임없이 노력하며, 또 도덕적으로 완성된 인간을 성인으로 대우하며 이상적인 인간상으로 삼았다. 이런 도덕적 실천에 기초한 조화로운 인간관계를 강조한 유교의 경향을 볼 때 유교 사상은 공동체를 중시하는 강한 사회성을 지니고 있음을 짐작할 수 있다. 유교에 따르면 가족은 사회를 구성하는 기본 단위이며 사회나 국가는 가족이 확대된 것이다. 그래서 국가의 원리를 축소하면 가족의 원리가 되는데, 이것이 이른바 '천하일가(天下一家)'의 관점이다.

(나) 근대에 들어 자본주의는 칼뱅의 직업 소명설과 금욕 정신을 통해 더욱 체계화되었다. 칼뱅은 개인의 운명은 신의 섭리에 의해 예정되어 있으며, 신이 부여한 자신의 직업에 성실하게 임하여 얻은 부는 신이 주신 구원의 징표라고 생각하였다. 따라서 인간은 신의 은총을 확인하기 위해 일을 열심히 하여 부를 쌓아야 한다고 보았으며, 이러한 자본의 축적이 신의 뜻에 어긋나지 않음을 주장하였다. 그리하여 이윤 추구를 위한 개인의 노력을 도덕적·종교적으로 합리화하였으며, 나아가 근면하고 검소한 금욕적 생활 자세도 중요하게 생각하였다. 베버는 후에 칼뱅의 프로테스탄트 윤리가 '자본주의 정신'의 출발임을 강조해서 노동을 중시하였으며, 규율에 따라 직업에 헌신할 것을 주장하였다. 그뿐만 아니라 낭비를 비윤리적인 것으로 간주하여 근검절약과 저축 정신을 높이 평가하였다. 그는 이러한 합리적인 이윤 추구 행위와 금욕주의 정신을 자본주의 정신의 바탕이라고 보았다.

㈐ 미국의 하버드대학교 교수인 두웨이밍(杜維明)은 "역사적으로 유교 문화와 밀접한 관련이 있는 동아시아의 산업화와 경제 발전은 서양의 산업화, 경제 발전과는 다른 양상을 띱니다."라고 말하였다. 그가 자신의 책《문명의 대화》에서 지적한 내용은 바로 유교 문화와 서양의 자본주의가 결합하여 형성된 새로운 형태의 자본주의, 즉 유교 자본주의이다. 그는 효율과 이익을 추구하여 경제 발전을 이룬 서양의 산업과는 달리 혈연, 학연, 지연을 중시하는 가족주의, 가부장적 권위, 높은 교육열, 개인보다는 집단을 중시하는 공동체 의식, 도덕과 윤리를 중시하는 사회의식, 유교 문화의 동질감 등 유교 문화의 영향으로 동아시아가 성공적인 산업화와 경제 발전을 이루었다고 주장하였다.

㈑ 자본주의에서 재산은 개인의 노력 이외에도 타고난 환경이나 지능, 상속, 복권과 같은 우연적 요인들에 의해 형성된다. 문제는 이러한 우연적 요인이 자본주의 사회에서 부의 분배를 불균등하게 만들기 쉽다는 것이다. 특히 사회 구조적으로 생산 수단과 교육의 정도를 대물림하면서 부자와 가난한 사람의 격차가 커지는 경제 불평등이 심해지고 있다. 이는 빈곤한 사람들의 인간 존엄성을 해치기도 하며, 계층 간의 위화감을 조성해서 사회 통합을 저해하는 등 심각한 부작용을 유발한다. 자본주의에서는 개인 또는 집단 간의 지나친 경쟁을 유발하여 인간성을 해치는 경우나 경쟁에서 이기기 위하여 도덕적 타락을 용인하는 일이 적지 않다. 또 목적을 달성하기 위해 수단과 방법을 가리지 않거나 인간을 물질적 가치로만 평가하기도 한다. 이는 개인의 삶을 피폐하게 할 뿐만 아니라 사회 전체의 연대와 공동체 의식을 약화한다.

**Q1.** 제시문 ㈎에서 설명한 유교의 입장에서 제시문 ㈏의 '자본주의 정신'에 대해 말해보시오.

**Q2.** 제시문 ㈏와 ㈐를 참고해서 사회에 미치는 윤리 사상의 영향에 대해 말해보시오.

**Q3.** 제시문 ㈎~㈐를 종합해서 제시문 ㈑에 제기된 문제의 해결 방안을 말해보시오.

(4) 자연 계열 긴 제시문 예시

(가) 태풍은 주로 표층 수온이 27℃ 이상인 위도 5~25℃의 열대 해상에서 발생한다.

　　고온 다습한 열대 해상의 대기가 불안정해져 빠르게 상승하면 수증기가 응결하면서 두꺼운 적란운을 형성한다. 이 과정에서 방출하는 많은 양의 응결열이 강한 소용돌이를 가진 열대 저기압으로 발달하는 에너지원으로 사용된다. 발달한 상태의 태풍은 등압선이 동심원 형태로 나타나고, 등압선 간격이 매우 조밀하여 강한 바람을 동반한다. 태풍이 육지에 상륙하여 수증기의 공급이 차단되거나 찬 해수면과 만나 수증기를 많이 공급받을 수 없게 되면 응결열이 감소하여 세력이 급속히 약화된다.

(나) 신경계를 구성하는 기본 단위인 신경 세포를 뉴런이라고 한다. 안정된 상태일 때 뉴런의 막은 외부는 (+), 내부는 (-)로 대전되어 있는데, 이를 분극 상태라고 하고, 이때 형성되는 세포막 내외의 전위차를 휴지 전위라고 한다. 뉴런에 역치 이상의 자극이 가해지면 자극을 받은 부위의 막전위가 역전되는데, 이를 탈분극이라 하고 이때의 막전위 변화를 활동 전위라고 한다. 활동 전위는 뉴런의 막전위가 휴지 전위에서 시작하여 최대치로 올라갔다가 다시 휴지 전위로 되돌아오는 신경 신호를 말한다. 활동 전위가 생성되면, 활동 전위는 뉴런을 따라 계속 발생하면서 이동하게 되는데, 이것이 뉴런의 흥분 전도 원리이다.

(다) 보어는 전자가 원자핵을 중심으로 에너지 양자화된 특정 궤도에서 원운동 한다는 원자 모형을 제안하였다. 가장 낮은 에너지 준위의 상태를 바닥상태라고 하고, 이보다 높은 에너지 준위의 상태를 들뜬상태라고 한다. 전자가 에너지 준위 사이로 이동하는 것을 전이라고 한다. 바닥상태에 있던 전자가 에너지를 흡수하면 들뜬상태 준위로 전이되나 들뜬상태에 있는 전자는 에너지가 낮은 상태로 다시 전이하게 된다. 이때 에너지 차이에 해당하는 빛을 방출하게 된다.

(라) 미래의 선진국 인구는 거의 제자리 상태이지만, 아프리카와 아시아, 라틴 아메리카의 개발 도상국들의 인구가 늘어나 세계 인구는 계속 증가할 것으로 예상된다. 인구가 증가하면 생산 가능 인구가 늘어나 경제 성장에 도움을 주지만, 적정 규모를 넘는 인구는 자원 고갈과 환경 문제를 불러오게 된다. 특히 개발 도상국의 폭발적인 인구 증가는 절대 빈곤 인구의 확대로 이어져 국가 간의 빈부 격차를 심화하고 있다. 이러한 인구 문제의 해결을

위하여 전 지구적인 차원의 노력이 필요하다. 특히 개발 도상국의 생활 및 교육 수준을 높여 적정한 출산율을 유지하고, 경제 발전을 통해 빈곤 인구를 줄이려는 노력이 필요하다.

(마) 경제는 장기적으로 보면 성장하지만 단기적으로는 호경기와 불경기가 번갈아 나타난다. 호경기에는 인플레이션을 걱정해야 하고, 반대로 불경기에는 실업을 걱정해야 한다. 특히, 불경기가 매우 심한 공황 상태가 되면 실업자가 크게 증가하고 생활이 어려워지기 때문에 적극적인 경기 대응 정책이 필요하다. 정부가 재정 정책이나 통화 정책을 통하여 총수요를 총공급 능력 수준으로 유지하여 고용이나 물가를 안정시키려는 정책을 경제 안정화 정책이라 한다.

**Q1.** 제시문 (가)~(다)를 읽고 공통적으로 떠오르는 단어를 말하고 그 이유를 설명하시오.
**Q2.** 문제 1에서 제시한 단어로 설명할 수 있는 다른 자연 현상의 예를 한 가지 찾고 설명하시오.
**Q3.** 제시문 (라)와 (마)의 내용을 문제 1에서 제시한 단어를 이용하여 설명하시오.
**Q4.** 제시문 (가)~(다)와 제시문 (라)~(마) 사이의 차이점을 대비하여 설명하시오.

## ④ 교과 지식 기반 면접 답변 방향성

교과 지식 기반 면접은 교과 시험이 아니다. 일반적으로 기초 학업 역량을 통한 전공 적합성을 평가하는 면접이다. 고교 학습 내용 중에서 기본 개념 위주로 답변하면 된다.

지원자 입장에서 지식 자랑을 길게 하기보다는 간결하면서도 명료하게 기본 개념을 중심으로 답변하는 것이 좋다. 필요에 따라 세부 지식은 추가 질문을 통해 역량을 확인한다.

인문 계열의 경우는 일반 면접과 제시문 면접을 공부한 상태라면 완벽하지는 않더라도 답변이 가능하리라 생각한다. 물론 국어, 사회, 역사 등의 지식을 알아야 답변이 가능한 경우도 있다. 자연 계열의 경우는 교과 지식을 바탕으로 지원자의 의견을 묻는 문제와 고등학교 교과 지식만을 요하는 문제로 구분되는데, 두 경우 모두 고등학교 교과를 충실히 공부한 내용을 토대로 답변하면 된다. 대학별 전형에 따라 심화된 교과 지식 없이는 답변이 힘들 수 있다. 그렇다고 해도 이는 별도의 면접 공부로 단기간 내에 지적 능력이 형성되기는 어렵다. 따라서 지원자는 평소에 교과 공부를 꾸준하게 하는 것이 중요하다.

## Ⅱ 학과별 교육목적 및 예상문제

기본적으로 모든 교육학과의 교육 목적은 미래를 내다보며 한국의 전통과 역사와 문화를 주도해 갈 교육자를 양성하여, 그들이 우리나라의 교육을 이끌어 가는 교육 발전의 견인차로서 국가 발전과 인류 공영에 기여할 수 있도록 선도하는 역할이다.

교육 지도자는 인간 교육과 공동체 의식 함양과 교육 전문가로서의 자질의 함양이 필수이다. 따라서 예비 교사를 희망하는 지원자들의 마음가짐이 매우 중요하다. 본인이 생각하는 교육 전문가로서의 자질이 무엇인지 정립하고 학과별 특성을 익힌다면 교직 면접에서 가장 중요한 인적성에 관련된 답변은 충분할 것이다. 특히 지원 학과와 관계없이 지원 동기, 지원 학과의 특성, 지원 학과를 위해 노력한 것 3가지는 반드시 자신만의 답변을 준비하기 바란다. 본 단원에서는 답변의 기반이 될 학과별 특성과 면접에서 지원 교육학과에 관련된 예상 문제 위주로 수록하였다. 예상문제는 서류기반 면접 및 교직인·적성 면접의 개방형질문 위주로 학과별 특성을 고려해 작성하였다.

### ① 국어 교육과

국어 교육과는 전문인으로서의 국어 교육 담당자를 양성하기 위해 설립되었다. 국어과 교사로 대표되는 국어과 교육 담당자는 한국의 교육 목표 달성을 위해 국어과의 교육을 기획 실천하는 전문인으로서, 국어과 교육의 내용과 행위에 관한 실무적인 책임을 지는 실천적 응용 과학자이다. 이들은 정해진 교육 제도의 틀 안에서 주어진 국어과 교육 과정의 구체적인 실현을 책임질 뿐 아니라 현 교육 과정과 교과서 및 지도서를 평가, 개선하기 위해 노력한다.

또한 교육 현장에서 국어과 교육을 담당할 국어과 교사의 양성에서 나아가 국어 정책 및 국어과 교육에 관한 장학, 학사 관리, 교육 연구 등을 담당할 국어 교육 전문 인력 양성을 목표로 보다 발전적인 국어과 교육을 지향한다.

국어 교육과는 미래의 국어과 교육 담당자, 나아가 넓은 의미의 국어 교육 담당자에게 긍정적인 목표를 두고 있다. 학문적, 기술적, 교양적 기초와 국어 교육을 연구할 수 있는 학문적 토양을 제공하는 데 궁극적인 목표를 두고 있다.

**Q1.** 국어 교육이 우리의 삶에 어떠한 영향을 끼치는지 말해보시오.

**Q2.** 국어 교육과 국어국문학의 차이를 말해보시오.

**Q3.** 국어 교육과 민족의식과의 상관관계는?

**Q4.** 학생이 국어 교사가 되었을 때 어디에 역점을 두고 학생들을 지도할 것인가?

**Q5.** 문학을 고전 문학과 현대 문학으로 양분할 필요가 있는가? 있다면 그 분기점과 논거를 말해보시오.

**Q6.** 4차 산업혁명 시대에서 의사소통의 도구로서 국어교육의 중요성에 대해 이야기 해보세요.

**Q7.** 독서의 유효성이 국어과목 성취도에 미치는 영향이 무엇이라 생각하는가?

**Q8.** 국어 교과 교육이 미디어리터러시 교육에 미치는 영향이 무엇이라고 생각하는가?

**Q9.** 한글 맞춤법의 필요성을 말하고, 채팅 등 전자 통신 세계에서 맞춤법에 벗어난 예를 한 가지 들어 그 대책에 대한 자신의 의견을 말하시오.

**Q10.** OECD 국가 중 우리나라 청소년의 문해력이 최하인 이유를 국어교사 입장에서 이야기 해보세요.

## ② 영어 교육학과

영어 교육과는 21세기 정보화, 세계화 시대에 우리나라의 영어 교육 발전에 기여할 훌륭한 영어 교사와 고급 인력 양성을 목적으로 한다. 실용적인 영어 사용 능력을 배양하여 국제어로서 영어를 효과적으로 사용하는 데 조금도 부족함이 없도록 듣기, 말하기, 읽기, 쓰기 기능을 충실히 연마할 수 있는 다양한 영어 실습 과목을 제공하고 있다. 대부분의 실습 과목은 멀티미디어 시스템과 위성 방송 수신 시스템이 완비된 어학 실습실을 이용하고 있으며, 원어민 교수가 다양한 교수 매체를 이용하여 재미있게 영어를 습득하도록 도와주고 있다. 모든 학생이 이론적 지식의 습득을 통하여 전문화된 영어 교수 능력을 배양할 수 있도록 영어학, 영어 교육학, 영미문학 등 영어 관련 학문을 제공함으로써 영어 교사로서의 자질과 능력을 충분히 갖추게 하여 일선 교육 현장에서 창의적인 교사가 될 수 있도록 지도한다.

영어 교육학과는 인간화 교육을 통하여 이상적인 인재를 길러 낼 수 있는 영어 교사를 배출시키기 위하여 교과교육뿐 아니라 인성 교육 측면도 매우 강조하고 있다.

## 예상 문제 💡

**Q1.** 요즈음 학생들이 조기 유학 및 선행 학습 등을 통해 영어 실력이 뛰어나 일부 선생님들이 곤란을 겪고 있다고 하는데, 학생은 교사가 되었을 때 이로부터 자유로울 수 있는가?

**Q2.** 자신이 그동안 학교에서 받아온 영어 교육 중에 가장 인상 깊었던 수업이 있다면 소개해 보고, 그 교육을 교육 현장에 어떻게 접목시킬 수 있는지 이야기해 보아라.

**Q3.** 흔히 언어는 각 그 민족의 정신과 혼을 담는 그릇이라고 한다. 그렇다면 영어 속에는 영국과 미국의 의식이 스며있다고 볼 수 있지 않은가? 이런 관점에서 영어 교육이 곧 미국의 식민지화를 초래한다는 이야기가 있는데, 이 부분에 동의하는가?

**Q4.** 학생이 애송하는 영시가 있다면 그 작품을 좋아하는 이유가 무엇인지 이야기해 보고 한 편 암송해 보아라.

**Q5.** 지원자가 영어 교사 입장에서 국어 교육과 영어 교육 중 어떤 교육이 더 중요한지 이야기해보세요.

**Q6.** 영어 교육에서 가장 중요한 것은 무엇이라 생각하는가?

**Q7.** 우리나라 학들이 짧게는 9년 길게는 12년 이상 영어 교육을 받고도 제대로 영어로 의사소통이 불가능한 이유가 무엇이라고 생각하는가?

**Q8.** 우리나라의 영어 교육의 문제점이 무엇이라고 생각하는가?

**Q9.** 미래의 인공 지능 시대에 영어 교육이 필요할까?

**Q10.** 영어 조기 교육에 대하여 어떻게 생각하는가?

### ③ 독어 교육과

독어 교육과는 독일어 어문학에 대한 기본적 소양을 갖추게 하고, 계속해서 학문적 연구를 독자적으로 수행할 수 있는 능력을 함양시킨다. 이에 수반되는 언어 능력 개발과 의사소통 능력 배양을 위해 시청각 자료를 활용한 소단위 그룹의 집중적 훈련을 통하여 효과 있는 외국어 교육을 실시하고 있다. 특히 전공 영역에 대한 심도 있는 연구를 할 수 있는 토대를 마련하고자 독어학과 문학뿐만 아니라 교수법에 이르기까지 다양한 학문적 기초를 닦는 데 중점을 두고 있다. 또한, 유능한 독일어 교사를 양성하기 위하여 교육 이론, 현장 경험, 방법 및 평가 등에 관한 폭넓은 교육을 실시하고 있다.

**Q1.** 독어 교육과를 졸업한 후 당연히 독어 교사가 되어야 하는데, 만약 임용고사에 실패하여 교직으로 나가지 못한다면 계속 도전할 것인가? 아니면 다른 길을 선택할 것인가?

**Q2.** 통치자 히틀러의 리더십에 대해 어떻게 생각하는가?

**Q3.** 독일 교육에 대하여 알고 있는 대로 이야기해보시오.

**Q4.** 독일에 관해 알고 있는 내용을 이야기해보시오.

**Q5.** 괴테, 쉴러, 하이네, 브레히트, 프란츠 카프카, 토마스 만, 헤르만 헤세, 귄터 그라스, 파트릭 쥐스킨트 등은 독일어로 작품을 쓴 작가들입니다. 이들 중 아는 작가가 있으면 그 작가의 대표작과 그 간략한 내용을 이야기해보시오.

## 4 불어 교육과

불어 교육과는 프랑스어, 프랑스 문화, 프랑스 문학에 관한 내용을 학습하고, 이를 토대로 교수-학습 이론과 실제를 통하여 프랑스어를 효율적으로 교수할 수 있는 능력을 갖추고 우리나라 교육 발전에 기여하는 프랑스어 교육 분야의 고급 인력 양성을 목적으로 한다.

세계화, 국제화, 정보화라는 시대적 흐름에 따라 외국어의 중요성이 점차 확대되고, 여러 외국어 중에서도 국제어로서 중심적인 역할을 담당하고 있는 프랑스어에 대한 관심도가 증대됨에 따라 프랑스어 교육 분야에서 유능한 교원의 필요성이 확대되고 있어 졸업 후 각급 학교 및 교육 관련 기관 등으로 졸업생들이 진출하고 있다.

예상 문제 💡

**Q1.** 요즈음 일선 교육 현장에서 불어보다는 공부하기 쉬운 일본어나 중국어에 관심이 많은데, 이 같은 현상은 불어 교육에 있어 적신호가 아닌가?

**Q2.** 불어 회화와 작문과 불문학 중 어느 것이 더 중요하다고 생각합니까?

**Q3.** 프랑스 교육의 장점을 이야기해보시오.

**Q4.** 바칼로레아에 대하여 본인의 견해를 말하시오.

**Q5.** 프랑스 문화에 대해 알고 있는 것이 있다면 이야기해보세요.

## ⑤ 중국어 교육과

중국어 교육과는 중국 문화와 역사 및 문학 전통과 중국어의 특징에 대한 인식을 기초로 적절하고 효과적인 교수 방법을 통해 중국어와 중국 문화를 지도함으로써 시대가 요구하는 인재를 길러낼 수 있는 중국어 교육 전문가의 양성을 목표로 한다.

중국어는 한반도에서 가장 오랜 접촉과 교육의 역사를 가지고 있으며 '죽의 장막'으로 상징되는 단절의 시기를 지나 개혁 개방과 한중 수교를 거치며 비약의 시기를 맞이하고 있다. 따라서 체계화된 학습과 훈련 프로그램을 통해 이러한 시대적 요구에 부응하는 교원을 양성하기 위해 힘쓰고 있다.

### 예상 문제

**Q1.** 이 시대의 중국어 교육의 필요성을 설명하시오.

**Q2.** 우리나라의 입장에서 미래에는 영어와 중국어 두 언어 중 더 중요한 언어는 무엇이라 생각하는가?

**Q3.** 중국어를 배우기 위해 가장 중요한 것은 무엇이라 생각하는가?

**Q4.** 영어와 중국어의 공통점이 무엇이라고 생각하는지 그 이유와 함께 설명하시오.

**Q5.** 다양한 교사 중에서 중국어 교사가 되려는 이유가 무엇인가?

## ⑥ 일본어 교육과

일본어 교육과는 중등학교 일본어 정교사 양성을 목표로 하고 있으며, 교사가 기본적으로 갖추어야 하는 일본어 의사소통 능력을 집중적으로 훈련시킴과 아울러 외국어로서의 일본어 교육과 관련된 다양한 교과 교육학 탐구와 현장 실습 프로그램을 제공한다. 그리고 예비 교사들에게 인문학적 교양과 일본에 대한 지역학적 안목을 키워주기 위해 일본 문학 관한 강좌 등을 통해 교직관이 투철하고 우수한 일본어 교사 양성을 목표로 하고 있다.

또한 세계화, 정보화, 다문화 시대를 맞이하여 우수한 일본어 능력과 더불어 인성, 덕성 등을 고루 갖춘 일본어 교육 및 일본 지역 전문가를 양성하여 사회의 발전에 기여하고 있다.

**Q1.** 외국어로서 일본어가 비교적 쉽다고 하는데, 지원자의 생각을 이유와 함께 설명하시오.

**Q2.** 역사적 사실로 우리나라 국민들의 일본에 대한 부정적 이미지가 일반적이다. 이러한 상황에서 일본어 교사의 역할은 무엇이라고 생각하는가?

**Q3.** 지원자가 생각하는 일본에 대해 이야기해보세요.

**Q4.** 우리나라는 정치적으로 일본과 대립되는 경우가 많이 있다. 지원자가 일본어 교사라면 수업 시간에 이러한 것들을 어떻게 설명하겠는가?

**Q5.** 중등학교에서 일본어를 가르치는 목적이 무엇이라고 생각하는가?

## ⑦ 윤리 교육과

윤리 교육과는 중등학교에서 도덕 교과를 중심으로 인성 교육을 이끌어가는 도덕성과 전문성을 갖춘 도덕·윤리 교사 양성을 주된 목적으로 한다. 이를 위해 예비 교사 스스로 급변하는 사회 환경에 적극적으로 대응하면서 자신의 삶을 자율적이고 적극적으로 이끌어갈 수 있는 능력을 갖추고 있어야 하고, 더 나아가 가치관의 혼란 상황을 분석하고 대안을 제시할 수 있는 능력과 우리 시대에 맞는 시민 윤리를 끊임없이 탐구하는 실천적 능력을 길러야 한다. 윤리 교육과에서는 교수와 학생 사이의 인격적이면서도 전문적인 만남의 장을 통해 이러한 능력을 길러주고 있다. 이러한 목적을 달성하기 위해 윤리 교육과 교수들은 각각 철학과 도덕 교육학, 사회과학을 주 전공으로 하면서도 인간과 윤리, 가치관의 문제를 개인적 차원뿐만 아니라 사회적 차원에서 분석하고 해결책을 모색하는 협력적 연구과 교육을 병행하고 있다.

예상 문제

**Q1.** 흔히들 윤리 교육과 학생들은 타 학과 학생들과 달리 윤리적이고 도덕적이어야 한다고 생각하고 있는데, 이에 대해 어떻게 생각하고 있는가?

**Q2.** 일선 교육 현장에서 학생인권조례안이 통과된 후 교육적 차원의 체벌조차도 문제가 되고 있는데, 이에 대해 경험한 바가 있으면 실례를 들어 구체적으로 이야기해 보아라.

**Q3.** 공리주의가 제시하는 도덕 원리는 무엇이며 이 원리가 지니는 장점과 한계는 무엇이라고 생각하십니까? 특히 이 원리는 정의와 어떤 관계가 있다고 생각하십니까?

**Q4.** 오늘날 우리 사회에는 보수와 진보의 대립 현상이 매우 심하다. 그 사례를 들고, 양자의 문제점을 지적해보시오.

**Q5.** 보통 윤리 교육하면 인성 교육을 포함한다. 교사의 입장에서 인성 교육을 어떻게 할 것 인가?

**Q6.** 인상 깊은 사상가나 철학자가 있다면 이유와 함께 이야기해보세요.

**Q7.** 요즘 협력적 인성교육을 강조하고 있는데 교사의 입장에서 교육방법을 제시해보세요.

**Q8.** 학교폭력 대상자에 대한 회복적 생활교육에서 윤리교사로서 어떤 도움을 줄 수 있는지 이야기해보세요.

**Q9.** 급변하는 사회현상에서 '나만 아니면 되'라는 사람들이 증가하고 있다. 이에 대한 윤리 교육측면에서 이야기해보세요.

**Q10.** 교육 측면에서 윤리와 사상과 생활과 윤리 중 어떤 것이 더 중요하다고 생각하는가?

## 🎓 ⑧ 일반사회 교육과

일반사회 교육과는 사회 과학의 제반 분야, 즉 사회학, 정치학, 경제학, 법학, 인구학, 사회심리학 등의 전문적인 지식을 바탕으로 현실적인 각종 사회 관련 문제에 올바르게 대처하여 합리적인 의사 결정을 할 수 있는 지식인과 전문인을 육성하고자 한다. 아울러 이를 바탕으로 사회과 교육의 연구가, 실천가로서 사회과학 지식, 방법을 효율적이고 체계적으로 학생들에게 전달할 수 있는 교수−학습 방법을 창안하고 연구 개발하여 장차 사회과 현장 교육의 우수한 교사 양성을 목적으로 한다.

연구 분야는 사회학, 정치학, 경제학, 법학, 인구학, 사회심리학, 사회과 교육학 등 사회 과학과 교육학의 전반적인 분야에 중점을 두고 있고, 교수 및 학생들의 사회 연구를 위한 정기적인 사회 조사 실시와 컴퓨터를 이용한 자료 정리 및 분석을 수행하고 이 결과를 교육에 이용할 수 있도록 정리, 보관하여 수시로 사회과 교육 연구에 활용하고 있다. 현재 국내에서 사회과 교육 관련 여러 연구 성과물들을 발표하고 있으며 사회과 교육 과정, 교수−학습 이론 개발 등에도 주력하고 있다. 아울러 (정기)세미나를 주기적으로 개최하여 교수, 학생들의 활발한 연구 활동을 유도하여 사회과 교육 연구가로서의 자질을 함양시키고 있다.

**Q1.** 우리나라를 포함한 현대 민주 국가에서 학교 교육과 사회 수업에서 길러내고자 하는 시민은 어떤 사람인지 설명하시오.

**Q2.** 4차 산업혁명 사회가 무엇이라고 생각하는지, 또 교사로서 학생들을 어떻게 지도해야 하는지 본인의 견해를 밝히시오.

**Q3.** 코로나19로 인해 발생되는 다양한 사회 현상을 어떻게 생각하는지 예시를 들어 설명하시오.

**Q4.** 본인이 생각하는 가장 먼저 떠오르는 사회적 이슈가 있다면 이슈인 이유와 함께 설명해 보세요.

**Q5.** 우리 사회는 공정 사회라고 생각하는지, 아니면 불공정하다고 생각하는지 본인의 견해를 근거와 함께 설명하시오.

**Q6.** 민주시민 양성을 위한 사회교육의 역할이 무엇이라 생각하는가?

**Q7.** 극단적 개인주의로 변해가는 사회현상에 대한 본인의 견해를 이야기해보세요.

**Q8.** 촉법 소년의 연령을 낮추어야 한다는 의견에 대한 본인의 견해를 이야기해보세요.

**Q9.** 저출생, 고령화 사회현상의 원인과 대책을 이야기해보세요.

**Q10.** 능력주의 사회에 대한 본인의 생각을 말해보세요.

## ⑨ 지리 교육과

지리 교육과는 중등학교의 유능한 지리 교사 양성을 목적으로 하고 있다. 인간과 자연과의 관계를 추구하는 기초적인 인문 사회 과학으로서의 지리학을 바탕으로 하여, 중등 지리 과목과 중등 통합 사회과 과목에 있어서 지리 분야의 교과 교육학의 연구, 교육, 실습 등을 응용하고 있다. 자연 지리, 인문 지리, 한국 지리, 세계 지리, 지도학 등의 지리학 기초 과목들을 수강하고, 지리 교육 이론, 교재 연구, 지리 교육 실습 등을 통하여 지리 교사로서의 자질을 기르게 한다. 지리 교육학과는 학문적인 특성상 현지답사를 중시한다. 이론과 실제의 지역 조사, 교육이 일체가 되도록 지도하고 있다. 또한 자료의 분석, 지도 분석, 항공 사진 분석, GIS 분석, 통계 분석 등을 실시하고 있다. 물론 지형, 토양, 식생 등의 다양한 조사와 실험을 통하여 이론과 실제, 실질적인 지역 조사의 경험을 쌓을 수 있도록 한다.

예상 문제

**Q1.** 김정호가 지금 생각해 보면 그 당시로는 거의 불가능한 상황에서 대동여지도를 완성했다. 어떻게 이 같은 일이 가능했다고 생각하는가?

**Q2.** 현재 우리 국토는 수도권 집중과 지방의 낙후라는 문제를 안고 있다. 수도권 집중이 왜 통제되어야 하는지 설명해 보시오.

**Q3.** 지리 교육이 우리 생활에 어떠한 영향을 미치는지 구체적인 사례를 들어 설명하여라.

**Q4.** 인터넷 정보와 구글 지도 등과 같이 핸드폰 하나로 전 세계를 즉시 확인할 수 있는 시대에 지리 교육이 필요한가? 본인의 견해를 말해보시오.

**Q5.** GPS의 발달이 지리학에 미치는 영향이 무엇이라고 생각하는지 이야기해보세요.

**Q6.** 지리교육의 목적이 무엇이라고 생각하는가?

**Q7.** 지리와 지학의 차이점을 이야기 해보세요.

**Q8.** 지리교육학과는 학문적인 특성상 현지답사를 중시하는데 현실은 그렇지 못하다. 이에 대한 본인의 견해를 이야기 해보세요.

**Q9.** 지리 관련 탐구 또는 조사 한 것이 있다면 구체적으로 이야기해보세요.

**Q10.** 지리교육을 사회교육에 포함 시켜야 한다는 의견에 대한 본인의 견해를 이야기 해보세요.

## ⑩ 역사 교육과

역사 교육과는 역사 교육 전문 담당자 양성을 목적으로 하고 있다. 한국사와 세계사에 대한 올바른 이해와 지식의 체계화를 통하여 역사 교육이 추구하는 이상을 조화시키며, 교과 교육을 훌륭히 수행하는 교육 전문가를 육성하는 데 있다. 또한, 전인 교육의 중요성을 강조하여 인간화 교육과 투철한 신념과 사명감을 갖춘 실천적 역사 교육 전문가를 양성하기 위해 폭넓은 교육 과정을 구성한다. 그리고 과학적 역사 연구 방법의 기초 이론과 실제를 학습케 함으로써 독자적 역사 연구와 응용 능력을 배양하도록 하고, 사회과 교사의 목적에 부합되는 사회과학 전반에 대한 지식을 함양하도록 한다.

**Q1.** 학생이 생각하는 역사는 무엇인가? 또한 많은 사람들이 역사를 공부하는 이유가 무엇이라고 생각하는가?

**Q2.** 수능에서 국사를 필수 교과목으로 채택하였는데, 이 부분을 어떻게 생각하는가?

**Q3.** 본인이 가장 인상 깊게 읽은 역사책이 있다면, 내용과 함께 느낀 점을 이야기하시오.

**Q4.** 수시로 대립되는 일본과의 정치적 사안을 역사 교사 입장에서 어떻게 지도할 것인지, 구체적 예시를 들어 설명하시오.

**Q5.** 우리 역사에 대해 부정적으로 생각하는 학생이 있다면 어떻게 지도할 것인가?

**Q6.** 동아시아 속에서 임진왜란은 어떤 의미가 있다고 생각하는가?

**Q7.** 가장 관심 있는 역사시대는 언제인지 이유와 함께 이야기해보세요.

**Q8.** 임꺽정은 반란의 주범이라 교육과정에서 빼야한다는 의견에 대해 어떻게 생각하는가?

**Q9.** 역사교육이 교훈적 측면 이외에 본인이 생각하는 또 다른 의미를 이야기 해보세요.

**Q10.** 본인이 생각하는 새로운 역사 교육방법에 대해 말해보세요.

## 🎓 ⑪ 수학 교육과

수학 교육과는 순수 수학과 학교 수학에 대한 기본 개념과 수학 교육에 대한 기본적인 지식을 익힘으로써 우수한 중등 수학 교사와 수학 교육자를 양성하는 것을 그 목표로 한다. 존경받는 전문 수학 교육자가 되기 위해서는 교직에 대한 바람직한 성향과 철학을 바탕으로 수학 교수활동을 뒷받침할 수 있는 충실한 수학 내용학 및 수학 교육학적 지식과 수업 기능이 요구된다. 이를 위해 대수학, 기하학, 해석학, 위상 수학, 통계 및 확률론, 응용 수학, 수학사 및 수리 철학 등의 수학 내용학과 수학 교육 철학, 수학 교육 심리학, 수학 교육 과정론, 수학 교수 학습 방법 및 평가론, 수학 교육 공학 등의 수학 교육학을 공부하고 있으며, 학생들에게 실제 학교 교실에서의 지도 경험과 임상 경험을 쌓게 하고, 경험이 풍부한 수학 교사들과 수학 교육의 제 문제를 논의할 기회를 제공하기 위하여 내실 있는 교생 실습을 강조하고 있다.

장차 수학 교사가 되었을 때, 현장에 대한 문제점을 파악하고 그 문제점을 개선하기 위한 능력을 향상시키기 위해 수학 교육을 이론적으로 탐구하고 그 결과를 교사 양성에 반영함으로써 명실공히 이론과 실제가 조화된 수학 교육의 메카로서 그 위치를 확고히 하고 있다.

## 예상 문제

**Q1.** 일상생활을 하는 데 있어 전자계산기만 있으면 불편함이 없는데 수학을 구태여 어렵게 공부할 필요가 있느냐 하는, 즉 수학 교육 무용론을 제기하는 사람들이 일부 있다. 이에 자신의 견해를 피력해 보아라.

**Q2.** 많은 학생들이 수학을 어려워한다. 그리하여 이공계를 기피하고 가능한 수학을 쉽게 접해도 되는 문과를 지망하는 경향이 있는데, 수학 교육을 전공하는 학생의 입장에서 볼 때 어떠한 생각이 드는가?

**Q3.** 학생들에게 수학 교육을 시키는 목적이 무엇이라고 생각하는가?

**Q4.** 요즘 초등학교 2학년 학급에서 수학 포기 학생이 나온다고 한다. 이러한 문제점에 대한 본인이 생각하는 해결책을 이야기해보세요.

**Q5.** PISA의 결과를 보면 우리나라 중등 학생의 수학 성취도는 최고 수준이다. 그러나 만족도는 하위 수준이다. 이유가 무엇이라 생각하는가?

**Q6.** 수학 교육은 반드시 문제 풀이를 통해서만 가능한지, 아니라면 본인이 생각하는 창의적 교수 방법을 이야기해보시오.

**Q7.** 수학 교육에서 학생들에게 계산을 요구하지 않고 교육이 가능하다고 생각하는지, 그렇다면 어떻게 가능한지 설명하시오.

**Q8.** AI를 활용한 수학교수법에 대해 자신의 견해를 이야기해보세요.

**Q9.** 수학교육에 있어 교수법도 중요하지만 학생 개개인의 자신감을 채워주는 것도 중요한데 어떤 방법이 있다고 생각하는가?

**Q10.** 수학교육의 목적은 사고력과 창의력 증진이므로, 문제해결 방법의 식을 세운 후 시간 절약 차원에서 단순계산은 전자계산기를 사용하는 것에 대해 본인의 견해를 이야기 해보세요.

## ⑫ 물리 교육과

물리 교육과는 우수한 전문 지식과 바람직한 교사상을 가진 교원을 양성하기 위해 학생들에게 물리학과 교육학을 병행하여 심도 있게 가르치고 있다. 먼저 전공 분야인 물리학은 전 영역에 걸쳐 일관성 있는 교육을 하고 있는데 대학에 따라 차이는 있지만 일반적으로 1학년의 경우 물리학과 물리학 실험 등을 통하여 물리학에 대한 전반적인 기초 소양을 쌓고, 2학년은 전자 과학이라는 과목을 통하여 컴퓨터를 이용한 물리 교육의 방법을 배우게 된다. 3, 4학년은 전자기학, 양자 물리학, 광학 그리고 핵 및 입자 물리학 등의 여러 과목을 통하여 현대 물리학에 대해 심도 있고 전문적인 지식을 습득하게 된다.

또한, 1학년부터 4학년까지 계속적인 실험을 하도록 하여 이론과 실기가 병행할 수 있는 전문 지식인을 양성하고 있다. 교육학 분야는 수업 시 학생들에게 물리적 지식의 전달을 용이하게 하기 위한 다양한 교육 매체 제작에 대한 수업뿐만 아니라 학생들이 올바른 교직관을 가질 수 있는 인성 교육 등 다양한 방법을 통한 접근을 하고 있다. 이와 같이 물리 교육과에서는 학생들의 교육 과정을 통하여 전문 지식과 실험 등을 폭넓게 배우고 다양한 연구 방법을 숙달케 하여 우수한 교원이 나올 수 있도록 노력하고 있다.

### 예상 문제

**Q1.** 물리 교육은 순수 과학 중심에 있다. 그러나 학생들은 공부하는 데 상당히 어려워하고 있다. 학생이 교사가 되면 어떻게 학생들에게 쉽고 재미있게 가르칠 것인지 생각해 보았는가?

**Q2.** 우리나라에서 노벨 물리학자가 한 명도 배출되지 않고 있는데, 이유가 무엇이라고 생각하는가?

**Q3.** 4차 산업혁명 시대의 물리 교육의 방향성은 무엇이라 생각하는가?

**Q4.** 물리학이 사회에 미치는 영향이 무엇이라고 생각하는가?

**Q5.** 존경하는 물리학자가 있다면, 이유와 함께 이야기해보시오.

**Q6.** 뉴턴의 법칙 3가지를 설명해 보세요.

**Q7.** 일반 상대성이론에 있어서 아인슈타인과 에딩턴 중 누구의 공로가 더 크다고 생각하는가?

**Q8.** 물리 과목을 배우지 않고 이공계를 진학할 수 있는 현 입시제도에 대해 본인의 생각을 이야기해보세요.

**Q9.** 하이퍼루프의 메커니즘을 알고 있다면 이야기해보세요.

**Q10.** 생활을 편리하게 하는 물리현상 예시를 들어보세요.

⑬ 화학 교육과

화학 교육과는 화학에 대한 깊이 있는 이해와 교육에 대한 전문성을 갖춘 우수 화학 교사를 양성하는 것을 목적으로 하고 있다. 따라서 화학 교육과에서는 학생들에게 교육학, 화학, 화학 교육학, 교육 실습의 영역을 균형 있게 지도하고 있다. 화학 영역에서는 대표적인 세부 분야인 유기 화학, 물리 화학, 무기 화학, 분석 화학, 생화학 등을 실험과 함께 심도 있게 가르침으로써 화학 현상에 대한 이해를 넓히고 있다. 교육학과 화학 교육학 영역에서는 교육, 즉 학생과 학습에 대한 이해를 위해서 기초 교육학 이론을 학습하고, 이를 바탕으로 화학을 중등 학생들에게 어떻게 효과적으로 가르칠 수 있는지에 관한 전문적인 안목을 갖추기 위해서 과학교육론, 과학 교수학습이론 및 화학교재론 등의 화학 교육학 교과목을 지도한다. 이와 같은 교육 과정의 운영을 통해서 화학 교육과에서는 화학 교육에 관한 이론과 실제를 두루 갖춘 우수 교사의 양성에 전력을 다하고 있다.

## 예상 문제

**Q1.** 화학 관련해서 읽은 책이 있다면 내용과 함께 느낀점을 이야기해보시오.

**Q2.** 일상생활에 숨어 있는 화학 현상을 알고 있는 것이 있다면 원리와 함께 설명하시오.

**Q3.** 화학 교육은 이론 교육과 실험 중 어떤 것이 더 중요하다고 생각하는지, 이유와 함께 설명하시오.

**Q4.** 주기율표를 암기할 필요가 있다고 생각하는지, 본인의 생각을 이유와 함께 설명하시오.

**Q5.** 화학 실험 중, 한 학생이 사고를 당했다. 학생이 실험을 지도한 교사라면 제일 먼저 어떤 행동을 취하겠는가?

**Q6.** 오렌지 주스가 콜라보다 이를 더 잘 썩게 한다는 말을 화학적 개념을 토대로 설명해보세요.

**Q7.** 질소비료 개발로 노벨상을 받은 프리츠 하버가 전쟁 중 화학폭탄을 만들었다는 이유로 노벨상을 회수해야 한다는 의견에 대한 본인의 견해를 말해보세요.

**Q9.** 인공지능을 활용한 자신만의 화학 교수법이 있다면 이야기해 보세요.

**Q9.** 화학교육이 환경교육에 미치는 영향에 대해 이야기해보세요.

**Q10.** 실험이나 탐구해보고 싶은 원리가 있다면 이야기해 보세요.

생물 교육과는 생물에 대하여 깊이 있고 폭넓게 연구함으로써 생명의 원리를 이해하고 이를 바탕으로 미래 생물 교육 분야를 선도할 우수한 교육 인재 양성을 그 목표로 한다.

본 학과에서는 동물, 식물, 미생물, 유전학에 관련된 다양한 강좌를 통하여 기본적인 생명 현상의 원리를 이해하며 또한, 각종 첨단 과학 기자재를 이용한 실험 실습을 통하여 유능한 인재를 양성하고자 한다. 특히, 중고등학교의 생물 교과목 및 과학 교과목을 가르칠 수 있는 교사를 양성하기 위해 과학에 관한 전반적인 지식과 깊이 있는 전문 지식을 제공하고 있다. 과학적 지식과 소양 및 생물과 관련한 균형 있는 종합적 식견을 갖춘 교육자로서의 바른 자질을 함양하여 생물 교육 분야의 우수한 인재로 미래 한국 사회에서 크게 활동할 것으로 기대되고 있다.

### 예상 문제 💡

**Q1.** 생물 교육을 통해 바뀔 수 있는 부정적 사회 현상이 있다면, 근거와 함께 설명해 보시오.

**Q2.** 비윤리적으로 연구한 황우석 교수의 줄기세포 연구에 대해 어떻게 생각하는가?

**Q3.** 현대 사회의 바이오 산업에서 가장 중요한 것이 무엇이라고 생각하는가?

**Q4.** 코로나19와 같은 현대 전염병이 지속적으로 발생하는 이유가 무엇이라고 생각하나?

**Q5.** 생물 교육을 통하여 전염병 예방이 가능하다고 생각하는지, 불가능하다고 생각하는지 본인의 생각을 이유와 함께 설명하시오.

**Q6.** 줄기세포 활용 및 생명윤리에 관한 자신의 입장을 말해 보세요.

**Q7.** 유전하면 무엇이 떠오르나요?

**Q8.** DNA와 RNA에 대해 설명해 보세요.

**Q9.** 생물 관련 유사과학에 사례를 들어보세요.

**Q10.** 동물 복제에 대한 본인의 생각을 이야기해보세요.

### ⑮ 지구과학 교육과

지구과학은 지구 내부로부터 지표, 대기뿐만 아니라 우주 전체에 이르는 광범위한 공간을 대상으로 하며 우주의 탄생으로부터 현재, 미래에 이르기까지 장구한 시간을 다루는 종합적인 학문이다. 지구과학 교육과는 이러한 시공간적으로 광범위한 지구과학의 제 영역을 폭넓게 이해하고 이를 바탕으로 미래 지구과학 교육 분야를 선도할 우수한 교육 인재를 양성함을 주요 목적으로 한다.

주요 연구 분야는 천문학, 대기 과학, 해양학, 지질학, 지구 물리학, 지구 환경 등을 중심으로 이론뿐만 아니라 관측, 실험, 야외 관찰 등을 통하여 지구과학 분야의 주요 내용에 대해 폭넓은 지식과 과학적 이해를 도모하며, 지구와 지구환경의 제 문제에 대한 종합적 이해와 탐구 능력을 구축하는 것이 주요 교육 내용이다. 또한, 지구과학을 지도할 수 있는 훌륭한 교육자로서의 자질을 연마하기 위해 교육학 및 교과 교육학 영역의 교육이 주요 교과목으로 포함된다. 따라서 예비 교사들은 종합 과학으로서의 지구과학의 제 영역에 대해 깊이 있는 지식, 균형 있는 종합적인 식견과 문제 해결 및 탐구 능력을 갖춤과 동시에 교육자로서의 바른 자질을 함양하여 지구과학 교육 분야의 우수한 인재로 양성된다.

## 예상 문제

**Q1.** 지구과학 교육을 전공하는 학생으로서 지구의 환경에 대해 각별할 것이라고 생각한다. 지구의 온난화 현상 등으로 지구의 생태계가 심각할 정도로 위기에 처해 있다. 이처럼 죽어가고 있는 지구를 살려낼 나름대로의 방도가 있다면 자신의 견해를 피력해 보아라.

**Q2.** 본인이 생각하는 지구과학의 범위에 대해 이야기해보시오.

**Q3.** 기상 변화가 환경에 미치는 영향 두 가지를 사례와 함께 설명하시오.

**Q4.** 지진 안전지대라고 생각했던 한반도에서 강도 높은 지진이 발생하는 이유가 무엇이라고 생각하는가?

**Q5.** 학생들이 지구과학을 공부해서 얻을 수 있는 것이 무엇이라고 생각하는가?

**Q6.** 금속광물과 비금속광물 차이와 대체 자원 개발 방안에 관해 설명해보세요.

**Q7.** 용암이 본질적으로 어떻게 구분되는지 알고 있나요?

**Q8.** 환경교육과하고 지구교육학과의 공통점과 차이점이 무엇이라고 생각하나요.

**Q9.** 현재 기후변화의 양상이 어떻게 되며, 그에 대한 지구과학적인 피해가 무엇이 있을까요?

**Q10.** 암석의 분류에 대해 간단하게 설명해 보세요.

## 16 가정 교육과

가정학 분야에 대한 실질적인 지식을 함양하고 교육 현장을 탐구하여 창조적이며 지도적 능력을 갖춘 교육 전문인을 양성함을 목적으로 한다. 이를 위하여 가정과 교육, 의, 식, 주, 가족, 소비자 경제, 가정 관리 분야의 이론과 실무를 익히도록 한다.

### 예상 문제

**Q1.** 가정 교육과를 나오면 여성의 경우 살림을 잘할 것이라는 이야기들을 하는데, 지원자도 그렇게 생각하는가?

**Q2.** 학교에서 하는 가정교육과 집에서 이루어지는 가정교육의 차이가 있다면, 어떤 차이점이 있다고 생각하는가?

**Q3.** 현대 사회에서 가족의 의미와 가치에 대하여 말하시오.

**Q4.** 현대 가족의 갈등과 문제점을 교육을 통해 해결할 수 있다고 생각하는가?

**Q5.** 건강한 가족을 만들기 위해 가족이 기울여야 하는 노력을 제시하시오.

**Q6.** 생활 스트레스가 우울감에 미치는 영향에 대해 본인의 생각을 이야기 해보세요.

**Q7.** 가정교육의 필요성에 대해 이야기해보세요.

**Q8.** 가정교사로서 가장 강조하고 싶은 전문성이 무엇이라고 생각하는가?

**Q9.** 식생활 평가도구로 영양 및 건강 상태 파악이 가능하다고 생각하는가?

**Q10.** 만성질환을 예방하기 위한 구체적인 식생활 실천방안의 예를 들어 보세요.

## 17 기술 교육과

기술 교육과는 중고등학교의 기술 교과 교원을 양성 배출하는 학과로서 기술 교과에서 소개되는 다양한 내용을 학습한다. 기술 교육과는 기술 교육, 기계, 전기, 건설, 제조, 컴퓨터, 산업 공학 등에 관한 전공 이론과 실기를 실습할 수 있는 시설이 갖추어져 있으며, 이를 통하여 산업과 기술을 이해하고 강의할 수 있는 교사를 양성하고 있다.

기술 교육은 중등학교의 학생들에게 소개되는 교양 교육으로서 21세기 기술, 정보, 산업 사회를 소개하는 동시에 산업 인력 양성을 위한 저변 확대에도 기여한다. 기술 교육과는 학교에서 배운 이론을 실제로 적용하는 능력을 배양하기 위하여 경우에 따라 전국의 대기업, 중소기업 및 연구소 등에 현장 견학을 한다.

예상 문제

**Q1.** 기술 교육과는 기계, 전기, 건설, 컴퓨터 등 과학 전반을 다루고 있는 멀티학과인데, 학생은 이 다양한 분야 중에 가장 관심 있고 잘하는 분야는 무엇인지 이야기해보세요.

**Q2.** 학생들에게 기술 교육을 해야 하는 이유가 무엇이라고 생각하는지 이야기해보세요.

**Q3.** 기술의 발전이 우리 사회에 미치는 양향이 무엇이라고 생각하는지 사례를 들어 말해보세요.

**Q4.** 4차 산업혁명 시대의 핵심 기술은 무엇이라고 생각하는지 근거를 들어 말해보세요.

**Q5.** 현재 가장 시급하게 발전해야 할 기술이 무엇이라고 생각하는지 이유와 함께 이야기해보시오.

**Q6.** 중학교 기술시간을 이용하여 코딩교육이 실시하고 있는데 본인이 생각하는 효과적인 교육방법을 이야기해보세요.

**Q7.** 4차 산업혁명 시대에 사라질 직업과 유망한 직업에 대해 본인의 생각을 이야기 해보세요.

**Q8.** 현 시대는 과학만능주의 또는 기술만능주의로 가고 있는데 이에 대한 본인의 생각을 이야기 해보세요.

**Q9.** 기술교과와 가정교과를 합쳐야 한다는 의견이 있는데 이에 대한 본인의 생각을 이야기 해보세요.

**Q10.** 현대 기술 중 가장 흥미로운 기술이 무엇인지 이유와 함께 말해보세요.

### ⑱ 컴퓨터 교육과

정보화 사회에 대비하여 학생들을 교육하기 위한 컴퓨터 교사 양성에 목적을 둔다. 또한 컴퓨터 교육의 다양한 연구 활동을 위해 최신 Workstation Computer 및 개인용 컴퓨터 시설을 갖추고 있으며, 교육 현장에서 활용할 수 있는 CAI 및 멀티미디어 소프트웨어 개발과 적용 등으로 컴퓨터 교육의 선구적인 역할을 하고 있다.

**Q1.** 빅 데이터 정보화 시대에 학생들이 반드시 받아야 할 컴퓨터 교육은 무엇이라고 생각하는가?

**Q2.** 스마트폰과 컴퓨터 교육은 어떤 연관 관계가 있다고 생각하는가?

**Q3.** 현재 코딩 교육이 중요시되고 있는데 본인이 교사라면 어떻게 코딩 교육을 설계하고 싶은가?

**Q4.** 정보화 시대임에도 현재 컴퓨터 교과를 선택 과목으로 지정하고 있는데, 어떻게 생각하는가?

**Q5.** 스마트폰 또는 인터넷 중독 학생들이 학급에 있다면 어떻게 지도할 것인가?

**Q6.** 양자컴퓨터에 대해 알고 있나요? 그렇다면 설명해보세요.

**Q7.** 챗 GPT의 장점과 단점에 대해 이야기 해보세요.

**Q8.** 만들어 보고 싶은 어플리케이션이 있다면 이야기 해보세요.

**Q9.** 컴퓨터의 발전이 사회에 미치는 부정적인 영향에 대해 본인의 생각을 이야기해보세요.

**Q10.** 인공지능 교사가 가능하다고 생각하나요?

## ⑲ 환경 교육과

환경 교육과는 현대 사회에서 날로 그 중요성이 더해가는 환경 문제를 폭넓게 이해하고 이를 바탕으로 미래 환경 교육 분야를 선도할 우수한 교육 인재를 양성함을 그 목표로 한다.

주요 연구 분야는 대기 오염, 수질 오염 및 수자원, 폐기물 관리, 해양 오염, 토양 오염 등 환경 오염 문제가 발생하는 매체별 연구를 비롯하여 이들의 문제에 대한 과학적 인식의 바탕이 될 환경학, 환경 생태학, 환경 생물학 및 환경 미생물학, 환경 화학, 환경 분석 화학 등을 들 수 있다. 또한 환경 분야의 제반 문제에 대해 보다 폭넓은 이해를 위해 환경 철학, 환경 지리학, 환경 보건학, 환경법 및 정책, 그리고 환경 정보 체계와 환경 영향 평가에 이르기까지 환경 문제 전반에 걸쳐 과학적 이해를 종합적으로 구축하는 것이 환경 교육학과의 주요 교육 내용이 되며, 이와 아울러 훌륭한 교육자로서의 자질을 연마하기 위한 교육학 및 교과 교육학 영역의 교육 및 연구도 함께 포함된다. 따라서 본 학과 졸업생들은 종합 과학으로 환경 과학의 제 영역에 대해 깊이 있는 과학적 지식과 실험, 관찰, 측정 기술을 갖춤과 동시에 환경 문제와 관련한 균형 있는 종합적 식견과 함께 교육자로서의 바른 자질을 함양하여 환경 교육 분야의 우수한 인재로 미래 한국 사회의 이 분야에서 크게 활동할 것으로 기대된다.

## 예상 문제

**Q1.** 환경 교육은 학생들에게 무엇을 지도하는 교과로 알고 있는가?

**Q2.** 최근에 지구 기후의 이상 현상과 지구 온난화로 인하여 북극의 빙하가 녹아내리고, 우리나라가 아열대 기후로 바뀌게 될 것이며, 섬으로 되어 있는 많은 지역들이 바닷물에 잠기게 될 것이라고 많은 사람들이 이야기하고 있다. 지원자가 생각하는 대책을 이야기해보세요.

**Q3.** 환경 보전은 매우 중요한 일이고, 국민 모두의 관심사다. 그러나 일선 학교에서 환경 교과를 선택하는 학교가 일부인데 이 점에 대해 어떻게 생각하는가?

**Q4.** 본인이 교사라면 미세 먼지에 대해 학생들에게 어떻게 교육할지 이야기해보세요.

**Q5.** 환경법에 대해 알고 있는 것이 있다면 이야기해보세요.

## ⑳ 음악 교육과

음악 교육과는 음악의 이론 및 실기 분야에 기본적인 능력과 재능을 가지고 있는 학생들을 선발하여 투철한 사명감과 지도 능력을 고루 갖춘 중고등학교 음악 교사로서의 인재 양성을 목적으로 하고 있다.

연구 분야는 포괄적인 음악 지도 능력을 갖춘 음악 교사 양성을 위한 교과목으로 시창, 청음, 합창, 건반 화성, 반주법, 교실 악기(기타, 단소), 국악 실기, 전통 음악 가창론, 앙상블 등을 운영하여 학교 현장에서 실제적으로 요구되는 실기 관련 교과목을 비롯하여, 음악 이론, 국악 개론, 서양 음악사, 한국 음악사, 음악 분석 및 형식론, 화성학, 대위법 등 이론 분야의 교과목을 교육하고 있다. 뿐만 아니라 다양한 분야의 전공 실기와 연주 수업을 통하여 전문적인 음악인으로서의 소양을 기르는 데에도 주력하고 있다.

## 예상 문제

**Q1.** 음악이 우리 삶에 어떠한 긍정적 영향을 끼치고 있는지, 학생이 직접 겪은 경험을 통해 얻은 바를 이야기해보세요.

**Q2.** 일부 젊은 사람들에게 있어 국악은 현대 음악이나 서양 음악에 비해 고리타분한 것으로 생각되는 경향이 있다. 학생이 교사가 되면 국악을 어떻게 학생들에게 친근하게 접근하도록 교육할 것인가?

**Q3.** 현재 음악 교육의 문제점이 무엇이라고 생각하는가?

**Q4.** 음악 선생님의 필요조건이 무엇이라고 생각하는가?

**Q5.** 미래는 융합 교육이 중요한데 음악 융합 교육은 어떤 것이 있다고 생각하는가?

## ㉑ 미술 교육과

미술 교육과는 미술의 전 영역에 심도 깊고 다양한 미적 체험의 교육을 통해 미술 교육 이론과 인접한 순수 미술 이론을 연계시켜 이론에 기초한 실기와 실제와 연계된 이론을 학습하고 개인의 특징에 따라 심화 과정을 두어 창작 활동의 가능성을 열어주어 창작의 체험과 미술 이론이 둘이 아님을 경험하고 나아가 자아실현을 성취하도록 제작 경험의 기회를 제공하여 준다.

### 예상 문제

**Q1.** 전위 예술에 대해 어떻게 생각하는가?

**Q2.** 사람들이 아프면 의사를 찾는다. 그런데 요즘음 정신적인 고통에 빠져 고생하는 사람들을 치료하는 미술 치료가 유행하고 있다. 학생은 미술로 병을 치료할 수 있다고 믿는가?

**Q3.** 디자인이 무엇이라고 생각합니까?

**Q4.** 요즘 미술 분야가 순수 미술보다 상업 미술 쪽이 인기가 많은데 미술 교사로서 본인의 생각을 이야기해보세요.

**Q5.** 미술 교육은 실기 위주인데 이론 교육의 중요성은 없는지, 있다면 어느 정도 중요한지 본인의 생각을 이야기해보세요.

## ㉒ 체육 교육과

체육 교육과는 체육 교육에 관한 전문적인 지식과 기능을 갖춘 유능한 학교 현장 지도자 및 체육 관리자를 양성하는 데 목적을 두어 강의와 실험, 실습 및 실기 활동을 통하여 체육 교육의 목적과 방법에 대한 전문 지식, 건강 증진 교수 기술의 향상을 위해 연구한다.

따라서 체육 현장에 체육 교육을 담당하게 될 자원들이 전문인으로서 능력을 다할 수 있도록 폭넓은 지식과 전문적인 소양을 겸비시켜 체육 교육의 전문적인 학문 분야를 연구할 수 있는 능력을 개발시킨다.

예상 문제

**Q1.** 체육 교육 목적 중 건강한 신체를 위한 교육 이외, 또 다른 목적이 있다면 무엇이라고 생각하는가?

**Q2.** 본인이 체육 교사라면 체육인과 교사 중 어느 쪽으로 분류되고 싶은지, 이유와 함께 설명하시오.

**Q3.** 요즘 미세 먼지가 심해 운동장 수업을 부담스러워 하는 학생과 학부형이 많이 있는데, 체육 교사라면 어떻게 할 것인가?

**Q4.** 일선 학교에서 체육 교사들의 무지를 지적하는 경우가 있는데, 이 점에 대해 본인의 견해를 말해보시오.

**Q5.** 많은 국민들이 스포츠에 관심이 있고 심지어 광팬들도 많이 있다. 건강한 스포츠 관람을 위해 체육 교육의 역할이 무엇이라고 생각하는가?

## 23 교육학과

교육학과는 학생들로 하여금 교육학 제 이론을 체계적으로 학습하고 유·초·중등을 아우르는 교육 실제를 경험하도록 함으로써 유능한 교사, 교육 정책 입안을 통해 국가의 교육 발전을 선도할 수 있는 유능한 교육 행정 전문가, 교육 현상을 과학적으로 설명하고 교육 현장과 전문적인 학문 영역에서 부딪치는 문제들을 해결할 수 있는 교육학자, 각종 사회 교육 및 기업체 교육을 담당할 평생 교육사 등을 양성하는 데 목적이 있다. 이러한 교육 목표를 달성하기 위하여 교육의 역사적, 교육의 철학적, 사회적, 심리적 기초를 닦고, 그 바탕 위에 교육 과정, 교수–학습 방법, 교육 평가, 생활 지도 및 상담, 교육 행정, 교사론 등 교육학의 제 영역을 교육하고 있다. 또한 변화하는 사회의 교육 수요를 충실히 반영하여 교육 과정을 탄력적으로 편성 운영함으로써 경쟁력 있는 인재를 양성하는 데 역점을 둔다.

예상 문제

**Q1.** 학생인권조례의 긍정적 측면과 부작용에 대해 이야기해보시오.

**Q2.** 인성 교육과 창의성 교육이 중요하다고 인식하면서 실제 학교 현장에서는 여전히 지식 위주의 교육이 시행되고 있는 점에 대해 본인의 견해를 말하시오.

**Q3.** 최근 특목고, 자사고의 폐지를 주장하는 의견들이 있다. 특목고, 자사고 폐지에 대한 찬반 입장을 정하고 그 근거를 제시하시오.

**Q4.** 본인이 생각하는 현재 시행되고 있는 교육 정책 중 바꾸어야 할 제도가 있다면 무엇인지 이야기해보세요.

**Q5.** 시험 없는 사회와 시험 있는 사회가 있다고 하면 이 두 세계 중에 본인은 어디에서 살고 싶은지 선택하고 이유와 근거를 들어 말하시오.

**Q6.** 고교학점제에 대한 자신의 견해를 이야기해보세요.

**Q7.** 코로나19로 드러난 교육격차 해소 방법에 대한 본인의 생각을 이야기해보세요.

**Q8.** 우리나라 교육복지에 대해 아는 대로 이야기해보세요?

**Q9.** 2022개정 교육과정에 대해 아는 대로 이야기해보세요.

**Q10.** 정부가 바뀌면 교육정책도 바뀌는데 이에 대해 어떻게 생각하는가?

## ㉔ 유아 교육학과

유아 교육과는 유아 교육의 이론과 현상에 대한 연구를 통하여 전문인으로서의 학문적 소양을 심화하고, 질 높은 한국 유아 교육을 실천하는 창의적이고 유능한 연구자와 교육 실천자를 육성하는 것을 목적으로 하고 있다. 현재 유아 교육학과에서는 유아 교육 및 관련 분야에 관한 제반 이론과 현상을 탐구하게 하고, 이론과 실제에 관한 연구를 수행할 수 있게 하며, 유아 교육의 질을 고양할 수 있는 교육 실천 능력을 기르는 교육을 하고 있다.

유아 교육에 관한 관심도의 상승에 따라 유아 교육학 분야에서 양성된 유아 교육 교사들의 수요가 증가하고 있어, 졸업 후 공사립 유치원, 연구소 등으로 졸업생들이 진출하고 있다.

### 예상 문제

**Q1.** 유아 교육은 유아들의 발달 특성과 요구에 적합하게 이루어져야 한다는 주장에 대해 본인의 생각을 말해보시오.

**Q2.** 유아는 어리기 때문에 유아 교육은 부모의 기대와 요구에 따라 이루어져야 한다는 주장에 대해 본인의 생각을 말해보시오.

**Q3.** 유아 교사와 초중등 교사와의 차이점은 무엇이라고 생각하는가?

**Q4.** 점점 심해지는 아동 학대 해결 방안에 대한 본인의 견해를 이야기해보세요.

**Q5.** 우리나라 유치원 교육 프로그램이 과다하다는 의견에 대한 본인의 생각을 말해보시오.

**Q6.** 유치원 3법에 대해 아는 대로 이야기 해보세요.

**Q7.** 유치원 교육에 학부모님들의 참여에 대해 어떻게 생각하는가?

**Q8.** 아이들에게 놀이란 무엇이라고 생각하는가?

**Q9.** 저출생 문제가 유아교육에 미치는 영향에 대한 본이의 견해를 이야기해보세요.

**Q10.** 선진국의 유아교육과 우리나라의 유아교육에 대해 비교 설명해 보세요.

## 25 특수 교육학과

특수교육과는 특수교육 교사에게 필요한 철학적 기초와 전문적 지식을 교육하여 우수한 특수교육 전문인을 양성하는 것을 목표로 한다. 이를 위해 전문적 이론뿐만 아니라 실제를 경험할 수 있는 학과목 이수 및 특수교육기관에서의 자원 활동과 교생실습을 통하여 다양한 현장 경험의 기회를 제공하고 있다. 졸업 후 특수교육 교사와 관련 전문가들로 교육 현장에서 활약할 수 있다. 교육목표로는 첫째 특수교육계의 지도자로서 갖추어야할 건전한 인성을 계발하고 특수교육을 통하여 복지 국가 및 사회 건설에 공헌하는 사명감을 함양한다. 둘째 특수아동의 신체 발달, 인지발달, 인성 발달에 대한 이해와 특수아동의 교육 환경 구성과 기능에 대한 이해, 그리고 이에 기초한 현장 적용 능력을 기른다. 셋째 특수교육에 대한 주요 개념 및 이론에 대한 이해와 현장 적용 원리 및 방법에 대한 이해와 기능을 함양한다. 넷째 특수교육 현장에서 요구되는 학생 지도능력, 연구능력, 행정 능력을 함양한다. 다섯째 미래사회가 요구하는 특수교육 프로그램 개발과 컴퓨터 등의 첨단 학습 매체 활용 능력을 함양한다.

### 예상 문제

**Q1.** 장애이해교육의 목적과 현재 실시하는 교육에 대한 본인의 생각을 이야기해보세요.

**Q2.** 우리나라 장애인애 대한 복지에 대해 알고 있는 것을 이야기해보세요.

**Q3.** 장애관련 봉사활동 경험이 있다면 이를 통해 장애인 교육의 바람직한 방향을 제시해보세요.

**Q4.** 장애 관련 기사와 사회적 이슈에 대한 공동체의 한 구성원으로 자신의 견해를 이야기해보세요.

**Q5.** 급변하는 사회에서 요구되는 특수교사의 자질은 무엇이라 생각하는지 말해보세요.

# 구술면접 대비전략

# 구술면접 대비전략

6월 이후 발생할 수 있는 변경 사항은 수록되지 않았음을 양지 바랍니다.

## I 대학별 특징 및 평가기준

### ① 경인교육대학교

#### 1. 교육목적

대한민국의 교육이념에 입각하여 국가와 인류사회 발전에 필요한 학문의 심오한 이론과 응용법을 교수, 연구하고 아울러 학생들로 하여금 사표로서의 지도적 인격을 도야케 함으로써, 이들을 유능한 초등교원으로 양성하는 것을 목적으로 하고 있다.

#### 2. 교육목표
- 국민교육 이념 실천 방법 체득
- 교육자로서의 신념과 사상 함양
- 지역사회 발전과 현장 교육에 봉사
- 학문의 이론과 응용방법 연구

#### 3. 학교 교훈
- 큰힘 / 심오한 진리탐구
- 큰 사랑 / 교직적 품성 도야
- 큰 빛 / 민주적 지도성 함양

#### 4. 학교 상징
- 교화 / 개나리
- 교목 / 소나무
- 교조 / 단정학

## 5. 면접평가 기준

### 【수시】

(1) 학생부교과전형

– 평가 방법

　비대면 영상 업로드 형식으로 대학 자체 개발 면접문항을 활용하여 예비 초등교사로서의 교직인성 및 교직적성을 종합적으로 평가

– 평가항목 및 평가기준

| 평가항목 | 평가기준 |
|---|---|
| 교직인성<br>교직적성 | – 교육 및 교직에 대한 태도와 이해, 인간관 및 아동관 등이 교사로서 적절하다.<br>– 문제의 핵심을 정확히 파악하고 대응한다.<br>– 참신성, 현실성, 응용성이 높은 해결방안을 제시한다.<br>– 기본적인 학문 소양과 교직에 대한 열정이 있어 교사로서의 발전 가능성이 엿보인다. |

– 평가 방법 및 점수

| 구분 | 반영<br>비율 | 반영<br>점수 | 평가 방법 | 평가 기준 및 점수 |
|---|---|---|---|---|
| 면접<br>평가 | 30% | 300점 | 비대면 평가<br>(면접 동영상 온라인 업로드)<br><br>※ 공개된 문항에 대한 답변을 동영상으로 녹화하여 온라인으로 제출(지원자 전체 대상)<br>※ 수험생이 제출한 면접평가 동영상을 면접위원이 pass / Fail로 평가 | • Pass : 300점<br>－기한 내 면접평가 동영상을 제출하고, 면접평가 문항(교직인성 및 교직적성 관련 문항)에 대한 이해를 바탕으로 본인의 의견을 충실히 제시<br>• Fail : 0점(불합격)<br>－면접평가 동영상을 미제출한 경우<br>－블라인드 면접평가 원칙을 위배한 경우<br>－학교생활기록부 기재금지 항목 및 사교육 유발 원인이 되는 교외 활동을 언급한 경우<br>－문항과 관계없는 답변을 하거나, 답변 내용이 충실하지 않은 경우<br>－대리시험 등 부정행위를 하거나, 불성실한 태도를 보인 경우<br>－기타 우리대학이 정한 평가 기준에 위배되는 경우 |

### 【정시】

(1) 수능위주전형 면접 폐지

(2) 탈북학생전형

– 평가방법

　대학 자체 개발 면접문항 등을 활용하여 예비초등교사로서의 교직적성 및 교직인성을 종합적으로 평가

– 평가 내용

| | 개인면접 |
|---|---|
| 평가 시간 | 개인별 25분 내외 |
| 평가 항목 | 교육과정 이수능력, 논리적 표현력, 이해·분석력, 교사로서 품성과 자질 |
| 평가 방법 | 제시문과 문항을 숙지 후 발표 및 질의응답을 통해 교사로서의 품성과 자질 및 태도 등을 종합적으로 평가 |

더 자세한 사항은 경인교육대학교 홈페이지(http://www.ginue.ac.kr)참조

## ② 공주교육대학교

### 1. 교육목적

대한민국의 교육 이념에 입각하여 국가와 인류 사회 발전에 필요한 심오한 이론과 응용방법을 교수·연구하고, 아울러 사표로서의 인격을 갖춘 유능한 초등교원 양성을 목적으로 한다.

### 2. 교육목표

– 자주적이고 창조적인 인간

– 도덕적이고 협동적인 민주시민

– 국가관이 투철한 애국인

– 교직 전문성과 사명감을 지닌 교사

### 3. 학교 교훈

창조(Creativity), 협동(Cooperation), 지성(Sincerity)

### 4. 학교 상징

– 교목 / 은행나무

### 5. 면접평가 기준

【수시】

– 면접 방식

| 구분 | 내용 |
|------|------|
| 소요시간 | 10분 내외 / 1인 |
| 면접방법 | 서류기반 면접고사 |
| 평가방법 | 2인 이상 면접위원이 종합평가 |

- 평가 영역

학교생활기록부(서류) 기재 내용을 기반으로 지적, 인성, 교직역량 등에 대한 종합적 평가

| 구분 | 내용 |
|------|------|
| 지적역량 | • 고교 재학 중 기울인 학업역량 실천사례<br>• 대학진학 후 학업수행 계획 |
| 인성역량 | • 교직 수행 중 요구되는 인성역량 함량<br>• 고교재학 중 인성역량 실천사례 |
| 교직역량 | • 교육 및 교직에 대한 태도와 이해<br>• 교직에 대한 열의와 고교재학 중의 노력 |
| 의사소통 및 태도 | • 명확한 내용 전달력<br>• 면접태도 및 예절 |

【정시】

- 면접 방식

개별면접: 공주교육대학교에서 자체 개발한 문항으로 교직관 및 교양 표현력, 태도 등을 종합적으로 평가

| 구분 | 내용 |
|------|------|
| 소요시간 | 10분 내외 / 1인 |
| 면접방법 | 수험생에게 동일하게 주어진 문제를 10분간 준비(3분 문제지 숙지) 후 문제에 대한 답변 |
| 평가방법 | 2인 이상 다수의 면접위원이 종합평가 |

- 평가 영역

| 구분 | 내용 |
|------|------|
| 교직관 및 교양 | 초등 교직에 대한 이해, 열의, 사명감, 신념, 인간관, 아동관, 가치관, 기본적 교양 등을 평가 |
| 표현력 | 답변의 명료성, 객관성, 논리성, 적절성 등을 평가 |
| 태도 | 면접 태도, 정서적 안정성 등을 평가 |

더 자세한 사항은 공주교육대학교 홈페이지(https://www.gjue.ac.kr)참조

## 1. 교육목적

대한민국의 교육이념에 입각하여 국가와 인류사회 발전에 필요한 학술의 심오한 이론과 ㅍ응용방법을 교수·연구하고, 아울러 사표로서의 지도적 인격을 도야하여 유능한 초등학교 교사를 양성함을 그 목적으로 한다.

## 2. 교육목표

- 민주시대를 살아갈 건전한 시민으로서의 기본적 자질을 갖추어, 성실한 생활인으로서의 자세를 확립 한다.
- 참되고 올바른 스승으로서의 원만한 인격을 도야하여, 확고한 교육자로서의 사명감과 긍지를 가진다.
- 심오하고 정치(精緻)한 학술의 과학적 탐구를 통하여 자주적이고 창의적인 학문연구의 자세를 확립한다.
- 유능한 교사로서의 자질을 함양하고 탁월한 교육방법 기술을 체득하여, 교과교육의 전문성을 제고 한다.
- 세계화, 정보화 시대에 적합한 지도자로서의 능력과 인격을 갖춘 사회 봉사인으로서의 자세를 확립한다.

## 3. 학교 교훈

- 'GNUE'정신 / 우리는 진리를 탐구하고, 정의롭게 행동하며 자랑스런 스승의 길을 간다.

## 4. 학교 상징

- 교목 / 향나무
- 교화 / 철쭉
- 교수 / 소
- 교조 / 까치
- 교색 / 연두색

## 5. 면접평가 기준

### 【수시】

#### – 평가 내용

| 구분 | 내용 |
|------|------|
| 대상 | 1단계 합격자 전원 |
| 면접내용 | 면접은 지원자의 제출서류를 기반으로 진위 확인 및 관련 내용 질문을 바탕으로 평가요소(①문제해결역량 ②교직적합성 ③교직인성)의 역량을 정성적·종합적 평가 |
| 면접유형 | 지원자 1명을 평가위원 2인이 한 조로 구성되어 면접 실시 |
| 면접시간 | 지원자 1인당 10분 내외의 질의응답(전형에 따라 면접시간이 다소 변경될 수 있음) |

#### – 평가 영역 및 평가지표

| 평가영역 | 평가지표 | 배점 |
|----------|----------|------|
| 문제해결역량 (40%) | • 문제인식 및 상황대처능력 | 20 |
| | • 논리적 표현력 | 20 |
| 교직적합성 (30%) | • 예비교사로서 기본 소양 및 관심정도 | 20 |
| | • 발전가능성 | 10 |
| 교직인성 (30%) | • 면접 참여의 태도와 적극성 | 20 |
| | • 올바른 가치관과 도덕성 | 10 |

※ 반영점수가 50점 이하일 경우 모집인원과 관계없이 대학의 관련 지침에 따라 부적격 처리함

더 자세한 사항은 광주교육대학교 홈페이지 (http://www.gnue.ac.kr) 참조.

---

## ④ 대구교육대학교

### 1. 교육목적

대한민국의 교육이념 아래 국가와 민족과 인류 사회 발전에 필요한 학문의 심오한 이론과 응용방법을 연구·교수하고, 사표(師表)로서의 지도적 인격을 도야함으로써 유능하고 사명감 있는 초등학교 교원을 양성 한다.

### 2. 교육목표

- 나라를 사랑하고 겨레를 위하여 헌신할 수 있는 교육자를 기른다.
- 교육에 대한 전문적 지식과 이론을 갖춘 유능한 교육자를 기른다.
- 교직의 전문성 신장을 위하여 연구하고 실천하는 교육자를 기른다.

－ 적극적으로 미래를 예비하고 개척하는 창의적인 교육자를 기른다.

## 3. 학교 교훈

－ 슬기·보람·사랑을 바탕으로 초등교육 발전과 인류복지에 이바지 할 참된 스승을 기른다.

## 4. 학교 상징

－ 교시 / 참된 스승의 길을 간다.

－ 교목 / 느티나무

－ 교화 / 개나리

## 5. 면접평가 기준

【수시】

－ 평가 영역

| 평가영역 | 평가요소 | 평가항목 |
|---|---|---|
| 의사소통 능력 | 언어적 표현능력 | 질문 및 상황에 대한 이해력과 논리적인 표현력 |
| | 타인의 언어 이해능력 | |
| | 타인의 의견경청 및 존중 | |
| | 이해력 | |
| 문제해결 능력 | 논리성 | 질문 및 상황의 체계적 분석을 통한 창의적 문제 해결 능력 |
| | 비판력 | |
| | 지식정보 수집·분석·활용 능력 | |
| | 창의·융합적 사고 | |
| 교직소양 및 인성 | 교육에 대한 이해 | 교직에 대한 기본적 이해와 인성 |
| | 타인배려 및 공감 능력 | |
| | 협업능력 | |
| | 시민성 및 책임성 | |

－ 평가 방법

| 평가형태 | 면접시간 | 평가방법 |
|---|---|---|
| 개별면접 | 15분 이내 | 지원자 1인을 대상으로 면접평가 영역을 지원자가 제출한 서류를 활용하여 다수의 평가위원이 정성적으로 종합 평가함 |

【정시】

| 평가형태 | 평가영역 | 평가방법 |
|---|---|---|
| 집단면접 | 의사소통능력<br>문제해결능력<br>교직소양 및 인성 | 교직적성 교직인성을 확인하기 위해 본교의 자체 평가문항을 활용하여 평가위원이 정성적으로 종합 평가함 |

더 자세한 사항은 대구교육대학교 홈페이지(http://www.dnue.ac.kr)참조.

## ⑤ 부산교육대학교

### 1. 교육목적

대한민국과 부산교육대학교의 교육 이념에 입각하여 국가와 인류사회의 발전에 기여할 수 있는 자질을 함양하고 사표로서의 지도적 인격을 도야함으로써 유능하고 사명감 있는 초등교원 양성을 목적으로 한다.

### 2. 교육목표

– 사랑(love), 슬기(wisdom), 봉사(service)
– 큰 사랑, 빛난 슬기, 알찬 봉사! 참된 교육의 지표가 된다.

### 3. 학교 교훈

– 우리는 사랑과 슬기를 길러 겨레와 인류에 이바지하는 바르고 큰 길에 살자.

### 4. 학교 상징

– 교조 / 한새(붕새)

### 5. 면접평가 기준

【수시면접】

[심층면접]

– 면접 시간 : 1개 조당 25분 내외
– 면접 형식 : 면접위원 3인이 지원자 3인 내외를 1개 조로 하여 多대多 면접 실시
– 진행 순서
• 예비 초등교사로서의 인성, 자질에 관해 질문함

- 교직 수행에 필요한 전문성 및 잠재력 여하를 질문함

– 평가 항목

| 평가항목 | 핵심역량 | 평가내용 |
|---|---|---|
| 의사소통역량 | 수용능력<br>표현능력<br>토론과 조정능력 | 타인의 의견을 수용하고 조정하여 표현할 수 있는가 |
| 교직인성 및<br>전문성 개발 역량 | 교직인성<br>교사전문성 개발 노력 | 교직인성을 함양하고 교사전문성 개발을 위한 노력을 확인할 수 있는가 |
| 창의융합역량 | 문제해결능력<br>창의성<br>정보기술 활용능력 | 창의성 및 정보기술 활용능력을 갖추고, 이를 문제해결능력으로 확장할 수 있는가 |

※ 면접에서 예비 초등교사로 부적격하다고 판단되는 자는 입학전형 성적과 관계없이 불합격 처리함

【정시면접】

[개별(3인 1조) 면접]

– 면접 시간 : 1개 조당 25분 내외

– 면접 형식 : 면접위원 2~3인이 지원 학생 3인에 대해 多대多 면접을 실시

– 진행 방법

- 예비 초등교사로서의 인성, 자질에 관해 질문함

- 교직 수행에 필요한 전문성 및 잠재력 여하를 질문함

– 평가 항목

| 평가항목 | 핵심역량 | 평가내용 |
|---|---|---|
| 의사소통역량 | 수용능력<br>표현능력<br>토론과 조정능력 | 타인의 의견을 수용하고 조정하여 표현할 수 있는가 |
| 교직인성 및<br>전문성 개발 역량 | 교직인성<br>교사전문성 개발 노력 | 교직인성을 함양하고 교사전문성 개발을 위한 노력을 확인할 수 있는가 |
| 창의융합역량 | 문제해결능력<br>창의성<br>정보기술 활용능력 | 창의성 및 정보기술 활용능력을 갖추고, 이를 문제해결능력으로 확장할 수 있는가 |

※ 면접에서 예비 초등교사로 부적격하다고 판단되는 자는 입학전형 성적과 관계없이 불합격 처리함

더 자세한 사항은 부산교육대학교 홈페이지(http://www.bnue.ac.kr)참조.

6 서울교육대학교

### 1. 교육목적

대한민국의 교육 이념 아래 국가와 사회 발전에 헌신할 수 있는 교육자로서 인격과 자질을 지닌 유능한 초등학교 교사를 양성함에 있다.

### 2. 교육목표

- 국가를 사랑하고 겨레의 행복과 번영을 위해 전력을 다하는 인간을 양성한다.
- 민주주의 사회생활에 필요한 능력과 태도를 배양한다.
- 교사로서 지녀야 할 건전한 인격을 도야하고 교육애가 높은 헌신적 생활 태도를 확립시킨다.
- 아동의 성장 발달과 행동을 정확하고 폭넓게 이해할 수 있는 능력을 개발한다.
- 초등학교 각 교과를 성공적으로 가르칠 수 있는 실력을 배양하고 교수학습능력을 습득하게 한다.
- 보다 나은 교직 발전을 위하여 노력하는 진지한 연구 자세를 기른다.
- 교직의 사명에 대한 깊은 인식을 통하여 교육자로서 확고한 신념을 가지게 한다.

### 3. 학교 교훈

- 내 힘으로 한 마음으로.

### 4. 학교 상징

- 교화 / 수수꽃다리(라일락)
- 교목 / 느티나무
- 교수 / 사슴

### 5. 면접평가 기준

- 복수의 면접위원이 교직인성, 교직적성, 교직교양 분야의 심층 문답을 통해 평가요소를 종합평가함.

| 평가 영역 | 평가 목적 | 평가 요소 | |
|---|---|---|---|
| 교직인성 | 교사로서의 인성적 자질 평가 | 공동체 역량<br>– 공감하고 배려하는 마음<br>– 공동체 의식<br>– 참여와 협업 능력 | 자기주도적역량<br>– 자기 이해 및 자기효능감<br>– 자기관리 능력<br>– 성실과 책임감 |
| 교직적성 | 교사로서의 잠재능력과<br>성장가능성 평가 | 탐구 혁신 역량<br>– 진취적 사고와 실천<br>– 반성적 사고와 성찰<br>– 복합적 문제해결 능력 | 의사소통 역량<br>– 자기표현 능력<br>– 타인 이해 능력<br>– 대인관계와 리더십 |
| 교직교양 | 교사로서 교육과 사회에 대한<br>이해 평가 | 창의 역량<br>– 유창성과 유연성<br>– 확장적 사고력<br>– 비판적 사고력 | 융합 역량<br>– 인문학적 소양<br>– 시사 이슈에 대한 이해<br>– 융합적·종합적 사고력 |

더 자세한 사항은 서울교육대학교 홈페이지(http://www.snue.ac.kr)참조.

## 7 전주교육대학교

### 1. 교육목적
도덕성과 전문성을 갖춘 유능하고 창의적인 교원을 양성하는 데 있다.

### 2. 교육목표
- 뚜렷한 국가관을 바탕으로 민족의 발전적 미래상을 제시하는 지도자로서의 능력을 기른다.
- 올바른 교직관을 확립하고, 교육자로서의 전문성을 갖춘다.
- 우리 문화에 자긍심을 지닌 세계 시민으로서의 자질과 인격을 함양한다.

### 3. 학교 교훈
- 사랑 / 고매한 인격과 양식
- 참 / 진리탐구
- 새로움 / 미래사회에 능동적으로 대응하는 창조성

### 4. 학교 상징
- 교조 / 황학

## 5. 면접평가 기준

**【수시】**

− 면접 방법: 개별 심층면접

− 면접 시간: 개인별 약 8분 내외

− 평가 내용

예비 초등교사로서의 자질을 평가하기 위해 대학자체 개발 일반교양·교직 문항과 학생부 관련 질문 문항을 통해 학업적성 및 일반교양, 교직적성, 우수교사로서의 잠재능력, 제출 서류 신뢰도 등을 종합적으로 평가한다.

**【정시】**

− 면접 시간: 지원자 1인당 약 5분 내외

− 평가 내용: 대학자체 개발 일반교양·교직 문항을 통해 교직관, 표현력을 평가

− 면접 방법

• 예비초등교사로서의 갖추어야 할 일반적인 교양과 교직에 대한 태도와 가치관 등을 종합적으로 평가

• 주어진 문항에 대하여 구술 답변

더 자세한 사항은 전주교육대학교 홈페이지(http://www.jnue.kr)참조

## ⑧ 진주교육대학교

### 1. 교육목적

국가와 인류의 보편적 가치를 바탕으로 교육환경의 변화에 창의적으로 대처하는 지성, 타인과의 공존을 도모하는 덕성, 초등교육에 대한 전문성을 지닌 유능한 교원양성을 목적으로 한다.

### 2. 교육목표

− 인간 및 세계에 대한 이해와 감성을 지닌 교육인 양성

− 타인과 함께 하는 삶에서 기쁨을 느끼는 봉사인 육성

− 글로벌 시대 문화적 역량을 갖춘 창의인 육성

− 교육에 필요한 창의적 소양을 지닌 전문인 육성

## 3. 학교 교훈

- 성실(誠實), 창의(創意), 봉사(奉仕)

## 4. 학교 상징

- 교화 / 목련
- 교수 / 사슴

## 5. 면접평가 기준

【정시】

- 평가 대상: 1단계 합격자
- 평가 방식: 개별면접(블라인드 평가)
- 면접 시간: 1인 10분 내외
- 평가 방법

  우리대학에서 출제한 문항과 예비 초등교사로서 갖추어야 할 교직 적성 및 인성에 대하여 질의응답을 통한 면접 평가 (3:1면접)
- 평가 기준

  예비초등교사로서 갖추어야 할 교양, 교직관, 표현력, 인성을 각 영역으로 구분하여, 4개 기준으로 종합평가

더 자세한 사항은 진주교육대학교 홈페이지(http://www.cue.ac.kr)참조

## ⑨ 청주교육대학교

### 1. 교육목적

인간사회와 자연에 대한 폭넓은 이해를 바탕으로 교양과 인격을 완성하고, 기초학문과 교과교육에 대한 전문적 지식과 자질을 갖추고, 국가발전과 인류공영에 기여할 수 있는 우수한 초등교원과 초등교육 전문가를 양성함을 목적으로 한다.

### 2. 교육목표

- 자유민주주의 사회의 일원으로서 모범적이고 지도적인 역할을 수행할 수 있는 자질과 태

도를 기른다.

– 인간과 사회에 대한 애정을 바탕으로 교직에 보람을 느낄 수 있는 교육자로서의 투철한 사명감을 배양한다.

– 폭넓은 교양교육에 기초하여 전인적인 인성을 기른다.

– 초등학교 교과교육에 대한 학습과 연구를 통해서 교과의 전문지식과 교수능력을 배양한다.

– 아동의 성장과 발달에 대한 깊은 이해를 갖추게 하여 생활지도 능력과 자질을 배양한다.

– 새로운 교육이론을 탐구하여 현장교육의 발전에 기여할 수 있는 연구수행능력을 기른다.

– 우리나라의 역사와 문화 그리고 지역사회의 변화와 요구에 대한 이해를 바탕으로 한 사회적 책임감과 봉사정신을 함양한다.

– 지속적인 자기개발과 혁신을 통한 새로운 혁신을 통한 새로운 교직전통의 수립에 기여하도록 한다.

## 3. 학교 교훈

– 투철한 사명감, 부단한 연구심, 앞장선 실천력

– 배움과 나눔, 실천을 통해 성장하는 교육 공동체

## 4. 인재상

– 인성을 갖춘 교육실천가

– 창의적인 교육전문가

– 시야가 넓은 교육지도자

## 5. 면접평가 기준

【수시】

– 평가 방법

• 복수의 면접위원이 종합평가함

• 학교생활기록부 등 수험생의 제출서류를 활용함

– 면접 방법

• 개별 면접(10분) : 제출서류를 참조하면서 면접위원이 지원자를 상대로 질의

– 평가 영역

교사로서의 적성과 인성 등을 종합적으로 평가함

| 평가영역 | 평가자료 |
|---|---|
| 교직 인·적성 (40%) | • 교직에 적합한 인성을 갖추고 있는가?<br>• 교직의 특성을 이해하고 적합한 소질이 있는가? |
| 창의적 탐구 및 리더십 역량 (40%) | • 창의적 탐구 역량이 있는가?<br>• 리더십을 가지고 있는가? |
| 의사소통 능력 (20%) | • 자신의 생각을 명료하게 표현하며 소통할 수 있는가? |

【정시】

- 면접 방법 : 개별면접

• 복면접위원이 지원자를 상대로 인·적성 관련 개방형 질문을 함

• 복수의 면접위원이 종합평가함

- 면접시간 : 지원자 1인당 답변 10분 이내

- 평가영역 : 교사로서의 적성과 인성 등을 종합적으로 평가함

| 평가영역 | 평가자료 |
|---|---|
| 교직 인성 (40%) | • 교직에 적합한 인성을 갖추고 있는가? |
| 교직 적성 (40%) | • 교직의 특성을 이해하고 적합한 소질이 있는가? |
| 의사소통 능력 (20%) | • 자신의 생각을 명료하게 표현하며 소통할 수 있는가? |

더 자세한 사항은 청주교육대학교 홈페이지(https://www.cje.ac.kr)참조

## ⑩ 한국교원대학교

### 1. 교육목적

국가와 인류의 이상 실천에 이바지해나갈 우수한 교원을 시범적으로 양성하고, 심오한 학문적 도야를 통한 교육전문가 및 교과 교육 전문가를 양성·연찬하며, 각급 학교 현직 교원에 대한 계속적인 성장을 위한 재교육을 도모하고, 현장 교육의 전체 수준을 질적으로 향상시키는데 이바지 한다.

### 2. 교육이념

미래에 전개될 세계사를 내다보며 한국의 전통과 역사와 문화를 개성있게 주도해 갈 민족 교육의 정예 교육자를 양성하여 세계 문명사회를 지향한 우리의 교육과업을 이끌어 가는 견인차 역할을 할 것이며, 국가 발전과 인류 공영에 기여해 갈 수 있는 교육과업을 수행해 가는데 선도

적인 역할을 감당할 것이다.

- 인간교육과 공동체 의식 함양에의 기여와 지도자적 자질의 함양에 이바지 한다.
- 각급 학교 교육의 체계화·종합화의 실질적인 도모로 교육의 정선화(精選化)와 효율성, 능률성에 이바지하고자 한다.
- 모든 교육 체계면에서 양(量)보다 질(質)에 치중하고자 한다.
- 보편성과 특수성에 유념하여 범인류적 인간교육 민주시민교육에 중점을 두면서 한국 국민으로서의 자질을 내면화 하도록 하고자 한다.
- 각급 학교 전 교원의 동등한 사회적인 지위 향상에 기여하고자 한다.
- 모든 교육의 영역에서 한국 교육의 토착화를 지향한다. 즉 외국의 발전된 교육을 충분히 개방적으로 수용하되, 그것을 한국의 문화와 현실에 바탕을 두어 재창조하는 역할을 수행해 갈 것이다.
- 교사양성이라는 전문적인 형태의 대학임에는 틀림이 없으나 일반대학의 교육에서와 같은 개방적인 형태의 교육운영을 충분히 수용하고자 한다.
- 교육은 이론적인 학문적 기초위에 구체적인 교과교육을 강조하고자 한다.


## 3. 학교 상징
- 교색 / 청색


## 4. 면접평가 기준
【수시】
- 면접 유형 : 개별면접(구술평가)
- 평가 항목 : 전공적합성, 교직적성, 교직인성, 문제해결능력 등 4개 평가항목을 중심으로 예비 교사로서의 자질과 역량을 종합적으로 평가

| 평가항목 | 항목별 평가요소 |
|---|---|
| 전공적합성 | • 전공 선택 동기<br>　전공을 선택하게 된 동기와 전공에 대한 관심 및 이해<br>• 전공 수학 능력<br>　전공을 수학하기 위해 갖추어야 할 학업 능력 |
| 교직적성 | • 교직에 대한 태도 및 가치관<br>　교직에 대한 올바른 마음가짐과 건전한 가치를 갖추려는 마음<br>• 교사로서의 자질<br>　교직을 수행하기 위한 이해와 소질 |
| 교직인성 | • 나눔과 배려<br>　자신의 가진 것을 기꺼이 나누어 주고자 하며, 상대방을 도와주거나 보살펴 주려는 마음을 실천하려는 의지<br>• 공감 및 소통능력<br>　상대방의 입장에서 생각할 수 있고, 사실, 감정, 태도, 생각 등을 효과적으로 의사소통할 수 있는 능력 |
| 문제해결능력 | • 논리적 표현력<br>　문제 상황을 적절하게 이해하고, 논리적으로 표현하는 능력<br>• 상황대처능력<br>　다양한 질문과 상황에 잘 대응할 수 있는 능력 |

– 평가 자료 : 교직 적·인성 문항 및 개방형 질문에 의한 구술내용

– 평가 방법 : 개별면접으로 다수 평가자에 의한 정성적·종합적 평가

• 평가자료를 종합적으로 활용하여 면접 평가항목별 평가요소를 심사함

• 각 평가항목에 대한 심사결과를 종합적·총체적으로 판단하여 평가위원별로 5개의 종합평가등급(A, B, C, D, F) 중 하나의 평가등급 부여

　⇒ 종합적·총체적으로 판단한다는 것은 관련 요소를 두루 활용하여 평가하는 것을 의미할 뿐, 모든 항목이 우수해야 좋은 평가를 받는다는 것을 의미하지는 않음.

• 평가위원별 종합평가등급에 따른 환산점수를 평균하여 반영

| 종합평가등급 | A | B | C | D | F |
|---|---|---|---|---|---|
| 환산반영점수 | 20 | 15 | 10 | 5 | 0 |

– 면접 시간 및 절차: 실제 면접시간 10분 내외

　① 면접대기실 입실 ⇒ ② 발표자료 작성실 입실 ⇒ ③교직 적·인성 문항에 대한 발표자료 작성(약 10분) ⇒ ④ 면접실 입실 ⇒ ⑤ 작성내용 발표(약 3분) ⇒ ⑥ 발표내용 관련 질의/응답(약 3분) ⇒ ⑦ 개방형 질문 관련 질의/응답(약 4분)

더 자세한 사항은 한국교원대학교 홈페이지(http://www.knue.ac.kr)참조

Ⅱ 제주대학교

## 1. 교육목적

국가와 인류사회 발전에 필요한학술상의 심오한 이론과 그 응용방법을 연구·교수·개발함과 아울러 독창력과 협동정신이 풍부한 지도자적 인격을 도야하여 새로운 시대가 요구하는 유능한 인재를 양성함을 목적으로 한다.

## 2. 교육목표

- 인간, 사회, 자연을 이해하고 존중하는 성숙한 인격을 함양한다.
- 새로운 지식과 기술을 탐구하고 개발하는 전문적 창의력을 배양한다.
- 지역사회·문화 발전에 헌신하고 미래를 선도하는 지도력을 육성한다.
- 자기정체성을 확립하고 다양성을 존중하는 세계시민의식을 함양한다.

## 3. 교육대학 목표

- 초등학생의 특성과 교과의 내용과 교수방법에 대한 폭넓은 이해를 바탕으로 전문성을 갖춘 교사 양성을 교육의 기본목표로 삼고 있다. 더불어 인문·사회적 교양과 바른 인성, 교직의 존엄성과 가치에 대한 깊은 인식을 바탕으로 직업윤리와 사명감을 갖춘 교사를 양성하는 데 주력하고 있다.

## 4. 사범대학 목표

- 교육기본법의 교육이념을 구현하고 세계화, 다변화하는 미래에 능동적으로 대처할 수 있는 사명감을 지닌 우수한 중등교원을 양성하는데 그 목적을 두고 있다.

## 5. 학교 교훈

- 진리(眞理), 정의(正義), 창조(創造)

인간·사회·자연에 대한 탐구를 통해 진리를 터득하고, 이를 바탕으로 정의를 실현하는 데 앞장서며, 개인과 국가 그리고 인류 발전을 위한 새로운 가치를 창조한다.

## 6. 학교 상징

- 교목 / 비자나무

– 교수 / 사슴

## 7. 인재상

– 소통하고 도전하며 포용하는 글로컬 리더

## 8. 면접평가 기준

【수시】

– 평가 대상 : 서류평가 1단계 합격자

– 평가 방법

• 다수의 면접위원이 지원자 1인당 15분 내외로 개별면접 실시

• 학교생활기록부를 바탕으로 1단계 평가 자료 확인 질문에 대한 답변 등을 평가영역별 평가기준에 따라 종합평가

• 전공적합성·학업역량·인성 등과 관련된 질문을 통해 역량 심층 파악

– 평가영역별 평가요소 및 평가내용

| 평가영역 | | 평가요소 | 평가내용 | 배점(비율) 면접 |
|---|---|---|---|---|
| 전공 적합성 | 태도 | 전공 관심도 | – 희망 전공에 대한 선택 동기가 명확하고 지속적인 전공 탐색 노력을 하였는가? <br> – 희망 전공에 대한 지속적인 관심을 가져왔으며, 학업을 수행할 열정을 가지고 있는가? | 90 (30%) |
| | 내용 | 기초지식 및 학업역량 | – 희망 전공 관련 교과의 학습경험과 학업성취도가 대학에서 학업을 수행할 수 있는 역량을 보여주는가? | |
| | | 전공 관련활동 | – 희망 전공과 관련된 활동에 꾸준히 참여하였는가? | |
| 자기 주도성 | 태도 | 목표지향과 도전정신 | – 자신의 목표를 이루기 위해 많은 시간과 노력을 기울였는가? <br> – 자기주도학습 능력을 갖추었으며 학교생활에 자발적으로 참여하였는가? | 90 (30%) |
| | | 문제 해결능력 | – 직면한 문제에 대한 창의적인 해결능력을 갖추고 있는가? <br> – 역경을 극복한 경험이 있으며 그를 통해 극복 의지가 드러나는가? | |
| | 내용 | 성실성 | – 학교에서 성실하고 책임감 있게 생활하였는가? <br> – 전체 교과의 학업 성취가 고르게 나타나며, 적극적으로 교내 활동에 참여하였는가? | |
| | | 리더십 | – 학급이나 조직의 목표를 달성하기 위해 구성원들을 이끄는 역량을 갖추고 있는가? | |

| 평가영역 | 평가요소 | | 평가내용 | 배점(비율) |
|---|---|---|---|---|
| | | | | 면접 |
| 인성·공동체 기여도 | 태도 | 인성 | - 도덕성과 품성을 갖추어 모범적인 학교생활을 하였는가?<br>- 자신이 맡은 일에 책임감과 끈기를 가지고 충실히 수행하였는가? | 120 (40%) |
| | 내용 | 공동체 기여 | - 공동체의 목표를 달성하거나 문제를 해결하기 위해 공동체 구성원에게 자발적인 헌신과 배려를 실천하였는가?<br>- 공동체 구성원들과의 협력과 소통을 위해 노력하여 공동체 발전에 기여하였는가? | |

더 자세한 사항은 제주대학교 홈페이지(http://www.jejunu.ac.kr)참조.

## ⑫ 이화여자대학교

### 1. 교육목적

대한민국의 교육이념과 기독교정신을 바탕으로 하여 학술의 깊은 이론과 그 광범하고 정밀한 응용방법을 교수·연구하며, 인격을 도야하여 국가와 인류사회의 발전에 공헌할 수 있는 지도여성을 양성함을 목적으로 한다.

### 2. 교육목표

- 사랑과 섬김의 자세로 국가 및 인류사회 공동체의 유익을 위해 헌신하고 봉사하는 기독교적 인격을 함양한다.
- 진취적인 개척 정신을 바탕으로 여성의 인격화와 양성평등 사회 구현을 이끌어 가는 지도자 역량을 함양한다.
- 세계화·정보화 시대의 전문 인력으로서 갖추어야 할 국제 수준의 학술지식과 실천능력을 기른다.
- 미래사회의 문제를 능동적으로 해결해 갈 수 있는 비판적·창조적 탐구 능력을 기른다.

### 3. 사범대학 목표

기독교 정신을 근간으로 하는 이화여자대학교의 교육이념을 바탕으로, 유·초·중등 교육을 담당할 우수 교원과 교육관련 제 분야 및 학문 연구에 종사할 지도자적 교육전문가의 양성에 있다. 이와 같은 교육 목적의 달성을 위한 구체적인 교육 목표는 다음과 같다.

- 교원 및 교육전문가에게 요구하는 건전한 인성과 교육적 사명감 및 윤리의식을 기른다.
- 교육현상을 교육적 안목에서 종합적으로 이해하고 비판할 수 있는 능력을 기른다.
- 전공분야와 관련된 전문지식을 이해하고 이를 독자적으로 연구 발전시킬 수 있는 능력을 기른다.
- 교과지도 능력, 학생지도 능력, 행정 능력 등 교육현장에서 현실적으로 요구되는 제반 실무 능력을 기른다.
- 미래사회에서의 교육변화에 능동적으로 대처하기 위한 창의적 비판적 사고력과 정보활용 능력을 기른다.

## 4. 학교 교훈
- 이화를 이끌어가는 정신 / 진(眞,) 선(善), 미(美)
- 진은 지(知), 즉 학문의 전당으로서 이화가 추구해야 할 구체적인 가치를 나타낸다.
- 선은 덕(德)이다. 지식은 인간에게 선하게 사용될 때 비로소 가치를 지닌다.
- 미는 조화(調和)를 의미한다. 그것은 아름다움을 추구하는 인간의 본질적인 예술적 정서이다.

## 5. 인재상
'THE 인재'는 교육 목적인 '진취적 학문연구, 건전한 인격 및 교양, 적극적 실천과 봉사'의 가치를 미래지향적으로 재해석한 것으로, 'T, H, E'는 각각 다음과 같은 의미를 지님.
- T(Telos) / 주도하는 인재
- H(Hokma) / 지혜로운 인재
- E(Experience) / 실천하는 인재

## 6. 면접평가 기준
【수시】
- 제출서류를 기반으로 한 일반면접으로 자기주도성, 전공 잠재력 및 발전가능성 등을 종합적으로 평가함

더 자세한 사항은 이화여자대학교 홈페이지(http://www.ewha.ac.kr)참조

## ⅓ 서울대학교

### 1. 교육목적
교육목표를 설정하고 이를 달성하기 위한 교육조직, 학사운영 등에 관한 사항을 규정함을 목적으로 한다.

### 2. 교육목표
학문의 이론과 방법을 교수하며 사회의 각 부문에 필요한 인재를 양성하고 학술연구를 진작함으로써 자아의 실현과 국가의 발전 및 인류의 번영에 기여함을 교육목표로 한다.

### 3. 학교 교훈
- 진리는 나의 빛

### 4. 학교 상징
- 교목 / 느티나무
- 교조 / 백학

### 5. 면접평가 방법

【수시】

(1) 지역균형전형, 기회균형특별전형

- 전 모집단위(의과대학 제외)

| 평가내용 및 방법 |
| --- |
| • 제출서류를 토대로 서류내용을 확인하고 기본적인 학업 소양을 평가함(사범대학의 경우 교직적성 · 인성 면접 포함)<br>• 지원자 1명을 대상으로 하여 복수의 면접위원이 실시함(10분 내외) |

- 의과대학

| 평가내용 및 방법 |
| --- |
| • 의학을 전공하는 데 필요한 자질, 적성과 인성을 평가함<br>• 상황/제시문 기반 면접과 서류 기반 면접을 복수의 면접실에서 진행함(60분 내외) |

※ 상황 숙지를 위한 답변준비 시간을 부여할 수 있음

(2) 일반전형

① 공동출제 문항

– 평가방법

지원자 1명을 대상으로 하여 복수의 면접위원이 실시함. 제출서류를 참고하여 추가질문을 할 수 있음.

– 평가내용

고등학교 교육과정 상의 기본 개념 이해를 토대로 단순 정답이나 단편 지식이 아닌 종합적인 사고력을 평가함. 주어진 제시문과 질문을 바탕으로 면접관과 수험생 사이의 상호작용을 통해 문제 해결 능력과 논리적이고 창의적인 사고력을 종합적으로 평가함.

| 학과 | 평가내용 | 준비시간 | 면접시간 |
|---|---|---|---|
| 교육학과 | 인문학, 사회과학 관련 제시문을 활용하여 전공적성 및 학업능력 평가 (영어 또는 한자 활용 가능) | 30분 내외 | 15분 내외 |
| 국어교육과 | | | |
| 영어교육과 | | | |
| 독어교육과 | | | |
| 불어교육과 | | | |
| 사회교육과 | | | |
| 역사교육과 | | | |
| 지리교육과 | | | |
| 윤리교육과 | | | |
| 체육교육과 | | | |
| 수학교육과 | 수학(자연) 관련 제시문을 활용하여 전공적성 및 학업능력 평가 | 45분 내외 | |
| 물리교육과 | 물리학 관련 제시문을 활용하여 전공적성 및 학업능력 평가 | | |
| 화학교육과 | 화학 관련 제시문을 활용하여 전공적성 및 학업능력 평가 | | |
| 생물교육과 | 생명과학 관련 제시문을 활용하여 전공적성 및 학업능력 평가 | | |
| 지구과학교육과 | 지구과학 관련 제시문을 활용하여 전공적성 및 학업능력 평가 | | |

② 교직적성·인성면접

– 평가 내용: 학과 적성, 교사가 갖추어야 할 기본적인 자질과 인성, 교직에 대한 이해 등

– 평가 방법

• 지원자 1명을 대상으로 하여 복수의 면접위원이 15분 내외로 실시함

• 답변 준비시간: 15분 내외

• 면접 및 구술고사와 동일한 일정으로 시행함

【정시】

– 사범대학은 1단계 합격자를 대상으로 교직적성·인성면접을 실시하고, 가산점을 부여함

(1) 교직적성·인성면접

– 평가내용: 학과 적성, 교사가 갖추어야 할 기본적인 자질과 인성, 교직에 대한 이해 등

– 평가방법

• 지원자 1명을 대상으로 하여 복수의 면접위원이 15분 내외로 실시함

• 답변 준비시간: 15분 내외

• 면접 및 구술고사와 동일한 일정으로 시행함

더 자세한 사항은 서울대학교 홈페이지(http://www.snu.ac.kr)참조.

## 14 연세대학교

### 1. 교육목적

기독교 정신에 기하여 학술의 심오한 이론과 광범 정치한 응용 방법을 교수 연구하며, 국가와 인류 사회 발전에 공헌할 지도적 인격을 도야함을 목적으로 한다.

### 2. 교육목표

'너희가 내 말에 거하면 참 내 제자가 되고 진리를 알지니 진리가 너희를 자유케 하리라' 는 성경말씀(요한복음 8:31~32)을 바탕으로 진리와 자유의 정신을 체득한 지도자를 양성한다.

### 3. 학교 교훈

– 문명사적 대변환의 시기를 맞아 대학의 기본 사명인 교육과 연구 혁신에 앞장서며 사회 공헌의 책임을 다하고, 연세의 창립정신에 깃들어 있는 기독교 정신(Christianity), 창의성(Creativity), 연결성(Connectivity)의 가치를 공유하고 실천함으로써 미래를 준비한다.

### 4. 학교 상징

– 교수 / 독수리

## 5. 면접평가 방법

### 【수시】

#### - 현장 녹화 면접 안내

| 전형명 | | 1단계 합격자 발표 | 면접평가 | 평가방법 | 평가내용 |
|---|---|---|---|---|---|
| 학생부종합전형 | 활동우수형 (의예과 外) | 11.11.(월) | 인문·통합 11.16.(토) 자연 11.17(일) | 지원자가 면접일에 현장에서 녹화한 영상을 복수의 평가위원이 평가함 (답변 준비 8분, 면접 5분) | - 제시문을 바탕으로 논리적 사고력 및 의사소통 능력을 평가함<br>- 국제형의 경우 제시문이 영어로 출제될 수 있음 |
| | 국제형 | 11.18.(월) | 11.23(토) | | |
| | 기회균형 | | | | |
| 특기자전형 | 국제인재 | 10.21.(월) | 10.26(토) | | - 영어 제시문을 바탕으로 논리적 사고력 및 의사소통 능력을 평가하기 위한 영어구술면접을 실시함<br>- 언더우드학부(생명과학공학) 면접 문항은 언더우드학부(인문·사회)와 동일함 |

※ 학생부종합전형[기회균형]과 특기자전형[국제인재] 중복 합격자는 면접 평가를 전형별로 각각 실시함(오전/오후)

※ 2015 개정 교육과정을 바탕으로 제시문 및 면접 문항을 출제함

※ 수리·통계자료 또는 과학 관련 제시문이 포함될 수 있음

#### - 대면 면접 안내

| 전형명 | | 1단계 합격자 발표 | 면접평가 | 평가방법 | 평가내용 |
|---|---|---|---|---|---|
| 학생부종합전형 | 활동우수형 (의예과) | 11.11.(월) | 11.17(일) | 지원자 1명을 대상으로 복수의 평가위원이 평가함 (30분 내외) | - 제시문을 바탕으로 의학 전공에 필요한 인·적성을 평가함<br>- 제시문 기반 면접과 서류 기반 면접을 복수의 면접실에서 진행함 |
| 특기자전형 | 체육인재 | 10.21.(월) | 10.26(토) | 지원자 1명을 대상으로 복수의 평가위원이 평가함 (10분 내외) | 지원자의 논리적 사고력과 의사표현 능력, 체육인으로서의 전문성 및 경기력 등을 평가함 |

※ 2015 개정 교육과정을 바탕으로 제시문 및 면접 문항을 출제함(체육인재 제외)

※ 수리·통계자료 또는 과학 관련 제시문이 포함될 수 있음(체육인재 제외)

## 【정시】

### – 일반전형

| 모집단위 | 면접방식 |
|---|---|
| 의예과 | – 제시문 기반 면접 및 인·적성 면접<br>(세부내용은 추후 모집요강 참조) |
| 언더우드학부(인문사회)<br>융합인문사회과학부(HASS)<br>융합과학공학부(ISE) | – 영어 제시문 기반 면접<br>(세부내용은 추후 모집요강 참조) |

### – 특별전형

| 모집단위 | 면접방식 |
|---|---|
| 재외국민 (2% 이내) | – 제시문 기반 면접<br>– 언더우드국제대학의 모집단위는 영어제시문/영어면접을 진행할 수 있음<br>(세부내용은 추후 모집요강 참조) |
| 북한이탈주민 | – 제시문 기반 논리적 사고력 및 의사소통능력 면접. 필요 시 확인 면접 가능<br>(세부내용은 추후 모집요강 참조) |

더 자세한 사항은 연세대학교 홈페이지(http://www.yonsei.ac.kr)참조.

## 15 고려대학교

### 1. 교육목적

민주교육의 근본이념을 바탕으로 학술이론과 그 응용방법을 교수 연구하는 동시에 국가와 인류사회 발전에 필요한 인재육성

### 2. 교육목표

지덕체를 겸비한 인격을 연마하고, 창의적 학문탐구와 전문적 실천능력을 배양하여, 한국과 국제 사회에 기여할 개방적 지도력을 육성한다.

- 지덕체를 겸비한 인격함양
- 비판적 탐구와 창의적 실천 능력배양
- 봉사하고 책임지는 민주시민의식 육성
- 공선사후의 애국·애족적 지도력배양

    – 국제적 이해와 교류능력 함양

### 3. 학교 교훈

    – "자유(LIBERTAS)"의 실현

    – "정의(JUSTITIA)"의 실현

    – "진리(VERITAS)" 탐구에 대한 넘치는 정열


### 4. 학교 상징

    – 교목 / 잣나무

    – 교수 / 호랑이

    – 교색 / 진홍색(Crimson)


### 5. 면접평가 방법

【수시】

– 면접 방법 : 2인 이상의 면접위원이 전형별 면접평가 방식에 따른 평가역량을 활용하여 1인의 지원자를 평가

– 전형별 면접평가 진행방식 및 시간

| 전형 구분 | | 준비시간 | 면접시간 | 면접유형 | 진행방식 | 장소 |
|---|---|---|---|---|---|---|
| 학생부종합 | 계열적합전형* | 21분 | 7분 | 제시문 기반 면접 | 대면 면접 | 서울캠퍼스 |
| | 고른기회전형 | 12분 | 6분 | | | |
| | 재직자전형 | 12분 | 6분 | | | |
| 실기/실적<br>(특기자전형) | 사이버국방학과 | 없음 | 8분 | 제출서류 기반 면접 | | |
| | 디자인조형학부 | 없음 | 8분 | | | |
| | 체육교육과 | 없음 | 5분 | | | |

*계열적합전형 인문계 모집단위는 면접을 인문/사회로 구분하여 시행함

*계열적합전형 의과대학 모집단위는 계열적합전형 제시문 기반 면접과 상황제시문 기반 인·적성 면접을 복수의 면접실에서 시행함(상황제시문 기반 인·적성 면접은 준비시간 없이 면접실 내에서 상황제시문을 숙독함)

| 전형 구분 | | 준비시간 | 면접시간 | 면접유형 | 진행방식 | 장소 |
|---|---|---|---|---|---|---|
| 학생부<br>종합 | 계열적합전형<br>(의과대학) | 21분 | 7분 | 제시문 기반 면접 | 대면 면접 | 서울캠퍼스 |
| | | 없음 | 8분 | 인·적성 면접 Ⅰ | | |
| | | 없음 | 8분 | 인·적성 면접 Ⅱ | | |

■ 본 대학교는 2025학년도 수시모집의 모든 면접평가를 아래 표와 같이 "대면 면접" 방식으로 진행함

| 진행 방식 | 진행 절차 | 평가점수 부여 방법 |
|---|---|---|
| 대면 면접 | 가. 수험생은 지정된 면접고사일에 사전 안내된 고사실로 입실 (가번호 부여)<br>나. 2명 이상의 면접위원과 대면 면접 진행<br>다. 면접 완료 후 지원자는 퇴실 및 귀가 | 6점 척도를 이용하여 평가<br><br>※ 매우우수(A+) – 우수(A)<br>– 보통(B) – 미흡(C)<br>– 매우미흡(D) – 부적격(F) |

## – 평가내용 및 반영비율

| 전형구분 | | 평가내용 | 평가요소 | 반영비율 | 정의 |
|---|---|---|---|---|---|
| – 계열적합전형<br><br>– 고른기회전형<br><br>– 재직자전형 | | 제시문 관련 질문에 대한 답변을 토대로 분석력, 적용력, 종합적 사고력 등을 종합적으로 평가(단, 필요시 학생부에 기재된 내용을 확인할 수 있음) | 분석력 | 20% | 제시문의 주제와 내용을 이해하고 제시문 사이의 연계성을 파악하는 능력 |
| | | | 적용력 | 30% | 제시문에 나타난 정보를 주어진 문제에 구체적으로 적용할 수 있는 능력 |
| | | | 종합적 사고력 | 40% | 주어진 정보를 논리적으로 통합하여 문제를 해결하는 능력 |
| | | | 면접태도 | 10% | 의사표현 방식과 면접에 임하는 전반적인 태도의 적절성 |
| 특기자전형 | 사이버국방학과 | 지원자의 제출서류와 고교재학 중의 활동 경험 관련 질문에 대한 답변을 토대로 자기계발의지 및 전공적합성 등을 종합적으로 평가함 | 자기계발의지 | 40% | 자기 주도적으로 구체적인 목표와 계획을 세우고 이를 끝까지 완수해 내려는 자세 |
| | | | 전공적합성 | 40% | 지원 전공에 관심을 두고 관련 활동을 수행해 온 정도 및 지원 전공의 특성을 이해하고 있는 정도 |
| | | | 면접태도 | 20% | 의사표현 방식과 면접에 임하는 전반적인 태도의 적절성 |
| | 디자인조형학부 | 창의활동보고서를 포함안 지원자의 제출서류와 고교재학 중의 활동 경험을 바탕으로 융합사고력과 전공적합성 등을 종합적으로 평가 | 융합사고력 | 40% | 인문, 수학, 과학, 공학 등 다양한 분야의 지식을 디자인조형 분야와 융합할 수 있는 능력 |
| | | | 전공적합성 | 40% | 지원 전공에 관심을 두고 관련 활동을 수행해 온 정도 및 지원 전공의 특성을 이해하고 있는 정도 |
| | | | 면접태도 | 20% | 의사표현 방식과 면접에 임하는 전반적인 태도의 적절성 |
| | 체육교육과 | 경기실적서류를 포함한 지원자의 제출서류와 활동경험을 바탕으로 체육활동 우수성, 전공적합성, 인성 등 미래 체육을 이끌어 갈 지도자로서의 기본 소양 등을 종합적으로 평가 | 체육전문성 | 50% | 종목에 대한 이해 및 팀 포지션(팀 기여도)에 대한 적합도 |
| | | | 발전가능성 | 25% | 향후 운동계획의 구체성과 성장가능성 |
| | | | 지도자소양 | 25% | 인성 및 태도, 지도자의 잠재적 가능성 |

- 제시문 기반 면접평가의 출제범위

| 전형구분 | 계열 공통 | 계열 | 교과(군) | 교육과정 과목명 | 비고 |
|---|---|---|---|---|---|
| - 계열적합전형<br><br>- 고른기회전형<br><br>- 재직자전형 | 국어, 수학,<br>영어,<br>통합사회,<br>통합과학,<br>과학탐구실험,<br>한국사 | 인문 | 국어 | 독서, 문학, 화법과 작문, 언어와 매체 | ※ 2025학년<br>도 수능 출제<br>범위 내 타 교<br>과(군)의 내용<br>이 포함될 수<br>있음 |
| | | | 사회<br>(역사, 도덕<br>포함) | 한국지리, 세계지리, 세계사,<br>동아시아사, 경제, 정치와 법, 사회문화,<br>생활과 윤리, 윤리와 사상 | |
| | | | 수학 | 수학Ⅰ, 수학Ⅱ, 확률과 통계 | |
| | | 자연 | 수학 | 수학Ⅰ, 수학Ⅱ, 미적분, 확률과 통계,<br>기하 | |
| | | | 과학 | 물리Ⅰ, 물리Ⅱ, 화학Ⅰ, 화학Ⅱ,<br>생명과학Ⅰ, 생명과학Ⅱ,<br>지구과학Ⅰ, 지구과학Ⅱ | |

- 계열적합전형 의과대학 상황제시문 기반 인·적성 면접평가(MIMI) 요소 및 비율

| 전형구분 | 모집단위 | 평가 요소 | 반영 비율 | 정의 |
|---|---|---|---|---|
| 계열적합<br>전형 | 의과대학 | 전공적합성 | 20% | 의학을 전공하는데 필요한 자질, 잠재역량 등 |
| | | 종합적 사고력 | 30% | 주어진 정보에 대한 분석력, 문제해결 능력 |
| | | 인성 | 40% | 의사로서의 윤리의식 및 가치관, 환자와의 공감능력 |
| | | 면접태도 | 10% | 의사소통 능력과 면접 태도의 적절성 |

※ 인·적성 면접평가(MMI)의 출제범위는 제시문 기반 면접평가의 자연계열과 동일함

【정시】

- 모든 전형 (의과대학)

  적성·인성 면접 : 의학을 전공하는 데 필요한 적성과 인성을 평가하며 별도 배점이 없음

- 재외국민 (정원외 2%) 전형

  제시문 기반 면접

더 자세한 사항은 고려대학교 홈페이지(http://www.korea.ac.kr)참조

16 성균관대학교

## 1. 교육목적

교육목표를 설정하고 이를 달성하기 위한 교육조직, 학사운영, 교육과정 등에 관한 사항을 규정함을 목적으로 한다.

## 2. 교육목표

학술의 심오한 이론과 응용방법의 교수, 연구와 유학정신을 바탕으로한 민주교육을 통하여 국가와 인류사회에 이바지할 지도적 인재 육성을 교육의 목표로 삼는다.

## 3. 학교 교훈

– 인의예지(仁義禮智)

## 4. 학교 상징

– 교목 / 은행나무

## 5. 인재상

– 인의예지의 품성과 신언서판(身言書判)의 능력을 갖춘 교양인

– 창의적 사고와 도전정신으로 디지털시대의 신 가치를 창출하는 전문가

– 인류사회에 공헌할 수 있는 글로벌 역량을 갖춘 리더

## 6. 면접평가 방법

【수시】

– 면접 방법 : 1명의 지원자를 대상으로 2인 이상의 면접위원이 블라인드 면접을 진행함

– 평가 내용

| 모집단위 | 면접방식 |
|---|---|
| 학과모집(교육학)<br>학과모집(한문교육)<br>학과모집(수학교육)<br>학과모집(컴퓨터교육)<br>학과모집(스포츠과학) | – 인·적성 평가 |

| 모집단위 | 면접방식 |
|---|---|
| 학과모집(의예과) | – MIMI(Multiple Mini Interview, 다중미니면접)를 통한 인·적성 평가 |
| 과학인재 | – 제시문 기반 수학/과학 교과형 면접<br>　수학: 공통 및 일반선택(수학Ⅰ, 수학Ⅱ, 미적분, 확률과통계), 진로선택(기하)<br>　과학: 공통 및 일반선택(물리학Ⅰ, 화학Ⅰ, 생명과학Ⅰ), 진로선택(물리학Ⅱ, 화학Ⅱ,<br>　생명과학Ⅱ) |

더 자세한 사항은 성균관대학교 홈페이지(http://www.skku.edu)참조.

## ⑰ 중앙대학교

### 1. 교육목적

　의와 참의 정신을 바탕으로 사회지도자로서 갖추어야 할 교양과 국가사회의 발전에 기여할 수 있는 전문적 지식을 기르고, 민족과 인류공영에 기여할 수 있는 열린 세계관을 지닌 인재 양성을 교육목적으로 한다.

### 2. 교육목표

　의와 참의 정신을 함양할 수 있도록 진리탐구의 정신을 지니고, 사회정의 구현을 위해 실천적으로 참여 봉사하도록 한다.

### 3. 사범대학 목표

　– 유능한 교사와 사회전반의 유능한 인재가 되기 위한 지식과 태도 및 기능을 습득하게 한다.
　– 봉사와 희생을 아끼지 않는 교사로서의 태도를 기른다.
　– 자기발전을 계속할 수 있는 능력을 기른다.

### 4. 학교 교훈

　– 의에 죽고 참에 살자

### 5. 학교 상징

　– 교수 / 청룡
　– 교색 / 파란색

## 6. 인재상

- 자율적 교양인
- 실용적 전문인
- 실험적 창조인
- 실천적 봉사인
- 개방적 문화인

## 7. 면접평가 방법

【수시】

- 학생부종합(CAU융합형인재)

  학업준비도 및 계열분야에 대한 탐구역량(교내활동 이해 수준 등)을 확인하기 위한 개인별 심층면접

  • 학교생활기록부를 기반으로 개인별 면접 질문을 합니다.

  • 단순한 학업 지식을 묻기보다는 학습 과정을 통해 충분히 원리를 이해하고 체득했는지 질문합니다.

  • 전공(계열)관련 심화된 경험이나 지식보다는 고등학교 수준에서의 관심과 탐구 능력을 확인합니다.

  • 질문에 대한 답변의 논리적 전개 능력 및 문제해결능력을 확인합니다.

| 평가모형 | 평가요소별 비율 | | 평가요소별 세부 내용 |
|---|---|---|---|
| 10 / 30 / 60 | 학업준비도 | 60% | • 교과에 대한 기본 개념 이해 및 활용 능력<br>• 지적 호기심을 바탕으로 관심 분야에 대해 주도적으로 탐구하려는 노력과 성취 수준 |
| | 전공(계열) 적합성 | 30% | • 전공(계열)에 대한 관심 및 준비 노력<br>• 진로 탐색에 대한 충실한 놀겨 및 발전 정도 |
| | 의사소통능력 및 인성 | 10% | • 답변의 논리적 전개 능력 및 문제해결능력<br>• 공동체의 일원으로서 지원자의 태도, 가치관 |

더 자세한 사항은 중앙대학교 홈페이지(https://www.cau.ac.kr)참조.

## 18 동국대학교

## 1. 교육목적

학술의 이론과 응용방법을 연구·교수하여 불교를 비롯한 한국문화의 세계화에 노력하며 민족

과 인류사회의 이상실현에 기여할 지도적 인재의 양성을 목적으로 한다.

## 2. 교육목표
- 도덕적 지도자
- 창조적 지식인
- 진취적 도전자

## 3. 학교 교훈
- 지혜(智慧), 자비(慈悲), 정진(精進)

## 4. 학교 상징
- 교수 / 코끼리
- 교화 / 연꽃

## 5. 면접평가 기준
【수시】
- 해당전형

| 구분 | | 반영단계 | 반영비율 | 반영점수 | |
|---|---|---|---|---|---|
| | | | | 최고점 | 기본점 |
| 학생부종합 | Do Dream, Do Dream(소프트웨어), 불교추천인재(불교대학), 기회균형통합, 특수교육대상자 | 2단계 | 30% | 300점 | 180점 |
| 학생부교과 | 특성화고등을졸업한재직자 (면접형) | | | | |

- 평가방법
- 평가위원 구성 및 면접시간

| 구분 | | | 평가위원 구성 | 면접 시간 | 비고 |
|---|---|---|---|---|---|
| 학생부종합 | Do Dream, Do Dream(소프트웨어), 기회균형통합, 특수교육대상자 | | 2인 1조 | 10분 내외 | |
| | 불교추천인재(불교대학) | | 2인 1조 | 12분 내외 | |
| | 불교추천인재 (불교대학 외) | 전공적합성/발전가능성/ 인성 및 사회적 평가 | 2인 1조 | 7분 내외 | 평가항목 구분, 수험생별 2회 면접 진행 |
| | | 전형취지적합성 평가 | 2인 1조 | 5분 내외 | |
| 학생부교과 | 특성화고등을졸업한재직자 (면접형) | | 2인 1조 | 7분 내외 | |

- 제출서류를 바탕으로 다음의 항목에 대하여 개별면접 실시

| 평가항목 | 평가내용 |
|---|---|
| 전형취지적합성 | • 전형별 인재상 부합도 평가<br>  − Do Dream/Do Dream(소프트웨어) : 주도적인 고교생활<br>  − 불교추천인재 : 건학이념 수행<br>  − 기회균형* : 주어진 환경 극복 |
| 전공적합성<br>(SW전공적합성) | • 고교 교육과정의 충실한 이수를 통한 기초학업능력 및 전공 관련 분야에 대한 관심도, 이해도 등을 평가<br>※Do Dream(소프트웨어) SW전공적합성 : 소프트웨어전공분야에 필요한 고교 교육과정 내 수학과 과학(교과 및 비교과)을 기반으로 한 역량 평가 |
| 발선가능성 | • 문제해결능력, 목표에 대한 의지 및 열정, 진로계획 등을 평가 |
| 인성 및 사회성 | • 면접태도, 공감능력, 의사소통능력, 수용능력 등을 평가 |

*「기회균형」 해당 전형 : 기회균형통합, 특수교육대상자, 특성화고등을 졸업한 재직자(면접형)

- 전형별 평가기준(배점)

| 평가항목 | Do Dream<br>불교추천인재, 기회균형* | | | Do Dream(소프트웨어) | | |
|---|---|---|---|---|---|---|
| | 반영비율 | 반영점수 | | 반영비율 | 반영점수 | |
| | | 최고점 | 최저점 | | 최고점 | 최저점 |
| 전공취지적합성 | 20% | 20점 | 12점 | 20% | 20점 | 12점 |
| 전공적합성(SW전공적합성) | 30% | 30점 | 18점 | 30% | 30점 | 18점 |
| 발전가능성 | 20% | 20점 | 12점 | 30% | 30점 | 18점 |
| 인성 및 사회성 | 30% | 30점 | 18점 | 20% | 20점 | 12점 |
| 계 | 100% | 100점 | 60점 | 100% | 100점 | 60점 |

*「기회균형」 해당 전형 : 기회균형통합, 특수교육대상자, 특성화고등을 졸업한 재직자(면접형)

- 평가절차

  ① 제출서류 기반 일반면접으로 1단계 합격자 발표 이후 수험생별 서류검토 및 면접 질문 출제기간 운영

  ② 2인의 평가위원이 10분 내외(불교추천인재전형 7분+5분)의 수험생별 개별면접

  ③ 평가위원별 개별점수의 평균점수를 반영총점으로 환산

    ◦산출방법

    | {(Σ 평가항목별 점수 ÷ 만점(100점))} × 반영총점 |
    |---|

  ※면접대상자 중 면접고사 결시자 및 면접평가점수가 일정 수준 이하인 경우는 선발대상에서 제외
  ※모집단위별 면접위원이 다른 경우 평가의 공정성 및 객관성을 위해 면접점수 표준화 시행

  더 자세한 사항은 동국대학교 홈페이지(http://www.dongguk.edu)참조.

## 1. 교육목적

수월성 있고 조화로운 교육을 통해 세계적 수준의 식견을 갖춘 전인적 인격의 지성인, 미래지향적 전문인, 공동체 발전의 선도자를 양성함.

## 2. 교육목표

WE人인재(글로벌 공통체의 이익 실현에 주도적으로 기여하는 창의 인재)의 양성

- 실천적 사회인 양성
- 창의적 전문인 양성
- 선도적 세계인 양성

## 3. 학교 교훈

- 성(誠) / 건전한 사랑 함양과 인격의 도야
- 신(信) / 학술의 심오한 이론과 응용방법을 연구 및 실천
- 의(義) / 국가 동량의 인재 양성으로 인류사회 발전에 기여

## 4. 학교 상징

- 교목 / 느티나무
- 교화 / 목련

## 5. 면접평가 기준

【수시】

- 평가 대상 : 학생부종합전형(KU자기추천, 특수교육대상자) 1단계 합격자

- 평가 방법
- 제출서류에 기초한 개별면접, 인성을 중심으로 학교생활 충실성을 종합평가
- 면접 대상자 중 면접 결시자와 면접평가 점수가 일정 수준 이하인 경우 선발대상에서 제외
- 면접 내용 : 서류 진위여부 확인 및 인성 평가

- 면접 형식
- 2인의 면접평가자가 지원자를 대상으로 서류기반 블라인드면접을 실시함(개인당 10분 내외)
- 평가기준 및 평가항목

| 학생부종합(KU자기추천, 특수교육대상자) 전체<br>(단, KU자유전공학부 제외) | | | 학생부종합(KU자기추천) KU자유전공학부 | | |
|---|---|---|---|---|---|
| 평가요소 | 반영비율 | 평가항목 | 평가요소 | 반영비율 | 평가항목 |
| 학업역량 | 30% | 탐구력 | 학업역량 | 20% | 탐구력 |
| 진로역량 | 40% | 전공(계열) 관련 교과 이수<br>노력 진로 탐색 활동과 경험 | 성장역량 | 50% | 자기주도성<br>창의적 문제해결력<br>경험의 다양성 |
| 공동체역량 | 30% | 협업과 소통능력<br>나눔과 배려 | 공동체역량 | 30% | 협업과 소통능력<br>나눔과 배려 |

더 자세한 사항은 건국대학교 홈페이지(http://www.konkuk.ac.kr)참조.

## Ⅱ 꼭 알아야 할 이슈 관련 교양 필수 용어 165선

### 01. 가상 현실(VR)과 증강 현실(AR)

가상 현실(VR)의 원어는 'Virtual Reality'로 그래픽 등을 통해 현실이 아닌 환경을 마치 현실과 비슷하게 만들어내는 기술로, 말 그대로 가상의 세계를 실제처럼 체험할 수 있도록 해주는 기술이다. 이를 체험하는 사람은 실제 상황인 것처럼 느끼게 되며, 기술력이 높을수록 더욱 리얼한 가상의 세계를 경험하게 된다. 가상 현실은 현실 세계를 그대로 재현해 몰입하는 기능을 한다. 증강 현실(AR)의 원어는 'Augmented Reality'로 3차원의 가상 이미지를 배경 이미지에 겹쳐서 보여주는 기술이다. 가상 현실과 다르게 현실의 이미지, 배경에 3차원의 가상 이미지가 결합하는 형태로 체험하는 사람은 보고 있는 실제 영상과 구분이 힘들다는 특징이 있다. 증강 현실은 실제 환경에 가상의 정보를 결합해 부가 정보를 제공하는 기능이다.

### 02. 가상 화폐

전자 화폐는 집적 회로(IC)가 내장된 플라스틱 카드형과 컴퓨터에 정보로 저장되는 네트워크형으로 나뉜다. 그중 가상 화폐는 네트워크형을 이야기한다. 가상 화폐는 각국의 정부나 중앙은행에서 발행하는 일반 화폐와 다르게 처음 고안한 사람이 만든 규칙에 따라서 가치가 정해지고, 실제 화폐와 교환된다는 것을 전제로 유통된다. 가상 화폐는 화폐 발행으로 발생하는 생산 비용이 들지 않고 거래 비용을 크게 절감할 수 있다. 또한 컴퓨터 하드디스크, SSD 등에 저장되기 때문에 보관 비용이 없고 도난, 분실의 우려가 적은 장점을 가진다. 그러나 거래의 비밀성이 보장되어 돈세탁이나 탈세 수단으로 악용될 가능성이 높다는 문제가 있다.

## 03. 가습기 살균제 사건

가습기 살균제(세정제)로 인하여 폐손상 증후군(기도 손상, 호흡 곤란, 기침, 급성 폐 손상, 섬유화 등)이 발생해 주로 영유아, 아동, 임신부, 노인이 사망한 사건이다. 1994년 최초의 가습기 살균제인 유공(현 SK케미칼)의 '가습기메이트'가 출시된 후 가습기 살균제로 인한 폐 손상이 원인으로 추정되는 사망 사건들이 2011년 4월부터 알려지기 시작했다. 당시 대학병원 중환자실에서 급성 호흡 부전 증상이 나타나는 중증 폐렴 임산부의 입원이 증가하고 있다는 신고와 이에 대한 조사 요청으로 역학 조사가 실시되었다. 이후 보건복지부와 질병관리본부는 폐 손상의 원인이 가습기 살균제(세정제)로 추정했지만 확실한 인과 관계를 찾지 못해 제품 수거에 나서지 않았다. 다음 해 역학 조사와 동물 실험 결과를 발표하며 가습기 살균제에 PHMG(폴리헥사메틸렌구아디닌) 인산염과 PGH(염화에톡시에틸구아디닌)의 독성을 확인하였다. 그러나 가습기 살균제의 위해성이 명백함에도 기업을 제재하거나 피해자들을 구제하는 대책이 제대로 이뤄지지 않았다. 검찰 수사는 사건이 발생한 지 5년이나 지난 2016년에서야 전담 수사팀이 구성되어 가해 업체인 옥시 등에 대한 처벌이 이루어졌다. 이후 2017년 8월 '가습기 살균제 피해 구제를 위한 특별법'이 시행되었고, 기존 가습기 살균제 피해 지원 대상에서 배제되었던 3단계, 4단계 피해자들에 대한 구제로 확대되었다.

## 04. 가쓰라-태프트 밀약

1905년 미국 육군장관 태프트와 일본 수상 가쓰라가 미국은 필리핀 일본은 대한제국에 대해 지배권을 갖는다는 것에 합의한 비밀 협약이다. 1904년 2월 시작된 러일 전쟁을 조속히 종결짓기 위해 미국의 루스벨트 대통령은 러시아와 일본의 강화를 중재했다. 그 결과 1905년 8월부터 미국의 포츠머스에서 러시아와 일본이 강화를 위한 회담을 시작했다. 그런데 강화 회담이 본격적으로 시작되기 직전에 태프트는 필리핀으로 가는 도중 일본에 입항했고, 일본 수상을 방문하여 비밀 협약을 체결했다. 비밀 협약의 주요 내용은 다음과 같다. 첫째, 일본은 필리핀에 관해 어떠한 공격적 의도도 가지고 있지 않으며, 필리핀 문제에 대해 전적으로 미국에 맡긴다. 둘째, 극동의 전반적인 평화를 유지하기 위하여 영국, 미국, 일본 등 3국 정부의 상호 양해를 형성한다. 셋째, 미국은 러일 전쟁의 귀결로 일본이 한국의 외교권을 제한할 수 있는 권한을 갖는 것에 동의한다. 이와 같은 내용의 가쓰라-태프트 밀약은 일제가 한국을 식민지 보호국화하는 것에 대한 미국의 긍정적인 입장을 확인해 주었다. 일제는 미국과 협약을 맺은 직후인 1905년 8월에 다시 영국과 제2차 영일 동맹을 체결했다. 일제는 미국, 영국과 각기 체결한 이 두 협약을 통해 대한제국을 일제가 강제로 속국화하는 것에 대한 동의를 획득한 것으로 간주하고, 1905년 11월 16일 을사늑약을 강제하여 한국을 식민지 보호국으로 만들었다.

## 05. 가짜 뉴스

　가짜 뉴스를 정의하는 것과 범위를 바라보는 의견은 다양하게 나뉜다. 언론사의 오보, 인터넷 루머 등 가짜 뉴스는 넓은 범위에서 혼란스럽게 사용된다. 전문가들은 가짜 뉴스의 명확한 기준을 정하고 범위를 좁히지 않으면 비생산적 논란만 가중된다고 이야기한다. 가짜 뉴스의 역사는 인류의 커뮤니케이션 역사만큼 길다. 인류의 역사는 가짜 뉴스에 대한 투쟁의 역사와 다르지 않다. 역사를 조금만 들여다봐도 가짜 뉴스의 사례는 무수히 많다. 백제 무왕이 만든 '서동요'는 선화 공주와 결혼하려고 그가 거짓 정보를 노래로 만들어 부른 가짜 뉴스다. 1923년 관동 대지진이 났을 당시 일본 내무성이 조선인에 대하여 악의적으로 허위 정보를 퍼뜨린 사례는 가짜 뉴스가 잔인한 학살로 이어졌다. 이와 같이 역사에서 항상 반복되는 가짜 뉴스가 뜨거운 감자로 나타난 것이 새삼스러워 보인다.

## 06. 각자도생

　각자가 스스로 제 살 길을 찾는다는 뜻의 한자성어다. 원래 조선 시대 기근(식량부족 사태)이나 전쟁 등 어려운 상황에서 백성들이 스스로 살아남아야 한다는 절박함에서 유래되었다. 브렉시트와 미국 트럼프대통령의 미국 우선주의 등을 빗댄 '글로벌 신고립주의'를 지칭하는 말로도 자주 사용된다. 해결능력이 없는 행정력, 평생직장 개념이 사라진 직장, 약화된 가족관계에서 믿을 건 나밖에 없는 세상에서 어떻게든 혼자 살아남아야 한다는 개인주의적 생존전략 의미를 가진다.

## 07. 갤러리족(Grally)과 좀비족(Zombi)

갤러리족은 주인 의식 없이 회사 생활을 구경꾼처럼 하는 회사원을 뜻하는 말이다. 갤러리족은 회사의 장기적 비전을 위하기보단 주어진 일만 처리한다. 새로운 프로젝트나 적극적인 의견 개진 등의 일은 회피하는 반면 자신의 휴가나 보너스 등에 관심을 가진다. 좀비족은 공동체나 조직체 내에서 자기 주체성을 가지기보단 객체적으로 방관하는 무사안일주의에 빠진 사람을 비꼬는 말이다. 직장인에 비유하면 직장에서 새로운 프로젝트나 아이디어를 구상하고 실천하기보단 요령과 처세술로 일거리를 늘리지 않으면서 소극적인 일 처리를 하는 직장인을 뜻한다.

## 08. 경로의존성

경로의존성은 과거에 만들어진 제도, 구조, 규격 등 한 번 일정한 제품이나 관행에 익숙해져 의존하기 시작하면 나중에 비효율적으로 되더라도 이를 벗어나지 못하는 현상이다. 법률이나 제도, 관습이나 문화, 과학적 지식이나 기술에 이르기까지 인간 사회는 한번 형성되어 버리면 환경이나 여러 조건이 더 좋게 변경되었음에도 종래부터의 내용이나 형태가 그대로 존속할 가능성이 있다. 이와 같이 과거 하나의 선택이 관성 때문에 쉽게 달라지지 않는 현상을 '경로의존성'이라고 한다. 쉽게 말하면 이게 안 좋든 그냥 익숙해서 계속 쓰는 것을 가리킨다. 단어가 좀 생소할 수 있지만 특별한 이점이나 이유 없이 지속되는 대다수 관습이나 관행이 경로의존성을 지닌다고 할 수 있다.

## 09. 경제협력개발기구(OECD–Organization for Economic Cooperation and Development)

OECD는 정부 간 정책 연구 협력 기구로 회원 각국의 경제 사회 발전을 공동으로 모색하여 나아가 세계 경제 문제를 공동으로 대처하기 위한 기구이다. OECD는 세계무역기구(WTO), 세계은행, 국제통화기금(IMF), G-7/8 등과 상호 간 보완하며 선진권을 중심으로 국제 경제 안정과 무역 확대에 힘써 왔으며, 1990년대 이후 비선진권을 대상으로 문호를 개방하여 영향력을 세계적으로 확대하고 있다.

## 10. 골디락스 행성

별 주변에는 너무 차갑지도 않고 뜨겁지도 않은 이른바 '골디락스(Goldilocks) 지대'가 있다. 생명체가 살아가는 데 가장 필요한 액체 상태의 물이 존재할 수 있는 조건을 갖춘 '생명체 거주 가능 영역'이라고 해서 외계행성을 탐색할 때 최 우선권을 두는 곳이다.

최근 지구행성과학 연구팀은 3D 기후변화 모델링과 대기 및 광화학을 처음으로 접목해 M형 왜성 주변 행성의 생명체 거주 가능성을 분석한 연구 결과를 내놓았다. 적색왜성으로도 불리는 M형 왜성은 태양보다 질량이 작고 중심온도도 낮다. 우리은하에 존재하는 별의 약 70%를 차지할 만큼 흔해 관측이 용이하며, 이 별을 도는 행성에서 생명체를 찾아낼 가능성이 가장 높은 것으로 여겨지고 있다. 그러나 골디락스 지대 안에 있는 행성이라고 해서 모두 생명체가 살 수 있는 조건을 갖춘 것은 아니다. 생명체가 존재하기에 부적합한 조건이 여전히 많기 때문이다.

## 11. 공무원 연금

교사가 될 여러분에게 있어 공무원 연금은 분명 문제가 될 것이다. 실제로 지난해 일부 교대에서는 면접 문제로 출제되기도 했다. 아무리 소명 의식을 갖고 교직을 택했다 할지라도 경제적인 문제 앞에서는 그 누구도 자유롭지 못하기 때문이다. 공무원 연금은 공무원의 퇴직 또는 사망과 공무로 인한 부상, 질병에 대하여 적절한 급여를 함으로써 공무원 및 그 유족의 생활 안정과 복리 향상에 기여하고 있다. 어찌 보면 요즘 같은 불경기에 공무원에 대한 관심이 높은 것도 이 연금 제도의 메리트 때문이라고 해석하는 사람들이 많다. 그런데 이 연금 제도가 공무원에게 불리하게 개정된다면, 분명 나름대로의 입장이 있어야 하지 않겠는가?

## 12. 공소 시효와 형의 시효

고등학교 사회 시간에 배운 공소 시효란 법률 용어는 검사가 범죄 행위의 종료 후 법이 정하는 일정한 기간 동안 범죄에 대하여 공소를 제기하지 않는 경우에 국가의 소추권이 소멸된다. 그와 달리 형의 시효는 형의 선고를 받은 자가 재판이 확정된 후 그 형의 집행을 받지 않고 일정한 기간이 경과한 때에는 그 집행이 면제되는 제도이다. 공소 시효와 형의 시효의 기간은 나라마다 다르지만, 범죄의 법정형이 무거울수록 그 기간을 길게 하는 것이 일반적이다.

## 13. 공유 경제

공유 경제란 물건을 '소유'의 개념에서 '공유'의 개념으로 변환된 것으로서, 하나의 생산된 제품을 여럿이 공유하는 협업 소비를 기본으로 적용하는 경제를 뜻한다. 전통 경제에서 발생되는 각종 문제점으로 인한 경제 위기와 더불어 환경 오염 문제까지 겹치면서 과소비를 줄이고 합리적인 소비를 위한 대책으로 2008년 세계 금융 위기를 거치면서 하버드 대학교의 로런스 레시그(Lawrence Lessig) 교수가 만든 새로운 경제적 개념이다. 미국의 시사 주간지인 《타임》은 공유 경제를 2011년 '세상을 바꿀 수 있는 10가지 아이디어'로 꼽았다.

## 14. 공익신고

주로 국민 건강과 안전·환경·소비자 이익과 공정한 경쟁을 침해하는 행위가 발생했거나, 발생할 우려가 있다는 사실을 신고·제보하거나 수사 단서를 제공하는 것을 말한다. 공익신고는 공익침해행위를 하는 기업이나 조직 내부에서 양심 있는 사람들이 하는 내부 고발 형태를 띤다. 국민권익위원회는 국민의 건강이나 환경, 안전 등에 심각한 위협이 되는 '공익침해행위'를 적극적으로 신고하게 하고, 이를 알리는 신고자를 철저하게 보호해 주기 위해 2011년 3월 29일 「공익신고자 보호법」을 제정, 6개월 후 시행에 들어갔다. 이에 따르면 불량식품 제조 판매, 친환경 농산물 허위 인증, 가격담합행위 등은 공익침해행위로 신고가 가능하다. 이때 신고자의 신분비밀은 철저히 보호되며, 신고로 인한 불이익이 생기면 이를 취소하도록 하는 보호조치도 받을 수 있다. 한편 신고접수기관은 ①공익침해행위를 하는 기관, 단체, 기업 등의 대표자 또는 사용자 ②소관 행정·감독기관, 수사기관, 국민권익위원회, 국회의원 ③공익침해행위와 관련된 법률에 따라 설치된 공사, 공단 등 공공단체 등에서 할 수 있다.

## 15. 구독 경제

신문이나 잡지를 구독하는 것과 같이 일정 기간 비용을 지불하고 상품과 서비스 등을 받는 경제 활동을 이야기한다. 지정 날짜에 주기적으로 해당하는 상품이 배달되기 때문에 매번 필요한 제품을 사는 번거로움을 덜어준다. 국내에는 2010년 전후로 도입되기 시작했고, 초반에는 화장품을 주로 사용했으나 점점 생활용품, 식음료, 홈쇼핑, 명품 의류 등으로 품목이 다양해지고 있다. 특히 구독 경제는 넷플릭스(무제한 스트리밍 서비스)의 성공 이후 크게 확산되고 있다. 최근에는 매달 일정의 금액을 지불하면 정해진 차량들 중 원하는 차량을 골라 변경해가며 이용할 수 있는 서비스도 생겨났다.

## 16. 국가직무능력표준[NCS–National Competency Standard]

박근혜정부가 들어서면서 중요한 국정 과제로 '국가직무능력표준'을 표방했다. 국가직무능력표준은 산업현장에서 직무를 수행하는데 요구되는 지식, 소양, 기술 등의 내용을 국가가 산업수준별, 부문별로 체계화된 것으로 산업현장의 직무를 성공적으로 수행하기 위하여 필요한 능력을 국가 차원에서 표준화한 것을 뜻한다. 정부가 청년들의 부담(스펙쌓기)을 줄이고, 직무능력중심 채용을 확산하려 2015년에 공공기관이 17,000명 정도의 신규직원을 채용하는데 3,000명 정도를 국가직무능력표준을 기반으로 직원을 채용했다.

## 17. 국민청원

청원권은 국민이 국가 기관에 대해 문서로 희망 사항을 청원할 수 있는 권리고, 헌법에 보장된 기본권 중 하나이다. 이러한 권리를 통해 청와대 국민 청원은 '국민이 물으면 정부가 답한다.'는 국정 철학을 지향·반영하기 위해 도입한 청와대가 활용하는 직접 소통 수단이다. 청와대 홈페이지에 청원을 등록하고 30일 동안 200,000개의 추천을 받으면 정부와 청와대 관계자들이 청원에 대한 답변, 청와대 입장을 제공하는 문재인 정부의 정책이다. 국민 청원의 모티브는 백악관의 시민 청원 사이트 '위 더 피플'이며, 과거 신문고와 다르게 질문을 가려서 받지 않기 때문에 유사한 정책들에 비해 신속성과 접근성이 뛰어나다.

## 18. 국제연합 교육과학문화기구(UNESCO)

1946년 창설된 국제연합 전문기구 중 하나로, 유네스코(United Nations Educational Scientific and Cultural Organization)라고 한다. 성별, 인종, 종교의 차별 없이 교육, 문화, 과학을 통해 국가 간의 협력을 촉진하여 정의와 법의 지배를 실현하고 기본적인 자유를 지키는 것을 목적으로 한다. 본부는 파리에 있고, 우리나라는 1950년 파리 총회 때 가입하여 1987년 10월 31일 제24회 총회에서 집행위원국에 선출됐다. 북한은 1974년 가입과 동시에 상주대표부를 설치했다. 우리나라는 불국사 석굴암, 종묘, 해인사 장경판전 등 3건이 처음으로 동시에 등재(1995년)되었고, 이후 계속해서 1997년에는 창덕궁과 수원 화성, 2000년에는 경주 역사 유적 지구, 고창·화순·강화 고인돌 유적, 2007년에는 제주 화산섬과 용암 동굴, 2009년에는 조선 왕릉, 2010년에는 하회마을과 양동마을, 2015년에는 남한산성이 등재되었다. 유네스코(UNESCO)가 1972년에 채택한 '세계 문화 및 자연 유산 보호 협약'에 따라서 인류가 공동으로 지켜야 하는 문화유산 및 자연 유산이다. 유네스코는 세계 유산을 문화유산·자연 유산·복합 유산으로 구분하여 등재하고 있다. 문화유산은 역사적·문화적으로 중요한 가치를 가진 유적이나 건축물, 장소를, 자연 유산은 지구의 역사와 문화를 잘 보여주는 자연 생태물이나 그것이 존재하는 장소 및 멸종 위기에 처한 동식물의 서식지를, 복합 유산은 문화유산과 자연 유산의 특징들을 동시에 충족하는 유산이다. 우리나라에서 제정한 상인 유네스코 세종대왕상은 국제문맹퇴치운동 활성화를 위해 문맹퇴치에 공로가 있는 기관이나 개인에게 수여하는데, 대상은 회원국 대표나 관련 기관의 추천을 통해 유네스코 사무총장이 위촉한 다수의 심사위원이 심사를 통해 매년 수상자를 결정한다.

## 19. 국회선진화법

국회선진화법은 따로 이 명칭의 법이 있는 것이 아니라 '2012년에 개정된 국회법'을 의미하는 것으로 2012년 5월 25일 공포되어 일부의 조항을 제외하고 30일부터 시행이 시작되었다. 국회의장의 직권 상정 요건 제한, 날치기 금지, 국회 폭력 금지, 국회의원의 겸직 금지, 패스트 트랙(여야 간 대립이 첨예한 법률 통과 시 정족수의 60% 이상 동의 필요) 등을 포함하고 있다. 여기서 핵심은 '국회의장의 직권 상정 요건 제한'과 '패스트 트랙' 조항이다. 우리나라에서 법이 만들어지는 과정에서 상임위 단계에서 발목을 잡혀 오랫동안 계류하거나 폐기되는 경우가 다반사다. 그래서 국회에서 과반 의석을 가진 정당은 법안을 통과시키려고 할 때 국회의장으로 하여금 직권 상정을 하게 해서 이 상임위 단계를 건너뛰고 바로 본회의로 올려 머릿수로 밀어붙여 통과시키는 방법을 쓸 때가 많았다. 본회의에 일단 올라가게 되면 과반 의석으로 가결시킬 수 있기 때문이다.

## 20. 그린워싱

그린워싱(Greenwashing) green과 white washing의 합성어로 기업이 실제로는 환경에 악영향을 끼치는 제품을 생산하면서도 광고 등을 통해 친환경적인 이미지를 내세우는 행위를 말한다. 이는 환경에 관한 대중의 관심이 늘고, 친환경 제품 선호가 높아지면서 생겨난 현상이다.

친환경적인 이미지를 상품 제작에서부터 광고, 판매 등 전 과정에 걸쳐 적용·홍보하는 그린 마케팅(Green Marketing)이 기업의 필수 마케팅 전략 중 하나로 떠오르면서, 실제로는 친환경적이지 않은 제품을 생산하는 기업들이 기업 이미지를 좋게 포장하는 경우가 생기고 있다. 이러한 기업들의 이율배반적인 행태를 고발하기 위해 미국의 다국적기업 감시단체인 코프워치(CorpWatch)는 매년 4월 22일 지구의 날에 '그린워싱 기업'을 선정하여 발표하고 있다. 포드자동차의 경우 1996년 5월호 Popular Science 지에 게재한 새 모델 Synthesis 2010의 광고가 대표적 그린워싱 광고로 선정된 바 있다. 도시의 열섬현상을 심화시키면서도 '지구가 더 시원해진다.'라고 광고하는 에어컨 회사나, 대안에너지 개발비용을 축소하면서 환경보호 정책에 동참하는 듯 홍보하는 기업들도 대표적인 사례라고 볼 수 있다.

## 21. 그림자 금융

은행과 비슷한 기능을 하지만, 중앙은행의 예금자 보호나 유동성 지원을 원활하게 받을 수 없어 시스템적인 위험성이 높은 금융 상품과 영역을 총칭한다. '그림자'라는 말은 은행 대출을 통하여 돈이 유통된 일반적인 금융 시장과 다르게 투자 대상의 구조가 복잡하여 손익이 투명하게 드러나지 않아 붙은 것이다. 투자 은행, 구조화 투자회사(SIV), 헤지 펀드 등의 금융 기관과 환매조건부채권(RP), 머니마켓펀드(MMF), 자산유동화증권(ABS) 등의 금융 상품이 해당한다. 일반적으로 그림자 금융은 비은행 금융 기관의 중요한 자금 조달의 역할을 수행해 은행 기능을 보완한다. 그러나 투명성이 낮아 손실의 정확한 파악이 어려우며, 자금 중개 경로가 복잡하여 금융 기관 간 위험이 서로 전이될 위험성을 안고 있다. 그림자 금융은 2008년 글로벌 금융 위기를 확산시킨 원인으로 지목되어 비판의 대상이 되기도 했다.

## 22. 기회비용

여러 가지 경우의 수에서 하나를 선택했을 때 그 선택으로 인해 포기하게 되는 가치를 표시한 비용이다. 제한된 자원으로 생산 활동 또는 소비 활동을 하는 경제생활에서 경제 활동은 다른 경제 활동을 할 수 있는 기회를 희생하여 이루어진다. 이러한 기회비용은 대치비용 또는 이전비용이라고도 한다.

## 23. 기후 변화 협약

지구 온난화를 방지하기 위해 모든 온실가스의 인위적인 방출을 규제하기 위한 협약으로 정식적인 명칭은 '기후변화에 관한 유엔 기본 협약'이다. 지구 온난화를 유발하는 온실가스에는 메탄, 탄산가스, 염화불화탄소, 이산화질소 등 여러 물질이 있는데, 이 중 인위적인 요인으로 인해 배출량이 가장 많은 물질은 탄산가스이기 때문에 주로 탄산가스의 배출량을 규제하는 것에 초점이 맞춰져 있다. 기후 변화 협약은 생물 다양성 협약과 더불어 1992년 6월 리우 회담에서 채택되고, 1994년 3월 21일 발효됐다. 현재 가입국은 189개국으로 우리나라는 1993년 12월에 가입했고, 1994년 3월부터 적용받았다. 가입국이 되면 온실가스를 줄이는 노력과 더불어 관련 정보를 공개해야 한다.

## 24. 나비 효과(Butterfly effect)

어떤 일이 시작될 경우 아주 작은 미묘한 차이가 결과에 있어서 아주 큰 영향력을 만들 수 있다는 의미로, 다시 말해 북경 나비의 날갯짓으로 미국 텍사스에 허리케인이 발생할 수 있다는 이론이다. 나비 효과는 미국의 기상학자인 에드워드 로렌츠가 1963년 컴퓨터로 기상을 모의 실험하던 도중 초기 조건의 값이 미세한 차이가 증폭되어 판이한 결과가 나타난 것을 발견하여 알려졌다. 나비 효과가 확인되면서 후에 카오스 이론의 토대가 되었다.

## 25. 낙태죄 폐지

낙태죄란 태아를 인공적으로 모체에서 죽이거나 조산시키는 죄로 1953년에 대한민국 최초의 형법이 제정될 때부터 규정되었다. 낙태한 여성을 처벌하는 자기낙태죄, 임신한 여성의 동의를 받아 수술한 의료진들을 처벌하는 동의낙태죄로 구분된다. 낙태를 찬성하는 입장은 임신한 여성의 입장에서 판단해야 하고, 만약에 여성이 지금 아이를 낳을 수 없는 상황에선 낙태를 할 수 있어야 한다고 이야기한다. 반면에 낙태를 반대하는 입장은 임신한 여성의 입장보다 배 속 태아의 입장을 우선적으로 생각해야 하고, 태아도 하나의 생명으로 함부로 해쳐선 안 된다는 이야기이다. 최근 낙태에 대한 처벌 조항은 66년 만에 사실상 폐지에 접어들었다. 특히 임신 초기의 낙태는 전면적으로 허용해야 한다는 재판관들의 주장이 강하게 제기되었다.

## 26. 내셔널트러스트

시민들의 자발적 모금·기부·증여를 통해서 보존 가치가 있는 자연 자원과 문화 자산을 확보해 시민들의 주도로 이뤄진 영구 보전·관리하는 민간단체다. 기본적으로 조직에서 보호·보존 가치가 있는 대상의 소유권을 확보해 보전한다. 1800년대 후반 산업혁명이 영국에서 일어나자 파괴와 훼손이 심화됐고 이에 보호 대상을 소유하는 것으로 맞섰다. 이후 1907년 영국에 내셔널 트러스트법이 설립돼 단체의 기초를 확립하였다. 국민신탁운동과 유사한 말로 우리나라에선 1990년대 후반부터 활동이 시작됐고, 2000년 1월 첫 단체인 한국내셔널트러스트가 설립됐다.

## 27. 넛지 효과

넛지(nudge)는 '옆구리를 슬쩍 찌른다.'는 뜻으로 강요하지 않고 유연하게 개입하여 선택을 유도하는 방법을 뜻한다. 이처럼 부드러운 개입을 통하여 타인의 선택을 유도하는 것인 넛지라는 단어는 행동 경제학자인 시카고대학 리처드 탈러 교수와 하버드대학 로스쿨 카스 선스타인 교수의 공저인 《넛지》에 소개돼 유명해진 말이다. 이들에 의하면 강요하지 않고 자연스럽게 선택을 유도하는 힘은 생각보다 큰 효과가 있다. 예시로는 의사가 수술하여 살아날 확률이 90%라고 말하는 경우와 수술하여 죽을 확률이 10%라고 말하는 경우 중 죽을 확률을 말하면 대다수의 환자가 수술을 거부한다고 했다. 또한 네덜란드 암스테르담의 공항에 남자 화장실의 소변기 중앙에 파리 그림을 그려 놓았더니 소변이 변기 밖으로 튀는 양이 80%나 줄어들었다고 한다.

## 28. 노브랜드(No Brand)

노브랜드는 제네릭 브랜드(generic brand)라고도 한다. 가정용 식품과 일용 잡화품 등을 중심으로 상표를 붙이지 않고 그 상품의 명칭과 법률로 정해진 사항만이 기재하고, 반드시 필요한 기능만을 남긴 채 제품의 포장과 디자인, 그리고 이름까지 최소화한 상품으로 매우 저렴한 것이 특징이다. 대형 소매업자들이 독자적으로 만든 자체 브랜드로, 백화점이나 대형 슈퍼마켓과 같은 대형 소매업체에서 각 매장의 특성과 고객의 성향을 반영하여 독자적으로 만든 자체 브랜드인 PB 제품이다.

원진재단이 운영 중인 병원이며 진보적인 병원경영을 표방하고 있다. 대한민국 유사 이래 최악의 산업재해로 꼽히는 원진레이온 사태의 이황화탄소 중독 피해자들에 대한 보상지원의 일환으로 설립된 병원이다. 설립자인 양길승 원진재단 이사장은 참여연대 초대 시민위원장 이력이 있는 사회운동가이다. 2021년부터 비정규직 없는 병원이라는 기치 아래 병원에서 근무하는 모든 노동자를 정규직으로 전환하는 정책을 펼쳐 의료계 노사합의의 긍정적 사례로 자주 언급되고 있다.

## 30. 능력주의

승진·보수 등에 관하여 능력에 의한 평가를 준거(準據)로 하며, 능력 있는 자는 보다 빨리 승진시키고 보다 많은 보수를 지급하는 것을 원칙으로 하는 인사행정의 한 접근방법. 성적주의(成績主義)의 원칙이라고도 하며 연공제(年功制)와 대조되는 개념이다. 합리주의를 강조하는 현대사회에 있어서 광범하게 받아들여지고 있는 인사행정의 원천이기는 하나 능력의 평가·평정의 문제점이 있고 연령과 경험을 경시하게 되기 때문에 학교사회의 경우 교원들 사이에 있어서 심리적인 저항감을 불러일으키기 쉽다. 따라서 능력주의와 연공제를 절충하는 제도가 보다 광범하게 적용되는 경향이 있다. 한국의 교원 인사행정에 있어서도 능력주의의 원칙이 어느 정도 도입 적용되고 있으며, 그것은 교원들의 근무평정(勤務評定)제도에 나타나 있다.

## 31. 님비 현상

님비 현상은 Not In My Backyard의 약어로, 이기주의적 의미로 통용된다. 늘어나는 산업 폐기물, 핵폐기물, 범죄자, AIDS 환자, 마약 중독자 등을 수용하거나 처리하는 시설의 필요성을 알면서도 이들이 '남의 뒷마당'에서 이뤄지는 것을 원하는 자기중심적 공공성 결핍증이다. 님비 현상은 지방 자치제를 실시하면서 더욱 두드러지게 나타나고 있다.

## 32. 다문화 주의

1970년대 초 캐나다에서 처음 '다문화주의'라는 용어가 사용되었다. 이 후, 인종, 장애인, 소수자 집단까지 적용 범위가 확대되었다. 다문화주의는 국적, 체류자격, 인종, 문화, 성별, 연령, 계층적 귀속감에 관계없이 모든 사람이 보편적 권리를 가지며, 그들의 삶의 방식이 존중되어야 한다는 이론이다. 다문화에 대한 관심은 이주자를 차별과 배제에서 사회 일원으로 인정하고, 동등한 공존과 참여가 강조되는 것이라 볼 수 있다. 우리나라의 경우, 다문화주의는 경제주의와 온정주의가 결합된 형식으로 정의하고, 우리나라의 다문화 역사와 현재의 실정에 맞는 다문화주의에 대해서도 논의되고 있다.

## 33. 다크 투어리즘

다크 투어리즘(Dark Tourism)이란 1996년 잡지《International Journal of Heritage Studies》의 특별호에서 처음 사용되었다. 2000년 영국 스코틀랜드 글래스고 칼레도니언 대학(Glasgow Caledonian University)의 존 레넌(John Lennon)과 맬컴 폴리(Malcolm Foley) 교수의 공저인《Dark Tourism》이 출간되면서 널리 쓰이게 되었다. 전쟁과 학살 등 비극적인 역사의 현장이나 커다란 재난과 재해가 일어났던 장소를 돌아보며 교훈을 얻기 위해 떠나는 여행을 의미하는 말이다. 블랙 투어리즘(Black Tourism), 그리프 투어리즘(Grief Tourism)이라고도 하며, 우리나라 국립국어원에선 '역사 교훈 여행'으로 우리말 다듬기를 했다. 대표적인 다크 투어리즘 장소로는 제2차 세계대전 약 400만 명이 학살됐던 폴란드에 있는 아우슈비츠 수용소이다. 세계 문화유산으로 지정된 아우슈비츠 수용소는 현재는 박물관으로 바뀌었는데 방문객들은 이곳에서 생체 실험실, 가스실, 고문실, 화장터, 처형대와 함께 희생자들의 머리카락, 신발, 옷가지가 담겨있는 거대한 유리관 등을 보고, 나치의 잔학상을 기록한 영화 등을 관람한다.

## 34. 데이터 3법

개인정보보호법, 정보통신망법, 신용정보법의 개정안을 일컫는 말로, 이 3가지 법 개정안은 개인 정보 보호에 관한 법이 부처별로 나뉘어 있어 발생하는 중복된 규제를 없애 4차 산업혁명에 맞춰 개인과 기업이 정보를 활용하는 폭을 넓히기 위해 마련됐다.

## 35. 데이터 경제

데이터의 활용이 다른 산업 발전의 촉매역할과 새로운 가치를 창출하는 시대의 경제를 의미한다. 산업화 시대의 석탄과 석유와 같은 자연자원과 대등하게 데이터는 21세기의 원유로 각광받고 있다. 데이터 경제는 콘텐츠, 소프트웨어, 하드웨어 산업 등 여러 후방산업을 견인하기에 편리한 데이터 접근 생태계를 조성하고, 오픈 소스 운동 등 오픈 데이터 정책이 필요하다.

## 36. 데이터교

데이터교는 우주가 데이터의 흐름으로 이뤄졌고, 어떤 현상이나 실체의 가치는 데이터 처리에 따라 결정된다고 주장한다. 실존하는 종교가 아니라 대부분 과학자들이 그렇다고 생각하는 것이다. 전자 알고리즘을 설계하는 컴퓨터 공학과 유기체를 생화학적 알고리즘으로 보는 생명과학이 합쳐지면서 생겨난 개념이다. 이러한 관점에서는 인간도 데이터를 만들어 처리하는 하나의 생화학적 알고리즘이고, 인간이라는 생물은 컴퓨터와 같은 단일한 데이터 시스템으로 개인은 그 시스템을 구성하는 반도체 칩이라는 것이다.

## 37. 도덕주의 오류

도덕주의 오류란 도덕적인 전제를 통해 결론을 내리는 비형식적 오류로 당위가 현상이 되는 오류이다. 도덕주의 오류는 자연주의 오류를 뒤집어 놓은 오류라고 볼 수 있다. 도덕적 판단을 기반으로 결론을 만들어내기에 과학적 사실이나 진실을 무시하게 되고, 정치적 올바름을 주장하는 사람들에게서 자주 발생한다. '인간은 모두 평등하다. 따라서 모든 인간은 능력의 차이가 존재하지 않는다.'는 대표적인 도덕주의 오류의 예시이다. '인간은 모두 평등하다.'라는 도덕적 당위가 나오고, '따라서 모든 인간은 능력의 차이가 존재하지 않는다.'라는 왜곡된 결론이 나오는 것이 도덕주의 오류이다.

## 38. 디자인 씽킹(Design Thinking)

디자인 씽킹은 디자이너의 업무 프로세스와 사고방식에서 유래된 것이지만 최근에는 다양한 문제를 해결하기 위한 창의적인 방법으로 인식된다. 기업에선 사용자 중심의 신제품 아이디어를 개발하여 비즈니스를 혁신적으로 이끄는 도구로, 교육 부문에서는 창의적인 사고력과 문제 해결 능력을 향상시키기 위한 방법으로 활용된다. Google, IBM, GE, Airbnb, SAP 등 글로벌 기업과 스탠포드대학, 포츠담대학, 토론토대학을 비롯하여 국내에서도 많은 기업과 학교에 디자인 씽킹이 확산되고 있다. 생산이 중요한 시대에서는 아이디어를 시각적으로 보여주는 일이나 과정, 혹은 결과물을 말했다. 하지만 디자인 씽킹은 마인드 셋, 사고의 방식이며, 인간 중심의 생각을 디자인하는 영역이다.

## 39. 디지털 노마드(Digital Nomad)

디지털 노마드는 1997년 프랑스 경제학자인 자크 아탈리가 《21세기 사전》에서 처음으로 소개한 용어이다. 주로 노트북이나 스마트폰 등을 이용하여 장소에 상관없이 여기저기 이동하며 업무를 보는 사람을 일컫는다. 2010년 초반부터 언제, 어디서나 본인의 기기를 통해 근무하는 'BYOD(Bring Your Own Device)' 바람이 불었다. 인터넷에 연결되는 기기가 급속도로 늘어나고, PC가 책상에서 벗어나 무릎 위, 손바닥 안으로 들어와서 생긴 변화다. 특정 직업을 가진 사람에게만 한정되는 얘기가 아니다. 프로그래머, 디자이너, 마케터, 컨설턴트, 교사 등 다양한 직업을 가진 사람이 본인이 원하는 곳에서 근무를 했다. 마음만 먹으면 본인의 기기를 가지고 얼마든지 회사의 업무를 처리할 수 있는 세상이 되었다. 디지털 노마드는 BYOD 환경에서 더 진화되었다. 단순히 일하는 장소만 자유로운 것이 아니라 생활 터전도 자유롭다. 서울에 집을 구하고 서울 여기저기서 일하는 것이 아니라 서울에서 생활하면서 일하다가, 제주도에서 일하다가, 어느 날은 부산, 또 다른 날은 해외에서 지내면서 일하는 식이다. 고정된 공간과 생활 환경에서 벗어나 도서관, 캠핑카, 커피숍 등 일할 수 있는 장소라면 어디든지 찾아가서 원격으로 일할 수 있다. 이런 유목민과 같은 특징 때문에 디지털 노마드를 '신유목민'으로 부르기도 한다.

## 40. 디지털 성범죄

디지털 성범죄(Digital Sexual Crime)는 정보 통신 기술 및 디지털 기기를 매개로 온오프 라인에서 발생하는 성범죄를 가리킨다. 유의어로 사이버 성폭력, 온라인 성폭력이라고도 한다. 하지만 이는 통신 환경이 기반되는 정의이기에 인터넷을 통해 이루어지는 유포, 소비, 참여만을 규정하는 한계가 있다. 최근 우리나라에서 일어난 디지털 성범죄인 n번방 사건은 2018년 하반기부터 2020년 3월 현재까지 텔레그램, 위커, 디스코드, 와이어, 라인 등의 메신저를 이용하여 '스폰 알바 모집'과 같은 글을 게시하여 피해자들을 유인하고, 얼굴이 나오는 나체 사진을 받아 이것을 빌미로 협박해 성 착취물을 찍게 하여 유포한 성 착취, 디지털 성범죄 사건이다.

## 41. 러다이트 운동(Luddite Movement)

노동자에 의한 기계를 파괴한 운동으로 영국에서 18세기 말에서 19세기 초에 일어난 기계 파괴 운동이다. 당시 산업혁명으로 인해 기계 사용 증가로 수공업 관련 노동자들이 실업자로 전락하였다. 이에 노동자들은 기계가 자신들을 실업자로 만들었다고 기계를 파괴하였다. 이는 당시 어려운 상황에 처한 노동자들이 실현한 반자본주의 운동으로 초기의 노동 운동이라는 점에서 의미가 있다.2016년 알파고와 이세돌 9단의 대결에서 알파고의 승리 소식이 전해지자 SNS 등 다양한 인터넷 공간에는 기계 발달에 따른 인간 소외 현상을 우려하는 목소리가 잇따랐다. "인공 지능을 대상으로 러다이트 운동을 다시 해야 하는 것 아니냐?"는 걱정도 나왔다. "이제 프로 바둑 기사들이 러다이트 운동을 벌여야 한다."는 말부터 "인공 지능과 로봇이 보편화된 사회가 도래하면 이로 인한 실업자들이 분노해 '제2의 러다이트 운동'이 일어날 수 있다."는 구체적인 우려도 있다.

## 42. 루시퍼이펙트

루시퍼 이펙트는 필립 조지 짐바르도가 스탠포드대학교에서 진행한 모의 감옥실험에서 발견한 내용을 정리한 것으로, 2008년에 책으로 출간되었다. 이 실험에서 짐바르도는 24명의 미국과 캐나다 출신 중산층의 정신적인 문제가 없고 잘 교육받은 남성을 선발하여 모의 감옥에서 간수와 죄수의 역할을 부여하였다. 각각 역할에 맞는 복장을 입었고, 간수는 죄수를 통제할 권리가 있음을 설명하면서 역할에 몰입할 수 있도록 했다. 원래 2주간 진행될 예정이었던 실험은 시간이 지나면서 간수들이 가학적이고 잔인한 행동을 보이고 죄수들이 극심한 우울감, 무기력감, 두려움을 나타내 실험 6일 만에 중단되었다. 이 기간 동안 간수들은 죄수의 역할 학생들에게 모욕감을 주는 행위를 강요하고, 생리적 현상을 통제하는 등 과도하게 몰입하는 경향을 보였다. 이 실험은 윤리적인 문제로 인해 비판을 받기도 했지만 사회적인 상황과 인간의 본성에 대한 통찰을 제공한 것으로 평가 받았다. 2004년 이라크에서 일어난 미군의 이라크포로에 대한 잔혹행위를 심리학적 분석하는데 중요한 역할을 했다. 짐바르도는 당시 심리학 전문가로 참여했고, 이 사건이 스탠포드대학교 감옥 실험의 실사판으로 볼 수 있다고 설명했다.

## 43. 링겔만 효과

집단의 구성원 증가와 집단의 역량이 비례되지 않는 현상을 일컫는다. 다시 말해 집단의 규모가 증가할수록 개인의 역량이 감소하는 개념으로 시너지 효과의 반대되는 개념이다. 독일의 심리학자 맥시밀리언 링겔만의 실험에서 나타난 개념이다. 링겔만은 집단에 속한 개인의 공헌도를 측정해 보기 위해 줄다리기로 실험했다. 실험에 따르면 2명이 속한 그룹에서 개인이 발휘하는 힘의 크기는 본인의 힘의 93%였지만 3명이 속한 그룹에서 개인이 발휘하는 힘의 크기는 본인 힘의 85%로 떨어졌다. 링겔만은 줄다리기에 참여하는 참가자가 증가할수록 각 개인이 들이는 힘이 줄어드는 현상을 발견했다. 이는 개인이 여러 명 중에 한 사람에 불과할 때는 본인의 전력을 모두 쏟지 않는다는 것을 의미했다. 링겔만 효과는 기업 경영에서 조직을 구성하는 전략에 활용되는데, 예를 들어 유능한 인재를 일정 인원 이상 팀에 배치하지 않는 형태나 팀을 소수로 구성하는 것이 있다.

## 44. 매카시즘

1950년대 미국에서 일어난 반공사상(反共思想)으로, 현재에는 반공주의 성향이 강한 집단에서 정치적 반대자나 집단을 공산주의자로 매도하려는 태도를 지칭하는 말로 쓰인다. 매카시즘은 공화당 상원의원으로 조지프 레이먼드 매카시(Joseph R. McCarthy)의 이름에서 나온 말이다. 1950년 매카시는 '국무성 안에 205명의 공산주의자가 있다'는 발언을 했으며, 이 발언이 발단이 되어 미국은 수년 동안 이에 대한 논란으로 들끓었다. 매카시는 국무부의 진보적 성향을 띤 100여 명에 대해 추방을 요구했으며 많은 지도층 인사들을 공산주의자로 몰아 공격하였다. 특히 1938년 하원에 설치된 비(非)미활동위원회를 중심으로 펼쳐졌는데, 반대파 정치인들을 공산주의자로 몰아 공격하는 것은 물론, 루즈벨트 대통령의 뉴딜과 트루먼 대통령의 페어딜 등 복지국가를 지향하는 진보주의 정책까지 공산주의와 연계시켜 심판대에 올렸다. 매카시 여파는 또 예술계와 언론계에까지 미치면서 심각한 인권침해 문제를 낳았다. 할리우드 영화계와 방송계의 작가·감독·연예인 가운데 수십 명이 공산주의자라는 명예를 쓰고 블랙리스트에 올라 일자리를 잃었다. 그러나 지배층의 보수 강경 분파가 전시 총동원체제로부터 전후체제로 순조롭게 체제를 재편성하고 헤게모니의 기반을 다지고자 의도적으로 일으켰던 이 공산주의자 사냥은 미국 국내외로부터, 심지어 당 안에서도 격렬한 비판에 부딪혀 국제관계에서의 긴장 완화와 더불어 점차 수그러들었고 매카시는 1954년 12월 분과위원장직에서 해임되었다. 당시 국무장관 덜레스를 비롯한 많은 사람들이 매카시즘의 공포에 떨었고, 그 때문에 미국의 외교정책이 필요 이상으로 경색된 반공노선을 걷게 되었다. 유력한 정치가나 지식인들도 매카시즘에 두려움을 느끼고 그에 반론을 제기하지 못하였다. 그러나 매카시는 상원 외교관계위원회의 조사를 받으면서도 그가 말한 공산주의자가 누구인지 전혀 밝혀내지 못했다.

## 45. 머신 러닝과 딥 러닝

머신 러닝은 컴퓨터가 방대한 양의 데이터(빅데이터)를 스스로 학습하여 축적하는 기술로 인공 지능 스스로 데이터를 분류, 정리, 학습하여 새로운 결과를 만드는 기술이다. 딥 러닝은 머신 러닝의 일종으로 결과를 도출하기 위해 데이터를 모으는 중에 필요하지 않은 것은 버리고 연관성을 찾아 자율적으로 학습할 수 있는 것으로 사람이 생각하는 것과 같이 다양한 단계의 사고 과정을 거치면서 정교한 결과를 산출할 수 있다. 딥 러닝 기술을 활용하면 사물을 가르치지 않아도, 개와 고양이를 컴퓨터 스스로 구분해낼 수 있다.

## 46. 메타버스

메타버스는 '가상'과 '초월'을 의미하는 영단어 '메타'(Meta)와 우주를 의미하는 '유니버스'(Universe)의 합성어다. 현실과 같은 사회·경제·문화 활동이 이루어지는 3차원의 가상세계를 의미한다. 메타버스는 가상현실(VR)보다 더 진화한 개념으로, 아바타를 활용하여 단지 게임이나 가상현실을 즐기는 것 뿐 아니라 실제 현실과 같은 사회·문화적 활동이 가능하다는 특징이 있다. 메타버스는 1992년 닐 스티븐슨(Neal Stephenson)이 소설《스노 크래시(Snow Crash)》에 언급하여 처음 등장한 개념이다. 이 소설에서 메타버스는 아바타를 통해서만 들어갈 수 있는 가상세계를 의미한다. 이후 2003년 린든 랩(Linden Lab)이 출시한 3차원 가상현실을 기반으로 하는 '세컨드 라이프(Second Life)' 게임이 인기가 생겨 메타버스가 유명해졌다. 특히 메타버스는 5G 상용화와 2020년 코로나19 팬데믹 상황에서 더욱 확산되기 시작했다. 다시 말해 5G 상용화와 함께 가상현실(VR)·증강현실(AR)·혼합현실(MR) 등의 기술이 발전했고, 코로나19로 비대면·온라인 추세가 확산되면서 더욱 메타버스가 주목받게 되었다.

## 47. 무인 자동차와 자율 자동차

무인 자동차는 자동차 스스로가 위치를 파악하고 장애물을 인식하는 감지 시스템을 이용해 명령을 내리는 중앙 제어 장치에 따라 감속, 가속, 조향 등 필요한 작동을 하는 자동차를 말한다. 진로 및 장애물의 인식에 대한 기술이 중요하며, GPS(Global Positioning System) 장치와 도로에 부착된 신호를 이용해 진로를 인식하는 방법 등이 연구되고 있다.자율 주행차는 운전자가 브레이크, 핸들, 가속 페달 등을 제어하지 않아도 도로 상황을 파악하여 자동으로 주행하는 자동차를 말한다. 정확하게는 무인 자동차(driverless car)와 다른 개념이지만 혼용하여 사용되고 있다.우리나라에서는 2016년 2월 12일 자동차관리법이 개정되어 시행되면서 자율 주행차의 실제 도로 주행이 가능해졌다. 현대 자동차 제네시스는 실제 도로 주행을 허가받은 첫 번째 차로 국토교통부가 지정한 고속도로와 수도권 등을 시험 운행하였다.

## 48. 물곰(곰벌레)

물곰은 모습부터 능력에 이르기까지 실존한다고 보기에는 너무 놀랍다. 요정이나 유니콘이 묘사되는 세계처럼 새로운 문학적 창조물로 간주될 수 있다. 하지만 물곰은 말과 나비만큼 현실적인 생물이다. 이처럼 특이한 생김새의 미생물은 습기 찬 지역에서 주로 서식하지만, 작은 크기 때문에 육안으로 관찰되지 않는다. 물곰은 과학 실험과 연구의 대상이 되었으며 이들에 관한 주요 논점은 바로 고온, 저온, 초저온, 우주 공간, 저산소 환경을 아우르는 거의 모든 대기에서 살아남는 능력을 지녔다.

## 49. 미니멀 라이프(바이바이 센세이션)

일상생활에 필요한 최소한의 물건만 두고 살아가는 삶을 일컫는다. 그러나 일부에서는 바이바이 센세이션(Bye-Buy Sensation)인 새로 사기 위해, 새로 살기 위해 버리는 삶을 사는 소비자가 늘고 있는 역설적인 현상으로 이어지기도 한다. 정리하고 버리는 소비자가 늘고 있지만, 이것은 오히려 새로운 물건을 구매하는 최적의 이유가 되기 때문이다.

## 50. 미투 운동

미투 운동은 성폭행이나 성희롱을 고발하는 운동으로 미국에서 시작되었다. 2017년 할리우드 유명 영화제작자(하비 와인스틴)의 성 추문을 폭로하고 비난하기 위하여 SNS에 해시태그(#MeToo)를 다는 것으로 대중화됐다. 직장에서의 성폭행 및 성희롱을 SNS를 통하여 입증하며 보편화됐다. 해시태그 운동을 최초로 독려한 사람은 사회운동가(타라나 버크)이다. 이후 알리사 밀라노가 여성들의 여성혐오 및 성폭행 경험 등을 보다 쉽게 공개하도록 하여 대중화되었다. 수많은 저명인사 및 일반인들이 이를 통해 자신의 경험을 공개했다. 이러한 움직임은 수치심을 이유로 외면하려 했던 수많은 성적 모독들을 수면 위로 끌어냈다.

## 51. 미필적 고의

대표적인 법률 용어이다. 자기의 행위가 어떠한 범죄 결과의 발생 가능성이 있음에도 그 행위를 하는 것을 말한다. 이것은 자신의 행위가 죄의 성립 요소에 해당할 가능성이 있다고 판단하고 결과를 예측하여 그 행위를 하는 것을 말한다. 형법 제13조에서는 '죄의 성립 요소인 사실을 인식하지 못한 행위는 벌하지 아니한다. 단, 법률에 특별한 규정이 있는 경우에는 예외로 한다.'고 규정한다. 그러므로 이는 원칙적으로 고의 행위만을 처벌하기 때문에 처벌의 대상이 된다. 여러분이 교단에 섰을 때에도 학생들을 통해서 얼마든지 교육 현장에서 경험할 수 있을 것이니, 각별하게 익혀두어도 좋은 용어이다.

## 52. 민식이법

민식이법(어린이 보호 구역에서 어린이 치사상의 가중 처벌)은 2019년 12월 24일에 신설되어 2020년 3월 25일부터 시행되었다. 이 법에 따라 어린이 보호 구역에서 안전에 유의하면서 운전하여야 할 의무를 위반하여 교통사고로 어린이를 상해, 사망에 이르게 한 경우 합의나 보험에 관계없이 가중처벌된다. 합의나 보험에 관계없이 운전자의 책임이 있을 시 강한 처벌로 이어져 발생하는 다양한 문제점들에 대한 논란이 있다. 흔히, 어린이 보호 구역에서 사고가 나면 무조건 운전자 책임으로 처벌한다는 오해가 퍼져 있지만 이는 사실이 아니다. 개정안의 내용은 다음과 같다.

자동차(원동기 장치 자전거를 포함한다)의 운전자가 「도로교통법」 제12조 제3항에 따른 어린이 보호 구역에서 같은 조 제1항에 따른 조치를 준수하고 어린이의 안전에 유의하면서 운전하여야 할 의무를 위반하여 어린이(13세 미만인 사람을 말한다. 이하 같다)에게 「교통사고처리 특례법」 제3조 제1항의 죄를 범한 경우에는 다음 각 호의 구분에 따라 가중 처벌한다.

– 어린이를 사망에 이르게 한 경우에는 무기 또는 3년 이상의 징역에 처한다.

– 어린이를 상해에 이르게 한 경우에는 1년 이상 15년 이하의 징역 또는 500만 원 이상 3천만 원 이하의 벌금에 처한다.

## 53. 밈

유전자와 같이 개체의 기억에 저장되거나 다른 개체의 기억에 복제될 수 있는 비유전적 문화 요소, 문화의 전달 단위로 영국의 생물학자인 도킨스의 저서 《이기적 유전자 The Selfish Gene》에서 소개한 용어이다. 문화의 전달에도 유전자처럼 복제 역할의 중간 매개물이 필요한데 이 역할인 정보의 단위, 양식, 유형, 요소가 밈이다. 모든 문화 현상들이 밈의 범위에 들어가며 한 사람의 선행, 악행이 여러 명에게 전달되어 영향을 끼치는 것도 밈의 한 예이다.

## 54. 바이럴(Viral) 마케팅

과거의 광고 수단은 대부분 신문과 방송 매체를 통해서만 가능했다. 하지만 요즘은 인터넷이 발전하면서 광고의 양상도 크게 달라졌다. 그중 하나가 바이럴 마케팅이다. 이것은 바이러스(Virus)와 오럴(Oral)이라는 입소문 마케팅의 합성어이다. 입소문 마케팅을 토대로 소비자들의 관심을 파악하여 상품의 구매 의욕을 불러일으키는 광고 수단 중 하나이다. 좋은 상품을 소비자에게 알리는 수단이라면 얼마든지 용인되지만, 반대의 경우라면 소비자가 현혹되어 큰 낭패를 보게 될 수 있다. 요즘은 정보의 홍수 속에 매몰되어 있기 때문에 소비자의 현명한 선택이 요청되는 때이다.

## 55. 반달리즘

반달리즘은 문화유산이나 예술품 등을 파괴하거나 훼손하는 행위를 가리키는 말로 쓰이지만, 넓게는 낙서나 무분별한 개발 등으로 공공시설의 외관이나 자연 경관 등을 훼손하는 행위도 포함된다. 반달리즘이라는 말은 고대 게르만족의 일파인 반달족(Vandals)에서 비롯되었다. 폴란드 남쪽에 살던 반달족은 민족대이동의 시기에 남하하여 이베리아 반도를 거쳐 5세기에는 북아프리카로 건너가 그곳에 반달왕국을 세우고, 455년에는 로마를 침공했다. 때문에 로마를 침공한 반달족은 문화 파괴자이자 약탈자로 인식되었다. 반달리즘이라는 용어는 1794년 프랑스 블루아(Blois)의 주교인 투르 앙리 그레구아(Henri Grégoire)가 처음 사용한 것으로 알려져 있다. 그는 프랑스 혁명 당시 군중들이 가톨릭교회의 건축물과 예술품을 파괴한 행위를 반달족의 로마 침략에 비유하면서 반달리즘이라고 불렀다. 그리고 이 말이 유럽 전역에 널리 퍼지면서 반달리즘이 오늘날과 같은 의미로 사용되게 되었다. 역사에서 반달리즘은 전쟁이나 사회의 급격한 변동이 있을 때마다 매우 빈번히 나타났다. 특히 종교적·민족적 갈등은 반달리즘을 부추기는 가장 근본적인 원인이었다. 종교개혁 이후 유럽에서는 신교도들이 가톨릭 성당의 조각상과 벽화 등을 파괴하는 행위가 자주 발생했으며, 라틴아메리카를 침략한 유럽의 정복자들은 그곳에 있던 원주민의 신전을 파괴했다. 2001년 아프가니스탄의 탈레반 정권이 바미안(bamiyaan) 석불을 파괴한 것과 2015년 이슬람국가가 이라크의 모술과 시리아의 팔미라 등에서 메소포타미아의 고대 유적들을 파괴한 것은 현대의 대표적인 반달리즘 사례로 꼽힌다. 한국의 경우에도 조선시대에 폐불(廢佛) 정책으로 사원과 석불, 석탑, 불화 등을 파괴한 대규모 반달리즘의 사례가 발견되며, 오늘날에도 종교적 이유로 전통 사찰이나 참성단, 당산나무 등을 훼손하는 사례가 드물지 않게 보고되고 있다. 또한 경제적 이익만을 앞세운 무분별한 개발 행위로 전통 문화유산이나 자연 경관을 해치는 사례도 자주 발생하고 있다.

## 56. 반사회적 인격장애

아동기 또는 사춘기에 시작되어 성인기까지 계속되는 장애로, 타인의 권리를 무시하거나 침해하고 사회 질서 및 규범을 위반하는 증상을 뜻한다. 18세 이후에 사회질서를 지키지 않거나 사회적 규범이나 법을 위반하여 사회적으로 골칫거리가 되는 성격을 지닌 경우에 이 장애로 진단받으며, 정신병질(psychopathic), 사회병질(sociopath), 비사회적 성격장애(asocial personality disorder)라고도 한다. 이 장애는 아동기나 사춘기에 주로 발병하는데, 타인의 기본 권리를 침해하고 사회 규범이나 규칙을 반복적이고 지속적으로 위반한다. 사람이나 동물을 학대, 재산이나 기물 파손, 사기 또는 절도, 심각한 규칙위반 등의 품행장애 또는 주의력결핍 및 과잉행동장애를 보인다. 이러한 행동양식은 성인기까지 지속되어 재산 파괴, 고문, 절도, 불법 약물거래와 같은 범법행위를 저지른다. 이 장애가 있는 사람은 다른 사람의 감정, 권리, 소망을 알아차리지 못하거나 무시하고 자신의 이득을 위하여 다른 사람을 속이고 조종하며 꾀병을 부리고 충동적으로 행동하는 경향이 강하다. 이 같은 충동적 행동에는 순간적인 결정, 잦은 이사, 잦은 직업 변경, 잦은 신체적 다툼이나 타인 폭행, 위험한 운전 행위, 위험한 성적 행동, 약물남용 등이 있으며 때로는 자녀를 보살피지 않고 위험에 빠트리기도 한다. 이러한 행동은 무책임으로 이어져 자신의 행동에 대하여 책임을 지지 않고 그 결과에 대한 자책을 하지 않으면서 오히려 자신의 행동을 합리화하고 다른 사람을 비난한다.

## 57. 반지성주의

이는 1963년 출간된 리처드 호프스태터의 저서 《미국의 반지성주의》에서 유래된 것이다. 반지성주의 창안의 계기가 된 '매카시즘'은 1950년 미국 공화당 상원의원이었던 매카시가 진보적 인사들을 공산주의자로 규정한 데서 비롯된 것으로, 정치적 반대자를 공산주의자로 매도하려는 행위를 가리킨다. 당시 매카시즘 광풍은 정계는 물론 예술계와 언론계에까지 미치면서 심각한 인권침해 문제를 일으켰다. 그리고 매카시즘의 광풍 속에 치러진 1952년 대통령 선거는 아이젠하워의 압승으로 이어졌는데, 이는 미국 사회가 지식인을 거부한 것으로 받아들여졌다. 이처럼 반지성주의는 미국인의 지식인 혐오를 설명하며 도입됐으나, 이후 파시즘, 트럼피즘 등 극우를 비판하는 맥락에서 사용돼 왔다. 그리고 21세기에 들어와서는 '이성적·합리적 소통이 불가능한 태도'를 뜻하는 개념으로도 확산됐다.

## 58. 배아 줄기세포

배아 줄기세포 하면 우리는 제일 먼저 오래전 해프닝으로 끝난 황우석 박사를 떠올릴 것이다. 이 부분은 실제로 대학 입시 논·구술에서 여러 번 거론되어 왔었다. 특히 생명경시 사상 차원에서 반대 의견이 나타나곤 했다. 이를 좀 더 구체적으로 접근해보면, 배아 세포는 난자와 정자가 결합하여 수정란이 된 후, 하나의 세포로 시작한 수정란을 세포 분열을 통해 여러 개의 세포로 이루어진다. 또한 내세포괴라고 하는 이 세포들은 세포 분열과 분화를 거쳐서 배아를 형성하게 되고, 임신 기간을 거쳐 하나의 개체로 발생하게 된다. 이를 배반포로부터 분리하여 특정한 환경에서 배양하면 분화는 일어나지 않지만 분화는 할 수 있는 능력을 여전히 가지고 있는 상태의 세포로 만들 수 있다. 이것을 배아 줄기세포라고 한다. 배아 줄기세포의 형성 과정을 과학적으로 접근해 보았는데, 면접을 준비하는 우리에게 배아 줄기세포의 개념 파악보다 이를 어떻게 접근할지가 중요하다. 이는 매우 깊게 생각해 보아야 할 중요한 문제이다.

## 59. 범죄인 인도조약

'범죄인 인도조약'이란 외국에서 해당 국가의 형법 내지 기타의 형사법규를 위반한 범죄인이 자국으로 도망친 경우, 그 외국의 청구에 의해 체포하여 인도할 것을 약속하는 조약을 뜻한다. 체결하는 국가마다 내용은 조금씩 다르지만 대체로 자국 영토에서 1년 이상의 징역에 처할 수 있는 범죄를 저지르고 상대방 국가로 도망친 자국민에 대해 인도를 청구할 수 있고, 상대방 국가는 이에 응할 의무가 있다. 그러나 이 조약은 '모든' 범죄인에게 해당되지는 않는다. 국제연합(UN) 난민고등판무관실이 인정하는 정치범, 순수한 군사범, 공소시효가 끝난 범죄, 자국민 등에 대해선 인도청구를 거절할 수 있다.

## 60. 베르테르 효과(Werther effect)

유명인이나 자신이 모델로 삼고 있었던 사람들이 자살할 경우에 그 사람과 자신을 동일시해서 자살을 시도하는 현상을 말한다. 괴테의 소설《젊은 베르테르의 슬픔》에서 주인공 베르테르를 흉내 낸 자살이 급증한 데서 유래하였다. 이 작품에서 베르테르는 여 주인공 로테를 열렬히 사랑하지만, 그녀에게 약혼자가 있다는 것을 알고 허망감에 권총 자살로 삶을 마감한다. 이처럼 베르테르 효과는 유명인의 자살이 언론에 보도된 후 자살률이 급증하는 현상을 말한다.

## 61. 베이즈 통계학

베이즈 통계학(Bayesian statistics)은 하나의 사건에서의 믿음의 정도(degree of belief)를 확률로 나타내는 베이즈 확률론에 기반한 통계학 이론이다. 베이즈 확률론은 확률을 일어날 수 있는 모든 경우의 수를 알고 있는 상태에서 특정한 조건의 사건이 일어날 경우의 빈도를 계산하는 고전적인 확률의 정의와 달리 어떠한 사건이 일어날 것이라는 합리적 기대의 척도로 해석한다. 이에 따라 베이즈 확률론이 다루는 확률은 어떠한 지식에 대한 신뢰나 논리적 추론의 결과로 해석된다. 믿음의 정도는 이전 실험에 대한 결과, 또는 그 사건에 대한 개인적 믿음 등, 그 사건에 대한 사전 지식에 기반할 수 있다. 이것은 확률을 많은 시도 후의 사건의 상대적 빈도의 극한으로 보는 빈도주의자(frequentist) 등 많은 다른 확률에 대한 해석과는 다르다.

## 62. 보호 무역과 공정 무역

보호 무역은 국가 권력이 보호 정책을 취하는 것으로 '보호 무역 제도'라고 하며, 이러한 주장을 하는 일련의 사상을 '보호무역주의'라고 한다. 국가 권력을 배제하여 자유스러운 외국 무역을 하는 '자유무역'과 반대되는 입장에 있다. 보통 뒤떨어진 자국의 산업을 외국과의 경쟁에서 보호하여 일정한 단계까지 육성·발전시키려는 것이지만 정치적, 경제적 여러 조건, 특히 국제적 조건의 차이에 따라 여러 형태가 있다. 20세기에 들어와서는 자유 무역이 주창되고 있으나, 근년에는 고갈된 자원을 중심으로 '자원 내셔널리즘(Nationalism)'이란 표현이 생길 정도로 보호주의 개념이 바뀌어가고 있다. 한편, 선진국들도 개발 도상 국가 등에서 유입되는 상품을 저지하기 위하여 여러 가지 관세와 비관세 장벽으로 새로운 보호 무역의 양상을 띠어가고 있다. 공정 무역은 다양한 상품의 생산과 관련하여 여러 지역에서 사회와 환경 표준뿐만 아니라 공정한 가격을 지불할 수 있도록 국제 무역시장에 기초 모델을 두고 조직화된 사회운동이다. 특히 공정무역은 제3세계 국가에서 만든 제품을 제값 주고 사자는 것으로 초콜릿, 커피, 설탕 등 전 세계 소비량의 90%를 공급하는 제3세계의 노동자들의 열악한 노동 복지 환경을 개선하자는 취지에서 시작되었다.

## 63. 불쾌한 골짜기

불쾌한 골짜기(Uncanny valley)는 인간이 로봇이나 인간이 아닌 것에 대해 느끼는 감정과 관련된 로봇 공학 이론이다. 이론에 따르면 인간은 로봇이나 인형이 점점 더 사람의 모습과 흡사해질수록 호감도가 증가하다가 어느 정도에 도달하면 갑자기 강한 거부감으로 바뀌게 된다. 하지만 로봇의 외모와 행동이 인간과 구별이 불가능할 정도가 되면 호감도가 다시 증가하여 인간이 인간에 대한 감정의 수준까지 접근하게 된다. 이때 '인간과 흡사한' 로봇과 '인간과 거의 똑같은' 로봇 사이에 존재하는 로봇의 모습과 행동에 의하여 느껴지는 거부감이 존재하는 영역을 불쾌한 골짜기(uncanny valley)라 한다. 이 이름은 '거의 인간에 가까운' 로봇이 실제론 인간과는 달리 과도하게 이상한 행동이 나타나기 때문에 인간과 로봇의 상호 작용에 필요한 감정을 이끌어내지 못하는 것을 잘 잡아내고 있다. 이런 현상은 프린스턴 대학의 연구진들에 의해 원숭이를 대상으로 한 실험에서도 확인되었다.

## 64. VDT 증후군

컴퓨터 단말기 증후군이라고도 불린다. 사무 자동화로 워드프로세서, 퍼스널 컴퓨터, 워크스테이션 등 브라운관이 부착된 VDT가 많이 사용되면서 이 컴퓨터 등의 디스플레이를 장시간 시청하여 작업하는 사람들은 눈이 피로해지거나 침침해지며, 아프거나 시력이 떨어지는 등의 다양한 증세와 머리가 아프거나 무거워지는 증세, 또는 구토와 불안감 등 전신에서 증세가 나타난다. 이것을 방지하기 위해 작업자는 정기적인 시력, 안위, 안내압을 측정하는 등의 검진을 받아야 하고 물론 일정 시간의 작업 후 일정 시간 휴식해야 한다. 또한 이들 전자 기기 개발 당사자들도 작업자를 보호할 수 있는 디스플레이의 개선, 키보드의 위치, 화면의 각도 등에 대한 연구를 활발히 진행 중이다.한국에서도 은행원 등 VDT를 많이 쓰는 작업자들이 두통, 시각 장애 등을 호소하는 경우가 많으며, 이에 따라 컴퓨터 작업을 거부하거나 기피하는 일이 빈번해져 이 증후군은 작업 환경 개선, 근무 시간 조정 등 노사 간의 주요 현안으로 대두되고 있다. 특히 여직원의 경우 출산할 때의 부작용을 염려하여 직장을 떠나는 등의 사례가 증가하고 있어 임신한 여직원은 컴퓨터 단말기 앞에서 근무하지 않게 하거나 적당한 휴식을 취하도록 한다. 또 작업자를 보호하기 위하여 작업장에서 컴퓨터 스크린 앞에 여과 장치를 부착하는 대책 마련에 부심하고 있으며, 노동부는 산업재해보상보험법에 따라서 휴업급여, 장해 보상 등을 받을 수 있도록 업무상 재해에 VDT 증후군을 추가하고 있다.

## 65. 브렉시트

영국의 유럽연합(EU) 탈퇴를 뜻하는 말로 영국(Britain)과 탈퇴(Exit)의 합성어다. 이것은 그리스의 유로존(유로화 사용 19개국) 탈퇴를 일컫는 그렉시트(Grexit)를 따온 말이다. 영국은 2016년 6월 유럽연합(EU)을 탈퇴할지에 대한 국민투표를 했다. 투표 결과는 탈퇴(51.9%), 잔류(48.1%)로 영국이 43년 동안 속해있던 EU에 이별을 고하는 순간이었다.2017년 1월 영국 총리(테리사 메이)는 17일 영국이 EU 관세동맹과 EU 단일 시장에서 깔끔하게 탈퇴하겠다고 선언했다. 일정 분담금을 내면서 단일 시장 접근권만 유지하는 '노르웨이 모델' 같은 '소프트 브렉시트'가 아닌 완전한 분리를 뜻하는 '하드 브렉시트'를 선택한 것이다. 영국은 리스본조약 50조를 2017년 3월 말까지 발동하여 2년간의 EU 탈퇴 협상을 시작할 방침이다.

## 66. 블랙스완

극단적으로 예외적이라 발생 가능성이 희박하지만 일단 발생하면 엄청난 충격과 파급 효과를 가지는 사건을 나타내는 용어이다. 유럽인들은 1697년 오스트레일리아에서 검은색 백조(흑고니)를 처음 발견하기 전에는 모든 백조는 흰색이라고 인식했다. 그때까지 발견된 백조는 모두 흰색이었기 때문이다. 검은색 백조의 발견으로 인해 '검은 백조'는 '진귀한 것' 또는 '존재하지 않는 것이라고 생각하는 것이나 불가능하다고 생각된 상황이 실제 발생하는 것'을 나타내는 은유적 표현으로 사용됐다. 증권 분석가이자 투자 전문가로 일했던 미국 뉴욕대학 폴리테크닉 연구소 나심 니콜라스 탈레브가 교수는 2007년 월가(Wall Street)의 허상을 파헤친 《블랙스완》이란 책을 출간하면서 '블랙스완(Black Swan)'이 경제 영역에서 사용되기 시작했다. 그는 '블랙스완'의 개념을 '과거의 경험으로 확인할 수 없는 기대 영역 바깥쪽의 관측값으로, 극단적으로 예외적이고 알려지지 않아 발생 가능성에 대한 예측이 거의 불가능하지만 일단 발생하면 엄청난 충격과 파장을 가져오고, 발생 후에야 적절한 설명을 시도하여 설명과 예견이 가능해지는 사건'이라 정의했다. 예를 들면 구글(Google)의 성공 사례, 경제 공황, 미국 대폭발 테러 사건(9·11 테러)을 '블랙스완'으로 볼 수 있다. 그는 '블랙스완'을 통해 예기치 못한 상황으로 글로벌 경제가 휘청거릴 수 있다는 전망을 내놓았고, '극단적인 0.1%의 가능성이 모든 것을 바꾼다.'고 주장하여 최악의 파국이 월가를 덮칠 것이라 이야기했는데, 그 경고처럼 2008년 글로벌 금융 위기가 닥쳐오자 '블랙스완'이라는 말이 더욱 주목받았다.

## 67. 블록 체인

블록 체인은 누구나 열람이 가능한 장부에 거래 내역을 투명하게 기록하고, 많은 컴퓨터에 이를 복재해 분산하여 저장하는 데이터 저장 기술이다. 많은 컴퓨터가 기록을 검증하여 해킹하지 못하도록 하는 것이 특징이다. 각각의 블록에 데이터를 담고 체인 형태로 연결하여 수많은 컴퓨터에 동시에 이를 복제하여 저장한다. 공공 거래 장부로도 부른다. 중앙 집중형 서버에 기록을 보관하지 않고 거래에 참여하는 사용자에게 거래 내역을 보내주며, 거래 시에 모든 거래 참여자들이 정보를 공유하여 이를 대조해 데이터 위조나 변조를 못하도록 되어있다. 이 기술이 기존 은행에 도입된다면 공인인증서 없이 은행 거래가 가능해질 것이다.

## 68. 비트코인

비트코인은 가상 화폐의 한 종류이자, 이 화폐의 작동 방식을 말한다. 쉽게 말해 싸이월드 '도토리'나, '네이버 캐쉬'와 같은 실존하는 돈은 아니지만 물건을 거래하거나 서비스 이용료 결제가 가능한 돈이다. 기존의 화폐와 다르게 인터넷에 떠도는 코드일 뿐이다. 또한 비트코인은 발행 주체가 없는 것이 특징이다. 이런 특징으로 인해 저장, 보관, 이체 등의 비용이 절감되는 장점이 있다. 또한 세계적으로 환율에 상관없이 활용 가능하다는 장점이 있다. 하지만 주인이 없는 특징을 이용해 범죄에 사용될 경우 추적이 불가능하다는 단점이 있다. 거래소의 해킹과 같은 다양한 위험성 또한 존재한다.

## 69. 빅 데이터와 웹 3.0

빅 데이터란 말 그대로 엄청난 양의 데이터를 말하며 기존 데이터베이스 관리 도구로 할 수 있는 데이터의 수집, 저장, 관리, 분석 등의 역량을 넘어서는 대량의 정형, 또는 비정형 데이터 및 이러한 데이터로부터 가치를 추출하고 결과를 분석하는 기술을 총칭하는 말이다. 빅 데이터는 IT와 인터넷의 발달로 규모를 가늠할 수 없을 정도로 많은 정보가 생산되면서 나타났다. 컴퓨터 및 처리 기술이 발달함에 따라 디지털 환경에서 생성되는 빅 데이터와 이 데이터를 기반으로 분석할 경우 질병이나 사회 현상의 변화에 관한 새로운 시각이나 법칙을 발견할 가능성이 커졌다. 웹 3.0은 수많은 정보 중에서 컴퓨터가 우리를 위해서 우리에게 꼭 필요한 정보를 찾아서 분석한 후 알려 주고 보여줄 수 있도록 고안된 웹 기술이다. 결국, 웹 3.0이란 기술은 빅 데이터가 양산한 기술이라 볼 수 있다. 카메라와 GPS까지 장착된 모바일 기기가 등장하고, 각종 센서가 웹에 연결되면서 웹은 우리의 일상생활에 밀착되어 버렸다. 우리의 카메라와 전화기는 눈과 귀가 되도록 연결되었고, 동작과 위치 센서는 우리가 어디 있는지 알려 주고, 우리가 보고 있는 것과 얼마나 빨리 움직이고 있는지도 알아낸다.

## 70. 사건의 지평선

일반 상대성 이론에서 나타난 개념으로 내부에서 일어난 사건이 외부에 영향을 주지 못하는 경계면을 뜻한다. 사건 지평선의 가장 흔한 예시는 블랙홀 주위의 사건 지평선이다. 외부에선 물질이나 빛이 자유롭게 내부로 들어갈 수 있지만, 내부에선 블랙홀의 중력에 대한 탈출에 필요한 속도가 빛의 속도보다 커지므로 원래 있던 장소로 다시 되돌아갈 수 없다. 두 번째로는 우주론적인 사건의 지평선이다. 우주의 어떤 지점에서 관측자가 영원히 기다려도 관측이 불가능한 먼 우주의 경계면을 우주론적인 사건의 지평선이라고 한다. 우주는 팽창 속도가 시간에 따라 변화하는 가속 팽창을 하고 있으므로 우주론적인 사건의 지평선은 시간에 따라 점점 멀어지게 되는데, 현재는 약 160억 광년의 거리에 위치한다. 이 거리보다 더 먼 곳에서 발생하는 사건은 영원히 우리에게 전달되지 않는다.

## 71. 사물인터넷(IoT; Internet of Things)

우리 주변에 있는 모든 물건에 인터넷을 연결하여 사물과 서로 소통이 가능하도록 하는 지능형 기술 서비스이다. 스마트 전자 기기 이외에도 건강 관리, 교육 정보, 보안 시스템, 에너지 관리 등 여러 분야에서 사물을 유선, 또는 무선 인터넷으로 연결하는 ICT 융합 기술로서 창조 경제의 핵심이다. 빅 데이터를 중심으로 각광받고 있는 기술로서 정보 기술 연구소에 따르면 2009년까지 IoT의 사용 개수는 9억 개였지만 2020년에는 260억 개에 이를 것으로 예측된다.

## 72. 4차 산업혁명

인공 지능, 로봇 기술, 생명 과학이 주도하는 차세대의 산업 혁명을 말한다. 1차 산업혁명은 1784년 영국에서 시작된 증기 기관과 기계화를 말한다. 2차 산업혁명은 1870년 전기 개발로 인한 대량 생산이 본격화된 것을 말한다. 3차 산업혁명은 1969년 인터넷이 이끈 컴퓨터 정보화 및 자동화 생산 시스템과 인터넷 통신 등을 말한다. 3차 산업혁명에 이어 로봇이나 인공 지능(AI)을 통해 실재와 가상이 통합돼 사물을 자동적, 지능적으로 제어할 수 있는 가상 물리 시스템의 구축이 기대되는 산업상의 변화를 일컫는다.

## 73. 생체 인식 기술

바이오 메트릭스는 개별적인 생체의 특성을 인식해서 보안 시스템에 활용하는 기술을 말하며, 망막, 지문, 음성, 얼굴 등 개인의 신체적 특성을 이용해 신원을 확인하거나 범죄자를 가려내는 생체 측정(인식) 기술을 말한다. 현재 미국에서는 매우 잠재력이 큰 시장으로 떠오르고 있으며, 특히 금융 서비스, 네트워크 보안, 헬스케어 등의 분야에서 많은 회사들이 이미 이 기술을 채택하고 있는 곳이 많다.생체 인식 시스템에는 지문 인식, 홍채 인식, 안면 인식, 음성 인식, 전자 서명, 손등의 정맥 인식 등의 여러 가지 방식이 있다. 그중 홍채 인식은 인간의 홍채가 사람마다 다른 점을 이용하는 보안 시스템으로 공항 등에서의 범죄자 검거를 홍채 데이터베이스와 매치하여 활용하는 시스템과 사무실 출입 관리 등에 이용되는 보안용 홍채 인식 시스템으로 나뉜다. 홍채 인식은 지문 인식에 비해 기술적으로 구현이 어렵고 개발 비용이 높을 뿐 아니라 사용자가 불편해한다는 단점으로 인해 아직 대중화가 되지 못하고 있지만 그 잠재력만은 매우 크다.

## 74. 샤덴 프로이데

샤덴프로이데는 타인의 불행이나 고통을 보면서 느끼는 기쁨을 뜻한다. 상반되는 뜻의 두 독일어 단어 'Schaden'(손실, 고통)과 'Freude'(환희, 기쁨)의 합성어이다. 독일에서 유래된 용어지만 다른 언어권으로도 차용됐다. 영어, 프랑스어, 이탈리아어, 스페인어, 포르투갈어, 폴란드어에서는 독일어 원어를 그대로 차용했다. 관련된 한국어로는 '쌤통'과 '고소하다' 등이 있다. 샤덴프로이데와 반대되는 개념은 불교의 무디타이다. 무디타는 타인의 행복을 보고 느끼는 기쁨을 뜻한다.

## 75. 서브프라임 모기지론

부동산을 담보로 주택저당증권을 발행해 장기 주택 자금을 대출하는 제도로, 주택 자금 수요자가 은행을 비롯하여 금융 기관에서 장기 저금리로 자금을 빌리면 은행에선 주택을 담보로 주택 저당 증권을 발행해 이를 중개 기관에 팔아 대출 자금을 회수하는 제도이다. 중개 기관은 주택저당증권을 또 투자자에게 판매하여 그 대금을 금융 기관에 지급한다. 보다 세부적으로 살펴보면 주택 담보 대출은 프라임(Prime), 서브프라임(subprime), 알트-A(Alternative A) 3가지로 구분된다. 프라임은 신용 등급이 좋은 상대에게 제공하는 대출이고, 서브프라임은 신용도가 기준 이하인 저소득층을 상대로 만든 주택 담보 대출을 일컫는다.서브프라임의 경우 부실의 위험이 커서 프라임 등급보다 금리가 2~4% 정도 높은 것이 일반적이다. 2000년대엔 유동성 과잉으로 저금리 부동산 가격이 크게 상승하여 모기지 업체들은 서브프라임 등급이 차지하는 비중이 3.4~13.7%로 급증했다. 하지만 급상승하던 집값도 잠시 집값이 하향세를 보이면서 2004년 미국의 연방 준비제도 이사회는 목표 금리를 1.0%에서 5.25%로 대폭 올려 서브프라임 등급인 저소득층이 원리금을 제대로 갚지 못하고 서브프라임 연체율 상승으로 서브프라임 모기지 회사

(뉴 센츄리 파이낸셜)가 파산 신청을 낸 이후 서브프라임 모기지론 사태가 발생하였다.

## 76. 성인지 감수성

영어 gender sensitivity의 번역어로 '성인지성', '성별 감수성', '젠더 감수성' 등으로 번역한다. 명확한 정의는 없지만, 대체로 성별의 차이로 인한 일상생활에서 차별과 유불리함, 불균형을 인지하는 것을 말하며, 특히 성희롱, 성폭력 사건에선 가해자가 아닌 피해자의 입장에서 사건을 이해해야 한다는 것을 뜻한다. 2012년 기사 중 판사들의 인터뷰에 따르면 예전부터 성범죄는 유죄 추정의 성격이 있었는데, 최근에는 성인지 감수성이 재판에 언급되기 전에 무죄의 상황들도 2심에서 유죄가 내려지는 경우를 보면 그러한 경향의 심화를 알 수 있다.

## 77. 솅겐조약

유럽 국가들이 국경에서의 검문검색 폐지 및 여권검사 면제 등 인적 교류를 위해 국경 철폐를 선언한 국경개방조약을 말한다. 이는 1985년 6월 14일 유럽연합(EU) 회원국 가운데 독일·프랑스·베네룩스 3국(벨기에, 네덜란드, 룩셈부르크) 등 5개국이 룩셈부르크 솅겐에서 국경을 개방하고 정보를 공유하기로 선언한 데에서 유래되었다. 솅겐조약 체결로 해당 국가의 국민들은 각국의 국경을 지날 때 별도의 비자나 여권 없이 자유롭게 왕래할 수 있는 것은 물론 세관 신고도 하지 않는다. 만약 가입국 외의 국민이 솅겐조약 가입국가에 입국하고자 할 경우에는 처음 입국한 국가에서만 심사를 받고, 일단 역내에 들어서면 6개월 이내 최대 90일까지 회원국의 국경을 자유롭게 넘나들 수 있다. 현재 솅겐조약에는 EU 27개 회원국 중 아일랜드·불가리아·루마니아·키프로스를 제외한 23개국과 스위스·노르웨이·아이슬란드·리히텐슈타인 등 유럽자유무역연합(EFTA) 4개국 등 총 27개국이 가입해 있다. EU가 유럽의 정치·경제 통합을 실현하기 위한 목적이라면, 솅겐조약은 국경 개방으로 자유롭게 왕래하기 위한 목적을 갖고 있다.

## 78. 소득 주도 성장

소득 주도 성장론은 가계의 임금과 소득을 늘리게 되면 소비도 늘어나 경제 성장이 이뤄진다는 이론으로 포스트 케인지언 경제학자들이 주장한 임금 주도 성장론을 기반으로 하고 있다. 소득 주도 성장론자들은 낙수 효과가 실패했고, 앞으로는 분수 효과를 꾀해야 한다고 주장한다.

고소득층의 소득이 증대되면 경제가 성장하여 저소득층에게도 혜택이 돌아간다는 '낙수 효과'는 소득의 양극화와 중산층의 붕괴를 가져왔으니, 부유층에게 부여하는 세금을 늘리고 이를 저소득층을 위한 경제 정책, 복지 정책에 투자하는 '분수 효과'로 정책을 전환하여야 한다고 주장한다. 하지만 소득 주도 성장의 개념이 주로 노동과 일자리 분야에 국한된 정책을 의미하여 '노동자 임금 인상 정책'이란 비판을 받아왔다.

## 79. 수산물 이력제

어장에서 식탁에 이르기까지 수산물의 이력 정보를 기록, 관리하여 소비자에게 공개하는 제도이다. 이는 수산물의 유통과정이 투명하게 공개되는 것으로 소비자가 안심하고 구매할 수 있도록 도와주며, 수산식품에 문제가 발생할 경우에는 원인 및 사고발생 단계를 파악하여 문제상품에 대한 회수 및 조치가 신속하게 이루어져 피해범위를 최소화할 수 있게 한다. 한편, 생산자는 수산물 이력제를 통해 수산물의 품질 및 위생정보를 효과적으로 관리할 수 있고 축적된 정보로 소비패턴 및 요구를 파악할 수 있다. 최근 후쿠시마 오염수 방류 이슈로 인해 천일염 이력제까지 관심도가 높아지고 있다.

## 80. 수소 자동차(수소 내연기관 자동차, 수소 연료 전지차)

가솔린 내연 기관 대신 수소와 공기 중의 산소를 반응시켜 얻은 전기를 이용해 모터를 구동하는 방식으로 운행하는 친환경 자동차를 말한다. 친환경이라고 하는 것은 수소와 산소가 결합해 에너지를 만든 후 이산화탄소 등의 탄화수소물이 아닌 $H_2O$(물)가 배출되기 때문이다. 차량의 발전 장치는 전동기 구동을 위해 내연 기관의 수소를 태우거나(수소 내연 기관 자동차) 연료 전지 내에서 수소를 산소와 반응시켜 수소의 화학 에너지를 역학적 에너지로 변환한다. 연료 전지를 동력원으로 하는 차로, 엔진이 없기 때문에 배기가스 및 오염 물질을 배출하지 않는다. 수소 연료 전지차는 수소 공급 방식에 따라 다시 두 가지로 나뉘는데, 이 방식은 압축 수소 탱크 또는 액체 수소 탱크를 이용해 수소를 공급하는 방식과 메탄올을 분해하여 수소를 공급하는 방식이 있다. 압축 수소 탱크/액체 수소 탱크를 이용하여 수소를 공급하는 방식은 운행 시 발생하는 것은 물 뿐이라 완전 무공해이다. 다만 탱크 탑재로 인한 차량 부피 증대, 수소의 불안정성, 수소 공급 인프라 구축의 어려움 등이 단점이다. 메탄올을 분해하여 수소를 만들어 공급하는 방식은 메탄올을 분해할 때 일산화탄소, 질소산화물 등이 발생하기는 하지만, 기존 화석 연료 차량에 비해서는 훨씬 적다. 이 방식은 기존 연료 공급 인프라를 이용할 수 있다는 장점이 있다.

## 81. 시행령

어떤 법률을 실제로 시행하는 데 필요한 상세한 세부 규정을 담은 것으로 법령에는 모든 상황을 모두 규정할 수 없으므로 큰 원칙만 정해놓고 시행령(대통령령)을 통해 케이스별 자세한 실천방식을 규정한다. 본래 권력분립의 원리에 따르면 국가의 법규범을 제정할 권한은 국회가 독점하는 것이 원칙이나, 법 제정권을 국회에만 맡겨둘 경우 사회변화에 신속하게 대응하기 어렵다. 따라서 원칙적으로 법규범의 큰 원칙은 국회가 정하되, 국회가 일일이 제정하기 어려운 사소하고 세부적인 부분은 행정부가 국회를 대신하여 재빨리 법규범을 제정하는 행정입법을 허용하고 있다. 사실 아무 법률이나 대통령령으로 공포하는 건 헌법에 위배된다. 대통령령을 사용할 수 있는 법률은 행정부가 직접적으로 관련되는 법률에 한해 가능하다.

## 82. 신자유주의

1970년대부터 부각하기 시작한 '자본의 세계화' 흐름에 기반한 경제적 자유주의 중 하나로 19세기의 자유방임적인 자유주의의 결함에 대하여 국가에 의한 사회 정책의 필요를 인정하면서도, 자본주의의 자유 기업의 전통을 지키고 사회주의에 대항하려는 사상이다. 미국 윌슨 대통령이 1920년대 제창했던 새로운 자유 정책, 그리고 정치적, 문화적 자유에도 중점을 두었던 자유주의와는 다른 고전적 자유주의에 더 가까운 것이며, 사회적인 면에서는 보수 자유주의적인 가치를 지향한다. 국가 권력의 개입 증대라는 현대 복지 국가의 경향에 대하여 경제적 자유방임주의 원리의 현대적 부활을 지향하는 사상적 경향이다. 고전적 자유주의가 국가 개입의 전면적 철폐를 주장하는 데 비해, 신자유주의는 강한 정부를 배후로 시장 경쟁의 질서를 권력적으로 확정하는 방법을 취한다. 신자유주의는 1980년대의 영국 대처 정부에서 보는 것처럼 권력 기구를 강화하여 치안과 시장 규율의 유지를 보장하는 '작고도 강한 정부'를 추구한다.

## 83. 심리 부검

사체 부검과 달리 죽음에 이르게 한 심리적 요인을 조사하는 것을 말한다. 자살을 선택한 이유가 무엇이었는지, 죽은 사람을 대신하여 이야기를 남은 사람들에게 전해주는 것이다. 또한 자살자를 막지 못한 고통을 덜어주는 것으로 남은 사람들도 자살자들을 이해할 수 있게 된다. 우리나라에서는 아직 생소한 개념이다. 누군가 자살을 하면 원인을 규명하고 넘어가긴 한다. 예를 들어 이성 문제, 가족 문제, 정신 질환 같은 것 말이다. 심리학자나 정신과의 전문가는 그것은 기폭제일 뿐 진짜 원인은 복합적이면서 사람마다 다르다고 말한다. 이 심리 부검은 죽은 자의 관계자들에게 오는 정신적인 피해를 줄일 수 있고 정신과 치료를 하는 데 도움이 된다.

## 84. 심신 미약

시비(是非)를 변별(辨別)하고 또 그 변별에 의해 행동하는 능력이 상당히 감퇴되어 있는 상태를 말한다. 형법상의 개념이며, 민법의 심신 박약과 같은 뜻이다. 심신 미약에는 신경 쇠약 등에 의한 일시적인 것과 알코올 중독, 노쇠 등에 의한 계속적인 것이 있다. 심신 미약도 심신 상실과 마찬가지로 정신 의학상의 관념이 아니라 법률상의 관념이므로, 그 인정은 책임 이념에 비추어 법관이 행하는 것이며, 감정인의 감정에 구속되지 않는다. 책임 능력이 떨어진다고 보아 대한민국 형법 제10조 2항에 의해 처벌이 감경될 수 있다. 그러나 고의 또는 과실로 심신 미약을 유발한 때에는 원인에 있어서 자유로운 행위 규정이 적용되어 감경되지 않는다.

## 85. 싱크홀(Sinkhole)

싱크홀은 인공적인 것만이 아니고 자연적으로도 생긴다. 오랫동안 가뭄이 계속되거나 지나치게 지하수를 뽑아내면 지하 수위가 낮아지면서 지하수가 감당하던 압력을 땅속 공간이 고스란히 받게 된다. 그 무게를 견디지 못하고 붕괴되는 것이다. 자연 상태의 싱크홀은 석회암 등이 지하수에 녹으면서 지반에 균열이 생기면서 발생한다. 우리나라에서도 싱크홀이 자주 출현하고 있다. 근본 대책은 무분별한 도시 개발의 중단뿐이다. 지하수는 결코 우리가 마음대로 빼내 쓸 수 있는 대상이 아니다. 싱크홀 발생을 막기 위해서는 도시 주요 지역에서 지하수의 흐름을 늘 모니터링해야 한다. 특히 도심지 공사장의 무분별한 공사는 싱크홀의 가능성을 높이고 있는 만큼 예의주시해야 한다.

## 86. 아나필락시스

우리 몸에서 알레르겐을 인식해 면역 반응이 일어나면 우리의 몸은 해당된 알레르겐을 기억하여 특정 알레르겐에 대한 항체(IgE)를 만든다. 최초에 면역 반응을 일으킨 알레르겐이 다시 우리 몸에 들어오면 염증 세포 표면에 붙어 있던 항체(IgE)와 결합하여 수분에 다양한 염증매개 화학물질이 분비된다. 이런 화학물질의 영향으로 호흡곤란, 혈압감소, 의식소실 등 쇼크와 같은 심한 전신반응이 일어난다. 이런 과정은 매우 짧은 시간에 일어나 아주 소량의 알레르겐에 다시 노출되더라도 몇 분 내로 증상이 나타난다.

## 87. 아르테미스

인류는 다시 달에 가기 위해 아르테미스(달의 여신)의 이름에서 유래된 새로운 유인 달 탐사 프로그램에서 최초로 여성우주인을 달에 보낼 예정이다. 아르테미스 프로그램은 달에 사람을 보내는 것 외에 다른 목적이 있다. 국가가 주도해 천문학적인 예산이 들었던 아폴로 프로젝트와는 다르게, 민간 기업과 글로벌 협력으로 우주탐사의 새로운 길이 열리고 있다. 아르테미스 프로그램은 클립스(Commercial Lunar Payload Service)라 불리는 민간 달착륙선 탑재체 서비스를 통하여 과학임무 수행을 위한 달 탐사 로버, 시험기기 등을 유인 탐사 전에 배치할 계획이다. 나사(항공우주국)는 달착륙선 사업자로 일론 머스크의 스페이스 X를 선정했다. 스페이스 X에서 개발하고 있는 스타십(Starship)은 원래 화성유인 탐사를 목표로 개발 중인 우주선으로 발사에서 착륙까지 한 번에 가능하도록 설계했다. 하지만 아르테미스 프로그램에서는 보다 안전한 수송을 위해 착륙선으로만 활용할 계획이다. 우리나라도 아르테미스 프로그램 협력을 위한 협정서에 서명하여 10번째 참여국이 되었다. 2022년 8월에는 미국 나사와 함께 한국형 달 궤도선(KPLO)을 발사할 예정이다.

## 88. 알베도효과

태양으로부터 복사된 빛에너지가 지구에 도달해 대기 중 또는 물체나 지표면에서 반사되는 비율을 수치로 나타낸 것을 알베도(albedo)라 하는데, 이 알베도의 양에 따라 지구 기온이 변하는 것을 말한다. 알베도가 높을수록 반사되는 양이 많다는 것을 의미한다. 태양으로부터 복사된 빛에너지는 지구에 도달해 구름이나 대기, 지면이나 해양 등에서 70% 가량이 흡수되고, 나머지 30%는 반사한다. 즉, 지구의 알베도는 약 30% 정도다. 알베도가 높다는 것은 에너지를 흡수하는 것보다 반사하는 에너지가 많아져 기온이 내려가는 효과가 있다. 눈이 내린 뒤에는 내린 눈에 의해 햇빛이 지표면에 흡수되지 못하고 대부분 반사됨으로써 기온이 급강하하는 경우가 많다. 구름의 양, 지구 표면을 덮고 있는 눈·얼음 등은 높은 알베도를 가지며, 초목으로 덮인 지표면 및 해양 등은 낮은 알베도를 가진다. 이러한 여러 가지 알베도의 변화시키는 요인에 따라 기온도 변하며, 이러한 현상이 한 방향으로 지속될 경우 지구온난화·온실효과, 빙하기 등의 여러가지 현상으로 나타난다. 현대에 들어서 대기 중의 이산화탄소 증가로 인한 온실효과에 의해 들어온 햇빛을 방출하지 못하고 지표면의 온도가 점점 상승하고, 상승한 지구 기온으로 햇빛을 반사해 지구 복사평형을 유지하는 역할을 하던 극지방의 빙하가 급격히 줄어들면서 지구온난화는 가속화되고 있다.

## 89. 알파세대

알파세대는 어려서부터 기술적 진보를 경험하며 자라나는 세대로, 2010~2024년(혹은 2011~2025년)에 출생하는 이들을 지칭한다. 또한 40대에 접어든 밀레니얼세대의 자녀들이어서 '미니 밀레니얼'이라고도 불린다. 이들은 인공지능(AI) 및 로봇 등 기술적 진보에 익숙한데, 실제로 이들 세대는 어려서부터 AI 스피커와 대화하면서 원하는 동요를 듣거나 동화를 읽어주는 서비스를 받으며 성장했다. 이에 알파세대는 사람과의 소통이 아닌 기계와의 일방적 소통에 익숙해, 정서나 사회성 발달에 부정적인 영향이 일어날 수 있다는 우려도 있다. 한편, 알파세대의 부모인 밀레니얼 세대는 1980년대 초반부터 2000년대 초반 출생한 세대로, 청소년 때부터 인터넷을 사용해 모바일·SNS 등 정보기술(IT)에 능통하며, 자신들의 자녀들(알파세대)에 대한 지출을 아끼지 않는 경향이 있다.

## 90. 암묵적 편견

암묵적 편견이란 심리학 용어로 무의식에 위치하는 편견을 말하며, 이는 사회적 행동이나 판단을 통해 상대적으로 반사적인 태도로 드러난다. 다시 말해 본인이 편견을 가지고 있지 않다고 믿음에도 불구하고, 특정한 대상을 향해 무의식적으로 작동되는 편향적 태도이다. 심리학자들은 여성, 흑인, 성 소수자 등 사회적으로 낙인찍힌 사람들에 대하여 사회가 어떠한 암묵적 태도를 보이는지에 대해 연구하여, 사회가 이들을 향해 실제적이고 암묵적으로 편견을 가지고 있음을 밝혔다. 예를 들어 여성과 남성이 동등한 능력을 가졌다고 굳게 믿는 사람이라 할지라도, 그는 무의식적으로 여성을 가정과 연관시킬 수 있다. 이러한 암묵적 편견 때문에 여성을 고용하거나 여성과 함께 일할 때 여성에게 편향적으로 대할 가능성이 있다.

## 91. 양자컴퓨터

양자역학에서 양자얽힘, 중첩, 텔레포테이션 등의 효과를 이용해 계산하는 컴퓨터를 말한다. 기존 컴퓨터가 0과 1만 구분할 수 있는 반면, 양자 컴퓨터는 0과 1을 동시에 공존시킬 수 있다. 이론적으로 현존 최고의 슈퍼컴퓨터가 수백 년이 걸려도 풀기 힘든 문제도 단 몇 초 이내의 어마어마한 속도로 빠르게 풀 수 있을 것으로 전망되고 있다. 특히 이런 무궁무진한 기술 때문에 군사적 이용 가치가 커서 미중 패권 경쟁에서도 주요 분야로 자리매김하고 있다. 실제로 미국 대통령 조 바이든은 중국의 양자 기술만 콕 집어 제재를 가하라고 행정 명령하기도 했다.

## 92. 양적 완화

정부에서 시중에 통화를 공급함으로써 경기 부양을 꾀하는 통화 정책이다. 금리 인하를 통한 경기 부양 효과가 한계에 봉착했을 때, 중앙은행이 국채 매입 등을 통해 통화를 시중에 직접 푸는 정책을 말한다. 이른바 통화의 유동성을 충분히 공급함으로써 중앙은행의 거래량을 확대하는 것으로 채권이나 다른 자산을 사들임으로써 이율을 낮추지 않고도 돈의 흐름을 늘리게 된다.

## 93. 언컨텍트(Uncontact)

언컨택트는 비접촉, 비대면, 즉 사람과 직접적으로 접촉하지 않는다는 뜻이다. 언컨택트는 소비의 방식만 바꾸는 것이 아니라, 기업들의 일하는 방식, 정치, 종교, 연애를 비롯하여 우리의 의식주와 사회적인 관계, 공동체까지 바꾸고 있다. 언컨택트가 사회를 어떻게 변화시키고, 우리의 욕망과는 어떤 연관이 있으며, 비즈니스에서는 어떤 기회와 위기를 줄 것인지 다양한 상황을 통해 생각해봐야 한다. 언컨택트는 단순한 사회적 거리 두기가 아닌 '불안하고 편리한' 시대에 우리가 가진 욕망이자, 미래를 관통하는 중요한 메가트렌드다.

## 94. 업루트 프로젝트

이 프로젝트는 기후위기를 보도하는 유색인 언론인 네트워크다. 업루트 프로젝트의 목표는 "다양한 목소리를 기후위기 보도 최전선에 두는 것"이다. 이 프로젝트는 세미나, 교육, 자료 제공 등을 통해 멤버들의 경력 개발을 돕는다. 프리슬락 디렉터는 단순히 멤버들을 지원하는 것뿐만 아니라 비백인 기자들의 네트워크를 단단히 구축하는 것이 프로젝트의 취지라고 설명했다. 현재 CNN, 로스앤젤레스타임스, 타임, 프로퍼블리카, 복스 소속 언론인 등 300명이 함께하고 있다. 이들은 서로 다른 언론사에서 일하지만 모두 기후위기를 취재하는 유색인 언론인이라는 공통점이 있다.

## 95. 에펠탑 효과

처음에는 비호감이었지만 자주 보게 되면서 점점 호감으로 변하는 현상을 일컫는 심리학 용어다. 이 용어는 프랑스 파리의 상징인 에펠탑의 건립 과정과 관련이 있다. 1889년 프랑스는 프랑스 대혁명 100주년을 기념하기 위한 철탑을 파리 중심에 건립하고자 했다. 그러나 프랑스 시민들은 파리 시내에 흉물스러운 철탑이 들어선다며 반발했다. 하지만 에펠탑이 완공되어 가는 모습을 보면서 시민들의 생각은 점차 달라졌다. 매일 에펠탑의 공사 과정을 지켜보면서 에펠탑이 눈에 익숙해지게 됐고, 완공 시에는 매력적으로까지 보이게 됐기 때문이다. 에펠탑 효과는 과학적으로도 증명이 됐다. 대학생을 대상으로 12장의 얼굴 사진들을 무작위로 여러 번 보여 주고 얼마나 호감을 느끼는지를 측정하는 실험을 했다. 사진을 보여주는 횟수를 0회, 1회, 2회, 5회, 10회, 25회 등 6가지 조건으로 나누고 호감도를 분석했는데, 사진을 보여 주는 횟수가 증가함에 따라 호감도도 증가하는 것으로 나타났다. 전혀 모르는 사람의 사진도 자꾸 반복해서 보게 되면 친근감이 생겨 호감을 느끼게 된다는 결과가 도출되었다.

## 96. FTA(Free Trade Agreement)

자유무역협정(Free Trade Agreement)을 말하며, 나라와 나라 간의 무역 장벽을 완화하거나 철폐하여 무역 자유화를 실현하기 위한 양국 간 또는 지역 간에 체결하는 특혜 무역 협정을 뜻한다. FTA는 대부분 인접 국가나 일정한 지역을 중심으로 이루어져 지역 무역 협정으로 불리기도 한다. FTA는 기본적으로 세계무역기구(WTO)의 최혜국 대우 및 다자주의 원칙을 벗어난 양자주의 및 지역주의적인 특혜 무역 체제이다. FTA에서는 회원국 간에 무관세나 낮은 관세를 적용하는 반면, 비회원국에게는 WTO에서 유지하는 관세를 그대로 적용한다. 또 회원국 간에는 상품의 수출입을 자유스럽게 교역할 수 있게 허용하는 반면, 비회원국의 상품에 대해서는 WTO에서 허용하는 수출입의 제한 조치를 그대로 유지하는 것이 가능하다. 경제 통합이 '자유무역협정 → 관세동맹 → 공동시장 → 경제동맹'으로 이뤄진다고 볼 때 가장 낮은 수준의 통합이라고 할 수 있다. 한국과 칠레 간 FTA는 2004년 4월 1일 발효되었다.

## 97. N.I.E.(Newspaper In Education) 운동

'교육에 신문을 활용하자'는 취지의 교육 운동이다. 신문을 통해 폭넓은 사회 교육 및 역사 교육의 장을 마련하는 것으로, 어려서부터 학교에서 신문을 읽고 배우며 토론하는 과정에서 자연스럽게 언론 의식, 민주 의식, 시민 의식 등을 깨닫게 된다. N.I.E. 운동은 1955년 미국 아이오와주 데모인 레지스터 신문이 미국교육협의회와 협력해 처음으로 시작되었다.

## 98. 엘니뇨와 라니냐

엘니뇨는 남아메리카 서해안을 따라 흐르는 페루 및 에콰도르의 한류에 난데없는 이상 난류가 흘러들어서 일어나는 해류의 이변 현상이다. 스페인어로 '남자아이'라는 뜻을 가지고 있으며, 9월에서 다음 해 2월 사이에 발생한다. 일단 엘니뇨가 발생하면 수 개월간 계속되면서 지구 곳곳에 폭우와 폭서, 가뭄과 홍수 등 재앙을 몰고 다닌다. 우리나라의 경우에 엘니뇨 현상이 일어나면 대체로 여름철 이상 저온 현상이나 또는 긴 장마와 폭우 현상이 일어나고, 겨울에는 이상 고온 현상이나 가뭄이 일어나지만 기후에는 여러 요인들이 영향을 미치기 때문에 경우에 따라 달라진다. 그렇지만 엘니뇨 현상이 뚜렷하게 나타나는 지역은 아니다. 라니냐는 엘니뇨의 반대 현상으로, 적도 무역풍이 평년보다 강해지면서 서태평양의 해수 온도 상승으로 적도 동태평양에서 저수온 현상이 강화되는 해류의 이변 현상을 말한다. 라니냐란 스페인어로 '여자아이'라는 뜻이다. 이에 따라 인도네시아, 필리핀 등 동남아에서는 극심한 장마가, '라니냐'가 우리나라에 어떤 영향을 미칠지 아직 구체적으로 알려지지 않았지만 가을 가뭄이 심하고 겨울에는 혹한이 몰아닥칠 가능성이 높다는 게 전문가들의 예상이다. 페루 등 남미에서는 가뭄이, 북미에서는 강추위가 발생할 수 있다고 한다.

## 99. mRNA

mRNA는 핵 속에 유전정보를 세포질 내 리보솜에 전달하는 RNA이다. DNA에 저장되어 있는 유전 정보가 단백질 형태로 발현되기 위해서 꼭 필요하다. 이는 예전부터 백신 개발과 단백질 대체 치료제 분야에서 유망한 치료도구로 주목 받아왔다. 그런데 2020년 코로나19 바이러스를 겨냥한 mRNA 백신이 개발되어 세계적으로 폭발적인 관심을 받게 되었다.

## 100. 연동형 비례대표제

정당의 득표율에 연동해 의석을 배정하는 방식으로, 예컨대 A 정당이 10%의 정당 득표율을 기록했다면 전체 의석의 10%를 A 정당이 가져갈 수 있도록 하는 것이다. 연동형 비례대표제는 지역구 후보에게 1표, 정당에게 1표를 던지는 '1인 2표' 투표 방식이지만, 소선거구에서의 당선 숫자와 무관하게 전체 의석을 정당 득표율에 따라 배분한다. 그리고 정당 득표율로 각 정당들이 의석수를 나눈 뒤 배분된 의석수보다 지역구 당선자가 부족할 경우 이를 비례대표 의석으로 채우게 된다. 연동형 비례대표제는 '혼합형 비례대표'로도 불리는데, 이를 택하고 있는 대표적 국가로는 독일, 뉴질랜드 등이 있다.

## 101. 열섬 현상

인구와 건물이 밀집되어 있는 도심지는 일반적으로 다른 지역보다 온도가 높게 나타나는데, 이처럼 주변의 온도보다 높은 특별한 기온 현상을 나타내는 지역을 열섬이라 한다. 도시 기온의 특색인 열대야도 대부분 열섬에서 나타난다. 열섬 현상은 여름보다 기온의 교차가 심한 봄, 가을이나 겨울에 뚜렷하며 낮보다 밤에 심하게 나타난다. 주요 원인은 지표를 덮고 있는 대기의 성질, 상층을 덮고 있는 오염층, 도심의 가옥, 건물 등에서 나오는 인공 열 등이다. 특히 도시 매연이 열섬의 가장 중요한 원인 물질이 되고 있기 때문에 '오염의 섬'이라고도 한다. 풍속, 구름의 양, 도시의 크기도 열섬 현상에 영향을 미치는데, 가옥의 밀도가 10% 높아지면 도심의 온도는 0.16℃씩 높아진다.

## 102. 열정 페이

요즘같이 취업이 어려운 시기에 무급 또는 최저 시급에도 미치지 못하는 적은 월급으로 청년들의 노동력을 착취하는 행태를 비꼬아서 말하는 것이다. 취업 준비생을 무급 혹은 저임금 인턴으로 고용하는 관행으로 2014년 유명 몇몇 기업의 부당한 청년 고용 실태가 보도되면서 이 용어가 부각됐다. 일반적으로 열정 페이는 국가 기관같이 쉽게 직무경험이 어려운 곳에서 무급 또는 교통비 정도의 최소한의 경비만을 지급하는 인턴을 모집하는 곳에서 많이 이뤄진다.

## 103. 영리 병원

　영리 법인이란 수익 사업을 행하고, 그를 통해 벌어들인 이윤을 법인의 구성원(투자자, 가령 주식회사의 주주)에게 분배하는 법인이라고 정의할 수 있다. 이러한 영리 법인이 의료 기관을 개설하여 의료 사업을 할 경우, 그 의료 기관이 바로 영리 병원이다. 우리나라는 의료법상 의료 기관을 개설할 수 있는 자는 국가 및 지방자치단체, 의사, 비영리 법인 등이다. 반면 영리 법인은 의료 기관 개설이 불가능하여 의료 사업을 행할 수가 없다. 따라서 우리나라에서 영리 병원은 개설될 수가 없다. 그런데 박근혜 정부에서 비영리로 운영되고 있던 우리나라의 병원들을 영리 병원으로 만들기 위해 움직였다. 정부는 병원은 비영리로 운영하되, 자회사를 갖출 수 있게 함으로로 병원들이 어느 정도 투자자들의 개입을 받을 수 있게 만들었다. 2018년 12월 5일, 제주도에 최초의 영리 병원이자 외국인이 이용하는 '녹지국제병원'의 개설이 허가되면서 논란이 되었다.

## 104. 오리엔탈리즘

　오리엔탈리즘(Orientalism)은 원래 유럽 문화, 예술에서 나타난 동방취미(東方趣味)의 경향을 나타낸 말이다. 하지만 오늘날엔 동양과 서양을 양분하여 동양에 대한 서양의 우월성, 동양에 대한 서양의 지배를 정당화, 서양의 동양에 대한 왜곡된 인식과 태도 등을 총체적으로 나타내는 말로 쓰인다.

## 105. 오버 투어리즘

　오버 투어리즘은 지나치게 많다는 뜻의 'Over'와 관광을 뜻하는 'Tourism'이 결합된 말로, 수용 가능한 범위를 넘어서는 관광객이 몰려들어 관광객이 도시를 점령하게 되고 관광지 주민들의 삶을 침범하는 현상을 말한다. 관광객이 너무 많이 몰려들게 되면 그 관광지는 환경 생태계 파괴, 교통대란, 주거난, 소음 공해 등의 여러 부작용이 발생하게 되며 급기야 원주민이 다른 곳으로 이전하게 된다. 해외 유명 관광지에서는 오버 투어리즘 문제 해결을 위해 각종 대책을 내놓고 있다. 예를 들어 스페인 바르셀로나는 신규 호텔 허가를 중단하고 불법, 미등록 주택 관리를 강화했다. 남미 페루는 안데스 산맥을 따라 마추픽추로 향하는 하이킹 코스인 잉카 트레일 이용자 수를 하루 500명, 마추픽추 방문객은 하루 2,500명으로 제한하는 관광객 총량제를 도입했다. 우리나라의 경우에도 서울의 북촌 한옥마을과 이화 벽화마을 주민들이 몰려드는 관광객들로 인해 사생활 침해와 소음 공해, 쓰레기 무단 투기 등의 불편을 호소하고 있어 대책 마련이 시급한 실정이다. 이에 따라 서울시는 '관광 허용 시간제'를 도입해 가장 붐비는 북촌로 일대를 월요일부터 토요일까지만 오전 10시부터 오후 5시까지만 입장할 수 있게 했다.

## 106. 욜로 라이프 (한 번뿐인 인생)

욜로 라이프는 현재 자신의 행복을 가장 중요시하여 소비하는 태도를 말한다. '인생은 한 번뿐이다.'를 뜻하는 You Only Live Once의 앞글자를 딴 용어이다. 미래나 남을 위해 희생하지 않고 현재의 행복을 위하여 소비하는 라이프 스타일이다. 욜로족은 내 집 마련이나 노후 준비보단 지금 당장 삶의 질을 높여주는 취미 생활, 자기계발에 돈을 아낌없이 쓴다. 이들의 소비는 단순하게 물욕을 채우는 것을 넘어 본인의 이상을 실현하는 과정에 있다는 것이 충동구매와 구별된다. 예를 들면 모아둔 돈으로 전셋집을 얻는 대신 세계 여행을 가거나 취미 생활에 한 달 월급을 소비하는 것이 해당된다.

## 107. 우버 택시(Uber Taxi)

미국에서 처음 시작된 '우버 서비스'는 스마트폰 앱을 켜서 클릭만 하면 몇 분 내에 차량이 도착하는지를 알려주며, 또 목적지까지 태워다 준다. 이처럼 스마트폰을 이용해 차를 타려는 사람과 태우려는 사람을 연결해주고 수수료를 받는 서비스다. 애초 택시를 잡기 힘든 공항 등에서 주로 이용됐지만 이런 편리함 때문에 도심에서도 이용자들이 늘어나고 있다. 우리나라에서는 우버 택시 서비스는 불법이다. 스마트폰에 앱을 설치하고 이동하길 원하는 곳을 입력하면 근처에 있는 역시 우버 앱을 다운로드해 회원 가입을 한 차량 운전자가 자신의 차를 이용해 목적지까지 태워주는 서비스이다. 그러나 우버는 택시기사가 아닌 자가용 운전자를 포함한 개인들이 영업하는 행위가 법원으로부터 불법 판결을 받았다. 국토부는 지난 2014년 8월 29일 서울시에 우버에 대해 철저한 단속을 지시했다. 서울시의 우버 앱 차단 방침에 우버를 둘러싼 찬반양론이 비등했지만 '카카오 택시'가 나오자 여론은 우버에 등을 돌리는 듯하다. 카카오 택시는 기존의 택시 회사들과 협력하는 방식이어서 합법적이기 때문이다.

## 108. 우주 쓰레기

우주 쓰레기는 우주 탐사 로켓의 잔해 등 인간에 의해 우주 공간에 버려진 모든 것들을 포함한다. 이에는 더 이상 동작하지 않는 인공위성, 우주 비행사가 손에서 놓친 공구 등 다양하다. 이들은 모두 매우 빠른 속도로 움직이므로 만약 인공위성 또는 우주인과 충돌한다면 치명적인 피해를 줄 수도 있다. 한국의 '과학기술위성 3호'가 우주 쓰레기와 충돌할 위기에서 미국과 러시아 위성의 우주 파편들과 거리가 초기보다 훨씬 벌어져 충돌 위험선인 1km 범위를 벗어났다고 KAIST 인공위성 연구센터는 밝혔다.

## 109. 유치원 3법

유치원이 정부지원금을 부정하게 사용하지 못하도록 마련된 유아교육법·사립학교법·학교급식법 개정안을 총칭한다. 이는 2018년 국정감사에서 비리 사립유치원의 명단을 공개한 박용진 의원이 대표로 발의해 '박용진 3법'으로도 불린다. 유치원 3법의 주요내용은 다음과 같다. 유아교육법 개정안 : 유치원에 대한 징계와 중대한 시정명령 시 명칭만 변경하여 재개원 하는 것을 금지하고 '에듀파인'이란 회계프로그램 사용 의무화 조항 등이 있다. 또한 지원금을 보조금으로 변경해 이를 유용할 시 횡령죄를 적용한다. 사립학교법 개정안 : 사립유치원 설립자와 유치원 원장을 겸임하지 못하도록 하고 교비회계에 속하는 수입·재산을 교육 이외의 목적에 부정하게 사용 못하도록 하는 내용이 있다. 학교급식법 개정안 : 현행 학교급식법을 유치원에 적용하여 급식부정 피해를 막고자하는 내용이다. 또 유치원운영위원회 심의 급식업무를 위탁하여 유아의 급식 질을 보장하는 내용이 있다.

## 110. 워라벨

'일과 삶의 균형(Work-life balance)'이란 표현은 1970년대 후반 영국에서 개인의 일과 사생활 간의 균형을 묘사하는 단어로 등장했다. 우리나라에서는 각 단어의 앞글자를 따서 '워라밸'이 주로 사용된다. 워라밸은 연봉에 관계없이 높은 업무 강도에 시달리거나, 퇴근 이후 SNS로 하는 업무 지시나 잦은 야근 등으로 개인적인 삶이 사라진 현대 사회에서 직장이나 직업을 고를 때 중요한 요소 중 하나로 나타나고 있다.

## 111. 유사과학

유사과학(pseudoscience)이라는 용어는 '거짓된'이라는 의미를 가진 유사(pseudo)라는 말과 '과학(science)'이라는 말로 이루어져 있다. 즉, '유사과학'이라는 용어는 '거짓된 과학'임을 의미하고 있다. 유사과학은 학문, 학설, 이론, 지식, 연구 등에서 그 연구자가 과학이라 주장하지만, 과학의 요건으로서 갖추어야 할 과학적 방법과 맞지 않는 것을 말한다. 유사과학과 과학은 서로 밀접한 관계를 가지고 있으나, 과학이 될 요건을 갖추지 못한 유사과학이 사회 분위기에 따라 과학이 될 수 있는 것은 아니다. 유사과학이라는 용어는 어떤 것이 부정확하거나 심지어 기만적으로 표현되고 있음을 시사하고, 과학적 방법, 주장의 반증가능성, 사회의 규범과 같이 허용된 과학적 기준을 준수하지 않기 때문에 과학과 차별화 된다는 주장이 있다.

## 112. 유리 천장

유리 천장은 충분한 능력을 갖춘 사람이 직장 내 성 차별이나 인종 차별 등의 이유로 고위직을 맡지 못하는 상황을 비유적으로 이르는 경제학 용어이다. 이 용어는 청각 장애, 실명 등의 장애가 있거나 나이가 많아 승진에서 차별받는 경우에도 사용된다. 미국의 경제주간지인 《월 스트리트 저널》이 1970년에 만들어낸 말이다.

## 113. 유연 근무제

공무원을 대상으로 2016년 2월 22일부터 본격 시행된 개인의 선택에 따라 근무 시간 등을 조절할 수 있는 제도로 주5일 전일제 근무 대신 재택 근무나 시간제, 요일제 등 다양한 형태로 일을 하게 된다. 유연 근무제의 특징은 시간당 임금과 4대 보험을 비롯한 복리 후생이 현재의 정규직 수준으로 보장된다는 것이다. 근로 시간이 줄어든 만큼 급여는 덜 받게 되겠지만, 일정 기간이 지나면 해고가 자유로운 기간제 근로자나 파견 근로자보다 안정된 고용을 보장받게 된다. 공직 생산성을 향상시키고 삶의 질을 높이기 위해 개인, 업무, 기관별 특성에 맞춰 유연한 근무 형태를 선택하여 활용할 수 있는 제도다. 이전에는 유연 근무제는 하루 8시간 근무 체제를 유지하면서 출퇴근 시간만 자율적으로 조정할 수 있었다. 앞으로는 공무원들이 자율적으로 근무 시간을 잘 조정하면 주 3.5일 근무도 가능해진다. 개개인이 주당 40시간의 범위 내에서 자율적으로 근무일과 근무 시간을 설계할 수 있도록 한 '유연 근무제'를 확대한다.

## 114. 유전자 가위

유전자에 결합해 특정 DNA 부위를 자르는 데 사용하는 인공 효소로 유전자의 잘못된 부분을 제거해 문제를 해결하는 인간 세포와 동식물 세포의 유전자를 교정(genome editing)하는 데 사용하는 기술이다. 예를 들면 '지퍼 (DNA)'가 고장 났을 때 이빨이 나간 부위 (특정 유전자)만 잘라내고 새로운 지퍼 조각을 갈아 끼우는 기술로 '유전자 짜깁기'라 불리기도 한다. 3세대 유전자 가위인 크리스퍼는 세균이 천적인 바이러스를 물리치기 위해 관련 DNA를 잘게 잘라 기억해 두었다가 다시 침입했을 때 물리치는 면역 체계를 부르는 용어다. 유전자 가위는 유전자 변형 농산물(GMO)에 대한 우려를 줄이는 대안으로도 주목받고 있다. 병충해에 강한 GMO 콩은 식물에 동물 유전자를 집어넣는 기술을 활용해 나온 것이다. 인위적으로 외부 유전자를 넣다 보니 생태계 혼란에 대한 우려가 나올 수밖에 없었다. 하지만 크리스퍼 유전자 가위로 식물의 약한 유전자를 잘라내고 스스로 강한 유전자를 복원하도록 할 수 있다. 2014년 중국 과학자들은 크리스퍼 유전자 가위로 원숭이의 배아에서 특정 유전자를 바꿨다. 이를 사람에게 적용하면 정자, 난자의 DNA를 바꿔 원하는 유전자를 가진 '맞춤형 아기'로 발전시킬 수 있어 새로운 논란도 불거졌다.

## 115. 유튜브 크리에이터

유튜브에선 일반적으로 동영상을 만들고 업로드하는 창작자를 '크리에이터(Creator)'라고 한다. 직역하면 '창조주'란 뜻으로 '창작자'라는 뜻이다. 1인 방송 미디어 제작자에게 크리에이터라는 명칭을 쓰는 것은 단순한 동영상의 창작자일 뿐만 아니라 본인이 만든 동영상을 매개로 팬 커뮤니티를 만들어 커뮤니티 창조자 역할도 동시에 수행하기 때문이다. 수많은 크리에이터 중에 연예인 못지않게 높은 인기로 영향력을 발휘하는 창작자들이 나타나게 되었다. 크리에이터들이 만든 동영상 콘텐츠에 대한 가치가 상승하여 수익이 발생하면서 크리에이터는 어엿한 하나의 직업이 되었고, 최근에는 학생들이 선호하는 장래 희망으로 등장했다.

## 116. 의료 일원화

정부는 의사와 한의사를 하나로 통합하는 정책을 추진하기로 하였다. 한의사의 의료 기기 사용에 대한 문제로 인해 제기된 것으로 2030년까지 의사와 한의사를 통합하는 정책이다. 현재의 의대와 한의대 교육 과정을 합치고, 의료 면허까지 통합해 의료 일원화를 하는 것이다. 의사는 한의사 고유 진료 영역인 침 치료가 가능해진다. 한의사 역시 영상 장비 사용이 가능해진다. 보건복지부는 '국민 의료 향상을 위한 의료현안협의체 합의문(안)'을 대한의사협회와 대한한의사협회에 각각 전달했다. 통합 작업이 순조롭게 진행될지는 지켜보아야 하겠지만, 복지부 산하 의사협회, 한의사협회, 시민사회단체 등이 참여하여 의료 일원화 통합을 위한 '가칭 미래의료발전위원회'를 구성해 2016년부터 2년간 구체적인 실행 방안을 마련하기로 했다.

## 117. 이슬람 국가(IS, Islamic State)

세계의 젊은 사람들이 갑자기 사라지기 시작하는 사건이 발생해 온 세상을 공포 속으로 몰아넣고 있다. 얼마 전 우리나라의 한 청년도 사라져 온 국민을 애타게 했다. 알고 보니 IS에 가담했다는 것이다. IS는 이라크 및 시리아 일부 지역을 지배하고 있는 무장 테러 조직을 말한다. 이테러 무장 단체는 2014년 6월에 제정일치의 칼리파 국가 선포를 주장했으나, 대부분의 국가들에서는 이 무장 단체를 국가로 인정하지 않고 있다. 지금 이슬람 테러 단체의 극악무도함에 전세계는 공포에 떨고 있다. 인질로 잡은 일본인 2명을 차례로 잔인하게 살해하더니, 요르단 조종사까지 산 채로 화형시키는 극악무도한 행위를 서슴지 않아 전 세계를 경악케 했다. 특히, IS는 평화를 구현한다는 미명하에, 각종 SNS 등의 매체를 통해 전 세계 젊은이들의 가입을 유인하고 있으니 각별히 유의해야 할 것이다.

## 118. 인공 지능(AI)과 알파고

인공 지능은 한마디로 인간의 학습 능력과 추론 능력, 지각 능력, 자연 언어의 이해 능력 등을 컴퓨터 프로그램으로 실현한 기술을 말한다. 최초로 '인공 지능'이라는 단어를 사용한 것은 1955년 뉴햄프셔 다트머스 대학의 존 맥카시는 컴퓨터가 사고, 학습, 자기계발 등 인간의 지능적인 행동을 모방할 수 있도록 한 컴퓨터 공학 및 정보 기술의 한 연구 분야로, 지능 연구의 쟁점에 대해 논의한 콘퍼런스에서였다. 최근 인공 지능(Artificial Intelligence, AI) 프로그램인 알파고와 바둑 대결에서 이세돌 9단을 꺾으면서 전 세계에 충격을 줬다. 2차 또는 4차 산업혁명이 도래했다는 전망부터 영화에서나 그려지는 AI에 의한 인류와의 전쟁 우려까지 하고 있다. 분명한 것은 AI가 우리 미래에 미칠 영향력은 실로 엄청날 것으로 현재 어디까지 왔는지, 미래 사회에 어떻게 적용될지, 또 사회에 미칠 다양한 영향에 대한 인간의 대비책은 무엇인지 기대와 걱정이 반반인 상태이다. 참고로 알파고(AlphaGo)는 구글 딥마인드가 개발한 인공 지능(AI) 바둑 프로그램으로 2015년 프로기사인 판 후이 2단을 5번의 대국 모두 승리해 이슈가 됐다. 그러다 2016년 3월 세계 최강자 중 한 명인 이세돌 9단과의 5번의 대국에서 예상을 깨고 4승 1패로 승리해 전 세계에 충격을 줬다. 이 대국을 통해 구글은 인공 지능의 새 장을 열어 알파고 알고리즘을 활용해 미래의 핵심적 서비스 사업인 무인 자율 주행차, 헬스케어, 스마트폰 개인 비서 등에 적용할 계획이다.

## 119. 인공 지진

대체로 세 종류가 있다. 첫째는 폭발물을 지하에 폭발시켜 인공적으로 지진파를 발생시켜 지하 구조를 규명하는 경우인데, 이를 탄성파 탐사라고 한다. 폭발 장소나 시간을 정확히 통제할 수 있고, 관측망을 효과적으로 배치할 수 있으므로 국지적인 지질 구조나 광범위한 지각 구조를 결정하는 데에 가장 효과적인 방법이다. 둘째는 지각에 액체가 유입될 때 발생하는 지진이다. 1962년에 미국 콜로라도주의 한 군사 병기고에서 근처에 깊은 우물을 파고 폐수를 유입시켰다. 그 후 곧 수많은 지진이 발생했다. 이 작업은 1966년 초에 끝냈지만 지진은 그 후로도 지속적으로 발생했다. 이 지역은 지진 발생이 거의 없는 지역이므로 이 지진들은 폐수의 유입에 기인한 것으로 여겨진다. 액체가 유입되면 암석의 공급 압력이 증가하여 비활성 단층면에서의 단층 운동을 촉진시켜 지진이 발생하는 것으로 설명하고 있다. 셋째로는 댐에 의한 저수의 결과로 발생하는 지진이다. 예로는 1962년 인도의 코이나 지방에 저수지에 저수가 시작된 후로 수많은 지진이 발생하기 시작했다. 1967년에는 규모 7 이상의 지진이 발생하여 큰 피해를 주었다. 이 지역은 지진학적으로 매우 안정한 지역이었으므로 이 지진들은 저수로 인하여 지층이 하중을 받은 것에 연관되어 발생한 것으로 생각되고 있다.

## 120. 인구 절벽

청년 절벽이라고도 표현하는데 생산 가능 인구가 전체 인구 비중에서 줄어드는 현상으로 이는 경제 예측 전문가인 해리 덴트가 자신의 저서 '인구 절벽(Demographic Cliff)'에서 사용한 용어로 청장년층의 인구 그래프가 절벽과 같이 떨어지는 것을 비유한 것이다. 일본이나 독일 같은 선진국들은 이미 인구 절벽을 겪고 있는 상황에서 미래 학자 해리 덴트는 한국 경제에 대해서도 2018년부터는 청년 절벽이 시작된다고 예측을 했다. 저출산 고령화 시대로 생산 가능 인구가 줄어들어 소비가 위축되는 '인구 절벽' 현상은 머지않아 다가올 국가 위기이다.

## 121. 인류세

네덜란드의 화학자로 1995년 노벨화학상을 받은 크뤼천(Paul Crutzen)이 2000년에 처음 제안한 용어이다. 지질 시대를 연대로 구분할 때 기(紀)를 더 세분한 단위인 세(世)를 현대에 적용한 것으로, 시대순으로 따지면 신생대 제4기의 홍적세(洪積世)와 지질시대 최후의 시대이자 현세인 충적세(沖積世)에 이은 전혀 새로운 시대이다. 다시 말해 이제 과거의 충적세와는 다른 새로운 지질 시대가 도래했다는 뜻에서 등장한 개념이다. 아직 학문적으로 정립된 개념은 아니지만, 2000년에 인류세가 언급된 이후, 시작 시기를 언제로 할 것인지 연구하기 시작했다. 1610년과 1945년이 현재까지 가장 유력한 후보다. 인류세의 가장 큰 특징은 인류에 의한 자연환경 파괴를 들 수 있다. 그동안 인류는 끊임없이 지구 환경을 훼손하고 파괴함으로써 인류가 이제까지 진화해 온 안정적이고 길들여진 환경과는 전혀 다른 환경에 직면하게 되었다. 인류세는 환경 훼손의 대가를 치러야만 하는 현재 인류 이후의 시대를 가리킨다. 인류로 인해 빚어진 시대이기 때문에 인류라는 말이 붙은 것이다. 인류세의 대표 화석은 인간이 아닌 닭이 될 것이라는 의견이 지배적이다.

## 122. 인사 청문회

국회가 국정 수행 능력과 자질 등을 검증하는 제도로 제16대 국회 때 처음 도입되었으며, 2000년 6월 국회는 인사청문회법을 새로 제정하였다. 인사 청문회가 도입되면서 국민들의 알 권리는 충족된 반면, 당사자들은 큰 곤욕을 겪고 있다. 그러나 투명한 공직자를 원하는 국민의 여망이 담긴 제도이니 존속되어야 함이 마땅하다. 인사 청문회는 대통령이 임명하는 국무총리 및 장관 등을 대상으로, 국회에서 행정부를 견제하는 제도적 장치다. 국회는 대통령이 임명한 후보자가 공직을 수행해 나가는 데 적합한 업무 능력이나 공직자의 자질이 상태를 검증한다.

## 123. 인지부조화

우리의 두 신념 사이에 또는 신념과 실제로 보는 것 사이에 불일치나 비일관성이 나타났을 때 생기는 것으로, 인지부조화 이론에선 개인의 믿음과 실제로 보는 것의 차이가 불편하듯이 인지

간 불일치가 불편하여 사람들은 이 불일치를 제거하려고 한다. 인지부조화 이론에서 나타난 결과 중 하나는 자신의 태도(나는 지루한 일은 싫어해)와 일치하지 않는 과제(큰 보수를 받고 무언가 지루한 일을 하기)에 참여하게 되면 태도가 행동과 일치하는 방향으로 변화한다는 것이다. 이는 불일치에서 발생한 '부조화 압력'(그 과제는 정말로 그렇게 지루하지는 않아) 때문이다.

## 124. 잊힐 권리

여러분들에게는 잊힐 권리라는 말이 생소할지도 모른다. 이는 인터넷 사이트와 SNS 등에 올라와 있는 자신과 관련된 각종 정보의 삭제를 요구할 수 있는 권리를 말한다. 개인 정보 자기결정권이나 통제권이라고 할 수 있겠다. 인터넷이나 SNS에 올라간 사적인 정보는 개인의 것이지만 정보의 삭제 권한은 기업에 있기 때문에 발생한 문제이다. '잊혀질 권리'로 표기하는 경우도 있는데, 이는 잘못된 표현이다. '잊히다'는 피동사이기 때문에 여기에 또 피동의 뜻을 나타내는 '-어지-'를 붙이는 것은 어법에 맞지 않기 때문이다. 유럽 연합은 2014년 발효를 목표로 잊힐 권리를 명문화하는 내용을 골자로 한 정보보호법 개정안을 확정했다. 정보보호법은 잊힐 권리의 범위에 자기가 게재한 자신의 정보를 비롯, 제3자가 게재한 글에 들어간 자신의 사적인 정보까지 모두 포함시켰다. 세계적으로 잊힐 권리가 입법화한 것은 이것이 최초가 아닌가 한다. 우리나라는 '잊힐 권리' 법제화를 앞두고 찬·반 의견이 분분하다. 찬성하는 쪽에서는 한순간의 실수로, 혹은 본인의 잘못 없이 제3자의 표현물로 인해 고통받는 사람들을 구조해 주자고 주장한다. 반면, 반대하는 쪽에서는 정보의 유통이 자유롭지 못함을 지적하면서 사회에 만연해 부조리한 요소들을 자유롭게 고발할 수 없게 될 것이라며 목소리를 높이고 있다. 여러분도 이 부분에 대해 충분히 생각해서 나름대로의 견해를 갖고 있는 것도 중요할 것이다.

## 125. 자연독점

상품의 특성상 여러 기업이 생산하는 비용보다 한 기업이 독점적으로 생산할 때 비용이 적게 들어 자연스럽게 생겨난 독점 시장을 의미한다. 한 기업이 Q개의 재화를 생산할 때 드는 비용을 Cost(Q)라고 하고 두 기업이 Q개의 재화를 Q1, Q2로 나누어 생산할 때의 비용을 Cost(Q1), Cost(Q2)라고 하면, 다음과 같은 조건을 만족할 때 발생하는 독점이 자연독점이다. Cost(Q) < Cost(Q1) + Cost(Q2)자연독점은 여러 상황에서 생겨날 수 있으나, 대부분 생산을 많이 할수록 평균생산단가가 낮아지는 규모의 경제가 존재하는 재화에서 많이 발생한다. 규모의 경제로

인한 자연독점의 사례로 우편, 전기, 가스 등 사회간접자본이 있다. 예를 들어, 한 기업이 전기를 생산하기 위해서는 전기 생산에 필요한 발전소 건설, 전기 공급에 필요한 공급망 구축 등의 막대한 초기 고정비용이 들어가는 데 비해 1단위 전기를 더 생산하는 데에 드는 비용은 매우 작다. 이 경우 전기를 이용하는 사람이 많아질수록 전기 1단위를 추가로 생산하는 데에 필요한 평균비용은 하락하므로 자연독점이 발생한다. 한편, 하나의 기업이 독점적으로 재화를 생산하면 자신들의 이윤을 극대화하기 위해 해당 재화의 가격을 높게 책정하여 소비자들이 피해를 입고 경제 비효율이 발생할 수 있다. 이러한 이유로 많은 국가에서는 우편, 전기, 가스 등과 같은 사회간접자본을 국영화하여 독점의 폐해를 줄이고자 한다.

## 126. 자연주의 오류

자연주의 오류는 자연적인 전제를 통해서 결론을 내리는 비형식적 오류로 현상이 결론이 되는 오류이다. 자연주의 오류는 도덕주의 오류를 뒤집어 놓은 오류라고 볼 수 있다. 상황이나 과거 상황, 본능을 기반으로 결론을 만들어내기에 인간의 도덕이나 윤리를 무시하게 되고, 우생학이나 소수자에 대한 비난에 사용된다. '예전부터 우리 회사는 신입사원은 최저임금만 받고 일했습니다. 여러분도 최저임금을 받아야 합니다.'는 대표적인 자연주의 오류의 예시이다. '최저임금 받고 일하는 것이 회사의 관습이다.'라는 자연의 순리나 관습이 나오고, '여러분들도 최저임금을 받아야 합니다.'라는 왜곡된 당위가 나오는 것이 자연주의 오류이다.

## 127. 재정준칙

국가채무 등 재정지표가 일정 수준을 넘지 않도록 강제하는 일종의 규범이다. 유럽에서 재정준칙이 수립된 1990년대를 기점으로 세계 각국이 이를 도입하면서 현재 100여 개국에서 운용 중이다. OECD 36개 회원국 중 한국과 튀르키예(터키)만 빼고 예외 없이 준칙을 운용하고 있다. 한국은 박근혜 정부와 문재인 정부 시절에 재정준칙 도입에 나섰지만, 다른 정치 현안에 밀리면서 번번이 실패했다. 2022년 들어 윤석열 정부도 재정준칙 도입에 의욕을 보였다. 준칙 내용은 나라 살림 적자를 국내총생산(GDP) 대비 3% 내에서, 국가채무는 GDP의 60% 이내로 관리한다는 게 골자다. 국가채무비율이 60%를 넘으면 적자 폭을 -2%로 축소해 중장기적으로 이 비율이 60% 이내로 수렴하도록 설계하겠다는 것이다. 그러나 재정 건전성을 국정과제로 내세우며 '3수'에 도전했던 윤석열 정부의 재정준칙도 2024년 총선을 앞두고 또다시 폐기 기로에 섰다.

재정준칙 도입을 위해 누구보다 부지런히 움직여야 할 국회는 어떤 결과물도 내놓지 않고 있다.

## 128. 저작권과 지적 재산권

저작권은 저작자의 권리와 그와 관련된 권리를 보호하고자 저작물의 공정한 이용을 도모하므로 문화와 관련 산업의 향상 발전에 이바지함을 목적으로 제정되었다. 저작권은 자연인격권과 저작 재산권으로 나눌 수 있다. 저작 인격권은 저작물의 공표 여부를 결정할 권리, 복제물이나 원작품에 실명 이명을 표시할 권리, 저작물의 내용과 형식을 동일하게 유지할 권리를 지닌다. 저작 재산권은 저작물을 복제, 공연, 전시, 배포, 대여, 출판하고, 2차적 저작물을 작성하여 이용할 권리를 가지고 있다. 그러나 저작 재산권은 행사는 학교 교육 목적이나 시사 보도, 사적 이용 등에 있어서는 제한을 받는다. 저작 재산권은 특별한 규정이 없는 이상 저작자가 생존하는 기간과 사망 후 50년 동안 유효하고 공동 저작물의 저작 재산권은 맨 마지막에 사망한 저작자의 사망 후 50년간 존속한다. 지적 재산권은 문학 예술, 과학, 작품, 연출, 예술가의 공연, 음반, 방송, 발명, 과학적 발견, 공업의장 등에 부여된 재산권에 준하는 권리를 말한다. 지적 재산권은 크게 산업재산권(특허권, 실용신안권, 의장권, 상표권)과 저작권으로 분류된다.

## 129. 저탄소 녹색 성장

저탄소 녹색 성장 또는 녹색 성장이라고 부른다. 녹색 성장이란 에너지와 자원을 절약하고 효율적으로 사용하여 기후 변화와 환경 훼손을 줄이고 에너지 자립을 이루며, 청정에너지와 녹색 기술의 연구 개발을 통하여 경제 위기를 타개하고 신성장 동력과 일자리를 창출한다는 개념이다. 녹색 성장이라는 개념은 2000년 1월 《이코노미스트》지가 최초로 언급하였고, 다보스포럼(세계경제포럼)을 통하여 널리 사용되기 시작하였다.

## 130. 제4부

민주주의 사회에서의 언론(言論)을 일컫는다. 그 기능과 역할의 비중이 크기 때문에 3부(입법, 사법, 행정)와 견줄만한 위치에 있다 하여 생긴 말이다.

미국 항공우주국(NASA)이 100억 달러를 투입해 개발한 우주 망원경으로 인류 역사상 가장 고성능이라는 허블 우주망원경을 잇는 차세대 우주망원경이다. 가시광선 영역을 관측하는 허블 우주망원경과 달리 적외선 영역을 관측한다. 제임스 웹 망원경은 가시광선을 관찰하는 허블 우주망원경보다 파장이 길어 우주의 먼지와 가스 구름을 뚫고 더 멀리 가는 적외선을 포착할 수 있다. 이를 통해 우주 대폭발인 빅뱅 이후 초기 우주인 약 135억 년 전의 1세대 은하를 관측할 수 있도록 설계됐다. 외계 행성의 대기 구성 성분을 파악해 생명체가 존재할 수 있는 행성인지 알 수 있는 기능도 갖추었다. 제임스 웹 망원경은 지구와 태양의 중력 균형이 이뤄지는 약 150만㎞ 밖으로 비행한다. 이 곳은 태양, 지구의 중력과 원심력이 평행을 이루는 지점이다. 과학계에서는 제임스 웹 우주망원경을 통해 지금까지 관측되지 못했던 빅뱅 이후 우주 최초의 별과 은하를 관측할 수 있을 것이란 기대가 나온다.

현실에 대한 인지 및 검증력 이상과 비정상적인 사고를 특징으로 하는 정신 질환이다. 일반적인 증상으로 현실을 제대로 인식하지 못해 부조화된 환각, 환영, 망상, 환청 등을 경험한다. 또한 대인 관계에서 기이한 행동이나 지나친 긴장감, 혹은 타인의 시각에 관한 무관심을 보인다. 언어 관련 장애나 기분 장애 등이 동반되기도 한다. 사회 활동과 가족관계를 악화시키는 대표적인 정신증이다. 우리나라에선 본래 정신분열증이라 불렸으나 어감의 문제로 2010년 10월 대한정신분열병학회 및 단체들이 참여한 '정신분열병 병명개정위원회'를 통하여 새로운 병명인 조현병으로 변경되었다. 과거에는 조발성 치매라고 불렸다.

프린스턴 대학교 교수인 Albert Tucker는 1950년 스탠퍼드 대학교 심리학자들로부터 게임 이론에 대한 강연을 요청받게 된다. Albert Tucker 교수는 게임 이론에 생소한 심리학자들이 이해를 돕기 위하여 플러그와 드레서가 공동으로 행동한 실험 게임에 바탕을 두고 죄수의 딜레마란 사례를 만들게 되었다. 두 명의 혐의자가 폭행 현장에서 경찰에게 체포되었다. 경찰은 이들이 저지른 폭행에 대해서는 확실한 증거를 확보하고 있으므로 이들에게 징역 1년의 처벌을 할 수 있다. 그러나 경찰은 이들이 폭행 과정에서 조직 폭력배를 동원하고 총기를 사용한 범죄에 대해서는 혐의를 두고 있으나 이를 입증할 만한 증거를 확보하지 못하고 있다. 이러한 상황 속에서 경찰은 이들 두 명의 혐의자들을 서로 분리해 각각 다른 방에서 심문하기로 했다. 혐의자들은 서로 분리되어 있으므로 의견을 나누거나 서로의 진술을 확인할 수 없는 상황이다. 경찰은 혐의자들에게 자백을 권유하면서 다음과 같은 유인책을 제시하였다. 만약 한 사람이 조직 폭력배 동원 및 흉기 사용 등의 혐의에 대해서 자백하고 다른 혐의자가 부인을 하면 자백한 사람은 폭행에 대해서도 불기소하고 즉시 석방하는 반면, 부인한사람은 9년형이 선고된다. 만약 두 사람 모두 자백하면 5년형씩 받게 된다. 물론 두 혐의자가 조직 폭력배 동원과 흉기 사용을 부인하면 이들은 각각 1년형에 처해지게 된다. 이러한 상황 속에서 각 혐의자가 취할 수 있는 상황은? 여기서부터 게임 상황이 발생하게 된다.

### 134. 중앙은행 디지털화폐(CBDC)

중앙은행 디지털화폐(CBDC)는 중앙은행을 의미하는 'Central Bank'와 디지털 화폐(Digital Currency)의 합성어로, 실물화폐를 대체하거나 보완하기 위해 중앙은행이 발행한 디지털 화폐를 의미한다. 여기서 디지털화폐는 내장된 칩 속에 금액이 기록돼 있어, 구매 시 사용 금액만큼 차감되는 전자화폐를 나타낸다. CBDC는 블록체인기술이나 분산원장기술 등을 이용해 전자적 형태로 저장하는 점에서 암호화폐와 유사하다. 하지만 중앙은행이 보증한다는 점에서 비트코인 등의 암호화폐보다 안정성이 높다. 또한 국가가 보증하기에 현금처럼 가치 변동이 거의 없다. 실시간으로 가격 변동이 큰 암호화폐와는 차이가 있다. CBDC는 전자적 형태로 발행되어 현금과 달리 거래의 익명성을 제한할 수 있고, 정책 목적에 따라 이자 지급·보유한도 설정·이용시간을 조절할 수 있다는 장점이 있다. 한편, 2019년 페이스북의 암호화폐(리브라)가 공개되면서 위기를 느낀 각국 중앙은행은 디지털화폐 개발 경쟁에 본격적으로 뛰어들었다. 특히 중국 중앙은행인 인민은행은 기축통화인 달러 중심의 국제 금융질서를 재편하기 위해 2014년부터 디지털화폐를 연구하여 기술이 상당히 앞서 있다. 또한 2020년 확산된 코로나19로 현금 사용이 줄고 온라인 결제가 증가하면서, 많은 국가들이 디지털 화폐에 관심을 기울이는 추세다.

### 135. G7

미국, 일본, 영국, 프랑스, 독일, 이탈리아, 캐나다 등 서방 선진 7개국을 일컫는다. 이들 국가들의 재무장관과 중앙은행 총재가 연석으로 1년에 두세 차례씩 회동, 세계 경제 향방과 각국 간의 경제 정책 협조 조정 문제를 논의하는 회동을 G7 회의라고 한다. G7은 이와 함께 1년에 한 번씩 각국 대통령 및 총리가 참가하는 G7 정상회담도 개최하고 있다. 이후 1997년 6월 미국 콜로라도 주 덴버에서 열린 제23차 회의부터 러시아가 참여, 8개국으로 확대되었다.

## 136. 지치득거

똥구멍을 핥아 수레를 얻는다는 뜻으로, 미천한 일을 하여 큰 이득을 얻음을 비유하는 말로 〈장자(莊子)〉에 나오는 우화이다. 송(宋)나라 사람 중에 조상(曹商)이라는 자가 있었다. 그가 송나라의 임금을 위하여 진(秦)나라에 사신으로 가게 되었다. 그가 진나라로 떠날 때에는 고작 몇 대의 수레가 주어졌지만, 진나라의 임금이 그를 매우 반기며 수레 100대를 더 붙여 주었다. 그가 송나라로 돌아와 장자를 만나 말하기를, "대저, 비좁고 누추한 빈민굴에 살면서 구차하게 신이나 삼고, 비쩍 마른 목덜미를 하고 두통 때문에 얼굴빛마저 누런 것은 내가 부족한 탓이었네. 그보다는 만승(萬乘)의 임금을 깨우쳐 100대의 수레를 얻는 것이 나의 장기였네" 하였다. 장자가 대답하기를, "진나라의 임금이 병이 나서 의사를 불렀을 때, 종기를 째고 고름을 빠는 자에게는 수레 한 대를 주었고, 치질을 핥아서 고치는 자에게는 수레 다섯 대를 주었다네. 따라서 치료하는 하는 곳이 더러울수록 받는 수레의 숫자가 많았다네. 그런데 자네는 어떻게 그 치질을 빨았기에 그리 많은 수레를 얻었는가? 더럽네. 자네는 빨리 돌아가게" 하였다. 장자는 이 문답을 통해 윗사람에게 아첨하여 이익을 얻는 자의 비열함을 통박하고 있다. 지치득거는 자신의 목적을 위해서 수단과 방법을 가리지 않는다는 뜻으로 쓰인다.

## 137. 챗 GPT

인공지능 연구재단 오픈에이아이(OpenAI)가 2022년 12월 1일 공개한 인공지능(AI) 기반 챗봇이다. AI 언어모델 '지피티3(GPT-3)'를 발전시킨 지피티3.5로 언어를 학습한 뒤 인간과 자연스러운 대화를 나누고 질문에 대한 답을 내놓는다. 2023년 3월 14일, OpenAI의 최신 언어모델인 GPT-4가 출시되었으며, 2024년 4월 기준 ChatGPT Plus 가입자만 사용할 수 있다. 또한 이메일, 에세이, 소프트웨어 코드 등도 작성할 수 있다. 챗 GPT는 방대한 데이터 처리 능력을 바탕으로 답변을 생성한다. 이용자 질문이나 요청을 인식하고 단순히 사전에 입력된 데이터를 보여 주는 수준을 넘어 독자 콘텐츠를 만들어낸다. 특정 키워드나 조건을 충족하는 소설·시·

에세이를 쓰는 것은 물론 복잡한 코딩 문제를 푸는 것도 가능하다. 마이크로소프트는 오픈AI에 막대한 기술 투자를 단행하고 상용화 독점권을 보유했다. 출시 닷새 만에 이용자가 100만명을 돌파하며 화제를 낳았다. 다만 챗GPT가 내놓는 정보의 신뢰도에는 한계가 있다. 그럴듯한 답변을 만들어 내놓는 과정에서 잘못되거나 왜곡된 정보를 포함하는 사례도 빈번하게 발견된다. 챗GPT를 공저자 목록에 올린 논문까지 등장했다. 네이처지는 "챗GPT 같은 도구를 논문에 사용할 경우 명시해야 한다"며 논문 원칙을 제시했다. 챗GPT 상용화로 오픈AI가 수백만 개의 댓글을 달아 여론을 좌우하고 로비활동을 통해 민주주의를 위협할 수 있다는 지적이 나오기도 한다. 미국 컨설팅업체 유라시아 그룹은 '2023년 세계 10대 리스크' 보고서에서 "대화 생성 AI로 인해 가짜 정보가 번성할 것이고 사회적 결속과 상거래, 민주주의의 기반인 신뢰는 약화될 것"이라고 밝혔다.

## 138. 초거대 인공지능

초거대 인공지능은 대용량을 빠르게 연산할 수 있는 대규모 데이터를 학습해 특정용도에 한정하지 않고, 종합적이고, 자율적으로 사고, 학습, 판단, 행동하는 인간의 뇌 구조를 닮은 인공지능이다. 기존의 인공지능과 달리 코로나19 백신을 만들거나, 신약을 개발할 때 활용할 수 있다. 신소재를 개발할 때도 이용할 수 있다. 초거대 인공지능이 방대한 데이터를 바탕으로 유용한 결과를 낼 수 있기 때문이다. 인간처럼 자연스럽게 대화할 수도 있고, 에세이나 소설도 창작할 수 있으며, 이미지와 영상을 이해하고 데이터 추론까지 할 수 있다. 소프트웨어 개발, 데이터 분석, 고객 상담 등 각 분야에서 상위 1% 전문가 수준의 역량을 낼 수도 있다한다. 예를 들어 현재 인공지능 상담 챗봇은 유형화된 질문에 한해 정해진 답변만 골라서 답한다면, 초거대 인공지능은 고객이 어떤 질문을 하더라도 사람처럼 분석하고 대처할 수 있다한다. 상담을 요청한 사람은 지금 채팅하는 상대방이 사람인지 인공지능인지 구분하지 못할 수 있다.

## 139. 캄테크

캄테크는 조용하다는 의미의 '캄(calm)'과 '기술(technology)'의 합성어인데, 사람들이 인지하지 못한 상태에서 편리한 서비스를 제공하는 기술을 의미한다. 조용히 정보를 모으고 분석해 필요할 때 사용자에게 혜택을 주는 것이다. 인공 지능, IoT, 센서 등 인간의 편의를 위한 첨단 기술이 해당된다. 소비자들은 첨단 기술에 무조건 열광하지 않는다. 기술이 자신의 생활에 얼마나 실질적으로 도움을 주는가에 반응한다. 첨단 기술이 줄지어 선보이고 있는 현재, 조용히 혜택을 제공하는 캄테크 기술이 전략이 될 수 있다.

## 140. 타임 달러 프로그램

1983년에 미국 플로리다주 마이애미에서 Friend to Friend라는 프로그램으로 시작된 이 지역화폐제도는 시간을 기준으로 모든 교환이 이루어지는데 이 시스템에서의 시간당 서비스 가치는 동일하다. 이 시스템은 현재 미국 대부분의 주에 보급되어 수 천 명의 회원이 가입하여 운영되고 있다. 사회생활하면서 돈으로 서비스를 주고받을 수 없는 경우가 많이 있다. 예를 들면 장기 입원환자가 이야기 상대가 없어 적적할 때 Time Dollar 시스템에 가입되어 있는 회원이 그 환자에게 가서 1-2 시간 이야기 상대를 해줄 수 있다. 2시간의 자원봉사 대가로 그 사람은 2 Time Dollar를 받게 된다. 자신의 집에 수리가 필요하면 회원 중에 집수리를 잘하는 사람에게 집수리를 부탁하고 해당하는 시간의 Time Dollar를 지급하면 된다. 자신은 즐거워서 환자와 이야기를 나눈 것인데 그 대가로 Time Dollar를 벌었고 그렇게 번 지역화폐로 집수리 비용을 충당하는 효과를 얻은 것이다. 타임달러의 4가지 핵심가치는 다음과 같다.

- 더 이상 쓸모없는 사람은 없다. 모든 사람은 나누고 줄 것이 있다.
- 일을 다시 정의한다. 가정과 사회를 구축하기 위해 필요한 모든 일, 사회적으로 유용한 모든 기여가 일이다. 모든 사람이 기여하는 일의 1시간은 모두 동일한 가치를 지닌다.
- 더 이상 일방적인 자선과 할 수 있는 것이 없다는 의존은 끝낸다. 우리는 서로가 필요하다. 돕고 도움을 받는 것이(물론 타임달러를 기부할 수도 있다) 하나의 네트워크로 순환된다. 이는 도움을 받는 자, 도움을 주는 자의 경계를 허물어 도움을 받는 자에게 자기 존중감을 주고 공통의 목적을 위함 협력자가 되게 한다.
- 사회적 자본은 더 이상 개념이 아니다. 우리는 타임달러라는 유용한 도구를 활용함으로써 실제로 서로 돕고 나누며 함께 참여하는 공동체라는 사회적 자본을 구축하고 있다.

## 141. 탄소중립

사회 각 부문에서 배출된 이산화탄소를 다시 흡수해 실질적인 탄소 배출량을 없게 만드는 것을 말한다. 즉, 배출되는 량과 흡수되는 량을 같게 해 탄소 '0'이 되게 하는 것으로, '넷-제로

(Net-Zero)'라고도 부른다. 온실가스를 흡수하기 위해서는 배출한 이산화탄소의 양을 계산하고 탄소의 양만큼 나무를 심거나, 풍력·태양력 발전과 같은 청정에너지 분야에 투자해 오염을 상쇄한다. 탄소중립은 2016년 발효된 파리협정 이후 121개 국가가 '2050 탄소중립 목표 기후동맹'에 가입하는 등 전 세계의 화두가 됐다. 한편, 우리 정부는 2021년 10월 18일, 2030년까지 온실가스 배출량을 2018년 대비 40% 감축하고 2050년에는 '순배출량 0(넷제로)'을 달성하겠다는 목표를 담은 '2050 탄소 중립 시나리오'와 '2030 국가 온실가스 감축 목표 상향 안' 등 2개 안건을 사실상 확정한 바 있다.

## 142. 텔레그램

텔레그램(Telegram)은 여러 플랫폼을 지원하고 다양한 기기를 지원하여 영리를 추구하지 않는 자유 클라우드 기반의 인터넷 메신저이자 음성 인터넷 프로토콜이다. 이러한 텔레그램은 문자나 사진, 문서 등을 암호화하여 전송할 수 있다. 암호화를 중요시하고 대화 내용의 흔적이 남지 않는 콘셉트는 '위커(Wickr)'와도 유사하다. 공식적으로 안드로이드와 iOS를 지원하고, 텔레그램 API를 이용하여 타 개발자가 만든 윈도용 및 타이젠, 윈도폰이나 웹, 리눅스, OS X 등 비공식 클라이언트도 있다.

## 143. 토지 공개념

토지 소유와 처분은 공공의 이익을 위해 적절하게 제한할 수 있는 개념이다. 토지 소유권이 절대적이란 사상에 대하여 반대되는 개념이다. 일반적으로 자본주의 경제에선 소유권의 불가침을 인정한 기반에서 경제가 운용된다. 그런데 토지의 경우에는 가용 면적이 상대적으로 제한되고 토지 소유와 토지를 사용하기 위한 욕구는 점차적으로 증가되면서 공급이 항상적으로 수요에 미달할 가능성을 가지게 된다.

## 144. 트랜스휴머니즘

트랜스휴머니즘은 과학과 기술을 이용하여 사람의 정신적, 육체적 성질과 능력을 개선하는 지적, 문화적 운동이다. 이것은 질병, 고통, 장애, 노화, 죽음 등 인간의 조건들을 바람직하지 않고 필요하지 않은 것으로 규정한다. 트랜스휴머니스트들은 생명과학과 신생 기술이 이런 조건들을 해결해줄 것이라고 생각한다. 트랜스휴머니즘 운동은 이익뿐만 아니라 위험성도 있다. '인간 강화'의 동의어로 사용되는 경우도 있다. 트랜스휴머니즘은 1957년에 등장한 단어이지만 1980년대 미국의 미래학자들로 인해 지금의 뜻을 갖게 됐다. 트랜스휴머니즘 사상가들은 인류가 더욱 확장된 능력을 갖춘 존재로 자신들을 변화시킬 것이라고 예언하면서, 이렇게 변화된 인간을 '포스트휴먼'으로 정의했다. 그래서 트랜스휴머니즘과 포스트휴머니즘은 같은 뜻으로 사용하는 경우가 많다. 인류를 인위적으로 변형시킨다는 트랜스휴머니즘의 전망은 다양한 주제에 걸쳐 많은 지지자들과 비판자들 간의 논쟁을 불러일으키고 있다.

## 145. 파레토법칙

파레토가 유럽제국의 조사에서 얻은 경험적 법칙으로, 소득분포에 관한 통계적 법칙이다. 요즘 유행하는 '80:20 법칙'과 같은 말이다. 즉, 상위 20% 사람들이 전체 부(富)의 80%를 가지고 있다거나, 상위 20% 고객이 매출의 80%를 창출한다든가 하는 의미로 쓰이지만, 80과 20은 숫자 자체를 반드시 의미하는 것은 아니다. 전체성과의 대부분(80)이 몇 가지 소수의 요소(20)에 의존한다는 의미이다. 그러나 이 이론은 웹 2.0 시대부터 퇴장하고 틈새상품이 시장을 주도하는 '롱 테일 경제'가 자리 잡고 있다.

## 146. 페르시안 메신저 증후군

고대 페르시아에서는 단지 패전 소식을 전했다는 이유만으로 전령들이 처형당했다. 이런 일이 자꾸 반복되면서 나중에는 그 누구도 나쁜 소식을 전하려 하지 않았다. 신하는 사실을 알리기보다 입을 아예 다물거나 군주가 들어 좋아할 말만 하게 된다. 이를 심리학에서는 페르시안 전령 증후군(Persian Messenger Syndrome)이라고 부른다. 현대에서도 이러한 상황들은 발생하고 있다. 우리나라의 경우 2023년에 '2030 엑스포' 유치전에서 '29대 119'라는 참담한 결과가 나타나기 전까지 '49대 51'로 추격 중이라는 보고가 올라갔다고 한다. 이는 많은 가짜뉴스를 생성해 국민들의 기대감을 부풀리는 결과로 이어졌다.

## 147. 페미니즘

페미니즘은 여성의 권리, 기회의 평등을 핵심으로 다양한 형태의 사회적, 정치적 운동과 이론들을 아우르는 용어로 어원은 '여성의 특질을 갖추고 있는 것'이란 뜻을 지닌 라틴어 '페미나 (femina)'에서 파생된 말이다. 성 차별적이고 남성 중심적인 시각으로 여성이 억압받는 현실에 저항하는 여성 해방 이념을 뜻한다. 여성을 여성 자체가 아닌 남성과 다른 성 또는 결함 있는 남성으로 간주하여 야기되는 여성 문제에 주목하면서 올바른 전망을 제시하는 일련의 움직임을 포함한다. 다시 말해 여성을 억압하는 객관적인 현실을 올바르게 파악하고 그 해결 방안을 모색하는 것, 남성 특유의 사회적인 경험과 지각 방식을 보편적인 것으로 표준화하는 태도를 근절시키는 것, 스스로 억압받는다고 느낀 여성들의 관심사를 체계적으로 이해하는 것, 여성적인 것의 특수성이나 정당한 차이점을 정립하는 것 등이 페미니즘의 목적이다. 따라서 페미니즘에서 문제시하는 것은 생물학적인 성(sex)이 아니라 사회적인 성(gender)을 이야기한다.

### 148. 펫로스 증후군(Pet Loss Syndrome)

집에서 키우는 반려동물이 죽었을 경우 키우던 사람이 슬픔이나 우울증을 앓는 사례를 말한다. 심한 경우 정신적인 고통에서 벗어나지 못해 자살을 할 수 있다. 2012년 키우던 강아지의 죽음을 슬퍼한 여성이 스스로 목숨을 끊는 사건이 발생하여 '펫로스 증후군'에 대한 관심이 높아졌다. 우리나라는 2000년대부터 경제 성장이 어느 정도 정착하고 싱글족이 확산되어 반려동물을 키우는 가정과 개인이 증가했다. 이들은 강아지, 고양이 등 반려동물을 단순히 동물이 아닌 제2의 자녀 또는 반려자나 친구로 생각하기 때문에 반려동물을 중심으로 애착 관계를 형성하고 심리적인 위로를 받는다. 따라서 반려동물의 죽음을 맞이했을 때 예상하지 못한 충격과 상실감에 더욱 괴로워한다. 펫로스 증후군을 심하게 앓는 사람들은 대부분 혼자이거나 자녀를 독립시킨 장년, 노년층이다.

### 149. 포모증후군

'소외되는 것에 대한 두려움'을 뜻하는 영문 'Fear Of Missing Out'의 머리글자를 딴 '포모(FOMO)'와 일련의 병적 증상인 '증후군(Syndrome)'을 조합한 용어이다. 우리말로 '소외불안증후군' 또는 '고립공포증' 등으로 해석할 수 있다. 옥스퍼드사전 온라인에는 '멋지고 흥미로운 일이 지금 어딘가에서 일어나고 있을 것이라는 불안감. 주로 소셜미디어의 게시물에 의하여 유발됨'으로 설명되어 있으며, 자신만 뒤처지고, 놓치고, 제외되는 것 같은 불안감을 느끼는 증상을 가리킨다. 다시 말해 자신만 흐름을 놓치고 있는 것 같은 심각한 두려움 또는 세상의 흐름에 자신만 제외되고 있다는 공포를 나타내는 일종의 고립공포감을 뜻한다. 원래 포모(FOMO)는 제품의 공급량을 줄여 소비자를 조급하게 만드는 마케팅 기법이었다. '매진 임박', '한정 수량' 등이 포모 마케팅의 한 예이다. 포모가 질병으로 취급되기 시작한 것은 2004년 이후의 일인데, 하버드와 옥스퍼드대학에서 포모를 사회병리 현상의 하나로 주목하며 수많은 논문이 나왔다. 미국에서 50%가 넘는 성인이 포모 증세로 고통을 겪고 있다는 통계도 있다.

## 150. 풍선 효과

풍선 효과는 문제를 해결하는 과정에서 다른 문제가 새롭게 생겨나는 현상을 말한다. 풍선의 어느 한 곳을 누르면 다른 곳이 튀어나오는 것처럼 하나의 문제를 해결하는 대신 또 다른 문제가 생겨나는 현상을 이르는 말이다. 예시로 정부가 어떤 지역 집값을 잡기 위해 정책을 강화하여 다른 집값이 오르는 현상으로 강남의 집값을 잡기 위해 재건축 아파트를 규제하자 수요가 일반 아파트로 몰리게 되어 집값이 오르는 현상을 빗댄 말이다. 또한 흡연자들이 담뱃값 인상에 부담을 느껴 일반 담배에서 전자 담배로 관심이 이동하는 '풍선 효과'가 발생하자 정부는 전자 담배의 청소년 판매와 허위 홍보에 관련해서 규제에 나섰다.

## 151. 플랫폼기업

플랫폼기업을 요약하면 인터넷을 기반으로 정보처리 서비스를 제공하는 포털 기업을 뜻한다. 포털에는 많은 중소기업이나 개인사업자들이 영업을 할 수 있는 가상공간을 확보하고, 관리할 수 있다. 예로 온라인 쇼핑몰 플랫폼, 배달서비스 플랫폼, 온라인 부동산중개사이트 등이 대표적인 플랫폼 기업들입니다. 플랫폼 기업에 소속되어 활동하는 근로자들을 플랫폼노동자라고 부른다. 최근 세계 1~10위 기업 중 7개가 플랫폼 기업이다. 한편 2019년 우리나라 GDP가 1949조였는데, 애플의 기업가치는 2333조였다. 이외 아마존, 마이크로소프트, 구글, 페이스북 등 엄청난 기업 가치를 지닌 플랫폼 기업들이 있다.

## 152. P4G

P4G는 기후변화 대응과 지속가능발전목표달성을 가속화하기 위한 글로벌 이니셔티브로, 우리나라를 포함하여 12개 중견국가들과 국제기구 및 기업들이 참여되어 있다. 이는 기후행동 이

행에 있어 국가뿐만 아니라 기업과 시민사회가 함께 참여하는 새로운 형태의 민관 협력사업을 지원하여, 기존 국가 및 UN체제 중심의 기후대응을 보완하고 있다. 회원국으론 우리나라를 비롯해 덴마크, 네덜란드, 에티오피아, 케냐, 남아프리카공화국, 방글라데시, 베트남, 인도네시아, 멕시코, 콜롬비아, 칠레 등 12개국이다. 또한 P4G 회원기구로는 세계자원연구소, 세계지식포럼, 글로벌녹색성장기구, 국제금융공사, 도시기후리더십그룹 등이 참여하고 있다.

## 153. 픽미 세대

최고의 스펙을 가진 세대라는 평가를 받지만, 취직할 곳이 없어 실업률이 높은 세대다. 픽미 세대라는 말은 2016년 엠넷에서 아이돌 연습생 101명이 모여 자신을 뽑아달라며 춤과 노래(Pick me)를 부르는 장면에서 유래됐다. 사회에서 선택받기 위하여 치열한 경쟁을 하고 살아가는 세대를 뜻한다. 1980년대 후반부터 1990년대 후반에 주로 태어났으며 저성장기 때 성인이 되었다. 성장 과정에서 극복할 수 없는 상황을 반복적으로 경험한 이들은 극복 가능한 일이어도 지레 포기하는 학습된 무기력을 보인다. 스마트폰과 인터넷 사용에 매우 익숙하며 SNS에 경험한 것을 공유하는 문화가 만들어졌다. 브랜드보단 가성비를 따져 실속 있는 소비를 하여 현재의 행복을 위해서 소비하는 라이프 스타일을 갖고 있다. 또 기성세대가 축적해 온 가치관을 거부하지만 미래가 보장되지 않는 모험을 시도하기보다 안정적인 삶을 원한다.

## 154. 핀테크

금융과 IT의 융합을 통해 금융 서비스 및 산업의 변화를 통칭하는 핀테크(FinTech)는 Finance(금융)와 Technology(기술)의 합성어다. 금융 서비스의 변화로는 모바일, 빅 데이터, SNS 등 새로운 IT 기술을 활용하여 기존 금융 기법과 차별화된 금융 서비스를 제공하여 기술 기반 금융 서비스 혁신이 대표적이며 최근에는 모바일 뱅킹과 앱 카드 등이 있다. 산업의 변화는 혁신적 비금융 기업이 보유 기술을 활용해 지급 결제와 같은 금융 서비스를 이용자에게 직접적으로 제공하는 현상이 있는데 삼성 페이, 애플 페이, 알리 페이 등을 예로 들 수 있다.

## 155. 하이퍼루프

2013년에 엘론 머스크가 하이퍼루프의 아이디어를 공개했다. 미국의 서부 도시를 연결하는 새로운 이동 수단의 개념이다. 엘론 머스크의 아이디어 공개 후 많은 업체가 하이퍼루프 개발에 도전하였다. 하이퍼루프는 테슬라 모터스(전기 자동차 제조업체)와 스페이스X(민간 우주 업체)의 CEO인 엘론 머스크가 고안한 새로운 이동 수단이다. 열차처럼 생겼지만 실제 작동 방식에서 기존 열차와 많이 다르다. 하이퍼루프는 진공 튜브에서 차량을 이동시키는 형태의 운송 수단이다. '이동'보단 '쏘아 보낸다'는 표현이 적절하다. 하이퍼루프는 자기장을 이용해 추진력을 얻어 바닥으로 공기를 분사해 마찰력을 줄인다. 이에 필요한 전력은 튜브의 외벽을 감싼 패널(태양광)로 얻는다. 최고 속도는 시속 1,280km이다. 물론 구간에 따라 속도가 다르겠지만 서울-부산 사이를 15분에 갈 수 있다. 미국 서부 샌프란시스코에서 로스앤젤레스 구간을 30분 안에 주파할 수 있다. 이는 기존 열차는 물론 항공기보다 빠르다. 단점으론 목적지에 도착하기 전까지 중간에 사람들이 승하차하기 어렵다는 점이다.

## 156. 할루시네이션

영어로 환각, 환영, 환청을 뜻하는 단어로 챗 GPT와 같은 AI 언어 모델에서 '할루시네이션'은 주어진 데이터 또는 맥락에 근거하지 않은 잘못된 정보나 허위 정보를 생성하는 것을 뜻한다. AI 모델이 정확하지 않거나 사실이 아닌 것처럼 보이는 출력물을 생성할 때 이러한 문제가 발생할 수 있다.

## 157. 헤일로 효과(Halo effect)

포장이 잘 돼 있으면 그 상품을 고급 상품으로 인식하며 성의 없거나 포장이 저렴해 보이면 싸구려 제품으로 인식하는 것을 뜻한다. 기업에서 근무 평가를 할 경우에 업무와 관련이 없어도 외모나 태도가 좋으면 업무 수행 능력에 높은 점수를 주는 편견을 뜻한다.

## 158. 호모 아카데미쿠스

KBS 다큐멘터리 〈공부하는 인간, 호모 아카데미쿠스(Homo Academicus)〉가 책으로 출간되었다. 공부는 인류 최초의 문명인 수메르 문명 때부터 현재에 이르기까지 인류의 문명이 발전하는 데 가장 큰 공헌을 한 도구이자 삶 그 자체이다. 책은 중반부에 들어서면서 공부라면 자타가 공인하는 뛰어난 공부 민족인 유대인들이 왜 공부를 열심히, 그리고 효과적으로 하게 되었으며,

학교보다 가정에서 이루어지는 교육이 중심이 되게 되었는지에 대해 유대인 특유의 역사적 수난과 함께 자세하게 설명해 준다. 이 책을 읽으면서 각 민족의 역사와 그들의 문화를 함께 공부할 수 있는 것도 역시 인류는 호모 아카데미쿠스라는 자각을 일깨워 주는 한 요소이다.

## 159. 홈세어링

집을 2인 이상이 공동으로 소유 및 관리하며 살아가는 것을 의미하고 '홈(Home)'과 '셰어링(Sharing)'의 합성어이다. 기존의 홈스테이와 다른 점은 거주에 필요한 식사, 빨래와 같은 필요한 부분들은 개인이 알아서 해결해야 한다는 점이다. 룸메이트와 함께 어울려서 놀기도 하고, 요리해 먹으며 생활하면서 교감할 수 있다는 장점이 있다.

## 160. 확증 편향

인지적 편향의 일종으로, 기존에 형성된 사고나 가치, 신념에 일치하는 정보들만을 받아들이려고 하는 경향을 뜻한다. 정보 선택뿐만 아니라 정보 해석에 대한 편향적 태도까지 포함한다. 외부로부터 입력되는 수많은 정보들을 빨리 판단하고 처리하기 위한 인지적인 노력의 일환이라고 볼 있다. 기존의 신념에 부합되는 정보는 취하고, 그렇지 않은 정보들은 걸러냄으로써 개인은 신속한 의사결정을 내릴 수 있다. 이러한 현상은 오랜 시간 축적된 데이터를 활용하여 위험 요소를 차단하고자 하는 생존 전략이라고 해석할 수도 있다. 또 다른 측면에서는 지적 유능감이나 자존감 유지를 위한 노력이라고 보는 견해도 있다. 자신의 생각이나 이를 지지하는 정보가 신뢰할 수 있는 것이며, 자신이 타당한 견해를 가지고 있다고 믿음으로써 지적 능력이나 자존감을 유지하기를 원한다는 것이다. 확증 편향은 빠른 의사 결정과 효과적으로 정보 처리를 돕기도 하지만, 성급한 결정과 선입견의 강화는 객관성이 결여된 의사 결정으로 귀결되고 여러 가지 문제점을 가져올 수 있다. 따라서 정보를 균형 있게 검토하고 해석해 합리적인 선택을 할 수 있도록 해야 한다. 확증 편향으로 인한 영향을 최소화하기 위해서 기업이나 공공기관 등에서는 합리적 의사 결정과 위험 요인 분석, 각 직군 종사자들의 전문성 고양을 위한 다양한 방법들을 시도하기도 한다.

## 161. 환경 호르몬과 다이옥신

인체 호르몬이 나오는 내분비계를 교란시키고 인체의 균형 있는 성장을 방해하는 물질이다. 정식 명칭은 외인성 내분비 교란 물질로, 인체에 들어가면 여성 호르몬과 똑같은 작용을 한다고 해서 이름 붙여졌다. 인체 호르몬은 수많은 세포와 기관의 정보 교환을 돕는 물질로 혈액 속에 녹아 있다가 특정 세포의 수용체에서 작용한다. 그러나 화학 구조가 체내 호르몬과 유사한 환경 호르몬이 대신 이 수용체와 결합하거나 수용체의 입구를 막아버려 인체에 이상이 생긴다는 것이 학계의 정설이다. 환경 호르몬은 정자 수 감소 등 생식기 이상뿐만 아니라 면역계, 신경계 등 인체 대부분에 영향을 미친다는 것이 전문가들의 설명이다. 농약과 수은, 납, 카드뮴 등 중금속과 비스페놀 A 등 플라스틱 성분, 프탈레이트 등 플라스틱 가소제, 강력 세척제인 노닐페놀류가 의심 물질로 알려지고 있다. 미국 환경청이 현재까지 유해한 것으로 규정한 환경 호르몬 종류는 살충제인 DDT, 유산 방지제인 DES, 산업 폐기물 소각 시 나오는 다이옥신 등이며 나머지는 DDT 등과 화학 구조가 비슷한 유기 염소계 물질이 대부분이다. 특히 다이옥신은 대표적 환경 호르몬으로 암을 유발하는 것으로 알려져 있다. 환경 호르몬이 인체에 유해하다는 사실이 처음 밝혀진 것은 1966년 미국 매사추세츠주의 한 의사가 10대 소녀에게서 질암을 발견하면서부터. 이후 1996년 WWF(세계야생생물기금) 고문인 미국인 동물학자 테오 콜본 여사가 《도둑맞은 미래》라는 책에서 미국 5대호에 서식하고 있는 야생 조류 일부가 생식 및 행동 장애로 멸종 위기에 처해 있다고 경고하면서 관심을 끌었다.다이옥신은 2개의 벤젠핵을 산소로 결합시킨 유기 화합물로 쓰레기 소각장이나 화학 공장, 자동차 등에서 배출되며 청산가리의 1만 배 정도의 맹독성을 갖고 있다. 체내에 들어간 다이옥신은 발암성, 최기성, 유전 독성을 가진다. 체내에 지속적으로 축적되면 간장, 신장을 파손하고, 면역성 저하, 피부병, 암, 기형아, 유전자 이상, 성격 이상, 정서 불안 등을 일으킨다.

## 162. 황금 티켓 증후군

황금 티켓 증후군(Golden ticket syndrome)이란 좁은 분야에서 소수만 성취할 수 있는 사회적 성공을 위해 많은 사람들이 개인의 모든 역량을 집중하는 현상을 의미한다. 경제협력개발기구(OECD)의 한국경제보고서에서 명문 교육기관 입학 및 대기업, 공기업, 고위 공무원 취업 등 '낮은 확률을 뚫어야 성취할 수 있는 치열한 경쟁'을 향한 한국인의 시간적·물질적·사회적 비용 소모를 '황금 티켓을 손에 넣기 위한 경쟁'으로 빗대어 함축하면서 탄생한 용어로, 이후 언론 기사 등을 통해 유명해졌다.

### 163. 횡재세

일정 기준 이상의 이익을 얻은 법인이나 자연인에 대하여 그 초과분에 보통소득세나 법인세 외에 추가적으로 징수하는 세금으로, '초과이윤세'라고도 한다. 정상범위를 넘어섰다고 여겨지는 수익에 부과하는 것이어서 횡재세라고 번역하게 되었다. 코로나-19, 2022년 러시아의 우크라이나 침공 등으로 에너지 위기 상황이 발생하자 석유·가스 기업들이 막대한 이익을 창출하게 되면서 전 세계적으로 이들 기업에 횡재세를 부과해야 한다는 움직임이 일었다. 횡재세는 정부의 정책적 지원 등을 통해 막대한 이익을 창출하는 업종에 부과해, 그 재원을 사회복지 등 분배정책을 통해 취약층을 돕는데 사용한다.

### 164. 희토류

희토류는 원소 기호 57~71번의 란타넘(란탄)계 원소 15개와 21번 스칸듐(Sc) 그리고 39번 이트륨(Y) 등 총 17개의 원소를 총칭한다. 희토류는 물질의 지구화학적 특성상 경제성을 가질 정도로 농축된 형태는 산출되지 않고 광물 형태로는 희귀하여 '자연계에 매우 드물게 존재하는 금속 원소'라는 뜻의 희토류라는 이름이 붙었다.

### 165. 히키코모리(Hikikomori)

사회생활을 거부하는 은둔형 폐인을 뜻하는 히키코모리는 '방에 처박히다'라는 일본어로 방에만 틀어박혀 있는 젊은이를 말한다. 경기 침체가 시작된 1990년대 초부터 급격하게 증가하기 시작해 2000년대에는 100만 명에 달해 사회적인 문제가 되었다. 우리나라에서 이와 비슷한 소재로 영화를 만들었는데 2009년 이해준 감독의 〈김C 표류기〉가 바로 그 영화이다. 〈김C 표류기〉의 여자 김C 역을 맡은 배우 정려원이 히키코모리와 비슷한 칩거 증후군을 가졌다.

## 1. 학교 없는 교육 개혁

작가: David Tyack·Larry Cuban  |  출판: (주) 피와이메이트

### 줄거리

학생들에게 학교는 그리 재미있는 공간은 아니다. 대부분의 활동은 학생들에게 인내를 요구한다. 학생들은 불만을 표출하느라 교육으로 성장할 기회를 상실하며 꾸역꾸역 성장한다.

교사에게 학교는 꿈의 직장이다. 교사는 더 이상 교육 개혁을 위한 노력이나 교육 정책에 관심 없다. 모든 교육 정책은 정치와 연결된다. 정치인들은 표가 중요하다. 정치적인 결정만이 교육을 바꿀 수 있다. 그럼에도 그들은 학부모들의 불평을 정치적으로 이용한다. 교육 전문가들 역시 교육을 소비하는 모두를 만족할 교육 대안이 없음을 인지하고 있다. 교육 전문가는 불만과 불평을 가진 학부모 모두를 상대할 수 없다. 그들은 좋은 이야기만 한다. 이러한 상황에서 학교와 교사만 불평, 불만의 희생양으로 전락된다.

### 작가는

모두가 기꺼이 감수하려는 의지가 발동하려면 학교는 기회가 균등해야 한다. 지적 장애가 있더라도, 흑인이라도, 뛰어난 학생들까지도……. 우리 모두 먼저 학교를 이해해야 한다. 학교는 모두를 위한 공간이다. 모두가 학교 안에서 현재도 행복하고 행복한 미래를 꿈꿀 수 있어야 한다. 학교를 이해하려는 모두의 노력만이 근본적인 교육 변화를 이룰 수 있다.

### 김완 선생은

우리는 교육에 관해 전문가다. 교육 정책에 대해 임기응변, 그리고 근시안적이라는 불만을 가진 전문가들이다. 단적으로 말해 근본적인 개혁은 어렵다. 이 책의 원제 'Tinkering Toward Utopia' 중 'Tinker'가 '서투르게 수선하다'에서 보듯이 근본적인 교육 개혁은 쉽지 않다. 아니 좀 더 비극적으로 표현하면 없다.

교육 개혁을 위한 다양한 시도와 실험은 마치 영혼의 표정을 그렸다고 평가받는 레오나르도 다빈치의 모나리자 얼굴에 눈썹을 그린 꼴이다. 매번 모든 교육 개혁은 누구도 위하지 못하고 무엇을 하기 위한 개혁인지 오히려 물음을 만들어 왔다. 결과적으로 교육 개혁은 점점 소수에게만 열리는 문을 만들었다는 비난을 벗어나지 못하고 있다.

우리 모두는 교육을 받았다. 교육을 소비했던 경험자들이다. 교육을 소비하는 시기에도 만족하지 못했던 교육 정책이 아직도 변화하지 못했다고 생각한다. 교육 개혁으로 학교가 변할 거라는 기대를 버린 채 마법을 내놓으라고 억지를 부린다. 우리는 현대 사회를 살아가면서 예측하지 못한 문제를 해결해야 한다. 이 많은 문제는 교육을 통해 더 합리적인 해결이 가능하다. 교육은 우리의 삶이 복잡해질수록 더욱 필요하다. 우리가 교육을 중요하게 인식하는 이유다. 우리는 더 이상 교육을 받으면서 '기능적 문맹'이나 '문화적 문맹'으로 퇴보된다는 결과와 무관해야 한다.

교육 정책은 특정 누구를 위한 것이 아니라 우리 모두가 각자 원하는 미래를 여는 마스터키를 갖게 되는 것이어야 한다.

## 2. 이갈리아의 딸들

작가: 게르드 브란튼베르그　|　출판: 황금가지

### 줄거리

이 소설은 너무나 익숙해져서 보이지 않게 된 일상에 스며든 성차별적 요소를 깨닫게 해준다. 생물학적인 것이라 지극히 자연스럽다고 여기는 것도 사실은 문화적이고 사회적인 구성물임을 보여준다. 인류는 자연에 대한 지배력을 확장해 가면서 갈등과 지배의 역사를 만들어 가는 동안 여성은 계속 억압받아 왔다. 자연과 문명, 자아와 타자, 남성과 여성 등 대립적인 것으로 개념화하는 남성적인 인식 구조와 현대 사회의 위기가 서로 연관되어 있다고 주장한다.

현대 사회의 여성과 남성의 특징이나 선입견을 정반대로 표현한다. 남성이 화장을 하는 등.

이 소설은 여성이 지배하는 사회가 페미니즘의 대안은 아니라고 말한다. 이 소설은 자연과 생명을 가장 중요한 가치로 여기는 이갈리아를 통해 페미니스트 유토피아를 보여준 한 전형이다.

### 작가는

여성학 이론을 둘러싼 여러 쟁점과 여성 운동의 역사를 담고자 했다. 억압의 기원이나 성과 계급의 문제, 동성애를 둘러싼 논의, 가사 노동에 대한 논쟁은 언제나 존재하지만 배경지식 없이도 가부장제 현실에 대한 의미를 충분히 이해할 수 있는 점은 그만큼 남성 중심성이 강한 것을 보여주고 있다. 이 소설을 통해 새로운 삶의 방식과 사회 질서에 대한 꿈을 가져다줄 수 있는 것으로 페미니즘을 이해하는 데 도움을 주려 했다.

여성과 남성의 사회적인 위치가 아무리 변화해도 생물학적 특성은 그대로다. 사회의 고정관념이 쉽게 변화하지 못한다. 페미니즘은 언제나 사회의 화두다. 교대 입시를 준비하는 학생 입장에서 실생활에서 여성 비하 예를 찾아보면서 페미니즘의 방향성을 알게 될 것이다. 상황을 찾아보고 원인을 생각해보면 방향성을 알게 될 것이다. 페미니즘은 어느 성 한쪽만의 문제는 아니다. 모든 문제가 양성 모두의 관심이 가장 중요한 요소다. 어찌 보면 가장 파격적인 내용을 담아낸 이갈리아의 딸들은 정치적인 연대감으로 세상과 싸워가는 모든 여성이 남성에게 이거 꼭 읽어 보라고, 그래도 모르겠다면 답 없음이라고 외치고 있는 것 같다. 최근 학교에서 모두가 보는 교과서에 성차별로 분류되는 점을 보완하고 있다. 자세히 들여다보면 개선될 수 없다는 생각이 들 정도로 일상에 깊숙이 들어있음을 알게 된다. 교사는 학생 개개인의 작은 인권을 지켜주려는 의지가 가장 커야 하고 그 책임에 최선을 다해야 한다. 교사가 여학생들에게는 예쁜 드레스를 입고 있는 공주 그림이 있는 것을 선택하고, 남학생들에게 어벤저스 그림이 있는 것을 선택하는 그 조그만 순간부터 성차별은 시작되고 있는 것일 것이다. 어느 성을 더 우월하게 대하려는 생각 자체가 없어지는 그 지점이 진정한 평등일 것이다.

## 3. 자유로부터의 도피

작가: 에리히 프롬 | 출판: 홍신문화사

### 줄거리 📖

사회 심리적 저서로서 근대 사회에 와서 자유를 얻기 위한 역사를 통해 얻은 자유를 포기하는 현상을 분석하려고 한 책이다.

근대인은 개인에게 안정감을 부여해 주는 동시에 또한 그를 제약하는 전 개인적 사회의 구속들로부터 해방되었다. 하지만 개인적 자아의 실현, 즉 개인의 지적·정서적 및 감각적인 능력의 표현이라는 적극적 의미에서의 자유는 아직 획득하지 못했다. 자유는 근대인에게 독립과 합리성을 부여해 주었지만 또한 근대인으로 고립시킴으로써 마침내 근대인을 불안에 싸인 무력한 존재로 만들었다. 이러한 고립은 참을 수 없는 것이므로, 근대인은 자유라는 무거운 짐으로부터 도피하고 싶어 한다. 이 책은 해결보다는 분석을 통해 자유를 버리고 전체주의 쪽으로 도피하려는 이유에 대해 분석한다. '본능과 자연, 신과 권위로부터 자유'라는 소극적 의미의 자유에서 독립적이고 자발적인 적극적 의미의 자유로 나아가야 하는 이유를 이 책은 말하고 있다.

### 작가는

속박으로부터 자유를 구했던 근대인은 자유가 독립과 합리성을 가져다주는 한편 고립과 무기력도 동시에 주어졌음을 알았다. 비록 민주주의 사회라 하더라도 자유가 주는 부정적인 면이 인간의 한계를 넘어선다면 전체주의의 심리적 온상이 되는 점을 강조한다. 근원적 충동과 사회 경제적이고 이념적인 요인이 역사를 움직인 요인으로 본 프로이트와 마르크스는 이 모순 극복과 통합으로 '사회적 성격'을 새로이 제시했다. 이 사회적 성격을 고려하여 근대인이 철저한 민주주의도 아니고, 철저한 기계주의도 아닌 사회에 존재하는 데에 자유에서 비롯된 해악이 있다고 분석했다. 또한 근대인이 자본에 의해 최면 상태에 몰아넣어 졌으므로, 과연 자유가 있는지, 또한 자유가 가진 독소를 제거할 방법 고찰이 불가피하다고 주장한다.

### 김완 선생은 👓

자유는 사회 현상과 밀접한 관련이 있다. 자유라는 것이 감당할 수 없을 만큼 큰 부담이 되어 자유로부터 도피하려는 일이 과연 있을 수 있을까? 자본주의로 우리는 속박을 벗어나 자유를 찾았지만 2차적으로 속박을 만들어 자유로부터 도피한다고 한다. 현대를 살아가면서 무력감과 고독감이 자유로부터 도피로 내몰렸다. 또한 자발적 자아를 통제받음으로써 진정 자유를 방해했다. 그럼에도 불구하고 내가 원하는 것이나 내가 해야 할 행동도 내 자발적 자아를 통해서 결정해야 할 것이다.

## 4. 부분과 전체

작가: 베르너 하이젠베르크 | 출판: (주) 지식산업사

### 줄거리

전반적인 과학을 주제로 토론을 쓴 것이다. 특히 저자가 살아온 50년 동안 발전해온 원자 물리학에 대한 이야기들이다. 과학이 토론을 통해 비로소 성립되는 사실이 분명하게 밝혀졌다. 토론이 이루어졌던 당시의 분위기를 생생하게 전달했다. 전문적 지식 없이 이해하기 대단히 어려운 부분도 있다. 이 책은 현대 원자 물리학은 철학적이며 윤리적이고 정치적인 문제에 이르기까지 새로운 문제점을 던지고 토론에 참여하기를 바라고 있다. 한국에서 문이과를 나눠 가르쳐 다소 문과생이 어려울 수 있다. 다양한 토론자와 보어, 아인슈타인 등의 물리학자와의 토론을 다루었다.

수학자 헤르만 바일이 아인슈타인의 상대성 이론의 원리를 수학적으로 저술한 《공간·시간·물질》이라는 저서를 읽고 수학을 전공하려던 작가는 아버지의 소개로 수학 교수 린데만과의 상담 후 수학 전공의 꿈을 버리게 된다. 조머펠트 교수의 소개로 평생 동안 날카로운 비판자와 항상 변함없는 친구라는 두 가지 구실을 해준 볼프강 파울리를 만난다. 조머펠트 교수의 제안으로 괴팅엔에서 열리는 닐스 보어의 자기 이론에 관한 강의를 듣게 된다. 또한 라이프치히에서 열리는 자연 과학자 모임에서 학문도 정치적 의견 싸움에서 자유롭지 못한 경험을 한다. 드디어 1926년 봄, 베를린 대학에서 열린 양자역학에 관한 토론회에서 아인슈타인과 원자 안에 있는 전자 궤도에 대한 대화를 한다. 이제 작가는 신세계로 출발한다. 그 실질적인 신세계는 지금까지 과학이 서 있었던 그 밑바탕을 박차 버리고 말하자면 허공을 뛰어들 각오가 되어 있던 하이젠베르크가 스스로 뛰어든 것이다. 토론과 대화에서 원자 물리학이 항상 중심은 아니었다. 인간적이고 철학적이며 정치적인 문제들과 얽혀있었다. 정치적 격변기에 자신의 영역에서 가장 적절하게 성장한 과학 혁명의 중심에 있었다.

### 김완 선생은 👓

불확정성 이론을 발표해 노벨 물리학상을 받은 하이젠베르크도 처음에 이미 알 수 없는 수많은 것들에다 이해할 수 없는 새로운 요소를 또 하나 덧붙이는 꼴의 실험 연구의 연속이었다. 닐스 보어의 조심성 있게 표현되는 한 마디 한 마디 뒤에는 긴 사색의 흔적이 있음을 엿보았다. 보어의 자기 이론에 대한 하이젠베르크의 반론이 의미 있음을 안 보어의 제안으로 이루어진 하인베르크산 산책은 하이젠베르크 학문적 발전에 가장 강한 영향력을 발휘하게 된 점을 통해 깊이 있는 연구자는 늘 준비하고 있다는 것이다. 이 분야의 전문가들도 수차례 읽는 책이다. 무엇보다 대화의 깊이와 음악, 미술 등 다양한 문화와 공존하는 과학을 이해하고 과학자들의 고민이 깊을수록 과학 혁명은 선명해진 대화와 함께할 수 있을 것이다.

## 5. 호모데우스

작가: 유발 하라리 | 출판: 김영사

### 줄거리 📖

혁명적인 신기술이 우리의 역사와 만나 어떻게 변화할지 검토한 책이다. 인간의 인지 능력은 인공 지능과 비교할 수 없게 되었다. 인공 지능의 결집체인 구글과 페이스북은 우리가 알고 있는 것보다 우리 자신을 더 잘 알게 될 것이다. 생명 공학은 우리를 생물학적으로 빈부격차를 만들 것이다. 능력이 향상된 초인간과 평범한 인간과의 격차는 상상조차 어려울 것이다. 굶어 죽는 사람보다 과식으로 죽는 사람이 많은 사회, 질병으로 죽는 사람보다 나이 들어 죽는 사람이 많은 사회, 범죄와 전쟁, 테러로 죽는 사람보다 자살로 죽는 사람이 많은 사회, 이 모두 인류의 큰 과제다. 이 책은 21세기에 인간이 불멸, 행복, 신성을 추구할 것이라는 예측으로 시작되었다. 이러한 꿈을 실현하는 과정에서 새로운 포스트 인본주의 기술들이 넘쳐날 것이다. 생명 공학과 인공 지능이 인본주의를 어떻게 위협하는지 어떤 종교가 인본주의를 대체할지에 대한 의문을 가지게 한다.

### 작가는

미래의 역사를 보여주면서 생명이 실제로 데이터 처리 과정에 불과하면 어떨까? 지능과 의식 중에 더 가치 있는 것이 무엇일까? 의식은 없지만 지능이 매우 높은 알고리즘이 우리보다 우리 자신을 더 잘 알게 되면 사회와 정치 그리고 우리의 일상엔 어떤 일이 일어날까? 우리가 이 질문을 오랫동안 기억해 주길 바란다. 신기술로 무장한 미래가 유토피아일지 디스토피아 일지 모르지만 그 방향을 결정하는 주체가 과학 기술은 아니라고 한다. 이제까지 우리가 신의 영역이라 여겼던 '불멸, 행복, 신성'의 영역으로 다가가는 호모데우스는 더 이상 '기아, 역병, 전쟁'을 기억하지 않는다. 개인의 힘으로는 감당할 수 없는 그 신의 영역을 어떻게 받아들일 것인지 우리에게 묻는다.

### 김완 선생은 👓

호모데우스는 인류의 지난 발자취를 거울삼아 미래를 예측한다. 초인간이 도래하고, 인본주의는 퇴색하고, 데이터교의 지배 등의 예견은 마치 그런 미래를 마주한 것 같이 무섭다. 생명 공학으로 죽음도 초월한 존재가 탄생하고, 사이보그 공학으로 타고난 인간의 능력을 뛰어넘는 초인간의 도래, 뇌와 컴퓨터의 연결로 비유기체의 합성이 이루어지는 미래는 우리 생에 벌어질 것이다. 우리는 신이 되어버릴 것이다. 신이 된 후 우리기 진정 무엇을 원하게 될지를 예측해보자. 우선 불멸은 아니더라도 평균 수명의 2배를 넘게 살아갈 인류에게 가장 먼저 느낄 두려움은 무엇일까? 우리는 신이 되었지만 아무것도 스스로 하지 못하는 인류가 될지도 모른다. 우리에게 필요한 모든 것은 이미 만들어져 있을지 모른다.

# 6. 왜 핀란드 교육인가

작가: 김병찬 | 출판: (주)피와이메이트

### 줄거리

핀란드 교육은 교육 혁명 성공의 대명사다. 하지만 핀란드의 독특한 교육 체제나 교육 방법을 그대로 적용하기 어렵다. 따라서 특정 나라의 교육 결과나 방법을 잘 살펴보되 그 결과나 방법이 나오게 된 배경과 성공 과정에 초점을 맞추었다. 구체적인 방법론과 더불어 그 방법론의 철학과 방향성에 주목했다. 한국 교육계는 방향과 목적이 모호한 상태에서는 교육 개혁이나 교육 정책도 제대로 자리 잡기 어렵다. 따라서 철학이 중요하다고 강조한다. 또한 핀란드 교육의 성공이 자연스러운 결과물이 아니라 그들의 의지와 노력으로 만들어 냈고 그 성공의 핵심 요인으로 국민의 '공동체 의식'을 꼽았다. 국가가 경쟁만을 부추기는 것이 아니라 함께 나아가고자 하는 국가 교육 비전을 세워야 함을 강조했다. 핀란드 교육을 통해 최소한의 인간다운 삶을 추구하는 교육의 본질에 대해 경쟁과 평가 중심 교육 이외의 길을 생각해 보는 좋은 사례가 될 것이다.

### 작가는

핀란드 교육의 힘은 교사를 존중하는 전통과 문화다. 이러한 전통과 문화는 교육 정책부터 단위 학교 및 각 개인의 교육까지 깊숙이 스며있다. 핀란드에서도 교육이 중요한 가치가 된 것은 성경을 읽을 줄 아는 개인을 길러내기 위함이고 이미 19세기 이미 문맹을 벗어난 인구가 98%에 이르렀다고 한다. 국가 재정 지출의 우선순위를 교육에 둔 전통이 만들어진 것이다. 핀란드 교육은 함께 가고자 하는 평등 정신, 평등 교육 정서, 다양한 계층의 평등 교육 의식, 평등 이념의 제도화, 종합 학교 제도, 약자에 대한 배려, 특수 교육, 학생이 선호하는 대학과 학과는 있지만 대학 서열은 없고, 낙오 방지를 위한 중층 교육으로 집약될 수 있다.

핀란드 교육에서 또 중요한 기반은 교육에 관련된 모든 종사자들의 공동 책임 의식인 합의와 협동 문화이다. 교육을 운영함에 있어 분권화 및 교육 자치제, 교사 자율권 등이 핀란드 교육의 성공 기반이다.

### 김완 선생은

교육은 교육 목적을 잘 수행하는 경우에는 대체적으로 문제가 없다. 적응하지 못해 소외되거나 직업 교육을 선호하는 등의 다양한 요구를 교육이 담당해야 한다. 심지어 평생 교육의 일환으로 성인 학습자들에 대한 과정도 필요하다. 핀란드에서는 적어도 학비가 부담되어 교육을 포기하지는 않는다. 이러한 교육 복지 정책은 사회적 불만을 완화시키고, 국가를 신뢰하는 기반이 구축되었다. 그렇다 하더라도 핀란드 교육이 한국 교육의 이상이나 유토피아가 되지 못한다. 다만 좀 더 좋은 교육을 하고 있는 것이다. 교육은 자신의 풍토에서 환경과의 상호 작용을 통한 적응 과정이다. 우리의 환경에 대한 보다 정확한 이해와 분석이 필요하다. 핀란드 사람들은 수단적 동기가 아니라 복지적 동기에 교육 목적을 두고 있다. 즉 교육을 통해 행복한 삶을 추구하려는 목적이 물질을 추구하는 우리나라와 뚜렷한 차이다.

## 7. 이기적 유전자

작가: 리처드 도킨스 | 출판: (주)을유문화사

### 줄거리

일반 대중들을 위한 진화 생물학으로 조지 윌리엄스, 로버트 트리버즈 등 진화 생물학자들의 연구 결과를 집대성한 대중서다. 해밀턴의 '포괄 적합도', 트리버즈의 '호혜적 이타주의', 메이너드 스미스의 '진화적으로 안정된 전략' 등의 개념이 핵심이다. 이들은 다윈이 설명하지 못했거나 부족하게 설명한 부분을 보충하였다. 유전자의 본질은 자기 복제에 있다. 복제에 유리한 유전자는 자기 복제에 유리하다는 특성이 있다는 것이다. 이 이기적인 유전자가 후손에게 전달된다. 그 당시 유행하던 집단 선택설을 부정하고 '자연 선택설'을 대안 가설로 세우고, 진화 생물학에 근거하여 DNA에 대한 기초적인 지식과 모성애, 공격성, 협력과 배반, 이성 간의 경쟁, 세대 간의 경쟁 등 자연의 여러 행동 양상들을 '유전자적 관점'에서 설명하고 있다.

### 작가는

진화론 내부의 여러 입장과 논쟁 속에서 갖는 학문적 가치와 더불어 일반인의 생각과 감정도 자극받을 내용들이기도 하다. "생물체란 유전자가 자기 복제를 위해 만들어 놓은 로봇과 마찬가지 존재다."라는 표현은 주제를 자극적으로 전달한다. 일반인들의 호기심을 충분히 자극해 유명해진 원인이기도 하다. "사랑과 같은 감정이나 많은 이타적인 행동들도 그 근원은 유전자의 이기적인 생존 전략에 있다는 말이야?"라는 말을 통해 독자에게 다가간다. '유전자=인간(우리들)이 아니다'는 메시지다. 극단적으로 이기적 유전자를 읽고 염세주의자가 된 학생의 일화를 〈무지개를 풀며〉에서 소개하기도 했다. "이기적인 생명체가 사회를 구성할 수 없다. 따라서 도킨스는 틀렸다."라는 반박서도 나왔다. 인간의 사고와 문화도 마치 유전자처럼 복제되고 전파된다고 말하고, 지금은 그 입장에서 각종 정보를 분석하는 밈학(memetics)도 나왔다. 물론 밈 개념 자체는 토론 대상이다.

### 김완 선생은 👓

과학을 이해할 수 있는 지식이 부족한 독자들에게 짧고 간결하고 논리적인 문장으로 핵심을 짚어주었다. 이기적이라는 단어가 염세주의까지 표현되는 다양성을 보였지만 도킨스는 이 책을 통해 인간의 몸과 정신은 인간 고유의 것이며, 유전자의 부산물로서 태어났지만 우리는 우리의 의지에 따라 그것을 거부할 수 있고, 이타적으로 누군가를 도울 수 있고, 선함과 아름다움을 추구하며 살아갈 수 있다고 말한다. "이 지구상에서 우리 인간만이 유일하게 이기적인 유전자의 폭정에 반역할 수 있는 것이다."라는 말로 끝을 맺는다. 인간은 공정성을 추구하고 이익이 없더라도 호기심을 갖고 탐구하고, 협동하는 등 이러한 다양한 본성이 알고 보니 유전자의 이기적인 생존 전략이었다. 우리가 인생을 살아가는 방법과 다르지 않다는 것이다.

## 8. 신곡

작가: 단테  |  출판: 가톨릭출판사

### 줄거리 📖

《신곡》(神曲, La Divina Commedia)은 저승 세계로의 여행을 주제로 단테가 쓴 작품이다.

신곡은 이탈리아 문학의 중심적인 서사시이자 중세 문학의 위대한 작품으로 손꼽힌다. 저자와 같은 이름을 가진 여행자 단테는 여행 안내자 베르길리우스, 베아트리체와 함께 지옥-연옥-천국으로 여행을 하면서 그곳에서 수백 명의 신화상 혹은 역사상의 인물들을 만나 이야기를 나누며 기독교 신앙에 바탕을 둔 죄와 벌, 기다림과 구원에 관해 철학적, 윤리적 고찰을 할 뿐만 아니라 중세 시대의 신학과 천문학적 세계관을 광범위하게 전하고 있다. 《신곡》은 중세에 쓰였음에도 불구하고 이탈리아 문학의 꽃으로 손꼽히고 있으며, 사후에 대한 중세적인 세계관을 보여주었다. 토스카나 방언으로 씀으로써 누구나가 이해할 수 있고, 누구의 마음속에나 쉽게 받아들일 수 있고, 게다가 천박함을 저어하는 세심한 배려가 기울어져 있다는 평을 받는다. 단테 자신은 서사시를 희극(Commedia)이라고 제목을 붙였으며 "희극은 어떤 추한 것으로부터 시작되는 반면, 그 내용 면에서 즐겁게 끝을 맺는다."라고 그 이유를 설명한다.

이 간략한 설명은 《신곡》의 구성에서 쉽게 이해될 수 있다. 다시 말해 독자는 서사시에서 먼저 지옥으로 여행을 하게 되며, 천국에서 여로를 풀게 된다.

### 작가는

베아트리체와 만난 9살 그 순간부터 사랑이 자신의 영혼을 지배했다고 말하지만 아버지인 포르티날리는 베아트리체를 금융업자와 결혼시킨다. 단테는 포리티날리를 증오했고 글로써 복수한다. 모든 금융업자들을 '지옥(Inferno)' 편에서 지옥의 가장 밑바닥까지 추방시킴으로써 역시 그들에게 복수하고 있다. 지옥과 천국의 여행을 서술할 때 단테는 '아에네이스'에서 지옥을 묘사한 로마의 시인 베르길리우스에게 그 기초를 두었다. 베르길리우스는 단테의 신곡을 통해서 그의 조언자로서 작품에 실체를 부여했던 것이다. 신곡은 지옥(이탈리아어: Inferno), 연옥(이탈리아어: Purgatorio), 천국(이탈리아어: Paradiso) 이렇게 세 편으로 이루어져 있다. 각 편은 서른세 절로 이루어져 있으며 신곡의 맨 앞부분에 이 시를 소개하는 절이 하나 있다. 신곡은 이렇게 모두 100개의 절로 이루어져 있다.

### 김완 선생은

한국에서 '신곡'이라는 제목을 쓰는 이유는 이 작품이 한국에 들어왔을 때 일본에서 번역한 제목을 그대로 썼기 때문이다. 구구단 외우듯 '단테' 하면 '신곡'을 말하지만 정작 작품을 읽은 학생이 많지 않다. 그러나 이 작품은 인간의 자유의지를 표현함으로써 운명을 강조한 그리스도적 세계관인 고대 정신을 거부하고 신의 의지를 꺾은 내용을 담고 있다. 중세를 닫고 르네상스를 연 작품이다. 고대 정신의 핵심 키워드인 '운명'을 벗어나 "그대들의 타고난 본성을 가늠하시오."라는 글로 르네상스를 연 것이다. 수많은 작품 속에 3대 고전으로 불리는 이유이다.

## 9. 오디세우스

작가: 호메로스 | 출판: 가톨릭출판사

### 줄거리

트로이 전쟁이 끝난 후 고향(이타카)으로 돌아가는 험난한 과정을 그린 작품이다. 가는 길마다 온갖 괴물이나 식인종들과 마주치고, 강풍과 도망은 다반사다. 부하 복도 참으로 없다. 폴리페무스의 눈을 찌르고 탈출하면서 자신의 이름을 밝히고 가는 바람에 폴리페무스의 아버지인 포세이돈의 미움을 사 약 보름이면 닿을 고향을 10년 넘게 바다에 표류한다. 바다의 님프 칼립소가 사는 세상 서쪽 끝 섬에 도착한 오디세우스는 바다를 바라보며 고향을 그리지만 칼립소는 7년 동안 그를 섬에 잡아둔다. 인간인 오디세우스가 신의 정언 명령을 끊임없이 어기고 기어이 아내 페넬로페가 있는 고향으로 돌아가는 내용이다.

대부분 그리스 영웅들이 위대한 업적을 이루고 명예롭게 죽기 위하여 투쟁한 것에 비해 오디세우스는 그저 그리운 가족에게 돌아가 행복한 여생을 보내기 위한 투쟁을 그렸다. 평범한 인간으로서의 행복을 위한 발버둥이 영웅적 행적이 된 것이다. 오디세우스는 육체적인 강함보다는 깊게 사색하고 고민하는 지혜를 가지고 닥친 일에 분노하기보다 냉정을 찾고 감정을 제어하는 인내력을 보인다. 평범한 인간의 비극적인 표류가 그가 가진 인내와 의지의 힘으로 극복되었다는 이야기를 통해 오늘을 사는 우리에게 "To strive, to seek, to find, and not to yield"라고 외치고 있다.

### 김완 선생은 👓

오디세우스는 참으로 팔자가 기구해 성격 나쁜 그리스 신들조차 저주할 필요가 없다며 내버려둘 정도였다. 그리스 로마 신화 최초로 밭에 '쑥쑥 자라라'며 소금을 뿌리는 등 미친 짓을 해서 군대에 가지 않으려고 한다. 우리와 그리 다르지 않다. 이 작품을 읽고 아무리 절망적인 상황에서도 분투하라는 메시지를 담은 《진격의 거인》이라는 작품이 탄생했다. 오디세우스는 생존과 귀환을 위해서 필요한 인내와 지혜를 통해서 인간 삶의 본질을 이야기한 작품이다. 오디세우스는 단테의 신곡 지옥편에서 아내와 아들보다 자신의 지식과 새로운 것에 대한 열망이 강해 이타카에 돌아온 뒤 다시 모험을 떠나 연옥에서 회오리바람을 만나 죽어버린 걸로 표현되었고, 《그리스인 조르바》를 쓴 니코스 카잔차키스는 이 전승을 바탕으로 오디세우스가 다시 가출해 여러 여행을 떠나다 나중에 남극에 정착하는 대하 서사시를 쓴다. 그의 평범한 인내와 지혜는 앞으로도 다시 태어날 것이다. 우리의 생은 늘 어느 한순간도 분투하는 것이라며 재탄생할 것이다.

## 10. 유토피아

작가: 토마스 모어  |  출판: 주니어김영사

### 줄거리 📖

두 편으로 구성되어 있다. 유럽 사회를 비판하는 내용인 1편과 토마스 모어가 꿈꾸는 이상 세계인 유토피아 내용이 2편이다. 헨리 8세 시대였던 종교적인 사회 분위기를 이해하면 이 책을 읽는 데 도움이 된다. 작가는 '라파엘 히드로다에우스'라는 가상의 인물을 등장시켜 그가 가상의 세계인 유토피아를 여행하면서 그곳에서 보고 들은 것을 토머스 모어 자신에게 말하고, 토머스 모어는 라파엘의 말을 글로 기록하여 사람들에게 알리는 형태로 구성했지만 모두 토머스 모어의 생각이다. 무역과 자본주의가 영국을 부유하게 만들었지만 일부 귀족에게 혜택이 돌아갔고 대다수 국민은 더 가난해지고 희망을 잃어 사회가 붕괴되기 직전이었다. 작가는 카톨릭 교회를 비판했다. 휴머니즘을 바탕으로 소외된 서민들의 삶을 애정 어린 시선으로 바라보고, 사회는 인간의 생각과 가치를 소중하게 여겨야 한다고 말한다. 즉 인권, 남녀평등, 종교적 관용, 남녀의 평등한 교육을 주장한 것인데 이런 사상은 당시로서는 파격적인 것이었다.

### 작가는

"양이 사람을 죽이네"라는 말은 당시 '인클로저 운동'이 활발해 극히 소수는 양을 사육하여 옷감이 부족한 시대 막강한 부를 갖게 되었지만, 대다수 감자 농사를 지었던 소작농들은 삶의 터를 빼앗기고 도시 하급 노동자로 전락한다. 거의 모든 감자밭은 양을 키우는 장소로 대치되고 대부분의 노동자는 굶어 죽는다. 감자를 훔치면 교수형에 처한다는 법이 생기지만 굶어 죽는 것이나 감자를 훔쳐 교수형을 당하는 것이 그들에게는 다르지 않았다. 정치를 통해 부의 공정한 분배가 이루어져야 한다고 주장한다. 유토피아(Utopia)는 그리스어 Ou와 topos를 조합한 말로서 영어로는 no-where, 즉 '이 세상에는 없는 곳'이라는 뜻이다. 누구나 아무런 고통이 없는 행복한 세상, 즉 유토피아를 꿈꿀 수는 있다. 하지만 유토피아는 존재하지 않는다. 그럼에도 작가는 평등하게 6시간 노동하고, 여유로운 사생활을 즐기고, 원하는 교육을 받고, 식량은 충분해 이웃 나라와 나눌 수 있는 등 지금 사회에서도 이루기 어려운 그야말로 유토피아를 제시한다.

### 김완 선생은 👓

토머스 모어는 이밖에도 개인의 삶의 자율성, 철저한 지방 자치, 성직자와 통치자를 비밀 투표에 의해 선출되고, 특권이 허용되지 않고, 육체적 노동의 고통과 가난에서 벗어나 진정한 행복을 누리는 사회를 제시한다. 더 이상 산업이 사람을 죽이지 못하는 사회 구현을 말하고 있다. 0.1%의 창의적 인간, 0.9%의 통찰과 직관을 가진 인간, 나머지 99%는 잉여 인간이라 말한다. 99% 잉여 인간이 행복한 나라를 정치로 구현하라고 말한다.

## 11. 감시와 처벌

작가: 미셸 푸코  |  출판: 다락원

### 줄거리 📗

《감시와 처벌》(Surveiller et punir)은 철학서이다. 중세 시대부터 현대까지의 감옥의 역사를 통해서 그 속에 숨겨져 있는 권력관계를 파헤치는 책이다. 권력은 어떻게 한 개인의 신체를 조종하려고 했는지 감옥의 각종 장치 발견을 통해서 언급하고 있다. 왕권은 범죄자에게 벌을 주는 권력 그 자체였다. 범죄자에게 각종 신체적 형벌을 가하는 전체 과정을 신민들에게 보여줌으로써 높은 권위 의식을 무의식적으로 주입한다. 하지만 이 과정은 오히려 신민들에게 사회에 대한 불만을 폭발하게 만드는 요소가 되었다. 결과적으론 불상사가 발생하기도 하였다. 신체에 대한 처벌의 한계는 인간 정신 개조를 목적으로 감옥이 등장하게 된다. 재판을 통해 징역 기간이 정해진다. 하지만 이것도 권력이 원하는 존재를 만드는 데 목적이 있다. 감옥의 규율은 학교, 군대, 수도원, 병원에서 이미 그 효과를 입증했고 규율은 인간 정신을 공격했다. 또 권력은 일망감시 시설 등 관리 효율성을 높이고 심리학, 병리학 등 자신이 필요한 학문만을 발전시켰다. 민중 신문은 죄수들의 보도를 통해 권력의 부당함을 알린다.

### 작가는

푸코는 사회 모든 담론의 형성, 유통, 분배, 소멸은 권력의 작용과 떼려야 뗄 수 없다고 주장한다. 과거 배제하고 억압하고 검열하는 권력의 단계를 지나 적극적으로 어떤 대상을 구상하고 학문적 체계를 생산하며 주체를 만들어 내고 있다고 주장한다. 즉 권력과 지식이 서로 갈수록 정교하게 얽혀가게 됨을 보여준다. 세련된 권력일수록 진리와 객관성을 자임하고 채택하는 형태로 진화하고 있다. 푸코의 통찰은 진리나 합리성 이념 자체가 권력 효과를 동반하게 되는 사실을 보여준다.

### 김완 선생은

서양의 이미지를 과학적이고 진보적이며 선진적이라는 것을 보여주기 위해 '오리엔탈리즘'을 사용했다. 이 말은 동양이 미신적이고 퇴영적이고 후진적이라는 이미지로 채색되면서 서양은 반대 이미지가 되는 것이다. 서양인들에 의해 일부러 만들어 쓰고 있었던 것이다. 물리적 강압에 의한 지배와 강국의 가치관과 문화를 부러워하게 만들어 부정적인 동양관과 긍정적인 서양관을 동양인이 자발적으로 수용하게 하는 것이다. 이렇게 함으로써 강대국의 지배가 영속화된다. 판옵티콘적 사회에서 그 누구도 이런 규범적 판단의 융단 폭격으로부터 자유로울 수 없다. 어떤 사람이 이 규범적 판단에의 동조를 거부하는 순간 그는 결격자이거나 비정상적인 인간으로 낙인찍혀 사람대접을 못 받게 된다. 이를 합리적으로 거부할 수 있어야 한다.

## 12. 에밀

작가: 루소 | 출판: 세창미디어

### 줄거리 📖

근대 사회 타락의 원인과 초라한 존재로 전락해버린 인간의 모습을 폭로한다. 하지만 인간이 가진 힘이 교육을 통해 희망과 애정을 잃지 않고 사회 변혁의 큰 힘으로 키울 수 있다고 보고 있다. 루소는 교육을 사람과 사회에 대한 희망으로 상상한다. 교육이 희망과 가능성의 언어라고 증언한다. 인간은 나약하지만 강인하게 하려면 정성을 다해 인간으로 가꾸는 교육을 해야 한다고 한다.

《에밀》제1부는 총론과 출생에서 5세까지의 발달 과정에 따른 교육을 다룬다. 여기서는 먼저 18세기 프랑스 상류 사회 여성들의 육아 태도를 비판한다. "산파가 이 세상으로 끌어내고, 유모는 양육하고, 보모는 돌보고, 교사는 가르친다!" 어디에도 여성의 육아는 없다. 제2부는 5세에서 12세까지의 어린이 시기다. 이 시기는 언어를 습득하고 지식이 아닌 경험을 통해 학습하는 '소극적인 교육'의 시기라고 규정한다. 루소는 플라톤을 인용해 이 시기 운동이 중요성을 강조한다. 제3부는 12세에서 15세까지의 소년기다. 이 시기는 '적극적인 교육'이 필요한 단계로 학습을 본격 시작하는 시기다. 이 시기는 이성을 훈련하고 지성을 가꿔야 하므로 단순한 지식 주입보다는 스스로의 노력에 의해 문제를 해결해 나가고 관찰력 향상에 중점을 둔 교육을 해야 한다고 지적한다. 제4부는 15세에서 20세까지의 청년기로 흔히 '제2의 탄생기'라고도 한다. 즉 한 번은 존재하기 위해서 두 번째는 생활하기 위해 태어난다. 제5부는 결혼기로 에밀이 배우자를 맞아들이는 시기다. 그런데 루소가 생각하는 이상적인 배우자는 의외로 속물에 가깝다.

### 작가는 💡

위대한 교육 사상가인 장 자크 루소(1712~1778년)는 그 명성에 걸맞지 않게 34살부터 다섯 명의 자녀를 낳자마자 고아원에 버린 비정한 아버지였다. 그는 밥집의 하녀와 결혼도 하지 않은 채 다섯 명의 자녀를 낳았고 모두 고아원에 버렸다. 루소 또한 10살 때 가출한 아버지로부터 버림받았다. 그런 그가 인류의 이상적인 인간상을 담은 교육서인 《에밀》을 썼다니 아이러니가 아닐 수 없다.

### 김완 선생은 👓

《에밀》은 루소가 자신이 주장한 이상적 교육 이론으로 상상의 학생 에밀을 제자로 삼아 교육하는 과정을 기록한 것이다. 미개한 자연인이 아니라 건강한 육체와 정신, 지식과 이성 그리고 판단력을 겸비한 문명에 사는 자연인으로 에밀을 길러낸다. 여기서 자연인이란 자연 상태의 인간이 아니라 문화와 사회 제도에 의해 타락하기 이전의 선한 인간이다. 루소는 자연인을 만들기 위해서는 출생과 함께 육체와 정신적인 발달 과정에 따라 단계적으로 교육해야 한다고 주장한다. 왜 교육이어야만 하는지 말하고 있다.

## 13. 풀하우스

작가: 스티븐 제이 굴드 | 출판: 사이언스북스

### 줄거리

진화론의 대두는 인류가 '존재의 사다리'의 끝에 신을 정점에 자리 잡게 해주었다. 자연은 중세에도 참으로 중요했다. 하지만 작가는 진화를 진보가 아니라고 말한다. 그는 인류 출현은 복잡성을 향한 추진력 같은 것은 존재하지도 않는 예측 불가능한 과정에서 우연하게 발생한 영광스러운 사건이라고 본다. 한마디로 진화의 정점에 인간이 있다는 것은 위대한 착각이라는 것이다. 《유전자 언어》 저자인 유전학자 스티브 존스는 '비록 나와 그의 의견이 일치되지 않는다 해도 그의 메시지로부터 와 닿는 것이 있기 때문에 그가 쓴 과학 논문들은 읽어볼 가치가 충분하다고 말했다. 인간의 문화에 관하여 저자는 자연의 진화는 다양성으로 가지만 인간 문화는 융합과 접합을 통해 상승 발전할 수 있다고 한다. 의도적으로 조종될 수 있다고 보는 것이다.

### 작가는

60세의 나이로 생을 마감하지 않았더라면 훌륭한 저서들로 완성도가 더 높은 과학을 시민들에게 돌려주었을 것이다. 진화가 진보가 아니라 시스템 전체의 변이 정도로 변하는 것이라는 진화론은 분명하게 전달되었다. 진화는 진보가 아닌 다양한 변이들이 확장되거나 축소되는 과정으로 받아들이고, 인간 중심적 사고를 벗어나 모든 생명을 존중하는 사고로 전환하는 생태주의적 관점을 열어준다. 저자는 인간보다 '박테리아'가 여러 가지 의미에서 위대하다고 제시한다. 존재-양적으로도, 역사적으로도, 생존율로도. 인간인 우리에게 환경을 대하는 관점을 제시한다. 현대 사회는 계속 기계와 기술이 발전하는 방향으로 흘러가는데 이런 상황에서 우리는 무엇을 할 수 있을까 하는 이 너무도 무거운 질문을 던진다.

박테리아는 최초의 생명체의 모습이자 현재에도 지구상 생물량의 절반 이상을 차지하고 있다. 지구의 대부분의 생물 종이 사라져도 지구의 조건에 따라 박테리아는 또다시 다세포 생물로 또 그다음 생물로 진화하게 될 것이다. 어떤 생물이 처한 환경은 현재가 최적일 수 있다면 그 이상의 자연 선택이 필요 없는 상황인 것이다. 6천5백만 년 전에 지구에 소행성이 떨어지지 않았다면 인간은 출현하지 않았을 것이다. 소행성 충돌로 인해 지구의 평균 기온이 내려가면서 비늘보다는 털을 가진, 알보다는 새끼를 낳는 생물이 유리해지는 조건이 만들어졌고 포유류가 번성할 수 있는 최적의 조건이 만들어졌기 때문이다. 6차 대멸종으로 인해 지구 생물의 진화는 어떤 방향이 될지는 알 수 없다. 사람들은 인간을 진화의 정점으로 생각하지만 진화는 예측이 불가능한 우연한 것이기에 인간보다 더 뛰어난 지능을 가진 무엇일 수도, 한참 모자라는 무엇일 수도 있으며 기존의 생물 분류법을 초월한 무엇일 수도 있는 것이다. 진화론이 상식이 된 것처럼 진화의 정점에 인간이 없을지도 모른다.

## 14. 돈으로 살 수 없는 것들

작가: 마이클 샌델 | 출판: 와이즈베리

📗 줄거리

이 책을 읽고 재단된 민주주의와 다양한 가치에 대해 독자가 다양한 토론을 제기하길 바란다. 신자유주의에 대해 비판하고 있다. 시장 논리가 사회 모든 영역을 지배하는 구체적 사례를 제기했다. 전 세계는 황금만능주의로 인해 사회 모든 분야는 시장 원리가 지배한다. 불평등과 불법이 사회 분위기를 냉소적으로 바꾸었다. 이런 시대 신자유주의를 체제의 문제가 아닌 가치의 문제로 접근했다. 사례에 대한 결론을 말하지만 독자 스스로 다양한 생각을 하도록 열린 결말을 제시했다. 시장 논리에 의해 모든 것을 사고 팔 수 있지만 우리는 불평등과 부패를 걱정한다. 모든 것을 거래할 수 있는 것은 재산이 부족한 이들에게 새로운 권력이 된다. 대학 입학이 경매의 최고가로 결정된다면 대학 재정에는 도움이 되지만 대학의 품위와 가치를 해칠 수 있다. 다양한 인센티브도 지속적 효과를 내지 못한다. 시민의 의무가 보상금으로 변환되면 뇌물로 인식하게 된다. 모든 것이 상품화되는 시기를 살아가는 우리에게 돈으로 살 수 있지만 사면 안 되는 대상을 들여다보게 한다.

마이클 샌델의 '돈으로 살 수 없는 것들'에는 공공선과 사회 이익에 대한 고민이 진하게 배어 있다. 삶과 죽음도 시장 논리로 움직인다. 시장은 도덕을 밀어냈다. 보험 증권의 존재가 우리에게 해를 끼치지 않는다면 고용주가 우리 몰래 보험 가입하며 우리의 동의를 받아야 할 의무가 없을지도 모른다. 시장 논리는 시민 대다수를 차지하는 사회적 약자에게 도움을 주지 못한다. 우리는 시장 경제를 원하지만 시장 사회를 살아가야 한다. 작가는 재화의 의미에 관한 논쟁을 넘어서기를 원한다. 돈으로 살 수 있는 것이 많아지는 세상은 부유한 사람과 그렇지 못한 사람을 철저히 분리한다. 무엇이든 돈으로 살 수 있는 세상에서 도덕을 앞세울 방법에 대한 토론이 필요하다.

### 김완 선생은 👓

대학은 돈으로 학생들의 공부 능력을 산다. 공부가 재화가 된 것이다. 자세히 들여다보면 성적을 잘 내기 위해 각자의 경제력이 작용한다. 모든 것이 상품화된 시대, 삶과 죽음까지도 시장 원리로 작동되는 시대가 와 있는 것이다. 인간 개개인의 행복을 우선하는 도덕성이 강조되어야 한다. 자본주의가 인간의 얼굴을 하고 있다. 마이클 샌델은 묻는다. 그리고 끊임없이 우리의 대답을 원한다. 면죄부를 판 돈으로 어려운 사람들을 도와주면 오히려 좋은 일이 아닐까? 대학 입학 자격을 팔아서, 사회적 약자 학생들에게 장학금으로 주면 모두에게 이익이 되지 않을까? 우리가 가치를 지켜야 할 좋은 것들과 선한 것들이 돈 때문에 변질되는 현상을 경험한 우리에게 이 책의 물음은 여전히 유효하다.

## 15. 변신

작가: 카프카 | 출판: 문학동네

### 줄거리 🚩

변신 속의 상황은 우리가 마치 현미경으로 봐도 잘 안 보일 것 같은 모습이 현실에 존재하지 않는 불합리한 모습으로 나타나면서 시작된다. 그레고르 잠자라는 한 인간이 동물의 속성으로 전락하여 벌레로 변한 모습은 매우 불합리한 상황이다. 변신에 대한 어떠한 해명도 없는 불합리를 동반한다. 아들의 죽음에도 불구하고 가족들끼리 교외로 떠나는 모습은 인간이 사회적 동물이어야 한다고 강조한다. 소설에서 나타난 소외 효과는 독자에게 자신의 평범한 일상이 다른 세상이 될 수 있음을 보여준다. 자신의 습관이나 신념이 보편성을 갖지 못할 수 있다고 이야기한다. 이러한 불합리성을 통해 독자들은 주인공의 감정에 이입하지 못함으로써 더 진실을 깊게 보게 된다. 우리도 언젠가 징그럽고 혐오스러운 아이콘인 벌레로 변신하게 될 미래의 모습을 보여주고 어떻게 극복하는지 보여주지 않음으로써 우리 자신을 돌아보게 한다.

### 작가는

프란츠 카프카 Franz Kafka(1883~1924)는 유대계 독일 작가로 프라하 출신이다. 결핵으로 인한 소외와 두려움과 존경의 대상이었던 아버지에 대한 이중 의식이 카프카 작품 주제의 뿌리를 형성한다. 변신은 어느 날 아침 꿈에서 깨어나자 자기가 한 마리의 독벌레로 변해 있는 남자의 이야기로, 괴이한 사건을 일상적으로 서술했다.

실존주의 문학의 선구자로 인간 운명의 부조리성, 인간 존재의 불안을 날카롭게 통찰한 점에서 카프카의 문학적 의미를 찾을 수 있다.

### 김완 선생은 👓

변신은 거의 매년 교육 대학 면접의 소재다. 지문 형태와 질문 형식으로 출제된다. 학생과 대화하는 과정에서 학생의 능력이 우수한 경우 변신을 읽고 내적으로 성장한 부분을 물었던 적도 있다. 변신은 문제를 제기하고 모범 답안은 고사하더라도 그 문제의 이유나 해결을 제시하지 않는다. 어느 날 갑자기 우리가 벌레로 변신하게 된다면 상상할 수 있는 모든 것이 극도로 불안하게 되는 경험을 하게 될 것이다. 이 과정을 각자 지혜롭게 풀어내라고 요구한다. 적어도 인간이 사회화의 중요성을 깨닫게 될 것이다.

## 16. 아웃라이어

작가: 말콤 글래드웰 | 출판: 김영사

### 줄거리 📖

'아웃라이어(Outlier)'의 사전적 의미는 '표본 중 다른 대상들과 확연히 구분되는 통계적 관측치'다. 저자 글래드웰은 이 사전적 의미를 '보통 사람의 범주를 넘어선 성공을 거둔 사람'으로 확장시켰다. 《아웃라이어》는 성공의 비결을 살피는 자기 계발서다. 또한 아웃라이어를 가능케 한 사회 문화적 요인을 살핀 경영서다. 이제까지 성공은 타고난 지능, 재능, 개인의 열정으로 대표되었다. 저자는 이 요인과 더불어 사회가 주는 '특별한 기회'와 '역사·문화적 유산'의 중요성을 더 강조했다. 성공의 기회를 발견하고 청소년 시절 대학 컴퓨터실에서 프로그래밍에 열중한 빌

게이츠, 비틀즈의 주 7일 연주 등의 예를 통해 1만 시간의 연습이 필요하다고 제시한다. 이들 모두 1만 시간 동안 자신의 일에 몰두했다. 미국 학교에선 상류층과 하류층 사이의 학력 격차가 있는데, 이는 3개월에 이르는 긴 여름방학 동안 상류층 학생은 보조 학습을 하는 반면 하류층 학생은 방치되기 때문이라고 분석을 제시하며 《아웃라이어》는 창의성, 자율성 대신 부단한 노력을 강조한다.

## 작가는

책 후반부에 한국을 비롯한 아시아 문화권에 대한 독특한 관점이 제시되는데 아시아인들이 수학을 잘하는 이유는 쌀농사, 그리고 언어 덕이라고 말한다. 쌀농사의 세심함이 수학 문제를 푸는 지구력으로 이어졌고, 한자의 논리성과 규칙성이 규칙적인 숫자 체계 아래서 쉽게 산수를 배운다고 말한다.

1987~1996년 워싱턴포스트에서 일했던 그는 "시작할 때는 바보였으나 끝날 때는 전문가가 됐다. 그렇게 되기까지 10년 걸렸다"고 말했다. 글래드웰 스스로가 《아웃라이어》에서 제시한 '1만 시간의 법칙'의 한 사례인 셈이다.

## 김완 선생은

우리 주변에는 신격화된 성공 사례로 넘쳐난다. 성공 사례는 무에서 유를 창조했다고 말한다. 하지만 놀라운 성공 신화는 없다. 인류는 '상위 1%의 성공과 부의 비밀'에 영원한 관심을 보이며 진화했다. 이 관심에 대한 지침서도 관심에 비례해 출판되었다. 다만 구체적인 방법이 제시된 것은 그리 많지 않다. 기자인 저자는 그 구체적인 성공 비결이 1만 시간이라고 말한다. 우리가 아무리 노력해도 도달할 수 없는 지능, 탁월한 재능 등이 대안으로 제시된 지침서는 오히려 희망을 꺾어왔다. 하지만 이 책은 부단히 노력하면 이룰 수 있다고 용기를 준다. 저자가 연구한 성공에 대한 이야기는 일반인들과 학계 전문가들 모두를 매료시켰다. 인생의 어떠한 목표가 생겼다면 성공의 열쇠가 된 1만 시간을 향해 열심히 가라. 시작하지 않으면 도달하지 못한다. 이후 성공으로 인도하려는 모든 책은 알면서 시도하지 않는 인류에 대한 연구서일 것이다.

## 17. 호밀밭의 파수꾼

작가: 제롬 데이비드 샐린저  |  출판: 민음사

### 줄거리

1951년 발표된 이래 주인공 홀든 콜필드는 십대 불안의 상징 인물이다. 주인공이 영어를 제외한 모든 과목 낙제로 인해 크리스마스 휴가 전 명문 사립 기숙 학교인 펜시 고등학교에서 퇴학당한다. 퇴학 통보가 홀든 부모에게 전달되기 전까지 홀든이 뉴욕시에서 경험한 내용이다. 하지만 자신의 꿈을 찾지 못하고 서서히 미쳐간다. 호밀밭의 파수꾼은 홀든의 장래 희망이다. 홀든은 상상 속 호밀밭 절벽에서 아이들이 떨어지지 않게 지켜주려 한다. 호밀밭의 파수꾼이 되고 싶어 한다. 주변의 인물들이 통속적 가치에 매몰되는 것을 정직하지 못한 위선으로 단정한다. 홀든은 우울함과 인간적인 실패로 깊은 상처를 받은 십대 소년이다. 홀든의 가치를 통해 가짜와 허위에 대해 비판하고 미국의 가치로 볼 때 사회 부적응자로 그려진다. 하지만 홀든은 지키고 싶은 홀든만의 가치관 속에서 자신의 신념을 지켜나가는 정상적인 인물이다.

### 작가는

소설의 어조가 우울하다. 하지만 홀든의 풍자적인 비평은 유머도 포함하고 있다. 우리의 기억에 다양한 변주로 이 소설은 기억된다. 케네디를 죽인 것으로 알려진 리 하비 오스월드가 저격했던 장소에서 《호밀밭의 파수꾼》의 책 1권이 나왔다. 1980년 존 레논의 암살범 마크 채프먼이 암살 직후 "모든 사람들이 호밀밭의 파수꾼을 읽어야 한다"고 밝혀서 많은 사람들에게 충격을 줬다. 그는 고교 시절부터 이 책을 읽었다고 한다. 호밀밭의 파수꾼은 영화 '컨스피러시', '에이미', '플레즌트 빌' 등에서 직간접적으로 나온다. 미국에서는 매년 호밀밭의 파수꾼 30만 부가 팔리고 있다. 호밀밭의 파수꾼의 주인공인 반항기 있는 16살 소년 콜필드의 영향으로, 미국에서는 콜필드 신드롬(Caulfield Syndrome)이 나타나기도 했다. 호밀밭의 파수꾼("Catcher in the Rye")은 미국의 하드락 밴드 건즈 앤 로지스(Guns 'n Roses)가 2008년에 발매한 여섯 번째 스튜디오 음반인 차이니스 데모크래시(Chinese Democracy)의 7번째 수록곡의 이름이기도 하다. 호밀밭의 파수꾼("Catcher in the Rye")은 1994년에 결성된 중국의 초기 펑크락 밴드 중 하나의 이름이기도 하다. 밴드의 이름과 같은 제목을 가지는 밴드의 첫 음반은 1998년에 발매되었다.

### 김완 선생은

호밀밭의 파수꾼은 시판과 더불어 논쟁에 휩싸여 왔다. 공격적인 언어의 사용, 알코올 남용,

매춘 등 쉽게 받아들이기 힘든 정서로 가득하다. 가장 엉뚱한 이론으로는 FBI나 CIA가 모든 사람을 맨츄리안 캔디데이트로 변하게 하는 불법 정신 통제의 도구로 호밀밭의 파수꾼을 지목하고 있다. 맨츄리안 캔디데이트는 세뇌당한 사람을 뜻한다. "그곳에서는 귀머거리에 벙어리 행세를 하며 살 참이었다. 그러면 누구하고도 쓸데없고, 바보 같은 대화를 하지 않아도 될 테니 말이다.", "어쨌든, 원자폭탄이 발명된 건 기쁘게 생각한다. 다시 전쟁이 일어나면 난 원자폭탄 꼭대기에 매달리러 갈 거다." 이 글을 보면서 누가 주인공을 세뇌한 것인지 생각해 본다.

## 18. 코스모스
작가: 칼 세이건 | 출판: 사이언스북스

### 줄거리

지구의 둘레를 처음으로 측정한 에라토스테네스 이래 우주를 알기 위한 사람들의 노력을 소개한 책이다. 다른 행성에서 살 수 있는 생물을 상상해 봄으로써 인간의 우주적 위치를 확인한다. 우주가 생명체로 가득할지 모른다고 말한다. 종교와 미신이 뒤섞여진 천문학이 뉴턴을 거치면서 과학으로 발전한 과정을 알아본다. 별들의 삶과 죽음을 통해 비교되지도 않을 짧은 생을 사는 우리 생명의 기원을 연결하는 고리를 추적한다. 우주는 고정되어 있지 않고 끊임없이 팽창해 왔다. 우주의 시작과 종말에 얽힌 비밀을 밝혀 본다. 우리의 정보 처리 원리를 바탕으로 외계 생물과의 정보 교신 가능성에 대해 소개한다. 외계 생물과의 정보 교신 가능성과 그들을 찾으려는 인류의 노력을 소개한다. 마지막으로 지구를 수백 번도 더 파괴할 무기를 가지고 있는 우리의 미래와 지구의 미래를 위한 길을 고찰해 본다.

### 작가는

우주의 기원을 시작으로 생물의 기원, 그리고 현재까지 쉽게 서술한 대중 과학서다. 우리는 가볍디가벼운 수소 덩어리가 생명의 탄생에 이르고 이성과 의식이 있는 지적 생명체로 거듭난 사실이 엄청난 기적이라고 생각한다. 아침에 알고 있었던 것이 오후에 쓸모없는 지식이 되는 과학의 진보 앞에 40년이나 지난 책이 끊임없는 경이로움을 주고 있다. 핵심은 시대를 초월한 가치를 제시하고 있다는 점이다. 우리의 터전이 되는 지구와 생물의 범우주적인 내용이 담겨 있다. 우리의 기원과 그 요소를 이루는 나를 돌아보게 한다. 인간과 우주가 가장 근본적인 의미에서 연결돼 있고 우리도 코스모스의 일부다. 코스모스에서 태어났으며 운명도 코스모스와 깊은 관련이 있다. 인류 진화의 역사 속에서 크건 작건 모두 우주의 기원에 뿌리가 닿아 있다. 인간의 본질을 우주적 관점으로 확대했다.

### 김완 선생은 👓

코스모스는 결국 인간과 우주, 그리고 인문과 자연의 이야기다. 인류 문명의 뿌리와 희망을 인간 이성에서 찾는 시도다. 둘러보면 인류 문명의 미래가 밝지만은 않다. 칼 세이건은 지구인은 이 어두움을 극복할 충분한 지성적, 기술적, 재정적 능력을 가지고 있다고 말한다. 언제가 될지 모르지만 외계 생명의 존재도 밝혀질 것이다. 외계 문명과 교신할 수 있을 것이다. 칼 세이건은 우리가 과학을 소비하면서 요구하는 콘텐츠를 파헤치고 있다. 우리 조상의 시원을 빅뱅의 순간까지 끌어올려 우리를 설레게 한다. 우리 모두가 코스모스에 열광하고, 칼 세이건의 열정과 순수를 다음 세대에 전달하는 코스모스 세대다. 그렇기에 우리 사회에도 희망이 있다.

## 19. 당신의 수업을 뒤집어라

작가: 조나단 버그만, 아론 샘즈 | 출판: (주)시공미디어

### 줄거리 📑

학생 개개인의 단순 성적이 아니라 지식의 완전한 이해를 돕기 위한 다양한 방법을 실천을 통해 얻어진 결과를 보여주는 책이다. 학생들을 대상으로 한 조사에 따르면 성적이 지식 수준을 정확하게 나타내지 못한다. 거꾸로 교실은 미리 교사가 준비한 동영상을 보면서 학생 스스로 이해하면서 학습 동기를 부여하고, 교사는 학생들의 이해를 돕기 위해 전문적 지식을 잘 활용해 학생을 도와준다. 요즘 학생들은 인터넷, 유트브, 페이스북 등의 소셜 네트워킹 사이트와 같은 다양한 디지털 자원 속에서 살고 있다. 이미 학생들은 디지털 교육을 수용할 수 있는 준비가 잘 되어 있다. 교사가 학생들의 언어로 이야기하는 것이 바로 거꾸로 교실이다. 교사와 학생은 디지털 교육으로 소통하고, 바쁜 학생들이 짜인 시간을 벗어나 학습 시간을 유연하게 선택할 수 있고, 도움을 필요로 하는 뒤처진 학생들의 요구를 적극적으로 수용할 수 있다.

### 작가는 💡

교사는 지식만 전달하는 게 아니다. 인간관계 속에서 학생들에게 영감과 용기를 주며, 그들의 이야기를 들어주고 비전을 제시한다. 이렇게 하기 위해 교사와 학생의 소통은 매우 중요하다. 교사의 목표는 학생들이 수업 내용을 제대로 이해할 수 있게 최선을 다하는 것이다. 학생들은 교사가 자신들 편이라고 깨닫게 되면 최선을 다해 노력한다. 따라서 학생들이 받아들일 수 있는

다양한 방법의 차이가 곧 다양한 지식 전달 방법이 된다. 거꾸로 교실은 제대로 된 수준별 학습이 실현된다. 공부에 뒤처진 학생들에게 핵심 내용만 이해하도록 지도할 수 있다. 이미 배울 자세가 되어 있는 학생에게 잘 배우고 배움에 어려움이 있다면 어떻게 도울 수 있는지 학부모의 상담을 통해서 알 수 있다. 대다수의 학부모가 교사가 제공한 동영상을 시청한다. 이렇게 투명해진 수업 내용을 교사, 학부모, 학생이 잘 활용해 서로에게 유의미한 영향을 준다.

### 김완 선생은 👓

거꾸로 교실은 어느 날 갑자기 교육 개혁의 아이콘이 된 것이 아니다. 지식 기반 사회가 요구하는 창의적인 인재를 교육하기 위해 거꾸로 교실이 교육의 신성장 동력 산업 역할을 담당하게 된 것이다. 교사가 강의에 쏟는 시간을 할애해 학생들의 개별 지도가 가능하게 됨으로써 미래 교육 모델이 되었다. 거꾸로 교실이 정착되면 교사는 수업에서 시간적 여유를 가지게 된다. 강의가 미리 녹화되어서 실제 수업에서 교사의 역할이 줄어든다. 이제까지 교실 안에서 이루어지던 지식 전달이 교실 밖에서 이루어지면서 교사는 수업을 평가하고 재설계할 수 있게 된다. 교실은 지식의 토론장이 되고, 개별 지도를 통해 수준 차이를 좁혀주고, 학생 또한 다른 형태의 활동이 가능하며 다른 학생들을 도울 수 있는 활동도 가능하다. 거꾸로 교실로 수준 차이가 최소화된 학생은 각자의 발달 정도에 따라 다양한 성장을 할 수 있게 된다.

## 20. 부의 감각

작가: 댄 애리얼리, 제프 크라이슬러 | 출판: 청림출판

### 줄거리 📖

돈을 쓸 때 이성보다 감정의 조율이 중요한 점을 인간의 두뇌와 돈 사이의 여러 가정들의 의문을 제기하며 접근하고 있다. 돈과 관련된 개인의 믿음의 허구를 파헤치고 보다 나은 선택을 할 수 있는 인간 본능 극복 방법을 설명하고 있다. '인생에서 가장 중요한 것'을 서문으로 '왜 돈을 쓰고 후회할까'로 시작되는 목차를 보면 우리가 평생 가장 많은 공유를 하는 돈에 대한 다양한 변주를 확인할 수 있다. 돈의 가치를 공정하게 바라볼 수 있는 기준을 뚜렷하게 제시하고 있다. 우리는 기회비용을 무시하고, 모든 것이 상대적임을 망각하고 세일 상품을 구매한다. 돈을 지불하는 고통을 잊기 위해 고안된 신용카드를 사용하고, 돈을 사용하는 자신만의 오랜 습관을 지나치게 믿음으로써 자신의 소비를 정당화한다. 어떤 것을 소유하고 나면 그 가치를 실제보다 높게 평가하는 소비자의 심리는 판매자에게는 또 다른 구매로 악용된다. 감정에 치우친 소비는

자신에게 가치 있는 소비를 넘어 가격의 공정함에 휘말린다. 판매자의 현란한 말솜씨 앞에서도 지갑을 연다. 돈에 대해 더 많이 생각할수록, 돈 문제가 머릿속을 장악해 버릴수록 돈을 쓰고 늘 후회하는 선택을 하게 된다. 온갖 기묘한 속임수에 지갑을 지키고 시간을 허비하고 생활을 통제하는 돈에 관련된 선택 뒤에 숨겨진 복잡한 힘에 대해 알려주고 있다.

### 작가는

두 작가는 돈과 관련된 선택의 힘을 알려주면서 돈 문제와 관련된 선택을 잘하게 되면 돈에 미치는 강력한 영향력을 이해함으로써 돈과 상관없는 분야의 의사결정을 더 잘할 수 있다고 기대한다. 돈은 우리 삶의 중요한 부분을 평가하는 방식에 영향을 미치기 때문이다. 시간을 쓸 때나 자신의 경력 관리, 더 나아가 포용적 인간관계 방법, 주변 세상의 이해에도 영향을 미친다고 말하고 있다. 그래서 돈 쓰기의 문제는 돈에 대한 이야기를 넘어 우리의 인생관, 세계관의 기준이 된다고 말한다. 세계를 살아가는 중요한 도구로서의 돈을 말하고 있다.

### 김완 선생은 👓

우리나라 교육에서 경제 교육이 등한시되고 있다. 경제를 다양하게 접하고 스스로 문제를 해결하는 실습 위주의 경제 교육은 돈을 쓰기 전에 다시 한 번 진지하게 생각하고, 옳은 선택을 할 수 있는 지혜로운 소비 감각을 키울 수 있게 도울 것이다. 우리의 일상에서 개선할 수 있는 실천적인 조언을 해주고, 돈 문제와 관련된 지혜로운 의사 결정이 인생 전체 가장 중요한 테마임을 인식시켜 준다. 일반적으로 가격 할인은 의사결정을 지나치게 단순화시켜 버린다. 그래서 두 작가는 가격 할인은 명청함을 부르는 독약이라고 말한다. 거의 모든 것의 가치를 평가하는 것이 어렵기 때문에 상품을 세일하면 손쉬운 선택을 한다. 상품에 내재된 절대적 가치를 힘들여 알아내지 않고 세일 상품을 선택하고 싶어한다. 이런 감정은 판매자가 우리를 가장 손쉬운 소비자로 전락시키고 우리는 지갑을 그들의 손에 넘겨주고 소비를 하게 만든다.

## 21. 문명의 충돌
작가: 새뮤얼 헌팅턴 | 출판: 김영사

### 줄거리 📖

작가의 현실 정치 체험 경험과 이론 정치학을 배경으로 경쟁과 대항의 주체가 '문명'이라는 새로운 세계관을 제시한다. 탈냉전 시대를 읽는 새로운 패러다임을 제시한 책이다. 세계 정치가 문화적 특성에 따라 재구성되고 문명 공동체가 냉전 이념을 대체하면서 문명 간 충돌이 세계 정치의 갈등 무대로 부상된다. 작가는 세계를 중화권, 일본권, 힌두권, 이슬람권, 그리스도교권, 라틴아메리카권, 아프리카권 7개 문명 권역으로 나뉘고 핵심국이 문명권을 중심으로 이합집산한다고 말한다. 문명이 충돌하면서 남북한이 10~20년 내 통일된다고 전망했다. 문명의 균형은 '인구'와 '경제력'이 결정하고, 이슬람과 아시아가 세계 질서의 새로운 강자로 떠오른다고 전망한다. 반면 서구 문명은 정치, 경제, 문화적인 위기로 상대적으로 영향력이 축소된다고 전망한다. 세계는 정치 이념이 아닌 문명에 기초한 국제 관계로 대체되고 뚜렷한 핵심국을 갖지 못한 이슬람권과 라틴아메리카권, 아프리카권은 세계 질서의 불안정 요소가 된다고 전망한다. 문명을 자처하는 오만한 자세가 다른 문명과 갈등을 빚고 1, 2차 세계 대전과 맞먹는 규모의 문명 전쟁이 벌어질 것을 예측한다. 특히 이슬람과 중국과의 갈등 규모가 중요하다고 말한다. 마지막으로 세계 평화의 가장 큰 위협이 문명과 문명 충돌이기에 문명에 바탕을 둔 국제 질서가 확실한 방어 수단이라고 제시한다.

### 작가는

현재 미국 하버드대 알버트 웨더헤드 석좌교수이자 존 올린 전략문제연구소 소장인 헌팅턴은 새롭게 태동하는 세계 정치 구도에서 상이한 문명을 가진 집단들 사이의 갈등이 세계 질서를 위협하는 핵심적인 위험 요소라고 말한다. 미국 시사 잡지 논문에 게재되고 수십 개국에서 열띤 논란을 불러일으키고 있다. 특히 이 책은 지난 2001년 발생한 9·11 테러 이후 집중 조명을 받았고 《문명의 충돌》은 전 세계 39개 언어로 번역되었다.

### 김완 선생은 👓

뉴질랜드 남섬 알누르 모스크에서 무작위로 총격을 가해 무슬림 50명의 목숨을 앗아갔고, 스리랑카 부활절 참사는 뉴질랜드 테러 복수였다는 조심스러운 보고가 있다. 이것은 반이민, 반이슬람, 반유색 인종 등 문명 충돌의 양상을 보였다. 작가가 이데올로기로 야기되었던 분쟁 패러다임이 문명 충돌 패러다임으로 전환됨을 말한 것이 그대로 적용되었다고 보아도 될 것이다. 요즘 저출산으로 학령인구가 줄고 있는 반면 다문화 학생은 증가하고 있다. 문명의 충돌 측면에서 이들을 위한 교육의 방향성을 제고할 필요가 있다. 물론 지난 시절 이데올로기가 세계 질서의 방향이 되었지만 문명이 이 질서를 대체했듯이 상이한 문명 또한 영원한 세계관이 되는 것은 아닐 것이다.

## 22. 통제 불능

작가: 케빈 켈리 | 출판: 김영사

### 줄거리 📖

1994년 21세기 핵심 연구 주제가 될 만한 것을 모조리 살펴보기 위해 출간되었고 "다가오는 신생물학 neo-biological 시대에는 우리가 의존하는 동시에 두려워하는 것은 모두 만들어지기보다 태어날 것이다."라고 마무리한다. 또한 돌연변이를 일으키는 건물, 살아있는 실리콘 중합체, 오프라인에서 진화하는 소프트웨어 프로그램, 질병 치료를 위해 생산된 생물학적 바이러스, 신경 잭, 사이보그 신체 부위, 유전공학으로 설계한 농작물, 시뮬레이션한 성격 등 상상할 수 없는 생태계가 펼쳐진 세계를 예언한다.

'만들어진 것이든 태어난 것이든 생명과 유사한 특성을 갖고 있는 시스템'을 비비 시스템으로 규정하고 비비 시스템의 세계를 자세히 설명한다. 케빈 켈리는 이 책에서 미래 세계는 생물학적 논리에 의해 굴러갈 것을 예언한다. 이 예언을 뒷받침하기 위해 기술적인 시스템이 자연의 계를 모방하는 양상을 분석한다. 태어난 것과 만들어진 것들의 결합에 관한 이야기며 이 과정에서 제어하려 하지 않아야 기계를 현명하게 제어할 유일한 방법이라고 말한다. 기계와 생물의 상호작용에 관한 획기적인 통찰이 가득하고 미래 기술을 설득력 있게 예고하고 우리는 작가가 말한 신이 되는 아홉 가지 법칙을 수없이 생각하게 된다.

### 작가는 💡

작가는 복잡 적응계를 탐구하는 스튜어트 카우프만, 크리스토퍼 랭턴, 로드니 브룩스 등의 통찰을 소개하며, 복잡 적응계가 보여주는 자기 조직화 능력을 설명한다. 그리고 비비 시스템으로 정의한 것은 어떤 곳에서도 제어하기 어렵다고 결론짓는다. 책의 말미에 인공 시스템들이 자신의 복잡성을 극복하는 데 이용하는 분명한 아홉 가지 대표적인 원리를 나열하고, 다가오는 문화가 지닌 생물학적 특성 5가지를 밝힌다.

- 세계의 기술화가 갈수록 많이 진행되는데도 불구하고, 유기적 생명은 전 지구적 차원에서 인간 경험의 주된 기반이 될 것이다.
- 기계는 점점 생물학적 성격을 더 많이 띠게 될 것이다.
- 기술 네트워크는 인간 문화를 더욱 생태학적이고 진화적으로 변화시킬 것이다.
- 생물 공학과 생명 공학은 기계적 기술의 중요성을 압도할 것이다.
- 생물학적 방법이 이상적인 방법으로 존중받을 것이다.

현대 과학과 기술에 대한 저자의 통찰이 담겨있다. 워쇼스키의 매트릭스는 이 책에서 영감을 받았다고 한다. 출간된 지 시간이 지났지만 과학자, 공학도, 그리고 경영인, 대중들 사이에 필독서로 인식되어 있다. 지적이며 기술적 선구자들의 생생한 전시관으로 평가받는다. 현대 기술의 방향을 잘 제시하고 있다. 미래 생체공학적 하이브리드가 더 널리 퍼지고 있는 사례로 스웨덴에서 인체에 삽입하는 칩을 들 수 있다. 현대 기술의 통찰을 통해 미래 세상의 주역인 어린이를 바라볼 수 있는 통찰이 생길 수 있을 것이다.

## 23. 동물농장

작가: 조지 오웰  |  출판: 민음사

### 줄거리 📖

풍자 소설로 존스 농장에 살던 동물들이 가혹한 생활을 참다못해 주인을 쫓아내고 직접 농장을 운영하지만 그들도 역시 권력층의 독재로 부패되어 간다. 소련의 전체주의에 대한 비판과 풍자가 들어 있다. 결국 소련의 붕괴에 의해 작가의 시선이 옳았음이 증명되었다.

이 작품에서 스탈린은 독재자 돼지 나폴레옹(Napoleon)에, 스탈린의 비밀 경찰은 개, 그의 반대자 트로츠키를 경쟁자 돼지인 스노볼(Snowball), 옛 소련 공산당의 당원은 돼지, 종교는 까마귀에, 카를 마르크스와 블라디미르 레닌을 메이저 영감으로 표현했다. 또한, 쫓겨난 황제 니콜라이 2세는 농장주 존스(Jones)로, 스탈린을 따르는 어리석은 민중은 양에 비유했다. 비교적 지능이 발달한 돼지인 나폴레옹, 스노볼, 그리고 스퀼러의 지도와 계획 아래 모든 동물들은 평등한 동물 공화국 건설을 위해서 열심히 일하고, 돼지들의 주도하에 일요회의도 열고 문맹 퇴치의 학습 시간도 갖게 되어 말과 오리 새끼에 이르기까지 주인 의식을 갖고 농장의 운영에 참여하게 되어 그야말로 평등의 이념에 입각한 이상적 사회가 되는 것이다. 그러나 이 사회는 풍차 건설을 계기로 와해된다. 동물들의 내적 불만을 존스가 다시 돌아온다는 위험 등의 외적인 공포 분위기로 제압한다. 확실한 지배 계급이 된 나폴레옹은 인간보다 더 사치스러운 생활을 한다. 인간 시대의 악폐로 규정된 공간으로 동물농장은 들어간다. 이상적 사회는 실패하고 위협과 명분만 남게 된다.

### 작가는 💡

제2차 세계 대전 직후 영국은 친소적 분위기였기에 오웰은 출판에 어려움을 겪는다. 이 작품은 작가의 부인 아일린 오쇼네시의 영향으로 오웰의 작품 중 유일하게 유머가 가득하다. 아내 사후에 출판한 《1984》는 《동물농장》에 비해 많이 어둡다.

소련 공산당의 일당 독재, 혹은 권력 세습을 상징하는 새끼 돼지들은 나폴레옹의 새끼들로 동물 농장의 다음 지배자가 될 세대이다. 벤자민은 혁명에 대해 신랄한 태도를 취하고 있는 당나귀이다. 다른 동물들보다 지적이지만 혁명에 대해 어떠한 행동도 하지 않는다. 소련 내에 존재하던 유대인들, 현실을 도피하던 지식인들, 혹은 조지 오웰 자신을 상징한다는 시각이 있다. 복서가 팔려나갈 때, 돼지를 제외한 동물들 중 처음으로 그가 도살업자에게 팔려나간다는 것을 알아챘다. 이렇듯 작가는 동물을 상징적으로 구소련의 사회 정치를 풍자한다. '동물농장은 이후 수많은 동물 관련 작품들에 영향을 끼쳤다. 대표적인 것으로 John Halas & Joy Batchelor 《Animal Farm》(1954년), 핑크 플로이드 《Animals》(1977년), Joesph Stephenson, 《Animal Farm》(1999년), 아드만 스튜디오, 《치킨 런》(2000년) 등이 있다.

### 김완 선생은 👓

동물농장은 여러 메시지를 준다. 가장 함축적인 메시지로는 동물들의 무지와 무기력함이 권력의 타락을 방조하고, 독재와 파시즘이 지배 집단 혼자만의 산물이 아니라고 선명하게 전달하고 있다.

## 24. 침묵의 봄

작가: 레이첼 카슨 | 출판: 에코리브르

### 줄거리 📖

《침묵의 봄》(Silent Spring)은 1962년 레이철 카슨이 1차 세계 대전 이후 미국에서 살포된 살충제나 제초제로 사용된 유독 물질이 생태계에 미치는 영향을 분석하여 쓴 책이다. 봄이 왔지만 살충제 등으로 새들이 죽었고, 새 소리가 들리지 않게 된 점을 사례를 통해 밝혔다. 환경 운동이 서양에서 시작하게 되는 계기가 된 책이다. 이 책으로 인하여 1963년 미국의 케네디 대통령은 환경 문제를 다룬 자문위원회를 구성하게 되었고, 1969년 미국의회는 DDT가 암을 유발할 수도 있다는 증거를 발표하였고, 1972년 미국 EPA(미 환경부)는 DDT의 사용을 금지하게 되었다. 이 책은 전혀 농약을 쓰지 말자는 측면이 아니라 좀 더 자연적인 방법, 그리고 자연에 폐를 끼치지 않는 쪽으로 방향을 바꾸자는 주장이다.

나온 지 오래된 책이라 후속 연구에서 반박된 부분이 많다. 일각에서는 DDT의 인간 암 유발이 증명되지 않은 점과 화학 물질을 지나치게 죄악시해서 화학 물질 = 환경 파괴 물질로 단정 짓게 만들었다고 비판하기도 한다. 또한 과학을 무시한 환경 운동의 근원이 되었다고 비판하는 이들도 있다. 또한 DDT의 사용량이 크게 줄자 이 일로 모기로 인한 전염병이 크게 발생해서 아프리카에선 엄청나게 많은 사람이 죽기도 했다.

### ⌐ 작가는

환경의 중요성을 일깨운 작가는 타임이 선정한 20세기를 변화시킨 100인으로 뽑혔다. 이 책은 세상을 바꿨다. 시적인 산문과 정확한 과학 지식을 결합해 글을 쓰고 1951년 《우리를 둘러싼 바다》를 발표하면서 세계적인 명성을 얻는다. 핵폐기물의 해양 투척에 반대하며 전 세계에 위험성을 경고하기도 했다. 언론의 비난과 화학 업계의 출판 저지에도 불구하고 작가는 환경에 대한 대중적인 관심을 이끌어 냈다. 여성 작가로서의 편견도 심했다고 한다. 이 책을 읽은 상원 의원이 케네디 대통령에게 자연보호 전국 순례를 건의했고 이를 계기로 지구의 날이 제정되었다. 카슨은 인간의 몸은 외부 물질 침투에 쉽게 노출되어 있고, 환경 속에 존재하는 유독 물질에 취약하다고 경고했다. 화학 업계의 무차별적인 연구 훼손 시도 등을 위엄과 신중함을 갖추고 진실을 전하려던 카슨은 1964년 56세 때 유방암으로 세상을 떠났다.

### ⌐ 김완 선생은 👓

이 책의 가장 큰 공적은 기술의 발전이 반드시 좋은 결과를 이끌어내는 것은 아니며, 사회적으로 그 기술이 어떻게 작용하는지 관심을 기울여야 함을 일깨운 점이다. DDT나 농약 같은 문명의 이기들이 의도하지 않은 부작용을 낼 수 있다는 인식을 확산시킨 것이다. 과학 기술에 대한 일방적인 혐오가 위험한 것만큼 과학 기술에 대한 맹신 역시 위험하다는 것을 경고한 책으로서의 의미를 부정하기는 어렵다. 출판된 지 50년이 되는 오늘날에도 여전히 교훈을 주는 책이라 할 수 있다.

## 25. 멋진 신세계
작가: 올더스 헉슬리 | 출판: 문예출판사

### ⌐ 줄거리 📖

《멋진 신세계》(Brave New World)는 작가인 헉슬리가 1931년에 쓰고 1932년에 출판한 디스토피아 SF 소설이다. 《멋진 신세계》는 1863년 헨리 포드가 태어난 해를 인류의 새 기원으로 삼고 가상의 미래 세계를 다루었으며 작품 속의 배경은 포드 기원 632년(서기 2496년)의 영국이다. 헉슬리는 소설 속의 세계를 포드주의에 따라 하나의 통일된 정부의 통제하에서 모두 자동 생산되고, 심지어 사람도 컨베이어 시스템에 실려 수정되고 길러져 병 속에서 제조되고 태어나게 그린다. 《멋진 신세계》는 극도로 발전한 기계 문명이 철저히 통제하는 계급 사회를 그린다. 헉슬리는 기계 문명의 발달을 1920년대와 1930년대에 대두한 전체주의와 연결시켜 비인간적 기계 문명이 가져올 지옥을 경고하고 있다. '멋진 신세계'라는 말은 셰익스피어의 희곡 《템페스트》 제5막 1장 가운데 미란다의 대사에서 따왔다고 한다. 1930년대에 발표된 '멋진 신세계'는 기술의 발전이 곧 인간의 행복에 기여하리라던 이전 시대의 믿음에 대해 의문을 던진 작품이다. 기계 문명의 발달과 과학의 진보가 오히려 미래에 인간적 비극이 될 것을 경고했다. 기술의 과도한 발전이 인간 스스로 발명한 과학 성과의 노예로 전락해 인간 가치와 존엄성을 상실할 것을 예언한다.

### 작가는

그 당시 여러 편의 사회 풍자 작가의 명성을 쌓은 헉슬리는 다섯 번째 소설로 최초의 디스토피아 소설 《멋진 신세계》를 발표한다. 올더스 헉슬리는 욕망과 말초적인 자극이 지배하는 세계를 그림으로써 아무도 책을 읽고 싶어 하지 않기 때문에 책을 군이 금지할 필요조차 없어질 것을 두려워했다고 믿을 만큼 끔찍한 세상을 기술했다. 그럼에도 소위 '이성의 시대'의 끝자락이던 1930년대에 발표된 '멋진 신세계'는 기술의 발전이 곧 인간의 행복에 기여하리라던 이전 시대의 믿음에 대해 의문을 던진 작품으로 평가된다. 거대한 세계 정부가 들어서, 모든 인간은 인공 수정으로 태어난다. 아이들의 양육과 교육은 전적으로 국가가 책임지며, 태어나기 이전에 이미 그들의 지능에 따라 어떤 삶을 살게 될 것인지가 결정되어 있다. 심지어 고의로 지적 장애를 유발한 채 양산되어 단순 노동을 담당하는 인간도 계획하에 태어난다. 소설 속 세계에서 인간은 사회 부품에 지나지 않는다. 태아 시절부터 모든 인류는 조건 반사와 수면 암시 교육을 통해 자신의 계급에 맞는 세뇌 수준의 교육을 받는다. 태아 시절부터!

### 김완 선생은

올더스 헉슬리의 《멋진 신세계》와 오웰의 《1984》, 그리고 예브게니 자미아틴의 《우리들》은 디스토피아 소설의 3대 고전이다. 과학 문명이 극도로 발달한 가상의 미래를 배경으로 인간 존엄이 상실된 세계를 그리고 있다. 현대 사회가 작품에 묘사된 디스토피아에 훨씬 빠른 속도로 가까워지는 덕에 SF소설의 바이블에 올랐다. 얼핏 보기엔 진짜 멋진 신세계로 보인다. 아마 헉슬리는 차라리 멋진 신세계를 동경하는 현대인에게 무수한 경고를 던지고 싶었을지도 모른다.

## 26. 우주의 기원 빅뱅

작가: 사이먼 싱 | 출판: 영림카디널

### 줄거리

사이먼 싱은 빅뱅 우주론에 직접 참여했던 수많은 천문학자들을 인터뷰했다. 빅뱅 우주론이 현대 표준 우주론으로 자리 잡기까지의 인류의 우주론의 변천사를 시작으로 빅뱅 우주론의 이론적, 관측적 성공과 실패 과정이 일상적 언어로 기술되어 있다. 에딩턴은 3차원 공간을 2차원의 폐곡면인 풍선 표면을 예로 들어 은하가 공간을 통해 움직인 것이 아니라 은하 사이의 공간이 팽창하고 있다고 기술한다. 288쪽 그림 64에 팽창 우주를 설명할 때 흔히 사용하는 그 풍선 비유가 그려져 있다. 사이먼 싱은 호일이 1950년 BBC 라디오 방송에서 '빅뱅'이라는 단어를 사용한 상황을 잘 정리해 주고 있다. 이 책은 많은 이의 빅뱅을 바라보는 자신만의 언어가 소개되어 있고, 중간중간 아인슈타인 등의 과학자 사진은 마치 그들을 만나는 듯한 황홀함을 안겨준다. 1895년 엑스선을 발견한 빌헬름 뢴트겐은 "과학자는 자신의 일을 준비하기 전에 세 가지가 필요한데, 그것은 수학과 수학, 그리고 수학"이라고 말했다. 우주를 관측하려면 수학이 얼마나 중요한지 강조하고 있다.

### 작가는

≪페르마의 마지막 정리≫도 사이먼 싱 작품이다. 물리학자 러더포드는 "물리학은 이해하기 전까지는 불가능해 보이지만 이해하고 나면 시시해 보인다."라고 말했다. 모든 과학책은 어렵다. 사이먼 싱은 과학을 쉽게 보여주고 있다. 과학에 대한 지식이 없는 독자를 만족시켜 준다. 우주의 기원은 어려운 물리학 법칙을 다루지 않고서는 전달하기 쉽지 않다. 작가는 물리를 공부하지 않고 이야기를 들은 것처럼 쉽게 전달했다. 가능한 많은 사람과의 인터뷰를 통해 왜곡되거나 전설로만 남을 수 있던 발명이나 발견을 정확한 자료와 함께 생생한 증언을 듣고 씀으로써 신화나 전설이 사라지게 했다. 누구나 빅뱅 이론은 들어봤을 것이다. 그러나 아무도 이해하지 못하고 있다고 믿을 만큼 어렵다. 우리는 믿었던 과학 법칙들이 새로운 과학 법칙의 발견으로 완벽하게 이해되지 않았음을 알 수 있었다. 그런 우리를 우주가 어떻게 시작되었는지를 조금은 설명할 수 있게 안내하고 있다.

### 김완 선생은 👓

제한된 땅의 굴레를 대항해 시대로 의식의 영토를 확장했듯 우주는 새로운 시장이 되었다. 빅뱅이 일어났다면 그로 인해 생겨난 지구는 우주에 많을 것이다. 외계인의 존재를 믿는 이들이 과학자에게서 유독 많은 이유다. 지구에서 우주로 시각을 돌린 나라와 개인은 많다. 그럼에도 우리나라는 우주를 연구하는 전문 기관이 없다. 미국과 러시아, 그리고 일본 등 우주는 이미 전쟁터고 미래 기술의 집약이다. 대항해 시대를 열었던 나라가 선진국으로 도약했듯 우주가 그 자리를 메울 것이다. 일반적으로 우선 추측하고, 계산하고 그 결과를 실험과 비교해서 새로운 법칙을 발견한다. 이게 과학의 핵심이라고 한다. 추측하라! 계산하라! 결과를 실험과 비교하라! 우리도 우주 시대의 주인공이 될 수 있다!

## 27. 백년의 마라톤

작가: 마이클 필스버리 | 출판: 영림카디널

### 줄거리 📖

2015년 10월 시진핑 주석은 미국을 방문한다. '허드슨 연구소'의 마이클 필스버리 중국전략센터 소장이 지은 책 《백년의 마라톤》은 워싱턴에 반중 정서를 급속하게 확산시켰다. 당시 중국이 추진해온 남중국해 인공섬 문제로 격렬한 파열음을 내어 이때부터 오바마 정부는 대중 강경책으로 돌아선다. 1949년 마오쩌둥의 신중국 건설 이래 민족주의 초강경파가 중국을 지배한다. 그로부터 100년이 지난 2049년까지 아편 전쟁 참패 후 아시아의 종이호랑이란 굴욕과 수모를 인(忍), 세(勢), 패(覇)에 따라 설욕하고, 미국을 추월해 패권국의 지위에 오르기 위한 비밀 계획을 추진해 왔다는 내용이 백 년의 마라톤이다. '백년의 마라톤'은 그들이 공유해온 비밀 계획 이름이다. 저자가 확인한 백년의 마라톤 전략의 핵심은 인(忍), 세(勢), 패(覇)로 요약할 수 있다. 인(忍)— 때가 오기 전까지 본심을 드러내지 말라. 세(勢)— 적을 포위하라. 적으로 적을 잡아라. 패(覇)— 적의 내부를 조종하다 약세를 보이면 무너뜨린다. 이 개념들은 춘추 전국 시대에 자웅을 겨루던 국가들이 활용한 36계와 손자병법의 책략에서 따온 것으로, 때를 기다리며 몸을 낮추고 상대가 내 뜻대로 움직이게 하고, 강자의 허점을 노려 무너뜨리는 전략이다. 저자는 중국의 유화책이나 미소에 현혹되어서는 안 된다고 강조한다.

### 작가는 💡

미국 국방부 고문으로 활동 중인 저자는 중국이 오늘날 국제 질서를 2,500년 전 전국 시대의 틀에 넣고 손자병법의 '인(忍), 세(勢), 패(覇)'에 따라 전략을 구사하고 있다고 주장한다. 자신이 약할 때는 굴신하며 때를 기다리고, 차도살인(借刀殺人)처럼 남의 힘을 빌려 적을 제압하며, 강자가 약세를 보이면 가차 없이 눌러 버리는 식이다. 중국은 이에 따라 1969년 중소 분쟁에서 승리했고, 미국도 수교 이래 그런 전략에 놀아나며 중국의 힘을 키워주고, 결국 중국을 G2의 반열에 올려놓게 되었다는 게 저자의 생각이다. 베이징의 리더들은 평화를 원치 않고, '슈퍼차이나'의 야욕을 사르며 미국과 한판 승부를 벼른다고 주장한다. 덩샤오핑은 '정신적 오염' 운운하며 민족주의적 이데올로기가 반영된 반미적인 화법을 구사하기 시작했으며, 시진핑은 취임하자마자 지금까지 어떤 중국 지도자도 공개적으로 언급한 적이 없었던 '강한 중국의 꿈'이라는 표현을 사용하며 중국이 감추고 있던 의도를 분명하게 드러냄으로써 저자의 주장에 정당성이 부여되고 있는 상황이다.

### 김완 선생은 👓

《백년의 마라톤》은 워싱턴 분위기를 일거에 바꿨다. 작금의 미국과 중국 관계는 미국이 패권 야욕을 가진 중국의 부상을 누르기 위해 할 수 있는 모든 방법을 동원하는 시기다. 5G 시대 선두인 화웨이를 고립시키려 하고, 관세를 무기화하고 있다. 무역 전쟁 불길이 타오르고 있는 지금 2018년 10월 4일 펜스 미국 부통령이 중국을 겨냥한 신냉전 연설 장소가 이 책 저자가 근무하는 허드슨 연구소라는 점은 결코 우연이 아닐 것이다. 남북관계의 돌파구를 찾는 우리에게 이 책은 많은 시사점을 던져준다.

## 28. 우리는 여성, 건축가입니다

작가: 데스피나 스트라티가코스 | 출판: 눌와

### 줄거리 📖

건축업계 여성들은 100년이 넘는 시간 동안 남성의 성역처럼 여겨지는 직업에서 차별에 맞섰지만 건축학과 졸업생 중 여성 비율 42%, 건축사 자격증 취득자 중 여성 비율 28%, 활동하는 건축사 중 여성 비율 17%의 통계가 현재 성적이다. 건축학과에 여성 입학생이 증가하기 시작한 지도 수십 년이 지났다. 하지만 실제 활동하는 여성 건축가 수는 변함이 없고 경력이 쌓일수록 숫자는 더 줄어든다. 상을 받고 명예를 거머쥔 건축가 중 여성은 거의 찾아볼 수도 없다. 이 같은 현상은 단지 건축업계의 문제는 아니다. 성 불평등에 대해 이야기할 중심에 있는 이들이 너무 적다. 논의에 참여하는 분야와 범위가 확장되어야 한다. 2004년 여성 건축인 자하 하디드가 건축인에게 수여하는 프리츠커상을 25년 만에 받는다. 남성 수상자였다면 상상할 수 없는 모욕적인 방식의 기사가 쓰였다. "아줌마처럼 크게 웃는다", "평생의 동반자라고는 급성 독감뿐인 독신 일벌레" 같은 식이다. "네가 수상 자격이 있다고 생각하느냐?" 같은 모욕적인 질문 앞에 서기도 했다. 책은 차별에 맞서며 자리를 지켜낸 여성 건축가의 현재를 되돌아본다.

### 작가는

"남자들은 제 머리를 두드리며 '여자치고 잘하네' 말하곤 했죠." 이 말로 여자는 제대로 된 건축을 할 수 없다, 여성 건축가는 가정적인 부분에 특화되었다, 여성은 책임감이 약하다, 여성과 예술은 반드시 거리를 두어야만 한다, 이런 말들이 낯설지 않게 한다. 이 무슨 말도 안 되는 소리인가 하겠지만 건축의 역사에서 끊임없이 들리고 여성 건축가들에겐 너무나 익숙한 이야기이다. 《우리는 여성, 건축가입니다》는 여성이자 건축가로서 분투해온 이들의 역사를 다룬다. 건축이 남성의 전유물은 아니다. 《우리는 여성, 건축가입니다》는 모든 분야에서 일하는 여성들이 온전한 성 평등을 향해 나아가도록 연대하며 자신의 자리에서 "여자가 이 일을 할 수 있을까?"라는 편견 앞에 목소리를 내도록 도울 것이다.

### 김완 선생은

평등을 가로막는 수많은 한계에 관해서 밀도 있게 생각할 수 있는 책이다. 특히 여성의 진출을 가로막는 요인으로 제시한 임금 불평등, 일상적인 성차별, 롤 모델 부재 등에 대해 공감한다. 주요 대학의 건축학과 전임 교수 중 여성은 10%도 되지 않는다. 업무에 헌신하고도 직업적 보상을 받지 못하는 여성들은 자신의 실력을 의심하고 자신감을 잃게 된다. 스콧 브라운이 말했듯 "남성 동료들이 자신보다 앞서 나가는 현실 속에서 페미니즘 의식이 부족한 여성들은 자신의 실패가 온전히 본인의 잘못이라고 느끼기 쉽다." 감춰진 여성의 이야기가 표면에 올랐다. 특정 업계를 넘어서, 직업인으로 일하는 우리 모두의 이야기다. 이 책은 다양한 관점으로 도움이 될 수 있을 것이다. 건축을 사랑하고 건축업계가 진정 모두를 포용할 수 있게 되려면 편견에 대해 우리의 목소리를 꾸준히 내야 한다고 분명히 요청하고 있다. 5장에서 위키피디아와 같은 웹사이트에 주목해야 하는 이유도 눈여겨볼 필요가 뚜렷하다.

## 29. 수학이 필요한 순간

작가: 김민형 | 출판: 인플루엔셜

### 줄거리 📓

이 책은 '직관에 의존해도 세상을 무난하게 살아갈 수 있다. 그러나 직관에 약간의 수학적 사고를 첨가하면 우리의 삶은 더욱 풍요로워진다.'는 메시지를 전달한다. 더불어 "결국 모든 삶은 수학적으로 사고할 수밖에 없습니다"라고 말한다. 하지만 우리 모두 알고 있지만 수학을 포기하는 경향도 눈에 띄게 높아지고 있다. 그럼에도 인간은 '수학적 사고'를 하는 존재이기 때문에 지금 잘 알지 못하는 현대 수학 이론들도 자연스럽게 떠올리는 상식이 될 것이다. 페르마, 뉴턴, 아인슈타인도 잘 이해할 수 있을 것이다. 이 책을 통해 우리는 인간이 우주를 이해하는 법도, 윤리적인 판단까지도 수학적 사고를 바탕으로 하고 있음을 깨닫게 된다. 이 책은 수학이 인간의 사고 능력을 확장시켜온 점, 기본적인 수학의 원리부터 정보와 우주에 대한 이해, 윤리적인 판단이나 이성과의 만남 같은 사회 문화적인 주제에 이르기까지 세상 모든 순간을 이해하는 데 바탕이 되는 수학적 사고의 세계로 들어가게 돕는다.

### 작가는 💡

수학적 사고는 인간이 세계를 사고하는 가장 기본적이고 근본적인 능력이다. 저자는 우리 안의 수학적 사고를 발견하게 돕는다. 하지만 수포자는 수학을 늘 두렵게 느낀다. 작가는 수학을 통해 우리가 모르는 것이 무엇인지 정확하게 질문을 던질 수 있고, 그에 필요한 개념적 도구를 만들어가는 과정을 제시한다. 인간이 얼마나 깊이 생각할 수 있는지를 일상부터 우주 탐구까지 수학이 필요한 순간을 제시하고 우리가 수학을 이해할 이유를 말한다. 우리는 인문학의 문제라 여겼던 윤리적 판단이나 철학적 판단도 확률 데이터, 즉 수학적 개념 없이는 설명할 수 없다. "망가진 자동차에서 누구를 살릴 것인가?"는 현재 MIT에서 자율 주행 자동차에 들어갈 프로그램을 제작하기 위한 게임으로도 활용되고 있다. 현대 수학이 이룩한 주요한 발견과 증명은 우리로 하여금 기존의 세계관과 통념을 뛰어넘어 자연과 우주에 관해 불가능한 것을 상상하게 해준다.

### 김완 선생은 👓

꼭 수학이 아니더라도 문제를 사고하는 과정에서 조금이라도 어려움을 느끼거나 오답과 마주하면 사람들은 포기하고 싶어 한다. 하지만 수학의 역사는 이 지점에서 일어난다. 학급에서 대표자를 뽑을 때도 방법은 많지만 완벽한 방법은 없다. 수많은 사회 문화적 고려 사항과 현실적

딜레마에도 제한적인 조건에서 문제를 이해하고 적당한 틀에서 문제의 본질에 다가가듯 수학은 포기하지 않고 더 깊게 사고하게 만드는 힘이 있다. 더 이성적인 사고를 할 수 있게 수학은 돕는다. 우리를 둘러싼 세상이 수학적 사고로 달리 보이게 하는 경험을 할 수 있을 것이다. 수학이 필요한 시대를 살아가는 우리에게 지적 즐거움을 준다. 빅 데이터나 인공 지능 등이 일상이 된 첨단 정보 과학의 시대, 수많은 정보를 논리적으로 처리하고 문제를 해결하는 능력이 더욱 중요해지면서 수학적 사고는 개인이 지녀야 할 필수적인 능력으로 각광받고 있다.

## 30. 성적 없는 성적표

작가: 류태호 | 출판: 경희대출판문화원

### 줄거리

교육에 효율이 강조되면서 필기시험이 등장한다. 18세기 영국은 구술시험으로 학생을 선발하는 데 한계를 느꼈다. 교수 급여를 수강생 수에 비례해 제공하는 정책이 시행되면서 수강 인원을 늘리기 위해 평가 방식이 바뀐다. 이때 케임브리지 대학의 화학과 교수였던 윌리엄 패리시가 필기시험으로 등급을 매기는 방식인 양적 평가를 만든다. 이것이 오늘날의 A, B, C, D, F 학점제와 100점 만점제의 유래다. 근대 교육의 화두인 효율을 이 양적 평가 제도가 완벽하게 해결했다. 같은 해에 태어난 아이들을 같은 학년에 모아 같은 교육을 실시해 양질의 노동력을 효율적으로 공급했다. 객관식 시험도 효율성을 만족시켰다. 효율에 치중한 교육은 현재로 오면서 많은 문제점을 야기했다. 학점과 점수는 학생들의 다양한 재능을 묻어버렸다. 객관식 시험만으로 학생들의 학습 수준이나 역량을 정확히 평가할 수 없었다. 이 시험 제도는 교사는 일방적으로 가르치고 학생은 수동적으로 배우기만 하는 형식을 낳았다. 교육이 가르치고 배우는 것으로만 남게 된 것이다.

### 작가는

작가는 4차 산업혁명 시대 새로운 주역을 '역량 평가'로 선발하는 미국 제도에 대해 설명한다. 미국 100대 명문 사립고는 이 공교육 시스템이 가진 문제를 해결하기 위해 교육 개혁에 동참하고 있다. 역량 중심 성적표. 기존 성적표와 달리 과목명과 과목별 점수를 표기하지 않는다. 점수 대신 학생이 갖고 있는 역량의 수준을 알려준다. 평가 역량은 8가지다. 소개하면 분석적이고 창의적인 사고, 복합적 의사소통, 리더십과 팀워크, 디지털/양적 리터러시, 세계적 시각, 적응력/진취성/모험 정신, 진실성과 윤리적 의사 결정, 마음의 습관/사고방식 등이다. 역량 중심

성적표를 보면 8가지 역량 중 어떤 역량이 뛰어난지 한눈에 알 수 있다. 역량 중심 교육이 전제된 역량 중심 성적표가 지금까지 공교육 시스템을 해결할 수 있으려면 다양한 재능 발휘 기회가 주어져야 한다. 집중적인 역량 강화 교육은 학생의 이해도에 따라 맞춤형 학습을 제공한다. 결과 위주에서 과정 위주의 평가로 전환하고, 학습 현황을 심도 있게 파악해 숙련도를 향상시킨다. 티칭(teaching)에서 코칭(coaching)으로 교사의 역할이 변하고 학생이 학습의 주체가 된다.

### 김완 선생은 👀

2020년 미국에서 부분적으로 역량 평가 성적표가 시행된다. 이 책은 최신 기술을 활용한 교육 플랫폼, 빅 데이터에 기반한 학습 분석 프로그램, 역량 관리를 위한 디지털 배지와 e-포트폴리오, 사회적 학습과 평생교육 등 역량 중심 교육의 실제 모습을 구체적으로 예시한다. 4차 산업혁명을 선도하는 미국에서 역량 중심 성적표 도입 등의 변화 움직임이 왜 일어나고 있는지 파악하고 우리 학생들에게 더 나은 미래를 선물할 수 있을 것이다. 교육이 효율을 벗고 미래를 대비하는 아이들의 희망이 되어야 한다.

## 31. 군주론

작가: 니콜로 마키아벨리 | 출판: 미르북컴퍼니

### 줄거리 📖

이탈리아의 외교관이었고 정치 철학자인 마키아벨리가 16세기에 저술했다. 정치학 저술로서 관념적 이상보다 실질적인 진리를 이끄는 것의 중요성에 대해 기술했다. 이탈리아 통일과 인민 삶의 개선 목적과 새로운 국가의 성립이라는 세부적 사실과 목적을 달성하기 위한 비도덕적 수단의 사용을 정당화시킬 수 있는 군주의 목적에 대한 내용이다. 당시 피렌체에 재집권한 메디치 가문에 헌정되었다. 마키아벨리의 실제 경험을 통한 군주의 본질과 위인들의 처신에 관해서 쓴 내용이다. 마키아벨리의 서술은 지도자들이 심각한 상황에서는 계획의 위험, 필요악과 무법성을 이용하여 새로운 국가, 심지어 종교를 세우는 것까지 기술하였다. 군주로서 명예와 권력을 행사하는 방법에 대한 저자의 견해로 근세 시대 내내 서양의 지도자들에게 영향을 끼쳤다.

### 작가는 💡

중세 유럽이 영국, 스페인, 프랑스 등은 강력하진 못해도 왕이 있었지만 이탈리아는 구심점이 없었다. 북부는 여러 도시가 할거하고, 남부는 나폴리 왕국의 지배하에 있었으며, 중부는 교황

청의 세력이 앞서는 가운데 피렌체, 시에나 등이 분립하는 상황이었다. 마키아벨리는 이런 시대에서 이탈리아의 통일에 평생을 걸었다. 마키아벨리는 약 14년 동안 피렌체의 고위 공직자로 활동하며 내무, 병무, 외교 등의 일을 맡았다. 스페인군이 피렌체를 점령했을 때 해임되었으며 메디치가를 노린 음모에 가담했다는 혐의로 투옥된다. 마키아벨리는 24시간 밧줄에 묶어 매다는 고문을 받았지만 혐의를 부인하고 석방된다. 찬란한 문화를 뽐내던 조국 피렌체가 짓밟히는 것을 보았고, 너무 오만해서 체사레 보르자는 몰락했고, 너무 성급해서 몰락한 율리우스 2세를 보며 아무리 불운이 겹쳐도 포기하지 않고 노력하는 사람은 결국 성공한다는 신념을 갖고 '필요할 때는 주저 없이 사악해져라'라는 글을 남겼다. 물론 이 메시지는 더 큰 도덕을 위해서는 세세한 부분에서 악덕을 행할 필요가 있다는 뜻이다. 하지만 그의 메시지는 로렌초 메디치가 읽지 않아 공직에 복귀하려던 뜻은 좌절되었다.

### 김완 선생은 👓

'목적을 위해 수단과 방법을 가리지 않는 비열함'을 뜻하는 '마키아벨리즘'을 낳았지만 18세기 무렵부터 새로운 평가가 나타난다. 악행도 서슴지 말라는 마키아벨리의 주장은 암담한 조국의 현실을 어떻게든 타개해 보려는 애국자의 고민으로 이해되기 시작한다. 정치를 도덕의 아래에 두었던 동서양 정치사상과는 다르게 도덕을 부정하진 않지만 도덕으로만 해결할 수 없는 부분에 대해서 《군주론》은 근대 정치사상의 주춧돌을 놓았다고 평가받는다. 사실 메디치가의 환심을 사기 위한 책이 아닌 《로마사 논고》가 그의 진정한 대표작이라는 주장도 나오고 있다.

## 32. 과학혁명의 구조

작가: 토머스 쿤 | 출판: 까치글방

### 줄거리 📖

일반적인 과학적 진보는 이미 수용된 사실과 이론의 '축적에 의한 발전'으로 인식된다. 토머스 쿤은 정상 과학에서의 진보에 대한 일반적인 인식에 도전한다. 정상 과학에서의 이러한 개념적인 연속성의 시기가 혁명적인 과학의 시기에 의해 방해되는 불연속적인 모델을 주장하였다. 혁명의 시기 동안에 발견된 '이상 현상'은 새로운 패러다임을 야기한다. 새로운 패러다임은 오래된 데이터에 대하여 새로운 질문을 던지며, 이전 패러다임의 '수수께끼 풀기'를 넘어, 게임의 새로운 연구의 방향을 지시하는 '지도'를 변경한다. 쿤은 우세한 혁명에 대한 핵심적 개념을 패러다임이라 불렀다. 가장 기본적인 논의를 제공하며 해답을 제시한다는 의미에서 공고화된 기존 과학을 정상 과학이라고 부른다. 정상 과학이 지배적인 시기에 새로운 발견이나 풀리지 않는 문제는 배척된다. 과학자들은 특정한 패러다임 안에서 활동함으로써 결과적으로 정상 과학이 정한 틀 내에서만 활동하게 된다. 그러나 정상 과학이 설명하지 못하는 문제는 계속해서 누적되고 정상 과학은 결국 위기를 맞게 된다. 패러다임의 변화는 이러한 위기를 해결할 수 없을 때 발생하게 된다.

### 작가는

지구가 우주의 중심이고 행성들이 그 주위에서 원운동을 한다고 설명하는 코페르니쿠스의 지구 중심설은 화성이나 목성, 토성이 진행 방향이 바뀌는 역행 현상을 설명할 수 없었다. 프롤레마이우스는 지구 중심설에 대원과 주전원을 도입하여 이러한 역행을 설명하였다. 코페르니쿠스는 고대 그리스 천문학자 아리스타르코스의 태양설을 접하고 그 단순함에 매료되었고, 갈릴레오 갈릴레이는 관성의 법칙을 끌어들여 코페르니쿠스를 지지한다. 코페르니쿠스는 행성 이외의 별들이 천구에 단단히 박혀 있다고 설명한다. 반면 프롤레마이오스 체계를 신봉했던 티코 브라헤, 그의 제자 요하네스 케플러는 코페르니쿠스 체계를 기반으로 자료를 재해석해 행성들의 운동이 타원임을 밝혀낸다. 1577년 핼리 혜성이 밤하늘을 가로지른 s 모습을 보게 된 이들은 천구에 붙박여 있다는 설명을 믿지 않게 되었다. 쿤은 코페르니쿠스 혁명을 패러다임 우선성의 사례로 언급한다. 정상 과학의 위기 상황에서 새로운 패러다임이 먼저 발생하고 이를 정교화하는 것은 추후에 뒤따른다고 설명한다.

### 김완 선생은

토마스 쿤은 《과학혁명의 구조》로 과학 철학과 과학사에도 도전하였고 비판과 맞서야 했다. 1965년 국제 과학 철학 학회는 런던의 베드포드 대학교에서 이 책에 대한 특별 심포지엄을 열어 쿤을 비판하였다. 파이어아벤트는 논문에서 쿤이 제시한 '정상 과학'이란 것이 마치 과학계에 조직범죄가 상존한다고 하는 것이라고 썼다. 변화를 받아들이는 것이 쉽지 않음을 엿볼 수 있다. 미국의 철학자 로버트 C. 살러먼은 쿤의 관점이 헤겔의 것과 유사한 면이 있다고 지적하였다. 헤겔주의에서는 테제와 안티 테제가 모순을 일으킬 때 변증법적 변화를 통해 보다 종합적인 테제가 출현한다고 보았다.

# 33. 엘 시스테마, 꿈을 연주하다

작가: 체피 보르사치니 | 출판: 푸른숲

## 줄거리

엘 시스테마는 '베네수엘라 국립 청년 및 유소년 오케스트라 시스템 육성 재단(FES-NOJIV)' 조직의 약칭이다. 이 전국적인 음악 교육 네트워크는 35년간 30만 명의 아이들에게 무료로 악기를 나눠주고 삶을 변화시켜 세상에서 가장 아름다운 혁명이라고 불린다. 이 엘시스테마의 창시자는 호세 안토니오 아우레브 박사다. 솔로보다는 오케스트라 연주를 중심으로 실시된 음악 교육은 거리를 떠돌던 아이들에게 소속감을 주고 질서, 책임과 의무, 배려 등의 가치를 익혀 건강한 사회 구성원으로 살아가는 바탕을 만들어 주었다. 가난과 폭력으로 대변되던 베네수엘라가 문화의 중심지가 된 것이다. 비결은 누구도 격려하려고 애쓸 필요가 없고, 비판이나 질시 대신 동기 부여를 하는 문화가 자리 잡았기 때문이다. 베네수엘라는 전국에 백 개 이상의 오케스트라가 있다. 다른 나라에서는 찾기 어렵다. 엘시스테마는 음악을 다루는 사람을 30만 명 이상으로 만들었고 음악의 수준도 높았다. 베네수엘라에서 음악은 비로소 미래를 선물한 모델이 되었다. 무엇보다 특별 프로그램을 통해 인지, 시청각, 학습에 장애가 있거나 신체장애, 자폐아 모두에게서 상당한 성과를 거두었다.

## 작가는

사회적 커뮤니케이션학과에서 문화 저널리즘을 공부한 체피 보르사치니는 문화 관련 기관에서 컨설턴트로 활동하고 있다. 엘 시스테마는 결국 음악으로 역경을 희망으로 바꿔 미래를 선물했다. 모든 이에게 가능성을 열어주었고, 세계를 움직였고, 마침내 모든 젊은이에게 더 인간답고 쾌적한 삶을 선사했다. 베네수엘라 청년들이 빈곤과 싸워야 하는 운명을 좌절하지 않고 음악으로 새로운 모델을 만들 수 있는 시스템을 만들었다. 또한 엘시스테마는 다양한 음악 영역에서 대체 불가능한 기량을 가진 연주자, 또는 지휘자를 배출했다. 일곱 살에 바이올린을 배우기 시작해 다양한 연주 활동을 하고 있는 구스타보 두다멜이 젊은 음악가로서 선두에 있다. 2017 빈 필하모닉 신년 음악회에서 최연소 지휘자로 선정된 건 수많은 엘시스테마 성공을 누구도 의심할 수 없는 결과다. 이제 엘시스테마 출신이 지휘자로서 마에스트로가 되는 여정만 남겨둔 셈이다.

이 책에서는 엘시스테마 활동을 통해 전 세계 오케스트라에서 활동하는 사람들의 인터뷰가 실려있다. 모두 최연소 아니면 최상급이라는 수식어가 잘 어울리는 인재들의 인터뷰다. 특히 대회 참가 전 마음가짐에 대한 내용은 결과와 상관없이 자신이 이 과정에서 어떤 내면의 성장이 있었는지에 대한 내용은 압권이다. 연주자의 기량은 물론이지만 훈련하고 단련하면 상상을 뛰어넘을 성장이 보장된 도전을 결과에 무관하게 받아들이는 점이 매우 인상적이다. 앞에 언급한 두다멜이 지휘하는 연주를 들으며 오직 그의 연주에만 집중하기 위해 눈을 감은 음악 전문가들이 또 다른 엘시스테마 출신 연주자들의 음악을 들으며 집중하기 위해 눈을 감을 것이다.

## 34. 팩트풀니스(FACTFULNESS)

작가: 한스 로슬링, 올라 로슬링, 안나 로슬링 뢴룬드 | 출판: 김영사

### 줄거리 🚩

이 책은 세계를 어떻게 이해해야 하는가에 대한 이야기다. 결론부터 말하자면 우리는 세계를 잘 모르고 있고 세상은 우리가 인식하고 있는 것보다 훨씬 괜찮다는 이야기다. 소득은 4단계로 나누고 기대 수명은 55세를 시작으로 각 5년씩 연장하며 7단계로 분류한 세계 건강 도표를 보면 이 책의 의미를 잘 알 수 있다. 2017년 14개국 1만 2,000명에게 세계에 관한 독자의 지식을 테스트해 정답을 맞춘 결과는 13문제 평균 10% 미만이었다. 기후 변화에 관한 문제는 약 86%가 정답을 맞혔다. 교육 수준이 높고 세계의 지도자 모임으로 알려진 다보스 세계 경제 포럼 참석자들을 대상으로 설문 조사한 결과도 일반인들보다 가난에 대해서만 61%가 정답을 맞힌 것을 제외하고는 비슷한 결과가 나왔다. 이 책은 극적인 본능과 과도하게 극적인 세계관으로 인해 이러한 문제가 발생한다는 결론에 도달한다. 따라서 사실에 근거한 세계관을 가르치기 위해 과도하게 극적인 이야기를 구별하고, 극적인 본능을 억제하는 생각 도구를 제시한다. 서로 겹치는 분산을 무시한 평균은 존재하지 않는 간극을 만들고 이런 데이터는 오해를 불러온다. 정확한 정보를 알고 있으면서도 어처구니없는 오답을 말하는 이유다.

### 작가는 💡

사실에 근거한 세계관을 목표로 갭마인더재단을 세웠다. 팩트풀니스는 '사실 충실성'이란 의미다. 이 책에서 처음 소개하는 말이며 팩트(사실)에 근거해 세계를 바라보고 이해하는 태도와 관점을 뜻한다. 개발 도상 세계, 즉 개발 도상국이라 분류한 것을 낡은 용어라며 노골적으로 문

446

제를 제기했다. 한스 로슬링은 세계은행에서 점차 사용하지 않겠다는 발표를 들었지만 유엔의 많은 부서에서는 공통된 정의도 없는 '개발 도상국'이라는 용어를 '통계의 편의성' 때문에 사용한다. 무려 144개국을 개발 도상국으로 분류한다. 여기에 매우 건강하고 부유한 카타르와 싱가포르가 포함된다. 사실 충실성을 작가가 강조하는 이유를 잘 나타내고 있다. 오늘날 세계 인구는 약 70억이다. 거주 분포를 보면 아시아가 약 40억, 아프리카 10억, 아메리카 10억, 유럽 10억이다. 이 분포가 2100년이 되면 아시아는 10억, 아프리카는 30억이 늘 것으로 예상된다. 세계 인구의 80%가 아프리카와 아시아에 살게 된다. 세계 시장의 무게 중심이 아시아와 아프리카로 옮겨질 것이다.

### 김완 선생은 👓

이 책의 부록과 참고 자료에서 중요한 정보를 접할 수 있다. 상당히 많은 데이터를 찾아볼 수 있는 사이트와 단어의 엄격한 의미가 어떻게 정의되어 있는지 등의 정보를 알 수 있다. 이 부분을 읽다 보면 한스 로슬링이 독자들에게 왜 사실에 근거한 세계관을 강조하고 있는지 깨닫게 된다. 세계는 변한다. 우리의 사고가 어느 시점에 학습한 것으로만 판단한다면 많은 정보를 소비할 수밖에 없는 환경에서 엉뚱한 판단을 하게 될 것이다. 최근 학교 폭력이 줄어든다는 기사를 보았다. 교육 현장과 상당한 온도 차가 있어 찾아보니 근본적으로 학생 수가 줄어든 것이 원인이었다. 다시 한 번 사실에 근거한 세계관을 강조한 한스 로슬링을 생각해 본다.

## 35. 넛지(Nudge)

작가: 리처드 탈러(세일러), 캐스 선스타인 | 출판: 리더스북

### 줄거리 📖

타인의 선택을 유도하는 부드러운 개입을 뜻하는 넛지가 인간의 다양한 선택에 미치는 영향과 선택의 효율성에 관해 이야기한다. 의사 결정의 다양성을 인정하면 인간을 움직이게 하는 방법이 달라져야 한다. 이전과 다른 인간에 대한 이해가 필요하다. 선택 설계와 전통적인 설계 사이에 유사점을 토대로 겉으로는 사소한 작은 요소가 사람들에게 끼치는 영향을 극대화하는 방향에 대한 이야기다. 이성적으로 이해할 수 없는 사회 현상들, 예를 들면 편승 효과, 파시즘 발생, 존스타운의 집단 자살 등이 선택 설계에 의한 사회적 넛지의 결과임을 알 수 있다. 이 책은 '자유주의적' 개입주의가 주제다. 우리 인생에서 가장 중요한 결정들 가운데 일부는 연습할 기회도 없이 찾아온다. 대학 졸업 후 수많은 선택의 기준이 되는 대학도 대부분 오직 한 번만 선택한

다. 결혼도 유사하다. 자동차도 여러 번 사지 않는다. 직업도 많이 다르지 않다. 중요한 선택은 연습할 수 있는 기회가 극도로 제한적이다. 돌이킬 수 없는 실수를 저지르게 된다. 반면 식료품은 여러 번의 시행착오를 겪은 덕분에 능숙하게 통제할 수 있다. 중요한 선택에서 자신을 효율적으로 통제할 수 있는 선택과 결정의 비밀을 풀어 놓았다.

### 작가는

리처드 탈러는 행동 경제학자이다. 강요가 아닌 넛지를 활용한 방법론을 여러 상품에 활용했다. 캐스 선스타인은 넛지가 활용될 수 있는 의미 있는 실험을 했다. 지정하지 않으면 자동으로 선택되는 옵션들이 많다. 특히 휴대폰, 보험, 무수한 거래 약관에는 디폴트 옵션이 있다. 인간의 현상 유지 편향은 비경제적 활동의 주체가 된다. 자명종을 끄고 일어나지 못하는 행동을 개선하기 위해 주인이 일어날 때까지 계속 신호음을 울리며 숨어버리는 넛지 등은 다른 많은 상품 등에도 응용되었다. 작가는 충분히 학습할 기회가 주어지지 않은 선택에 대해서도 넛지의 중요성을 이야기한다. 결혼, 대입, 주택 구입, 증권 투자 등 일생을 통해 가장 영향력이 크지만 대다수가 한두 번 정도만 선택한다. 실수할 확률이 높다. 경제학자나 국가, 기업의 긍정적이고 효율적인 넛지의 설계는 참으로 중요하다.

### 김완 선생은

주유구 뚜껑은 적절하게 설계된 경우는 자동차 몸체에 붙어 있어 잃어버릴 염려가 없다. 현금 인출기에서 카드를 꺼내지 않으면 현금을 찾을 수 없는 넛지도 있다. 최근 보이스 피싱 피해자가 늘고 있어 계좌 이체한 후 30분이 지나야 인출기에서 찾을 수 있는 프로그램도 '기능 강제'를 이용해 긍정적 넛지로 활용한 예다. 사진을 찍을 때 '찰칵' 소리가 나는 것, 메일 첨삭을 한 경우 메일 첨부가 되지 않으면 메시지가 전달되지 않는 넛지, 마르면 흰 페인트지만 젖었을 때는 분홍색으로 보이는 천장 페인트도 많은 문제를 해결했다. 하지만 너무나 많은 경고도 부작용을 초래한다. 컴퓨터가 첨부 파일을 정말 열어보겠느냐고 끊임없이 물어오면 우리는 생각해 보지도 않고 경고를 무시하게 될 것이다. 모든 경고가 무시되면 위험에 빠진다.

## 36. 1984

작가: 조지 오웰(에릭 아서 블레어)  |  출판: 민음사

### 줄거리

이 책은 전체주의의 폐해와 공포를 그린 디스토피아 소설이다. 미국 트럼프 대통령이 당선되자 전 세계적으로 주목을 받은 책이다. 1984의 내용이 앞으로의 세상 가늠자가 될 것이라고 판단한 결과다. 이탈리아의 파시즘, 독일의 나치즘, 일본의 군국주의 등을 전체주의라는 용어로 이해할 수 있다. 즉 개인의 이익보다 집단의 이익을 강조하여 집권자의 정치권력이 국민의 정치 생활은 물론이고 그밖의 인간의 모든 면을 실질적으로 통제하는 상황이다. 심지어 인간의 기본 욕구도 정치 통제 기구인 당의 가공 인물 빅브라더와 사상 경찰, 텔레스크린, 헬리콥터 등을 내세워 전체주의 권력을 극대화한다. 심지어 무의식중의 표정이나 잠꼬대까지 통제한다. 또한 당원들의 사상을 통제하기 위해 과거에 대한 날조를 끊임없이 자행한다. 기존의 언어를 없애는 작업을 통해, 즉 자유나 평등이라는 단어를 없앰으로써 아예 생각을 차단하려고도 한다. 역설과 모순이 지배하는 비이성적 사회 구현을 통해 철저하게 모두를 모든 상황을 꿈속마저도 통제하려 한다. 1984는 전체주의라는 거대한 지배 시스템 안에 놓인 한 개인이 그 억압적인 정치 체제에 어떻게 저항하다가 어떻게 파멸해 가는가를 적나라하게 보여주는 소설이다.

### 작가는

이름에서 알 수 있듯이 조지 오웰은 필명이다. 그는 1903년 6월 25일 영국 식민지였던 인도의 벵골주 모티하리에서 인도 행정부 아편국 소속 공무원 집안에 태어난다. 영국 학교를 다니면서 부잣집 아이들의 멸시와 차별을 경험한다. 이튼을 졸업하고 버마 경찰 공무원이 된다. 이때 영국 제국주의가 저지르는 행위를 낱낱이 경험한다. 오웰이 사회 정의에 민감한 작가로서 진실을 증언하고 사실을 기록하는 계기가 된다. 스페인 내전을 취재하면서 공산주의와 파시즘이 닮은 점이 많고 결국 전체주의를 경계해야 하는 사실을 파악한다. 오웰은 이데올로기가 중요한 것이 아니라 정의와 인간으로서의 보편적 품위(common decency)를 지킬 수 있는 도덕적 힘을 중요하게 생각했다. 결국 오웰은 자유와 평등을 위한 깨어 있는 의식과 행동을 1984에서 끊임없이 말하고 있다.

### 김완 선생은

유사 이래 힘을 가진 국가는 그 힘을 유지하기 위해 약소국들에게 불공정한 조약을 서슴지 않

고 제시한다. 핵을 선점해 버린 국가들이 다른 나라에서 핵을 갖지 못하게 하는 조약 등이 이에 해당한다. 미국의 달러 기축 통화도 다르지 않은 절대적인 권력이 되었다. 1984는 미국 대통령으로 트럼프가 당선되면서 더 많이 번역되고 팔렸다고 한다. 이 책에서 다루는 사회가 또다시 재현될 가능성을 자각한 결과라는 평이 많다. 언어는 의사소통이나 역사 기록 같은 본질적인 목적이 있다. 1984에서 언어를 오로지 정치적 목적을 달성하기 위한 수단으로 사용하기 위해 인간 평등과 정의를 나타내는 주요 개념들을 없애는 내용, 타인을 분노와 적개심, 증오의 대상으로 보게 하는 프로그램은 요즘 우리 주변에서 확대 재생산되고 있음을 알 수 있다.

## 37. 앞으로 100년

작가: 이언 골딘, 로버트 머가  |  출판: 동아시아

### 줄거리 📖

21세기 우리가 이해하고, 탐험하고, 생존해야 할 새로운 미지의 땅을 소개한 책이다. 코로나19 팬데믹이 보여준 세계의 가장 위급한 난제들과 해결책을 규명하고 시각화한 책이다. 앞으로 세상은 엄청나게 복잡하고 불확실할 것이다. 코로나19 대처에서 글로벌 리더십 부족과 국가 간 사회계약 균열이 드러났다. 다자주의도 깨지기 쉬운 상태임을 인식했고 유엔도 한계를 드러냈다. 이러한 불평등한 세상에서 지도를 활용해 더 협력하고 새로운 통찰과 세상의 변화를 새롭게 이해하는 계기가 되는 책이다. 극단적 불평등, 기후 위기, 인구, 세계화, 교육, 기술 등 각각의 위험이 상호 연결되어 있기에 어렵더라도 이 문제를 동시에 다루어 미래를 적확하게 대비해야 한다. 인류 역사를 되짚어 봐도 한세대의 결정이 이토록 결정적인 시대는 없었다. 더 포용적이고, 해안 도시들의 해수면 상승 위험을 줄이고, 온실가스 배출을 줄이고, 인간이 인공지능(AI)을 통제하고, 개별 극단주의자가 벌이는 핵 위협, 세균전, 파괴적인 포퓰리즘, 세계화의 장점만을 얻는 방법, 난민의 존엄과 권리를 보장하는 정책, 비거니즘이 지구를 구하는 방법 등을 100장의 주제별 지도를 통해 상호작용의 가능성을 제시한 책이다. 지도가 우리에게 정확히 무엇을 하라고 말해줄 수는 없을 것이다. 우리가 더 나은 결정을 할 수 있는 정보를 주고, 불확실한 시대의 필요한 관점을 제시한다.

### 작가는 💡

100장의 지도는 세 가지 주제를 전하고 있다. 첫째 사람, 제품, 아이디어의 이동이 가속화되는 세계화다. 둘째 억만장자 2,150명이 세계인구의 60퍼센트보다 더 많은 부를 소유하고, 고작

42명이 지구의 극빈층 37억 명 보다 더 많은 부를 소유하고 있다. 또한 수명, 식량 접근권과 범죄 노출 등의 불평등이다. 마지막으로 인류 모든 영역에 영향을 미치는 신기술의 빠른 변화 이 세 가지다. 작가는 우리가 이런 주제를 바탕으로 지도들을 통해 과거의 교훈을 깨닫고 더 나은 미래를 만들어갈 수 있는 내용으로 구성했다. 첫 주제는 세계화다. 세계화로 많은 인구가 빈곤에서 벗어났다. 하지만 기회와 위험도 확산된다. 대륙을 잇는 해저 통신 케이블을 보면 인구밀도가 높은 지역이 활발한 연결 상태를 보이는 것으로 나타났다. 이는 세계화가 정보의 쏠림현상을 보여주고 이는 빈부격차로 가속화됨을 예측할 수 있다. 다음 주제는 기후다. 북극, 남극, 히말라야는 빙하지역이다. 온실가스 중에서 질산염, 황산염, 탄소 입자를 함유한 온실가스가 빙하를 빠르게 녹이고 있다. 이산화탄소와 메탄 그리고 블랙카본은 기후변화의 주범이다. 이 물질들은 그을음을 만들어 태양에너지를 흡수하여 지구의 온도 상승을 유발한다. 강의 범람으로 강 유역에서 재배되는 식량에 의존하는 30억 인구의 삶도 위태로워진다. 온실가스 배출은 불타는 세계를 만들었다. 풀과 관목이 불타면서 광합성을 통해 대기 중의 탄소를 제거하기 힘들게 되고 대기 중의 습기가 줄어 산불은 더 멀리 더 빨리 번지게 된다. 중부 태평양의 서쪽 섬나라 키리바시는 기후변화로 인해 소멸할 수 있는 최초의 국가가 되었다.

### 김완 선생은 👓

항해 보조 장비들과 폭발적인 과학적 발견들 덕에 Terra Incognia(미지의 땅)에서 Terra Cognia(밝혀진 땅)에 도달했다. 우리는 지도를 통해 인류 실존을 위협하는 불확실성을 정확하게 인식하고 동시에 기회가 무한대인 시기를 이언 골딘과 로버트 머거가 제시한 다양한 주제를 통해 해결할 수 있는 힘을 갖게 될 것이다. 어쩌면 모든 문제는 교육을 통해 해결할 수 있을 것이다. 초등교육을 받지 않는 인구는 9퍼센트 정도로 낮아졌다. 이러한 결과로 초등교육의 경우 성평등 수준에 도달했고, 경제 성장을 견인하고 민주주의의 번영에도 일조했다. 교육은 더 높은 시민의식을 함양한다. 더 많은 사람을 정보와 기회에 연결하는 인터넷은 접속 인구가 50억에 이른다. 미래 경제에서 본격적으로 경쟁하기 위해서는 인문학과 사회과학의 소양을 갖추고 이 전문적 지식 바탕위에 창의력과 비판적 사고가 더해져야 한다. 이 책은 미래 교사의 중요한 지침서다.

## 38. 차이에 관한 생각

작가: 프란스 드 발 | 출판: 세종

### 줄거리 📖

진화적으로 인간과 가장 가까운 침팬지와 보노보를 인간의 행동과 비교한 책이다. 인간이 다양한 교육과 경험을 통해 습득한 여성성과 남성성에 관한 믿음들과 경쟁, 부모와 자식 사이의 유대, 성 행동에 관한 보편적인 가정들이 침팬지와 보노보 연구를 통해 다름을 인식하게 된다. 이 책은 성차가 유전법칙과 문화 이 둘 중 어느 것에 의해 결정되는지에 대한 질문에 극단적인 입장은 거의 확실하게 틀렸다고 밝힌다. 동물의 본성이 이기적이고 폭력적이며 동물은 협력보다는 생존경쟁을 우선시하는 존재일까에 대한 질문에도 인간이 새로운 통찰을 할 수 있는 연구 등을 보여준다. 이 밖에도 이 책은 우리에게 성차에 관한 것들에 대한 생물학적 해답을 제시한다.

### 작가는 💡

사람들은 젠더가 순전히 양육에 의해 결정된다고 믿었었다. 더 나아가 자신의 운명을 통제할 수 있다는 희망을 암시해 이 개념은 여성 운동에서는 지지도 받았다. 하지만 이 주장은 사고로 성기를 잃은 한 남자아이가 여성으로 양육하는 실험에 참여했으나 남성으로서 성정체성을 주장하며 자살하는 사건을 계기로 잘못된 주장임이 밝혀졌다. 이로써 어느 방향이든 극단적인 입장을 취하는 것이 거의 확실히 틀렸음을 확인했다. 우리의 행동이 생물학의 법칙에 전적으로 좌우되는 존재가 아니고, 우리의 행동이 완전히 사회적으로 구성된 것이 아님을 보여준다. 또한 각 성이 선천적 선호에는 분명한 차이가 있음을 선호하는 장난감 선택에서 잘 보여주고 있다. 이 책은 일부만 소개하지만 다음과 같은 질문에 대한 답을 제시하고 있다.

- 인간의 성차는 문화에서 기인하는 것일까? 본성에서 기인하는 것일까?
- 남녀 간의 성역할 선호 차이가 생물학적 기원과 동일한가?
- 잰더는 사라져야만 하는 나쁜 것일까?
- 성을 문화가 규정할까? 그래서 개인이 의지로 선택할 수 있는 문제일까?
- 여자아이를 남자처럼 키우면 남자가 될까?
- 생물학에서 트랜스젠더를 어떻게 바라볼까?
- 인간의 본성은 이기적이고, 인간은 협력보다 경쟁을 선호할까?
- 왜 한쪽 성에서만 양육을 담당할까? 수컷의 양육 잠재력은 없을까?

## 김완 선생은 👓

저자는 침팬지와 보노보 연구를 통해 인간에게 적용할 수 있는 근거를 제시한다. 동물이 문화라는 관성을 벗어난 인간 본능을 말해주는 단서가 된다는 것이다. 어떤 행동이 선천적이고 생물학의 법칙에 의해 결정되는지 판단하는 세 가지 방법이 있다. 첫 번째 다양한 인간 문화를 비교하여 행동의 보편성을 찾는 문화인류학, 두 번째 유아와 어린이의 행동을 아직 배양되지 않은 상태에서 연구하는 발달심리학, 세 번째 우리와 가장 진화적으로 가까운 침팬지와 보노보의 행동을 인간과 비교하는 것이다. 이 방식 중 하나를 통해 우리의 어떤 요소가 문화의 영향력에서 벗어나 있는지 파악한다. 젠더를 둘러싼 다양한 갈등과 논쟁은 분열로 이어지고 있다. 교실 현장에서도 프란스 드 발이 말하는 차이를 부정하는 것이 아니라, 차이를 포용하면서 남성과 여성의 역학관계에 대해 이해를 바탕으로 지도하는 좋은 지침서가 될 것이다.

## 39. 그리스사

작가: 맥세계사편찬위원회 | 출판: 느낌이 있는 책

## 줄거리 🚩

그리스사 내용은 역사에 대해 거시적 관점에서 지식을 얻고, 역사적 인물들이 겪었던 경험에 공감하는 미시적 관점을 통해 인문학 전반에 관하여 보다 전문적인 지식 탐구로 이어지는 입문서다. 그리스 문명은 세계문명의 시작이다. 서양 세계에 미친 영향은 영국의 낭만파 시인 퍼시 셸리(Percy Bysshe Shelley)는 자신의 시 헬라스(Hellas)에서 '우리는 모두 그리스 인이다'라고 노래한 것에서 잘 알 수 있다. 오늘날의 서양 문명은 모두 에게 해(Aegean Sea) 속에서 탄생하고 발전했다. 더 나아가 세계사는 아테네의 각주 임을 우리 생활 전반에서 경험하고 있다. 맹인 음유 시인 호메로스의 서사시《오디시이아》는 우리 문화 속에 스며있다. 우리는 트로이 목마를 모르며 살 수 없는 세상에서도 확인할 수 있다. 페르시아 전쟁에서 승리한 그리스 내부에서는 경제적인 부와 막강한 해군을 가진 아테네와 강한 육군을 보유한 스파르타의 펠로폰네소스 전쟁이 시작되었다. 27년 동안 지속된 전쟁에서 스파르타가 승리했지만 찬란했던 아테네는 쇠락했고 엄밀히 승자가 없는 전쟁에서 스파르타도 쇠락의 길을 걷게 된다. 알렉산드로스 동방원정으로 그리스 문명은 아시아까지 퍼지게 되었지만 어느 전쟁도 영원한 승리를 쟁취하지 못한 점에서 지금의 현실에 반영할 수 있는 지혜를 얻을 수 있다.

고대 그리스인들의 모든 역사는 지금 이 시대에 어떤 형식으로든 기억되고 있다. 그 중 그리스 최고의 지식인이자 철학자는 소크라테스다. 그는 끊임없이 선(善)을 탐구한 학자다. 기원전 399년 그는 신을 모독하고 청년들을 나쁜 사상으로 선동했다는 죄명으로 고발되었다. 그 당시 아버지의 재산으로 여겨지던 청년들에게 인생과 미래를 더 깊이 생각하도록 이끌었던 교육 방식을 오해한 것으로 보인다. 펠로폰네소스 전쟁에서 아테네를 배반한 알키비아데스와 30인 참주의 지도자였던 크리티아스가 소크라테스 제자였던 점도 고발 이유였다. 적극적으로 자신의 무죄를 주장하지 않았던 그는 독배를 마시고 세상을 떠났다. 자신의 죽음으로 아테네 인 들이 진리를 추구하는 계기가 되기를 원하며 여러 차례 안전한 탈옥의 기회가 있었음에도 그는 죽음을 선택했다. 지금 그가 감금되었던 감옥이 아직도 그 정신을 전해주고 있는 것 같다.

고대 그리스는 문학으로 연극으로 제품으로 미술관으로 스포츠 등으로 우리 일상 곳곳에 재연되어 있다. 현재 그리스는 200개가 넘는 섬으로 선박 강국이다. 그리스는 해상 무역국으로써 무역 대상국들의 문화 자연 지리 등의 철저한 연구를 통해 이룬 발전은 현재까지 강점으로 평가된다. 고대 그리스 도시국가들이 서로 전쟁하느라 바쁜 틈을 노려 로마인들은 군대를 이끌고 그리스로 왔다. 그리스 도시 국가들은 로마의 공격에 굴복했다. 로마는 그리스 전체를 정복했다. 하지만 로마 인들은 거꾸로 그리스의 문화에 정복당한다. 전쟁만이 시대정신인 세상에서 나름 지혜로웠던 로마인은 땅의 주인이 되었지만 문화의 주인은 그때나 지금이나 그리스다. 알렉산드로스 대왕의 동방 원정은 아시아의 문화까지 그리스에게 접목되는 계기가 되었다. 전쟁 중에도 알렉산드로스는 스승인 아리스토텔레스에게 그들 문화와 다른 중요한 자료를 제공했다. 그런 다각적인 노력은 문화 강국으로 현재 국민의 삶에도 중요한 역할을 하고 있다. 우리나라의 문화콘텐츠도 이제 전 세계인이 누리고 있다. 우리가 영어를 일상어와 함께 사용하듯 외국인들이 우리말을 일상 언어로 사용하고 있다. 외국 어린이들도 한국어를 사용하며 친근감을 표현하는 것도 이제 그리 낯설지 않은 광경이다. 문화 강국이 미래 자산의 핵심임을 이 책에서 알려주고 있다. 문화자산이 세계화되는 현실에서 그리스가 그랬듯 우리나라가 행복한 문화강국의 지위가 영원하기를 바란다.

## 40. 물고기는 존재하지 않는다

작가: 룰루 밀러 | 출판: 곰

### 줄거리

모든 장에 독창적인 스크래치보드 기법으로 정교한 삽화를 넣어 구성했고, 1859년 다윈의 『종의 기원』이 발표된 후 우생학에 경도된 소위 과학자들의 시선에 우생학을 윤리적으로 공격하는 것이 아니라 과학적으로 공격한 책이다. 우생학은 아이러니하게도 다윈의 사촌인 프랜시스 골턴이 맨 처음 주장했다. 지금은 유사과학으로 규명된 우생학을 기초로 루이 아가시는 많은 여성들을 도덕적 타락자로 규정해 강제불임수술실로 보냈다. 그는 자연의 질서에 도덕적인 교훈이 내포된 것으로 믿어 인류에 도움이 된다는 지나친 신념을 행동으로 옮겼다. 작가 룰루 밀러는 데이비드 스타 조던 등 그 시대 과학자들의 우생학에 기초한 학문적 오류를 발견하면서 인간의 성찰에 관해 철학적으로 해설했다. 룰루 밀러는 스탠퍼드 대학 공동 설립자인 제인 스탠퍼드의 의문사의 배경에 데이비드 스타 조던이 관여했다는 증거로 그가 물고기를 수집하며 사용했던 독성이 매우강한 살충제 '스트리크닌'을 찾아냈다. 스탠포드대학의 상징이던 데이비드 스타 조던의 동상과 건물 이름은 이 책 출간과 함께 사라졌다.

### 작가는

"한 사람을 계속 나아가도록 몰아대는 건 뭘까?"라는 작가의 질문에 그의 친구 스탠지는 카프카의 말로 답한다. '파괴되지 않는 것'이라고. 모든 잉여를 제거한 후 파괴되지 않는 그것이 한 사람을 계속 나아가도록 몰아간다고 답한다. 룰루 밀러는 우생학에 비춘다면 인류를 위해 적어도 자녀를 가질 자격이 없다고 분류한 것 중 양성애자다. 젊은 시절 연인과 헤어지며 방황하던 중 조던이 1906년 단 47초 만에 자신의 업적인 에탄올에 담긴 물고기들이 형체 없는 미지의 세계로 간 샌프란시스코 대지진 속에서도 물고기들을 지켜낸 일에 감동한다. 하지만 조던은 우생학의 신념을 죽을 때 까지 버리지 못했고, 스탠퍼드 설립자인 제인 스탠퍼드 죽음에 가담한 증거가 밝혀졌고, 1913년 스탠퍼드에서 해고 된 뒤 이탈리아 알프스의 아오스타 마을에서 유전적 우위를 위해 열등한 유전자를 가진 인간들에게 불임수술을 실시한다. 조던의 시선에 의하면 흑인, 장애인, 병약한 사람, 심지어 강간을 당한 엄마를 둔 여자아이 등은 인류를 더 나은 단계로 가는 사다리에서 제거해야 한다는 신념을 강제 불임수술로 실행한다. 자기 손으로 혼돈을 통제하려던 실패담은 쿠바 허리케인을 방어하려던 피델 카스트로의 쿠바 방어벽 제안, 모스크바에 눈을 내리지 못하게 하려고 구름위에 시멘트 가루를 뿌리려던 유리 루시코프 전 시장 사례에서 볼 수 있다. 조던을 포함해 이런 위험한 사람들은 자신을 우월한 존재로 보는 사람들이라기보다 자신을 우월한 존재로 보고 싶다는 욕망이 강한 사람들이라고 한다. 더군다나 데이비드 스타 조던은 파리 한 마리를 잡는 데 대포알을 쓰는 것도 마다하지 않았다고 루서 스피어는 기억한다.

### 김완 선생은 👓

물고기는 존재하지 않는다. 이것을 받아들이는 것은 어렵다. 수많은 어류는 물속에 살고 비늘이 있다는 특징이 전부다. 물고기는 존재하지 않는다는 사실이 룰루 밀러의 삶과 무슨 연관이 있을까? 우리가 믿어 의심치 않았던 신념, 가설 등은 여러 검증 단계를 거치면서 이론이 된다. 반세기 동안 분류학자로 일해 온 스미스소니언 박물관 어류학자인 데이브 스미스는 '아마 존재하지 않을 겁니다.'라고 인정한다. 사람은 생후 4개월째에 이미 고양이와 개를 구분하기 시작한다고 한다. 자연계의 질서가 우리 내부에 장착되어 있을지 모른다는 사실을 캐럴 계숙 윤의 헤르페스바이러스 뇌염 환자 사례에서 알 수 있다. 그 환자는 범주 짓기를 담당하는 신경학적 구조가 손상되어 자연세계의 기본적인 범주를 구분하지 못했다. 그런데 이상하게도 무생물 세상의 범주는 멀쩡했다. 승용차와 버스 등은 아무 문제없이 이해했다. 이는 질서를 만들어 내는 메커니즘이 우리 내부에 존재할지 모를 체계를 가지고 태어난다는 것을 암시한다. 이 메커니즘은 인간이 인지적으로 생물보다 우월하다는 생각에 의문을 제기한다. 예를 들어 특정한 새 종들은 수천 개의 씨앗이 있는 정확한 위치를 기억할 수 있다. 이것을 지능이 아니라 본능으로 굳이 폄하한다. 영장류학자 프란스 드 발은 우리의 상상 속 사다리에서 정상 자리를 유지하기 위한 방법으로 우리와 다른 동물들 사이의 유사성을 실제보다 과소평가하는 일을 인간은 항상 한다고 말한다. 침팬지의 '키스'를 '입과 입 접촉'이라 부르고, 영장류의 '친구'를 '특히 좋아하는 제휴'라고 부르고, 도구를 다루는 영장류의 특징도 인간과 질적으로 다르다고 표현한다. 『물고기는 존재하지 않는다』를 읽은 후 확실성을 조심해야 한다는 가르침이 전달되길 기대해 본다.

## 🎓 예상문제가 실제 면접문제와 매우 유사했다

서울교육대학 합격생 이○혜

　김완컨설팅 선생님들과 교대 면접을 준비하며 좋았던 점은 크게 세 가지였습니다. 첫째로 실전같이 대비가 가능했다는 점입니다. 기출문제 뿐 아니라 예상문제를 토대로 끊임없이 피드백을 주셨는데, 덕분에 빠듯했던 기간 동안 누구보다 알차게 준비할 수 있었다고 생각합니다. 둘째로 예상문제가 실제 면접 현장에서 마주쳤던 문제와 매우 유사했다는 점입니다. 면접 당일 정말 많이 떨었음에도 불구하고 최초합격 할 수 있었던 이유는 예상문제를 통해 미리 대답을 연습할 수 있었기 때문이라고 생각합니다. 마지막으로, 교사로서 자부심을 가지고 학교생활을 해 나갈 수 있도록 따뜻한 조언을 아끼지 않고 해주셨다는 점입니다. 저는 개인적으로 이 점이 가장 좋았습니다. 덕분에 교사라는 직업을 조금 더 의미 있고 진지하게 바라볼 수 있게 되었고, 교대에 입학한다는 것 자체에 자부심을 가질 수 있게 되었습니다. 저의 첫 출발을 의미 있게 만들어주신 김완컨설팅 선생님들께 감사드립니다.

## 🎓 면접의 부담이 사라지는 수업

경인교육대학 합격생 박○영

　사실 저는 수능시험 보다 더 부담스럽게 느꼈던 것이 면접이었습니다. 평소 저의 머릿속에 있는 생각을 말로 표현하는 것을 어려워했고 말하는 것에 대한 자신감이 없었습니다. 그러나 선생님께서 알려주신 5단 구성과 더불어 스토리텔링을 접하면서 저는 논리적으로 이야기하는 방법을 배울 수 있었고 꾸준히 5단 구성을 이용하여 연습함으로써 생각을 정리하여 논리적으로 이야기할 수 있게 되었습니다. 특히 반드시 출제되는 5문제에 대해 끊임없이 생각해보고 면접 예상문제의 답안을 마련하며 저만의 생각을 확립할 수 있었습니다. 또한, 교육, 시사 이슈에 대한 인터넷 강의를 듣고 자료들을 반복하여 읽으며 면접 때 활용하고 싶은 것들을 노트에 정리한 것이 여러 이슈에 대해 생각을 정리하는 데 도움이 되었습니다. 마침내 면접의 부담이 사라졌습니다.

## ✍ 막막함이 자신감으로 변한 수업

경인교육대학 합격생 한○수

처음에는 교대 준비를 어떻게 해야 하는지 몰라서 막막했습니다. 김완 선생님께 컨설팅을 받고 방향성을 잡을 수 있었습니다. 교육대학을 지원한 후에 면접 준비 또한 어떻게 해야 할지 방향성을 모르고 막막했습니다. 면접의 기본인 논리적으로 말하기도 부족하고, 기본적인 시사이슈, 교육 이슈에 관해 아는 것도 별로 없었습니다. 그런데 김완 컨설팅에서 저의 부족한 말하는 방법과 지식을 잘 채워주었습니다. 김완 선생님과의 수업에서 논리적으로 말하는 방법으로 5단 구성으로 말하기, 자세로는 시선과 표정 등 여러 가지 부족한 것을 배울 수 있었습니다. 물론 올해의 시사 이슈와 교육이슈를 공부하고 모의면접 문제로 연습하면서 자신감을 얻을 수 있었습니다. 이렇게 얻은 자신감으로 실재면접 때 떨지 않고 잘 해낼 수 있었습니다.


## ✍ 논리적인 답변을 할 수 있게 되는 수업

공주교육대학 합격생 정○현

저는 내신 성적도 비교과도 좋지 않았기에 정말 교대 입시에 많은 걱정이 있었습니다. 하지만 면접으로 합격하자는 생각으로 열심히 연습해서 자신감을 얻었고, 실제 면접에서는 높은 점수를 받을 수 있게 되어 정말 행복했습니다. 수업에서 가장 도움이 된 것은 실제 면접처럼 시간을 재며 그 안에 다양한 주장과 근거를 끌어내는 연습을 지속적으로 할 수 있었고 답변을 할 때마다 김완 선생님께서 해주시는 피드백을 통해 바로바로 답변을 보완할 수 있었습니다. 이러한 연습을 꾸준히 하다 보니 머릿속에서 주장과 근거가 세세하게 바로 구상이 되었고 교육대학교에서 중요하게 생각하는 너무 늘어지지 않고 핵심을 논리적으로 답변할 수 있는 힘을 기를 수 있었습니다. 그리고 집에서 가까워 가장 가고 싶었던 공주교육대학에 합격했습니다.

## 🎓 한순간의 시간도 헛되지 않은 수업

한국교원대학 합격생 김○현

빨간색의 교대면접 책을 발견한 것이 제 인생의 신의 한수라고 생각합니다. 그렇게 김완선생님을 알게 되었고 함께 공부하였습니다. 학원을 다니기 전까지는 면접10분을 어떻게 말로 채울 수 있을까 라는 의구심이 있었습니다. 하지만 제 의견을 두괄식으로 말하고 논리적으로 반박하는 법을 배우며 나도 할 수 있겠다는 확신이 생겼습니다. 학원까지 이동하는 5시간이 아깝지 않을 정도로 효율적이었으며 하루 공부를 하고 오면 제 스스로 발전하는 것을 느낄 수 있었습니다. 발표 내용 뿐 아니라 태도와 자세를 보기 위해 카메라로 찍어 스스로 피드백 하는 시간도 있었고 이는 저 스스로를 객관적으로 판단하고 고칠 수 있게 해 주었습니다. 물론 이만큼 먼 거리로 학원을 다녀본 적이 없기에 걱정이 되었지만 그만큼 간절했습니다. 오랜 기간 수업을 하며 한순간도 시간이 헛되게 간다는 생각이 안들만큼 모두가 열정이 넘쳤습니다. 저 혼자였다면 많은 어려움이 있었을 것입니다. 하지만 선생님과 함께 공부하면서 합격을 이루었습니다.

## 🎓 자신감 있는 도전으로 합격한 수업

부산교육대학 합격생 서○현

저는 교육대학교 진학에 있어서 김완 선생님께서 포기하지 말라는 말씀을 깊이 새겨 간직하고 있었습니다. '포기하지 말고 끝까지 도전해보자'라는 말을 상기하면서 면접을 준비했습니다. 낮은 고등학교 내신이 나왔을 때는 교육대학교에 진학할 수 있을지에 대한 의문과 좌절 속에서 초등교사라는 꿈을 포기하려는 생각도 하였지만 포기하지 않고 끝까지 노력하여 결과를 이뤄낼 수 있었습니다. 면접수업에서 바른 자세, 정선된 언어, 질문에 적합한 답변, 논리적인 대화 등 체계적 수업 과정을 최선을 다해 공부했습니다. 자신의 목표에 향하는 것을 두려워하기보다 자신감을 가지고 노력하면 그 목표에 한걸음 가까워질 수 있을 것입니다. 제 경험에 의한 확신입니다. 지난 결과에 멈추지 않고 새로이 극복할 방법을 찾아 최선을 다한 것이 합격으로 이어졌습니다.

## 🎓 많은 친구들과 동반성장하는 곳

✏️ **서울교육대학 합격생** 이○주

아무래도 교직이 진로이다 보니, 고등학교 내내 교육이슈 및 교직에 대해 많은 공부를 하였습니다. 그럼에도 불구하고 김완컨설팅 수업에서 제가 모르고 있었던 교육 이슈와 교직관련 지식들이 많이 있었습니다. 김완선생님과 함께한 최근 교육 이슈와 교육학 공부를 통해서 제 생각을 논리적으로 말할 수 있게 되었습니다. 또한 충분한 연습으로 완전히 제 것으로 만들어지면서 말하기에 자신감이 생겼습니다. 어떻게 말을 하면 간결하고 내용 전달이 잘 되는지도 알려주셔서 긴장하면 두서없이 말하던 것을 고칠 수 있었습니다. 실제 서울교대 면접에 자신 있게 말할 수 있었습니다. 또 교직 적성이나 교양 문제를 많이 뽑아주시고 파이널 면접 연습 때에는 기출문제 분석과 수차례의 모의면접을 봐주셔서 면접 준비를 더 알차게 할 수 있었습니다. 그리고 무엇보다 같이 준비하는 친구들과 대화하며 피드백을 받으니까 의견 공유가 되어서 많은 친구들과 함께 동반성장 할 수 있었습니다. 결국 김완 컨설팅에서 배운 대로 연습하고, 답변한 것이 합격의 결과를 만들었다고 생각합니다.

## 🎓 면접능력을 최상으로 끌어주는 수업

✏️ **경인교육대학 합격생** 강○혜

김완 선생님 수업에서 강조한 내용들을 연습한대로 말하기 위해 노력했습니다. 사실 면접장에 들어가면 굉장히 떨리는데 수도 없이 연습을 했기 때문에 그 상황에서 논리적으로 근거들을 제시하며 틀에 맞추어 말할 수 있었습니다. 특히 스토리텔링 연습을 했던 것이 많은 도움이 되었습니다. 선생님께서 면접장에서 말을 하지 않는 것이 가장 나쁜 면접이라고 하셨는데, 스토리텔링 연습을 통해서 일단 말이 끊어지지 않을 수 있었습니다. 또한 선생님과 동영상 촬영 및 분석 연습을 한 덕분에 웃는 표정으로 처음부터 끝까지 면접에 임할 수 있었습니다. 교수님들께서 표정이 참 좋다고까지 말씀하셨어요! 그리고 모의면접에서 강도 높은 연습을 한 것이 도움이 많이 되었습니다. 교수님들께서 어려운 꼬리 질문을 하셔도 김완선생님과의 모의면접 경험으로 그렇게 당황스럽게 느껴지지 않았습니다. 선생님께 감사드립니다.

## 🎓 '나도 할 수 있구나!' 하는 자신감이 생기는 수업

✏️ **청주교육대학 합격생** 강○주

어릴 적부터, 교사를 꿈꾸면서 고등학교에 들어와 미리미리 교대입시를 준비해야 한다는 말을 끊임없이 들었습니다. 하지만 여느 학생들이 그렇듯 저 역시 조금씩 미루면서 언제 해야 할까 하는 고민만 했습니다. 그러던 중 부모님의 권유로 김완 선생님을 처음 알게 되었습니다. 저는 비교과가 타 학생들에 비해 부족했기 때문에, 부족함을 면접으로 채워야 했습니다. 하지만 인터넷에 나오는 합격수기를 볼 때마다 자신감만 떨어질 뿐, 전혀 도움이 되지 않았습니다. 하지만 김완선생님의 수업을 통해 '나도 할 수 있구나!' 하는 자신감이 점점 차올랐습니다. 즉각적으로 피드백받으면서 남의 생각이 아니라 내가 직접 성장하고 있다는 느낌을 받았습니다. 이론부터 방법까지 차근차근 배우면서 체계적으로 면접 준비를 할 수 있었습니다. 질문에 생각나는 대로 아무 말이나 하는 것과 머릿속에 이미 체계가 들어 있는 상황에서 하는 답변은 당연히 다를 수밖에 없습니다. 꾸준히 반복적인 연습과 개인별로 받는 피드백을 통해 나만의 답변을 만들어 갈 수 있었습니다. 다른 친구들과 함께 면접연습을 하면서 배울 점을 찾고, 스스로 면접관이 되어 피드백도 해보면서 후회 없는 시간이 되었고, 합격할 수 있었습니다.

## 🎓 5단 구성을 통한 논리적 답변능력이 생기는 수업

✏️ **공주교육대학 합격생** 이○연

김완컨설팅에 처음 등록할 때만 해도 면접에 대해서 깊이 있게 알지 못했고, 조금만 연습하면 면접장에 가서도 쉽게 답변을 할 수 있을 것이라고 생각했습니다. 하지만 면접 수업에 참여하면서 제가 말하는 내용을 선생님께 피드백 받고 얼마나 부족한지 실감할 수 있었습니다. 우선 시사와 교육과 관련된 지식이 많이 부족했기 때문에 질문에 대해서 깊이 있는 답변을 하지 못했을 뿐더러 나의 생각과 주관이 들어간 답변보다는 그저 주어진 시간을 의미 없는 말들로 채우곤 했습니다. 선생님께서는 항상 면접에서 중요한 4가지를 강조하셨는데 나는 그 중에서도 내가 가장 부족하다고 생각하는 논리적으로 말하기 연습을 많이 했습니다. 5단 구성을 사용하여 주장과 이유를 말했고, '물론'까지 사용하여 예상되는 반론에 대한 답을 하는 연습을 했습니다. 또 다른 학생들과 서로 좋은 의견을 나누면서 나의 단점을 고치고 장점을 극대화할 수 있었습니다. 선생님께서 제가 말했던 내용에서 조금 더 보태어 배경지식까지 말씀해주시거나 어떻게 답변해야할지 모르는 문제에 대해서는 방향을 제시해주셨습니다. 그렇게 꾸준히 연습하다보니 어느덧 면접에 조금씩 자신감이 붙었습니다. 무엇보다 수업시간에 배웠던 내용을 내가 5단 구성에 따라 자유롭게 활용해서 이야기할 수 있는 능력이 생긴 것 이 너무 행복합니다.

## 🎓 노력만 하면 합격하는 수업

경인교육대학 합격생 장○재

안녕하세요. 이번 경인교육대학교에 합격한 장○재입니다. 김완선생님과 공부하면서 가장 중요했던 것은 저만의 교사상을 세우는 것과 교직에 대한 진심을 가지는 것이었습니다. 또 면접공부를 하며 가장 크게 느낀 점이 내가 어떤 교사가 되고 싶고, 이것을 어떻게 실현할 것인지에 대한 확고한 생각만 있으면 어떤 질문에도 침착하게 답변할 수 있다는 것입니다. 내 것으로 만들기 위해 '나만의 교사상'을 세우고 여름 방학 동안 생활기록부 기반 질문지를 스스로 500여개 이상 만들며 몰입했습니다. 현대 교육에서는 어떤 것을 추구하고, 중요한지 알아보며 스스로 공부하는 시간을 가졌습니다. 이렇게 저 나름대로 수업시간에 받은 자료를 공부하다 보니 교직에 대한 간절함이 생겼고, 꼭 내가 생각하는 교사가 되어야겠다는 생각을 확고하게 가지게 되었습니다. 스스로 이론적인 준비는 하고 있었으나 면접 실전에 대한 막연한 불안감과 내가 잘 준비하고 있는지 확인하고 싶어지는 시간이 생겼습니다. 이러한 생각은 김완선생님과의 모의면접에서 확인할 수 있었습니다. 저는 4교대 중 3교대 합격을 하고 경인교대를 선택했습니다.

## 짧은 시간에 면접 준비가 가능한 인터넷 강의

청주교육대학 합격생 김○경

김완선생님의 인터넷강의를 듣기 전에는 면접에 대해서 걱정을 많이 했고, 제가 교육 관련 이슈에 대해서 많이 알고 있지 않아서 그 부분이 많이 부담되었습니다. 선생님의 강의를 듣고, 저는 저의 생각을 정리하고 교육관을 정립하는 시간을 가질 수 있었습니다. 혼자 공부했다면 오랜 시간이 걸렸을 여러 교육이슈와 사회이슈를 강의와 책을 통해 한눈에 공부하며, 높은 시간적 효율을 낼 수 있었습니다. 따라서 자료 조사에 많은 시간을 할애하지 않아도 되었고, 그 시간에 각 이슈에 대해 깊이 고민하고 저만의 의견과 생각을 키워나갈 수 있었습니다. 면접을 준비하면서 저의 교육관이나 교직 관련 문제에 대한 생각을 정립할 수 있었고, 생각을 논리적이고 설득력 있게 제시할 수 있게 되었습니다. 짧은 시간동안 볼 수 있는 강의로 부담이 없었고, 핵심 내용만 접할 수 있어서 좋았습니다. 학창시절 내내 바라온 초등학교 선생님이라는 꿈에 한 발짝 더 다가갈 수 있어서 행복합니다. 아낌없는 정보와 강의를 펼쳐주신 김완 선생님께 정말 감사드립니다!

## 실제 면접보다 더 긴장되는 모의면접

경인교육대학 합격생 송○은

저는 평소에도 면접은 자신 있던 편이고, 이미 대학을 다니면서 경험한 것으로 충분하다고 생각했습니다. 하지만 수업을 들으며 교대면접에서 추구하는 방향성과 일치하지 않는 자신감은 오히려 독이 된다는 것을 알았습니다. 김완선생님께서 일대일로 면접 질문을 해주시는데 그게 아주 긴장도 되고 실제 면접 예행연습에도 도움이 되었습니다. 실제 면접에서 경험할 수 있는 모든 긴장감을 느낄 수 있었습니다. 지금 생각해 보니 실제 면접보다 김완선생님과의 모의면접이 더 긴장되었습니다. 학원에 온 다른 면접 준비생들과 랜덤으로 조를 이뤄서 실제면접처럼 수십 번 연습을 하며 대비했습니다. 인터넷 상에는 면접 절차라든지 주의점이라든지 그런 상세한 정보가 없어서 너무 막막했는데 이렇게 학원에서 1부터 10까지 다 짚어주셔서 실제면접을 할 땐 진행절차에 당황하지 않고 순조롭게 진행할 수 있었습니다. 특히 선생님의 진행되는 피드백은 부족한 점을 이해하고 보완하며 참고할 수 있어 좋았습니다.

## ✿ 폭 넓은 사고를 하게하는 인상 깊은 수업

✎ **서울교육대학 합격생** 황○미

김완선생님과 공부하면서 반드시 출제되는 문제 나만의 교사상, 창의적 교육방법, 다문화 학생의 교육, 학교폭력 등을 준비하면서 막연히 생각했던 추상적 교육관을 초등교사로서 갖추고 학생들에게 도움이 되는 구체적인 교사상을 구상할 수 있었습니다. 또한 학교폭력, 왕따, 다문화 문제에 대한 답변을 미리 준비하면서 예상치 못한 질문에도 유동적으로 활용할 수 있어 당황하지 않고 답변할 수 있었습니다. 제가 서울교대면접에 합격하는데 큰 도움이 된 또 하나는 창의적 수업입니다. 이 수업을 통해 평소 교과과목 중심 학습으로 굳어진 뇌를 좀 더 유연하게 사용해 창의적인 사고로 답변할 수 있게 되어 실제 면접에서 큰 도움이 되었습니다. 김완 선생님의 교육학 등 이론교육을 통한 확장수업에서 인공지능이 더 발달할 사회에 있어서 인간의 창의력과 통찰력이 중요하고 수학이 그 창의력을 기르는데 도움이 된다는 사실이 등의 교육은 폭넓은 생각을 하게 하였고, 상당히 인상 깊었습니다.

## ✿ 말하는 시간 조절 능력을 키워주는 수업

✎ **경인교육대학 합격생** 김○경

저는 면접에 대한 걱정이 많았던 학생이었습니다. 면접을 한 번도 경험해보지 않아 논리적으로 말하는 방법에 대해 몰랐고, 교육 관련 지식도 부족했기 때문입니다. 하지만 김완 컨설팅에서 선생님들과 면접 연습을 하며 많이 발전할 수 있었습니다. 일례로 면접 연습 초반에는 자유 발언 2분을 채우지 못할 정도로 말하는 능력이 부족했습니다. 하지만 꾸준한 스토리텔링 연습과 선생님들께서 알려주신 교육 관련 내용을 바탕으로 이야기를 채워 나가다 보니 어느새 3~4분을 기본으로 이야기할 수 있을 정도가 되었습니다. 말하는 능력과 더불어 교사라는 직업에 대한 생각 역시 다시 한 번 해볼 수 있었습니다. 막연히 '초등교사가 되고 싶다'가 아닌, '어떠한 초등교사가 되어 아이들을 위해 어떠한 교육을 해보고 싶다' 등에 대해 오래 생각해보며 나만의 교사상을 정립할 수 있었습니다. 이러한 연습들은 시간조절하며 논리적이고 이야기하는 능력이 키워졌고, 합격할 수 있게 된 것 같습니다. 끝으로 같은 내용을 여러 번 여쭈어보아도 늘 친절하게 대답해주시는 선생님들께 죄송하고 감사하다는 말씀 꼭 드리고 싶습니다. 정말 감사합니다.

## 높은 수준의 교양을 쌓는 수업

**서울교육대학 합격생 이○르**

　제가 김완컨설팅을 다니게 된 이유는 교육대학교 특성상 한 고등학교에서 다양한 친구들이 같이 준비하기 어려운 환경이 조성되어 있지만, 김완컨설팅은 초등교사의 꿈을 가진 다양한 친구들과 서로 이야기하고 교육이슈에 대해 준비할 수 있는 환경이라고 생각했기 때문입니다. 이러한 결심으로 학원을 다니면서 가장 좋았던 부분은 최근 다양한 시사, 교육 이슈들에 대해 다양한 친구들과 서로의 생각을 나눌 수 있다는 점이었습니다. 아무래도 혼자 준비하다보면 놓치는 부분들과 잘못된 생각을 가질 수 있는데, 김완산생님과 함께 준비하면서 제가 생각하는 사고의 폭을 넓힐 수 있었고, 제 생각을 다른 친구들의 관점에서 새로운 방향의 다양한 생각들을 듣고 다시 한 번 생각하는 기회가 되었습니다. 두 번째 좋았던 부분은 교육을 받다보면 '왜 이렇게 까지 어려운 주제 까지 연습을 해야 하는지?' 또는 '이러한 것들 까지 알아야하나?'라는 생각이 들었지만 이러한 것들을 미리 배우고 알아가면서 폭넓은 교양을 넓힐 수 있었습니다. 또한 모의면접을 하면서 긴장했던 분위기가 실제면접 현장에서 어려운문제가 출제되더라도 오히려 떨지 않고 쉽고 편하게 면접을 진행하게 되었습니다.

## 🎓 예비교사의 다양한 것들을 배울 수 있는 수업

한국교원대 초등교육과 합격생 박○민

제가 김완원장님의 면접수업 중에서 좋았던 점을 2가지로 말씀드리겠습니다. 첫 번째는 원장님의 기출문제와 교육이슈 연습문제입니다. 최근 기출문제와 교육이슈들의 여러 문제들을 연습할 수 있었습니다. 이러한 것들을 공부하면서 교육의 전반적인 것들을 알 수 있었고, 사회에 관한 견문을 넓힐 수 있었습니다. 두 번째로는 5단 구성 스토리텔링 연습입니다. 면접을 잘하기 위해서는 논리적으로 조리 있게 말하는 것이 중요하다고 생각하는데, 주장과 근거, 사례를 제시하고 반론을 차단하는 이런 말하기 방법을 통해 자신의 생각을 막힘없이 말할 수 있는 연습을 했습니다. 이러한 연습방법으로 실제면접에서 교수님들에게 더욱 좋은 인상을 줄 수 있었던 것 같습니다. 원장선생님의 수업을 들으면서 예비교사로서 준비해야할 다양한 것들을 배울 수 있어서 좋았습니다.

## 🎓 스스로 넓은 생각을 할 수 있게 해주는 수업

전주교육대학 합격생 김○현

저는 생각을 말로 표현하는 것에 대한 자신감이 없고 두려움이 있었습니다. 김완컨설팅에서 5단구성과 스토리텔링을 연습하면서 저의 생각을 논리적으로 표현하게 되었습니다. 특히 학원에서 배웠던 것들을 저만의 노트로 정리하고 한 번 더 복습하면서 스토리텔링을 훨씬 더 연습할 수 있었고, 면접장에서 대기할 때에도 노트를 보면서 복습하고 다시 한 번 생각을 정리하여 큰 도움이 되었습니다. 두 번째로는 초등교사의 꿈을 오랜 시간동안 가졌음에도 불구하고 교육이나 교사에 대한 다양한 생각을 해보지 못했습니다. 김완컨설팅에서 다양한 교육이슈와 교육에 대한 이야기들을 듣고 배우면서 보다 깊은 생각을 하게 되었고, 모의면접문제의 답변을 준비할 때 선생님들이 답변을 알려주시는 것 이아니라 스스로 답변을 생각할 수 있는 능력을 길러주셔서 보다 큰 생각을 가지게 되었습니다. 김완컨설팅에서 수업을 진행하면서 면접의 소소한 팁부터 크게는 교육에 대한 넓은 시각을 가지게 되었습니다.

## 🎓 생각 이상의 체계적인 수업

 **광주교육대학 합격생** 양○은

저는 김완선생님의 책을 보고, 김완컨설팅을 알게 되었고, 여름부터 면접 준비를 김완선생님과 함께하게 되었습니다. 제가 교육대학교의 입시를 준비하면서 가장 힘들었던 점은 저 혼자 준비하다 보니 교육관련 지식을 전혀 모르는 것과 자신 있게 나만의 생각을 표현하는 것입니다. 그러나 이러 점은 선생님과의 반복적인 수업을 통해 해결할 수 있었습니다. 또한 다른 친구들과 함께 수업하면서 친구들의 생각을 들어볼 수 없다는 점이 무엇 보다 좋았습니다. 김완컨설팅에서는 다양한 지역에서 온 친구들의 교사상과 교육에 대한 생각을 수업을 통해 의견을 나눌 수 있다는 점이 가장 좋았습니다. 저는 교대입시 준비를 시작할 때만 해도 무엇을 어떻게 준비를 해야 할지 몰랐습니다. 하지만 김완컨설팅의 수업을 체계적으로 받다 보니 자신이 생겨 결국 광주교육대학에 합격할 수 있었습니다.

## 🎓 만학도의 막막했던 방향성을 잡아주는 수업

✏️ **경인교육대학 합격생** 김○란

저는 대학을 졸업하고 작장생활을 하던 중 교육대학교 수시전형 지원 자격 연령이 폐지되었다는 것을 알게 되어 용기를 내어 재도전 한 만학도입니다. 고등학교를 졸업한지 9년이나 되어 무엇을 어떻게 준비해야 할지 망막하기만 하였습니다. 그래서 강남의 00학원을 찾아가 교육을 받았습니다. 하지만 저 같은 사례가 없어서 인지 몰라도 저는 여전히 무엇을 어떻게 해야 할지 몰랐습니다. 그러던 중 우연히 김완컨설팅에 대해 알게 되었습니다. 김완선생님은 저 같은 경우 무엇이 문제 이고 어떻게 준비해야 하는지 첫 수업시간에 알려주셨습니다. 면접 준비를 할 때 어린학생들과 같이 준비하는 것이 쉽지는 않았지만 선생님들의 배려로 다양하게 교육을 받을 수 있었습니다. 이러한 수업이 저에게는 큰 도움이 되고, 스스로 성장하는 것을 느낄 수 있었습니다. 특히 수업 중에 실제로 면접을 하는 것처럼 연습하는 모의 면접에서의 김완선생님의 질문 대부분이 실제 면접장에서 나왔고 연습한데로 답변할 수 있었습니다. 제가 졸업한지 오래되었기 때문에 방향성을 전혀 알지 못했는데 김완컨설팅 학원 선생님들의 도움으로 이번에 합격하게 되었습니다.

## 🎓 같은 꿈을 갖은 친구들과 함께 성장하는 수업

경인교육대학 합격생 우○민

저는 김완선생님을 조금 늦게 만났습니다. 김완선생님께서 처음하신 질문은 교사로써 자신이 생각하는 자질과 교사가 되고 싶은 이유에 대해 이야기하는 것이었습니다. 저희의 생각을 들어보시고 피드백을 해주셨습니다. 이 과정을 통해 제가 어떤 부분을 깊이 있게 생각해야 하는지 알았고, 다른 친구들의 교사라는 직업에 대한 생각을 들어볼 수 있는 기회가 되었습니다. 또한 선생님께서 교사와 관련된 중요한 키워드들을 중심으로 배경지식을 넓혀주셨습니다. 저는 집에 돌아와서 마인드맵으로 정리하여 저의생각을 더욱 넓혀 면접을 준비하는데 있어서 큰 도움이 되었습니다. 그리고 여러 사람들 앞에서 발표를 하는 경험을 통해 실제 면접장에서 떨리지 않게 되었습니다. 가장 큰 도움이 된 것은 모의면접 지도였는데, 실제면접과 동일하게 모의면접을 하는 경험을 통해 실전에서 부드럽고 소신 있게 제 생각을 이야기 할 수 있었습니다. 마지막으로 저는 고등학교 1학년 때부터 초등교사라는 꿈을 가지고 준비하는 과정 속에서 힘든 부분도 많았고, 좌절한 경우도 있었습니다. 수업에서 동일한 상황의 친구들을 많이 만나게 되면서 많은 위로를 받았고, 서로의 생각을 알 수 있는 좋은 경험이었습니다.

## 🎓 부모님도 참관하는 수업

✏️ **진주교육대학 합격생** 정○권

저는 김완컨설팅에 오면서 꼭 면접공부를 별도로 해야할까? 하는 생각을 했습니다. 그런데 첫 날 수업에 와서 놀랐습니다. 많은 아이들이 굉장히 준비된 자세로 열정적으로 수업에 임했습니다. 부모님이 함께 오셔서 아이들 수업 받는 모습을 지켜보시는 것도 신기했습니다. 정말 열심히 수업을 들어야겠다고 생각했습니다. 자녀의 대학 진학에 많은 관심을 쏟으시는 모습을 보고 마음을 새롭게 다짐 했습니다. 저는 부모님이 수업을 참관하시지 않았지만, 저에 대한 불필요한 기대를 하지 않으셨고, 시사문제 등 자료가 필요한 것을 함께 찾아보면서 내용을 쉽게 알 수 있었습니다. 부모님께 이해한 내용을 이야기 하면서 더 잘 기억할 수 있었습니다. 또한 김완선생님의 수업을 들으면서 교직에 대한 꿈을 구체화하고, 어떤 교사가 되어야할지 진지하게 고민해볼 수 있었고, 최선을 다해서 노력하게 되었습니다. 모든 선생님들께 감사드립니다.

## 🎓 새로운 교육관을 갖게 해준 수업

 **부산교육대학 합격생** 유○환

저는 여름방학 면접특강, 부산교대 파이널특강을 들었습니다. 우선 저는 김완선생님과 수업을 받은 후 두 가지를 깨닫게 되었습니다.

첫 번째로 들었던 생각은 '교육대학교에 입학하기가 쉽지 않겠구나.'였습니다. 저도 나름대로 교육대학교에 입학하기 위해 많은 것을 준비하고 노력을 해왔지만 김완컨설팅에 와보니 저 와같이 노력을 한 학생이 정말 많았고 제가 지금까지 준비 한 것은 다른 학생들도 기본적으로 준비를 했다는 것입니다. 따라서 저는 제 스스로 더욱더 노력을 해야겠다는 생각이 들었고 김완선생님과 수업을 한 뒤 더욱더 노력을 하는 계기가 되었다고 생각을 합니다. 그리고 두 번째로 들었던 생각은 '정말 초등교사가 되고 싶다'였습니다. 김완선생님께서는 교육대학교 입시를 위한 수업뿐만 아니라 교사로서의 신념이나 교육관 등 정말 많은 주옥같은 말씀을 해주셨습니다. 이러한 생각들로 인해 제가  더욱더 열심히 하게 되는 동기부여를 받을 수 있었습니다. 이 많은 것들로 인해 제가 합격을 할 수 있었다고 생각을 합니다.

## 🎓 스스로 답을 찾는 방법을 키워주는 수업

대구교육대학 합격생 서○경

처음에 김완컨설팅을 찾을 때는 조급한 마음과 김완컨설팅에 오면 무조건 합격한다는 말을 듣고 오게 되었습니다. 김완컨설팅에 오고 나서 저의 태도는 많이 달라졌습니다. 첫째, 자신감이 넘치는 태도를 줄였습니다. 많은 사람들이 자신감이 넘치는 태도를 없앴다고 하면 의문을 가지실테지만, 이 곳에서 수업을 받은 저는 경청과 겸손의 태도를 배우게 되었습니다. 교사는 작게는 한 학급을 크게는 모든 학생들과 함께 해야 함으로 자신감만큼 중요한 것이 겸손과 경청의 태도임을 느꼈습니다. 둘째, 교사라는 직업에 대해 다시 생각하게 되었습니다. 교사는 단순히 직업이 아닌 하늘이 주신 소명이기에 최선을 다해야 함을 느꼈습니다. 또한 아이들을 가르칠 때 가슴으로 가르치는 방법을 배우게 되었습니다. 셋째, 교육에 대해서 많은 것을 느끼게 되었습니다. 교육은 단순히 지식을 전달하는 것이 아닌 의사소통으로 많은 것을 느끼게 하는 것임을 느꼈기에 교단에 서는 것에 대한 무게감을 느끼게 되었습니다. 단순히 답을 알려주는 수업이 아닌, 스스로 답을 찾는 방법을 키워주는 수업을 통해 성장해 나가게 되어서 기쁩니다. 감사합니다.

# 교재 편찬 연구원

 경인교대 구성모
 경인교대 김태희
 경인교대 박민경
 경인교대 이진주
 경인교대 정호준
 부산교대 고명빈
 부산교대 채호철
 서울교대 박수민

 청주교대 고현정
 청주교대 구민지
 청주교대 백지원
 청주교대 정재훈
 경인교대 박민영
 경인교대 신화정
 경인교대 최은서
 경인교대 한경수

 공주교대 김재은
 공주교대 정수현
 부산교대 서정현
 부산교대 강다민
 서울교대 임세은
 청주교대 최윤솔
 한국교원대 김가현
 한국교원대 김세진

 경인교대 최윤서
 경인교대 권지현
 경인교대 김현진
 경인교대 박민재
 경인교대 방혜원
 경인교대 조민서
 경인교대 최요한
 공주교대 김승희

 대구교대 변형준
 서울교대 이가현
 서울교대 이은진
 서울교대 정성결
 서울교대 조문경
 진주교대 한유민
 청주교대 김태우
 청주교대 이은재

 춘천교대 김영찬
 춘천교대 이남경
 공주교대 강우준
 공주교대 강윤희
 공주교대 김아영
 공주교대 노동언
 공주교대 이서현
 광주교대 김찬희

 대구교대 윤은찬
 부산교대 변가은
 부산교대 손주휘
 부산교대 홍민재
 서울교대 강병규
 서울교대 심예원
 전주교대 권진오
 전주교대 이채원

 진주교대 이동준
 진주교대 전소연
 청주교대 양정원
 진주교대 하지연
 경인교대 박재원
 광주교대 정재희
서울교대 김예온
서울교대 황설인

# 김완 컨설링의
# 교대면접&사대면접

**초판 1쇄 인쇄** 2024년 07월 09일
**초판 1쇄 발행** 2024년 07월 15일
**지은이** 김완·김민섭

**펴낸이** 김양수
**책임편집** 이정은

**펴낸곳** 도서출판 맑은샘
**출판등록** 제2012-000035
**주소** 경기도 고양시 일산서구 중앙로 1456 서현프라자 604호
**전화** 031) 906-5006
**팩스** 031) 906-5079
**홈페이지** www.booksam.kr
**블로그** http://blog.naver.com/okbook1234
**이메일** okbook1234@naver.com

**ISBN** 979-11-5778-655-8 (53370)